U0742529

第二部

国防军

节节败退，1943年失败的战争

罗伯特·M. 奇蒂诺（ROBERT M. CITINO）著

胡毅秉 译

江苏凤凰文艺出版社

JIANGSU PHOENIX LITERATURE AND
ART PUBLISHING

图书在版编目（CIP）数据

国防军. 第二部, 节节败退, 1943年失败的战争 / (意) 罗伯特·M.奇蒂诺著 ; (当代) 胡毅秉译. —— 南京: 江苏凤凰文艺出版社, 2020.7

书名原文: The Wehrmacht Retreats: Fighting a Lost War, 1943

ISBN 978-7-5594-4949-8

Ⅰ.①国⋯ Ⅱ.①罗⋯ ②胡⋯ Ⅲ.①第二次世界大战 – 战争史 – 史料 – 德国 Ⅳ.①E516.9

中国版本图书馆CIP数据核字(2020)第104635号

THE WEHRMACHT RETREATS: FIGHTING A LOST WAR, 1943
By ROBERT M. CITINO
Copyright: © 2016 by the University Press of Kansas
This edition arranged with UNIVERSITY PRESS OF KANSAS
through BIG APPLE AGENCY, INC., LABUAN, MALAYSIA.
Simplified Chinese edition copyright:
2020 ChongQing Vertical Culture communication Co., Ltd.
All rights reserved.

版贸核渝字（2019）第068号

国防军. 第二部，节节败退，1943年失败的战争

[意] 罗伯特·M. 奇蒂诺 著　　胡毅秉 译

责任编辑	孙金荣
策划制作	指文图书
特约编辑	王　菁
装帧设计	王　涛
出版发行	江苏凤凰文艺出版社
	南京市中央路 165 号，邮编：210009
网　址	http://www.jswenyi.com
印　刷	重庆长虹印务有限公司
开　本	787毫米 ×1092 毫米 1/16
印　张	24
字　数	403千
版　次	2020年7月第1版
印　次	2020年7月第1次印刷
书　号	ISBN 978-7-5594-4949-8
定　价	119.80元

江苏凤凰文艺版图书凡印刷、装订错误，可向出版社调换，联系电话025-83280257

前言

简介：德式兵法

想象一下这个德国军事史上的著名场面吧——时间是 1942 年 11 月，一场大规模战争正打得激烈，而种种迹象都表明形势已经急转直下：

将军在他的写字台边坐下，提笔准备写字。这一天过得很糟糕，说实话，此时他心烦意乱，很难集中精力。最近他承受了很大的压力，而且他知道，自己的身体也开始受到影响了。他甚至得了面肌抽搐的毛病。为了掩饰这个毛病他已经竭尽全力，他手下的参谋们也尽量不去注意它。

"真是难熬的一天。"他心想。他不敢确定"难熬"这个词是否能充分概括现况。前线又传来一些坏消息：胡贝图斯行动（Operation Hubertus）已经彻底失败，该行动是对这座城市北部地区的最后突击，也是他的最后一搏——但却并没有多大力度。他在进攻开始前花了几个星期设法搜罗足够的步兵，但还是没能如愿。到头来，他只能主要依靠战斗工兵。从战后的报告来看，他们干得还不坏——他们能够把各种东西炸上天，当然这是他们的特长，至于火力和机动？那就不太行了。他们已经接近了河岸——事实上，只差几百米而已。

但是还不够近。将军试图集中思绪。胡贝图斯行动的失败只是他面对的难题中最小的一个。从前线传来的这个坏消息是他可以对付的。但难办的是在他后方发生的问题。他甚至不知道该怎么去评论那件事。以前可有哪支德国军队遇到这样的情况？

他扫了一眼态势地图，期望它多少会有点改变，但结果令他失望——它还是在诉说着同一个可怕的事实：在这座城市的南北两侧出现了硕大的红色箭头，这是苏军的大规模攻势，其前锋由大量坦克组成。而就在一个星期前，他的情报军官还曾信誓旦旦地告诉他，苏军不可能拿出这么多坦克。但最近几天，这些坦克已经深深楔入了他的侧翼和后方。那里有谁能阻止它们？将军知道这个问题的答案，因此高兴不起来。

就在刚才，他得到了确切的消息。在斯大林格勒（Stalingrad）的深远后方，苏军的钳形攻势已经在顿河（Don）边的小城卡拉奇（Kalach）合拢。

Kesselschlacht，每个德国指挥官都认识这个术语：它的意思是包围战，通俗解释是"大锅战"。将军和军官团的其他任何成员一样，对这个词所代表的历史了如指掌。它是德国军队花了几个世纪完善的一种战争方式，在莱比锡（Leipzig）、柯尼希格雷茨（Königgrätz）、坦嫩贝格（Tannenberg）和1940年的佛兰德斯攻势、巴巴罗萨行动中的开局阶段都曾大放异彩。这种战法在奏效时可以将敌人全军包围，抓获数以十万计的俘虏。

然而此刻身陷重围的是谁？将军身处敌国1600千米纵深的腹地，他的部队与敌军僵持不下，已经彻底陷在这座城市中。他麾下的坦克在巷战中几乎是百无一用。他甚至已经遣走了他的骡马运输队——他需要喂饱的肚子实在太多了。既然完成不了任务，那还要这支运输队有什么用呢？他想起了另一个术语：Bewegungskrieg，意思是"运动战"，运用快速的机动和大胆的攻击，始终着眼于打击敌军侧翼和后方。但他随即又摇了摇头——这种战法也就到此为止了，他的集团军在最近这一个月里基本上寸步未动。

过往几天曾数度燃起、数度熄灭的怒火又冒了上来。这几个星期他一直在向任何愿意倾听的人诉苦，抱怨自己的处境越来越艰难，因为在城市南北两面岌岌可危的超长侧翼只能靠罗马尼亚军队来把守。而这些盟军却派不上多大用场——他们训练不足、装备不足、热情不足，且置身于完全无险可守的开阔平原上。好吧，将军心想，至少现在谁都不需要再为罗马尼亚人操心了——如这个问题已然解决——他们在苏军发起进攻后就灰飞烟灭了。

所以现在一切都搞砸了。在他意识里似乎已经能听见后方指挥部里那些人的议论。不是每个人都乐于看到他就任部队主官的——"没有经验。"他们是这么说的。"没有闯劲。"其中有些人还会补充一句，"没有家庭。"将军怨愤地想道，要是冯·赖歇瑙（von Reichenau）还活着，那么此刻坐在这里的就是他，盯着同一幅无情的地图，面对同样绝望的形势。"我倒想知道这时候他的家庭关系能不能帮他的忙。"将军喃喃自语。

他低头瞥了一眼自己的写字台面。在今天的各种坏消息下面埋着一封电报，发报者就是把大家送到这里来的那个人。这封电报是他在五天前收到的，但此时看来却像是过了五年。他抽出电报又读了一遍。电文用空洞的辞藻勉励第6集团军在斯大林格勒再次做出重大努力，号召他们拿出干劲和"勇气"（Schneid）。"真是一派胡言。"当时将军带着这样的想法，奉命在所有团级以上的德军指挥官面前宣读这封电报。他看到了其中某些人的反应，看出了他们的疑惑。其他人则全盘接受了这些内容。"就连我也不例外。"他回忆道。将军暂时闭上了双眼，想要集中注意力。他曾有过这样的念头：有时希特勒似乎……很疯狂，精神不正常。

时间是 1942 年 11 月 22 日，弗里德里希·保卢斯将军（General Friedrich Paulus）的心情很不好。但是他还需要起草一封电报，无论战事如何，他都是一个忠于职守的军官。

他深吸一口气，终于开始奋笔疾书："集团军已经被包围（Armee eingeschlossen）……" 1

对德国军队（国防军）来说，斯大林格勒的惨败并非只是一场单纯的失败。它标志着一种传承几个世纪的军事文化（我们可以称其为一种"兵法"）撞上了 20 世纪工业化战争的现实南墙。2 这种兵法起源于近 300 年前的普鲁士王国，正是它在统一战争期间缔造了所谓的"第二帝国"并为其维系了数十年的气运。它曾在第一次世界大战期间崩溃，但是却在间战时期和第二次世界大战的最初几年凤凰涅槃，取得了比以往任何时候都更出色的效果。然而等到保卢斯将军在斯大林格勒坐下起草电文的时候，它却证明自己成了明日黄花。事实上，在这场德国冒险挑起并引爆的世界大战背景下，它能够让人感受到淡淡的思古幽情。换言之，它几乎成了一件"古董"。

德国军官们把自己打仗的方法称作 Bewegungskrieg，也就是战役层面上的运动战。它发端于大选帝侯腓特烈·威廉（Frederick William）统治下的勃兰登堡公国，在普鲁士国王腓特烈大帝（Frederick the Great）统治期间（1740—1786年）迎来第一次繁荣，被卡尔·戈特利布·冯·克劳塞维茨（Karl Gottlieb von Clausewitz）赋予哲理基础，又于统一战争期间在赫尔穆特·冯·毛奇元帅（Field Marshal Helmuth von Moltke）手中得到第二次繁荣，发展为使一个资源相对贫瘠的小国在国际政治和军事领域占据一席之地的法宝。由于国家地处北德平原上的四战之地，在很大程度上缺少易于防御的边境，又被各路现成的和潜在的敌人所环绕，普鲁士—德意志的参谋人员及部队主官们都将这样一条原则奉为圭臬：他们不可能打赢旷日持久的消耗战。在这样的较量中，人数、资源和工业能力的天平一定会向他们的敌人那边倾斜。因此，消耗战只不过是"缓慢地失败"的代名词。德国应该打的只能是短暂而激烈的战争——用腓特烈大帝的话来说就是短促而活跃（Kurtz und vives）——这种战争的特点是其中的战役节奏很快而且具有决定性意义，部队在开战后的几个星期内就找到敌军主力，将其围困于一地，然后聚而歼之。[3]

运动战是针对这一战略问题的解决之道。虽然被释义为"运动战"或"机动战"，它却和单纯的机动能力或更快的行军速度没有多大关系。事实上，普鲁士—德意志军队在武器装备方面往往与他们面对的敌人有着显著的相似之处，因此在单纯的机动能力上想有任何优势都是很困难的。这种战争方式并非只着眼于战术机动能力，它强调的是大规模（如今我们可以称之为"战役层面"）部队（也就是师级、军级和集团军级部队）的机动。目标是让这些大部队在战争初期（比如说几个星期之内）就通过机动对敌军主力进行有力的，甚至可能是歼灭性的打击。

实现这一目标的方法并不是将部队集中到某个集结地，然后发动正面突击来压倒敌人。事实上，运动战的基本理念就是德国永远打不起代价如此高昂的战争。德国指挥官应该巧妙地策划战役，从而有力地打击敌军的一个或两个侧翼，可能的话甚至应该打击敌军后方。这些机动的目的并非只是包围敌方军队，迫使其在弹尽粮绝的情况下投降，而是使德军部队能够对敌人实施"向心作战"——从四面八方同时发起进攻。德军用来描述此类情境的术语是 Kesselschlacht，字面意思是"大锅战"，但我们也许可以将它译作含义更广的"包围战"或"围歼战"。

所有这一切都是说来容易做来难。敌方军队很少会坐等对手包围自己。德国人经过几个世纪的探索，发现要实施运动战就必须满足某些要求。首先要有灵活的指挥形式，使下级指挥官掌握很大的主动权。如今在西方，人们已经习惯于把"任务式策略"（Auftragstaktik）挂在嘴上：上级指挥官给下级指挥官交代一个大体的任务（Auftrag）。它应该是简明扼要的，而且应该尽可能采用口头而非书面形式传达。它可以简单到只是对远方的某处地形指一下。在命令下达之后，下级指挥官就要自主构思完成任务的手段和方法。但是，如果我们更认真地研究一下历史记录，就会注意到德国人自己似乎很少使用"任务式策略"这个术语。对他们来说，更准确的说法是"下级指挥官的独立性"（Selbständigkeit der Unterführer），也就是说，战场上的军官在制定机动计划和作战路线方面拥有几乎完全的自由。[4]

现代的分析家显然会对这种体制提出反对意见——它很容易蜕变为人人各

行其是、各自为战的情况，而不是产生出协调一致的作战计划——就其本身而言，这种意见是有道理的。在普鲁士—德意志的军事编年史中，确实涌现出了一些古往今来最杰出、最成功的指挥官——例如格奥尔格·冯·德弗林格（Georg von Derfflinger）、腓特烈大帝、弗里德里希·威廉·冯·塞德利茨（Friedrich Wilhelm von Seydlitz）、格布哈特·莱贝雷希特·冯·布吕歇尔（Gebhard Leberecht von Blücher）、毛奇、施利芬（Schlieffen）、古德里安（Guderian）和曼斯坦因（Manstein）。但是我们也要实话实说：这部历史里也有爱德华·冯·弗利斯（Eduard von Flies）这样的二流将领，他在朗根萨尔察之战中愚蠢地进攻一支兵力比他大一倍的汉诺威军队，并在此过程中基本上毁掉了他自己的部队，即使他不打这一仗，汉诺威军队也会因情势所迫和历史上一样在三天后投降[5]；卡尔·冯·施泰因梅茨（Karl von Steinmetz）在普法战争初期的轻率行动几乎使毛奇精心制定的机动方案彻底破产[6]；还有可能是最经典的例子，1914年东普鲁士会战中第1军的军长赫尔曼·冯·弗朗索瓦（Hermann von François）不仅把自己的军直接开到正在进攻的俄国第1集团军面前，而且使俄国人察觉了德方精心布置的集团军级伏击，并间接导致他的顶头上司——德国第8集团军的司令马克斯·冯·普利特维茨将军（General Max von Prittwitz）出现了类似于精神崩溃的症状。[7]

　　对于普鲁士—德意志传统中某些将领指挥水平低劣的毛病，并没有什么灵丹妙药可治。但是，有两个因素有助于防止任务式策略（Auftragstaktik）崩解为一团乱麻。第一个因素是德国军官共有的在任何情况下都积极进取的传统。一个军官有没有军事天才并不重要；他要做的就是向着传来枪炮声的地方前进，而这个军官通常都会这么做。几乎在普鲁士和德国经历过的所有战争中，作战方法都谈不上多么复杂：无非就是找到敌军，尤其是他们脆弱的侧翼和后方，然后向其发起非常凶猛的进攻。在普鲁士传统中，部队主官把率先发起进攻视作莫大的荣誉，因此不仅会向敌人炫耀，还经常向他们的军官同僚炫耀。"普鲁士军队永远都在进攻。"腓特烈大帝曾作如是说。作为一条普遍的军事行动原则，这种做法当然是有缺陷的，但是在一个本来就很松散的指挥体系中，它却能产生合理的协同效果。

　　缓解任务式策略（Auftragstaktik）的混乱影响的第二个因素是一套精心设计的参谋制度，按照这套制度，每一个战役级别的战地指挥官（师级和师级以上）

都配有一个参谋长作为首席军事顾问。这些参谋长是军中的知识精英和智囊团。他们都是从同样的学校（尤其是柏林军事学院）毕业的，具备同样的军事见解，在分析同样的战场局势时往往会提出惊人相似的建议。虽然指挥官仍然要为战斗的结果负最终责任，但是其中的佼佼者都会认真听取参谋长的意见。

让智者（参谋军官）来辅佐勇者（指挥官）：这就是德国人在军事上取得成功的秘方。虽然我们当代人倾向于对前者持更为正面的看法，但德国军官们却不一定抱有和我们一样的偏见。那些胆大包天、无论在什么情况下都会发动进攻，而且敢于挑战上级权威的指挥官非但不会遭到同僚责难，反而往往能赢得他们的赞赏。自 1914 年以来，军事史家所写的关于坦嫩贝格会战的书籍中充斥着对弗朗索瓦将军的冲动之举的批评，然而与他同时代的德国军人却从未有过这种意见。施泰因梅茨、弗利斯和以上提到的其他所有人或许也是如此。在敌我兵力对比为2:1 的情况下发起正面进攻通常不是好主意。但是在 1866 年 7 月，普鲁士第 1 集团军司令"红亲王"腓特烈·卡尔（Friedrich Karl）就是以这样的进攻打响了柯尼希格雷茨之战。[8] 他在这一过程中成为英雄，不是因为他在计算胜率后做出合理的选择，而是因为他无视数学计算，采取了顺应本能的行动。老毛奇或许是那支军队的大脑——这一点有谁能怀疑？——但红亲王就是它的心脏，而且在许多同僚眼中，他才是柯尼希格雷茨的真正胜利者。"只要你不觉得自己会失败，你就永远不会输掉战斗，"他曾这样描写后来令他遇到棘手情况的一场战役，"而我就没有这种感觉。"[9] 对于红亲王，以及几个世纪以来的众多普鲁士军官而言，战斗无非就是意志的较量。至于更为理性的算计，比方说协调目的与手段——那是别人的事。

问题：国防军已死？

在时隔多年之后，我们应该都能清楚地看出，在斯大林格勒的失败 [以及几乎与此同时发生的，埃尔温·隆美尔元帅（Field Marshal Erwin Rommel）的德意联合装甲集团军在阿拉曼（El Alamein）的溃败] 已经动摇了德国人关于战争本质的每一条基本信念。[10] 运动战？它已经在地图上三个相隔甚远的地点几乎步调一致地戛然而止。在阿拉曼，在高加索，在斯大林格勒，运动战都已让位于静态的阵地战（Stellungskrieg）。这是一种令人难以忍受的消耗战，需要付出高昂的人员和物质代价，正是历史上德军一贯设法避免的那种战斗。部队主官积极进取的精神？在阿拉曼瓶颈地带，隆美尔可以说是拼光了最后的兵员和坦克，因此在伯纳德·劳·蒙哥马利将军（General Bernard Law Montgomery）兵精粮足的第8集团军发起的进攻面前实际上毫无办法。保卢斯将军也在整个 1942 年秋天把一个又一个步兵师送进斯大林格勒的城市战绞肉机里。到了最后，他再也没有剩余的预备队，没有能匀出来用于保护侧翼或与友邻集团军保持联系的部队，当苏军在这座城市的南北两侧发起精心策划的反攻（天王星行动）时，他完全没有能力做出应对。在高加索，德军在 11 月向奥尔忠尼启则（Ordzhonikidze）发起最后一次冲刺，这座城市是通向格鲁吉亚军用公路（Georgian Military Road）的门户，因而也是通向苏联南方广袤的油田的门户。德军一度接近了这座城市——打到了距离它只有两千米左右的地方，但是在此过程中他们也耗尽了气力。苏军通过一次反击将他们击退，德军的先头部队差一点就没能突破苏军的包围。[11] 在高加索的其他地方，德方两个集团军（东边的第 1 装甲集团军和西边的第 17 集团军）在群山中寸步难行，受阻于后勤困难、崎岖的地形和坚固的苏军防线，但最重要的原因还是德军的作战计划胃口过大。

最后，无论我们把普鲁士—德意志兵法的最后一个特点称作"任务式策略"也好，"下级指挥官的独立性"也罢，这两场灾难都对它产生了负面影响。看来在纳粹德国，部队主官要想得到思考或行动的自由确实可能性极低。在 1942 年的会战过程中，阿道夫·希特勒沉重打击了军官团，他对指挥官们管头管脚、频繁骚扰，还把他们成批撤职——其中有战争爆发以来一直担任总参谋长的弗朗茨·哈尔德将军（General Franz Halder）、A 集团军群司令威廉·利斯特元帅（Field Marshal Wilhelm List）、不幸的第 48 装甲军军长费迪南德·海姆将军（General Ferdinand Heim），等等。[12] 元首甚至一度亲自指挥起 A 集团军群，并对其战场表现造成了不出所料的影响。

但是我们在对这段历史做出评价时需要慎重。将 1942 年东线德军遇到的一切挫败都归咎于希特勒是关于这场战争流传最久的谬论之一，我们中间很少有人冷静地思考过，希特勒在战后对军官团来说成了一个多么方便的借口。由于各条战线分布广泛，而且与德国远隔千里，部队主官在日常的作战行动中仍然有着很大的自由。但是，希特勒能够而且确实对他选择的地方进行了干预，而且他的干预具有不可预测和变幻无常的特性，因而也就更加令人烦恼。在战争初期他也许一度有过某种初学者的幸运，1940 年会战的策划和执行过程就是一例。但是，德国官方编纂的战史说得非常正确：在1942年的某个时候，希特勒的决策超出了新奇和反常规的范畴，到了"不专业和有缺陷"的地步。[13] "双重战役"——同时而非先后攻略斯大林格勒和高加索的决策——就是他造成的不幸结果。[14]

到头来，1942年暴露了传统德式兵法的弱点。这种战争方式诞生于一个弹丸之地的公国，成熟于一个疆土狭小的王国，着眼于在161—232公里（约100—200英里）的距离上速战速决，依赖于良好的道路网和相对完善的基础设施。在被赋予征服苏伊士运河、伏尔加河和巴库油田的任务后，它便崩溃了。要确定德国究竟在哪个时刻输掉了第二次世界大战并非易事；关于这场战争的转折点的争论已经持续了几十年，而且永远不会停止。但毫无疑问我们可以这样说：就客观现实而言，当1943年的第一缕曙光降临时，德国军队实际上已经没有通过运动战——也就是通过快速而具有决定性的进攻行动——打赢战争的希望。从这个意义来讲，1942年确实标志着国防军的死亡。

是的，我们确实能下这样的断言，但是那又如何呢？战争——尤其是20世纪的工业化战争——是国家、政治制度和经济结构的较量。它并不是军事文化之间单纯的抽象对决。我们不能以如此简单化的方式来看待它，它是一种极为复杂的现象，蕴含着太多的偶然性，有上千种不同的因素会时不时地改变它的走向。随着德国的传统军事文化走到了穷途末路，国防军已经再也不可能取得决定性胜利（如果曾经有这种可能的话）。但是就短期而言，这样一个抽象的事实改变不了什么——这场战争还有得打。

让我们把话说得更明白一点。对军事历史学家来说，引入"文化"这个平台来展开研究既提出了许多问题，也破解了数十年来的众多谜团。在这方面可以讨论各国的战争方式，也就是据说决定了各国军队如何作战的军事文化。[15] 可以讨论制度上的军事文化，即一个既有的军事团体如何看待其自身、其历史及其与广大社会的关系。最后，还可以分析民族文化，即诞生军事机构的母体。在所有这些例子中，文化就是让历史人物畅游的江河，其中充满了他们可能只是隐约意识到的隐含假设和默认设定。它就是他们的人生可能性和期望的包络曲线。它就是"思维框架"，而跳出框架进行思考的难度大大超出了一般人的认知。

虽然这些文化先决条件非常重要，但是它们的影响加起来也远远达不到决定历史走向的地步。历史人物也许经常会无意识地感觉到某种心态和采取某种观点，但他们仍然有着自己的人生，会自己做出选择和自主采取行动。让我们从关于犹太种族大屠杀的丰富史学著作中借用几个名词吧：军事历史学家既需要考虑"意向主义"（人类自身在书写自己的历史时所扮演的角色），也需要考虑"结构主义"或"机能主义"（先决条件、长期原因和系统性因素对人类历史的左右程度）。[16]

当我们观察第三帝国在这可怕的一年结束之际所面临的局面时，必须牢记这一原则。我们中间研究战争的学者可能会发现，在1942年以后要给纳粹德国找到一条避免失败的道路是非常困难的，甚至是不可能的。此时大同盟的实力还只是初露峥嵘；特别是美国巨量的物质和工业资源，才刚刚开始抵达战场而已。就潜力而论，同盟国可以把德国像只苍蝇一样拍死。但"潜在胜利"和"实际胜利"完全是两回事。尽管遭遇了种种挫败，尽管德国取得决定性战役胜利的最后希望已经破灭，第6集团军在斯大林格勒的覆灭已经无可挽回，德军总司令部里却无人提出投降的建议。德国将会继续战斗。"我们会重建第6集团军。"希特勒自信满满地对他的参谋长库尔特·蔡茨勒将军（General Kurt Zeitzler）说，几乎所有战线都在1943年爆发了激烈的战斗。[17]

自这场战争爆发以来，就流传着一个很有名但也显然很可疑的传说。据说在1939年9月那个决定世界命运的日子里，当英国即将对德国宣战的消息第一次传来时，希特勒转身面向他的外交部部长约阿希姆·冯·里宾特洛甫（Joachim von Ribbentrop），提出了一个简单的问题。在1943年年初，德国军队面对的正是当初据说希特勒曾问过的这个问题："现在怎么办？"[18]

任务：打一场败局已定的战争

在《国防军：第二部·节节败退，1943年失败的战争》（*The Wehrmacht Retreats: Fighting a Lost War, 1943*）中，我将分析德国国防军——实际上是德国陆军（Heer）——于1943年的历次大规模战役中的作战行动。和我的前两部作品《德式兵法：从三十年战争到第三帝国》（*The German Way of War: From the Thirty Years' War to the Third Reich*，2005年）及《国防军：第一部·折戟沉沙，1942年德军历次战役》（*Death of the Wehrmacht: The German Campaigns of 1942*）一样，它将尝试把这些现代史上的事件放在某种由来已久的德国军事历史和文化传统的背景中进行分析。这些著作力求通过费尔南·布罗代尔（Fernand Braudel）所说的 longue durée（长时段历史、大历史）的角度来分析德方的军事行动。这种贯穿几个世纪的长时段视角很适合用于阐明一些看似无法解释的历史事件，因为它揭示了一个经常被人忽略的因素：历史人物对其所作所为的真实想法。本书不会复述前作中已经写到的细节——读者最好查阅前作来了解其中的大历史论述——而会专门详细论述 1943 年德军的历次战役。它将特别强调德国军官团的角色，以及它关于军事行动的假设，它对于普鲁士—德意志军事历史的观点，它对自身面对的敌方军队的专业评估。换言之，我们将尝试描述德国军官阶层在国防军的武运由盛转衰之时的心态。

当然，一本讨论 1943 年会战的书必须从战争的中途说起。当新年钟声响起时，德国军队正在埃及、顿河沿岸和高加索山区匆忙撤退，同盟国军队则在竭尽全力进行追击。我们将首先讲述地中海战区，这里来了新的势力——美国军队。美国人和久经沙场的战友英国人合作，已经在 1942 年 11 月的火炬行动（Operation Torch）中登上了法属北非的海岸。登陆部队上岸之后发现自己需要和埃尔温·隆美尔元帅的非洲装甲集团军赛跑，为的是抢先拿下突尼斯，切断正从阿拉曼回流的后者的退路。在现实中，这场赛跑并没有持续多久，因为在盟军登陆的第二天，德军就到了突尼斯。尽管如此，这依然是一次令人着迷的战役，有一些袖珍规模的军队参与其中，有各种战斗群（Kampfgruppen）在险要地形下进行的大量恶战，还有令人百看不厌的戏码：美国军队如何想方设法使自身适应实战。这并非易事——同盟国军队未能在 1942 年结束前占领突尼斯，当新年来临之际，双方都获得了大量增援，准备打一场像样的大会战。

虽然德国人可以把突尼斯战斗的第一阶段算作一场小胜，但与此同时，他们正在东方遭到苏联军队的无情蹂躏。随着苏军的装甲前锋推进到距离罗斯托夫（Rostov）比德军在高加索的部队近数百千米的地方，又一场规模堪比斯大林格勒的灾难眼看就要降临。但就在这场苏军所谓的"顿巴斯战役"中，曼斯坦因元帅将会再次改写关于大规模机械化防御作战的教科书。在此后的数十年间，每当北约组织谋划与华约组织大打出手时，曼斯坦因的成就——顶住规模远大于自身的敌军部队，选择适当时机反复发动反击，最终将其彻底击溃——都会令美国军队中的策划人员产生浓厚兴趣。[19]

说完顿巴斯之后，我们将重新关注突尼斯的大会战。隆美尔在阿拉曼战役之后成功甩掉追兵，与防守突尼斯的德军部队——汉斯－于尔根·冯·阿尼姆将军（General Hans-Jürgen von Arnim）指挥的第 5 装甲集团军会师，从而使轴心国方面获得了明显的数量优势（尽管只是暂时的）。隆美尔和阿尼姆利用这一优势对突尼斯的美军部队——劳埃德·弗雷登道尔将军（General Lloyd R. Fredendall）指挥的第 2 军发动了两场攻势 [晨风行动（Operation Morgenluft）和春风行动（Operation Frühlingswind）]。这两场攻势将包括卡塞林山口（Kasserine Pass）在内的美军阵地接二连三地击破，但最终将会败于策划仓促、指挥关系混乱和后勤支援不足。但是，虽有这样的结果，卡塞林山口之战还是对美、英、德三国军队在战争后续阶段的心理和行为产生了重大影响。

当突尼斯战役在 1943 年 5 月收尾时，国防军正紧锣密鼓地筹划在东线再次发动攻势。城堡行动（Operation Zitadelle）是一次直截了当的两路钳形攻势，目标是歼灭部署在乌克兰北部战线上的一个巨大突出部——库尔斯克（Kursk）突出部的苏军部队。城堡行动在战后年代成为吸引大量关注的研究课题，事实上，关于东线战争的各种文献一向将它描述为"有史以来规模最大的坦克战"。[20] 尤其引人注目的是这场战役的高潮：德国党卫军第 2 装甲军与苏联近卫第 5 坦克集团军在小城普罗霍罗夫卡（Prokhorovka）附近的较量。但是，近年来库尔斯克战役的地位在历史学家笔下已经降低，从 1941—1942 年常见的以战略突破为目标的大动干戈降格为一场目标有限的作战行动：以维持东线的主动权、歼灭苏军在中部战线集结的部队为目标的破坏性进攻。

接下来，这本书的叙述将从库尔斯克转回西线，追随盟军的脚步，从突尼斯来到西西里（Sicily）。在这里，一场声势浩大的三军联合登陆计划（Operation Husky，译为"雪橇犬行动"）将会展示西方盟国的战略实力有多么可怕：在规模如此巨大的海陆空力量打击下，欧洲没有一条海岸线是安全的。据说希特勒为了应对盟军的登陆而亲自叫停了打到一半的库尔斯克攻势。大多数历史学家都对这一说法嗤之以鼻，但是我们将会看到，元首的决定是正确的。雪橇犬行动本身的规模不是特别大，却产生了具有战略意义的结果：本尼托·墨索里尼倒台，轴心联盟的基础被动摇。但是在战役层面上，这一仗在很多方面是令人失望的。一支人数约 50 万、拥有明显空中优势和绝对制海权的部队却没能包围歼灭规模比自己小得多的轴心国守军（其主力基本上就是三个德国师）。轴心国成功地将守军全体拉过墨西拿海峡（Strait of Messina），撤退到安全的意大利本土——对同盟国来说，这确实是一场"苦涩的胜利"。[21]

说完了西西里，我们将再次回到东线。日后德国军官将会经常把德军在库尔斯克的失败形容为"被放弃的胜利"，声称希特勒在国防军即将达成突破之际停止了进攻。持这种主张的人都无视了紧随其后发生的事件：苏军在突出部南北两侧发动大规模反击。针对奥廖尔（Orel）突出部的"库图佐夫行动"（Operation Kutuzov）和针对别尔哥罗德（Belgorod）及哈尔科夫（Kharkov）的"鲁缅采夫行动"（Operation Rumiantsev）展示了刚刚成熟的苏军"战役艺术"的实践应用，它将火力、兵力和严密的作战条令相结合，形成一种几乎所向无敌的套路。在1943年，国防军明白了一个道理：如果苏军攻克阵地的欲望足够强烈，而且愿意承受伤亡（他们基本上一贯都有这样的意愿），那么任何阵地在他们的进攻下都是守不住的。这一年秋天，德军将会多少有些混乱地在战线南段全面撤退，而苏军四个规模庞大的方面军将会追着他们渡过第聂伯河（Dnepr）。德军连这样一条大河形成的天堑都无法守住，恰恰证明了他们在这一年的战斗中失血有多严重。

最后，我们将再做一次地中海之行。英美联军在西西里战役之后将发起整场战争中最具争议的战役之一，特别是美国历史学家，至今还在为它争论不休。盟军将登陆意大利的战役 [三场代号分别为"湾城"（Baytown）、"闹剧"（Slapstick）和"雪崩"（Avalanche）的作战行动] 安排在意大利投降之际，希望至少能利用政局的变化快速占领意大利南部。他们得到的结果却与设想大相径庭：德军以一次快如闪电的作战行动解除了昔日盟友的武装，并几乎占领了意大利全境 ["轴心行动"（Operation Axis）]；马克·克拉克将军（General Mark W. Clark）指挥的美国第五集团军在萨勒诺（Salerno）海滩上的血战中几乎遭遇灭顶之灾；之后就是盟军在这个地形狭窄、重峦叠嶂、天然易守难攻的半岛艰难推进。他们先是遇到了被德军称为冬季防线（Winterstellung）的坚固阵地，接着又在卡西诺山（Monte Cassino）以南的古斯塔夫防线（Gustav Line）前寸步难行。关于这场战役的文献往往将德军形容为防守战的大师，尽管不同著作的说法略有差异。无论如何，德军在防守战中打得十分出色，即使面对盟军的巨大物质优势也能稳住阵脚。到了1943年年底，同盟国军队将会陷入距离罗马尚有一定距离的泥潭中动弹不得，为了摆脱窘境而苦思对策。他们将在1944年1月，在一个名叫安齐奥（Anzio）的地方找到答案。

从这些叙事中，我们可以看出在这场全球战争中各条战线之间的绝对关联性[22]——门户之见依然是历史学家在撰写第二次世界大战的历史时易犯的职业病：欧洲战场与太平洋战场的研究者老死不相往来，而在欧洲战区内部，又分成东线派与西线派。事实上，战争史应该尽可能将各条战线的情况综合起来，在尝试分析"中欧强国"（Macht in der Mitte，即德国）的行为时更应如此。[23] 正如我们将会看到的，德军的策划人员可能每天都要同时处理这几件事：研究苏联纵深腹地的装甲作战，设法判明盟军登陆舰队的目的地，以及决定日渐稀缺的资源和增援部队的去向。他们在有些日子里处理得比较好，但在另一些日子里，他们肯定宁可闷头睡觉，把烦心事全都忘掉。

　　和我的所有作品一样，《国防军：第二部·节节败退，1943 年失败的战争》将会尽量不去批评历史人物的过失。它将避免按照"良将—庸将"的思路来写军事史[24]，这种思路假设战场上的每一个问题都有明确的解决办法，并把胜利归功于找到了正确答案的指挥官。现代战争实在太过复杂，我们不能像做判断题一样对它评头论足，而且再怎么说，单单解释历史人物实际行动的原因就已经足够复杂了，更不用说对他们进行评判。同样，本书也不会试图描述德军可以如何赢得战争，如何靠实施这样或那样的精妙作战机动，或者避免这个或那个错误来扭转乾坤——这也许是一种有趣的智力练习，也许颇能取悦读者，但不是我要在本书中做的事。

　　事实上，我将尝试回答一些更为基本的问题。例如，一个在历史上一直围绕运动战——强烈的进攻精神，坚决的突击，机动灵活的进攻作战——建设的军事团体突然意外地发现自己被拖入了防御战，它会如何应对？德军指挥官们如何看待他们最新的敌人——美国军队？他们已经和英军打了三年多，和苏军打了一年半，对这两个对手的习惯套路有了相当清晰的认识。而美军拥有几乎深不可测的资源底蕴、崇尚火力的作战学说以及国防军无法企及的机械化水平，是他们从未领教过的对手。德军将如何应对战场上的这个新挑战？最后，既然同盟国在 1943 年的大部分时间掌握着主动权（das Gesetz des Handelns），可以自由选择在何时何地发动进攻，那么《国防军：第二部·节节败退，1943 年失败的战争》也会详细分析它们的作战行动。在本书的前几章，这一重点会显得特别突出，我将详述德国的新敌人——美国陆军的首次亮相。刚刚登场的美国陆军还显得很笨拙，没有充分适应作战，但却有着充足的武器和装备，它在很多方面可以代表 1943 年的战事，值得我们认真对待和分析。随着整个大同盟在欧洲战场大打出手，德国人事实上已经输掉了这场战争。但是，既然已经拥有了可观的物力和人力优势，为什么同盟国还是没能在 1943 年取得更具决定性的战果呢？

注释

1. 关于"Armee eingeschlossen···",见第 6 集团军司令弗里德里希·保卢斯将军所发电报，曼弗雷德·克里希（Manfred Kehrig）著，《斯大林格勒：关于这场战役的分析和档案》（*Stalingrad: Analyse und Dokumentation einer Schlacht*，斯图加特：Deutsche Verlags-Anstalt，1974 年），第 559—560 页抄录了电报全文。

2. 要查看对这一论点更为完整的解说，见罗伯特·M. 奇蒂诺（Robert M. Citino）著，《德式兵法：从三十年战争到第三帝国》（*The German Way of War: From the Thirty Years' War to the Third Reich*，劳伦斯：University Press of Kansas，2005 年）。

3. "我们的战斗必须是短促而活跃的，拖延的做法对我们不合适，因为在长期的战争中我们优秀的秩序将会崩溃，我们国土上的人口将会减少，我们的资源也将被消耗一空。（Unsere Kriege kurtz und vives seyn müssen, massen es uns nicht konveniret die Sachen in die Länge zu ziehen, weil ein langwieriger Krieg ohnvermerkt Unsere admirable Disciplin fallen machen, und das Land depeupliren, Unsere Resources aber erschöpfen würde.）"胡戈·冯·弗赖塔格-洛林霍芬（Hugo von Freytag-Loringhoven）著，《指挥官的重要意义：名将的思考与行动》（Feldherrengrösse: Von Denken und Handeln hervorragender Heerführer，柏林：E. S. Mittler，1922 年），第 56 页。

4. 在德语文献中可以找到无数例子，比如读者可参见比格少校（Major Bigge）著，《论下级指挥官在战争中的自主行动》（*Über Selbstthätigkeit der Unterführer im Kriege*），《军事周刊副刊》（*Beihefte zum Militär-Wochenblatt*，柏林：E. S. Mittler，1894 年）：第 17—55 页，摘自1893 年 11 月 29 日柏林军事学会某讲座的讲稿。另见威廉·冯·布卢默将军（General Wilhelm von Blume）著，《指挥官在战争中的自主行动》（*Selbstthätigkeit der Führer im Kriege*），《军事周刊副刊》（柏林：E. S. Mittler，1896 年）：第 479—534 页。要了解 20 世纪的例子，请参见埃里希·韦尼格（Erich Weniger）著，《下级指挥官的独立性及其限制》（*Die Selbständigkeit der Unterführer und ihre Grenzen*），《军事科学评论》（*Militärwissenschaftliche Rundschau*）第 9 辑，第 2 期（1944 年）：第 101—115 页。

5. 关于 1866 年战争的权威著作是杰弗里·瓦夫罗（Geoffrey Wawro）著，《普奥战争：1866 年奥地利与普鲁士和意大利的战争》（*The Austro-Prussian War: Austria's War With Prussia and Italy in 1866*，剑桥Cambridge University Press，1996 年），以及丹尼斯·肖沃尔特（Dennis E. Showalter）著，《德国统一战争》（*The Wars of German Unification*，伦敦Arnold，2004 年），不过戈登·克雷格（Gordon A. Craig）著，《柯尼希格雷茨之战：1866 年普鲁士对奥地利的胜利》（*The Battle of Königgrätz: Prussia's Victory over Austria, 1866*，费城：Lippincott，1964 年）仍然值得一读。关于西线战役，请参见较早期的德语文献：奥斯卡·冯·莱托-福贝克（Oscar von Lettow-Vorbeck）著，《1866 年德意志战争史》第 1 卷《加施泰因－朗根萨尔察》（*Geschichte des Krieges von 1866 in Deutschland, vol. 1, Gastein-Langensalza*，柏林：E. S. Mittler，1896 年 ）要查看普鲁士最优秀的作家之一的记述，见特奥多尔·冯塔内（Theodor Fontane）著，《1866 年德意志战争》第 2 卷《德国中西部的战役》（*Der deutsche Krieg von, 1866, vol. 2, Der Feldzug in West- und Mitteldeutschland*，柏林：R. v. Decker，1871 年）。

6. 要了解施泰因梅茨对斯皮舍朗（Spichern）之战的影响，见罗伯特·M. 奇蒂诺著，《德式兵法》，第 176—179 页。

7. 关于坦嫩贝格战役的权威资料是丹尼斯·肖沃尔特著，《坦嫩贝格：两个帝国的较量》（*Tannenberg: Clash of Empires*，华盛顿哥伦比亚特区：Brassey's，2004 年）。另见罗伯特·M. 奇蒂诺（Robert M. Citino）著，《德式兵法》，第 224—230 页。

8. 请参见汉斯·德尔布吕克（Hans Delbrück）著，《腓特烈·卡尔亲王》（*Prinz Friedrich*

Karl)，收录于《历史和政治随笔》(*Historische und Politische Aufsätze*，柏林：Georg Stilke，1907 年)，第 302—316 页，其中对红亲王的性格做了精彩的剖析，指出他的天赋正是来自他的"大胆"(Kühnheit)。

9.　沃尔夫冈·弗尔斯特(Wolfgang Foerster)著，《腓特烈·卡尔亲王》(*Prinz Friedrich Karl*)，《军事科学评论》第 8 辑，第 2 期 (1943 年)：第 90 页。

10.　要了解对这一论点的全面阐述，见伯特·M. 奇蒂诺著，《国防军：第一部·折戟沉沙，1942 年德军历次战役》(*Death of the Wehrmacht: The German Campaigns of 1942*，劳伦斯：University Press of Kansas，2007 年)。

11.　要了解德军对奥尔忠尼启则的最后进军，见厄尔·齐姆克（Earl F. Ziemke）和马格纳·鲍尔（Magna E. Bauer）著，《从莫斯科到斯大林格勒：决战东线》(*Moscow to Stalingrad: Decision in the East*，华盛顿哥伦比亚特区Center of Military History，1987 年)，第 453—454 页，以及罗伯特·M. 奇蒂诺著，《国防军：第一部·折戟沉沙，1942 年德军历次战役》，第 239—243 页。

12.　在 1942 年 9 月苏联南方城市文尼察（Vinnitsa）的元首指挥部中发生了大规模的"领导层危机"，哈尔德和利斯特都在这场危机中被希特勒放逐。有关细节，请参见德国官方正史《德国与第二次世界大战》，第 6 卷，《全球战争：战争的扩大和主动权的易手，1941—1943》(*Das Deutsche Reich und Der Zweite Weltkrieg, vol. 6, Der Globale Krieg: Die Ausweitung zum Weltkrieg und der Wechsel der Initiative, 1941–1943*，斯图加特：Deutsche Verlags-Anstalt，1990 年)，由贝恩德·魏格纳（Bernd Wegner）执笔的第 6 部分，《对苏战争，1942—1943 年》(*Der Krieg gegen die Sowjetunion, 1942–1943*)。尤其请参见《希特勒的"第二次会战"：军事理念与战略基础》(Hitlers 'zweiter Feldzug'：Militärische Konzeption und strategtische Grundlagen)（ 第 761—815 页)、《夏季攻势的开始》(Der Beginn der Sommeroffensive)（ 第 868—898 页 ）和《文尼察的九月：危机的顶点》(September in Vinnica: Der Huohepunkt der Krise)（ 第 951—961 页 ）。海姆是因为对天王星行动中顿河北岸苏军的突破应对不够积极而失去第 48 装甲军指挥权的。请参见汉斯·德尔（Hans Doerr）著，《进军斯大林格勒之战：试述某次战役》(*Der Feldzug nach Stalingrad: Versuch eines operativen Überblickes*，达姆施塔特：E. S. Mittler，1955 年)，第 63—66 页；理查德·迪纳尔多（Richard L. DiNardo）著，《德国与轴心阵营诸国：从联盟到崩溃》(*Germany and the Axis Powers: From Coalition to Collapse*，劳伦斯：University Press of Kansas，2005 年)，第 150—153 页；克里希著，《斯大林格勒》，第 132—133 页；以及罗伯特·M. 奇蒂诺著，《国防军：第一部·折戟沉沙，1942 年德军历次战役》，第 294—296 页。

13.　见《德国与第二次世界大战》，第 6 部分，魏格纳著，《对苏战争，1942—1943 年》，第 6 卷第 954 页："希特勒的作战决策往往不止违反常规，更是不专业且有缺陷的（ *oft genug nicht nur unkonventioneller, sondern auch unprofessioneller und fehlerhafter operativer Entschlüsse Hitlers*)。"

14.　要了解"双重会战"的细节，见罗伯特·M. 奇蒂诺著，《国防军：第一部·折戟沉沙，1942 年德军历次战役》，第 254—258 页。

15.　"兵法（ways of war）"一词以及从它引申出的关于各国独特军事文化的推论首见于拉塞尔·魏格利（Russell F. Weigley）著，《美式兵法：美国军事战略与方针史》(*The American Way of War: A History of United States Military Strategy and Policy*，纽约：Macmillan，1973 年)，但要在近几年的军事历史论述中才成为特别突出的议题。可以参见的著作有：罗伯特·M. 奇蒂诺著，《德式兵法》；伊莎贝尔·赫尔（Isabel V. Hull）著，《绝对毁灭：德意志帝国的军事文化与战争实践》(*Absolute Destruction: Military Culture and the Practices of War in Imperial Germany*，纽约州伊萨卡：Cornell University Press，2005 年)；布莱恩·麦卡利斯特·林（Brian McAllister Linn）著，《战斗的启示:陆军的兵法》(*The Echo of Battle: The Army's Way of War*，马萨诸塞州坎布里奇：Harvard University Press，2007 年)；彼得·洛奇（Peter A. Lorge）著，《亚洲军事革命：从火

药到炸弹》(*The Asian Military Revolution: From Gunpowder to the Bomb*,剑桥:Cambridge University Press,2008 年),等等。要查看关于这一主题的有用简介,请参见《比较兵法:圆桌会议》(Comparative Ways of War: A Roundtable),《史论》(*Historically Speaking*)第 11 辑,第 5 期(2010 年 11 月)第 20—26 页,其中收录的文章包括罗伯特·M. 奇蒂诺著,《德式兵法再探》(*The German Way of War Revisited*);林著,《美式兵法争论:概述》(The American Way of War Debate: An Overview);洛奇著,《中国兵法百家》(*The Many Ways of Chinese Warfare*);以及詹姆斯·杰伊·卡拉法诺(James Jay Carafano)著,《探究兵法》(*Wending through the Way of War*)。

16. 要了解大屠杀史学中的两大流派,最好的代表作也许是这几本:关于机能主义,见克里斯托弗·布朗宁(Christopher R. Browning)著,《普通人:第 101 预备保安营与波兰的最终解决行动》(*Ordinary Men: Reserve Police Battalion 101 and the Final Solution in Poland*,纽约:HarperCollins,1992 年);关于意向主义,见露西·达维多维奇(Lucy S. Dawidowicz)著,《针对犹太人的战争,1933—1945》(*The War against the Jews, 1933-1945*,纽约:Holt, Rinehart and Winston,1975 年)或丹尼尔·乔纳·戈尔德哈根(Daniel Jonah Goldhagen)著,《希特勒的志愿刽子手:普通德国人与大屠杀》(*Hitler's Willing Executioners: Ordinary Germans and the Holocaust*,纽约:Alfred A. Knopf,1996 年)。

17. 提到这句话的资料很多,例如可参见阿道夫·霍伊辛格(Adolf Heusinger)著,《冲突中的司令部:1923—1945 年德国陆军的宿命时刻》(*Befehl im Widerstreit: Schicksalsstunden der deutschen Armee 1923-1945*,蒂宾根:Rainer Wunderlich Verlag Hermann Leins,1950 年),第 235 页。霍伊辛格在战争中长期担任德国总参谋部作战处(Operationsabteilung)的处长,还将在 1944 年 6 月库尔特·蔡茨勒将军患病代理总参谋长之职,并在战后成为德意志联邦共和国的武装力量——联邦国防军(Bundeswehr)的首任总监。

18. 这个段子是编造的。要了解其最初的来源,请参见保罗·施密特(Paul Schmidt)著,《1923—1945 年外交舞台上的龙套演员:德国外交部首席口译员对欧洲政治家的体会》(*Statist auf diplomatischer Bühne, 1923-1945: Erlebnisse des Chefdolmetschers im Auswärtigen Amt mit den Staatsmännern Europas*,波恩:Athenäum-Verlag,1949 年),第 464 页。

19. 读者可以参见由现役美国军官撰写的下列著作,这是一份不完整的资料清单戴维·顺克(David A. Shunk)著,《1943 年 2—3 月冯·曼斯坦因元帅指挥的南方集团军群大反攻:德国装甲部队在东线最后一次战役层面的胜利》(*Field Marshal von Manstein's Counteroffensive of Army Group South, February - March, 1943: The Last Operational Level Victory of the Panzer Forces on the Eastern Front*,硕士论文,美国陆军指挥与参谋学院,堪萨斯州利文沃思堡,1986 年);劳伦斯·伊佐(Lawrence L. Izzo)著,《对曼斯坦因在俄国前线指挥的 1942—1943 年冬季战役的分析:战役层面的观点及其意义》(*An Analysis of Manstein's Winter Campaign on the Russian Front, 1942-1943: A Perspective of the Operational Level of War and its Implications*,学生论文,美国陆军指挥与参谋学院,堪萨斯州利文沃思堡,1986 年);拉塞尔·戈林(Russell J. Goehring)著,《定序作战:战役艺术的关键路径》(*Sequencing Operations: The Critical Path of Operational Art*,专题论文,美国陆军指挥与参谋学院,堪萨斯州利文沃思堡,1987 年);小理查德·罗(Richard J. Rowe Jr.)著,《反击:对作战优先事项的研究》(*Counterattack: A Study of Operational Priority*,专题论文,美国陆军指挥与参谋学院,堪萨斯州利文沃思堡,1987 年);小阿尔伯特·布莱恩特(Albert Rryant Jr.)著,《灵活性:战役艺术的关键》(*Agility: A Key to the Operational Art*,专题论文,美国陆军指挥与参谋学院,堪萨斯州利文沃思堡,1988 年)以及赫伯特·弗兰森(Herbert L. Frandsen)著,《反闪电战:成功实施反攻的条件》(*Counterblitz: Conditions to a Successful Counteroffensive*,专题论文,美国陆军指挥与参谋学院,堪萨斯州利文沃思堡,1990 年)。

20. 要了解对库尔斯克战役的历史研究的权威简介,请参见德国战役史泰斗卡尔-海因茨·弗里泽尔(Karl-Heinz Frieser)撰写的《后发制人与先发制人:1943 年的哈尔科夫战役与库尔斯克战役》

（Schlagen aus der Nachhand—Schlagen aus der Vorhand: Die Schlachten von Ch'arkov und Kursk 1943），收录于罗兰·弗尔斯特（Roland G. Foerster）编，《第二次世界大战的转折？1943 年春夏两季的哈尔科夫战役和库尔斯克战役的战役背景、过程与政治意义》（*Gezeitenwechsel im Zweiten Weltkrieg? Die Schlachten von Ch'arkov und Kursk im Frühjahr und Sommer 1943 in operative Anlage, Verlauf und politischer Bedeutung*，柏林：E. S. Mittler，1996 年），第 101—135 页。

21. 见卡洛·德斯特（Carlo D'Este）著，《苦涩的胜利：1943 年西西里之战》（*Bitter Victory: The Battle for Sicily, 1943*，纽约：Harper Collins，1988 年）。

22. 格哈德·魏因贝格（Gerhard L.Weinberg）初版于 1994 年、再版于 2005 年的权威之作《战火中的世界：第二次世界大战全史》（*A World at Arms: A Global History of World War II, 2nd ed.,* 剑桥：Cambridge University Press，2005 年）强调了"各大战区的相互关系与身居高位者面临的选择"（第 24—25 页），自该书问世以来，追溯这些关系就成了二战研究的必备要素。近年来就有两部一卷本的二战史也强调了历史事件的全球性和相互关联性，请参见埃文·莫兹利（Evan Mawdsley）著，《新编第二次世界大战史》（*World War II : A New History*，剑桥：Cambridge University Press，2009 年）和托马斯·蔡勒（Thomas W. Zeiler）著，《毁灭：第二次世界大战军事全史》（*Annihilation: A Global Military History of World War II*，牛津：Oxford University Press，2011 年）。

23. 见迈克尔·施蒂默尔（See Michael Stürmer）著，《德意志帝国简史》（*The German Empire: A Short History*，纽约：Modern Library，2000 年），第 12—13 页。

24. 有关近年军事历史学术研究趋势的调查，见罗伯特·M. 奇蒂诺著，《新旧军事史再介绍》（*Military Histories Old and New: A Reintroduction*），《美国历史评论》（*American Historical Review*）第 112 辑，第 4 期（2007 年 10 月）：第 1070—1090 页。

目　录

第一章
最后的胜利？争夺突尼斯

引子：震撼世界的一个月（1942年10月23日—11月23日）

人类几千年来的经验告诉我们，各种坏事似乎总是会凑在一起发生，民间因此产生的谚语真是数不胜数。比如，我们常说"不雨则已，一雨倾盆"。当遇到太多的麻烦时，我们往往会说"走了一天霉运"，或是将此归咎于我们的生理节律。我们甚至总结出了一个目标数字，即所谓的"祸不单行"。

让我们带着这样的想法，从历史长河中截取一个片段，细察一场旷日持久而且极为残酷的战争中的一小段时间。对德国国防军来说这是一个紧张的时期，在斯大林格勒、高加索和埃及的西部沙漠中都进行着激战。

10月23日，星期五：英国第8集团军司令伯纳德·劳·蒙哥马利将军下令开始实施"轻足行动"（Operation Lightfoot）的最后阶段，这是他在阿拉曼发动的大规模攻势，打击对象是当面的德意联军——由埃尔温·隆美尔元帅指挥的非洲装甲集团军。

10月25日，星期日：德国第79步兵师在斯大林格勒北部工业区针对"红十月"和"街垒"两个工厂发起的攻击因德方伤亡惨重而宣告破产。步兵的损失已经上升到灾难性的地步，第79步兵师也步了多支友邻部队的后尘，被判定为"失去进攻能力"（angriffsunfähig）。[1]

也在这个星期日：在高加索腹地，埃伯哈德·冯·马肯森将军（General

Eberhard von Mackensen）指挥的德国第 3 装甲军对战略重地奥尔忠尼启则发起了进攻。鉴于严冬将至，这是国防军在这个战场上赢得决定性胜利的最后机会。

也在这个星期日：隆美尔回到非洲。他意识到蒙哥马利的主力正在攻击非洲装甲集团军的左翼，便命令久经沙场的第 21 装甲师从南线北上。这个师是他唯一的战役预备队。

10 月 29 日，星期四：在英国第 8 集团军的大举进攻下抵抗了六天之后，隆美尔的部队正在崩溃，但蒙哥马利也感到了压力，不得不加快战斗节奏。他得出显而易见的结论："在某个地方取得突破正成为当务之急。"[2]

也在这个星期四：马肯森的装甲军到达奥塞梯军用公路（Ossetian Military Road）起点处的阿尔东河（Ardon）。通向奥尔忠尼启则的道路似乎已被打通。

11 月 2 日，星期一：蒙哥马利重整了他的坦克部队，投入一支生力军——第 7 装甲师，并开始进行"增压行动"（Operation Supercharge），集中兵力猛攻隆美尔的左（北）翼，几乎立刻取得了突破。

11 月 3 日，星期二：隆美尔意识到整个非洲装甲集团军正处于毁灭边缘，于是决定撤退。他发报通知了希特勒。[3]

也在这个星期二：马肯森的先头部队距离奥尔忠尼启则已不到 1.6 千米。经历整整一季的失望之后，这对国防军来说将是一个重要的胜利。苏军的抵抗正在加强，但也许为时已晚？

11 月 4 日，星期三：希特勒电告隆美尔不得撤退。元首表示，此刻应"坚守阵地，不得后退一步，把能抽调的每一门大炮、每一个士兵都投入战斗"。隆美尔大吃一惊，他后来写道："我们都好像挨了当头一棒。"[4]

11 月 6 日，星期五：斯大林格勒的战斗陷入僵局。国防军总司令部（Oberkommando der Wehrmacht，简称 OKW）的阿尔弗雷德·约德尔将军（General Alfred Jodl）感到困惑不解。他在记录中提到，德军"事实上已经征服斯大林格勒"，但是苏联守军显然不同意他的看法。[5]

也在这个星期五：苏军在奥尔忠尼启则城外的反击重创了马肯森过于突出的前锋。对奥尔忠尼启则的进军结束了，而对国防军而言，高加索会战也画上了句号。

11 月 8 日，星期日：强大的英美联军在摩洛哥、奥兰（Oran）和阿尔及登上了法属北非的北部海岸。"火炬行动"的终极目标是关键的地中海港口突尼斯。

11 月 9 日，星期一：在与意大利外交大臣加莱亚佐·齐亚诺伯爵（Count

Galeazzo Ciano）的一次对话中，希特勒宣称"轴心国必须（抢在美国人之前）在突尼斯立足"。[6]他告诉齐亚诺，自己已经决定向突尼斯派遣德国空军部队。

也在这个星期一：希特勒决定控制一片"突尼斯滩头阵地"。德国空降兵部队在当晚被空运至突尼斯，并占领了机场。

11月11日，星期三：国防军发动"胡贝图斯行动"（Operation Hubertus），这是它在入冬前占领斯大林格勒的最后一次尝试。

也在这个星期一：国防军开始实施占领维希法国和科西嘉的"安东行动"（Operation Anton）。

11月12日，星期四：德国空降兵占领突尼斯。

11月15日，星期日：苏军发起局部反击，使德军在"胡贝图斯行动"中取得的微小进展全部化为乌有。

11月16日，星期一：斯大林格勒下了第一场雪。

11月17日，星期二：希特勒向保卢斯发出一道要求对第6集团军全体官兵宣读的元首令。他号召他们表现出勇气和闯劲（Schneid），呼吁他们做更大的努力。[7]

11月19日，星期四：苏军发起"天王星行动"，在斯大林格勒南北两侧实施大规模反攻。

11月23日，星期一：苏军的机械化纵队在位于斯大林格勒深远后方的顿河畔卡拉奇会师，将德国第6集团军包围在这座城市中。该集团军是德军战斗序列中规模最大的一个野战集团军——这一灾难性的损失将永远得不到弥补。

毫无疑问，对国防军来说这是多灾多难的一个月。在这段短暂的时期，国防军的处境从稳定变成了危急。参与战役策划的德国军政官员肯定有着这样的感觉：每一天似乎都会带来新的希望、新的危机或新的灾难。到了最后，部分军官团成员可能早在1941年12月就从心底产生的怀疑或预感突然在几乎所有人的眼里成为清晰得可怕的事实。再也没有任何疑问了：德国正在输掉这场战争。

增压行动、火炬行动、天王星行动，也许民间流传的说法是对的：祸事一来，确实会接二连三。

最新的敌人

希特勒有关"抢在美国人之前到达突尼斯"的意见暴露了他内心的想法。显然他以为美国人是孤军作战，并不知道美军是与英军组成联合远征军渡海而来的。他等待这一刻已经很久了。早在他掌权前的1928年，他就在自己所谓的"第二本书"中预见到了德意志帝国与美利坚合众国（用他自己的说法是"美利坚联盟国"）的对决。虽然后来的希特勒会在战时的多次席间漫谈中把美国形容为"半犹太人罗斯福"奴役下的堕落国度，但在这本书里，美国的形象却正面得多——也危险得多。他写道，这是一个已经给实力和繁荣设定了新标准的强国，一个从欧洲各地吸纳了最优秀、最聪明的"北欧"血统移民的国家，一个"在人种上经过筛选的年轻民族"，注定要在世界事务中取得"支配地位"。[8] 在未来的元首笔下，国家社会主义政府的一个重任就是使德国做好与美国开战的准备。

战争本身产生了奇特的叙事。虽然美国人普遍将第二次世界大战看作一场打败法西斯主义、为世界上被压迫的广大群众带去自由的神圣战争，一场反对希特勒的"十字军征欧"，但美国无疑是拖了很久才参战的。[9] 让我们来考虑几个时段。如果我们将这场战争从德国入侵波兰（1939年9月1日）算起，到日本人登上美国军舰"密苏里号"（Missouri）投降（1945年9月2日）为止，那么它差不多持续了六年整。而在这六年里，美国人参战的时间还不到四年，只是刚刚过半而已。再换一种算法：这场战争共有七个交战季，美国错过了前三个，只是积极参与了后四个。当全面战争在欧洲进行两年、在亚洲进行四年之后，美国才姗姗来迟，此时日本已经侵占了中国的大片领土，德国国防军在欧洲也取得了同样的战果。

美国最终加入战争，其实只是出于无奈。东京的军阀在1941年12月7日将美国拖入战争，几天之后，希特勒也步盟友后尘对美国宣战。但是在将近一年之后，经过了在现代社会和大众传媒时代堪比沧海桑田的时间，美国陆军对它的德国敌人还是一枪未发。当1942年年底两国军队终于在战场上相遇时，战斗也并没有发生在对这两支军队而言合乎逻辑的地点——欧洲。事实上，战斗发生在突尼斯，仅仅几个月前，这块位于非洲的法国殖民地还不曾——让我们说得委婉一点——在德美两国的战争策划中占据突出地位。换句话说，一场针对欧洲的紧迫的十字军远征，不仅在时间上拖延了很久，而且是在一个最不可能的地点开始的。

按照常理，上述情况对迟到的强国是好事。各交战国已经厮杀多时，互有胜负，而且消耗了不少资源。新介入的强国实力完整，士气正旺，因此在胜负的天平上是一个决定性的砝码。它一旦加入战争就可以决定大局，然后将自己的意志强加于已经山穷水尽的参战国，无论它们是盟友还是敌人。以第二次世界大战为例，美国有数年时间来让自己做好万全的准备。然而，虽然有了如此长的准备时间，虽然美国用了两年时间逐步提高外交政策的攻击性，向所有相关方发出了"美国不会消极被动地坐等德国和日本征服世界"的讯息，但是谁都不能说美国陆军在任何方面做好了参与第二次世界大战的准备。在英国军方派驻美国的首席代表——陆军元帅约翰·迪尔爵士（Field Marshal Sir John Dill）于珍珠港事变发生后不久向伦敦拍发的电报中，可以读出明显的迷惘语气，迪尔认为英国的这个新伙伴不仅没有做好准备，而且它"对战争的准备之缺乏是超乎想象的"。[10]

假如迪尔的记性再好一些，他也许会回想起 1917 年。在那一年，美国加入了第一次世界大战，而它对那一场大战也是严重缺乏准备。当时美国陆军体验过的实战仅限于在美国和墨西哥边境围剿墨西哥农民起义军领袖潘乔·比利亚（Pancho Villa）。在 1917 年 4 月，这个国家却不得不厉兵秣马，加入一场大规模战争。更何况这还是一场在海外进行的大战，在美国历史上是破天荒的头一回。美国将要花上一年时间募集军队、完成训练并将它运往欧洲。即便在抵达欧洲之后，约翰·潘兴将军（General John Pershing）麾下的美国远征军（AEF）也不得不使用法国的武器。雷诺 FT–17 式坦克、斯帕德 13 式战斗机、75 毫米炮和 155 毫米炮——全都是法国制造的。矛盾的是，尽管美国工业界拥有当时世界上规模最大、产量最高的重工业基地，但它在这场海外大战中给美国军队提供的武装却相对较少。

1917 年以后，美国陆军经历了典型的战后裁撤。这次裁军是至少三个因素共同作用的结果：对预算斤斤计较的政客们热衷于让这个国家重新回到国际政治舞台的幕后；厌战情绪高涨的普通民众在经历了近期的动荡之后，渴望回归正常生活；对自己的劫后余生感到庆幸的数十万士兵一听到和平的喜讯就已经在心理上"解甲归田"。这些因素在民主社会里引发了一场完美风暴，而第一次世界大战后的美国政府对它的抵抗力不比此前或此后的任何一届政府强。于是陆军被裁减到了战时规模的零头，而随着美国民意强烈支持孤立主义，人们对军事的兴趣下降到了空前绝后的水平。按某一项指标衡量，1939 年美国的军事实力在全世界位列第十七，那时候的美国陆军只有三个满员的步兵师和一个骑兵师，远不如第十六名的罗马尼亚。到了 1940 年春天，美国的步兵师的数量增加到了五个，而同期的德国国防军拥有 136 个师，日本部署在中国的现役部队也已超过一百万。在 1938 年的一期《生活》（Life）杂志上有一张引人注目的照片，上面展示了一小队聚在一起供媒体拍照的"战斗汽车"和卡车，说明文字是："这是美国陆军唯一的机械化骑兵旅的一半。"[11] 这张照片是《生活》杂志有意识地呼吁整军备战的宣传照之一，它显示的美军数量并不多——实际上也真是不多。

但是美国陆军面临的问题不只是单纯的兵力不足，它还要在乱七八糟的军事学说（关于作战方式的概念、政策和程序）中苦苦挣扎。间战时期是一个军事科学蓬勃发展的时代，各国军方围绕机械化问题争论不休——具体说来，就是坦克和飞机究竟应该在未来战争中扮演什么样的角色。在大多数观察家看来，坦克是在第一次世界大战最后一年打破堑壕战僵局的关键，因此可以被视作未来的武器。在英国，富勒上校（Colonel J. F. C. Fuller）和退役上尉利德尔·哈特（B. H. Liddell Hart）描述了他们心目中的现代化军队：它以坦克和飞机为中心，利用这两种武器优越的机动性迂回并摧毁在第一次世界大战中显得那样坚不可摧的敌方固定防线。[12]

在德国，以汉斯·冯·塞克特将军（General Hans von Seeckt）和海因茨·古德里安上校（Colonel Heinz Guderian）为代表的改革者设想了未来的机械化军队，希特勒上台前的护国军和纳粹时代的国防军都组织了大规模演习来实地检验摩托化和机械化部队。这些演习促使德国人组建了装甲师，这种部队以坦克作为主要的打击力量，但也包含了门类齐全的支援兵种机械化步兵、自行火炮、后勤纵队、舟桥部队，等等。换句话说，按照古德里安的经典规划，装甲师是一种多兵种合成部队，"在其中其他兵种的机动性都被提高到坦克的标准"。[13]

与欧洲列强相比，美国完全错过了关于机械化的大讨论。这不表示美国军界无人关心相关问题或理解装甲部队的运用。美国远征军在第一次世界大战中就曾使用过坦克和飞机，甚至组建过一个完全由坦克组成的独立坦克军。这个军参加了一些激烈的战斗，到战争结束时，它拥有约 5000 台车辆和 20000 人员。[14] 但是对美国来说，这场战争还是很短暂的，陆军在战后依然死抱着一些保守的观念。在 1920 年，《国防法》规定的正规军编制仅为 17000 名军官和 280000 名士兵。[15] 我们可以做个对比，这个编制只有法国陆军的三分之一左右，而法国的人口只相当于美国的三分之一。这个法案还撤编了坦克军团，将它的坦克全部分配给步兵部队，在事实上使装甲车辆成为徒步士兵的附属品。该军团的两名主要指挥官——乔治·巴顿上校（Colonel George Patton）和德怀特·艾森豪威尔中校（Lieutenant Colonel Dwight D. Eisenhower）——分别操起骑兵和步兵的老本行。

按照这支"袖珍"军队中的典型处理方式，两人都恢复了战前的上尉军衔。官方的军事学说也反映了这一保守时代。1923 年的陆军野战勤务条例认为空中力量和装甲部队的用途只有一个：支援步兵。1939 年的修订版只是稍作妥协（它规定"原则上"坦克"应用于协助步兵部队进攻"）。[16]

一些孤立无援的人士还在继续呼吁改革，例如巴顿就主张给装甲部队更高的地位，而昵称为"比利"的威廉·米切尔准将 [Brigadier General William（"Billy"）Mitchell] 更是大力鼓吹空军制胜论，以至于在 1925 年因为抗命而上了军事法庭。米切尔认为自己的观点已经在 1921 年 7 月对缴获的德国战列舰"东弗里斯兰"号（Ostfriesland）的轰炸试验中得到证明，但是并非所有人都与他意见一致。[17] 总体而言，改革派始终没能产生多少影响。因为巴顿属于骑兵部队，而且是美国陆军有史以来最优秀的骑手之一，所以他被法律禁止接触坦克。而且无论如何，陆军的规模实在太小，驻扎地点太过分散，用于武器装备的预算又少得可怜，说到设计或生产新式武器，或是在稍微接近实战的条件下进行测试，从来就没人抱多大希望。

除了未能实现机械化之外，美国陆军还存在更深层次的问题。和所有军事力量一样，美国陆军也必须在其自身的文化和历史环境中运作。在 1939 年，这支军队已经度过了 163 个春秋。这段时间里，它打过一次硬碰硬的大规模战争：美国内战。它还以欧洲军队或采用欧式训练的军队为敌，打过几场规模较小的战争（独立战争、1812 年美英战争、1846—1847 年美墨战争和 1898 年美西战争）。最后，在第一次世界大战中，它作为美国远征军在 1918 年经历了几个月的激烈战斗。除了这大约 13 年的战争岁月之外，它在 163 年的历史中有 150 年都是在边境上防范或搜剿神出鬼没的美洲土著部落，并且赢得恃强凌弱的胜利。换句话说，它充当边境保安队的时间要远远多于进行欧式大规模战争的时间。因此，多年来它产生了对某些特色的偏好：高机动性、小部队、轻便的武器、吃苦耐劳且能独立作战的士兵，同时又轻视支援兵种。[18]

从最好的一面看，一支军队的军事文化可以作为诠释的钥匙帮助军人理解最近发生的事态。从最坏的一面看，它也可能成为一种自我强化的偏见。第一次世界大战中的战斗就是后者的例子，它几乎没有使美国陆军发生丝毫改变。美国远征军在加入战斗时就打定了主意：绝不能陷入使欧洲失血而死的堑壕战泥潭。它带着一套被它称为"野战"的学说来到欧洲，其基本原则就是先进行长时间的炮火准备，然后派出步兵前进，而步兵能得到的唯一支援来自他们自带的轻武器。[19] 不幸的是，所谓的"野战"只是一种假说，并未经过试验，也没有人对它的所有细节进行推敲。它应用于 1918 年战场的结果几乎是灾难性的。美军在初期的战斗中遭受了惨重伤亡，而且这种情况一直持续到美军部队主官开始听取英法同行的善意告诫时才终止。在盟友们看来，美军的这种战术就是自杀。而且说实话，他们的忠告是经验之谈，因为他们在几年前也经历了同样的学习曲线。到战争临近尾声时，美国远征军已经学会了用火力开路，和其他各国军队自 1915 年来的做法一样，让步兵跟着强大的弹幕前进。这是一个惨痛的教训，而且和所有战时的教训一样，是用鲜血作为学费才学会的。

但是它很快就被遗忘了。在 1919 年，美国陆军组织了一个高级委员会来评估在最近的战争中得到的经验教训。这个委员会在调查报告中依然认为堑壕战的起因是"双方都缺乏攻击精神"，并且提醒说，在未来"步兵必须能够独立作战"，而不能过分依赖"辅助兵种"，因为这往往会"破坏主动性"。尽管在委员会的调查结论中提出这些观点似乎令人生疑，但它们也许多少有正确的成分。而更加令人不敢苟同的是，委员会竟宣称战斗的结果证明美军的野战理念是正确的。[20] 事实恰恰相反。

鉴于美国陆军有这样的历史，我们对下述事实也就不应感到吃惊：当美军在 20 世纪 30 年代开始研发装甲车辆和其他机械化武器时，在性能要求中高居首位的是轻便性和机动性，而不是装甲或生存能力。由此产生的坦克将始终比它们在北非和欧洲不得不对抗的德国坦克轻。例如，当德国人已经在他们的主战坦克装甲战斗车辆四号坦克(Mark IV)的炮塔上安装 75 毫米火炮时,制式的美国坦克(M2 中型坦克) 只有一门 37 毫米炮。而当德国人升级到炮管更长、初速更高的 75 毫米炮（安装在四号坦克的新型号和五号"豹"式坦克上），乃至进一步升级到 88 毫米炮（安装在六号"虎"式坦克上）时,制式的美国主战坦克(M4 "谢尔曼" 式) 还在使用短管的低初速 75 毫米炮。在比较坦克时可以使用各种标准，而且我们也可以为"谢尔曼"式坦克的品质作有力的辩护——例如，它的陀螺稳定主炮使它能在移动中开火而不失准头。尽管如此，在第二次世界大战期间，美国坦克始终无法在一对一的战斗中对抗德国坦克。[21]

大多数人会觉得这种性能劣势很成问题。但是在一个执掌大权的人眼里，这却根本不是问题，此人就是美国陆军地面部队（AGF）总司令莱斯利·麦克奈尔将军（General Lesley McNair）。他认为坦克不应该与其他坦克战斗。他曾写道，坦克对坦克的较量"既不合理，也无必要"。[22] 装甲部队的任务不是与敌军的装甲部队战斗，而是作为预备队，等待步兵和炮兵突破敌军防线，然后像旧时代的骑兵一样冲上前去，在敌后纵深快速发展。按照麦克奈尔的观点，击败敌军坦克的任务应该完全交给另一种车辆承担，这种车辆是全新的概念，叫作坦克歼击车。坦克歼击车是一种装甲轻薄的车辆，车顶有时甚至是敞开无防护的。它具有很高的机动性，装备一门反坦克炮。在麦克奈尔的设想中，坦克歼击车将负责猎杀德国坦克，从而让美军的装甲部队腾出手来，像骑兵一样发挥扩大战果和追击的作用。

麦克奈尔的观点没有经过多少辩论或实地试验就成了美军的信条，而在1917年野战理论就是这样成为信条的，"日间精确轰炸"也是以同样的方式被美国陆军航空兵奉为圭臬的。[23] 虽然后来的分析家们对麦克奈尔颇多非议，但我们可以为坦克歼击车说一些公道话。美军的普通步兵部队需要尽早获得它所能得到的一切火力支援，而坦克歼击车（与性能全面的坦克相比，它造价低廉、生产难度大大降低）确实满足了这种需求。不利的一面是，坦克歼击车薄弱的装甲使它很容易成为本应被它猎杀的德国坦克的攻击目标，而且它特别不适合承担支援步兵的任务，地面部队却一而再，再而三地将这类任务强加于它。

1940年是永久改变了美国陆军的一年。这年5月，德国国防军在西线发动大规模攻势，浩浩荡荡杀入法国和低地国家。德军以坦克为先锋，辅以空中呼啸的"斯图卡"俯冲轰炸机，只用两个星期就消灭了法军主力，接着在6月荡平了整个法国。如果说有一个事件"解决"了关于机械化的问题，证明了战场的未来属于集中使用的装甲部队，那么看起来非此战莫属。在德军取得辉煌胜利之后的7月，美国陆军总参谋长乔治·马歇尔将军（General George Marshall）签署命令，组建了一个被称为"装甲兵"（Armored Force）的新机构，由小阿德纳·查飞将军（General Adna R. Chaffee Jr.）统领。[24] 由此诞生了美军最早的两个装甲师，即由布鲁斯·马格鲁德少将（Major General Bruce Magruder）指挥的第1装甲师（绰号"老铁甲"）和由查尔斯·斯科特少将（Major General Charles L. Scott）指挥的第2装甲师（绰号"地狱之车"）。在11月，斯科特升任第1装甲军军长，他的师长一职则由此时已成为准将的乔治·巴顿接任。但是美国陆军并没有完全摆脱旧思维。查飞是个老骑兵，他仍然认为坦克主要是执行"针对敌后区域的进攻作战"的工具——也就是说，发挥传统的扩大战果的作用。[25] 但无论如何，此时坦克已经成为美国陆军不可或缺的组成部分。

在推动军队现代化的同时，美国还动员了它可观的人力储备。1940年9月，富兰克林·罗斯福总统签署命令，正式实行《选征兵役法》。这是美国历史上第一部和平时期的征兵法案。当年秋天，约有1600万人进行了兵役登记，截至1940年年底，已有63万人应征入伍，陆军编制也扩大到了13个师；到了1941年6月，陆军规模进一步扩大至140万人、36个师。1940年的军费预算是90亿美元——比美国1920—1939年的军费预算总和还多。[26]

随着部队规模爆发式增长，新装备陆续服役，大规模的军事演习首次成为可能。1941年秋天，美军将会举行三次大演习8月在阿肯色州，9月在路易斯安那州，11月在卡罗来纳州。[27] 三次演习的参演部队合计超过75万人，而且坦克和机动步兵在后两次演习中发挥了突出的作用。这些军事演习不仅为美军官兵提供了实地操作的经验，也让美国陆军见识了大规模、高速度的机械化作战行动。例如，在路易斯安那演习的第二阶段，巴顿将军展现了他的机动天赋——让第2装甲师（"蓝军"的一部分）发起了一场640千米的外线迂回奔袭，横扫了"苏联红军"的后方。[28] 事实上，他将自己的师带出了演习区域，通过向沿途的加油站购买汽油来补给部队，而没有依靠当时被正式采用的五加仑简便油罐——给一支装甲部队加一次油就需要成百上千个这种油罐。当"蓝军"指挥官抗议他的行动违反了演习规则时，巴顿反唇相讥，表示自己"不知道战争中存在什么规则"。[29] 在卡罗来纳演习中，巴顿的坦克实际上俘虏了敌方指挥官休·德鲁姆中将（Lieutenant General Hugh Drum）。导演部只能命令他释放德鲁姆，好让演习能够继续。[30] 巴顿在这些演习中作为陆军的新秀之一脱颖而出，在部队还一枪未放之时就成了许多美国人眼中的大众英雄。

除了锤炼部队和实地测试装甲车辆外，这几次军事演习还考验了美国的军官团。考验的结果，或者至少是马歇尔将军和他的助手对这些结果的分析，将会决定前往欧洲作战的部队主官人选。在参加演习的42名师级、军级和集团军级指挥官中，马歇尔至少将31人贬谪或调任闲职，为少壮派军官腾出了位置。也就是说在1942年，陆军的27个师长将有20个被撤换。虽然花了一些时间，但是好在及时赶上，美国陆军终于打起精神准备迎战了。[31]

入门：第一年

就这样，美国陆军做好了准备，但是准备做什么呢？在1973年，美国军事历史学家拉塞尔·魏格利（Russell Weigley）写出了影响深远的著作《美式兵法》（The American Way of War）。[32] 他在书中指出，美国在战争中倾向于积聚压倒性的军力，攻击敌军的主力野战军并碾压之，这是一种"消灭式战略"。但也并不尽然。他指出，当初面对与英国的战争和规模极小的军队分散在广袤大陆上的事实，新生的合众国曾经不得不满足于一种"消耗式战略"。[33] 对于赢得大胜的渴望是随着国家发展壮大而产生的，美国的财富、资源和实力最终导致了美国人对于全面胜利的偏好——魏格利认为这种胜利的特点是敌国的武装力量遭到毁灭，而且敌国政权本身被彻底推翻，以无条件投降而告终。

魏格利著作中的核心论题是美国在1940年之前经历过的最接近总体战的战争——美国内战，对尤利西斯·格兰特将军（General Ulysses S. Grant）这一历史人物着墨尤其多。作为一个指挥官，格兰特不是以巧妙的作战指挥闻名，而是更多地以对必要手段的认识和对伤亡的冷漠而著称。他的策略很简单他经得起损失，而他的主要对手罗伯特·李将军（General Robert E. Lee）耗不起。李是指挥部队实施精妙机动的大师，这种用兵之道是孤注一掷的打法，也是他不得不采用的战法。他所指挥的军队在长期的消耗战中很可能会败北，因此他需要在一次大会战中取得快速而辉煌的胜利。格兰特在必要时也能机动，而且他在职业生涯中曾打出过很漂亮的机动战——维克斯堡（Vicksburg）战役就是一例。在那场至今仍被许多分析家视作军事艺术经典之一的战役中，他实际上成功完成了看似不可能的任务：智取了一座固定的要塞。但是当他在1864年挥师东进时，他掌握了绰绰有余的人力和物力，这让他感到没有必要进行花哨的机动。在战争最后一年的莽原战役中，格兰特缠住李的军队，不断地发动攻击，不给后者机动的机会，最终将其活活耗死。[34]

他摒弃了一切聪明过头或贵重过头的事物，这种做法是他留给后世美国战士的重要遗产。在那个时代，世界上其他国家的现代化军队都把毛奇式战法视作诱人的万能灵药——通过"兵分几路"（Getrennte Heeresteile）实施冒险而独立的运动[35]，以"外线"[36]机动包围敌军，在一场包围战（按普鲁士人的叫法，Kesselschlacht 即"大锅战"）中将其毁灭——格兰特却独树一帜。在他看来，要在战争中取胜，很大程度上不是靠奇袭或欺骗任何人，而是靠集中优势的资源，然后全线推进。这是一条庶民式的、朴实无华的胜利之路，没有什么特别的魅力，也不会给统兵打仗的将军带来什么天才的声誉。它完全符合这个直言不讳的男人的作风。说实话，这是具有理想的共和国特色的现代战争方式。

有必要提一下格兰特的遗产对第二次世界大战中美军战略的影响有多大。它几乎可作为一个经典例证，证明军事文化有多么普遍，历史上曾经有过的模式又可以变得多么根深蒂固。每一个国家和每一个军事机构都相信自己是在遵循战争的原理，但其实它们各自遵循的往往是其自身的历史和自身的战争方式。

例如，在马歇尔将军眼中，战略应该符合一些基本原则：美国正在与德国和日本交战，而在这两者中，德国的危险程度远远高于日本。因此美国必须集中力量击败德国，哪怕这意味着在太平洋接受一连串令人难堪的失败。按照马歇尔的设想，应该先在英国积聚庞大的军力 ["波莱罗行动" （Operation Bolero）]，然后跨过英吉利海峡进攻西欧 ["大锤行动" （Operation Sledgehammer），后来更名为 "围捕行动" （Operation Roundup）]。[37] 只有按照这一路线行动，同盟国才能迎战强大的德国国防军并将其毁灭。他也考虑过另一些潜在的作战方案，其中有的颇为异想天开，但都不能令他信服。"经由法国进军就是我们打进德国心脏地带的最短路线"，马歇尔曾以他那直言不讳的方式作此宣告。[38] 与其说他是在提出一个论点，不如说他是在陈述一个事实，而且他也不太可能有任何其他想法。马歇尔要的是挺剑直刺敌人的咽喉，沿着最直接的路线以压倒性的力量打一场 "对德优先" 的战争。

在他的设想中，我们可以看到阿尔伯特·魏德迈少校（Major Albert C. Wedemeyer）于 1941 年夏起草的所谓 "胜利计划" 的烙印。[39] 魏德迈在很短时间内就计算出了美国赢得对轴心国战争所需的力量，这是一串令人咋舌的数字：一支近 900 万人的陆军（和陆军航空兵），合计至少 215 个师，而且包括由 61 个装甲师和 61 个机械化师组成的坦克部队。[40] 作为军事预言的典型例子，"胜利计划" 本身存在一些问题。虽然事实证明魏德迈在总人数上具有惊人的先见之明，但他拿出的其他数字都是高估的。美国陆军在第二次世界大战中将仅仅拥有 16 个装甲师，而机械化师的数目是 0。师总数也与 215 相差甚远——最终美国用来作战的师将只有区区 90 个而已。但是在数字上斤斤计较就会错过重点。作为一个积聚压倒性力量的计划，没有什么例子能比它更好地反映美国式的战略思想。

制定战略是一回事，实施战略是另一回事，其难度将远远超过任何人的想象。

在此后的两年半时间里，当策划者们在为跨越海峡的登陆计划做准备时，美国陆军经历了大量实战。遗憾的是，战火虽遍及世界各地，但就是不在马歇尔选择的战场。首先，美国军界并不欢迎"对德优先"战略的大有人在。无论美式兵法整体上包含哪些理念，美国军事史中最突出的特征之一就是各军种的独立性和彼此之间的矛盾。无论是第二次世界大战中的两大军种，还是如今的三大军种，他们在向总统进言时都会把自身的利益说成与国家的整体利益完全一致，而且说实话，其军种矛盾多年来倒也并未造成多坏的结果 。在 1942 年，当美国陆军为了与德军战斗而厉兵秣马时，美国海军正在以一己之力对抗日本军队。虽然欧洲战场没有发生多少战斗，但太平洋上却是遍地烽火：1942 年 6 月，美国海军在中途岛（Midway）对日本帝国海军取得决定性胜利，歼灭了日本航母舰队的主力；[41] 而美国在整场战争中的第一次反击是 8 月发生在所罗门群岛（Solomon Islands）中的瓜达尔卡纳尔岛（Guadalcanal）的两栖登陆。[42] 在美国海军舰队总司令兼海军作战部长欧内斯特·金将军（Admiral Ernest J. King）眼里，对德优先战略毫无道理。他认为中途岛之战已经打乱了日本的阵脚，如果想避免日后的战斗变得更加艰难，美军就应该继续对日军施加压力（这个理由很难反驳）。[43] 结果就是越来越多的资源开始流入太平洋战区，远远超过了英美两国政府在 1941 年年底的阿卡迪亚会议中设想的 25% 的总计资源占比。

　　其次，美国人还必须听取另一个持不同意见的声音，它来自反希特勒联盟中的搭档。英国也有一套传统的"战争之道"：避免直接对抗和代价高昂的正面进攻，利用海军力量骚扰敌国的战略外围，通过打了就跑的突袭使敌军顾此失彼，将其拖入影响国家稳定的漫长消耗战。[44] 它在第一次世界大战中曾经放弃了这套极为成功的战略，向欧洲大陆派出规模庞大的英国远征军，并因此蒙受了巨大的损失——约有 100 万人战死沙场。伦敦方面对大锤行动或围捕行动完全缺乏热情。这些方案看起来即便成功也会造成巨大伤亡，更何况它们极有可能失败。事实上，一支英国—加拿大联合部队在 1942 年 8 月曾登上法国海岸，尝试占领迪耶普（Dieppe）港 ["银禧行动"（Operation Jubilee）]，结果以惨败告终，登陆部队遭到痛击，许多人成了俘虏。丘吉尔和他的顾问因此对 1942 年的战略路线提出了完全不同的建议，一个原名"体操家行动"（Operation Gymnast）、后来更改为"超级体操家行动"（Super-Gymnast）、最终定名为"火炬行动"的计划。[45] 这是在法属北非实施的两栖登陆行动，具体地点是摩洛哥和阿尔及利亚，当时它们都是维希傀儡政权控制下的法国殖民地。

有多个原因使火炬行动对英国人很有吸引力。首先，它将能解决一个紧迫的作战问题。在 1942 年夏天，埃尔温·隆美尔元帅指挥下的德意联军（非洲装甲集团军）发起了入侵埃及的行动，打得英国第 8 集团军晕头转向、节节败退，苏伊士运河岌岌可危。如果火炬行动成功，就会使一支大军出现在隆美尔的战略后方，很可能迫使轴心国彻底撤出非洲。这一次，可能是德国人体验敦刻尔克撤退。此外，在北非的胜利将会使同盟国全面控制地中海，使苏伊士运河重新开放，让同盟国运输船不必再万里迢迢绕道好望角。最后还有一个需要英国人小心处理的好处——火炬行动将会以较为温和的方式让初出茅庐的美国陆军领略第二次世界大战的战斗，在一个比较次要的小战场磨炼技艺，以免其过早受到任何过于剧烈的刺激。这个观点至今仍使读到这段历史的美国人愤愤不平，但如果说有什么人最清楚与身经百战的德国装甲部队抗衡有多难，那一定非英国人莫属。实际上，此时他们虽然和德国人打了近三年的仗，还是感到非常棘手。

除了军种间和盟友间的矛盾外，马歇尔将军快速渡过海峡进攻的计划本身也存在难以解决的问题。首先，参谋们对大锤行动和围捕行动进行研究后表示，直接登陆西欧将是一个艰巨而复杂的任务，对于缺乏经验的美国陆军来说尤其如此。这个计划要求美军掌握许多本领和情报：要按照精确的时间在相距遥远的地点登陆；陆海空三军部队要进行复杂的协同；要对法国各地海岸的天气和潮汐等精微奥妙的信息有详细的了解。此外，登陆战还需要数量庞大的船只——这是一种有限的资源，有关各方为了应对全球性战争的需求都恨不得把一艘船拆成两艘来用，更何况有许多专用装备此时连研发都未完成，更谈不上生产：例如 "步兵登陆舰"（LSI）和 "坦克登陆舰"（LST）。[46] 在探讨了所有细节之后，马歇尔已经很清楚，他的部队无论如何都不可能在 1942 年做好任何登陆作战的准备，甚至在 1943 年都做不到。

虽然美国方面似乎无人对体操家行动抱有热情，而且大多数人激烈反对，但罗斯福总统最终还是同意了该计划。他是不顾马歇尔和金的异议而做出这个决定的。马歇尔反对从波莱罗计划和围捕计划中抽调任何资源，金则希望集中力量对付日本。实际上，陆军总参谋长和海军总司令兼作战部长在 7 月联名给总统提交了一份意见书，表示反对在北非进行任何冒险。他们认为美国不应该执行这一外围作战，而 "应该转向太平洋，对日本发动决定性的作战"。[47] 马歇尔后来承认这种说法是夸大其词，但企图用大话来哄骗美国历史上最精明的政治家之一只会适得其反。罗斯福利用这份意见书演出了这场战争中最精彩的政治戏码之一，给部下上了一堂关于美国公民学和文官控制军队的传统的示范课。他愤然表示，自己不介意同盟国中间产生意见分歧，但绝不允许"收起吃饭家伙扭头就走"[48]，也绝不允许穿军装的指挥官们给他们的最高统帅发任何有最后通牒意味的文书。他立刻给马歇尔和金打了电话，要求他们把"太平洋备选行动"的详细计划发给他。他们问他，"你什么时候要？""今天下午。"总统回答。

惊魂甫定之后，他们不得不对他承认，在派遣大军远征太平洋这件事上，美国已经做的准备工作并不比远征北非或欧洲多。罗斯福在这个问题上的论证非常简单：美国已经参战，从政治角度讲，1942 年美军必须在某个地方与德军作战，而此时其他任何战场都没有这样的机会。他的耐心正在逐渐消失。这个国家已经耗费巨资打造强大的军事机器，但这部机器此时却还一事无成。当时他就指出："现在最重要的就是在 1942 年将美国地面部队投入对敌作战。"[49]此外他还要考虑到正与德国国防军的绝大部分主力进行着殊死搏斗的苏联。在 1942 年夏天，德军刚刚发起进攻顿河、斯大林格勒和高加索油田的蓝色行动，重压之下的斯大林呼吁盟国立即开辟对德第二战线。[50]考虑到这些现实情况，美国只能有一个选择。在 1942 年 7 月 30 日，美国总统将他的指挥官们召至白宫，宣布了自己在这个问题上的最终决定——火炬行动势在必行。

事情的经过就是这样。多年来，先是在战后当事者的回忆录中，接着又在历史学界，罗斯福登陆北非的决定引发了大量争论。总的来说，持反对意见者来自同一个国家。美军指挥官们（后来又包括美国历史学家们）怨声载道，纷纷将火炬行动描述为毫无意义的分散力量之举，还批评火炬行动将美国军力绑在了"大英帝国的战车"上。[51]但正如上文这段简短的研究所表明的，后人从同盟国之间紧张关系的角度来看待战争，很可能会扭曲事实。在 1942 年，美军正受到严重的系统约束。马歇尔想做的事（直接打击敌国的心脏地带）和他在现实中能做的事（统帅一支训练不足、武器装备还在设计中的军队）之间存在巨大的鸿沟，因此即便没有英国人催促，美国陆军也很可能会出兵北非。

火炬行动：计划

罗斯福的决定一方面迫使他的军官们本着常识对实际形势做重新评估，另一方面无疑也引出了其自身的问题。[52] 这个决定来得太晚，同盟国的策划人员只有六个星期来研究火炬行动如何开展——考虑到此次作战的巨大规模，这只不过是弹指一挥间。参谋们需要考虑的事情很多：两支行动缓慢、满载兵马的运输船队，必须在战舰的严密护航下分别从美国弗吉尼亚州的汉普顿锚地（Hampton Roads）和英国苏格兰的克莱德河（Clyde River）三角洲起航，穿越大西洋到达北非。从美国出发的团队需要航行 4800 多千米，因此这是有史以来距离最长的两栖作战，大大超过其他同类行动。经过两个星期危机四伏的航行之后，两支船队必须在直布罗陀（Gibraltar）附近的集结区实施难度很高的会合。随后它们又要分别前往各自的目的地，在两个独立的海域（大西洋和地中海），相隔 1400 多千米的海岸线上同时实施登陆。在如此大规模的作战中，有许多环节可能出错，更何况美国陆军缺乏经验，他们的参谋班子未经实战考验，他们的指挥官德怀特·艾森豪威尔中将也从未有指挥部队作战的经历。

除了规模庞大外，作战计划本身也是高度复杂的。联军要实施的不是一场登陆行动，而是同时实施三场。西路特遣队将是清一色的美军，在乔治·巴顿少将指挥下从美国港口出发。他将带着三个师（第 2 装甲师、第 3 步兵师和第 9 步兵师）的 35000 人在非洲大西洋沿岸的卡萨布兰卡（Casablanca）港附近登陆。中路特遣队由劳埃德·弗雷登道尔少将指挥，从英国南下，将有 39000 人（第 1 装甲师、第 1 步兵师和第 509 伞兵团）在奥兰港及其周边登陆。最后是美英军队各占一半的东路特遣队，由查尔斯·赖德少将（Major General Charles W. Ryder）指挥。赖德同样是从英国出发，他将率领美国第 34 步兵师和英国第 78 步兵师在阿尔及尔及其周边上岸。[53] 每个登陆集群都有一支强大的海军特混舰队提供支援。它们将在直布罗陀附近集结，大小舰船总数将达 340 艘——这也是现代历史上规模前所未有的舰队。参战的航空兵力同样庞大，而且分布在极为广阔的地域，因而不得不一分为二：由英国空军中将威廉·韦尔什爵士（Sir William Welsh）指挥的东部航空司令部和由美国陆军少将詹姆斯·杜立德（James Doolittle）指挥的西部航空司令部，这两支部队所负责区域的分界线在阿尔及利亚的提奈斯角（Cape Tenez），大致位于奥兰至阿尔及尔的中途。

火炬行动的规模和复杂程度造成了众多不确定性。首先，在海上有一千零一个环节可能会出错。如果德国情报机关事先听到关于火炬行动的风声，那么在接近目标的漫长航程中，舰队就要面对敌军 U 艇的严重威胁。即使 U 艇的威胁没有成真，在海上也总有遇到暴风雨或机械故障的可能性。船队必须无情地保持航行。任何跟不上大队的船只都将被丢下，落入听天由命的境地。

关于作战目标的问题也令人棘手。火炬行动的战略目标只能有一个：突尼斯港。如果盟军首先到达那里，就可以掐断隆美尔的非洲装甲集团军的后路，把它困在非洲。如果德军先到，他们就可以通过相对安全的空运方式将增援部队迅速送进非洲，以远远快于盟军海运的速度积聚实力。因此，登陆的地点必须尽可能靠近突尼斯。但如果离突尼斯太近，又会使运输船队进入从西西里和撒丁岛的空军基地起飞的德军飞机打击范围。最终盟军选择了一个比较保守的解决方案，最东面的登陆场也仅到阿尔及尔而已，而且有整整一支登陆船队是完全在地中海之外登陆的。摩洛哥是最安全的登陆场，但也使很大一部分盟军部队与主要目标突尼斯相隔 1600 多千米。就连艾森豪威尔也承认，这样一来抢占突尼斯的机会就"从颇有可能变得希望渺茫"，但这个问题也确实没有理想的解决办法。[54]

毫无疑问，最大的不确定因素是守军的态度。维希法国按官方说法是轴心国的一部分，因此法属北非在理论上属于敌国领土。镇守它的是一支人数约 12 万的军队。它是轻装的殖民地部队，很适合用来巡逻和对付偶尔出现的沙漠劫匪团伙，但并不适合进行火力密度很高的现代化作战。情报显示，这个殖民地内部存在对同盟国事业的支持，当地许多居民都会把美军当作解放者来欢迎，许多法军士兵也宁可缴械投降，而不愿对他们开火。法国武装力量总司令让·弗朗索瓦·达尔朗元帅（Admiral Jean Francois Darlan）自 1941 年以来就不断暗示：只要美国提供足够力度的军事援助，他就可以带着维希政权转投同盟国阵营。美国特工从北非法军总司令皮埃尔·朱安将军（General Pierre Juin）口中也多次听到了类似的说法。[55]

为了彻底解决这个问题，在 10 月 21 日，也就是距离火炬行动只剩几个星期的时候，艾森豪威尔的得力助手马克·克拉克少将（Major General Mark W. Clark）进入北非执行了一项秘密使命。他搭乘潜艇在阿尔及尔以西的舍尔沙勒（Cherchel）登岸，与驻阿尔及尔法军的参谋长夏尔·马斯特将军（General Charles Mast）进行了会晤。这是一次谨慎的对话。马斯特的效忠对象既不是达尔朗，也不是朱安。他建议盟军把宝押在亨利·吉罗将军（General Henri Giraud）身上，此人最近刚从德国人的牢狱逃脱，并在此过程中成为法国人心目中的英雄。此后吉罗一直在法国南部藏身。马斯特许诺，如果同盟国支持吉罗，那么整个法属非洲都将揭竿而起，并与美军合作。他要求美方提供武器，对此克拉克表示同意。他还要求将吉罗将军带至北非，这听起来也相当合理。接着马斯特又进一步要求让吉罗指挥盟军在北非的全部作战。对此克拉克不愿接受，于是两人进行了几个小时的讨价还价，直到不幸的消息传来，说是警察已经得到了这次会谈的风声，正在赶往现场，要将众人一网打尽。[56]

克拉克差一点没能活着离开北非，但虎口余生的他还是能够向上级报告，北非的法国军官普遍有着强烈的亲美情绪。而同样明显的是，他们对英国人则没有这种感情。虽然英国人在敦刻尔克优先撤走自家军队的做法是可以理解的（其实他们同时也将 10 万多法国士兵带离了滩头），但法国人对此仍然耿耿于怀。在 1940 年 6 月，当法国与德国签订停战协议时，皇家海军又对驻扎在阿尔及利亚的凯比尔港（Mers el Kebir）的法国舰队痛下杀手。他们击沉一艘战列舰，重创多艘其他战舰，杀害了 1300 多名法国水兵。所以几乎可以肯定，法军将会抗击英军。因此，在火炬行动中，三个登陆场都要以美军为先锋实施登陆。只有在阿尔及尔，英军将在第一天就发挥重要作用。按照计划，同盟国将要在这里组建由肯尼思·安德森将军（General Kenneth Anderson）领衔的英国第 1 集团军，让它迅速完成集结，然后以最高速度冲向突尼斯。

紧迫的时间，遥远的距离，缺乏经验的指挥官，初涉战阵的部队，未经实战检验的装备和条令，不安的盟友，与法国人打交道的不确定性，迟迟不能决定的总指挥人选——火炬行动注定命运多舛。

火炬行动：作战

即便是最简单的作战也可能出错。因此 1942 年 11 月 8 日火炬行动复杂的登陆作战必然要出一些岔子，而事实上也正是如此。让我们先从此次作战的地理中心奥兰说起。[57] 在这里，第 1 步兵师和第 1 装甲师的部队登上了港口西侧的两片海滩（分别被标记为 X 和 Y），以及东侧约 48 千米外的第三片海滩（Z 海滩）。熟悉 1944 年诺曼底登陆的二战研究者必须忘记他们印象中那些成熟的科技和专用的登陆艇——火炬行动中的这几场登陆是很原始的，部队乘坐五花八门的冲锋舟抵达滩头，其中有许多是用胶合板制作的简陋小船，士兵们只能翻过船舷跳上岸。在三个有字母代号的滩头，登陆行动都进行得足够顺利。但不幸的是，在奥兰港本身，让部队直接冲进港口并通过奇袭将其占领的计划 ["后备兵行动"（Operation

Reservist）] 却以惨败告终。负责执行后备兵行动的部队（第 1 装甲师第 6 装甲团第 3 营）撞上了法军冰雹般密集的火力，结果基本被歼灭，参战的 393 名官兵有 346 人死伤，损失率超过 90%。由第 509 伞兵团第 2 营执行的一次伞降 [（"恶棍行动"（Operation Villain）] 也是大出洋相。它的行动目标是奥兰以南的两个机场和塞尼耶（La Sénia）及塔弗拉维（Tafaraoui），但运输机远远偏离正确航线，将士兵们空投到了一片干涸的湖床——奥兰盐沼（Sebkra D'Oran）上，距离预定空降区域约有 48 千米之遥。一部分飞机干脆直接降落在湖床上，少数官兵搭上了一支美军装甲纵队的便车，后者是在 X 海滩登陆的，此时正向内陆挺进。

后备兵行动和恶棍行动不仅是灾难，更糟糕的是，它们都是毫无必要的作战。美军各部已经有足够的人员上岸，而且在官兵们从最初的混乱中调整过来之后，他们就包围了奥兰，冒着法军参差不齐的抵抗一路推进。绰号"特恐怖"（Terrible）的第 1 步兵师师长特里·艾伦少将（Major General Terry Allen）和他的副师长小西奥多·罗斯福准将（Brigadier General Theodore Roosevelt Jr.）都在战斗中表现突出，勇猛地指挥了部队。最后，还有一次特别行动值得一提：威廉·达比中校（Lieutenant Colonel William O. Darby）率领的美国第 1 游骑兵营成功登陆，夺取了阿尔泽（Arzew）以北的两个堡垒 [山峰堡（Ft. de la Pointe）和北堡（Ft. du Nord）]。若没有这次行动，这两个堡垒中的大炮很可能给主要登陆作战造成很大的麻烦。奥兰港守军最终在 11 月 10 日投降。

在阿尔及尔，我们也看到了同样的情况。[58] 盟军在这里至少实施了六场登陆，在该城西侧的 A 海滩和 B 海滩各有两场，在东侧的 C 海滩也是两场。它们都进行得足够顺利，但是盟军又一次把手伸得过长，在企图正面冲进阿尔及尔港湾并夺取港口 ["终点行动"（Operation Terminal）] 时遭到法军火力猛烈截击。伤亡是惨重的：第 135 步兵团第 3 营几乎全军覆没。在 B 海滩，第 168 步兵团（第 34 步兵师）漂流到了距预定登陆场足足 13 千米的地方，事实上在 A 海滩上了岸。不过还是有足够的部队成功登陆并向内陆挺进，最终包围了阿尔及尔，迫使守军在 11 月 9 日投降。

最激烈的战斗发生在西线。[59] 在这里，巴顿的西路特遣队在卡萨布兰卡以南的萨菲（Safi）以及北面的费达拉（Fedala）和迈赫迪耶（Mehdia）登陆。在萨菲，盟军的正面突击 ["黑石行动"（Operation Blackstone）] 终于成功了一回，第 47

步兵团一部搭乘美国海军的两艘驱逐舰"科尔"号（U.S.S.Cole）和"贝尔纳杜"号（U.S.S.Bernadou）直接开进了港口。这一次，当法军开火时，美国战列舰"纽约"号（U.S.S.New York）和巡洋舰"费城"号（U.S.S.Philadelphia）从14千米外进行了还击。随着萨菲守军在"纽约"号的356毫米（约14英寸）炮弹下灰飞烟灭，美军仅仅付出4人战死的代价就占领了这座城镇（总计伤亡也不过是29人）。

与萨菲传出的喜讯形成鲜明对比的是，费达拉的登陆几乎成了一场灾难。这次登陆实际上是卡萨布兰卡的主要登陆行动，也是摩洛哥战役的核心。它的开局就很不顺利。登陆过程非常混乱，部队分散于各处海岸，距离指定的滩头往往有数千米之遥。祸不单行的是，此地还有正在卡萨布兰卡港中建造的法国战列舰"让·巴尔"号（Jean Bart），它用自己的380毫米（约15英寸）巨炮对脆弱的美军运输船队开了火。位于卡萨布兰卡西北近郊的汉克（El Hank）的海防要塞也用200毫米（约8英寸）重炮参与了对船队的轰击。美国战列舰"马萨诸塞"号（U.S.S. Massachusetts）以406毫米（约16英寸）大炮还以颜色，使得此战成为美国海军在大西洋上进行的绝无仅有的一次战列舰与战列舰的对决。结果美国军舰占了上风，五次击中"让·巴尔"号，打哑了它的主炮。而在双方的大型战舰忙于互相伤害时，法军一支驱逐舰中队悄悄驶出卡萨布兰卡港，直奔美国运输船队而去。在法国军舰距离目标只有7千米时，从美国航空母舰"突击者"号（U.S.S. Ranger）和"萨沃尼"号（U.S.S.Suwanee）起飞的飞机拦截并痛击了它们。虽然战斗以美军获胜告终，但过程远远谈不上轻松。

在卡萨布兰卡以北129千米的迈赫迪耶进行的登陆也变成了一场苦战。美军部队 [第60步兵团和卢西恩·特拉斯科特准将（Brigadier General Lucian Truscott）指挥下的第66装甲团] 又一次严重偏离预定航线，在地图上散布得到处都是。特拉斯科特的三个营中有一个营的登陆地点偏北整整8千米，因此缺席了第一天的战斗。当登陆部队向内陆推进时，又倒霉地遇到了整个火炬行动中法军最顽强的抵抗。法军的抵抗核心位于一个可以俯瞰探头的旧要塞，它不可避免地被美军冠以"古堡"的绰号。在古堡附近，法军用几辆老式坦克进行的一次小规模反击使部分美军陷入恐慌，纷纷丢下武器企图逃跑。这可能是美军部队最接近被赶入大海的时刻。但是特拉斯科特临危不乱——他收拢了部队，在自己的少数轻型坦克支援下，成功击败了来自南边的拉巴特（Rabat）的第二股法军坦克部队。随后他又一举拿下古堡，并从迈赫迪耶向内陆方向挺进，攻克了位于利奥泰港（Port

Lyautey)的机场。在夺取后一个目标的过程中,搭乘美国驱逐舰"达拉斯"号(U. S. S. Dallas)从塞布河(Sebou River)逆流而上的 75 名突击队员帮了他的大忙。

但是卡萨布兰卡仍未陷落,法国守军依托坚固的外围防线,并得到整个法兰西殖民帝国中首屈一指的强大炮火的支援。在 11 月 10 日,越来越心焦的巴顿将军收到了他的朋友艾森豪威尔发来的一通电报,内容是这样的:"亲爱的乔治,唯一的硬核桃就在你手里。快点把它砸开,你想要什么尽管开口。"[60] 巴顿对电文的解读很能体现他的个性,他当晚就下令,要在第二天从陆地、海洋和天空发动狂轰滥炸来摧毁这座城市。他把自己的意图通报给了卡萨布兰卡的法军指挥官,后者很快就开城投降了。至此美军终于征服了摩洛哥,但是付出的代价在火炬行动的大背景下显得很高:美军战损了 1100 人,其中 337 人死亡。

盟军已经拿下了滩头阵地,但是他们体验到的困惑多于欣喜。如果说所有登陆场有一个共同的特点,那就是严重的混乱。这种混乱本身可能体现为多种形式:指挥官几乎从头到尾都联系不上他们的突击部队;士兵们在晕头转向的状态下登上海滩,之后往往漫无目的地乱转,甚至干脆打起了盹;装载着重要装备的运输船要么没能靠岸,要么在错误的地点冲滩;物资被简单堆放在滩头,而且往往是装在没有标注的箱子里,士兵们花了相当多的时间在其中翻找需要的东西。例如在费达拉,美军本应占领一片宽不过 6.4 千米的小滩头。而实际上,他们登陆的位置星星点点地分布在至少 67.5 千米长的海岸线上。按计划应该有 78 辆轻型坦克登陆,实际到达的只有 5 辆。[61] 这还只是第一天的情况。在第二天,恶劣的天气和汹涌的海浪使美军登陆艇和运输船分散在各个角落。恢复秩序、理清这一团乱麻的过程简直就是一场噩梦。

双方交火后的事实证明,美军确实非常稚嫩。他们往往一发现敌军开火的迹象便匍匐在地——虽然以这场战争后期的标准来看,此战中敌军的火力很弱,但足可以吓住他们。他们的各个兵种不会协同作战,因此哪怕只遇到法军有限的抵抗都很难克服。最后,登陆前关于法军态度的情报也是过分简单和天真的。实际上,盟军的登陆在北非的法国人中间引发了某种程度的内战,局势非常复杂,很难判断哪些法军部队会抵抗,哪些可能投降。美军唯一能做的就是先开始射击,然后观察对方的反应。

美国在北非有相当广泛的情报网,由一群被罗斯福戏称为"十二使徒"的美国副领事组成。[62] 他们在表面上担任"食品管制官",负责监控维希法国与美国之间的贸易协议，暗地里则像工蜂一样勤勉地为火炬行动做准备：分发成袋的活动经费，盗取意大利、法国和西班牙的外交密码，以及在盟军的三个登陆地点（阿尔及尔、奥兰和拉巴特）组织反维希政权的起义。三场起义都是与盟军的登陆同时开始的，也全部遭到了惨痛的失败。按照里克·阿特金森（Rick Atkinson）在《破晓的军队》（An Army at Dawn）中的说法，这是一出经典的滑稽歌剧，其中充斥着维希军官之间的钩心斗角，他们的美国主顾的反复无常，以及不同寻常的混乱和冲突。[63] 在 1945 年以后，美国情报人员终将成为在世界各地煽风点火、支持政变的专家，但此时他们尚欠火候。当周边事态不断发展时，驻阿尔及尔的美国谍报工作负责人兼外交官罗伯特·墨菲（Robert Murphy）甚至怀疑自己搞错了登陆日期——对所有相关人员来说，这都是个不祥之兆。火炬行动的第一夜，他是在监狱里度过的，和他做伴的是他的同事肯尼思·彭达尔（Kenneth Pendar）。墨菲将会在自己的回忆录里提到，看守他们的塞内加尔卫兵给了两人一支"Gitane"牌香烟——这是按惯例给死刑犯的断头烟。好在死刑从未来临。

关于这些登陆战的评价，也许巴顿的说法最准确。"士兵们很糟糕，"他后来写道，"军官则更差……假如登陆时对面是德国人，我们根本上不了岸。"[64] 当然，巴顿没有明说的是，美国陆军差劲的表现或许最有力地证明了实施火炬行动是多么正确。

向突尼斯赛跑（1942年11—12月）

按照计划，在火炬行动之后安德森将军应该指挥英国第 1 集团军东进突尼斯，最终目标是夺取比塞大（Bizerte）和突尼斯这两个港口。[65] 这个行动关系重大。在 10 月底，伯纳德·劳·蒙哥马利将军指挥的英国第 8 集团军已经在埃及腹地的阿拉曼决定性地击败了隆美尔的非洲装甲集团军，番号改为德意装甲集团军（Deutsch–Italienische Panzerarmee）的轴心国军队正在全面撤向突尼斯。如果安德森能够赶在隆美尔之前到达突尼斯，轴心国的整个军团都将被切断后路，困在非洲。这是截至此时北非战争中出现过的最诱人的作战目标。因此西方报纸立刻将这场作战戏称为"向突尼斯赛跑"。

火炬登陆行动发动时，国防军正好遭遇了一连串危机。阿拉曼战役的打击刚发生不久，到了 11 月 4 日，隆美尔已经全面败退。与此同时，深入高加索腹地的德军部队在捷列克河（Terek River）沿岸刚刚做了最后一搏，埃伯哈德·冯·马

第一章 / 最后的胜利？ 争夺突尼斯　023

肯森将军指挥的第 3 装甲军向奥尔忠尼启则城发起突击。这座城市是格鲁吉亚军用公路的门户，因而也是高加索南部地区的大片油田的门户。在这次进攻中担任先锋的是两个装甲师，即第 13 装甲师和第 23 装甲师。马肯森已经接近了这座城市——事实上近得出奇：只有短短 1.6 千米——但是苏军 11 月 6 日在城外的反攻重创了第 13 装甲师，在给它迎头痛击的同时又迂回了它的侧翼，包围了该师的主力。几天以后解围部队将突入包围圈并解救该师，但马肯森对奥尔忠尼启则的进军已经失败。

至此已经有两场战役以失败告终，还有一场战役也将迎来灾难性的结局。在斯大林格勒，弗里德里希·保卢斯将军和德国第 6 集团军正准备在入冬前做最后一次攻克这座城市的尝试。胡贝图斯行动的企图是粉碎苏军在北部工业区最后的抵抗。这次行动至少有 8 个战斗工兵营参战——这些不可替代的专业部队是保卢斯上级的 B 集团军群所能抽调的最后一点兵力。但就在德军策划胡贝图斯行动的同时，苏军已经在这座城市南北两侧为西南方面军和斯大林格勒方面军集结了庞大的兵力，准备实施旨在包围第 6 集团军的天王星行动。胡贝图斯行动在 11 月 11 日开始，并在初步取得一些战果后以失败告终。天王星行动在 11 月 19 日发动并大获成功，苏军迅速击破了为斯大林格勒城中的德军保护侧翼的罗马尼亚鱼腩之师。在 11 月 23 日，奋勇冲杀的苏军坦克纵队在位于斯大林格勒深远后方的顿河畔卡拉奇会师，仍然在斯大林格勒城中苦战的德国第 6 集团军已经在劫难逃。

由于以上种种原因，火炬行动或许是德国人此时最不想遭遇的事变。希特勒和国防军总司令部都知道盟军即将实施登陆，但没有人知道登陆地点在哪里。在不久前，希特勒一直倾向于诺曼底，这是聪明的英国人散布的假情报的结果。[66]他的南线总司令（Oberbefehlshaber–Süd,简称 OB–Süd）阿尔贝特·凯塞林元帅（Field Marshal Albert Kesselring）预计盟军将会登陆马耳他以增强其守备。[67]本尼托·墨索里尼对这次行动倒并不感到意外——他一直在告诫任何愿意听他话的人，盟军将会在北非登陆。[68]确实，如果盟军打到突尼斯，切断装甲集团军在非洲的后路，那么法西斯意大利就将暴露在其兵锋之下。火炬行动已经撼动了轴心联盟的基础。

虽然德国人全都始料未及，但他们的反应速度通常是飞快的。隆美尔面临的危险很严重，斯大林格勒的局势也眼看就要糜烂，但这些地方都远在天边。现在西方同盟国已经在地中海登陆，他们一路杀到突尼斯并且在欧洲南部登陆的威胁才是足够真切的。苏联红军也许要花两三年时间才能打进德国本土。而盟军一旦在意大利站稳脚跟，离德国将会近得多。

盟军登陆的第二天（11月9日）对德军总司令部和部队来说是繁忙的一天。希特勒告诉意大利外交大臣加莱亚佐·齐亚诺，自己已经决定建立"突尼斯桥头堡"（Brückenkopf Tunisien）。[69] 他召见了凯塞林，并告诉这位元帅，他可以"便宜行事"，按照他认为合适的办法组织突尼斯的防御。元帅立刻抓住了这个机会，德国空军的一些部队在当天就抵达突尼斯，一个战斗机大队和两个俯冲轰炸机大队组成混编的"突尼斯战斗队"（Gefechtsverband Tunis），由空军的哈林豪森上校（Colonel Harlinghausen）指挥。紧随其后的是德国空降兵部队，第5伞兵团一部和凯塞林的司令部营的一些单位组成了席尔默战斗群（Kampfgruppe Schirmer）。他们被空运到突尼斯，当晚就降落在突尼斯城东北近郊的欧韦奈（El Aouina）机场。到了11月12日，他们已经控制了突尼斯城。[70] 与此同时，其他德军部队占领了维希法国和科西嘉岛全境。这就是他们自1940年下半年以来一直在策划的"安东行动"（Operation Anton），旨在应对盟军登陆非洲的情况。[71] 无论是否明智，希特勒已经决定要在突尼斯战斗，此时他已经将突尼斯称作"我们在欧洲南翼开展战争行动的基石"。[72] 因此，"向突尼斯赛跑"这个绰号在被创造出来的当天就已过时。在盟军刚刚离开海滩之时，德军就已经到达了目的地。

虽然理论上地中海是属于意大利的战区，应该归意大利最高统帅部（Commando Supremo）管辖，但德国的阿尔贝特·凯塞林元帅却得到了当地所有轴心国空中和地面部队的指挥权。凯塞林是这场战争中最令人着迷的人物之一，一个被恰如其分地冠以"微笑的阿尔贝特"之名的男人。他爱笑的习惯和温和的性情无疑使他成为德国军官团中的异类，因为这个群体的成员通常并没有爱笑爱闹的习惯。但是在大多数方面，他是一个典型的德国将军。几个世纪以来，普鲁士—德意志部队主官们的特点之一就是相信自己哪怕面对极为困难的战略局面也能应付自如，在人力物力对比悬殊的情况下也能够依靠纯粹的意志力突破难关。在仅仅几个星期之前，阿拉曼战役还未打响时，隆美尔自己就是这么想的，而基本上还未在战区指挥官的职位上经受考验的凯塞林自然也和他有同感。确实，德国国防军之所以能够在与全世界为敌的情况下支撑这么长时间，原因之一就是每当有德国指挥官刚刚被盟军的物质优势打垮，或者刚刚在地毯式轰炸之类的空袭下幸免于难，或者在盟军出于战术需要而用于陆地的海军舰炮密集轰炸下成功生还，又或者在东线苏军的大规模进攻下全胳膊全腿地逃出生天，总会冒出一个按照我们可以称之为普鲁士学派的教育培养出来的、满腔热忱的少壮派军官，随时准备替代比自己年长，也比自己睿智的同僚。凯塞林不是第一个，也不会是最后一个。

他的第一个举措是将突尼斯的战场指挥权交给瓦尔特·内林将军（General Walther K. Nehring），此人在沙漠战争中久经考验，而且在 1942 年 5 月至 9 月担任隆美尔麾下的非洲军的军长。[73] 内林同样具备普鲁士—德意志军官团的所有传统标准特质。他是个愈挫愈勇的人，习惯在一线指挥部队，而且喜欢对危险报以嘲笑。不幸的是，在这场战争中将有数量惊人的国防军将领发现这样一个事实：危险有时候也会反过来嘲笑他们。当凯塞林发出召唤时，内林正在欧洲疗养他 9 月在哈勒法山（Alam Halfa）之战中所受的严重伤势。但是国防军正缺人才，于是无论身体是否健全，新任部队主官只能带着手臂上还在化脓的伤口前往突尼斯报到。我们将会看到，战争进行到这个时候，他已不是国防军唯一带伤上阵的部队主官。

他的第一个任务是组建一个临时的"内林指挥部"（Stab Nehring），在突尼斯和比塞大地区建立一个桥头堡，并"尽可能向西拓展"（soweit als möglich nach Westen zu erweitern）。[74] 内林原计划对突尼斯进行一次一夜之间快进快出的视察，然而这却成了一次惊心动魄的旅行，因为他的飞机坠毁在欧韦奈机场的跑道上，他和他的全体随从几乎因此丧命。地面上的情况也好不了多少。局势一片混乱，维希法国当局的态度很不明朗，而德国在当地的兵力依然薄弱。和伞兵一起赶到的还有一些小部队：一个步兵营、一个装甲连、一个炮兵营和两个高炮营，它们组成了莱德雷尔战斗队（Gefechtsverband Lederer），但怎么看都不够，因为内林从情报军官口中得知，西边已经有 7 万盟军部队登陆。[75] 他注意到要防守突尼斯还必须解决另一些问题：没有真正的指挥部，没有指挥链，没有通信器材。那天夜里内林回到欧韦奈机场时意气消沉，打算坐上凯塞林答应派来顶替的一架飞机离开。然而那架飞机迟迟没有出现，使这漫长的一天从头到尾都充满了艰辛。最终内林只能先搭便机回到西西里的特拉帕尼（Trapani）。他后来写道，这一天的经历给自己"留下了深刻的印象"，"只不过基本上没有喜悦"。[76]

几天时间过去，盟军一直没有出现，内林的焦虑得到了缓解。到达突尼斯的飞机与日俱增，充实了他的航空力量，而且国防军总司令部鉴于斯大林格勒包围圈已经劫数难逃，决定从为其提供补给的行动中抽调运输机，因此德军的地面部队也开始陆续抵达。总司令部已经答应给他三个德国师：从法国抽调的第 10 装甲

师 [师长是沃尔夫冈·菲舍尔将军(General Wolfgang Fischer)] 和第 1 伞兵装甲师"赫尔曼·戈林" [师长是保罗·康拉特将军（General Paul Conrath）]，以及当时正在德国组建的一支新部队——第 334 步兵师 [师长是弗里德里希·韦伯上校（Colonel Friedrich Weber），后来晋升为少将]。[77] 意大利的"苏佩尔加"山地步兵师 [师长是丹特·洛伦泽利将军（General Dante Lorenzelli）] 也正在赶来。[78] 但是这些师都不可能在一夜之间到达，而且事实上它们始终不曾整建制到达。不是在前往北非的海运途中受了损失，就是把重要的支援部队留在了欧洲。[79] 尽管如此，到了 11 月中旬，内林已经建立起一个正式的指挥部（第 90 军），而且他还建立了两个小桥头堡：一个在突尼斯周边，由哈林豪森上校负责，另一个在比塞大，由施托尔茨上校（Colonel Stolz）指挥（此人顶替了莱德雷尔上校）。[80]

但是读者应该注意，不要想象有两支兵强马壮的部队。这两个桥头堡各自充

突尼斯：轴心国军队的初步部署（1942年11月中旬）

其量只有几千守军, 外加少数坦克。而且, 尽管经过了整整一个月的海运和空运, 内林手下的德国和意大利部队合计也不到25000人。虽然有多个师的番号出现, 但在争夺突尼斯的早期战斗中, 参战的德军只有一些令人眼花缭乱的小规模战斗队和战斗群。以11月26日的战斗序列为例, 其中连一个师都没有: 科赫战斗群[瓦尔特·科赫上校 (Colonel Walther Koch) 指挥的第5伞兵团一部], 巴伦廷团[一支加强了高射炮和多管火箭炮的伞兵特遣队, 由第11空降军的工兵处长瓦尔特·巴伦廷上校 (Colonel Walther Barenthin) 指挥], 第17、18、20和21补充营, 由鲁道夫·维齐希少校 (Major Rudolf Witzig) 指挥的第21空降工兵营, 菲舍尔的第10装甲师下属的第190装甲营 (69辆坦克), 以及该师的另一些先遣部队。最后还有一些杂七杂八的反坦克炮、突击炮和火箭炮部队。[81]

在战役的这个阶段, 内林将会根据变化的需求, 或者在有指挥官就任新的职位时, 不断编组或解散他的部队。例如, 莱德雷尔战斗队在11月16日变成了施托尔茨战斗队, 两天以后又摇身一变成为布罗伊希战斗队。在同一天, 第5伞兵团的团长科赫上校接替了哈林豪森上校, 使后者得以集中精力指挥他的空军部队, 而科赫的地面部队开始作为科赫战斗群出现在态势地图上。这些名称和番号的持续变动足以使对这场战役感兴趣的研究者忙到难以言表, 而且说实话, 它们确实有着重要意义: 它们表明了突尼斯的这场会战的应急性质是多么强, 对国防军来说这就是一次"临时凑合"的战争。

虽说速度有些慢, 但轴心国部队毕竟是在陆续抵达突尼斯, 与此同时盟军的麻烦却刚刚开始。从阿尔及尔到突尼斯城有900千米, 虽然并未遭遇真正的抵抗, 但盟军发现从一片混乱的登陆模式转换为高速前进的机动模式是一件很困难的事。与内林手下众多徒有其名的"师"和"军"一样, 安德森将军指挥的"英国第1集团军"也只包含一个师, 就是以维维安·伊夫利将军 (General Vyvyan Evelegh) 为师长的英国第78步兵师。[82] 造成这一情况的原因很多, 大多数历史学家都将此归咎于安德森缺乏进取精神, 但真正的罪魁祸首是地理环境和盟军部队极度分散的事实。例如, 巴顿的部队此时还在阿尔及尔以西800千米开外。盟军从港口到先头部队的交通线长得惊人, 而且还会随着每一次推进而拉长。因此盟军不得不将数量庞大的部队留在后方, 帮助向前线的战斗部队输送给养、燃油和弹药。[83] 盟军带到非洲的物资堆积如山, 光是看管它们就要占用数以千计的兵力, 更何况当地阿拉伯人的盗窃行为从一开始就很猖獗。以上种种因素严重制约了盟军可以用于进攻的战斗力量。根据一项统计，截至 12 月，到达北非的美军官兵已有 18 万人，但只有不到 12000 人处于足够靠前的位置，可以算作"在前线"。[84]

面对这样的后勤问题，合理的解决方法当然是寻求法国人的合作。毕竟法国统治这一地区已有数十年之久。法国官员了解当地文化，法国警察也认识当地的所有罪犯。例如在摩洛哥，巴顿估计光是在当地部落之间维持秩序就需要人数达60000 的部队，而他根本没有这么多人。正是在这样的背景下，艾森豪威尔在 11 月中旬与达尔朗元帅达成了交易。元帅同意让法军部队转投同盟国阵营，并许诺法军会帮助维持后方地区安定，以此换取同盟国承认他"法属北非最高行政长官"的地位。这个协定在很多方面都是完全合乎情理的，但不幸的是，它在美国和英国都引发了轩然大波。报刊和广播电台众口一词地谴责艾森豪威尔与纳粹同情者合作。毕竟达尔朗一直是维希政府中举足轻重的官员，而承认他就意味着承认维希政权在北非实行的法律也是正当的，包括各种禁止犹太人担任公职和参军的反犹法令在内。在大后方的社论作者们看来，这完全不符合这场战争应有的宗旨。"我们是在和纳粹作战还是在和他们同床共枕？"著名的哥伦比亚广播公司电台评论员爱德华·默罗（Edward R. Murrow）发出了这样的质问。[85]无论如何，随着1942 年 12 月 24 日美国官员口中的"小家伙"达尔朗在阿尔及尔被刺客的子弹击中，关于"达尔朗交易"的争议也就变得无关紧要了。[86]坦白地说，在美国方面没有人为他的辞世感到特别悲痛。克拉克将军以他惯常的优雅口吻将这场刺杀形容为"切开了一个麻烦的脓包"，此话恰到好处地概括了同盟国方面的意见。[87]

所有的这一切对于盟军争夺突尼斯造成了严重的负面影响。法属北非地区复杂的政治斗争在这一时期占用了艾森豪威尔将军太多的时间和精力。或许可以这样说，在至关重要的几个星期里，这位将军没能专心应对十万火急的作战形势。事实上，在 12 月 22 日，马歇尔已经感到有必要给艾森豪威尔发出一通表达不满的电报，电文是这样写的："把你手上的国际问题交给你的下属去办，你的全部注意力都要放在突尼斯的战斗上。"[88]总参谋长的电报礼貌地没有挑明截至此时艾森豪威尔工作中的问题所在，而精通军人职业中的政治学的艾森豪威尔绝不会看不明白这份电报的真正含义：这是一次严厉的批评。

分心的指挥官、恶劣的地形、遥远的距离和薄弱的兵力，在这些因素交织的奇特军事背景下，突尼斯北部发生了一系列遭遇战。安德森以一个师的兵力向东推进，而内林为了履行向西扩大桥头堡的使命，从突尼斯和比塞大发起试探性出击。揭开这场战役序幕的是早期一段短暂的机动作战。在 11 月 11 日，皇家西肯特团第 6 营在阿尔及尔以东 160 千米的布日伊（Bougie）登陆，并控制了那里的吉杰勒（Djidjelli）机场。次日，英军第 6 突击队在布日伊以东 200 千米的波尼（Bône）登陆，同时第 1 伞兵团第 3 营也在当地实施了小规模的空降。11 月 14 日，安德森指挥第 1 集团军杀进突尼斯。他这支小小的集团军总计只有 12000 人左右，但还是保持着猛打猛冲的势头。他下令对阿尔及利亚—突尼斯边境上的小城星期三集市（Souk el Arba）再实施一次空降，这一次动用的是英国第 1 伞兵营。该营落地后强征了当地的公交车，一路开往东北方 64 千米外的巴杰（Béja）。而在遥远的南方，美国第 509 伞兵团第 2 营成功降落在泰贝萨（Tébessa），随后同样搭乘公交车冲向沙漠边缘的加夫萨（Gafsa）。[89]

　　这些作战行动都很成功，将安德森的前沿推进了数百千米。但是，按照沙漠战争中的铁律，盟军已经跑出了自己的空中掩护范围。德军俯冲轰炸机在 11 月 12 日和 13 日对布日伊和波尼的空袭给这两个港口造成了严重破坏。[90] 虽然伤亡轻微，但是船只和物资损失惨重，正如安德森后来所指出的，"在此后的一段时间里，步兵只能依靠他们随身携带的装备、穿着他们下船时的衣物作战"。[91] 毫无疑问，隆美尔和蒙哥马利这两位有更多北非战斗经验的将领将会明智地点着头对安德森表示同情。如果说有一条被他们领教了一次又一次的教训，那就是在沙漠中机动过快过远是很危险的。

　　当盟军埋头猛冲时，内林正在向外试探。德军的小规模混编部队分别从拱卫比塞大和突尼斯的两个小桥头堡出发西进。他们的目标并不明确——或许是阿尔及利亚边境，前提是他们先于盟军到达那里。除了这个紧迫的任务之外，为了给隆美尔的装甲集团军保持一条通畅的撤退路线，内林还必须保卫远在南方的多个地点，即分布在沿海公路上的苏塞（Sousse）、加贝斯（Gabès）和斯法克斯（Sfax）等港口。[92] 从本已单薄的兵力中抽调部队，把他们分散在数万米的荒原上，这种做法与强调集中、突然和打击力量 [这些要素都可以用德军的一个术语 Kampfkraft（"战斗力"）来概括] 的传统德式兵法大相径庭，但内林对此也无能为力。[93]

　　从 11 月 17 日（盟军在法属北非开展作战的第 10 天）起，主要的敌对双方终于在地面相遇，交战地点包括北路的杰贝勒艾卜耶德（Djebel Abiod）—杰夫纳（Jefna）公路和西迪恩瑟尔（Sidi Nsir），中路的特布尔巴（Tebourba）和南路的布阿拉代（Bou Arada）。虽然这些交火如今常被称作"战斗"，而且本身无疑也足够激烈，但它们实际上只是很少超过营级规模的小冲突。双方执行的都是"前进接敌"的任务[94]，都不得不在行进中做出反应，查明情况并决定如何继续作战。在这种自由放任的作战环境中，总体而言，德军占了上风。他们拥有多种优势：首先他们的经验比对手丰富得多，也习惯了轻装奔袭，同时他们又具有独立指挥的传统，使在场的军官掌握了很大的自主权。这些遭遇战的过程基本上都是一样的，打头阵的都是侦察部队，最初的接触都是突如其来的。战场上实力较强的一方很快占得上风，迫使敌军的先头部队后撤。但是由于双方的整体实力大致相当，任何一方的主力都无法给予对方致命打击。因此，战斗的结果并不一致。在北路，德军成功地在通往杰夫纳的7号公路上打了一场伏击战，维齐希少校指挥的空降工兵和坦克纵队击破了英军第36旅一部，并几乎将皇家西肯特团第6营全歼。[95]在中路，双方在西迪恩瑟尔周边大体打成僵持。在南路，德军装甲部队成功将英军击退至迈贾兹巴卜（Medjez el Bab）。最终结果：国防军占优。英国第1集团军的急速东进至此戛然而止。

安德森将军在11月25日试图重启攻势。虽然他手上还是只有一个师（伊夫利可靠的第78师），但他的作战计划却要求分三路向东突击：第36旅在左路（位于北侧），第11旅位于其南面约40千米（在右翼），而在这两路部队之间崎岖不平的地形上，他派出"刀锋部队"企图寻找战机或是临时出现的目标，这支2600人的小规模特遣队混编了多种机动分队，是英军典型的"苏格兰佬支队"。[96]分析家常常批评安德森分散兵力的做法，确实，让一个师兵分三路进攻或许太过分。但是，集中兵力于一路也不能保证获胜，这种做法只能让德军在防御中将其单薄的兵力和火力发挥出最大作用。我们从此战应该得出这样的教训：如果没有发生什么意外事件或奇迹，在数量对比大致相当的情况下发起的任何进攻都很难取得什么决定性的战果。

虽然盟军显然正在丧失他们在这场战役中曾经掌握的那一点点主动权，但盟军的进攻也有一个亮点。在11月25日，约翰·沃特斯中校（Lieutenant Colonel John Waters）指挥下的美国第1装甲团第1营大胆地向东发起试探性攻击。该营是刀锋部队的一部分，它成功地在阻挡英国第36旅和第11旅的德军部队中间打开一条通道。在中午前后，沃特斯的先头部队翻过朱代伊德（Djedeida）附近的一个小高地，发现了坦克兵梦寐以求的景象：那是敌人的一个机场，上面有许多飞机翼尖相接，整齐地停放在一起。没等大吃一惊的德国地勤人员反应过来，一个连的 M-3 "斯图亚特" 式轻型坦克就冲上跑道，用 37 毫米主炮和机枪大开杀戒。它们击毁了 24 架德军飞机和不计其数的汽油与弹药，然后扬长而去。[97]

朱代伊德突袭是盟军此次进攻中的最大胜利，是美国坦克部队在这场战争中立下的第一个大功，或许也是 M-3 "斯图亚特" 式坦克整个作战生涯中最耀眼的时刻。而且遭到袭击的机场距突尼斯城只有 24 千米。虽然内林将军的全部征战记录都表明他不是一个容易惊慌失措的人，但这次突袭给他造成了很大震动，而且由于有人错误地报告美军装甲部队离他的指挥部只有 15 千米之遥，他竟做出了放弃迈贾兹巴卜并收拢突尼斯周边防御圈的决定。而他这个突如其来的决定也促使德军高层走马换将。凯塞林相信内林已经丧失了勇气，便在 12 月初决定任命一位新的地面部队指挥官。[98] 汉斯 - 于尔根·冯·阿尼姆将军将在不久以后赶到突尼斯，接掌届时将会升格为第 5 装甲集团军的部队。在德军撤退的同时，盟军继续向东挺进，英国第 11 旅一部和刀锋部队沿着公路干脆利落地从迈贾兹巴卜打到特布尔巴。在特布尔巴他们发起了一次猛烈的进攻，但除了在敌军防线上造成一个明显的突出部外，并没有取得多少进展。

这正是内林一直在等待的战机。德国第 10 装甲师每天都有新的部队抵达，内林将它们部署在了比塞大和突尼斯之间比较开阔的地带，使它们占据了一个中央位置。不论英军从西面过来的两个旅中的哪一个先到，德军都可以对其迎头痛击。最终是英军第 11 旅和附属的刀锋部队先到了特布尔巴一带。面对这样的作战问题，内林拿出的解决方案与和他同辈的任何一个德军指挥官都别无二致。事实上，这是已经传承了多个世纪的普鲁士战争艺术，历朝历代的德军指挥官面对千变万化的战局，都会在研究地图后想出同样的一套策略，内林只不过是他们中间最新的代表。对德国军官来说，通向胜利的道路只有一条：由多路独立的部队发起向心（konzentrisch）攻击。

这是一次小规模的向心进攻。内林手上只有属于第 10 装甲师的约 4000 名士兵和 60 辆坦克，他们分成三个战斗群（吕德尔战斗群、于代尔战斗群和朱代伊德战斗群），会同席尔默战斗群和科赫战斗群的五千名空降兵、两个补充营和一个 "虎" 式坦克连（六辆坦克，但因为机械故障减至四辆）发起进攻。作战计划是造成部队数量远比实际多的假象，从多个方向打击盟军。第 10 装甲师的装甲

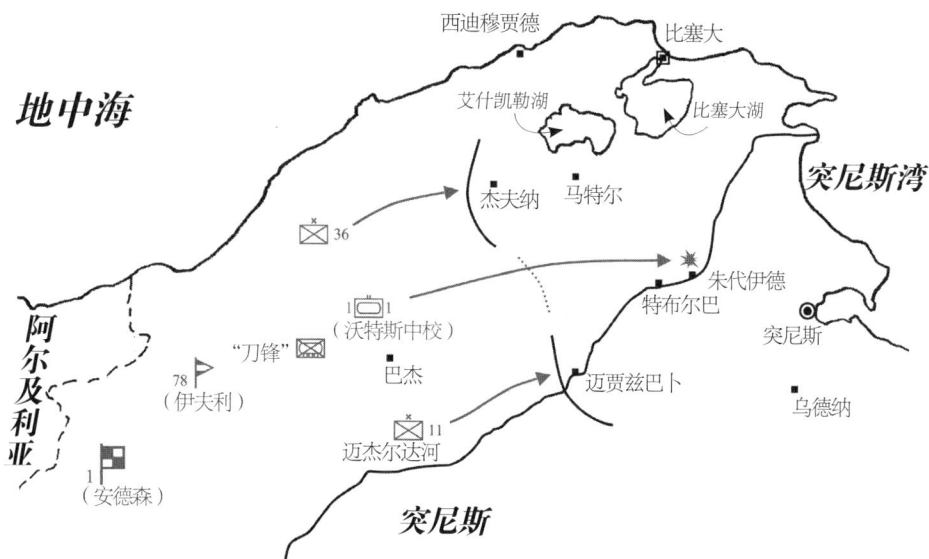

盟军的攻击高潮：装1团1营对朱代伊德的突袭（1942年11月25日）

战斗群将从北方和东北方攻击位于特布尔巴的盟军集群，科赫战斗群的伞兵从南方进攻，而"虎"式坦克和补充营——可能是整场战争中最奇特的作战编组——将从东方进击。[99]

命令在11月30日下达，而这场没有代号的作战行动于12月1日在菲舍尔将军亲自指挥下发起。从朱代伊德出发的部队在正面拖住守军，同时装甲部队从北面经舒伊古山口（Chouigui Pass）包抄他们的侧翼，而伞兵也从埃尔拉森（El Rathan）出击。在来自多个方向的打击下，美英盟军的行动与多年来国防军遇到过的其他许多军队如出一辙。他们顽强防守了一两天，在12月3日出现动摇，接着在12月4日土崩瓦解，纷纷朝迈贾兹巴卜方向溃逃，还有1000多人举手投降，而战场上也丢下了堆积如山的装备。当美军一个装甲旅（第1装甲师的B战斗群）匆匆赶到战场企图挽回局面时，它在方圆数百米的开阔地上遭到猛烈攻击，经过两天激战后大部被歼。

内林在特布尔巴打的这场微型包围战扭转了战局。经过短暂重整后，他的小部队又在12月9日乘胜再次发起攻势，冲向迈贾兹巴卜。但盟军在此地的防守已经加强，内林无法将守军赶出这座小城。他自己的兵力又太过空虚，无法长时间进攻——后勤补给和支援火力都不足。而且每一个伤亡都会让他感到心痛。他的卫生部队远未达到正常比例，因此他不得不安排车辆将重伤员运回突尼斯治疗。日后内林将会写道，特布尔巴之战是一场胜利，但它是"在最困难的情况下靠应急装备"打出来的——更何况总指挥在此时已经被撤职。[100]

总结：突尼斯的失败

历史学家可以为德军成功守住突尼斯桥头堡找到很多理由。例如，在这一阶段的战斗中，他们拥有明显的空中优势。盟军的飞机只能从波尼的一个土质简易机场起飞。这个机场只能容纳一小队战斗机，而且遇到恶劣天气就不得不彻底停飞。另一方面，轴心国可以从突尼斯和比塞大周边的全天候机场出动 850 架飞机。[101] 在高速东进之后，盟军部队不仅疲惫不堪、后勤不继，还不得不应对几乎连绵不断的空袭，这样的条件对他们来说实在太艰难了。但是，更笼统地讲，12 月初正是克劳塞维茨所说的 Kulminationspunkt，即战役的"顶点"到来之时，此时进攻方前进到了其最初实力所允许的最远处，敌方反击的时机已经成熟。[102]

对盟军来说，12 月将是祸不单行的一个月。英美两军的突击队于 12 月 1 日在西迪穆贾德（Sidi el Moudjad）做了最后一次两栖登陆尝试，结果再遭大败，登陆部队被德军迅速发起的反击粉碎，许多人成为阶下囚。英国第 2 伞兵营在战线最右端（位于突尼斯城正南）的乌德纳（Oudna）机场进行的最后一次空降则败得更惨，德军坦克只用 24 小时就将这个营歼灭大半。[103]

但是毫无疑问，盟军在突尼斯战役中的谷底时刻是他们在 12 月 22—26 日朝迈贾兹巴卜东北方推进的尝试，也就是对"后野山"的攻击。[104] 所有能出错的地方都出错了。英军的侦察搞得很马虎（显然只是用望远镜在 11 千米外观察了一下），结果没能发现"后野山"其实不是一座山丘，而是两座，较近的艾哈梅拉山（Djebel el Ahmera）挡住了较远的加尔山（Djebel el Rhar），而且两者之间有一条很深的沟壑。英军的情报估计山上的德军兵力是一个连，实际上差不多有整整一个营。英军的一个团（赫赫有名的冷溪禁卫团）发起攻击并夺取了原计划中的山头目标。美国第 18 步兵团第 1 营此时按照计划到达现场，接替冷溪禁卫团。这次换防——向来都是最复杂的战术动作之一——执行得很糟糕，第 18 步兵团第 1 营很快就在德军反击下丢掉了山头。眼看美军败下阵来，英军不得不掉头重新加入战团。他们颇有怨言地与盟友联手进攻，好不容易又冲上了第一座山丘。

但是他们无法再向第二座山丘前进，这座山的存在也完全出乎他们的意料。这场持续五天的战斗全程都在倾盆大雨下进行，大多数时候，士兵们只能在泥浆里打滚。德军在圣诞节发动的最后一次反击将美英盟军彻底赶出了后野山，而且第18步兵团第1营在战斗中大部被歼。日后德军将在他们的地图上把后野山标注为Weihnachtshügel，意即"圣诞山"。

后野山之战的后果是，英美盟军陷入了一场互相甩锅的狂欢。英国人抱怨"爱丽丝"（这是他们内部用来指代美国士兵的贬义暗语）是无可救药的外行。美国人则声称安德森是在拿他们当炮灰使，总是把他们投入最血腥的战斗。说实话，双方也许都是对的。无论如何，随着1942年临近尾声，天气变得十分恶劣，任何一方都无法取得进展，这场战役显然要告一段落了。

12月24日，艾森豪威尔亲自从阿尔及尔来到前线视察，目睹的情况令他大惊失色。他与安德森将军见了面，还冒着倾盆大雨在深及脚踝的泥浆中跋涉，并亲眼看到自己部队里的四个士兵试图将一辆摩托车从烂泥里拉出来——结果失败了。他立即叫停了所有后续的进攻作战。后来他写道，这是一个"苦涩的决定"。[105] 输掉在非洲与轴心国军队的第一次遭遇战之后，艾森豪威尔必须在1943年发动一次大规模战役来将他们逐出突尼斯。

虽然我们可以明显看出，同盟国军队赢得突尼斯之争的机会本来就很渺茫，但这场战役也暴露出了美军在军事学说、人员和装备方面的一些严重问题。美国步兵在进攻时始终显得畏畏缩缩，不过外人也很难责怪他们。他们并没有真正可以抵挡德国坦克的武器。他们主要的反坦克武器是绰号"巴祖卡"的60毫米口径反坦克火箭筒，但实战证明它毫无价值，整场战役中"巴祖卡"没有一例击毁德军坦克的记录。另一方面，美军装甲部队通常表现得勇敢过头，总是鲁莽地冲向炮更利、甲更坚的德国坦克，并为此付出沉重代价。美军指挥官都明白自己遇到了难题。战前美国生产的M2中型坦克只有一门此时已经过时的37毫米炮。但是它的替代型号——装备75毫米主炮的M4"谢尔曼"式坦克还未完成研发，因此美军需要一种应急的坦克。由此应运而生的便是M3"格兰特"式坦克。虽然它的炮塔还是安装着和M2一样的37毫米牙签炮，但它还有一门安装在车体右前部半固定炮座（"耳台"）中的短身管75毫米炮。因为这门炮几乎无法转动，所以让它对准目标的唯一办法就是转动整辆坦克来瞄准——这样的解决方案当然难称理想。但"格兰特"式坦克拥有厚重的装甲，这是好事，因为它像房子一样高大（实际上全车高达3米），为德军炮火提供了硕大的目标轮廓。最后，美军的坦克歼击车发现自己很难按照预想发挥作用，却经常要客串坦克的角色，而且总是不出所料地得到悲惨的下场。[106] 麦克奈尔关于坦克歼击车的设想撞上了现实的南墙，美国装甲兵们发现，如果驾着装甲轻薄的战车勇猛冲锋，将很难保住自己的性命。只有最纯粹的技术兵种——炮兵——能让美国陆军在一定程度上感到满意。在早期的战斗中，大炮的到来一次又一次地帮助步兵反败为胜，火炮已成了美军手中一种已经能让德军坦克学会害怕的武器。但是，总的来说，要实现诸兵种合成作战，使步兵、装甲兵和炮兵协同一致地投入战斗，美军还有很长的路要走。

最严重的失败也许是在指挥和控制（简称C2）方面。当美军部队被拉上前线时，他们往往会接到将他们四处调动的矛盾命令，只要防线上有空隙或者紧急情况就会被调过去。美军各师很少能作为完整的部队参战，总是以营为单位被分散使用。结果就是部队失去凝聚力，造成了严重的混乱。雪上加霜的是，所有美军部队都要服从一个外国军官团的战役指挥，而这个军官团对他们的战斗素质并不是完全信任。尽管如此，美国陆军最大的问题显然不在于英国人，而在于自身。值得赞扬的是，无论他们对英国人的傲慢是多么咬牙切齿，大多数美国军官似乎还是认识到了这一点。

尽管有着足以写成一本书的种种缺陷，美军还是有过一次亮眼的表现。鲁道夫·巴洛少校（Major Rudolf Barlow）指挥下的第1装甲营A连11月25日在舒伊古山口与德军装甲部队苦战了一天。他的"斯图亚特"式轻型坦克的战斗力连作为侦察车辆都勉强，更不用说充当主战坦克。但是，当他的这些小坦克翻过朱代伊德城外的低矮山岭时，他肯定感到自己是地球上最幸运的人：眼前有许多德军飞机翼尖挨着翼尖地停放在一起。目瞪口呆的巴洛用电台呼叫了他的营长约翰·沃特斯中校，"听我说，"他说，"我面前有一个机场，上面停满了德国飞机，德国人都坐在汽油桶上，晒着太阳闲聊呢。"然后是一个让人意想不到的问题："我该怎么办？"沃特斯几乎咆哮着回答了他，"看在上帝的分上，进攻啊！打他们啊！"

在简单地回了上司一句"好，就这么办"之后，巴洛发出了命令。当17辆"斯图亚特"开下山岭接近机场时，德国人竟向他们挥手致意。"他们以为我们是调到这里来的意大利装甲部队。"几分钟后，朱代伊德机场就化作炼狱，布满了扭曲冒烟的残骸和被打死的德国飞行员及地勤人员。[107]

这是一出大戏中的一幕小插曲吗？当然。美国陆军在突尼斯遭遇的困境是毫无疑问的。它遇到的是组织方面的困难。各兵种之间的协同很成问题。高级军官的素质良莠不齐，士兵们经常感到无所适从。但有一点是这支军队能够做到的，而且被朱代伊德的袭击战所证明：它能够快如闪电地机动。如果敌人把注意力从它身上挪开一阵，并且给了它一定的作战空间，那么就要做好被它奇袭的心理准备。

第一次突尼斯战役最有趣的特点也许就是双方都完全缺乏作战准备。当时国防军有150多个师陷在苏联战场，而且每天都被放血。就在迈贾兹巴卜和杰夫纳发生遭遇战的同一天，苏联红军正在斯大林格勒包围德国第6集团军。但是对于这场有可能使轴心国阵营分崩离析的突尼斯战役，国防军却连一个师都很难凑出来。截至12月中旬，当阿尼姆走马上任，接管第5装甲集团军时，他能够部署在战场上的兵力还是不足一个"A集团军"：北面是临时编组的布罗伊希师，中间是第10装甲师一部，南面是意大利的"苏佩尔加"师。[108]换言之，虽然轴心国确实有理由为争夺突尼斯而战，但是从长远来看，区区几个战斗群很可能难当此重任。

英美同盟的做法也好不到哪里去。毕竟这场战斗的时间和地点都是同盟国选择的。是他们决定了在摩洛哥和阿尔及利亚登陆，制定了进军突尼斯，封锁北非，并围困隆美尔在东方的装甲集团军的计划。从那时到现在，历史学家们一直把火炬行动描写得充满诗意：庞大的舰队规模，复杂的作战，遥远的行军距离，种种不确定因素和风险，"一支军队在破晓时出海远航，为了一项此时还无人理解的事业"，它准备"冲上非洲的海岸，纠正出了问题的世界"。[109]

这一切当然都符合事实，甚至有可能值得人们为它写诗！然而到头来，如此庞大的一支军事力量——数十万士兵，装备了数千辆坦克，还得到数百艘战舰的支援——能够用来向目标进军的只是一个人员与装备都不满额的师。英军以他们习惯的谨慎作战，这是他们在与国防军多年的较量中学会的。美军战斗得很勇敢，但是在大多数时候又显得很无能。当然，他们确实怀有很高的志气和热忱。虽然这可能预示着光明的未来，但此时却不能给他们带来多少好处。

最终的结果是喜忧参半的。盟军没能拿下他们的目标，将要在突尼斯进行更多苦战。国防军站稳了脚跟，显然赢得了这第一回合的较量。然而这场"胜利"仅仅意味着他们要在即将到来的春天打一场大规模的Stellungskrieg——静态的阵地战。这将是一场需要耗费大量物资的激战，也正是历代德国军官都竭力避免的那种战斗。对突尼斯的争夺提出了一个让军事历史学家们沉思的有趣问题：一场战役的结局有没有可能是两败俱伤？

注释

1. 要了解德军在斯大林格勒的失败，请参见德国官方正史《德国与第二次世界大战》，第 6 卷，《全球战争：战争的扩大和主动权的易手，1941—1943》(*Das Deutsche Reich und Der Zweite Weltkrieg, vol. 6, Der Globale Krieg: Die Ausweitung zum Weltkrieg und der Wechsel der Initiative, 1941 – 1943*，斯图加特：Deutsche Verlags-Anstalt, 1990 年)，尤其是贝恩德·魏格纳执笔的第 6 部分，《对苏战争，1942—1943 年》，第 6 卷第 995 页。

2. 关于蒙哥马利的日记，请参见尼尔·巴尔（Niall Barr）著，《战争的钟摆：三次阿拉曼战役》(*The Pendulum of War: The Three Battles of El Alamein*，纽约：Overlook Press，2005 年)，第 369 页。蒙哥马利刚刚遭遇一次突然袭击：中东英军总司令哈罗德·亚历山大将军（General Harold Alexander）、亚历山大司令部的装甲部队主将理查德·麦克里里将军（General Richard McCreery）和英国常驻中东公使理查德·凯西（Richard Casey）视察了他的战术指挥部。

3. 埃尔温·隆美尔著，《无恨之战：由卢齐厄－玛丽亚·隆美尔夫人与前非洲装甲集团军参谋长弗里茨·拜尔莱因中将编纂成集》(*Krieg Ohne Hass: Herausgegeben von Frau Lucie-Maria Rommel und Generalleutnant Fritz Bayerlein, ehemaliger Chef des Stabes der Panzerarmee Afrika*，海登海姆：Verlag Heidenheimer Zeitung，1950 年)，第 267 页。

4. 出处同前，第 268 页。

5. 《德国与第二次世界大战》，第 6 部分，魏格纳著，《对苏战争，1942—1943 年》，第 6 卷第 994 页。约德尔的原话是，斯大林格勒 "praktisch erobert"。

6. 《德国与第二次世界大战》，第 5 部分，赖因哈德·施通普夫（Reinhard Stumpf）著，《地中海的战争，1942—1943：北非和地中海的作战行动》(*Der Krieg im Mittelmeerraum 1942/43: Die Operationen in Nordafrika und im mittleren Mittelmeer*)，第 6 卷第 721 页："wichtig, dass sich die Achse (…) in Tunis festsetzte."

7. 这道命令的全文见瓦尔特·冯·塞德利茨（Walther von Seydlitz）著，《斯大林格勒战斗与结果回忆录》(*Stalingrad: Konflikt und Konsequenz: Erinnerungen*，奥尔登堡：Stalling，1977 年)，第 167 页。

8. 希特勒关于美国人民的论断："因为欧洲人移居外国的过程是一个筛选出最有能力者的过程，又因为在所有的欧洲民族中，这种能力主要存在于具有北欧血统的人群中，所以美利坚联盟国实际上是从原则上（种族上）非常多样化的人群中萃取出了分散于其间的北欧要素。"见格哈德·魏因贝格编，《希特勒的第二本书：阿道夫·希特勒所作＜我的奋斗＞的未出版的续集》(*Hitler's Second Book: The Unpublished Sequel to "Mein Kampf" by Adolf Hitler*，纽约：Enigma Books，2003 年)，第 117 页。1958 年，魏因贝格在整理档案时发现一部写于 1928 年的手稿，其作者除阿道夫·希特勒外不可能有其他人选。这部论述国社党外交政策的作品由于种种原因一直未能出版。到了 1961 年，魏因贝格将该书的德文原版付梓，并计划随后推出经过精心翻译和注释的英文版。但是市面上很快就出现了一个赶工炮制的英文版本，使他的计划就此搁浅。这个译本是外行之作，而且未经魏因贝格许可就擅自引用了他的许多注释；因此魏因贝格一直称其为 "盗版"。一位书评家称它是原版的 "东施效颦"，任何拥有该书的读者都会同意这一评价。2003 年的版本在各方面都大大优于 1961 年的英文版。新版的译者克里斯塔·史密斯（Krista Smith）在传达德文原版语义的同时巧妙地保留了希特勒书稿中所特有的各种文体瑕疵，而且书中的介绍性资料和说明性注释也非常全面，具有重大价值。读者如果想了解现在已经过时的旧译本，请参见《希特勒的秘作》(*Hitler's Secret Book*，纽约：Grove Press，1961 年)。

9. 德怀特·艾森豪威尔（Dwight D. Eisenhower）的回忆录的书名就是《十字军征欧》(*Crusade in Europe*，纽约州加登城：Doubleday，1948 年)。

10. 里克·阿特金森（Rick Atkinson）著，《解放》三部曲第一卷《破晓的军队：从挺进突尼斯到解放北非》(*An Army at Dawn: The War in North Africa*，纽约：Holt，2002 年) 展示了描写军事主题时通俗历史与严肃历史之间的界限可以有多么模糊。和他的所有作品一样，阿特金森在该书中的叙事是以对档案和二手文献的扎实研究为基础的；这是一部符合最严格标准的学术著作。另一方面，阿特金森的文笔又远远好于大多数历史学家，他为了使叙事引人入胜而下的功夫也要多于高端学术界的一般作者。由此产生的是一部真正罕见的杰作：一本既能吸引渴求干货的学者，又能令受过一定教育的普通读者爱不释手的好书。它赢得普利策奖绝对是实至名归。

　　11. 读者如果想看原版照片的翻印版本，请参见戴维·谢尔曼（David E. Scherman）编，《〈生活〉杂志：第二次世界大战影像史》(*Life Goes to War: A Picture History of World War II*，纽约：Pocket Books，1977 年)，第 36—37 页。说明文字中提道："《生活》杂志的编辑们不断接触到其驻外记者关于轴心国重整军备的报道，对美国的武备废弛感到由衷的担忧，因而组织刊载了这些令军方非常高兴的稿件。《生活》杂志希望在这些呼吁备战的宣传刺激下，其读者和国会能够正视德国武装部队快速扩张的现实。"同样在这几页上，还可以看到美军士兵背着木制模型训练的照片，模型上的标牌说明那是一门 "60 毫米迫击炮"。另一张照片上是第一批波音 B-17 原型机（YB-17）中的一架机头朝下坠毁在一片田野里。

　　12. 间战时期产生了大量著作，学者和职业军人都将这一时期视作军事学说、训练和武器变革的试验场。在这个时代有人大获成功（德国人），有人惨遭失败（法国人），还有人白白浪费了丰富的机会（英国人）。读者如果想概要了解这一时期，请参见两本必读之作：威廉森·默里（Williamson Murray）和艾伦·米利特（Allan R. Millett）编，《间战时期的军事革新》(*Military Innovation in the Interwar Period*，剑桥Cambridge University Press，1996 年)，以及哈罗德·温顿（Harold R. Winton）和戴维·梅茨（David R. Mets）著，《变革的挑战军事机构与新的现实，1918—1941》(*The Challenge of Change: Military Institutions and New Realities, 1918-1941*，林肯：University of Nebraska Press，2000 年)。关于这一时代的专题著作则是多得不胜枚举。例如，读者可参见罗伯特·M. 奇蒂诺著，《闪电战策略的演变：德国针对波兰的自卫措施》(*The Evolution of Blitzkrieg Tactics: Germany Defends Itself against Poland*，康涅狄格州韦斯特波特：Greenwood，1987 年)，以及同一作者的《通向闪电战之路：1920—1939 年德国军队的军事学说与训练》(*The Path to Blitzkrieg: Doctrine and Training in the German Army, 1920-1939*，科罗拉多州博尔德：Lynne Rienner，1999 年)；詹姆斯·科勒姆（James S. Corum）著，《闪电战的根源：汉斯·冯·塞克特与德国军事改革》(*The Roots of Blitzkrieg: Hans von Seeckt and German Military Reform*，劳伦斯：University Press of Kansas，1992 年)；尤金妮亚·基斯林（Eugenia C. Kiesling）著，《武装对抗希特勒：法国与军事规划的局限性》(*Arming against Hitler: France and the Limits of Military Planning*，劳伦斯，University Press of Kansas，1996 年)；戴维·约翰逊（David E. Johnson）著，《快速坦克与重型轰炸机：1917—1945 年美国陆军的革新》(*Fast Tanks and Heavy Bombers: Innovation in the U.S. Army, 1917-1945*，纽约州伊萨卡：Cornell University Press，1998 年)；威廉·奥多姆（William O. Odom）著，《堑壕战之后：美国陆军军事学说的转型，1918—1939》(*After the Trenches: The Transformation of U.S. Army Doctrine, 1918-1939*，科利奇站：Texas A&M University Press，1999 年)；以及哈罗德·温顿著，《改造一支军队：约翰·博内特 – 斯图亚特将军与英国装甲部队军事学说，1927—1938》(*To Change an Army: General Sir John Burnett-Stuart and British Armored Doctrine, 1927-1938*，劳伦斯，University Press of Kansas，1988 年)。

　　13. 请参见海因茨·古德里安的大量著作:《注意，坦克！：古德里安论装甲部队的战术与作战潜能》(*Achtung—Panzer! The Development of Armored Forces, Their Tactics, and Operational Potential*，伦敦：Arms and Armour Press，1992 年);《机动部队：战史研究》(*Bewegliche Truppenkörper: Ein kriegsgeschichtliche Studie*)，第 1 部分，《大选帝侯在 1678—1679 年冬季会战中的雪橇机动》(*Die Schlittenfahrt des Grossen Kurfürsten im Winterfeldzug, 1678-1679*),《军事周刊》(*Militär-Wochenblatt*)第 112 辑，第 18 期，1927 年 11 月 11 日;《装甲

部队及其与其他兵种的协同》（*Die Panzertruppen und ihr Zusammenwirken mit den anderen Waffen*），《军事科学评论》第 1 辑，第 5 期（1936 年）；《快速部队今昔》（*Schnelle Truppen einst und jetzt*）《军事科学评论》4 辑，第 2 期（1939 年）；最后还有他的回忆录《闪击英雄》（*Panzer Leader*，纽约Ballantine，1957 年）。关于德军装甲师的发展，还可以参见理查德·奥戈凯维奇（Richard M. Ogorkiewicz）著，《装甲部队：装甲兵及其车辆的历史》（*Armoured Forces: A History of Armoured Forces and Their Vehicles*，纽约：Arco，1970 年），第 73 页。如果想看这位德国装甲指挥官的传记，请参见拉塞尔·哈特（Russell A. Hart）著《古德里安装甲兵先驱还是神话制造者？》（*Guderian: Panzer Pioneer or Myth Maker?*，华盛顿哥伦比亚特区：Potomac Books，2006 年），该书严谨细致，而且对传主持严厉的批判态度。

14. 要了解第一次世界大战中的美国远征军，请参见马克·伊桑·格罗特吕申（Mark Ethan Grotelueschen）著，《美国远征军的战争方式：第一次世界大战中的美国陆军与作战》（*The AEF Way of War: The American Army and Combat in World War I*，剑桥：Cambridge University Press，2007 年），书中研究了战前美国军事学说的欠缺和美军步兵师在实战中学习能力的低下。要了解坦克军团，首选著作仍然是戴尔·威尔逊（Dale E. Wilson）著，《狠狠收拾他们！美国装甲部队的诞生，1917—1920》（*Treat' em Rough! The Birth of American Armor, 1917-1920*，加利福尼亚州诺瓦托：Presidio，1989 年）。

15. 1920 年的《国防法》建立了"一套基于志愿兵和不同战备等级的多级制度"，要了解它的复杂之处，请参见艾伦·米利特和彼得·马斯洛夫斯基（Peter Maslowski）著，《为了共同国防：美利坚合众国军事史》（*For the Common Defense: A Military History of the United States of America*，纽约：Free Press，1984 年），第 366—367 页。

16. 戴维·约翰逊著，《从边境保安队到现代化军队：两次世界大战之间的美国陆军》（*From Frontier Constabulary to Modern Army: The U.S. Army between the World Wars*），收录于温顿和梅茨著，《变革的挑战》，第 180—181 页。

17. 迄今最好的比利·米切尔传记仍是阿尔弗雷德·赫尔利（Alfred F. Hurley）著，《比利·米切尔：空中力量改革家》（*Billy Mitchell: Crusader for Air Power*，布卢明顿：Indiana University Press，1975 年）。

18. 请参见拉塞尔·魏格利著，《艾森豪威尔的助手们：法国与德国会战，1944—1945》（*Eisenhower's Lieutenants: The Campaign of France and Germany, 1944-1945*，布卢明顿：Indiana University Press，1981 年）中的讨论，尤其是题为《美国陆军》（The American Army）的那一章（第 1—7 页），其中几近完美地提炼了魏格利的基本学术观点。

19. 要了解"野战"，请参见格罗特吕申著，《美国远征军的战争方式》，第 8、32—35、48—49 页。约翰·潘兴将军本身曾表示，"野战和堑壕战的本质区别……就是步兵的前方是否存在徐进弹幕。"（第 49 页）

20. 约翰逊著，《边境保安队》，第 167 页。

21. 关于M4"谢尔曼"式坦克的不足之处已有大量文献论述。首先，读者可参见贝尔顿·库珀（Belton Y. Cooper）著，《死亡陷阱：一个美国装甲师在第二次世界大战中幸存的故事》（*Death Traps: The Survival of an American Armored Division in World War II*，加利福尼亚州诺瓦托：Presidio，2000 年）。库珀曾在美国第3装甲师的维修营服役，亲身经历了 1944—1945 年从诺曼底到德国的战事。在那段时间里，该师损失了 648 辆"谢尔曼"，另有 700 辆受损的坦克在修理后重新投入使用。魏格利著，《艾森豪威尔的助手们》，第 20—22 页有一段透彻而公正的评价。

22. 有关麦克奈尔将军的简要生平，请参见罗伯特·M. 奇蒂诺著，《装甲部队：历史与原始资料》（*Armored Forces: History and Sourcebook*，康涅狄格州韦斯特波特：Greenwood Press，1994 年），第 256—257 页。有关复杂的"积极反坦克防御"问题的完整论述，请参见克里斯托弗·加贝尔（Christopher R. Gabel）著，《搜索、打击和摧毁：第二次世界大战中美国陆军的反坦克歼击车学说》（*Seek, Strike, and Destroy: U. S. Army Antitank Destroyer Doctrine in World War II*，堪萨斯州利文沃思堡：美国陆军指挥与参谋学院，1985 年）中包含的公正的批判性分析。另见罗曼·约翰·亚里莫维奇（Roman Johann Jarymowycz）著，《坦克战术，从诺曼底到洛林》（*Tank Tactics: From Normandy to Lorraine*，科罗拉多州博尔德：Lynne Rienner，2001 年），第 92 页中措辞严厉的批判性评论，作者将坦克歼击车称作"麦克奈尔的袖珍战列舰解决方案——一种遇到麻烦可以一走了之的装甲战车"。

23. 要了解"日间精确轰炸"混乱的起源和遭遇的种种艰辛，请参见唐纳德·米勒（Donald L. Miller）著，《空中英豪：美国第八航空队对纳粹德国的空中之战》（*Donald L. Miller, Masters of the Air: America's Bomber Boys Who Fought the Air War against Nazi Germany*，纽约：Simon & Schuster，2006 年）。米勒认为美国航空兵的"精确日间轰炸"学说的真正问题在于，可以毫不夸张地说，整套理论都是一小撮美国陆军航空兵军官坐在房间里空想出来的。没有任何客观证据能证明这套理论的有效性，也没有做过任何试验，没有试错过程。有关 B-17 不需要远程战斗机护航、可以在德国战斗机面前自保的理念也是如此。米勒令人信服地证明，在战前年代，从来没有人检验过这些观点。没有任何证据，只有被一再重复、最后被当成经文的口号。例如"轰炸机总是能冲破防御"，还有诺顿轰炸瞄准镜所谓的"从 6069 米高空把炸弹丢进一个泡菜桶"的能力。尤其值得一读的是他对设于阿拉巴马州马克斯韦尔（Maxwell）的航空兵团战术学校的批评（第 38—41 页）。另见罗伯特·M. 奇蒂诺著，《无垠蓝天》（*Wild Blue Yonder*），《出列》（*Front and Center*），2009 年 10 月 25 日，http://www.historynet.com/wild-blue-yonder.htm。

24. 有大量文献论述了美军装甲部队的兴起以及它与骑兵部队消亡过程的复杂纠葛。例如，读者可参见乔治·霍夫曼（George F. Hofmann）和唐·斯塔里（Donn A. Starry）编，《从柯尔特营到沙漠风暴：美国装甲兵的历史》（*Camp Colt to Desert Storm: The History of the U. S. Armored Forces*，列克星敦: University Press of Kentucky，1999 年）; 乔治·霍夫曼著，《我们以机动制胜：美国骑兵的机械化过程》（*Through Mobility We Conquer: The Mechanization of U. S. Cavalry*，列克星敦：University Press of Kentucky，2006 年）; 马修·达林顿·莫顿（Matthew Darlington Morton）著，《铁马骑士：现代美国骑兵的消亡和重生》（*Men on Iron Ponies: The Death and Rebirth of the Modern U. S. Cavalry*，迪卡尔布: Northern Illinois University Press，2009 年）; 特别是罗伯特·卡梅隆（Robert S. Cameron）最近出版的作品，《机动、冲击与火力：美国陆军装甲兵的崛起，1917—1945》（*Mobility, Shock, and Firepower: The Emergence of the U. S. Army's Armor Branch, 1917-1945*，华盛顿哥伦比亚特区: Center of Military History，2008 年），它分析了"在由政治考虑、陆军的集团性质和变幻不定的战争观所决定的背景下"，"技术、条令训练、领导和组织"如何相互作用，"创造出了独特的美国式装甲战法"（第 XIX 页）。

25. 约翰逊著，《边境保安队》，第 191—192 页。另见卡梅隆著，《机动、冲击与火力》，可了解美国装甲师如何发展出强调"在敌后纵深"执行任务的"新条令基础"（第 270—273 页）。

26. 阿特金森著，《破晓的军队》，第 10 页。

27. 关于这些演习的专题著作只有一本，那就是克里斯托弗·加贝尔著，《1941 年的美国陆军总司令部演习》（*The U. S. Army GHQ Maneuvers of 1941*，华盛顿哥伦比亚特区：Center of Military History，1992 年）。从各方面来讲（包括地图），这都是一部杰作。另见卡洛·德斯特著，《巴顿传: 为战争而生的天才》（*Patton: A Genius for War*，纽约: Harper，1995 年），第 392—407 页，以及卡梅隆著，《机动、冲击与火力》第 325—359 页的相关章节。

28. 如果想看有关巴顿在路易斯安那演习中的壮举的华丽描写，见德斯特著，《巴顿传》，第 395—397 页。加贝尔著，《美国陆军总司令部演习》显然对关于巴顿的传说的真实性多了一些怀疑。读者可以参见他在第 96—111 页中较为严肃的叙述，例如其中指出，双方的指挥官李尔（Lear）和克鲁格（Krueger）都"认识到了经德克萨斯州外线迂回进攻的可能性"（第 106 页），而且加贝尔认为巴顿取道纳科多奇斯（Nacogdoches）进军"实际上效仿斯图亚特（J. E. B. Stuart）多于效仿海因茨·古德里安"。

29. 德斯特著，《巴顿传》，第 396 页。

30. 关于卡罗来纳演习，加贝尔著，《美国陆军总司令部演习》是权威之作。读者尤其应参见"第一阶段：皮迪河之战"（第 132—154 页）和"第二阶段：卡姆登之战"（第 155—169 页）。关于德鲁姆被俘的经过，见德斯特著，《巴顿传》，第 399 页。

31. 要了解美国陆军对这几次军事演习的分析，见加贝尔著，《美国陆军总司令部演习》，第170—194 页。另见马克·佩里（Mark Perry）著，《司令部中的搭档：战争与和平时期的乔治·马歇尔与德怀特·艾森豪威尔》（*Partners in Command: George Marshall and Dwight Eisenhower in War and Peace*，纽约：Penguin，2007 年），第 8 页。

32. 拉塞尔·魏格利著，《美式兵法：美国军事战略与方针史》（*The American Way of War: A History of United States Military Strategy and Policy*，纽约：Macmillan，1973 年）。

33. 关于"消耗式战略"，见魏格利著，《美式兵法》，第 3—17 页；关于"消灭式战略"，见第128—152 页。关于这两者之间的联系："最初，当美国的军事资源还很稀少的时候，美国在消耗式战略家的培养下有了一个充满希望的起点；但是这个国家的财富和它对无节制的战争目标的追求打断了这一发展进程，最终使消灭式战略成为美式兵法的特色。"（第 XXII 页）

34. 格兰特"会持续不断地战斗，无日不战，始终不让敌军逃脱他自己的军队的控制，不给敌军实施狡猾机动的机会，而是死缠烂打，直到他凭借自己的优势资源使联邦军队得以幸存而敌军最终瓦解。"出处同前，第 143 页。

35. 见瓦尔德马·爱尔福特（Waldemar Erfurth）著，《几路军队之间的协同》（*Das Zusammenwirken getrennter Heeresteile*），第 1—4 部分，《军事科学评论》第 4 辑，第 1 期（1939 年），第 14—41 页；《军事科学评论》第 4 辑，第 2 期（1939 年），第 156—178 页；《军事科学评论》第 4 辑，第 3 期（1939 年），第 290—314 页；《军事科学评论》第 4 辑，第 4 期（1939 年），第 472—499 页。

36. 马克斯·路德维希炮兵上将（General of Artillery Max Ludwig），《考虑时代因素的内线和外线作战》（*Die Operation auf der innerer und der äusserer Linie im Lichte unserer Zeit*），《军事周刊》第 126 辑，第 1 期（1941 年 7 月 4 日），第 7—10 页。

37. 要了解围绕波莱罗一大锤一围捕行动的争论，请参见理查德·斯蒂尔（Richard W. Steele）著，《1942 年的第一次攻势：罗斯福、马歇尔与美国战略的制定》（*The First Offensive, 1942: Roosevelt, Marshall, and the Making of American Strategy*，布卢明顿：Indiana University Press，1973 年）。

38. 这句话包含在著名的马歇尔备忘录中，曾在 1942 年 4 月呈交给英方策划人员过目。见斯蒂尔著，《第一次攻势》，第 100—114 页，以及佩里著，《司令部中的搭档》，第 73—77 页；安德鲁·罗伯茨（Andrew Roberts）著，《国家元首与统帅：西方四巨头如何赢得战争，1941—1945》（*Masters and Commanders: How Four Titans Won the War in the West*，纽约：Harper，2008 年），第137—166 页。有关美国陆军官方战史《第二次世界大战中的美国陆军》（*The U. S. Army in World War II*，俗称"绿皮丛书"）中的相关卷册，见雷·克莱因（Ray S. Cline）著，《美国陆军部：华盛顿指挥部：作战部》（*The War Department: Washington Command Post: The Operations Divisio*，华盛顿哥伦比亚特区：Center of Military History，1990 年）。

39. 要了解魏德迈少校的功绩，请参见查尔斯·柯克帕特里克（Charles E. Kirkpatrick）著，《未知的未来与可疑的现在：起草 1941 年的胜利计划》（*An Unknown Future and a Doubtful Present: Writing the Victory Plan of 1941*，华盛顿哥伦比亚特区：Center of Military History，1992 年），其中强调了该计划作为"效率突出、效果显著的军事组织"蓝图的概括性质，而没有纠结于"该计划的各种细节的相对成败"（第 124 页）——这是一个公允的结论。另见佩里著，《司令部中的搭档》，第 250—251 页。近些年的研究对魏德迈计划的重要性提出了质疑，认为其意义不如由海军作战部长哈罗德·斯塔克（Harold R. Stark）起草的"犬计划"和由民间经济学家斯泰西·梅（Stacy May）编纂的"统一决算表"。请参见詹姆斯·莱西（James Lacey）著，《第二次世界大战中真正的胜利计划》（*World War II 's Real Victory Program*），《军事历史期刊》第 75 辑，第 3 期（2011 年 7 月）第 811—834 页。

40. 见柯克帕特里克著，《未知的未来》，第 100—102 页的表格。

41. 关于中途岛战役，最好的专题著作仍是乔纳森·帕歇尔（Jonathan Parshall）和安东尼·塔利（Anthony Tully）著，《断剑：中途岛海战不为人知的真相》（*Shattered Sword: The Untold Story of the Battle of Midway*，华盛顿哥伦比亚特区：Potomac Books，2005 年）。还可参见达拉斯·伍德伯里·艾瑟姆（Dallas Woodbury Isom）著，《中途岛勘验：日军为何输掉了中途岛之战》（*Midway Inquest: Why the Japanese Lost the Battle of Midway*，布卢明顿：Indiana University Press，2007 年），其中着重探讨了这场战役的核心问题：为什么日军无法在美军俯冲轰炸机到达前再次发起空袭。

42. 关于瓜岛战役，请参见理查德·弗兰克（Richard B. Frank）著，《瓜达尔卡纳尔岛：关于这场标志性战役的明确论述》（*Guadalcanal: The Definitive Account of the Landmark Battle*，纽约：Penguin，1992 年），以及斯坦利·科尔曼·泽西（Stanley Coleman Jersey）著，《地狱的岛群：瓜岛战役探秘》（*Hell's Islands: The Untold Story of Guadalcanal*，科利奇站：Texas A&M University Press，2008 年）。要了解美国海军在瓜岛周边海域进行的苦战，见詹姆斯·霍恩菲舍尔（James D. Hornfischer）著，《海神的炼狱：美国海军在瓜岛》（*Neptune's Inferno: The U. S. Navy at Guadalcanal*，纽约：Bantam，2011 年）。

43. 见托马斯·比尔（Thomas B. Buell）著，《海权之主：海军五星上将欧内斯特·金传记》（*Master of Sea Power: A Biography of Fleet Admiral Ernest J. King*，马里兰州安纳波利斯：Naval Institute Press，1995 年）。

44. 关于这套经典的策略，见利德尔·哈特著《英式战争之道》（*The British Way in Warfare*，伦敦：Faber and Faber，1932 年）。戴维·弗伦奇（Dasvid French）著，《英式战争之道，1688—2000》（伦敦：Unwin Hyman，1990 年）对利德尔·哈特的许多理论提出了新解和质疑。另见基思·尼尔森（Keith Neilson）和格雷格·肯尼迪（Greg Kennedy）编，《英式战争之道：实力与国际体系，1856—1956：纪念戴维·弗伦奇论文集》（*The British Way in Warfare: Power and the International System, 1856-1956: Essays in Honour of David French*，英国法纳姆：Ashgate，2010 年）。

45. 斯蒂尔著，《第一次攻势》，第 34—45 页。

46. 要了解第二次世界大战中的海运和争夺"世界洋"控制权的斗争，请参见埃文·莫兹利著，《新编第二次世界大战史》（*World War II : A New History*，剑桥：Cambridge University Press，2009 年），第 248—293 页。

47. 有多部著作引用过这句话，例如可参见查尔斯·麦克唐纳（Charles B. MacDonald）著，《大动干戈：美国在欧洲的战争》（*The Mighty Endeavor: The American War in Europe*，纽约：Da Capo，1992 年），第 78 页。

48. 转引自阿特金森著，《破晓的军队》，第 14 页。

49. 转引自麦克唐纳著，《大动干戈》，第 80 页。

50. 有关蓝色行动的细节，请参见罗伯特·M. 奇蒂诺著，《国防军：第一部·折戟沉沙，1942 年德军历次战役》（*Death of the Wehrmacht: The German Campaigns of 1942*，劳伦斯：University Press of Kansas，2007 年），第 152—182 页；厄尔·齐姆克和马格纳·鲍尔斯著，《从莫斯科到斯大林格勒：决战东线》（*Moscow to Stalingrad: Decision in the East*，华盛顿哥伦比亚

特区:Center of Military History，1987 年），第 283—308、333—348 页;以及厄尔·齐姆克著，《从斯大林格勒到柏林：德军在东线的失败》(*Stalingrad to Berlin: The German Defeat in the East*，华盛顿哥伦比亚特区：Center of Military History，1987 年），第 3—36 页。

51. 道格拉斯·波尔奇（Douglas Porch）著，《胜利之路第二次世界大战中的地中海战场》(*The Path to Victory: The Mediterranean Theater in World War II*，纽约：Farrar, Straus & Giroux，2004 年），第 XI 页。

52. 要了解美国陆军在第二次世界大战中的首战——火炬行动，请参见"绿皮丛书"中的相关卷册，即乔治·豪（George F. Howe）著，《西北非洲：夺取西线的主动权》(*Northwest Africa: Seizing the Initiative in the West*，华盛顿哥伦比亚特区：Center of Military History，1957 年），以及英国官方正史中相同题材的卷册，即普莱费尔（I. S. O. Playfair）和莫洛尼（C. J. C. Molony）著，《地中海与中东战场》(*The Mediterranean and Middle East*)第 4 卷,《轴心国军队在非洲的覆灭》(*The Destruction of the Axis forces in Africa*,伦敦皇家出版局，1966 年），第 109—164 页。和所有"绿皮丛书"一样，豪的著作具有研究深入、文笔机敏和论断权威的特点。说到缺点，所有"绿皮丛书"都企图面面俱到，常常无规律地在战争的战术、战役和战略层面切换。因此，它们偶尔会令试图寻找明晰的战役层面分析的研究者感到不知所措。相比之下，普莱费尔和莫洛尼对写作重点的把握要严格得多，而且他们也全面研究了海空作战。另见阿特金森著，《破晓的军队》，第 21—32 页波尔奇著，《胜利之路》，第 342—345 页；麦克唐纳著，《大动干戈》，第 68—114 页；卡洛·德斯特著，《第二次世界大战的地中海战区，1942—1945》(*World War II in the Mediterranean, 1942-1945*，北卡罗来纳州查珀尔希尔Algonquin Books,1990 年），第 1—21 页马修·琼斯（Matthew Jones）著,《英国、美国与地中海战争，1942—1944》(*Britain, the United States, and the Mediterranean War, 1942-1944*，纽约：St. Martin's Press，1996 年），第 1—35 页；马丁·基钦（Martin Kitchen）著,《隆美尔的沙漠战争：第二次世界大战中的北非战事，1941—1943》(*Rommel's Desert War: Waging World War II in North Africa, 1941-1943*,剑桥Cambridge University Press,2009 年），第 353—379 页；肯尼思·麦克西（Kenneth Macksey）著，《强国的熔炉：突尼斯之战，1942—1943》(*Crucible of Power: The Fight for Tunisia, 1942‑1943*，伦敦：Hutchinson，1969 年），第 1—74 页中的权威军事论述；以及查尔斯·安德森（Charles A. Anderson）著，《阿尔及利亚—法属摩洛哥》(*Algeria‑French Morocco*，华盛顿哥伦比亚特区：Center of Military History，出版年份不详）中有用的概述。

53. 见豪著，《西北非洲》：关于西路特遣队，第 39—46 页；关于中路特遣队，第 46—50 页；关于东路特遣队，第 50—54 页。

54. 艾森豪威尔著，《十字军征欧》，第 80 页。

55. 法方充满种种密谋和不确定性的氛围构成了火炬行动的背景，有关这方面的优秀讲解，见麦克唐纳著，《大动干戈》，第 82—100 页。

56. 实际上克拉克在逃跑过程中连裤子都丢了。要了解这次大胆——或许大胆过头了——的"非洲秘密使命"的细节，请参见第一手史料：马克·克拉克将军的回忆录《预期风险》(*Calculated Risk*，纽约：Enigma Books，2007 年），第 58—76 页。这本回忆录最初出版于 1950 年，它使许多历史学家笔下如同笨伯一般的克拉克形象越来越难以维系。另见艾森豪威尔 1942 年 11 月 12 日写给克拉克的标有"秘密"字样的信件，在其中艾森豪威尔告诉克拉克，"报纸上强调了你丢裤子的事"（原文为斜体）。此信收录于小阿尔弗雷德·钱德勒（Alfred D. Chandler Jr.）编,《德怀特·戴维·艾森豪威尔文件集：战争岁月：2》(*The Papers of Dwight David Eisenhower: The War Years: II*，马里兰州巴尔的摩：Johns Hopkins Press，1970 年），第 749—750 页。

57. 有关奥兰登陆，请参见下列权威论述：豪著，《西北非洲》，第 192—228 页；普莱费尔和莫洛尼著，《轴心国军队在非洲的覆灭》，第 146—150 页;阿特金森著，《破晓的军队》，第 69—81 页；以及安德森著，《阿尔及利亚—法属摩洛哥》中关于三处海滩的有关论述。

58. 关于阿尔及尔的登陆行动，见豪著，《西北非洲》，第 229—252 页普莱费尔和莫洛尼著，《轴心国军队在非洲的覆灭》，第 140—146 页；阿特金森著，《破晓的军队》，第 91—103 页。

59. 要了解美军在摩洛哥大西洋沿岸的登陆，尤其应参见豪著，《西北非洲》，第 96—181 页。与这场完全由美军实施的北非规模最大的登陆战相称，美国陆军的官方正史对它的记述之详细也大大超过了另几场登陆。另见普莱费尔和莫洛尼著，《轴心国军队在非洲的覆灭》，第 150—153 页；阿特金森著，《破晓的军队》，第 103—115 页。

60. 艾森豪威尔 1942 年 11 月 19 日致小乔治·史密斯·巴顿信，收录于《艾森豪威尔文件集》，第 684—685 页。

61. 有关坦克部队在费达拉变得七零八落的情况，见阿特金森著，《破晓的军队》，第 136 页。在迈赫迪耶，45 辆坦克中只有 7 辆到达滩头（阿特金森著，《破晓的军队》，第 145 页）。另见豪著，《西北非洲》，第 130—131 页，其中对费达拉的战况的描写远没有如此不堪。

62. 见哈尔·沃恩（Hal Vaughan）著，《罗斯福的十二使徒：为法属北非登陆铺平道路的间谍们》（*FDR's 12 Apostles: The Spies Who Paved the Way for the Invasion of French North Africa*，康涅狄格州吉尔福德：Lyons Press，2006 年），该书叙述了"美国在第二次世界大战中将要开展的大规模谍报、破坏和心理战的开端"（第 XIII 页）。

63. 这个令人难忘的历史片段唯有阿特金森能够做出精彩的叙述。见《破晓的军队》，第 91—96 页。读者如果想看第一手史料，请参见罗伯特·丹尼尔·墨菲（Robert Daniel Murphy）著，《战士中的外交官》（*Diplomat among Warriors*，纽约：Doubleday，1964 年），第 131 页。

64. 阿特金森，《破晓的军队》，第 136 页。

65. 突尼斯的作战虽然规模较小（双方投入的兵力都不满一个师），相关的文献却汗牛充栋，而发生在苏联的许多战役规模比这大好多倍，却不能让西方历史学家产生多少兴趣。在这类通常以歌功颂德为主的文献中，写得最好的是：豪，《西北非洲》，第 275—344 页；普莱费尔和莫洛尼著，《轴心国军队在非洲的覆灭》，第 165—191 页；波尔奇著，《胜利之路》，第 353—369 页；阿特金森著，《破晓的军队》，第 161—263 页；查尔斯·安德著，《突尼斯》（*Tunisia*，华盛顿哥伦比亚特区：Center of Military History，出版年份不详）；以及利德尔·哈特在《第二次世界大战史》（*History of the Second World War*，康涅狄格州旧塞布鲁克：Konecky & Konecky，1970 年），第 334—342 页中通常令人信服的论述。有意思的是，虽然德国官方正史的记述中通常包含大量作战行动细节，但对这场小规模战役却着墨不多。请参见《德国与第二次世界大战》，第 5 部分，施通普夫著，《地中海的战争》，第 6 卷第 715—725 页。

66. 希特勒对于挪威的特殊执着——史学界长期认为这完全是丘吉尔造成的——将会持续一段时间。请参见海因里希·罗德默尔（Heinrich Rodemer）著，《入侵会在南欧……还是挪威？》（*Invasion in Südeuropa…oder in Norwegen*），《国防军》（*Die Wehrmacht*）第 7 辑，第 12 期（1943 年 6 月 9 日）：第 4—5、19 页。另见《德国与第二次世界大战》，第 5 部分，施通普夫著，《地中海的战争》，第 6 卷第 711 页。

67. 直到登陆即将开始时，或许就在登陆前一天，凯塞林才如梦方醒，意识到盟军的意图是在北非登陆。要了解登陆前几星期的"神经战"和凯塞林对战略局势的评估，请参见阿尔贝特·凯塞林（Albert Kesselring）著，《军人战至最后一日》（*Soldat bis zum letzten Tag*，波恩：Athenäum，1953 年），第 185—187 页。要查看英文译本，见《凯塞林：一个军人的记录》（*Kesselring: A Soldier's Record*，纽约：Morrow，1954 年），第 161—163 页。

68. 要了解当时轴心国方面普遍感到前途未卜的氛围，以及墨索里尼的先见之明，请参见国防军总司令部的瓦尔特·瓦尔利蒙特将军（General Walter Warlimont）的回忆录《德国国防军司令部内幕，1939—1945：基础、成形、发展》（*Im Hauptquartier der deutschen Wehrmacht, 1939-1945: Grundlagen, Formen, Gestalten*，美因河畔法兰克福：Bernard & Graefe，1962 年），第 282—

285 页。另见西格弗里德·韦斯特法尔（Siegfried Westphal）著，《被禁锢的军队：隆美尔、凯塞林和龙德施泰特的参谋长的文件集》（*Heer in Fesseln: Aus den Papieren des Stabschefs von Rommel, Kesselring und Rundstedt*，波恩：Athenäum-Verlag，1950 年），第 188—189 页。

69. 《德国与第二次世界大战》，第 5 部分，施通普夫著，《地中海的战争》，第 6 卷第 720—721 页。

70. 普莱费尔和莫洛尼著，《轴心国军队在非洲的覆灭》，第 171—172 页。

71. 要了解安东行动，见《德国与第二次世界大战》，第 5 部分，施通普夫著，《地中海的战争》，第 6 卷第 740—745 页，以及瓦尔利蒙特著，《德国国防军司令部内幕》，第 284 页。

72. 转引自《德国与第二次世界大战》，第 5 部分，施通普夫著，《地中海的战争》，第 6 卷第 713 页（"Nordafrika muss als Vorfeld von Europa unbedingt gehalten werden"），以及阿特金森著，《破晓的军队》，第 164 页。

73. 对于这场被称为"向突尼斯赛跑"的战役，历史学家在研究时一定要保持虚心：撰写决定性论述的尝试一定会失败，因为多种互相冲突的说法难免使研究者触礁，而理清参战的众多盟军支队和德军战斗群也绝非易事，最后——但并非最不重要——的问题是，参战部队规模虽小（双方都只有大约一个师的兵力），却散布在如此广袤的地形中。由于这是美国陆军在广义的欧洲战场的第一次战役，已经有数十名学者试图为其著书立传，但至今没有一部作品堪称决定性论述，而且全都在各种问题上各执一词。目前的论述都在很大程度上取材于瓦尔特·内林将军（General Walther K. Nehring）的三部手稿，它们是美国陆军《外国军事研究》丛书的一部分：《突尼斯的第一阶段交战，截至新成立的第 5 装甲集团军在 1942 年 12 月 9 日接管指挥为止》（*The First Phase of the Engagements in Tunisia, up to the Assumption of the Command by the Newly Activated Fifth Panzer Army headquarters on 9 Dec 1942*），手稿 D-086《北非局势的发展（1943 年 1 月 1 日—2 月 28 日）》[*The Development of the Situation in North Africa (1 Jan - 28 Feb 1943)*]，手稿 D-120；以及《突尼斯战役的第一阶段》（*The First Phase of the Battle in Tunisia*），手稿 D-147（手稿 D-086 的后续）。这三部手稿都收藏在宾夕法尼亚州卡莱尔市的美国陆军传统与教育中心。内林不仅是典型的顽强实干家，还是具有一定名望的军事学者。读者可以参见他在战前关于反坦克武器和战术的著作《反坦克战》（*Panzerabwehr*，柏林：E. S. Mittler und Sohn，1936 年），以及他战后撰写的德国坦克兵历史《德国装甲兵的历史，1916 至 1945》（*Die Geschichte der deutschen Panzerwaffe, 1916 bis 1945*，柏林Propyläen Verlag，1969 年）。关于突尼斯之战，还可参见万·冯·伯里斯（Vance von Borries）著，《突尼斯战役》（*The Battle for Tunisia*）中节选的手稿 D-147，原载于《战略与战术》（*Strategy and Tactics*），第 140 期（1991 年 2 月）：第 5—20 页。在盟军方面，本文的记述将参考英国第 1 集团军司令安德森将军（General K. A. N. Anderson）撰写的战斗报告，《1942 年 11 月 8 日至 1943 年 5 月 13 日西北非洲的作战》（*Operations in North West Africa from 8th November 1942 to 13th May 1943*），《伦敦公报》副刊（*Supplement to the London Gazette*），1946 年 11 月 6 日。

74. 《德国与第二次世界大战》，第 5 部分，施通普夫著，《地中海的战争》，第 6 卷第 721 页。

75. 内林著，《突尼斯的第一阶段交战》，第 7 页。另见《德国与第二次世界大战》，第 5 部分，施通普夫著，《地中海的战争》，第 6 卷第 721 页。

76. 内林著，《突尼斯的第一阶段交战》，第 9 页。

77. 豪著，《西北非洲》，第 391 页；普莱费尔和莫洛尼著，《轴心国军队在非洲的覆灭》，第 171—172 页。

78. 豪著，《西北非洲》，第 295 页。

79. 这方面的例子很多，例如可参见《曼陀菲尔师情报参谋关于 1943 年 1 月 1 日—1943 年 3 月 31 日 的 活 动 报 告 》（*Tätigkeitsbericht der Division von Manteuffel: Abteilung Ic für die Zeit vom 1.1.43 - 31.3.43*），第 1—7 页，http://www.wwiiphotos-maps.com/germandivisions/

divisionbroichmannteufel/17-2-43%20-%2031-3-43%20%20Roll%202278/slides/0021.html。

80. 普莱费尔和莫洛尼著，《轴心国军队在非洲的覆灭》，第 172—173 页。

81. 安德森著，《西北非洲的作战》，第 5463 页。

82.《德国与第二次世界大战》，第 5 部分，施通普夫著，《地中海的战争》，第 6 卷第 719 页："由此开始了一场有趣的骗局，它是以集团军司令部的名义开展的，而德国人也很快对这一番号信以为真，从中可以看出宣传在非洲的最后一战中所起的作用。英国第 1 集团军本身的组建还要花很长时间才能完成，直到 12 月 15 日乃至更晚，它都只有一个军部（第 5 军，军长是奥尔弗里中将）。"

83. 见罗伯特·M. 奇蒂诺著，《克劳塞维茨是对的：争夺突尼斯》（ Clausewitz Was Right: The Race for Tunis ），《出列》（ Front and Center ），2010 年 2 月 18 日，http://www.historynet.com/clausewitzwas-right-the-race-to-tunis.htm。

84. 阿特金森著，《破晓的军队》，第 176 页。

85. 琳内·奥尔森（Lynne Olson）著，《伦敦公民：在英国最黑暗、最美好的时刻与它并肩作战的美国人》（ Citizens of London: The Americans Who Stood with Britain in Its Darkest, Finest Hour，纽约：Random House，2010 年）详细叙述了美国驻伦敦大使约翰·吉尔伯特·怀南特（John Gilbert Winant）、广播电台记者爱德华·默罗和实业家埃夫里尔·哈里曼（ W. Averell Harriman ）的活动。本书引用的默罗的评论在第 195 页。

86. 克拉克著，《预期风险》，第 107 页；以及波尔奇著，《胜利之路》，第 367 页。

87. 克拉克著，《预期风险》，第 109 页。

88. 有关马歇尔对艾森豪威尔的警告，见迈克尔·科达（Michael Korda）著，《艾克—一位美国英雄》（ Ike: An American Hero，纽约：Harper，2007 年），第 349 页。

89. 安德森著，《西北非洲的作战》，第 5453 页。

90. 普莱费尔和莫洛尼著，《轴心国军队在非洲的覆灭》，第 157 页。

91. 安德森著，《西北非洲的作战》，第 5450 页。

92.《德国与第二次世界大战》，第 5 部分，施通普夫著，《地中海的战争》，第 6 卷第 727 页。

93. 有关 Kampfkraft 的最佳研究是马丁·范克勒韦尔德（ Martin van Creveld ）著，《战斗力：德国与美国军队的表现，1939—1945 》（ Fighting Power: German and U.S. Army Performance, 1939-1945，康涅狄格州斯特波特：Greenwood，1982 年 ），这是一部至今都无人能够提出质疑的学术佳作。

94. 麦克西著，《强国的熔炉》，第 93 页。

95. 阿特金森著，《破晓的军队》，第 212—213 页；豪著，《西北非洲》，第 283—284 页。

96. 安德森著，《西北非洲的作战》，第 5455 页。

97. 再说一遍，每当读者想看精彩的战斗情景描写，就应该参见阿特金森著，《破晓的军队》，这一幕在第 189—191 页。

98. 凯塞林著，《军人战至最后一日》，第 194 页："内林给我打电话时处于情有可原的激动状态，他从这次袭击得出了极为悲观的结论。我无法认同他那些最可怕的担忧，因此我请他冷静下来，并告诉他我会在次日赶到。"

99. 有关"虎"式坦克与逊于自身的西方装甲车辆的战斗，最全面的研究是克里斯托弗·威尔贝克（Christopher W.Wilbeck）著，《抡起大锤：德军重坦克营在第二次世界大战中的战斗效能》（ Swinging the Sledgehammer: The Combat Effectiveness of German Heavy Tank Battalions in World War II，硕士论文，美国陆军指挥与参谋学院，堪萨斯州利文沃思堡，2002 年 ）。

100. 本书关于这场"特布尔巴缺口之战"的记述在很大程度上参考了内林在《突尼斯战役的第

一阶段》，手稿 D-147 中的自述。

101. 麦克唐纳著，《大动干戈》，第 117—119 页。另见托马斯·马约克（Thomas J. Mayock）著，《历次北非战役》（The North African Campaigns），收录于韦斯利·弗兰克·克雷文（Wesley Frank Craven）和詹姆斯·利·凯特（Wesley Frank Craven and James Lea Cate）编，《第二次世界大战中的陆军航空兵》（The Army Air Forces in World War II），第 2 卷，《欧洲：从火炬行动到抵近射击行动，1942 年 8 月至 1943 年 12 月》（Europe: Torch to Pointblank, August 1942 to December 1943，芝加哥：University of Chicago Press，1949 年）："东方航空司令部和第 12 航空队如果能将充足兵力投入战斗，本可以像盟军航空兵在中东做到的那样，证明 JU87 已是明日黄花。但是在 11 月下旬，他们只能从三个前进机场起飞作战：距离战线 193 千米的波尼，以及分别在其后方 241 千米和 112 千米处的尤克（Youks）和苏格艾尔巴（Souk-el-Arba），后两个机场经常变成烂泥塘。要为新的机场选址和施工也并非易事，因为盟军在突尼斯的控制区基本都是山地。"（第 89 页）

102. 卡尔·冯·克劳塞维茨著，《战争论》（On War），迈克尔·霍华德（Michael Howard）和彼得·帕雷特（Peter Paret）编译本（新泽西州普林斯顿：Princeton University Press，1984 年），第 566—573 页。克劳塞维茨在第 7 篇（《进攻》），第 22 章（《胜利的顶点》）中讨论了 Kulminationspunkt。

103. 豪著，《西北非洲》，第 305、309 页。

104. 普莱费尔和莫洛尼著，《轴心国军队在非洲的覆灭》，第 187—188 页中有一段相当冷淡的叙述。读者如果想看比较戏剧化的描述，请参见阿特金森著，《破晓的军队》，第 241—246 页；以及安德森著，《突尼斯》，第 12 页。

105. 艾森豪威尔著，《十字军征欧》，第 123—124 页。

106. 这方面的权威论述是加贝尔著，《搜索、打击和摧毁》。

107. 请参见后来成为中将的约翰·沃特斯的访谈录，它是"高级军官口述历史计划"的一部分，项目号 80-4（1980 年），第 617—619 页。美国陆军传统与教育中心收藏了该文档的一份副本。

108. 《德国与第二次世界大战》，第 5 部分，施通普夫著，《地中海的战争》，第 6 卷第 722 页。

109. 阿特金森著，《破晓的军队》，第 18、41 页。

第二章
曼斯坦因、哈尔科夫之战与指挥的局限性

"违背本性"：曼斯坦因前往拉斯滕堡

在人生暮年回首往事时，埃里希·冯·曼斯坦因元帅将会清晰地记起 1943 年年初的那个冬日。他刚刚被召唤到那里的司令部，与国家元首兼德国武装力量最高统帅阿道夫·希特勒会谈。在搭乘飞机前往东普鲁士拉斯滕堡（Rastenburg）"狼穴"的途中，他抽空对即将发生的谈话进行了思考。这次谈话的主题并不难猜：那就是已经降临在东线德军头上的灾难。态势地图就像一场噩梦——德国第 6 集团军在斯大林格勒被包围歼灭；苏联红军发动的大规模攻势已经消灭了罗马尼亚、意大利和匈牙利等卫星国的军队；苏军对罗斯托夫的进军显然势不可挡，有可能被其切断退路的不只是一个集团军，而是正在缓慢而艰难地从高加索抽身的整个 A 集团军群——已经决口的大堤上眼看又要出现一个大缺口。即便是曼斯坦因这样拥有无可争辩的指挥才能的将领也感到封堵缺口十分困难。自从他在斯大林格勒包围圈形成后就任新组建的顿河集团军群司令起就有了这种感觉，而且他怀疑这种感觉还将持续很长时间。

然而前线的客观状态还不是最让曼斯坦因感到棘手的。当他在多年以后回顾那次会谈时，他记得一些特别的问题更令他不安，以至于他不得不向元首进言。当然了，他有很多话要说。希特勒喜怒无常的领导作风已经严重妨碍了军事行动。他将难以满足的请求押后处理的习惯已经开始恶化到不可理喻的地步，偏偏此时的紧急军情越来越需要他快速决策。大家都在谈论这个问题：在这场战役

中，一切都有着越来越迟的倾向［一位指挥官痛心地将此形容为 "das tragische 'Zu Spät'"（悲剧性的 "太迟了"）］。[1] 希特勒无视现实局势、一厢情愿地进行思考的毛病（他的一种 "仿佛" 式策略，仿佛这样一想情况就会变得不一样）就是在此时开始发作的，只不过尚未达到 1945 年那种病态的程度。这个毛病造成的第一个后果就是他决定把近 50 万人马塞进库班（Kuban）地区所谓的 "塔曼桥头堡"，而不是让他们全面撤出高加索。显然希特勒希望在来年再次攻入高加索，但是曼斯坦因有相当把握断定，这个希望永远不会成真。与此类似的是，大家都注意到希特勒越来越喜欢在细枝末节上纠结，而不是关注眼前的战役态势。总参谋长蔡茨勒就反复抱怨过这个问题。曼斯坦因可以很有把握地预见到，自己将会听到希特勒滔滔不绝地论述控制顿巴斯（Donbas）的重要经济意义，理由不外乎这个顿涅茨盆地的东弯曲部拥有储量丰富的煤田。虽然这一地区出产的煤炭完全不适合德国的火车头和工业，但没有关系，希特勒早就想好了一大串说辞：阻止敌人利用这些煤田也是很重要的，没有了它们，苏联的工业很快就会遇到严重的，甚至是毁灭性的煤炭短缺。这似乎是个充分的理由，曼斯坦因心想，然而事实是明摆着的，上一年顿巴斯的失守并没有给苏联的工业产量造成多大损失：火炮、坦克和各类其他装备似乎都在以空前的数量输送到苏军前线部队手中。

但是曼斯坦因对这场 "领导危机"（Führungskrise）已经想好了解决之策。他打算建议希特勒任命一个参谋长来行使对整个东线的日常指挥之责。这个解决方案将会防止希特勒的威望被战场失败的政治后果波及，也可以使作战指挥权掌握在可靠、冷静而专业的军人手中。这个参谋长必须是能够和元首共事的人，是希特勒在心底信任的人。他也必须是拥有敏锐的作战直觉的人。

事实上，这个人只能是曼斯坦因自己。

但是，这些问题都不是曼斯坦因心目中的头等大事。他从斯大林诺（Stalino）千里迢迢飞到 "狼穴" 可不是为了抱怨希特勒那令人诟病的作风，而且他也明白，任何要希特勒减少干预的建议都会被希特勒断然回绝。这位元帅此时思考的是一个星期前他用电传打字机发送给希特勒的作战建议。他建议立即将顿河集团军的右翼从罗斯托夫后撤到米乌斯河（Mius River）。德军部队朝顿河方向远远伸出的 "阳台"（Balkon，这里指的是阳台形的突出部）已经拉长到荒谬的程度，唯有将它缩短，曼斯坦因才能凑出足以实施最低限度反击的部队。即使在此时，苏军的攻势依然未减，他们的铁流在南段战线全面推进，继续向北方和西方发展，企图包抄顿涅茨河（Donets River）中游德军的侧翼，而且切实地威胁到了宽阔的第聂伯河上位于克列缅丘格（Kremenchug）、第聂伯罗彼得罗夫斯克（Dnepropetrovsk）和扎波罗热（Zaporozhye）的关键渡河点。这是苏军第一次对国防军的防线实现深远突破。就在曼斯坦因飞往拉斯滕堡之时，苏军的装甲部队正在德军主力部队西面数百千米外如入无人之境，因此已经位于德军后方。在这一危机得到控制之前，已经被希特勒习惯地挂在嘴上的"就地死守"和"顽强抵抗"都是空谈。此时此刻，唯有一个可行的对策。

而这正是曼斯坦因感到最头痛的问题。他坐飞机前往拉斯滕堡是为了得到撤退的许可。他明白，说服希特勒并非易事——或许说服自己也同样困难。国防军在这场战争中还从未实施过大规模的撤退——恰恰相反，在短短几个月前的1942年9月，用高光纸印刷的杂志《国防军》（Die Wehrmacht）还刊登了一篇文章，标题是《三年的战争——三年的胜利》（Drei Jahre Krieg—Drei Jahre Sieg）。[2] 尽管有着出于宣传目的的明显夸张，这篇文章还是相当客观地描述了截至当时的战况。除了在莫斯科城下受阻之外，这场战争就是由国防军的"一连串无可挑剔的胜利"（ein Reihe makelloser Siege）组成的——而曼斯坦因在其中也发挥了很大作用。

近几个月发生的事情改变了这一切，迫使所有国防军将领进行一些艰难的抉择。此时此刻，除了撤退和灭亡之外已经没有其他选项，不过这种选择的简化却让这位元帅一点也高兴不起来。"就我个人而言，"曼斯坦因后来写道，"这完全违背了我的本性（Es ist gerade für mich meiner Wesenart nach besonders schwer gewesen）。"也许这句话更好的译法是，"这让我从心底发生了动摇"。以他的个性而言，劝说希特勒"主动放弃国防军付出如此沉重的牺牲才征服的土地"（mit schweren Opfern erobertes Gebiet freiwillig aufzugeben）是一种绝对陌生的体验，而且与他同时代的几乎所有德国参谋人员和部队主官都会有同感。据他回忆，"如果能够拿出会成功的进攻计划（ergfolgreiche Offensivpläne），我应该会非常乐意呈交"，然而他却不得不建议实施"此时已无法避免的撤退"（unabwendbar gewoordener Rückzüge）。[3]

这确实是德意志军事传统发出的真实心声，它代表着一种历史悠久、享有盛誉和可以追溯到腓特烈大帝（Frederick the Great）、格布哈特·莱贝雷希特·冯·布吕歇尔（Gebhard Leberecht von Blücher）和老赫尔穆特·冯·毛奇（Helmuth von

Moltke the Elder）等著名统帅的军事文化。这种心声曾经是历朝历代普鲁士—德意志军官的指路明灯，既引导过德意志统一战争中的"红亲王"腓特烈·卡尔（Friedrich Karl）这样的柯尼希格雷茨之战的英雄，也引导过卡尔·冯·施泰因梅茨（Karl von Steinmetz）和赫尔曼·冯·弗朗索瓦（Hermann von François）这样不太成功的将领。它意味着漠视数量或物质上的劣势，单凭意志渡过难关。它意味着进行孤注一掷的赌博，坚信要赢得战斗，首先就必须"敢于失败"——按照伟大的军事历史学家汉斯·德尔布吕克（Hans Delbrück）的说法，这是一种明显不合逻辑的理念，然而普鲁士军人阶层绝不会认同他。[4] 当曼斯坦因提到从顿涅茨河后撤至米乌斯河的建言是"违背本性"时——而且他也承认在当时东线犬牙交错的状态下这是不可避免的——他在话语中倾注了最老派、最基本的普鲁士军人气质。他是本着崇尚进攻的精神发声。

军事天才在战争中的作用

无论在尝试分析现代军事行动时必须处理多少复杂的问题，军事历史迟早都要归结到几个简单的问题：人类真能创造历史吗？历史人物的个性在战时是最大的决定因素吗？还是说战争进程更多地取决于时间、空间、天气和概率等在很大程度上非人力所能控制的客观因素？

总的来说，军事历史学家是一个相当保守的群体。和平时期的训练模式、科技的进步、关于军事学说的争论、作战的方式、矛盾重重的社会经济制度以及政治意识形态的影响——所有学者都承认，这些因素会对战争进程产生影响，而且往往是重要的影响。但是，整体而言，军事历史学家在分析军事行动时都喜欢关注个人。他们总是强调"伟人"——在某些关键时刻成功使纷乱的战场形势按照自己的意愿发展的将领。这些人的所作所为可能是将一个预备师调往战场上具有决定意义的地点，或是发现了敌军方面可以立刻被自己利用的关键弱点，或是想出一条将看似绝望的局面扭转过来的大胆计谋，或是凭着充分的主动精神抓住了稍纵即逝的战机。把这四种要素合在一起——机智的谋划，巧妙的机动，一眼看清局势并想明白对策的能力（拿破仑那著名的 coup d'ocil—— 慧眼），以及与生俱来的攻击精神，你就得到了对"军事天才"一词的准确定义，至少历史学家们在使用这个词汇时通常指的就是这些。

任何人若想讨论战争中的天才，都必须从卡尔·冯·克劳塞维茨说起。这位普鲁士贤者在他的不朽之作《战争论》(*Vom Kriege*) 中提出的一些基本概念性原则至今仍主导着军事历史领域。在"关于战争理论"（第 2 篇，第 2 章）一节中，克劳塞维茨对他那个时代太多通过"原则、规则乃至体系"来解释战争行动的尝试提出了异议，他认为这种做法"没能充分考虑在这方面牵涉到的无数复杂因素"。最重要的是，这些"片面的（einseitig）观点"没有考虑"超越一切规则"的天才的作用。行文至此，这位经常因为说话云山雾罩、晦涩难懂而遭人诟病的思想家开启了直白的喷子模式："这些规则对天才来说是没有用处的，天才可以高傲地不理睬它们，甚至嘲笑它们，而那些必须在这些贫乏的规则中爬来爬去的军人是多么可怜！实际上，理论所能做的最好的事情，正是阐明天才是如何做的和为何这样做，天才所做的正是最好的规则。"[5]

后世的军事历史学家一般都把克劳塞维茨的教诲谨记在心。不论他们的分析模式有多复杂，也不论他们的影响力差异有多大，他们都倾向于关注历史人物。例如，他们可以考虑 1757 年的普鲁士军队和法国－神圣罗马帝国联军在军事体系上的差别，分析军人的动机、训练的差异和产生这几支军队的不同社会背景，但他们还是倾向于认为，是腓特烈大帝打赢了罗斯巴赫之战（Battle of Rossbach）。这种说法有一定的道理。他在意识到法军企图迂回自己的左翼时表现得镇定自若，他毫不迟疑地命令自己的军队中断宿营并东进，他轻而易举地率领自己训练有素的骑兵追上敌军，并最终以登峰造极的机动扑向法国－神圣罗马帝国联军纵队，毫不夸张地"穿越他们的 T 字横头"，趁他们还未完全展开队形就将他们冲得七零八落——姑且这么说吧，同时代人之所以给腓特烈加上"大帝"的尊号是有充分理由的。

当然，我们也可以给这幅壮观的罗斯巴赫画卷挑出一些细枝末节的瑕疵。指挥普军骑兵的是弗里德里希·冯·塞德利茨将军，而不是腓特烈本人，普军之所以能在高速追赶和那次精彩的冲锋中表现得如此虎虎有生气，他所起的作用也许不亚于他的国王。法国－神圣罗马帝国联军处于双重领导之下，士兵操着各种语言，其在指挥和控制方面的痼疾早晚都会发作。法军身后拖着绵延上百千米的辎重车队，这支车队不仅要承担传统的军用物资运输重任，还要运送假发、香水、干邑白兰地、丝袜和各种各样的山珍海味，因此从他们的利益考虑，他们尝试实施的任何机动可能都太过缓慢。[6] 以上这些都是历史事实。然而罗斯巴赫之战似乎已注定成为历史学家讨论腓特烈的伟大时必定提及的战役之一。

其他经常被提及的战场天才的例子也与此颇为相似：罗伯特·李在钱瑟勒斯维尔（Chancellorsville），毛奇在柯尼希格雷茨，拿破仑在阿尔科拉（Arcola）、乌尔姆（Ulm）、奥斯特利茨（Austerlitz）、弗里德兰（Friedland）或他的其他任何著名战役。我们当然可以说，所有这些决定性的胜利中都有系统性因素在发挥作用。李有一个天才的下级指挥官——绰号"石壁"的托马斯·杰克逊将军（General Thomas Jackson），此人的直觉和攻击精神不亚于李自己。另外，李的军队里多的是英勇善战的士兵，他们此时还没有任何理由惧怕他们的联邦军对手。[7]毛奇更是拥有一大串系统性优势：第一种量产型后膛装填步枪——德莱赛针发枪制造的炽烈弹雨；吃苦耐劳、擅长以灵巧的连级纵队作战的步兵；一种通常被称为"任务式策略"（Auftragstaktik）的灵活指挥制度——下级指挥官会接到大体的指示，但可以自由选择完成任务的方式和方法；还有一群以军官团面貌出现的、具有强烈攻击精神的猛犬。[8]拿破仑拥有的优势更是突出：法国大革命和随之而来的社会转型；奋起保卫新近赢得的自由的民众；以及经历了波旁王朝后期的改革，对横队、纵队或混合队形战法都能运用自如的军队。[9]

但是，军事史界对这些战例的讨论却始终保持着相同的模式。李、毛奇和拿破仑作为天才被载入史册，而且我们本能地认为，他们的胜利是他们凭一己之力获得的。在我们想象的战场上，按照克劳塞维茨的著名论断，他们能够毫无顾忌地行事，随心所欲地改造现实，视规则为无物或是一笑置之。他们似乎能够创造规则，而不是遵从规则。没有李在场的钱瑟勒斯维尔之战和弗雷德里克斯堡（Fredericksburg）之战是不可想象的，而军事历史学家们也将永远把毛奇与普鲁士军队在柯尼希格雷茨的伟大胜利联系在一起。这些战役被我们作为主要证据，用来证明这两人的天才。至于伟大的拿破仑，将他推上神坛的不仅仅是军事史学家，还包括许多最了解他的人：他在战场上的对手们。威灵顿公爵（Duke of Wellington）曾有过一个著名的评价："拿破仑的帽子抵得上4万大军"。更为鲜明的例子是所谓的特拉申贝格计划（Trachenberg Plan）的基本原则，这个计划是反法联军为1813年会战制定的作战指示，其中确实有这样的规定：任何联军指挥官如果遭遇拿破仑亲自率领的军队，都应该明智地选择尽快撤退。[10]

这种对个人作用的强调被学问精深的历史学家们称为"人格主义"，它几乎是军事史所独有的。社会史和经济史学家显然都把注意力更多地放在他们相信推动了历史的客观伟力上。外交史学家在埋首于故纸堆时更关心国内政策与对外政策之间、本国民意与国际外交舞台动态之间的相互作用。当今的历史专业人士普遍醉心于比较深刻或比较朦胧的文化和记忆问题。而军事史学家却还在争论着非常传统的指挥艺术与军事天才问题。这种陈腐的研究方法是学界主流不信任军事史的原因之一，而且这里所说的不信任并没有意识形态的原因。

　　然而如今的军事史，特别是战役方面的军事史，依旧坚定地按照人格主义的思路臧否历史人物。那些另辟蹊径，不再以为将之道作为成败的主要评判标准，而是追求更为复杂的分析的学者——例如，以丹尼斯·肖沃尔特（Dennis Showalter）为代表的历史学家——因为人数稀少而更显突出。

　　我并不是在建议彻底放弃对历史人物的关注或全面重排军事史研究中的优先次序，只是想安抚一下我的同行。有朝一日，当我们所有人都下到冥府接受审判，军事史学家们很可能会发现自己因为坚持原则、拒绝学术跟风而得到奖赏。但是，现代军事行动都是高度复杂的现象，不仅会受到时间、空间、后勤、天气和地形等相互关联的因素影响，也会被一些难以判断的因素所左右。它们并非只是"视条件而定的"——也就是说，并非有了某个条件就一定会产生某个结果。它们的进程有时候是完全不可预测的，一些偶然发生的事件能令历史学家大吃一惊。因此，它们的复杂程度在一切历史研究课题中都是名列前茅的。而将领个人，无论可以被多么方便地归结为一切胜负的主因，对战役进程往往只能施加有限的影响。正是这个原因——指挥艺术在大规模军队和高科技盛行的现代的局限性——要求研究作战行动的军事史家们不能只是满足于高喊："Ecce homo！"[11]

曼施坦因与斯大林格勒解围行动

　　埃里希·冯·曼斯坦因元帅当然是个天才，而且他总是乐于将这个事实告诉别人。他在战争中光是在这件事上就费了很多功夫，而他在战后写的回忆录也突出了这一主题，同时对军内几乎所有其他军官都做出了贬损的评价。[12] 他的个性不可谓不刻薄，而他的说话方式也颇为尖酸。他的作战参谋之一特奥多尔·布塞上校（Colonel Theodor Busse）日后在回忆自己与他的相识过程时曾这样说："在最初的几个星期里我对他恨之入骨。有他在场时，我没有一次不感到如芒刺在背。"[13]

　　但是俗话说得好，如果你能拿事实来证明自己，那么你就不是在吹牛。曼斯坦因就能做到这一点。他既了解现代化机动作战，也精通自己必须用来拟定计划并实施的传统德式兵法。他只要瞥一眼地图就能理解高度复杂的局势，而他只要下定决心，就会残酷无情、一心一意地执行。他的军官同僚们承认他是一个技艺精湛的作战行家。同样有着相当高的专业素养的战时国防军总司令部（OKW）参谋长威廉·凯特尔元帅（Field Marshal Wilhelm Keitel）称赞他具有"杰出的才能"[14]，布塞欣赏他那"优秀的指挥艺术，大胆的决断力，以及不顾来自上级的干扰或任何局部挫折，向着预定目标坚决前进的做法"[15]，而弗里德里希·威廉·冯·梅林津将军（General Friedrich Wilhelm von Mellenthin）则看重他"深思熟虑的判断和显而易见的精明，快速而可靠地把握极复杂局面的能力"，以及他在下级心中激发的"绝对信任感"。[16] 虽然这些下级私下也有些微词，但是在战后很长时间里，他们还是继续支持曼斯坦因的回忆。在1967年曼斯坦因迎来八十寿辰时，他的军官同僚们特地出了一卷为他歌功颂德的文集《从未退伍》（Nie ausser Dienst），联邦国防军总监乌尔里希·德梅齐埃将军（General Ulrich de Maizière）在其中将他捧为"第二次世界大战中德国最有才华的将领"，只不过他给自己的溢美之词加了一个定语"在作战指挥领域中"。[17]

战后的历史学家通常都同意这些评价。利德尔·哈特在他那本影响巨大的著作《山的那一边》（The Other Side of the Hill，1948年出版，后来在美国出版时改名为 The German Generals Talk）中将他誉为"能力最强的德军将领"，是"兼具现代机动战理念与经典机动战直觉，精通技术细节且富有闯劲"的人。[18] 这番论断在战后很快得到公认。另一段出自英国人手笔的赞誉也很典型：

在他身上浓缩了伟大的德军总参谋部在巅峰时期的一切优点：高超的智力，不知疲倦的勤勉，个人的勇敢，出众的闯劲，善于接受新思维的能力，想象力，优秀的技术能力和原创能力。在没有制空权或黑海制海权的情况下，他在东线一次又一次赢得胜利，经常击败七倍于己的敌军。对同盟国来说幸运的是，在斯大林格勒战役期间及以后，希特勒从未真正允许他放开手脚指挥……

曼斯坦因很可能是第二次世界大战中最全能的指挥官。对他来说，战争是一门需要明晰的思考、大胆的决策和优秀的技术能力的艺术……他不仅是杰出的高级指挥官和天才的参谋军官，还是和古德里安同一级别的装甲部队指挥官。无论顺境还是逆境，他都能表现出卓越的战术水平和战略水平。[19]

在离我们较近的年代，达纳·萨达拉南达（Dana V. Sadarananda）是研究1942—1943年冬季会战的一流战役史专家，他称赞曼斯坦因在那段极为艰难的时期"坚定、果断、鼓舞人心、积极有力而且……富有远见地领导了顿河集团军群"。[20] 直到一个更有批判性的新历史学派出现——它倾向于强调国防军的罪行，而不是其在作战中的胜败——这位元帅头上的光环才黯然失色，如今各种第一手档案和第二手文献已经确切无疑地证明，他深深卷入了德国在东线的"灭绝战"（Vernichtungskrieg），例如他曾热情地与在克里米亚第 11 集团军作战地域中工作的杀人别动队合作。[21] 然而最近出版的一部权威传记，尽管已经尽可能全面地描绘了曼斯坦因的形象，而且以相当多的篇幅批判了他在这方面的罪行，还是给了他"希特勒手下最伟大的将领"的称号。[22]

也许进一步打破关于这位德国元帅的神话的时候已经到来。如今我们已经能将曼斯坦因的戎马生涯视作德国军官团中一些根深蒂固的问题的象征。他和几乎所有同僚一样，始终坚持不懈地关注战争的战役层面，而他对于德国所面对的敌人的性质却有天真得无可救药的看法，而且他还抱着一些幻想，认为自己可以通过在战场上赢得一些大胜来得到 Remis-Frieden（这是借用自国际象棋的术语，在此意为"僵持不下的和平"）——尽管同盟国已经宣布了这场战争将持续到轴心国"无条件投降"为止，他依然执迷不悟。[23] 可以这样说，曼斯坦因把现代战争看成了一种血腥的国际象棋比赛，认为自己只要比对手棋高一着，预先规划好几个作战步骤，设计出一套连招就能获胜，即便德国在棋局中陷入了最绝望的境地，他也能使其起死回生。

在 1942—1943 年的冬季会战中，他需要的不只是使出浑身解数。过去的几个月对他来说是很特别的。1942 年春季和初夏，他作为第 11 集团军司令在克里米亚的一番精彩表现为他赢得了元帅权杖，在刻赤（Kerch）大规模围歼战和塞瓦斯托波尔（Sevastopol）要塞攻坚战中他的行动至今仍值得研究。[24] 但是，当那场在苏联南方地区孤注一掷的攻势（蓝色行动）发动时，他却远离了战场焦点。他和他的军队集团军原本领受了从克里米亚渡海前往塔曼半岛的任务，目的是支援友军进军高加索，结果却被调到了遥远的北方，准备在条件成熟时对列宁格勒发起突击。这次进攻始终未能实现。当时苏军为了打破德军对这座英雄城市的包围，已经投入重兵发起了一系列坚决的反击，曼斯坦因发现自己的部队深陷于残酷的阵地战中，而他对这种战斗的处理不比这场战争中的任何其他德国将军好，当然也不比他们差。[25] 与装备精良的对手进行的阵地战使他们全都显得非常平庸。而他和第 11 集团军也因此完全错过了蓝色行动。

也许对他来说这也是好事。几个世纪以来，普鲁士—德意志军队当然既体验过胜利的兴奋，也品尝过失败的痛苦。但是，绝对的惨败是很罕见的，战役级别的惨败更是稀少，因为这种级别的战争是德意志军官团最擅长的。要想找到一场能与斯大林格勒刚刚发生的情况相提并论的灾难，需要一直追溯到1806年的耶拿（Jena）和奥尔施塔特（Auerstädt）。蓝色行动本来是一场经典的德式军事行动——运动战，也就是由若干支大部队（师、军和集团军）实施向心机动，在一场包围战中包围并歼灭敌人。作战计划本身要求实施一系列精心安排进度和顺序的集团军级机动，目的是在米列罗沃（Millerovo）周边的某个地方围困并歼灭顿河大弯曲部中的苏军部队。

计划设想得很好，但遗憾的是，德军突击部队的机动慢了一点，苏军通过向东慌乱撤退逃脱了德军的套索——在罗斯托夫包围他们的第二次尝试也以失败告终。此时国防军已经使出了全部机动套路，而且把有限的物资储备消耗了不少，所有这一切换来的只是两次"打击落空"（Luftstossen）。当这场行动结束时，它最好的部队深深陷在了斯大林格勒和高加索，虽然距离其战略目标只有一步之遥，但是已经失去了机动能力，而且说实话，距离灭亡也为时不远了。[26]

11月19日，苏军发动天王星行动，企图在斯大林格勒南北两侧取得突破。他们的打击目标是防守侧翼的罗马尼亚鱼腩之师，结果轻松将其击溃，几天后就在顿河畔的卡拉奇实现会师。1942年德国装备最好的主力作战部队——第6集团军至此被包围在斯大林格勒。换言之，自从德国发动入侵以来，东线战场的国防军不仅在人数和军工产量上被对手超越，在计谋方面也输给了对手。第6集团军司令弗里德里希·保卢斯将军提交的形势报告的开场白在任何背景下都足以令人胆寒，但从传统德国军事行动的历史角度来看，它们就更显得重逾千钧："集团军已被包围。"他绝望地写道。[27]

事后回想起来，此战的长远意义更为明显，而此时战争还没有打完。在11月20日，最高统帅阿道夫·希特勒和他的总参谋长库尔特·蔡茨勒将军为了应对这一紧急情况，决定组建一支名为"顿河集团军群"的新部队，并任命曼斯坦因来指挥它。这位元帅在维捷布斯克（Vitebsk）接到消息后，便乘坐火车前往新切尔卡斯克（Novocherkassk）。由于形势十万火急，他这种比较慢条斯理的旅行方式受到了批评。后来他会争辩说，当时天气太差，不适合飞行，但很可能真正的原因是他希望利用这段较长的旅行时间来研究地图，为处理显然已经非常可怕、甚至可能已经绝望的形势做好准备。

承担 1942 年攻势任务的主力部队是南方集团军群。但是在战斗过程中，它已被一分为二：A 集团军群 [起初由威廉·利斯特元帅任司令，直到他在 1942 年 9 月被解职，后来希特勒亲自指挥了一段时间，最后由埃瓦尔德·冯·克莱斯特元帅（Field Marshal Ewald von Kleist）接手] 负责进军高加索，而 B 集团军群 [由马克西米利安·冯·魏克斯将军（General Maximilian von Weichs）指挥] 需要占领斯大林格勒，并防守顿河沿岸长长的战役侧翼。在蓝色行动结束时，国防军排出的阵势造就了战争中最奇特的形势地图之一：A 集团军群深入高加索腹地，大致面向正南，其右翼濒临黑海，而左翼沿捷列克河一直伸展到格罗兹尼（Grozny）北郊；B 集团军群大致面向东北，沿着顿河的走向分布。它的最右端是已经在斯大林格勒进退维谷的第 6 集团军。B 集团军群中包含大量非德国部队：罗马尼亚第 3 和第 4 集团军、匈牙利第 2 集团军以及意大利第 8 集团军，它们在顿河沿岸防守着超长的战线。两个集团军群之间的连接环节几乎为零，只有一个德国第 16 摩托化师，孤独地困守在卡尔梅克草原（Kalmyk steppe）上的埃利斯塔（Elista）。

这是一个荒唐的阵型，苏军的反攻正中它的弱点。在粉碎斯大林格勒两翼的罗马尼亚军队并包围城中的第 6 集团军之后，苏军渡过顿河，前进至奇尔河（Chir），后者是在下奇尔斯卡亚（Nizhne Chirskaya）汇入顿河的支流。此时 B 集团军群正在为生存而战，而 A 集团军群还深深陷在南面的高加索群山中，两者之间出现了一个非常大的空隙。这就是顿河集团军群需要占领的作战地域。身处 A 集团军群和 B 集团军群之间，它承担着重新打通前往斯大林格勒的补给路线和收复天王星行动中的失地的双重任务。

对曼斯坦因指挥艺术的战役分析大多只强调了第一点：为斯大林格勒城内的第 6 集团军解围。实际上，这也许是一个不可能完成的任务。除了包围德国第 6 集团军之外，苏军还歼灭了国防军在东线的四个卫星国集团军中的两个，在罗马尼亚第 3 和第 4 集团军曾经的防守阵地上撕开了一个战役级别的大缺口（从后续作战的角度来看，这个战果比包围第 6 集团军还重要）。[28] 因此，解救第 6 集团军的希望从一开始就很渺茫。德军光是打到斯大林格勒就已大伤元气，根本没有多少宝贵的预备队能用来打破苏军的包围圈。虽然有人提议立即突围，但第 6 集团军此时已经深深陷入这座城市，而且其战役机动能力也丧失大半，突围难度远远大于大多数历史学家愿意承认的程度。对保卢斯来说只有一个策略可选，就是原地坚守，依靠空运获得（零星的）补给，等待解围部队从包围圈外面打进来。而希特勒又决定将宝贵的空运能力用于新建立的"突尼斯桥头堡"，这就使得继续为被围部队提供补给的任务变得难上加难，因此到了 12 月中旬，第 6 集团军已经开始忍饥挨饿。每当有一架 Ju–52 飞往突尼斯，就意味着飞往斯大林格勒的少了一架。

▲ 国防军的困境（1942年12月）

在那个 12 月，德国人对于解围攻势所抱的希望几乎每天都在减弱。苏军在北翼持续不断的进攻迫使德军退过顿河，到了奇尔河，接着又退过奇尔河，到了顿涅茨河前方几乎无险可守的平原。面对苏军集中大量装甲部队的进攻，德军只能投入一系列临时编组的集群来阻挡——这些集群规模不一，都是利用顿河沿岸的残兵败将匆忙拼凑出来的。我们在这一时期的形势地图上看不到师和军，只有施通普费尔德集群（Gruppe Stumpffeld）、施塔尔集群（Gruppe Stahel）、亚伯拉罕集群（Gruppe Abraham）、施庞集群（Gruppe Spang）、普法伊费尔集群（Gruppe Pfeiffer），等等。[29] 虽然人们很容易按照浪漫的想象将它们视作国防军即兴编组的神来之笔的象征，现实却与此大相径庭。所有这些部队的战斗力都极其低下，德军称它们为"应急部队"（Alarmeinheiten）。组成它们的是后方留守人员、被歼部队的残部和新组建的德国空军野战师（一种直到今天都未得到应有的细致学术研究的现象）。有个德国军官作为亲历者，将 Alarmeinheiten 描述为"工程营、铁路部队、后方梯队、哥萨克马帮、空军地勤人员，或多或少都是七拼八凑的杂牌"。[30] 各级指挥部不分青红皂白地把附近的部队纳入自己麾下，也不管自己是否适合指挥他们。因此，施通普费尔德集群虽然归第 108 炮兵团团长指挥，却几乎完全由步兵组成；施塔尔集群是第 8 航空军的参谋部指挥的；而亚伯拉罕集群居然是在第 6 集团军的 "IIa"（人事主任）指挥下投入战斗的——不用说，这位军官近几年基本没有经历过实战。[31] 这些五花八门的集群最终将会合并为"暂编集团军"，这是一种下辖多个军的部队，由任何刚好能接手的军官指挥（并根据其姓名决定番号），其行政人员、重武器、交通工具和工兵都不足额。由于此时奇尔河沿岸形势严峻，这些部队几乎全都在领到步枪后奉命接受步兵的角色，开赴战场对抗它们的苏联敌人。

结果是可以想见的。有的部队和敌人刚一交手就溃不成军，仓皇败逃。只有少数部队的表现值得尊敬。但我们至少可以说，它们全都挡在了苏军进攻部队的去路上，这足以迟滞苏军的推进速度。我们如今也清楚一件当时德军方面无人能够知晓的事：所有这些应急部队都得益于苏军攻势的暂时放缓，因为苏联红军统帅部意识到斯大林格勒包围圈的规模远大于他们曾经的估计，所以需要抽调越来越多的部队控制包围圈周边。

虽然苏联红军在 12 月的头两个星期里杀开一条血路，越过奇尔河南下，但他们始终没能取得彻底的突破。苏联红军只是成功地迫使德军采取守势，从斯大林格勒不断后退，从而减少了解围部队杀入包围圈的机会。一支又一支原定参与解围行动的德军部队发现自己陷入了奇尔河一带的血战，这方面最好的例子就是霍利特暂编集团军，它是又一个在 B 集团军群的预备队基础上匆忙拼凑出来的应急集群（主力是下辖两个正规德国步兵师的第 17 军，外加罗马尼亚第 3 集团军的第 1 军和第 2 军的残部）。霍利特暂编集团军原本接到的任务是进军斯大林格勒，但整个 12 月里它一直在奇尔河上游厮杀。[32]

当解围尝试终于开始时，又令人大失所望。"冬季风暴行动"（Wintergewitter）本来很有希望成为这场战争中最重要的作战，但是国防军能够为它投入的只是一支孤军——弗里德里希·基希纳将军（General Friedrich Kirchner）指挥的第 57 装甲军。他手下有两个装甲师：第 23 装甲师是从 A 集团军群抽调的，在经过高加索的艰苦作战后已经严重缺编；第 6 装甲师由骁勇善战的埃哈德·劳斯将军（General Erhard Raus）指挥，此人是国防军在这场战争中最优秀的装甲指挥官之一。劳斯和他的部下刚刚在法国待了七个月，经过了休整和改装，并接收了补充的装甲车辆。他的师必然要在冬季风暴行动中承担大部分重任，因为第 23 装甲师此时拥有的坦克不超过 30 辆。

虽然冬季风暴行动的原计划是以多个军发起进攻，但这一阶段战场的动态导致上级许诺的部队整师整师地退出此战：第 15 空军野战师尚未完成集结；第 3 山地师不得不必须留在中央集团军群，处理当地的各种危机；而德军总司令部最终又决定将第 17 装甲师（它也属于中央集团军群）部署在顿河沿岸意大利第 8 集团军右翼的后方，因为苏军在这一地段集结重兵准备进攻的迹象日益明显。最后，重建的第 48 装甲军本来要在第 57 装甲军发起进攻后西进接应，但此时它单是为了守住自己在奇尔河下游一带的阵地就已经焦头烂额了。[33]

因此，冬季风暴行动也许从一开始就希望渺茫。两个实力相差悬殊的师必须从它们位于科捷利尼科沃（Kotelnikovo）的集结地前进 140 多千米才能到达斯大林格勒。就算能够突破，它们打开的通道显然也将窄如羊肠。虽说有两个罗马尼亚军将会保护它们的侧翼——左翼的第 6 军（第 2 和第 18 步兵师）和右翼的第 7 军（第 1 和第 4 步兵师，以及波佩斯库骑兵集群）——但谁都不指望他们能跟上第 57 装甲军的坦克，也不指望他们在自保之余还能做些什么。总的来讲，冬季风暴的特点就是任务太重、兵力太少。日后一个德国军官将会称此为"糟糕透顶的平衡"——对这样的说法我们很难反驳。[34]

这次解围行动始于 12 月 12 日，最初的战况足够顺利。在既缺乏突然性也没有多少机动可能性的情况下，两个师（第 6 装甲师位于铁路线左侧，第 23 装甲师位于右侧）开始向东北方推进，基本上沿着从科捷利尼科沃延伸出去的铁路线笔直穿越几乎一马平川的平原。德军突破了苏军的第一道防线（第 302 步兵师在右，第 126 步兵师在左），当天晚上就成功推进到第一条河流防线——阿克赛河

（Aksai）。但是苏军很快从斯大林格勒包围圈抽调了两个机械化军（第4机械化军在右，第13机械化军在左），将它们部署在德军的进军路线上。高速的机动就这样让位于残酷的阵地战，德军最终被阻止在斯大林格勒以南约56千米处。这看起来似乎只是功亏一篑，而关于这场战役的史书也大多强调德军距离打破包围圈是多么接近，但考虑到强大的苏军机械化部队已经迂回到德军打开的狭窄通道的两翼，第57装甲军与目标的实际距离要比地图上看起来远得多，而德军总司令部也在12月23日叫停了这次进攻。

冬季风暴行动失败了。第6集团军或许在这之前就被下了死刑判决——此时的它肯定逃不过这场灭顶之灾。在斯大林格勒城内，按计划保卢斯应该做好接应冬季风暴的突围准备，而且在收到暗号"霹雳"（Donnerschlag）时就要发动。虽然关于这个问题有一些争论，但他似乎从未收到这一暗号，而且即使收到了，他也做不了什么能对作战形势产生很大影响的事。此时他的集团军的机动能力已经微乎其微了。[35]

换句话说，顿河集团军群没能完成自己的第一个任务。不过，我们也很难想象曼斯坦因有什么别的办法。没错，他是指挥着一个集团军群，但其中充斥着在苏军的斯大林格勒攻势初期被重创的残兵败将。作为一个策划者和指挥官，无论他想出什么计策，无论他的作战才华是多么杰出，他都无力改变这个事实。希特勒已经承诺给他一个由装备新式武器的党卫军师团组成的装甲军，但从空间和时间上来讲，它还遥远得很，曼斯坦因也明白这一点。依靠施庞集群这样临时编组的乌合之众不可能重新打通去斯大林格勒的道路，依靠那些无能的空军野战师也不行。他在自己的回忆录中试图美化这一切，给相关章节起了《斯大林格勒的悲剧（Tragödie）》的标题，甚至用古希腊诗人西莫尼季斯（Simonides）的名句 [过路人，可是去往斯巴达……（Wanderer, kommst Du nach Sparta）] 作为开场白，把第6集团军的牺牲与斯巴达人在温泉关的壮举相比。这一章的第一段也延续了这一主题：

这些诗句向我们叙述了温泉关保卫者的英雄主义事迹。从那以后他们就作为勇气、忠诚和尽职的标志，通过赞歌被传颂至今。但是至今还没有人为德国第6集团军在伏尔加河畔的斯大林格勒城中的牺牲勒石记功。将来也不会有人为那座城市里死于饥寒、销声匿迹的德国士兵树起十字架或纪念碑。[36]

接着，曼斯坦因用比较平实的语言为第 6 集团军的牺牲做了辩解，指出他们牵制了大量苏军兵力，减轻了顿河集团军群的压力，使得他能够在短时间内将千疮百孔的前线重新巩固起来。

实际上，他的这两种说法——诗意的和关于作战的——都很难让人认真对待。如果用这位元帅情有独钟的国际象棋术语来形容的话，一个现代化的野战集团军可不是一个小卒，不是为了改善局面就可以弃掉的小棋子。正如一份德方资料所言，"在某些情况下，为了整体利益必须牺牲掉一个机枪火力点或地堡（kein MG-Nest oder Bunker）中的守军，但一支 30 万人的大军与此不可同日而语"。[37] 损失一个野战集团军是一场灾难，既不是值得庆祝的胜利，也不是可以用史诗或歌曲纪念的悲剧。

归根结底，曼斯坦因在失败的斯大林格勒解围行动中并没有起到多少作用。是苏联红军决定了斯大林格勒之战的胜负。记住古训"敌人也有表决权"总是有用的，在 1942 年 12 月，苏联红军无疑就在行使它的这份权利。在天王星行动中击败罗马尼亚军队后不久，苏军在 12 月就将发动第二次大规模攻势。这一次他们决定在顿河更上游处下手，针对意大利第 8 集团军发动一次声势浩大的突击。我们可以看到，苏军在这里贯彻了"连续作战"的新学说，后者是间战时期苏军的理论研究成果之一。这种学说的出发点是，现代军队的规模已经发展得太大，恢复能力也太强，基本上不可能通过一次大规模攻势将其歼灭。相反，必须对他们进行接二连三的打击，连续不断地粉碎他们，自始至终都不能停止施压，不能给防守方喘息之机。从这种理论中我们也能看出一条比它古老得多也简单得多的理念，有可能和战争本身一样古老：无情地找出并利用敌人的弱点。

苏军原本设想的"土星行动"（Operation Saturn）把目标定得很大。它要求以西南方面军的三个集团军（从右到左依次是近卫第 1 集团军、近卫第 3 集团军和第 5 坦克集团军）对顿河沿岸的意大利第 8 集团军和霍利特暂编集团军发起向心突击。一旦突击部队突破轴心国战线，前进至位于卡缅斯克（Kamensk）的顿涅茨河渡口，土星行动就要投入第二梯队（近卫第 2 集团军）向南挺进，夺取顿河畔的罗斯托夫，切断此时仍在高加索腹地的 A 集团军群的退路。这样一来，德军的整个南翼都会陷入危机，而不仅仅是斯大林格勒城内的第 6 集团军。

这个作战规划确实很大胆，但遗憾的是苏军不得不缩小其规模。在斯大林格勒被包围的德军数量之多是惊人的，苏军最初的估计是 9 万人，但是很快就调整为20多万，于是苏联最高统帅部被迫做出了一些艰难的抉择。第二梯队被取消了，因为近卫第2集团军要投入消除斯大林格勒包围圈的战斗，而土星行动也成了“小土星行动”，其计划中对意大利第8集团军和霍利特暂编集团军的合围要浅近得多，突击部队将集中兵力攻击直接的作战目标，不再需要为进军南方纵深的罗斯托夫做准备。[38]

这个缩水之后的行动开始于12月16日，至今仍被认为是这场战争中最大的战役级胜利之一。任何研究此战的学者都不会对意大利军队未能顶住大规模装甲突击感到惊讶。已经导致罗马尼亚军队覆灭的模式在这里又重演了一回：一支在很大程度上未实现摩托化的军队企图在蜿蜒的河岸边防守并不坚固的阵地，而它面对的是具有很高机动能力、装备大量坦克的敌人。实际上，意大利第8集团军下辖的四个军中有一个是由阿尔卑斯山地兵组成的，这些优秀的山地步兵此时承担的任务却是防守一片平坦如饼的战术地段。

话虽如此，顿河沿岸意大利军队崩溃的速度之快、范围之广还是令人吃惊的，这说明此战与上次罗军之败有所不同：在苏军发起进攻前的几个星期里，意军的士气和凝聚力已经彻底崩塌。军中出现了普遍的恐慌，许多部队没有经过任何战斗就放弃了阵地。苏军的突击部队随心所欲地取得突破，在意军防线背后会师，然后将防线上的意军主力部队一支接一支地包围歼灭。防守该集团军右翼阵地但由若干意大利师组成的德国第29军发现自己也不得不仓皇逃跑，在接下来的两个星期里它陷入了一个“移动的包围圈”，不断面临被苏军装甲纵队包围的威胁，但一直没有停下南逃的脚步。最终它在完成被某个德国军官称为“一次真正的奥德赛”的行军后，于12月28日到达安全的友军防线，但原来的近4万人马只剩下了5000。[39]

最令德国人苦恼的是苏军个别机动部队实施的一系列深远渗透。例如，巴达诺夫将军（General V. M. Badanov）的第24坦克军杀入兵力空虚的敌后，到了圣诞节前夜，已经南下240千米，打到了塔秦斯卡亚（Tatsinskaya），并且扫荡了德国空军在那里的一个机场——在这场战争中，这样的战绩总是非常突出的。巴达诺夫的T–34坦克在跑道上来回驰骋了几个小时，随心所欲地扫射停在地面上的飞机、只装备了轻武器的德国空军守备部队以及各种物资。一些资料声称有300多架德军飞机被毁，这是一个惊人但很可能被夸大了的数字，不过由于塔秦斯卡亚是斯大林格勒空运行动中的主要机场之一，德军的损失肯定很大。不幸的是，巴达诺夫的这次大跃进导致他与支援部队脱节。结果他被德军的各路预备队和“应急部队"包围，他的人马在此后的战斗中被歼灭大半。[40] 尽管如此，这个小插曲使德军各级指挥机关都惊恐不已，生怕某天早上一觉醒来就发现苏军坦克已经打进罗斯托夫。

　　虽然巴达诺夫的冒险以失败告终，但小土星行动给德军又带来了一场灾难。意大利军队的覆灭使德军防守阵地上被撕开一个巨大的口子，B 集团军群和顿河集团军群的联系被切断，苏军的几个坦克军在这两者之间的空旷地带横冲直撞。不仅如此，由于曼斯坦因被迫将第 6 装甲师西调，小土星行动也意味着冬季风暴行动的终结。这一年的年末与上一年非常相似——德军在东线都被打得节节败退。曼斯坦因的作战本领也无济于事，也许在某些情况下，本来就没有什么办法。

反手打击

　　新年并没有给德军带来多少安慰。整个 1 月仍然延续了同样的作战动态，对

1942—1943年苏军冬季反攻：小土星、奥斯特罗戈日斯克 - 罗索希、飞驰、恒星

国防军来说这是黑暗的一个月。[41] 苏军显然掌握着主动权（德国人称之为 "Gesetz der Handelns"）。在 1 月 13 日，苏联红军在顿河更上游处发动第三次打击，即由戈利科夫将军（General F. I. Golikov）指挥的沃罗涅日方面军实施的奥斯特罗戈日斯克（Ostrogozhsk）－罗索希（Rossosh）作战。苏军以古斯塔夫·亚尼将军（General Gusztáv Jány）指挥的火力贫弱的匈牙利第 2 集团军为打击目标，成功做到了他们在天王星行动中对罗马尼亚军队和在小土星行动中对意大利军队做到的事：将对方从战斗序列中抹去。和前几次一样，我们没有理由认为这一仗可以有什么别的结果。亚尼的集团军下辖九个轻装师，每个师只包含两个团，它们把守着长得不合理的战线，而且装备低劣，尤其缺少反坦克武器。有一位匈牙利历史学家将第 2 集团军在顿河的防线形容为"仅仅是河岸上的加固观察哨，根本不是可靠的防线"。[42] 各地都有个别部队进行了抵抗，但也发生了集体投降的现象，还有许多惊慌失措的人在零下 45 摄氏度的严寒下向西逃跑。在仅仅两个星期之后的 1 月 29 日，瓦图京将军（General N. F. Vatutin）指挥的西南方面军发起第四次大规模打击，越过顿涅茨河杀入顿涅茨盆地（即顿巴斯）本身，这就是代号为"飞驰行动"（Operation Gallop）的作战。[43] 最后，在 2 月 2 日，沃罗涅日方面军在南方战线的最右翼发动了"恒星行动"（Operation Star）。这次行动中，苏军以重兵击破了汉斯·冯·扎尔穆特将军（General Hans von Salmuth）指挥的德国第 2 集团军，后者此时因为将大量部队抽调到南方应急，已经成了一个空架子。这一次出乎所有人的预料，恒星行动击退的守军不是意大利军队，不是罗马尼亚军队，也不是匈牙利军队，而是轴心国在东线的一支核心部队。德国第 2 集团军面临陷入斯大林格勒式包围圈的威胁，而库尔斯克、别尔哥罗德和哈尔科夫等大城市也有得而复失的可能。[44] 根据研究苏联红军的专家戴维·格兰茨（David Glantz）的统计，1943 年 1 月至 3 月初，"苏联红军的布良斯克方面军、沃罗涅日方面军、西南方面军和南方面军同时或连续实施了至少八个不同的作战行动"。苏联历史学家将所有这些作战行动合称为一次"战略攻势"[45]，苏联红军在这场攻势中推进了大约 560 千米，在德国中央集团军群与其南面友邻的 B 集团军群残部之间撕开了一个 480 千米宽的大口子。[46]

曼斯坦因对这一切的影响基本为零。他成功地应对了混乱局面，四处调动部队救急，将战斗力匮乏的增援部队整合起来送上前线，并尝试了向最高统帅——也就是希特勒——说明一些作战的道理，目的是让他明白此时给前线恢复一定程度机动性的必要。不过，在这方面总参谋长库尔特·蔡茨勒将军（General Kurt Zeitzler）给曼斯坦因的帮助是不可估量的，此人虽然是支持对全军灌输国家社会主义信条的忠实党徒，却也具有不可否认的作战头脑。[47]

蔡茨勒在 1942 年年底第一次取得成功，终于使希特勒同意将 A 集团军群从高加索撤出。[48] 这是一个好消息。该集团军群下辖的两支部队——西面的第 17 集团军 [司令是里夏德·劳夫将军（General Richard Ruoff）] 和东面的第 1 装甲集团军（司令是埃伯哈德·冯·马肯森将军）——这下可以腾出手来，对潮水般涌来的苏军开展机动作战了。但是蔡茨勒的成就感在第二天却消散大半，因为他接到了新的命令：A 集团军群不能完全撤出高加索，而是要撤到一个所谓的"库班桥头堡"中，或许还要做好在 1943 年重新攻入高加索的准备。在撤退过程中，这些命令还会再次发生变化。最终两个集团军中只有第 17 集团军将固守库班，而第 1 装甲集团军将离开高加索，与在乌克兰的友邻部队重聚。

A 集团军群从潜在的坟墓撤离的过程有一定的史诗性质，应该得到比常见史书中更多的关注。尤其是第 1 装甲集团军，它的撤退充满了戏剧性。由于深入高加索腹地的捷列克河沿岸，它距离高加索门户罗斯托夫及其背后的安全地带有 560 多千米。它必须冒着严寒走完一段漫长而艰苦的路程，全程都有敌人穷追不舍，在这失败就意味着灭亡的形势下，部队难免要被绝望感所笼罩。但是在这段扣人心弦的故事背后，却有大量算计和谋划。在希特勒还固执己见、不愿批准撤退时，克莱斯特和他手下的集团军司令们就在悄悄为撤退做计划了。这些未雨绸缪的措施使该集团军群在撤退开始前就构筑了四道主要中间阵地（grosse Zwischenlinien）：库马河（Kuma）沿岸、卡劳斯河（Kalaus）沿岸、阿尔马维尔（Armavir）两侧和迈科普（Maikop）。时间安排也至关重要，第 1 装甲集团军必须先于第 17 集团军移动，沿一条大弧线撤向西北。不用说，两个集团军之间的联络和接触也是关键，如果苏军成功楔入这两者之间，那么它们都可能难逃劫数。

一开始撤退进行得足够顺利，至少有一份资料声称德军步兵当时按照一首著名的行军歌曲的调子唱着歌词：万事万物都有终结，风水流转本是常态。这个冬天我们暂时撤退，到了五月就会卷土重来。[49]

但是当第 1 装甲集团军在 1 月 10 日抵达库马河防线时，这些歌声就停止了。德军的损失节节攀升，冻伤要比敌人的攻击更可怕。第 50 步兵师（隶属于第 52 军，而该军是组成第 1 装甲集团军的三个军之一）的实力很快就下降到编制的四分之一左右。后勤补给始终令人担忧，虽然从理论上来讲，第 1 装甲集团军正在退向自己的基地，但是这些基地本身也在苏军的猛攻下不断后退。炮兵得到的炮弹只相当于正常供应量的零头，而在苏军通过空袭摧毁位于矿水城（Mineralny Wody）的最后一个大弹药库之后，炮弹供应更是雪上加霜。但是撤退还在继续。苏军在机动和后勤方面遇到的问题不比德军少，而泥泞、暴风雪和冰冻给他们的进攻造成的阻碍可能还多于对德军撤退的阻碍。截至 1 月 22 日，第 1 装甲集团军已经到达阿尔马维尔防线，第 17 集团军则退至克拉斯诺达尔（Krasnodar）两侧的库班河沿岸，撤退至此告一段落，克莱斯特将军也得到了实至名归的元帅权杖。[50]

随着第 1 装甲集团军在 1 月底撤出高加索，一场一度令人眼花缭乱，甚至可以说乱作一团的战役的局势开始逐渐变得明朗。从我们今天的角度观察，可以看到种种迹象表明苏军的进攻正在接近克劳塞维茨所说的"顶点"，此时进攻动力开始衰竭，阻力再度增大，最终整辆攻击战车将会停止前进。[51]当时苏军的各种后勤物资都已告急，坦克军正在失去自己锐利的锋芒，装备和人员的疲劳度都已接近极限。对苏联红军来说这是一次战果辉煌的进军，他们从伏尔加河沿岸出发，收复了辽阔的顿河大弯曲部，而且已越过顿涅茨河，正在向第聂伯河挺进。这已经是现代史上最成功的军事战役之一。但此时戴维·格兰茨所说的"时间和距离的暴政"开始肆虐，苏军的实际战斗力可能已下降到冬季攻势开始时的一半。[52]

就在苏军渐渐成为强弩之末时，德军的防线却终于开始巩固。各种暂编集团军或许依然缺少兵力、重炮、重装备和行政人员，但是这些部队至少已经合作了几个月，相互间的熟悉已经使他们产生了一种信任感。随着霍利特暂编集团军取代第 6 集团军，弗雷特－比科暂编集团军填补意大利第 8 集团军的空当，兰茨暂编集团军在哈尔科夫地区组成一支新的机动部队，德军至少使战线恢复了一点模样。还有一个喜讯是，新组建的、被寄予厚望的党卫军第 2 装甲军终于在保罗·豪塞尔将军（General Paul Hausser）率领下抵达前线。它下辖的三个装甲师：党卫军第 1 装甲师（阿道夫·希特勒警卫旗队）、党卫军第 2 装甲师（帝国）和党卫军第 3 装甲师（髑髅师）都有着充足的人力、精良的新式装备和满溢的自信心。

这些趾高气扬的家伙很快就挨了当头棒喝——该军是分批抵达的，一到前线就被用于阻止苏军的恒星行动，也就是沃罗涅日方面军的向西突击。在兰茨暂编集团军编成内作战的党卫军指挥官保罗·豪塞尔将军接到了与哈尔科夫共存亡的命令，但他看了一下形势地图，发现苏军的几个坦克军眼看就要从该城的南北两侧绕到他后方，便决定弃城而逃。他的这个抗命行为并未受到惩罚。但是总有人要为哈尔科夫的失守负责，于是希特勒决定将当时在场的常规军队指挥官胡贝特·兰茨将军（General Hubert Lanz）解职，理由是他批准了豪塞尔撤退。而这个暂编集团军也改由魏尔纳·肯普夫将军（General Werner Kempf）指挥（因此更名为肯普夫暂编集团军）。[53]

苏军的过度扩张加上德军几乎令人无法察觉的复苏，促使曼斯坦因构思了一个新的作战设想。他具有极强的作战天分。首先，鉴于国内不会派来更多援军，那就必须采取措施从这个战场本身挤出一些兵力。曼斯坦因注意到了由霍利特暂编集团军、弗雷特－比科暂编集团军、第1装甲集团军和第4装甲集团军占据的巨大"阳台"突出部。此时这些部队全都部署在顿涅茨河东弯曲部腹地和顿河下游。德军必须放弃包括"顿巴斯"本身的东半部分在内的这一整片阵地，代之以一条位于米乌斯河沿岸面向东方的防线，它比前者直得多，因此也短得多。德军对这条防线并不陌生。事实上，它就是1941—1942年冬季国防军曾经据守的防线——通过缩短防线，可以解放出更多部队，实施更多机动作战。

可是，这些作战要在哪里实施呢？曼斯坦因选择了一个典型的大胆方案。他向来就是个赌徒，高风险、高回报的赌注能让他享受到赌徒才有的快乐。他为1940年会战制定的计划就充满了冒险的策略：B集团军群从北面发动的佯攻，龙德施泰特的A集团军群动用几乎所有装甲部队穿越阿登森林实施的冒险进军，在比利时境内横穿北部同盟国军队后方的大胆穿插。这个计划的众多环节只要有一个出错就可能导致全盘失败。这一次他的作战方案的冒险程度也毫不逊色。曼斯坦因再次借用国际象棋术语，设想了一次"王车易位"，也就是将德军阵地最右翼的部队——第1和第4装甲集团军——调到最左翼。它们一旦就位，就要对已经筋疲力尽却仍然在指挥官的无情催促下西进的苏军突击部队发动反攻。这将是一次被曼斯坦因习惯地称作"反手一击"（Schlag aus der Nachhand）的打击，它在敌人已经使出全力、远离了自己的基地并且耗尽了士气和军需品时最为有效。[54]

在向希特勒和陆军总司令部（OKH）提出这些建议之后，曼斯坦因接到了2月6日去东普鲁士拉斯滕堡的指挥部面见元首的命令。虽然曼斯坦因在他那本《失去的胜利》（Verlorene Siege）里用史诗式的辞藻描述了这次会谈[55]，将它说成两个在作战理念上天差地远的男人的意志较量，但是在战争的这一阶段，这两人之间其实存在着某种协作——他们分别是"固守战略"（Halte-Strategie）的操作者

38集

中央集团军群　顿涅茨河

21集

别尔哥罗德

40集

顿河

沃罗涅日方面军

69集

64集

哈尔科夫

坦3集

肯普夫集群

6集

西南方面军

党卫2军

波波夫集群

近1集

近3集

坦5集

第聂伯罗彼得
罗夫斯克

突5集

米乌斯河

近2集

第聂伯河

装4集

装1集

斯大林诺

51集

南方面军

扎波罗热

28集

霍利特集群

罗斯托夫

南方集团军群
（曼斯坦因）

梅利托波尔

44集

马里乌波尔

装4集

装1集

亚速海

北高加索方面军

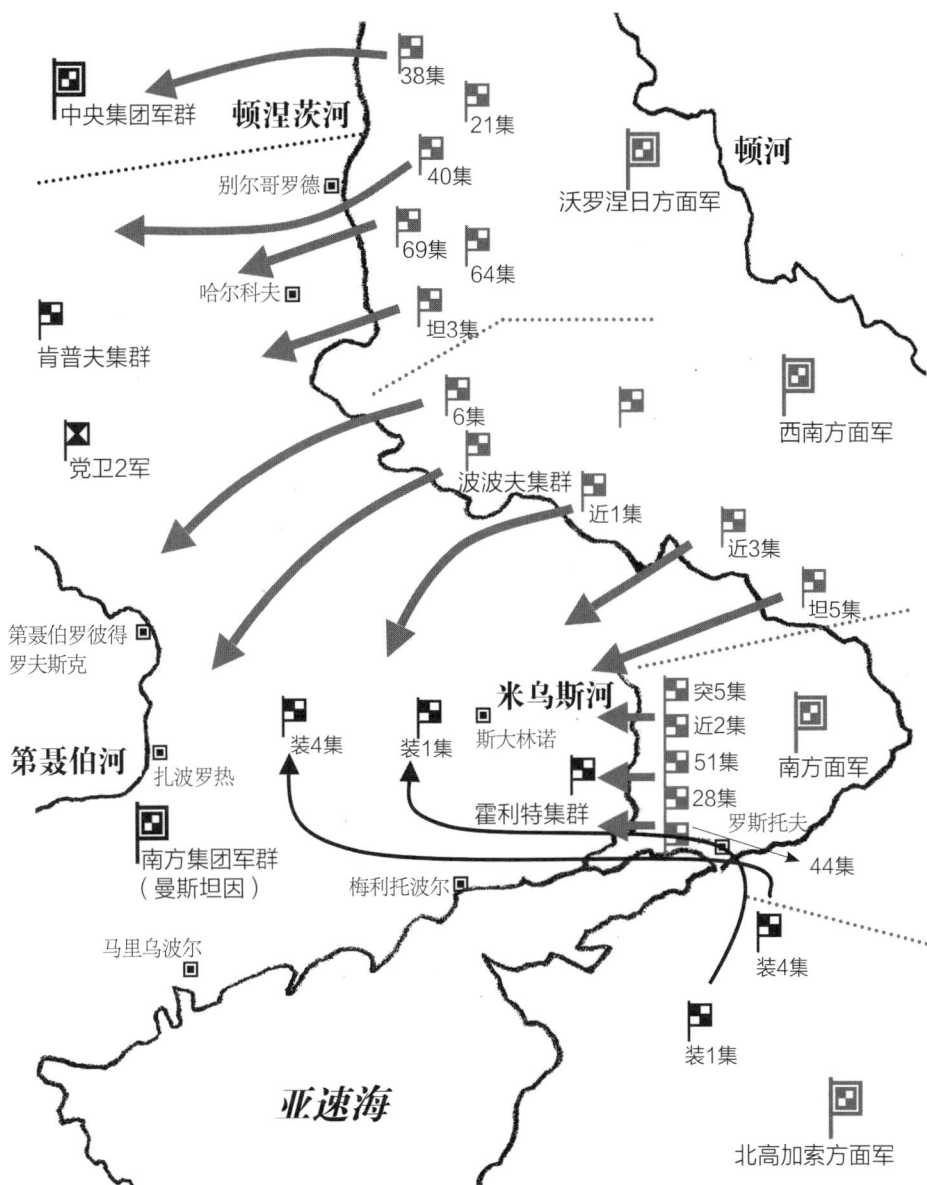

"王车易位"：曼斯坦因的作战艺术（1943年2月）

和提倡者。[56] 希特勒虽然在其他方面不可理喻，但是截至此时，他所坚持的禁止撤退策略或许是正确的。失去机动能力的部队在冬季撤退毫无意义，几乎肯定会给德军造成比已经发生的灾难更大的损失。但曼斯坦因也是正确的：机动的时机已经到来，可以恢复"作战机动性"（bewegliche Operationsführung），打一场运动战了，在这种类型的战斗中，德军在指挥水平和士兵素质方面的优势都可以重新发挥出来。[57]希特勒也明白这一点。此时距离第6集团军在斯大林格勒最终投降只过了不到一个星期，我们也许可以用"可教"来形容元首此时的心态。

因此在这次会谈中并没有发生真正的斗争。虽然希特勒确实对曼斯坦因的建议提出了反驳，尤其质疑了放弃东顿巴斯的必要性，但本质上他并没有热心坚持自己的想法。双方围绕细节和统计数据进行了此时已经司空见惯的争辩，就当地煤炭的质量做了漫无目的的讨论——希特勒希望使用党卫军第2装甲军对哈尔科夫直接发动反击曼斯坦因则主张让苏军继续进攻，等他们力量耗尽时再予以打击。任何研读过这一时期元首会议记录的人都不会认为希特勒的这些反驳有什么特别强硬之处。与蔡茨勒等人每天都不得不忍受的争吵相比，这些争论是相当平淡的。[58]就连曼斯坦因接下来的惊人建议（请希特勒放权，由他代理东线战争的日常指挥）都没有引发多少波澜。

我们还必须认识到，曼斯坦因本人对自己不得不提出的建议并不是特别高兴——他同样不喜欢撤退。他从心底里认为他的苏联对手是不可救药的无能之辈，尤其是在指挥艺术方面，而他在自己的回忆录里也明确提到，迫不得已地主动放弃土地是很伤自尊的事。[59]但这两个人一致同意，此时的确别无选择。曼斯坦因从拉斯滕堡离开时得到了他想要的东西：希特勒对新作战计划的批准。德军将要进行一次王车易位，只不过曼施坦因担心这个决定来得太晚了。

此时德军的主要威胁是飞驰行动，也就是苏军在顿巴斯的大规模攻势。西南方面军——哈里托诺夫将军（General F. M. Kharitonov）指挥的第6集团军、列柳申科将军（General D. D. Lelyushenko）指挥的近卫第1集团军，以及波波夫将军（General M. M. Popov）指挥的、由四个坦克军及支援部队组成的坦克集团军雏形波波夫机动集群——已经越过顿涅茨河，正在全速向西方和南方挺进。在他们前方有大量诱人的作战目标，例如，只要打到亚速海岸边的马里乌波尔（Mariupol）或塔甘罗格（Taganrog），他们就可以切断仍处于东边的所有德军部队，后者包括第1装甲集团军、第4装甲集团军和霍利特暂编集团军。如果苏军越过第聂伯河，后果更是不堪设想。只要控制了这条大河上位于第聂伯罗彼得罗夫斯克、扎波罗热或克列缅丘格的渡场，苏军就可以切断德军整个南方战线的后勤补给，有可能将一场战役级别的胜利转化为战略性胜利——差不多就是一次"超级斯大林格勒"。[60] 德军的两个装甲集团军必须尽快行动，然而此时天气也在作梗：它们是沿着海岸机动的，这些地区此时已经开始解冻，道路已经出现严重的泥泞。而远在北方的苏军部队却依然能够沿着冻硬的路面快速前进。

　　因此德军的准备工作具有一定的疯狂性，由于策划过于仓促，这次作战从未真正得到一个代号。但是德军实现了指挥的统一，曼斯坦因的顿河集团军群更名为南方集团军群，而 A 集团军群和 B 集团军群双双解散。至此曼斯坦因终于得到了他从 11 月起就渴望得到的东西：战区指挥权。到了 2 月中旬，从顿河—顿涅茨河"阳台"后撤的行动已经完成，霍利特暂编集团军撤进了米乌斯河后方的"鼹鼠阵地"（Maulwurfstellung）。弗雷特－比科暂编集团军此时已缩编为第 30军，部署在其左侧，负责防守到斯拉维扬斯克（Slavyansk）为止的顿涅茨河中游沿岸。经历撤出高加索的长途跋涉后尚未恢复元气的马肯森第 1 装甲集团军利用这些阵地作为屏障，转移到了在其左侧的防线。倒霉的是，由于苏军部队仍然在向南急进，该集团军到达阵地后几乎立刻就被卷入了战斗，结果可想而知。第 3装甲军（此时它下辖的第 3 装甲师和第 7 装甲师合计可能只有 40 辆坦克）从斯大林诺北上迎击，结果遭到苏军猛烈攻击，很快就陷入了困境。在它的左邻也发生了同样的情况，第 40 装甲军（第 11 装甲师、第 333 步兵师和党卫军"维京"师一部）没有经过多少准备就发起进攻，迎头撞上了气势汹汹地从利西昌斯克（Lissichansk）和斯拉维扬斯克南下的苏军装甲纵队。当波波夫机动集群干净利落地突入德军阵地的战役纵深时，德军指挥层再次出现了一定程度的恐慌气氛。[61]但是和巴达诺夫在小土星行动中的经历非常相似——波波夫最终发现自己在苏联红军村（Krasnoarmeiskoe）陷于孤立，遭到第 40 装甲军几乎所有部队的围攻。

　　到了 2 月 21 日，第 4 装甲集团军已经赶到战场，并出现在第 1 装甲集团军的左侧，这正是曼斯坦因的"王车易位"的最后一步。德军的整个阵形基本上面向正北，而米乌斯河沿岸的防线向后弯折，与其形成一个直角。赫尔曼·霍特将军（General Hermann Hoth）的部队在 4 天（2 月 16—19 日）里机动了数百千米，同样是人困马乏。但无论如何，德军的两个装甲集团军都已集结到位，而且因为这些部队不再位于东方 640 多千米之外，也没有两条大河阻隔，后勤问题得到了很大改善。而且，此时的战场形势已经呈现出令人惊叹的局面，与上年秋天的蓝色行动一样奇特。由于在南下道路上遇到越来越多的抵抗，苏军部队开始向其右侧偏移。波波夫机动集群已经被包围，但是西南方面军的其余部队却在斯拉维扬斯克和哈尔科夫之间 160 千米宽的空旷地带中继续向着西方和西南方推进，奔向第聂伯河：第 6 集团军在右，近卫第 1 集团军在左。另两个坦克军（第 25 坦克军和近卫第 1 坦克军）正在扑向顿河集团军群和第 4 航空队的司令部所在地扎波罗热。由于在两个坦克军与其目标之间没有德军主力部队，苏军肯定觉得扎波罗热已是囊中之物。另一方面，随着苏军的南下，德军也在拼命将防线向其左侧（也就是西面）延伸。这是一场赛跑，胜负还未见分晓。

最终是德军在这场竞赛中胜出，而这也有一定的道理：他们是在退向自己的补给基地，而苏军却离自己的基地越来越远。但除了这个普适原理，也就是克劳塞维茨所说的一切进攻作战中都不可避免的"顶点"法则外，这场战役的另一个特点却是苏联军事经验所特有的。"大纵深战役"给苏联红军带来的危险并不亚于机遇。在这一代苏联军官眼里，"纵深"是个流行词，而流行词可能有致命的危险。这一时期苏军部队还远没有在经过科学计算的战役艺术上取得新的突破，它们倾向于不顾一切地推进，直到因为损失过大，因为缺少后勤补给和补充人员，或者仅仅因为单纯的疲惫感而崩溃为止。[62]

换言之，大纵深战役暗示着下列倾向：过度扩张，低估敌军实力，以及高估纵深打击所能起到的"瘫痪敌人"的程度——无论这里的"瘫痪"是指什么。约瑟夫·斯大林、朱可夫将军（General G. K. Zhukov）和最高统帅部大本营的其他人在 1941 年就曾过度扩张，在 1942 年 5 月哈尔科夫前线的灾难中他们犯了同样的错误，而这一次他们也将重蹈覆辙。这是苏军高层连续第二个冬天把德国敌人打到奄奄一息的地步，也将是他们连续第二年遭到出乎意料的反击。既然如今军事历史学界已经不再热衷于吹嘘任何德国人特有的作战天才，开始以更冷静、更理性的目光审视国防军的作战，那么反过来对苏军作战方式投以任何特别的尊重就太可悲了。这种作战方式是异常笨拙的，严重浪费生命和人力，对己方的官兵而言非常危险，战争后续阶段巨大的伤亡数字就足以证明。[63]

因此，在这场战役中自始至终都没有一个可以合理地被称为"转折点"的时刻，也就是说没有一个形势逆转、苏军突然发现自己被击败的时刻。在第 6 集团军和近卫第 1 集团军高歌猛进，冲向西边的第聂伯河时，倒是出现了一个特别的时刻。在 2 月 19 日，苏军装甲纵队占领小城锡涅利尼科沃（Sinelnikovo），切断了从第聂伯罗彼得罗夫斯克到斯大林诺的东西铁路干线，致使所有铁路运输暂停，德军的整个南翼都失去补给。希特勒本人当时正在视察曼斯坦因位于东线扎波罗热的司令部，也就是处在第聂伯河靠近敌方的那一侧。T-34坦克出现在仅仅50千米外的消息导致德方人员匆忙疏散，元首被紧急送上一架飞机，飞往安全地带。当然，苏军并不知道自己距离抓获敌军最高统帅只有一步之遥，但他们确实掌握了一些情况。情报雪片般传到方面军和各集团军司令部，指出德军部队正在大规模向西移动，自瓦图京以下，苏军各级指挥人员都将这一情况解读为德军疯狂逃往第聂伯河渡口的又一迹象。[64] 各集团军的司令员都在催促自己的部下加紧前进。因为敌人正在逃跑，已经毫无还手之力。

苏联红军得意扬扬地向着第聂伯河进军，接着就被突然击溃了。在2月21日，霍特的第4装甲集团军发动了反击。两路钳形攻势——一路从南方发起，打头阵的是位于左侧的第57军和右侧的第48装甲军；另一路则由党卫军第2装甲军从西北方的波尔塔瓦（Poltava）地区发动——完全出乎苏联第6集团军和近卫第1集团军先头部队的意料，他们在来自正面、侧翼和后方的围攻下被打得落花流水。至少在这几天里，德方的损失微乎其微，而苏军的重装备则几乎全部损失，人员伤亡也足够大。这也毫不奇怪：就在遭到德军反击时，苏军部队一支接一支地耗尽了燃油。虽然从很多方面来讲，这是德式兵法"运动战"和"向心作战"的一次经典战例。但对苏军来说稍稍值得庆幸的是，此战并没有形成真正的"包围战"格局，以致德军没有抓获大量俘虏——苏军的战线是一下子崩溃的，而德军在任何一地都没有足够的兵力将苏军主力包围起来。

在此后的几个星期里，德军向北进攻的锐势不减。马肯森的第1装甲集团军推进到顿涅茨河一线，不过苏军还是在这条河流的南岸守住了几个坚固的桥头堡。在马肯森左侧，党卫军第2装甲军和第48装甲军的前锋打得苏军节节败退，敌人的指挥和控制似乎曾出现短暂的崩溃。突然间战局变得像是1941年的重演，甚至可能是1940年的重演。就连最古老的普鲁士—德意志传统——"下级指挥官的独立性"也复兴了。在党卫军的保罗·豪塞尔将军率部冲向哈尔科夫时，他接到了马肯森的明确命令：要避免在这座城市里进行任何形式的阵地战或巷战。如果有机会，可以通过快速的奇袭（Handstreich）占领哈尔科夫，但绝不能让这座城市成为消耗兵力的无底洞。[65] 毕竟此时关于斯大林格勒的可怕记忆还太鲜明，伤口还未愈合。党卫军第2装甲军通过一个巧妙的小规模机动绕到城北，从东北角杀进城内，经过三天恶战（3月12—14日）后肃清了城内的敌人。这座城市没

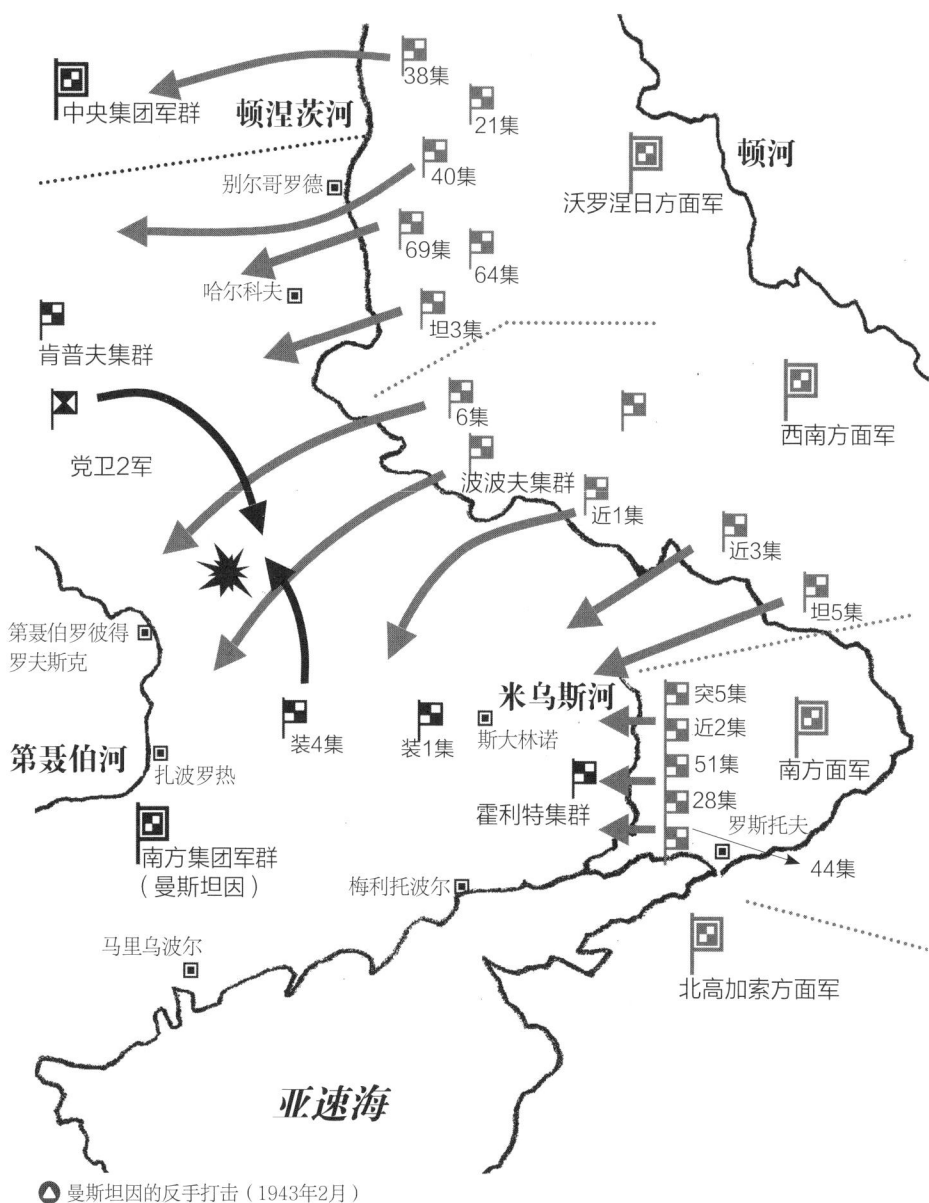

顿涅茨河

中央集团军群

别尔哥罗德

38集

21集

40集

顿河

沃罗涅日方面军

哈尔科夫

69集

64集

坦3集

肯普夫集群

党卫2军

6集

波波夫集群

近1集

西南方面军

近3集

坦5集

第聂伯罗彼得
罗夫斯克

第聂伯河

扎波罗热

装4集

装1集

米乌斯河

斯大林诺

突5集

近2集

51集

28集

南方面军

霍利特集群

罗斯托夫

44集

南方集团军群
（曼斯坦因）

梅利托波尔

北高加索方面军

马里乌波尔

亚速海

🔺 曼斯坦因的反手打击（1943年2月）

有成为无底洞，但这次战斗肯定也不能算是奇袭。

德军从哈尔科夫又实施了一次短途跃进，北上进军别尔哥罗德，并在3月23

日将其攻占。此时解冻季节已经来临，道路积满泥浆，谁都无法进行任何机动了。计划中由友邻的第 2 集团军（属于中央集团军群）实施的协同打击从未实现，这也反映出该部在恒星行动中被苏军打得有多惨。工业城市库尔斯克本是第 2 集团军的预定目标，但是它和周边的突出部仍然牢牢地掌握在苏军手中。

结论：曼斯坦因与天才的局限性

本章开始时我们讨论过个人所起的作用，既包括在现代军事行动中的作用，也包括在我们对他们的历史分析中的作用。1943 年年初的顿涅茨—哈尔科夫战役似乎证明了曼施坦因的天才，而文献中似乎也总是这样论述的。这位元帅表现出了敏锐的直觉，先是在周边的整条战线眼看要全面崩溃时保持了镇定，然后明确地保持了目的和手段的一致，最后又没有忘记这场战役必须以基于机动的反击收尾，与工业产量大大超过自己的敌人硬碰硬决胜负是毫无意义的。最重要的是，他对时机的把握堪称完美——这在战役层面是非常少见的。

然而用曼斯坦因的天才来解释 1943 年年初发生在顿涅茨河沿岸的战事终究是不能令人满意的。他并不是一个彻底的自由人，而是一种历史悠久的军事传统的产物。在德国联邦国防军的两位军人学者——弗里德黑尔姆·克莱因(Friedhelm Klein ）和卡尔－海因茨·弗里泽尔（Karl-Heinz Frieser）对这次哈尔科夫战役所做的分析中，他们以传统方式强调了指挥官的重要性："在 1943 年冬季的顿涅茨河畔，一场显然无可避免的灾难之所以能转变为胜利，指挥官冯·曼斯坦因元帅的个人作用至少不容忽视。"但是他们又补充了一条重要的说明："很少有人能像他这样体现德国总参谋部的传统思维。"[66] 无论是"运动战"，还是将战争视作"自由创新的活动"[67]，抑或是"下级指挥官的独立性"的理念——都有着数十年乃至数百年的历史。克莱因和弗里泽尔在他们的文章中抄录了曼斯坦因为 2 月 21 日的反击制定的整套作战计划，它堪称是传统普鲁士—德意志简明计划的典范。这个计划中有一句话是要求现场军官以自己认为最合适的方式解读、认知和应用的：

南方集团军群应防守米乌斯河沿岸以及北至斯拉维扬斯克的"鼹鼠阵地"，以第 4 装甲集团军打击位于第 1 装甲集团军和兰茨（肯普夫）暂编集团军之间空隙的敌军，并以兰茨（肯普夫）暂编集团军掩护纵深侧翼和第 4 装甲集团军在波尔塔瓦—阿赫特尔卡（Achtyrka）地区的进攻。[68]

这是一道简单的命令，却调动了三个野战集团军，至少100万人马。

克莱因和弗里泽尔正确地将曼施坦因的功绩放在了历史背景和视角下审视。正如他们所指出的，即便是这场作战本身的套路也并没有什么新意。从19世纪80年代起，德国的参谋军官们就一直在练习快速调动军队以应对可能突然或意外出现的威胁。德国位于欧洲的心脏地带，被敌国或潜在敌国环绕，这样的战略形势要求他们练就这种本领。甚至德意志第二帝国本身就有一个暴露在俄军兵锋下的"阳台"——东普鲁士，在这个地区单纯进行消极防御是绝对不够的，有力的反击是保护这个省份的唯一手段。当埃里希·冯·曼斯坦因还是三岁幼童时，德国军官们就已经练习了几十年的"王车易位"和"反手打击"。在1914年，两位这样的军官——保罗·冯·兴登堡元帅（Field Marshal Paul von Hindenburg）和他的参谋长埃里希·鲁登道夫将军（General Erich Ludendorff）——就在坦嫩贝格（Tannenberg）附近实施了一次高度成功的作战，它与曼斯坦因在顿涅茨河畔的成功反攻可不只是有点相似而已。[69]

但是，我们就不应该做更深入的探讨吗？如果说曼斯坦因的强项其实来自于他所属的军官团和训练出他的作战学派，他的弱点又何尝不是如此？把战争简单地等同于机动作战，完全缺乏政治意识，幼稚地以为这些代价异常高昂、异常血腥的军事战役累积起来或许就会成为战略胜利——这些特点也是德国总参谋部的传统。

最后，我们是否能认为，曼斯坦因和这场战役中双方的所有指挥官一样，被困在了他自己无法意识到的罗网中？作为在战斗的最后阶段占得上风的将领，他尽善尽美地发挥了自己的传统战法，并在此过程中实现了看似不可能的目标：他重整了因为整整一个野战集团军在斯大林格勒覆灭而变得千疮百孔的战线。关于这场战役的论述，无论多么简短，都没有忽略这样一个事实：曼斯坦因使战线恢复"到了大致与1942年会战开始时相同的态势"。[70]就连身经百战的总参谋部军官们都被惊得近乎目瞪口呆。"即使现在我都不敢相信。"其中一个人在当时写下了这样的文字。[71]"我们回到了哈尔科夫！"是光鲜的杂志《国防军》在头版标题中发出的欢呼[72]，这一期刊登的文章还将曼斯坦因的打击誉为"冬季战争中的转折点"。[73]

　　让我们给他应得的评价吧！曼斯坦因应对了一个又一个危机，最终在苏军坦克叩响第聂伯河渡口的大门时，导演了一次充满戏剧性的翻盘，粉碎了兵临城下的敌人，并且一路反攻到了顿涅茨河边。但是在此过程中，他使自己的军队沿着一条蜿蜒曲折的长河布下长蛇阵，这条防线在来年是不可能守住的。尽管曼斯坦因和国防军的将士因为哈尔科夫的胜利得到了种种夸张的赞誉，但这一仗根本不是胜仗；它充其量只是"昙花一现的胜利"。[74] 这一点曼斯坦因明白，总司令部也明白。为了解决这个问题，他们将在 1943 年夏季——仅仅四个月之后——联手尝试一个权宜之计，即库尔斯克攻势。换言之，运动战在 1943 年年初并没有让国防军走向胜利，反而将它引向了深渊。

　　至于苏军的指挥员，他们同样在冬季会战中自始至终保持了自身的特色。在针对第 6 集团军和轴心国盟友军队取得最初的辉煌胜利之后，他们就固执地贯彻了自己的新教条。即使在他们的进攻势头开始放缓时，他们仍然一味前进，直到崩溃为止。这些指挥对极限毫无认识，看来也肯定不把克劳塞维茨的"顶点"理论放在心上。他们对"大纵深战役"的信仰使他们在进攻开始时锐不可当，但是这种信仰最终却造成了灾难。牺牲者包括巴达诺夫的第 24 坦克军、波波夫机动集群，最终还包括了近卫第 1 集团军和第 6 集团军的主力。

　　1943 年的冬季战役远不是个人或集体天才的展示，它让我们看到的是两支军队被各自教条的利爪紧紧攥住，像绝望的猎物一样无法挣脱的奇观。

注释

1. 这个评语来自汉斯·格奥尔格·莱因哈特将军（General Hans-Georg Reinhardt）。见约翰内斯·许尔特（Johannes Hürter）著，《希特勒的陆军司令：对苏战争中的德军高级指挥官，1941/1942》（*Hitlers Heerführer: Die deutschen Oberbefehlshaber im Krieg gegen die Sowjetunion, 1941/1942*，慕尼黑：R. Oldenbourg，2006年），第616页。许尔特的这本书研究全面而细致，而且论点精到，它对国防军的集团军级和集团军群级部队主官的分析至今未被超越。

2. "Drei Jahre Krieg—drei Jahre Sieg"，《国防军》第6辑，第18期（1942年9月2日）第4—5页。

3. 埃里希·冯·曼斯坦因（Erich von Manstein）著，《失去的胜利》（*Verlorene Siege*，波恩·Athenäum，1955年），第440页。英文版见《失去的胜利》（*Lost Victories*，加利福尼亚州诺瓦托·Presidio，1982年），第410页。对看得懂德文的读者来说，原版回忆录要好得多，因为译者认为英语读者不会感兴趣的部分在译文版中都被整段整段地删去了。

4. 汉斯·德尔布吕克著，《腓特烈·卡尔亲王》（*Prinz Friedrich Karl*），收录于《历史和政治随笔》（*Historische und Politische Aufsätze*，柏林：Georg Stilke，1907年）："用以赢得战斗的勇敢精神，也意味着首先要敢于失败。"（第308页）

5. 卡尔·冯·克劳塞维茨著，《战争论》（*On War*），迈克尔·霍华德和彼得·帕雷特编译本（新泽西州普林斯顿：Princeton University Press，1976年），第2篇，第2章（第136页）。

6. 关于罗斯巴赫战役和参战的两支军队的最佳分析见丹尼尔·肖沃尔特著，《腓特烈大帝的战争》（*Wars of Frederick the Great*，伦敦：Longman，1996年），第177—192页。另见罗伯特·M.奇蒂诺著，《德式兵法：从三十年战争到第三帝国》（*The German Way of War: From the Thirty Years' War to the Third Reich*，劳伦斯：University Press of Kansas，2005年），第72—82页。

7. 关于钱瑟勒斯维尔之战，目前还没有一本著作比得上斯蒂芬·西尔斯（Stephen W. Sears）著，《钱瑟勒斯维尔》（*Chancellorsville*，波士顿：Houghton Mifflin，1996年）。

8. 关于柯尼希格雷茨战役，两本必读的著作是杰弗里·瓦夫罗著，《普奥战争：1866年奥地利与普鲁士和意大利的战争》（*The Austro-Prussian War: Austria's War With Prussia and Italy in 1866*，剑桥·Cambridge University Press，1996年），以及丹尼斯·肖沃尔特著，《德国统一战争》（*The Wars of German Unification*，伦敦：Arnold，2004年），第161—200页。另见罗伯特·M.奇蒂诺著，《德式兵法》，第160—173页。

9. 关于拿破仑的文献浩如烟海。戴维·钱德勒（David G. Chandler）著，《拿破仑战记》（*The Campaigns of Napoleon*，纽约·Macmillan，1966年）仍是合适的入门读物，而欧文·康奈利（Owen Connelly）著，《误打误撞成就荣耀：拿破仑的历次战役》（*Blundering to Glory: Napoleon's Military Campaigns*，马里兰州拉纳姆：Rowman & Littlefield，2006年）也值得一读，因为其中揭穿了不少虚构的传说。

10. 关于1813年会战有一本不可不读的著作，那就是迈克尔·莱吉埃（Michael V. Leggiere）著，《拿破仑与柏林：法国与普鲁士的北德意志战争》（*Napoleon and Berlin: The Franco-Prussian War in North Germany*，诺曼：University of Oklahoma Press，2002年）。另见罗伯特·M.奇蒂诺著，《德式兵法》，第132—141页。

11. 有关当今军事历史在更广阔学术领域中作用的讨论，见罗伯特·M.奇蒂诺著，《新旧军事史再介绍》（*Military Histories Old and New: A Reintroduction*），《美国历史评论》第112辑，第4期（2007年10月）第1070—1090页。（译注："Ecce homo"意即"瞧这个人"，出自拉丁文版《新约圣经·约翰福音》，是总督彼拉多将头戴荆冠的耶稣交给犹太人时说的话，后来常被用作表现耶稣受难情景的画作的标题）

12. 见曼斯坦因著，《失去的胜利》。有关他对德国陆军总司令部参谋长瓦尔特·冯·布劳希奇将军（General Walther von Brauchitsch）和总参谋长弗朗茨·哈尔德将军所作的多为负面的评价，见第 71—72 页和第 76 页。

13. 转引自达纳·萨达拉南达（Dana V. Sadarananda）著，《斯大林格勒之后：曼斯坦因与顿河集团军群的作战》（*Beyond Stalingrad: Manstein and the Operations of Army Group Don*，宾夕法尼亚州梅卡尼克斯堡：Stackpole，2009 年），第 10 页。

14. 陆军元帅卡弗勋爵（Field Marshal Lord Carver）著，《曼斯坦因》，收录于科瑞利·巴尼特（Correlli Barnett）编，《希特勒的将军们：关于希特勒征战沙场的一群人的权威描述》（*Hitler's Generals: Authoritative Portraits of the Men Who Waged Hitler's War*，纽约：Quill，1989 年），第 221 页。

15. 特奥多尔·布塞（Theodor Busse）著，《1942—1943 年南俄冬季会战》（*Der Winterfeldzug 1942/1943 in Südrussland*），收录于《从未退伍：纪念埃里希·冯·曼斯坦因元帅八十华诞》（*Nie ausser Dienst: Zum achtzigsten Geburtstag von Generfeldmarschall Erich von Manstein*，科隆：Markus Verlagsgesellschaft，1967 年），第 45—63 页。该书是一部纪念文集，其中收录的文章还有乌尔里希·德梅齐埃（Ulrich de Maizière）著，《序言》（*Zum Geleit*），第 7—8 页；瓦尔特·冯·舒尔岑多夫（Walther von Schultzendorff）著，《作为普通人和军人的埃里希·冯·曼斯坦因》（*Der Mensch und der Soldat Erich von Manstein*），第 9—34 页；阿道夫·霍伊辛格著，《"讨厌"的首长》（*Der 'unbequeme' operative Kopf*），第 35—43 页；安德烈亚斯·希尔格鲁贝尔（Andreas Hillgruber）著，《历史学家的批判视角》（*In der Sicht des kritischen Historikers*），第 65—83 页；以及瓦尔特·文克（Walther Wenck）著，《从未退伍》（*Nie ausser Dienst*），第 85—95 页。

16. 冯·梅林津（F. W. von Mellenthin）著，《我眼中的第二次世界大战期间的德国将领》（*German Generals of World War II as I Saw Them*，诺曼：University of Oklahoma Press，1977 年），第 19、29 页。

17. 乌尔里希·德梅齐埃将军著，《序言》，收录于《从未退伍》，第 7 页。

18. 利德尔·哈特（B. N. Liddell Hart）著，《德国将领对话录》（*The German Generals Talk*，纽约：Quill，1979 年），第 63 页。另见利德尔·哈特在为冯·曼斯坦因的《失去的胜利》英文版所写的序言中更为盛情和夸张的颂词："我在 1945 年对德国将军们讯问后得出的总体结论是，冯·曼斯坦因元帅是他们军队中最有能力的指挥官，是他们最欢迎的总司令人选。很显然，他对作战机会具有超凡的直觉，对作战的实施也同样精通，而且他对机械化部队的潜能的认识超过了其他任何不曾在坦克部队受训的指挥官。总的来说，他具有军事天才。"（第 13 页）

19. 休伯特·埃塞姆（Hubert Essame）著，《埃里希·冯·曼斯坦因元帅》，《陆军季刊与防务杂志》（*Army Quarterly and Defence Journal*）第 104 辑，第 1 期（1973 年）：第 40—43 页，是作者在曼斯坦因去世时写的纪念文章。

20. 萨达拉南达著，《斯大林格勒之后》，第 XI 页。

21. 要了解批判曼斯坦因的代表作，见马塞尔·斯坦（Marcel Stein）著，《冯·曼斯坦因元帅的肖像：两面人》（*Field Marshal von Manstein, a Portrait: The Janus Head*，英国索利哈尔：Helion，2007 年）。

22. 见芒戈·梅尔文（Mungo Melvin）著，《曼斯坦因：希特勒手下最伟大的将领》（*Manstein: Hitler's Greatest General*，伦敦：Weidenfeld & Nicolson，2010 年），该书兼有深入的研究和合情合理的结论，更不用说还有身为英国陆军军官的作者的作战见解。

23. 见曼斯坦因著，《失去的胜利》，第 398 页，其中他提到了"Remislösung"（和局）的可能。另见安德烈亚斯·希尔格鲁贝尔著，《历史学家的批判视角》，收录于《从未退伍》，第 78—79 页。

24. 见罗伯特·M. 奇蒂诺著，《国防军：第一部·折戟沉沙，1942 年德军历次战役》（*Death of the Wehrmacht: The German Campaigns of 1942*，劳伦斯：University Press of Kansas，2007 年），第 69—81 页。

25. 曼斯坦因著，《失去的胜利》，第 290—302 页。曼斯坦因的长子格罗（Gero）就是在这一地区战死的。他当时作为下级军官在第 18 步兵师第 51 装甲掷弹兵团服役。

26. 要了解蓝色行动的过程，见奇蒂诺著，《国防军：第一部·折戟沉沙，1942 年德军历次战役》，第 165—180 页。

27. 这封电报收录在曼弗雷德·克里希著，《斯大林格勒：关于这场战役的分析和档案》（*Stalingrad: Analyse und Dokumentation einer Schlacht*，斯图加特：Deutsche Verlags-Anstalt，1974 年），第 559—560 页。要了解整个战役过程的概述，见汉斯 - 阿道夫·雅各布森（Hans-Adolf Jacobsen）和汉斯·多林格（Hans Dollinger）编，《照片和档案中的第二次世界大战》，第 5 卷，《战争的转折，1942/1943》（*Der Zweite Weltkrieg in Bildern und Dokumenten, vol. 5, Kriegswende, 1942/1943*，慕尼黑：Verlag Kurt Desch，1968 年），第 90—137 页。

28. 有关国防军与仆从国军队的关系的最佳著作是理查德·迪纳尔多著，《德国与轴心阵营诸国：从联盟到崩溃》（*Germany and the Axis Powers: From Coalition to Collapse*，劳伦斯：University Press of Kansas，2005 年）。彼得·戈斯托尼（Peter Gosztony）著，《希特勒的外国军队：非德国军队在东线战争中的命运》（*Hitlers fremde Heere: Das Schicksal der nichtdeutschen Armeen im Ostfeldzug*，杜塞尔多夫：Econ Verlag，1976 年）提供的作战细节也很有帮助。

29. 霍斯特·沙伊贝特（Horst Scheibert）著，《在顿河与顿涅茨河之间》（*Zwischen Don und Donez*，内卡格明德：Kurt Vowinckel Verlag，1961 年），第 25—29 页。

30. 出处同前，第 69 页。沙伊贝特当时是第 6 装甲师的一个连长。

31. 出处同前，第 26 页。

32. 出处同前，第 23 页。

33. 要了解发生在奇尔河沿岸的激烈坦克战，见冯·梅林津（F. W. von Mellenthin）著，《坦克战：第二次世界大战装甲兵运用研究》（*Panzer Battles: A Study of the Employment of Armor in the Second World War*，纽约：Ballantine，1956 年），第 211—222 页。

34. 原文为"Eine traurige Bilanz！"沙伊贝特著，《在顿河与顿涅茨河之间》，第 30 页。

35. 卡尔·瓦格纳（Carl Wagener）著，《南方集团军群：东线南段的战斗，1941—1945》（*Heeresgruppe Süd: Der Kampf im Süden der Ostfront, 1941-1945*，巴特瑙海姆：Podzun，1967 年），第 193 页指出，保卢斯接到的指示（做好突围准备）给他提出了一个以他低下的机动能力几乎无解的难题。关于冬季风暴行动的最佳战役分析还数霍斯特·沙伊贝特著，《救援斯大林格勒的尝试：一场坦克战的文字和照片记录：1942 年 12 月的第 57 装甲军》（*Entsatzversuch Stalingrad: Dokumentation einer Panzerschlacht in Wort und Bild: Das LVII. Panzerkorps im Dezember 1942*，内卡格明德：Kurt Vowinckel Verlag，1956 年）。

36. 有关曼斯坦因对斯大林格勒的古希腊悲剧式描写，见《失去的胜利》，第 319—396 页。引用斯巴达人墓志铭的段落在第 319 页。

37. 瓦格纳著，《南方集团军群》，第 188 页。

38. 关于苏军在 1942—1943 年冬季的所有攻势（小土星行动、奥斯特罗戈日斯克—罗索希作战、飞驰行动和恒星行动），不可不读的著作是戴维·格兰茨（David M. Glantz）著，《从顿河到第聂伯河：1942 年 12 月—1943 年 8 月苏军的进攻作战》（*From the Don to the Dnepr: Soviet Offensive Operations, December 1942 - August 1943*，伦敦：Frank Cass，1991 年）。戴维·格兰茨和乔纳森·豪斯（Jonathan House）著，《巨人的碰撞：一部全新的苏德战争史》（*When Titans*

Clashed: How the Red Army Stopped Hitler，劳伦斯：University Press of Kansas，1995 年）作为战役概述也有参考价值。

39. 沙伊贝特著，《在顿河与顿涅茨河之间》，第 36、43 页。

40. 有关巴达诺夫的奔袭作战的叙述，见戴维·格兰茨和乔纳森·豪斯著，《巨人的碰撞：一部全新的苏德战争史》，第 139—141 页。

41. 有关曼斯坦因的 1943 年冬季反攻的第一手史料是《失去的胜利》的第 13 章 "1942—1943 年南俄冬季会战"（Der Winterfeldzug 1942/1943 in Südrussland），第 397—472 页，只不过和全书一样，需要谨慎参考。另见弗里德里希·舒尔茨（Friedrich Schulz）著，《1942—1943 年东线南部战场的逆转》（*Der Rückschlag im Süden der Ostfront 1942/43*），《外国军事研究》丛书中的手稿 T-15。原件现藏于宾夕法尼亚州卡莱尔市的美国陆军军事历史研究所／陆军传统与教育中心。作者是在战争结束时担任南方集团军群司令的德国将军。这份报告很全面——包含七个附录，论述了包括 "第 49 山地军在高加索地区的战斗经过"（附录 3）和 "意大利远征军"（附录 6）在内的各种主题，连地图在内共有 343 页。整份报告还有英文译本，题为《南翼的逆转》（Reverses on the Southern Wing）。另外有两部不可不读的英文著作：萨达拉南达著，《斯大林格勒之后》，以及格兰茨著，《从顿河到第聂伯河》。比它们更重要的是第一本基于顿河／南方集团军群的档案记录写成的著作：埃伯哈德·施瓦茨（Eberhard Schwarz）著，《斯大林格勒之后的稳定东线之战：1943 年春曼斯坦因在顿涅茨河与第聂伯河之间的反击》（*Die Stabilisierung der Ostfront nach Stalingrad: Mansteins Gegenschlag zwischen Donez und Dnjepr im Frühjahr 1943*，格丁根：Muster-Schmidt Verlag，1985 年）。瓦格纳著，《南方集团军群》，专门用了一章描写 "挽救战局的反击"（rettender Gegenangriff），第 211—220 页；他在此战中指挥第 40 装甲军。另见瓦格纳著，《1943 年 2 月第 40 装甲军针对在顿涅茨盆地突破的波波夫坦克集群的反击》（*Der Gegenangriff des XXXX. Panzerkorps gegen den Durchbruch der Panzergruppe Popow im Donezbecken Februar 1943*），《国防科学评论》（*Wehrwissenschaftliche Rundschau*）第 7 辑（1957 年）：第 21—36 页。最早分析此战的苏联历史学家之一是莫洛佐夫上校（Colonel V. P. Morozov），他在赫鲁晓夫解冻时期撰写了相关论文。见《为什么顿涅茨盆地的春季攻势未竟全功》（*Warum der Angriff im Frühjahr im Donezbecken nicht zu Ende geführt wurde*）《国防科学评论》第 14 辑（1964 年）：第 414—430、493—500 页。另见他的专题著作《沃罗涅日以西：1943 年 1—2 月苏军进攻作战史概要》（*Westlich von Voronezh: Kurzer militärischer Abriss der Angriffsoperationen der sowjetischen Truppen in der Zeit von Januar bis Februar 1943*，东柏林：Verlag des Ministeriums für Nationale Verteidigung，1959 年）。另见布塞著，《1942—1943 年南俄冬季会战》，以及现代德国战役史泰斗卡尔－海因茨·弗里泽尔撰写的两篇论文：《后发制人与先发制人：1943 年的哈尔科夫战役与库尔斯克战役》（*Schlagen aus der Nachhand—Schlagen aus der Vorhand: Die Schlachten von Ch'arkov und Kursk 1943*），收录于罗兰·弗尔斯特编，《第二次世界大战的转折？1943 年春夏两季的哈尔科夫战役和库尔斯克战役的战役背景、过程与政治意义》（*Gezeitenwechsel im Zweiten Weltkrieg? Die Schlachten von Ch'arkov und Kursk im Frühjahr und Sommer 1943 in operative Anlage, Verlauf und politischer Bedeutung*，柏林：E. S. Mittler，1996 年），以及《曼斯坦因在顿涅茨河的反击：对 1943 年 2/3 月南方集团军群反击的作战分析》（*Mansteins Gegenschlag am Donez: Operative Analyse des Gegenangriffs der Heeresgruppe Süd im February/März 1943*），《军事历史》（*Militärgeschichte*）1999 年第 9 期第 12—18 页 [与弗里德黑尔姆·克莱因（Friedhelm Klein）合写]。最后，要了解当时的德军杂志《国防军》中的有关史料，见战地记者赫尔曼·皮里希（Hermann Pirich）撰写的文章，《这是发生在哈尔科夫和第聂伯河之间的事》（*Das geschah zwischen Charkow und Dnjepro*），《国防军》第 7 辑，第 9 期（1943 年 4 月 28 日）：第 21—22 页。皮里希的文章曾被美国陆军指挥与参谋学院以 "争夺哈尔科夫和第聂伯河的战斗，1943 年 2—3 月"（The Struggle for Kharkov and the Dnieper, February‐March 1943）为题——看起来是德语原文不太准确的译本——转载于《军事评论》（*Military*

Review）第 23 辑，第 9 期（1943 年 12 月）：第 86—89 页。

42. 弗朗茨·冯·奥多尼 - 瑙雷迪（Franz von Adonyi-Naredy）著，《第二次世界大战中的匈牙利军队：德国最后的盟友》（*Ungarns Armee im Zweiten Weltkrieg: Deutschlands letzter Verbündeter*，内卡格明德：Kurt Vowinckel Verlag，1971 年），第 84 页。

43. 有关这次攻势的叙述，以及相关档案资料，见戴维·格兰茨著，《苏联红军的顿巴斯攻势（1942年 2—3 月）回顾：纪实论文》[*The Red Army's Donbas Offensive (February‐March 1942) Revisited: A Documentary Essay*]，《斯拉夫军事研究杂志》（*Journal of Slavic Military Studies*）第 18 辑，第 3 期（2005 年）：第 369—503 页。标题显然印错了，应该是"1943 年 2—3 月"。

44. 施瓦茨著，《稳定东线之战》，第 83 页称第 2 集团军是在"为生存而战"（Die 2. Armee kämpft um ihr Überleben）。

45. 格兰茨著，《苏联红军的顿巴斯攻势》，第 369—370 页。

46. 瓦格纳著，《南方集团军群》，第 215 页。

47. 有关蔡茨勒在军中宣扬国家社会主义的举动，见杰弗里·梅加吉（Geoffrey Megargee）著，《希特勒总司令部揭秘》（*Inside Hitler's High Command*，劳伦斯：University Press of Kansas，2000 年），第 181—183 页。

48. 见瓦格纳著，《南方集团军群》，第 201—209 页中的相关章节。要了解苏方观点，安德烈·格列奇科（Andrei Grechko）著，《高加索会战》（*Battle for the Caucasus*，莫斯科：Progress Publishers，1971 年）至今仍有很大的参考价值。格列奇科当时是在高加索作战的集团军司令员。

49. 瓦格纳著，《南方集团军群》，第 207 页。

50. 格列奇科著，《高加索会战》，第 259 页。

51. 标准的英文译本是卡尔·冯·克劳塞维茨著，《战争论》，迈克尔·霍华德和彼得·帕雷特编译本，（*On War*，新泽西州普林斯顿：Princeton University Press，1984 年），附有霍华德、帕雷特和伯纳德·布罗迪（Bernard Brodie）的导读文章。见第 7 篇，第 4 章，《进攻力量的减弱》（The Diminishing Force of the Attack），第 527 页；第 5 章，《进攻的顶点》（The Culminating Point of the Attack），第 528 页；以及第 22 章，《胜利的顶点》（The Culminating Point of Victory），第 566—573 页。

52. 格兰茨著，《从顿河到第聂伯河》，第 146 页。

53. 见施瓦茨著，《稳定东线之战》，第 118—121 页。例如，曼斯坦因就评论说，"如果下令撤退的是陆军的将领"，而不是党卫军指挥官，"希特勒准会把他送上军事法庭受审"（《失去的胜利》，第 453 页）。

54. 关于这次"王车易位"，见曼斯坦因著，《失去的胜利》，第 405 页。这个词在英译本中被拙劣地译作"蛙跳"（《失去的胜利》，第 374 页）。毛奇的名言"战略就是由权宜之计组成的体系"（"Die Strategie ist ein System der Aushilfen"）也同样被拙劣地译作"战略就是由补救措施组成的体系"（第 367 页）。曼斯坦因在回忆录中其实是稍晚才提出"反手打击"一词的，他指的是关于库尔斯克攻势的策划（第 477 页），但是他在谋划冬季反攻时显然运用了同一概念。

55. 关于这次拉斯滕堡会谈，见曼斯坦因著，《失去的胜利》，第 437—444 页。

56. 格兰茨在这个问题上表现了他一贯的洞察力："从某种意义来讲很讽刺，希特勒坚守所有阵地的固执其实帮了他（曼斯坦因）的忙。"《从顿河到第聂伯河》，第 148 页。

57. 曼斯坦因著，《失去的胜利》，第 405 页。

58. 有关希特勒靠东拉西扯来避免听从顾问建议的证据，见赫尔穆特·海贝尔（Helmut Heiber）编，《希特勒的讨论：1942—1945 年军事会议记录片段》（*Hitlers Lagebesprechungen: Die Protokollfragmente siner militärischen Konferenzen, 1942‐1945*，斯图加特：Deutsche

Verlags-Anstalt，1962 年）。他是抛出各种问题来使战略讨论偏离方向的高手："第 17 装甲师究竟有多少坦克？"（第 81 页），"一辆 3 吨卡车要用多少汽油？"（第 95 页），"为什么我们不组织装备火焰喷射器的特别分队呢？"（第 453 页；"那是一种令人生畏的武器"，希特勒如此评论）。要查看这份重要的第一手史料的英文译本，见赫尔穆特·海贝尔和戴维·格兰茨编，《希特勒和他的将军们：军事会议，1942—1945》（Hitler and His Generals: Military Conferences, 1942 - 1945，纽约：Enigma，2003 年）。格哈德·魏因贝格的引言不可不读。

59. 如此低估苏军指挥水平的人不止曼斯坦因一个。请参见赫尔曼·霍特将军的谈话，"俄国人从 1941 年以来学到了很多。他们再也不是以前那样的人了。他们从我们这里学会了战争的艺术。"梅尔文著，《曼斯坦因》，第 347 页。

60. 弗里泽尔和克莱因著，《曼斯坦因在顿涅茨河的反击》，第 12 页。

61. 瓦格纳著，《第 40 装甲军的反击》，第 27 页。

62. 即使到了"新型战争"和治安战大行其道的年代，苏军的"战役艺术"（或者叫"战役法"）仍然像有魔力一样吸引着美国陆军的教学机构，尤其是同位于堪萨斯州利文沃思堡的指挥与参谋学院（CGSC）和高级军事研究院（SAMS）。要了解在美国军界流传的相关论文的代表，见迈克尔·克劳斯（Michael D. Krause）和科迪·菲利普斯（R. Cody Phillips）编，《从历史角度看战役艺术》（Historical Perspectives of the Operational Art，华盛顿哥伦比亚特区:Center of Military History，2007 年）。

63. 格兰茨关于苏军的作品好就好在完全没有浪漫主义情怀，而且清醒地拒绝以对苏联战争方式的新崇拜取代对已经名誉扫地的德式兵法的推崇。要了解他对苏军最高统帅部的盲目乐观的批评，见《苏联红军的顿巴斯攻势》，第 503 页，以及《从顿河到第聂伯河》，第 145 页。

64. 见莫洛佐夫著，《为什么顿涅茨盆地的春季攻势未竟全功》，第 429 页。

65. 见施瓦茨著，《稳定东线之战》，第 196—197 页的讨论。

66. 弗里泽尔和克莱因著，《曼斯坦因在顿涅茨河的反击》，第 17 页。

67. 德军手册《军队领导学》（Truppenführung）第 1 段中对战争的定义。

68. 弗里泽尔和克莱因著，《曼斯坦因在顿涅茨河的反击》，第 16 页。

69. 要查看关于反攻的难度的评论，也就是克劳塞维茨所说的"复仇的利剑"（blitzende Schwert der Vergeltung），见瓦格纳著，《第 40 装甲军的反击》，第 21 页。

70. 提及这一观点的文献数以百计，例如可参见萨达拉南达著，《斯大林格勒之后》，第 146 页："曼斯坦因的反击使主动权重回德军一边，而且使德军部队大致回到了他们在 1942 年夏天控制的战线。"要查看德方两位战时的部队主官的记述，见阿尔弗雷德·菲利皮（Alfred Philippi）和费迪南德·海姆（Ferdinand Heim）著，《1941 年到 1945 年在俄国南部的会战：作战概述》（Der Feldzug gegen Sowjetrussland, 1941 bis 1945: Ein operative Überblick，斯图加特：W. Kohlhammer，1962 年）。阿尔弗雷德·菲利皮撰写了此书的第 1 部分"1941—1942 年会战的策划与经过"（Die Planung und der Verlauf des Feldzuges der Jahre 1941-1942），海姆则写了第 2 部分"斯大林格勒战役和 1943—1945 年历次战役的经过"（Stalingrad und der Verlauf des Feldzuges der Jahre 1943 - 1945）。海姆认为，曼斯坦因的反攻"使苏军四个月前在斯大林格勒发起的雪崩式的攻势戛然而止，并且以极少的兵力使德军回到了上一年夏天准备进攻高加索和伏尔加河时的战线（hatte die vier Monate zuvor bei Stalingrad ins Rollen gekommene sowjetische Lawine nach Überwindung unerhörter Krisen und dazu mit einem Minimum an Kräften in der gleichen Linie zum Stehen gebracht, aus der die Deutschen im Sommer zuvor in Richtung Kaukasus und Wolga angetreten waren）"（第 207 页）。

71. 约翰·阿道夫·冯·基尔曼斯埃格伯爵（Johann Adolf Graf von Kielmansegg）著，《时任陆军总参谋部作战处首席参谋的见证者对哈尔科夫和库尔斯克战役的评论》（Bemerkungen eines Zeitzeugen zu den Schlachten von Char'kov und Kursk aus der Sicht des damaligen

Generalstabsoffiziers la in der Operationsabteilung der generalstabs des Heeres),收录于罗兰·弗尔斯特（Roland G. Foerster）编，《第二次世界大战的转折？ 1943 年春夏两季的哈尔科夫战役和库尔斯克战役的战役背景、过程与政治意义》(*Gezeitenwechsel im Zweiten Weltkrieg? Die Schlachten von Ch'arkov und Kursk im Fr ü hjahr und Sommer 1943 in operative Anlage, Verlauf und politischer Bedeutung*，柏林：E. S. Mittler，1996 年），第 142 页。

　　72. 见 *Wieder in Charkow* 中表现出的狂喜心态，《国防军》第 7 辑，第 7 期（1943 年 3 月 31 日）：第 10—11 页。

　　73. 见 *Die Wende des Winterkrieges*，《国防军》第 7 辑，第 8 期（1943 年 4 月 14 日）：第 4—5 页。

　　74. 梅尔文著，《曼斯坦因》，第 308—346 页关于哈尔科夫一战的章节标题。

第三章
战斗力量的局限性：1943 年，突尼斯的胜利与惨败

引言

在战时作出决定有多容易？历史学家可以把它写得很容易，而多年来军事历史的精华就包括对各种指挥决策的批评。我们喜欢给各种决策贴上错误或正确的标签，指出这个指挥官的错误如何决定了战斗的结果，那个指挥官的天才又如何改变了战争的进程。虽然这是一种让人认识复杂事件的方便手段，却也在很大程度上对现代战争中各种近乎无解的难题做了过度简化。职业军人——至少是比历史学家更懂军事的人——更倾向于以"作战问题"的形式思考，这种战场上的难题可能有两种以上的合理对策，却没有漂亮或完美的解决办法。

让我们本着这一思想，回溯到 1943 年年初。盟军已经输掉了向突尼斯的赛跑，此时正厉兵秣马，准备在 1943 年内发动一次大规模战役，将他们的轴心国敌人彻底赶出突尼斯桥头堡。但是在这之前，他们的指挥官德怀特·艾森豪威尔将军必须做出一个决定。假若我们能够听到他的心声，那其内容可能就和下文的叙述相去不远。[1]

真是烂透了的季节。通常他是很喜欢假日的。但是话又说回来，他以前从来都不必在突尼斯度假。阳光灿烂的非洲？那些人是怎么想出这种鬼话的？这里的雨已经几个星期没停了，而且怎么也不像很快会停的样子。最近去前线的那次视察……他觉得自己永远也摆脱不了烂泥了。现在他必须面对现实——这场战役已经结束了，谁都别想动弹了，他被困住了。

不过抱怨天气是没用的。他研究战争已经很久，而他学到的第一件事就是：天气对双方是一视同仁的。

还有比天气更糟糕的，比如士兵们不会打仗，又比如坦克也毫无价值——那些坦克歼击车他更是提都不想提。然后还有各种棘手事务要他这个最高司令官，这个"未经考验的"司令官来处理。假如他在报纸上再看到这个形容词，他就要骂人了。好吧，现在他们该满意了。他不再是"未经考验的"了，他好歹是经受了考验。问题在于，所有人对结果都不是很满意。马歇尔给他的电报就像是晴天霹雳，要他"把全部注意力都放在突尼斯的战斗上"。马歇尔以为他在干什么？他们以为他高兴看到事情变成现在这个样子吗？现在每次有人敲他的门，他都会觉得可能是自己的继任者来了。真要是这样，他不会感到意外的，想必其他许多人也不会。

他转头看了看桌上的地图。他觉得自己累到了骨头里。不管这是不是他担任司令官的最后一个星期，他还有活要干。他暗自思忖下次战役的第一个问题：该把部队部署在哪里过冬？他在这里面对的是一道相当简单的选择题，只有两个显而易见的选项，也就是给突尼斯战场划定了边界的两条主要山脉。第一条是位于西边的山脉——西（或"大"）多萨尔山（Western Dorsal）——呈东北—西南走向。第二条是在东边 [东多萨尔山（Eastern Dorsal）]，呈南北走向，在北部与前者会合，形成一个倒过来的字母 Y。

艾克思考了一下。这是个简单的问题：非 A 即 B。但是要考虑的因素却太多了。也许他该把部队部署到西多萨尔山，"教科书式的解决办法"，这是他们喜欢的叫法，那里的山峰非常陡峭，因此防守起来特别容易。问题是，对突尼斯的进军在离目标只有一步之遥时被阻止了。他的小伙子们已经深深陷在突尼斯东部腹地。选择西多萨尔山意味着后退，放弃苦战赢得的前进阵地，而丢掉的土地今后还必须重新夺回来。这个选择会很保险，但是艾克知道他们来到突尼斯可不是为了求得一时安稳，他们必须攻占这片土地，歼灭在这里防守的敌军。他又更仔细地审视了东多萨尔山的山脊线。在这里留守意味着尽可能靠近突尼斯。这样做还能限制德军，减少他们的机动空间，并防止他们绕过盟军的南方侧翼迂回进攻。那会是一场噩梦，艾克心想。盟军在非洲只控制着一系列浅近的沿海飞地，所以如果德国人突破到后方的话——好吧，就这么决定了。

他若有所思地摸了摸下巴。看来前进部署的方案不错，这会让马歇尔和罗斯福感到满意，让他们明白艾克并没有失去勇气。但这样做也有风险。他量了量战线的长度：一条长达400多千米的防线。部队在这条战线上将会非常分散，超过合理的限度，也没有真正的战场预备队作为他们的后盾。这条防线的很大一部分只能靠法国第19军来防守。从个人角度讲，他很喜欢他们的指挥官——尊重法国人是他在西点军校学到的事情之一。但这是一支殖民地部队，装备很差，补给不足，在激烈的战斗中很容易崩溃。对此他毫无办法，也许只能抽出一两支部队给他们鼓劲。

他突然又想到了另一件事要据守东多萨尔山，还必须将美国第2军向前调动，安插到右侧的防线。这是一支稚嫩的部队——不过，他希望他们能比上一季成熟一点。他对军长弗雷登道尔还是有信心的。最近他听到了关于此人的一些抱怨，但是这不算什么，如今关于每个人的抱怨他都有耳闻。劳埃德是个硬汉子，一个牛仔。[2]他会用鞭子让那些小伙子懂事的。

当然了，经过反复权衡，艾森豪威尔最终还是选择了东多萨尔山。这是一个大胆的举动，并非没有受到过批评，而且也几乎酿成了灾难，但这也是一个没有完美解决办法的问题。我们这些纸上谈兵的专家可以将大半辈子时间用来反复探讨这个选择的原因和理由，最后才做出我们自己的决定。而艾森豪威尔只有一个星期左右的时间来做出决定。

突尼斯会战：开局行动与大撤退

截至1943年1月，突尼斯战线已经稳定下来。尽管历史学家们都承认艾森豪威尔精于应对常常表现得桀骜不驯的盟友，但通常都会批评他作为战地指挥官的过度谨慎和缺乏闯劲。说白了就是：他是一个谨慎、保守的战场管理者，而不是敢于刺刀见红的沙场悍将。但这一次他却做出了一个大胆的选择——让部队坚守突尼斯境内的前进阵地，也就是一条沿东多萨尔山分布的400多千米的战线。安德森将军指挥下的英国第1集团军负责防守北部正对突尼斯城的地段。截至此时，安德森麾下已经有了第5军（军长是查尔斯·奥尔弗里将军）。这个军包括两个完整的师，即第78步兵师和第6装甲师。在第5军右侧正对凯鲁万（Kairouan）的地段，部署着法国第19军。阿方斯·朱安将军（General Alphonse Juin）是突尼斯战场法军的总指挥，而路易－马里·柯埃尔茨将军（General Louis-Marie Koeltz）是这个军的战地指挥官。此时这个军也包括两个师，即"突尼斯"师和"摩洛哥"师。[3]在这个冬天,艾森豪威尔需要实施的唯一重大调动就是将美国第2军(劳埃德·弗雷登道尔中将)调上前线,安插到防线上。弗雷登道尔手下的两个师(特里·艾伦少将指挥的第1步兵师和奥兰多·沃德少将指挥的第1装甲师)都将在南段防守——也就是位于盟军在突尼斯的战线的最右端。这是一个合理的决定,从地形和整体战略形势来讲都有充分的理由,而最重要的理由是,艾森豪威尔不愿放弃在上一次战役中苦战赢得的土地。[4]

这个新的部署方案虽然没有闪耀创新或胆略的火花,却也是相当合理的。它把前线分成三个地段,每个地段各由三家盟友中的一家负责,而且每个地段都部署了两个师。它让人想起那句可能是伪托拿破仑之口的论述:"如果目标是防止走私,而不是在一场机动战中取胜,那么这种平均分配兵力的线式部署就是正确的。"但是,公平来讲,艾森豪威尔对他的战线做出这种古典式的部署其实是一种令人欢迎的改变,它消除了在向突尼斯赛跑过程中形成的混乱作战局面——当时不同国籍的部队是以营为单位被一视同仁地部署到各地的。

虽然有这样的优点,但是这种前进部署也使盟军面临严峻的作战形势。在1942—1943年的冬天,东多萨尔山一带发生了一场几乎没有停顿过的交战,此战德军占了上风。在北面,英军连续猛攻敌人,但始终没有明显战果,由第36旅再次发起的进攻在杰夫纳城下陷入困境,第6装甲师在布阿拉代也遭遇了同样的命运。在英军右侧,法军的表现没有让同盟军方面的任何人感到意外,实战证明他们的装备过于强调轻便,无法在现代作战中抵挡拥有重武器的敌军的猛攻。法国殖民地军队有自身的优点——例如对后勤要求极低,而且能够穿越最复杂的地形——但是无法适应这种战斗。阿尼姆是德军在第二次世界大战中脱颖而出的典型悍将,他很快就认清了形势。在整个1月份,他不断对法军施加压力,因为在他看来,即便是有限的攻击,显然也有可能使他们的防线完全瓦解。

例如在1月18日,他以第10装甲师、第334步兵师和意大利"苏佩尔加"师各一部组成一支混合突击部队,由弗里德里希·韦伯上校(Colonel Friedrich Weber)指挥(韦伯战斗群),发动了"信使行动"(Operation Eilbote)。[5]该行动的第一阶段粉碎了在突尼斯的主要水源——凯比尔河(Kebir River)水库和大坝(法文名称是"Barrage de l'Oued Kebir")一带防守的法军。第二阶段(信使二号行动)开始于1月30日,第21装甲师冲出法伊德山口(Faid pass)突击法军,将他们逐出了这一地段的东多萨尔山。随着法军命悬一线,艾森豪威尔按国籍布置

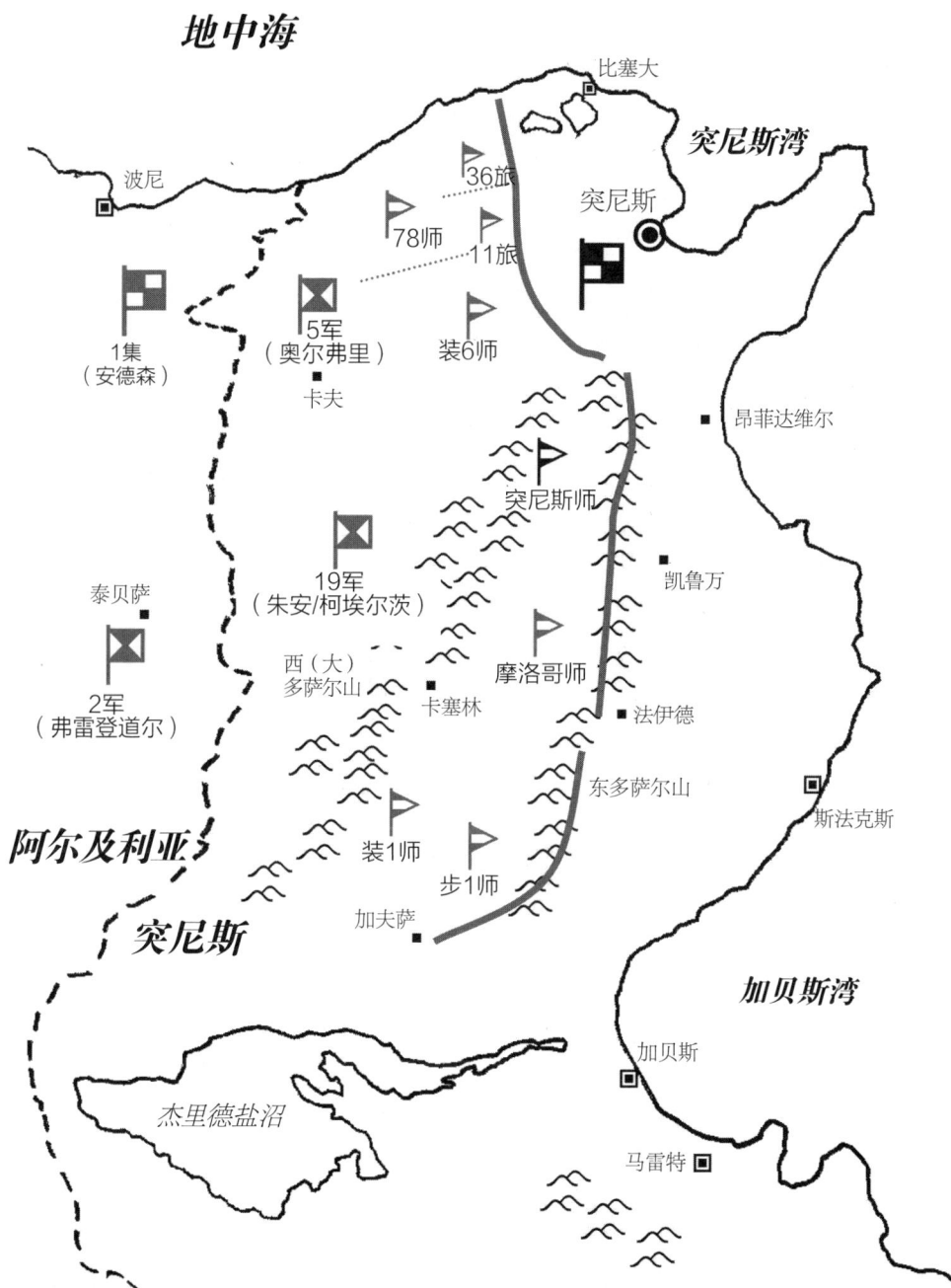

地中海

比塞大

突尼斯湾

波尼

36旅

突尼斯

78师

11旅

1集
（安德森）

5军
（奥尔弗里）

装6师

卡夫

昂菲达维尔

突尼斯师

泰贝萨

19军
（朱安/柯埃尔茨）

凯鲁万

2军
（弗雷登道尔）

西（大）
多萨尔山

摩洛哥师

卡塞林

法伊德

东多萨尔山

斯法克斯

装1师

步1师

阿尔及利亚

加夫萨

突尼斯

加贝斯湾

杰里德盐沼

加贝斯

马雷特

▲艾森豪威尔的冬季防线：突尼斯，1942—1943

整齐的防线也开始崩塌。当更多美英部队赶赴前线时，他和安德森都不得不用它们来堵塞法军防线上越来越多的缺口。最终防线是守住了，但盟军一直未能成功收复法伊德。更大的问题是：东多萨尔山一带的防线很快就违背盟军司令部的意愿，不可逆转地变成了又一摊混杂着众多互不相关的营的战线，就连"在某一时刻该由谁指挥谁"这样基本的问题都无法解决。

在战线南段，弗雷登道尔的第 2 军在新年到来之际已经成批抵达前线。他和他的最高司令官都不打算消极被动地接受阵地防御战。他们迫切想证明自己的勇气——既要向他们的英国盟友证明，或许也要向自己证明——便开始筹划自己的攻势[6]，因此就有了"绸缎行动"（Operation Satin）。第 2 军从自己位于加夫萨附近的基地出发，向加贝斯进军，然后在那里左转，沿地中海海岸冲向斯法克斯港。按照计划，绸缎行动无疑将会取得重大战果——如果它成功的话——如果能够冲进德军兵力空虚的后方，美军部队就将得到完全的机动自由，还能控制位于突尼斯的阿尼姆第 5 集团军和正从利比亚匆忙撤退的隆美尔装甲集团军之间的中央阵地。通过这一行动有望一举赢得突尼斯会战，因此美军阵中对此热情高涨。但是英国人看了一眼绸缎行动的计划就差点气晕过去。他们抱怨这个计划野心过大，远远超出了盟军的后勤能力，很可能导致美军在隆美尔最终抵达时被完全围困在海岸边。他们最终说服艾森豪威尔放弃了这个他已经投入大量时间和精力的计划。私下里，英国人都在大摇其头：这又一次证明了美国人是多么外行。

弗雷登道尔最终拼凑出了一个缩水版本的绸缎计划：由美国第 1 装甲师从加夫萨对塞涅德站（Sened Station）发动一次短促的突袭。这次行动在 1 月 24 日发起，美军攻击了主要由意大利人组成的守军，并在撤退前抓获了数百名俘虏。但是在时隔一星期后，第 168 步兵团经塞涅德向梅克纳西（Maknassy）发起的又一次袭击却彻底失败，德军的"斯图卡"俯冲轰炸机找到在开阔地中行进的美军纵队，给他们造成了重大的伤亡。[7] 后者部队发生了一定的恐慌——当时这个团里还有很多人是第一次见识到敌人的火力——于是弗雷登道尔决定将自己的军一路撤回到位于加夫萨的最初防线。

一波未平，一波又起，隆美尔的德意联合装甲集团军抵达了南方。这是一次真正史诗般的大撤退，装甲集团军在近三个月时间里，在优势敌军的追击和几乎从不间断的空袭下沿着一条交通线撤退了超过 2400 千米。[8] 军事历史学家很少热衷于花心思赞美伟大的撤退行动，因此这出令人惊叹的当代"远征记"基本上在现代史学中湮没无闻。[9] 在大多数史料中，隆美尔自从 1942 年 11 月初从阿拉曼撤退时起就消失了，直到 1943 年 1 月下旬才神奇地再度现身于突尼斯。这场大撤退本应得到更好的研究，至少应该不亚于 1941 年和 1942 年他那几次穿越沙漠的进军。有些在这段日子里见过隆美尔的参谋将他形容成已陷身于绝境中的意气消沉。[10] 他们也许是对的，但是这场撤退证明了他把握局势的能力依然绰绰有余，甚至可能还保持着单纯的职业自尊心，因此他仍有良好的表现。他不止一次挣脱了蒙哥马利的第 8 集团军眼看就要套到他脖子上的绞索，尤其是在撤退刚开始的那几天。

我们也许可以将这场大撤退开始的日子定在 11 月 2 日中午，也就是阿拉曼的战斗——第三次阿拉曼战役达到最高潮的时候。此时隆美尔终于认识到自己已经被打败，开始把自己还算完整的部队撤下前线，准备开始撤退。但是他刚开始采取这些措施，就接到了希特勒通过电报发来的一条命令，那是一颗重磅炸弹。有可能是隆美尔戎马生涯中遭到的最沉重打击。在这道命令中，元首要求隆美尔"坚守阵地，不得后退一步，把能抽调的每一门大炮、每一个士兵都投入战斗"。命令的结尾肯定是在隆美尔看来最空洞的说教："虽然敌人占有优势，但其力量必然也已枯竭。强者战胜比自己规模更大的敌军在历史上早有先例。"说到隆美尔的部下，希特勒还这样敦促他："你必须向你的部下指出，出路只有一条，不是通向胜利，就是通向死亡。"[11]

隆美尔对这道毫无意义的"坚守令"（Haltbefehl）几乎不敢相信，他的这一态度得到了文献的充分证明。[12] 当地的战局并不会遵从希特勒关于军事行动的错误理念。从更深层、更私人的层面来讲，隆美尔就是在这个时候意识到了自己此前一直崇拜的人实际上是个外行，甚至可能是个江湖骗子。这位元帅在不知所措中度过了这一天，而且他再也没有从这一事件的打击中完全恢复。尽管如此，他仍然要处理手头的紧急事务——这关系到他手下整支大军的生死存亡。希特勒这道命令下达的时间坏得不能再坏，英军对阿拉曼的最后一次攻击已经使非洲装甲集团军彻底乱了阵脚——虽然此时还没撤退，但是肯定也没有条件就地固守了。英军在下午以英国第 1 装甲师为先锋对曼斯弗拉山（Tel el Mansfra）发起进攻，结果一举击溃非洲军，横扫了德国第 15 装甲师的右翼，并轻松碾压了第 21 装甲师的残部。

与此同时，英国第 7 装甲师（著名的"沙漠之鼠"）也击破了此前已经处于瓦解状态的意大利第20摩托化军。激战后，该军的个别士兵和部队散落在战场各处继续抵抗，但是这一仗已经输了。[13]

在阿拉曼，蒙哥马利终于击败了隆美尔。但是他却没能消灭后者，而且从此以后就一直被各路历史学家质问。[14]包括希特勒禁止任何撤退的命令在内，当时各种有利条件几乎已经齐备。但是，这场战争已经证明了许多次，司令部发出的命令和战场上实际发生的情况不一定是一回事。虽然坚守令对隆美尔个人的打击可能是毁灭性的，但对他的部下的约束力却很难持久。战场上发生的情况很快就使它成为一纸空文，因为那些感到自己已经尽了太多责任的士兵开始朝着任何看起来能够提供一时安稳的方向逃跑（通常是向西，但也不尽然）。[15]正如隆美尔在过去18个月里已经发现多次的道理：无论给敌人多么沉重的打击，在沙漠里歼灭敌军的尝试几乎总是会失败。[16]在欧洲大陆上，切断敌军撤退路线是相当简单的，无非就是阻断或封锁三四条主干道。但是在沙漠里，却必须360度全方位封锁，而这通常是不可能实现的。

因此虽然英军能够击破隆美尔的前进阵地并突入他的后方，他们却从来没有对敌人形成经典式的合围。蒙哥马利因为在后续作战中慢条斯理的作风而饱受批评。其实他原本的设想就包括一个迅猛的追击行动：由两个完整的装甲师组成第10军，从隆美尔的防线上被扯开的缺口蜂拥而入，作为追击部队将被击败的敌军彻底歼灭，就像拿破仑的爱将缪拉（Murat）擅长的那样。[17]然而阿拉曼阵地的攻防战实在太艰苦，英军的突破来得太慢，第10军已经深深陷入了战斗。它没有做好任何追击准备。正如德国人早已清楚认识到的，一旦机动战退化为阵地战，那么战斗基本上不可能有决定性的结果，因为即使一方获胜也无法进行有力的追击。

等到隆美尔恢复镇定之时，他的军队已经与蒙哥马利脱离了接触。撤退始于11月4日入夜时，到第二天上午，虽遭重创但还算完整的装甲集团军已经开始西进。此时发生的事情就是隆美尔在夏天对埃及的入侵的逆向重演，那时候他刚打完贾扎拉（Gazala）和托布鲁克（Tobruk）之战，正意气风发地长驱直入。沿途的地名都是他熟悉的：从阿拉曼后退80千米左右就到了富卡（Fuka），再退80千米就是马特鲁港（Mersa Matruh）。当初在进军埃及时担任前卫的第33和第580侦察营此时成为掩护主力撤退的后卫。[18]它们组成福斯战斗群（Gruppe Voss，得名于其指挥官），在11月6日夜7日晨的富卡—马特鲁港公路上发挥了至关重要的作用，当时隆美尔的指挥还显得犹豫不决，而他的集团军下属的多支部队——例如第1伞兵旅（在文献中经常被称作"拉姆克旅"）和意大利第10军——已经从他的态势地图上完全消失了。

隆美尔本打算在马特鲁港停留几天，收拢部众，设法使他的集团军恢复战斗力。但这是不可能的——蒙哥马利还在紧追不舍，而隆美尔的情报部门又告诉他，强大的英军装甲部队出现在马特鲁港以南32千米，正在迂回他的侧翼，因此隆美尔再次发出了撤退的命令。不过他也得到了一些好消息：拉姆克将军（General Ramcke）发来他的报告。他和他的旅的600名幸存者经过在沙漠腹地的三天行军，成功躲过英军围堵，已经和主力纵队重新会合。[19]隆美尔本来已经放弃希望，以为这个旅全军覆没了。截至11月8日夜，装甲集团军已经抵达西迪拜拉尼（Sidi Barrani）—布克布克（Buq Buq）地区，但是它在这里也没有得到喘息的机会。[20]由于英军装甲部队仍在侧翼如入无人之境，撤退只能继续，到了11月9日夜，已经退至埃及与利比亚边境上的塞卢姆（Sollum）、海尔法亚（Halfaya）和西迪欧麦尔（Sidi Omar）。对埃及的入侵结束了。隆美尔在6天内后撤了大约320千米。

任何对沙漠战争的模式有一点了解的人都知道接下来将会发生什么。隆美尔缺乏固守托布鲁克所需的物资，而他也不能指望守住巨大的昔兰尼加突出部，因为那是一片数百千米宽的开阔地。那里的一切条件都对进攻方有利。英军在1941年年初就曾横穿这个突出部，在贝达福姆（Beda Fomm）包围了败退的意军。[21]隆美尔在当年春天对英军还以颜色，而英军在十字军行动之后又卷土重来[22]，接着隆美尔在1942年1月最后一次在此地击败英军，突破他们的箱型据点并冲向贾扎拉。[23]因此隆美尔在此地唯一能做的就是沿着仅有的一条路况良好的硬面公路（巴尔博公路）快速逃离，完全撤出这个突出部，放弃托布鲁克和班加西（Benghazi），设法在狭窄而且无法迂回的布雷加港（Mersa el Brega）—欧盖莱（El Agheila）阵地建立一道防线，那里就是1941年"沙漠之狐"的所有传奇开始的地方。

在此后的两个星期里，德意装甲集团军一心一意地进行着穿越昔兰尼加的高速行军。令人敬畏的第90轻装师在主要公路上担任后卫，几个侦察营则深入南方巡游，防止英军从侧翼包抄主力纵队。[24]一路上不断发生小规模的灾难。英军在11月11日攻击海尔法亚隘口，以正面突击结合深远的侧翼迂回，使装甲集团军被可耻地赶出此地。在这一过程中英军打垮了意大利"皮斯托亚"师的一个团，还俘获了对隆美尔而言非常宝贵的三个德国炮兵连。后勤供应情况也令隆美尔苦不堪言——就在他的大军从海尔法亚败退的同一天，一支补给车队赶到前线，然而它没有带来隆美尔急需的汽油，却带来了他根本不想要的1300名补充兵，这些人很快就随着大部队一起撤退，还占用了卡车上宝贵的空间。[25]正是在这样的背景下，他在11月14日决定向西作"尽可能远的跃进"，以求甩开蒙哥马利，给自己争取一点时间。[26]他在此时表现出了老练的手腕，无情地控制着汽油配给，不论在什么时候都只供应给看起来最需要它的部队。当然我们也应该诚实地指出，隆美尔之所以能加快速度，很大程度上是因为他沿途丢下了大量行动迟缓、全靠两条腿赶路的意大利步兵。而蒙哥马利自己的后勤补给线也开始不堪重负，导致他不得不在关键时刻约束部队的前进。到了11月26日，德意装甲集团军已经全体撤至布雷加港的阵地。[27]

在这里隆美尔得以休整和补充。他的部队已经成了个烂摊子。他的核心部队——一度兵强马壮的非洲军此时的实力才勉强等于一个加强团。第90轻装师只能凑出大约一个半营。第164轻装师的编制包括九个营和六个炮兵连，而此时只剩下两个营和两个炮兵连。[28]

但是这支部队还算完整，架子仍在，虽然士兵们有着可以理解的疲惫，他们的士气依旧高昂，至少德国士兵是这样。此时的意大利步兵已经以后方调来的补充兵为主，但是他们将会依托布雷加港坚固的阵地作战，很可能会有比较好的表现，毕竟他们在沙漠中的表现基本上一直都不差。此时甚至出现了这场战争中非常罕见的现象：意大利人派来了一个基本上满员的装甲师——"半人马"师。虽然经常成为历史学家嘲讽的对象，但此时意大利装甲部队的到来确实使隆美尔实力大增。[29]

在沙漠战争中这样的戏码我们再熟悉不过。进攻方发动大规模攻势，横穿沙漠突进了1600多千米，他们在此过程中把自己搞得筋疲力尽。防守方从最初的打击中幸存下来，退向自己的后勤基地，在此过程中实力与日俱增。[30]英军似乎是意识到了这一点，他们对布雷加港的进军恢复了蒙哥马利的经典模式：不做任何侧翼迂回的尝试，而是让部队齐头并进，分阶段谨慎推进。直到12月12日，也就是隆美尔抵达布雷加港整整17天以后，英军才开始突击。[31]此时隆美尔已经将他的步兵撤下前线，让他们沿着公路向西撤退。英军对布雷加港的突击扑了个空[32]，或者说至少是被隆美尔的摩托化部队的抵抗所迟滞了。[33]当英军还在慢慢啃着布雷加港的阵地时，隆美尔已经下令在后方开始构筑下一道防御阵地，这道阵地位于的黎波里以东 210 千米外的布埃拉特（Buerat）。最终在布埃拉特将会建成 58 千米宽的筑垒防线，而不等这条防线完工，意大利步兵已经开始在更后方的塔尔胡纳（Tarhuna）和霍姆斯（Homs）之间挖掘第三条防线，并且加固的黎波里城防，建立包围这座城市的主阵地。但是，隆美尔实际上已经在考虑一直后撤到突尼斯—利比亚边境，那里的马雷特（Mareth）有法国人在战前建设的一条筑垒防线。

这些都是后话。此时此刻，战斗已经从机动战变得慢如爬行。遥远的距离、人员的疲劳、装备的磨损、燃油的缺乏和连续的降雨（这是人们在分析沙漠战争时很少考虑的因素）——所有因素都凑到了一起。双方都要奋力与困难的激流搏击。墨索里尼发了一道公文，要求他的部队“与布埃拉特阵地共存亡”[34]，但是他自己的战区指挥官埃托雷·巴斯蒂科将军（利比亚的最高指挥官）已经在筹划着继续向西退却了。非洲的意大利军队对墨索里尼的尊重与德军对希特勒的尊重不相上下。另一方面，蒙哥马利还在一步一步地逼近布埃拉特。德国官方正史将英军的推进形容为“有条不紊，考虑到德意装甲集团军的残破状态，也许过于有条不紊了”，但这种说法似乎有点不公平。[35] 尽管蒙哥马利能够利用“超级机密”监听到的情报，但我们今天对德意装甲集团军实际情况的了解还是要比当年的他多得多。“超级机密”一如既往，是个重要的优势，但并非绝对优势。盟军一方面担心“超级机密”监听到的是德军故意散布的假情报，另一方面又因为害怕泄露“超级机密”而不愿过多地依赖它的情报，考虑到这两个因素我们就会发现，“超级机密”所能提供的优势也就仅此而已了。

总而言之，英国第 8 集团军直到 1 月 15 日才开始攻打布埃拉特阵地。这是一次经典的蒙哥马利式进攻，而战争进行到这个时候，没有人能比他做得更好。他当然并不具备他通常所要求的兵力优势——参与这次作战的只有第 30 军。这一次蒙哥马利是在班加西和的黎波里之间发动大规模攻势，在这片长达 1086 千米的战线，连一个能够卸载海运物资的小港口都没有。[36] 尽管如此，由于隆美尔兵力空虚，英军以一个军进攻应该是绰绰有余的。英军的两个师——第 50 师和第 51 高地师——将沿着海岸附近的主要公路推进，而第 7 装甲师和第 2 新西兰师将在内陆一侧向贝尼沃利德（Beni Ulid）和塔尔胡纳推进。负责两翼之间衔接的是第 22 装甲旅。该军还有一个第 23 装甲旅，但英国人认为它装备的“瓦伦丁”式坦克已经过时，用英国官方正式的话来说，“只适合打一次大规模战斗，再多就不行"。[37] 蒙哥马利的指挥部设在后方的班加西，离前线很远，而在进攻前夕又来了一次大规模的暴风雨。由于能见度几乎为零，道路也基本无法通行，蒙哥马利决定不把他的第 10 军前调。

对布埃拉特的攻击伴有大规模的空中支援，英军出动了"波士顿"式、"巴尔的摩"式和美制 B-25 "米切尔"式轰炸机。[38] 沿海岸进攻的部队遇到了在坚固阵地中防守的意大利步兵和第 90 轻装师，很快就止步不前。但是在内陆的进攻由于兵力对比悬殊，几乎势不可挡。第 2 新西兰师在 80 辆装甲汽车的有力支援下，打得第 33 侦察营节节败退。增援的第 3 侦察营赶到后减缓了新西兰人的前进步伐，但还是无法完全挽回局面。德军很快就认清了敌人的主攻部队：拥有 100 多辆装甲汽车和 150 辆坦克的第 7 装甲师。它向着位于隆美尔最右翼的沙漠小镇福尔蒂诺（Fortino）猛打猛冲，一举击破了德国第 15 装甲师的残部。[39] 经过两天激烈战斗，第 90 轻装师和第 15 装甲师之间被撕开了一个大口子。1 月 16 日晚些时候，隆美尔下令撤退——这位公认的进攻大师在防守战中也不缺乏那种著名的"分寸感"（Fingerspitzengefühl）——他命令自己的部队后撤至从贝尼沃利德延伸至杜尔凡井（Bir Durfan）的临时防线，然后进一步退至陶尔加（Tauorga）。截至 1 月 18 日，德意装甲集团军已经后撤至塔尔胡纳—霍姆斯防线。意大利殖民帝国的心脏、比任何其他城市都重要的的黎波里已经被套入了盟军的瞄准环。

英军在第二天，也就是 1 月 19 日对塔尔胡纳—霍姆斯阵地发起进攻。隆美尔守住这里的希望丝毫不比守住布埃拉特大，而且他已经命令他的意大利步兵部队向西开拔。英军的进攻一如既往地谨慎，并且遭到了猛烈抵抗。此时隆美尔正面临战争中最复杂的局面之一。每日损失报告中反映的战术态势要求他立即撤退；战略形势又要求他就地坚守，而墨索里尼和意军总司令部的连番来电也是这个意思。至少，从意大利殖民帝国和轴心同盟的完整性考虑，他也必须坚守。隆美尔和他所代表的德式兵法最擅长的是中间层面（也就是战役层面）的作战——比方说，一个师和另一个师的战斗。按照英国官方正史的说法，他手下每一支师级以上的部队都打得"很聪明"，但是当他的师缩水到营级规模时，这一切就毫无意义了。[40] 按照德军情报机关的一份统计，截至 1 月中旬，英军在利比亚大约有 650 辆可作战的坦克，德意装甲集团军只有 93 辆，其中 57 辆是吨位较小的意大利坦克。隆美尔已经下令破坏的黎波里城内的物资和设施，并且正在规划向西撤退的路线。他的第 21 装甲师甚至没有参与的黎波里的保卫战。隆美尔已经将它派遣到突尼斯的斯法克斯，以确保撤退路线的安全。德意装甲集团军在1月22日夜23日晨撤出该港口，英军部队在1月23日进入的黎波里，蒙哥马利在中午正式接受了这座城市的投降。[41]

虽然大撤退并没有就此结束，但是对德意装甲集团军来说，迫在眉睫的危险已经过去。蒙哥马利刚刚占领了一座大城市——至少按北非的标准是大城市。他有许多善后工作要做，而在这场战争中盟军将会一次又一次地发现，这些工作是一种艰巨而费时的行政任务。德意装甲集团军继续向西退却，最终越过突尼斯边界到达了马雷特防线。正如许多资料指出的，那里的工事处于年久失修的状态。但是，"年久失修"总好过空无一物，而在此之前隆美尔一直都没有现成的工事可以利用。阿拉曼的追击结束了，蒙哥马利没能实现歼灭对手的目标。

蒙哥马利因此遭到的批评是否公正？其中一些是公正的，毫无疑问。他拥有在数量和物质上的绝对优势，他自始至终都有"超级机密"的情报支持，在隆美尔写完电报后，他要不了多久就能看到。我们还可以列出更多他的优势，而任何通情达理的人都可能认为，这应该已经足够。但事实上，他差点都没能接近他的猎物。在这场追击过程中几乎没有什么战斗。英国官方战史说得很对："自阿拉曼战役以来，第8集团军的战斗部队走了很远的路，却没有打多少仗。"[42]我们同样可以合理地得出结论：隆美尔在一场智斗中战胜了蒙哥马利。

但是造成这一结果的并非只是历史人物的相互作用——我们不能用"良将与庸将"这样简单的二分法来看待问题。整场战争的实践实际上只是证明了"超级机密"的价值并没有那么大。它产生了数量庞大的情报，需要有人负责打印、分类以及归档，再转发给相应的盟军指挥官。这是一个规模巨大的官僚机构，而德国官方正史已有结论："西方盟国指挥体系中常见的那种庞大的后勤和官僚机构具有很多优点，但并不利于快速决策。"[43]此外，"超级机密"往往报告的是隆美尔对自己的上级说了什么，而不是他实际想在战场上做什么。后者通常被严格保密，只有元帅本人和少数参谋军官知晓。最重要的是，"超级机密"未能考虑到德军战场指挥的独立传统。我们将它称为"任务式策略"（Auftragstaktik）也好，"下级指挥官的独立性"（Selbständigkeit der Unterführer）也罢，总之它意味着"超级机密"只能让盟军对德军的总体任务有一个尽可能简略的了解，但无法提供关于下级指挥官准备如何执行任务的大量细节。最后，任务式策略本身是德军的重要优势。如果说在第二次世界大战中有一种"英式兵法"，那么它对战斗管理——资源的系统性积累、阶段明细和严格的时间表——的关注要大大多于机动战。与此形成鲜明对比的是，战役层面上的运动战，也就是Bewegungskrieg，三个世纪以来一直是德国人偏好的战争之道。把主动权交给下级指挥官是这种德式兵法的基本理念，当兵力不断减少的装甲集团军穿越利比亚的广阔国土后撤时，它使隆美尔获益匪浅。

虽然与大家普遍的认知相悖，但大撤退以这样的结果告终，系统性因素所起的作用要比双方指挥水平的作用大得多。这并非只是隆美尔与蒙哥马利的较量。当然，如果蒙哥马利的性格中多一点隆美尔的悍勇，他很可能在比阿拉曼稍微偏西一点的某个地方就能歼灭德意装甲集团军。但反过来也一样，如果隆美尔多一点蒙哥马利的"承受痛苦的无限能力"[44]，多一点耐心和对细节的关注，那么他此时可能已经舒舒服服地坐在亚历山大港，为德国在埃及的民政机关起草法规了。要求这两人中的任何一个扭曲本性似乎都很难说是历史学家的分内之事。

卡塞林山口之战

隆美尔在2月初到达突尼斯，这意味着轴心国此时在北非夺回了主动权。[45]马雷特防线上一连串内陆的山丘形成了一道天堑，隆美尔只需要留下象征性的部队扼守，便可以放心地将自己的主力用来对付西边的盟军。隆美尔的德意装甲集团军与阿尼姆的第5装甲集团军联手，可以对他们选择的盟军部队发起猛攻，并有相当大的机会将其击溃。虽然我们不应该夸大隆美尔的实力，但我们也应该承认，他手下的德国和意大利士兵都是历经十几次恶战考验的精锐老兵，虽然他们在撤退途中遭到种种消耗，但仍然是一股不容小觑的力量。这两个轴心国的集团军兵力合计超过10万人。事实上，轴心国在突尼斯境内已经拥有数量优势。只不过他们的时间不多。他们每耽搁一天，蒙哥马利来到突尼斯的时间就会近一天，时间正在不断流逝。此时的作战形势很严峻，而对任何接受过传统军事艺术训练的德国军官来说，这只能意味着一件事——现在是进攻的时候——要马上发动一场大规模攻势。

问题是，在哪里打？在两个轴心国集团军的参谋班子共同研究作战形势之后，他们清楚地认识到，在英国第8集团军大举进入突尼斯之前，大约有两个星期的时间可以利用。在研究态势地图时，他们没有把目光投向法军——他们已经不止一次地打过这张牌，盟军正在学会应对——而是投向了另一支他们已经在战斗中

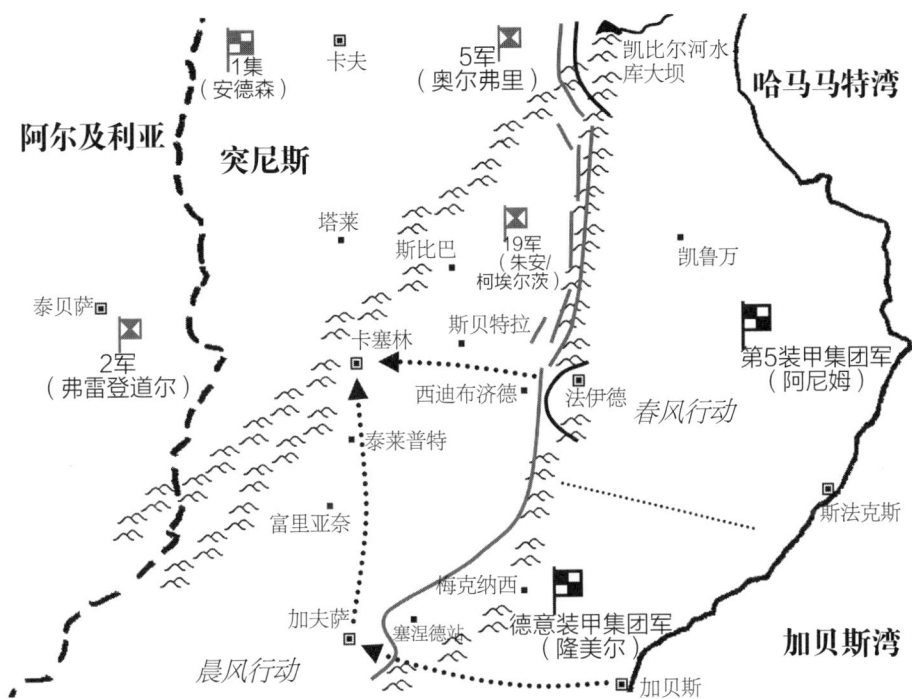

◐ 弱点：瞄准美国第2军（1943年2月）

多次击败的军队，它的问题似乎是与生俱来的，一时不会得到解决：这就是位于战线最南端的美国第2军。

到了1月底，一个分为两部分的作战计划已经成型。阿尼姆的第5装甲集团军将要率先发起"春风行动"。两个装甲师（第10装甲师和第21装甲师）将要利用在东多萨尔山的法伊德山口取得的优势，击破美军在西迪布济德（Sidi bou Zid）的脆弱的前进阵地。这将是一次大规模的坦克进攻，打头阵的是200多辆坦克，其中包括十几辆新式的六号"虎"式重型坦克。一旦美军的注意力被德军的进攻吸引到该地段，隆美尔的装甲集团军就将发动"晨风行动"。担任先锋的同样是机动部队，即由两个装甲师——德国第15装甲师和意大利"半人马"装甲师——组成的德国非洲军（DAK）。它们将会从南面的加贝斯出发，攻克加夫萨，击破美军在西多萨尔山的卡塞林山口的防御。[46] 然后，指挥官们将重新评估局势，决定下一步的前进方向。综合各方面考虑，这是一个合理的计划，有很大机会成功。如果说有什么缺陷的话，那就是它要求两个意志坚定、能力出众的指挥官通力合作，而这两人都不愿屈就对方。事实上，南线总指挥凯塞林元帅在策划阶段不得不反复出手干预，只为安抚这两人委屈的情绪并维护受到威胁的特权，而关于装甲部队指挥权的讨价还价直到进攻前夕都没有停止——在一场复杂而冒险的作战行动发起前，这很难说是一个好兆头。[47]

轴心国在突尼斯的攻势开始于 1943 年的情人节，也就是 2 月 14 日。"春风行动"首先发动，并一炮打响。最初的突击由两个德国装甲师联合实施，按照国防军的标准，这是一次大规模的集中用兵。第 10 装甲师从西迪布济德以东的法伊德山口突然冲出，从北面包围美国守军。在其左侧，第 21 装甲师从迈齐拉（Maïzila）山口出发，从南面迂回。成为打击对象的美军部队的阵地选择得很糟糕，位于西迪布济德两侧的两座山丘上，即北面的勒西达山（Djebel Lessouda）和南面的克萨瑞山（Djebel Ksaïra）。这两个山丘相隔数千米之遥，根本无法相互支援。德军的两股装甲铁钳合拢得很快，他们只用 12 个小时就包围了美军的整个阵地。由于德军的推进速度太快，美军阵地中央位于西迪布济德的装甲预备队（美国第 1 装甲师的 A 战斗群）还没反应过来就被消灭，而第 1 装甲团第 2 营（詹姆斯·阿尔杰中校）从北面匆忙发起的反击也遭到惨败，该部的坦克在如潮水般涌来的德军坦克冲击下很快消失。[48] 据守西迪布济德阵地的是第 168 步兵团，团长托马斯·德雷克上校（Colonel Thomas Drake）明智地用电台呼叫了弗雷登道尔将军，请求他批准撤退，但得到的答复是固守待援。当时弗雷登道尔距离战场 160 千米，安全地待在一个刚完工的地下掩体里，因此他可能并没有德雷克当时体会到的紧迫感。[49] 他许诺的援军始终没有赶到，而第 168 团的大部分官兵——合计约 1400 人——在企图爬下山坡时遭到德军火力扫射，不是被打死，就是当了俘虏。其中一个战俘就是约翰·沃特斯上校，他是巴顿的女婿，也是奇袭朱代伊德机场的英雄之一。[50] 在控制了西迪布济德阵地并派人将美军俘虏押送到后方之后，阿尼姆继续向西挺进，直扑斯贝特拉（Sbeitla）。这座城镇在 2 月 17 日被德军以坦克和"斯图卡"俯冲轰炸机的密切协同攻克。当缺乏经验的美国守军遇到这种他们只能模糊理解的凌厉攻势，恐慌情绪又一次蔓延开来，阵地随之土崩瓦解。

在这出好戏上演时，"晨风行动"也已开始。[51] 德国非洲军攻至加夫萨时，隆美尔发现美军已经撤离，便在 2 月 15 日将其占领。此时意识到敌方有大行动的安德森将军已经命令美军全线后撤至西多萨尔山，从而放弃了艾森豪威尔曾下令不惜代价据守的冬季防线。德军坦克继续北上，于 2 月 17 日占领了美军刚刚在富里亚奈（Fériana）和泰莱普特（Thélepte）建成的机场。[52] 这里发生了一场灾难，第 805 坦克歼击营 C 连没有接到撤退命令，因此迎着气势汹汹杀来的德军发动了一次毫无意义的反击。[53] 这是一次壮举，但很难算得上战斗。在随之而来的交手中，德军坦克的炮火很快就将该连的 12 辆坦克歼击车全部击毁。撇开装备差距不谈，这就是再正常不过的老兵遇上菜鸟的结果。

　　用"崩盘"来形容此刻突尼斯前线美国陆军的状态不可谓不公平。就连德国人似乎也没有料到胜利来得如此迅速、如此彻底，正是在这种出乎意料的背景下，隆美尔和阿尼姆就如何利用快速发展的战局突然爆发了新的争执。阿尼姆想要快速掉头北上，将英军彻底赶出东多萨尔山。而此前似乎一直对这场攻势的前景抱有疑虑的隆美尔却提出了更为大胆的计划。胜利显然让他重新振作了起来——此时他要求亲自指挥所有德国装甲师。一旦这些部队集中到自己手下，它们就可以在卡塞林山口实施突破，然后直取美军在突尼斯的主要后勤基地泰贝萨，再扑向东南方 14.5 千米外的弗雷登道尔指挥部。一旦占领了这个已经被美军中的促狭鬼称作"飙车谷"的地方（得名于弗雷登道尔神经质的战斗作风），隆美尔就可以自由选择他的战役目标。[54] 他此时已经在认真考虑一个北上 225 千米的行动，目标是占领地中海岸边的波尼，将非洲的盟军部队完全包围。阿尼姆对这个如此大胆的计划的可行性表示怀疑，他希望把第 15 和第 21 装甲师控制在自己手里，实施他认为胃口较小，但也比较现实的解决方案。此时身在欧洲的凯塞林正在与希特勒商议，得知此事后，他不得不再一次用电报进行干预，给这两位互不相让的指挥官做出裁决。他提出了一个折中方案：隆美尔将会得到他的装甲师，但必须放弃进军波尼的计划，代之以距离较短的北上迂回，目标是位于北方 112 千米处的英军重要后勤基地卡夫（Le Kef）。这是一个比较保守和稳妥的方案，但仍然有望使盟军在突尼斯的军队瘫痪一段时间。

　　由于这番讨价还价，隆美尔直到 2 月 19 日才得以继续进攻。此时他计划同时发起两路攻击，一路由非洲军经过卡塞林山口进攻，另一路由第 21 装甲师攻向北面所谓的斯比巴隘口（Sbiba Gap）。换句话说，这是一次离心的行动，隆美尔的两支主力机动部队在进军过程中会相互远离（与之相反的是攻击箭头汇聚于一处的向心机动）。按照传统的德式战法，这是一个明确的信号，说明他觉得对于美军没有什么好担心的。[55] 与此同时，第 10 装甲师将留在斯贝特拉，在任何一路进攻得手后就立即增援。

结果，非洲军对卡塞林山口的进攻取得了成功。在 2 月 19—20 日，非洲军攻击并粉碎了守卫山口的一支番号为斯塔克特遣队（Task Force Stark）的美军杂牌部队。它包括若干步兵分队，少数被匆忙拉到前线、只接受了基础战术训练的工兵分队，以及几个法国炮兵连。[56] 在美军传统的战争叙事中，我们经常可以看到弱小的盟友依靠美军的支撑和空中打击才得以幸存，但是在战争的这一阶段，美国陆军显然还无法在没有法军支援的情况下独立战斗。弗雷登道尔将军给这支特遣队的指挥官亚历山大·斯塔克上校（Colonel Alexander Stark）下了一道夸夸其谈的命令："立即前往卡塞林，当一回'石壁'杰克逊。"实际战况并没有如他所愿。[57] 在这两天时间里，非洲军的德国和意大利装甲部队对这个山口发起了正面突击。虽然没有取得突破，却也压制住了守军，使他们眼睁睁看着轴心国步兵有条不紊地攻上俯瞰这个山口的制高点，即位于西南方的舍阿奈比山（Djebel Chambi）和位于东北方的塞马马山（Djebel Semamma）。盟军坦克的反击遭遇了德军 88 毫米反坦克炮的犀利火力，到了 2 月 20 日夜间，美军在卡塞林山口的防御已经崩溃，幸存者纷纷在混乱中奔逃，而战场上散布着大约 200 辆美军坦克的残骸。[58] 此时第 10 装甲师按计划被调到突破地点，嗅到了血腥味的隆美尔开始了向纵深发展的行动。这一回他又同时进行了两路离心的攻击，分别指向北面的塔莱（Thala）和卡夫以及西面的泰贝萨。在隆美尔看来，他依然可以随心所欲地进军。

此后几天发生的事件至今仍令分析家们大跌眼镜。美军部队从一个又一个阵地被赶出，他们在西多萨尔山的最后防线也被击破，在隆美尔与泰贝萨或大海之间再也没有重要的地理屏障，然而此时美军的防御却终于开始巩固了。可以肯定的是，这很难说与弗雷登道尔有多大关系，他此时仍然远离战场，而且在各种回忆录中他都表现得惶惶不可终日。"他们突破了，你没法阻止他们。"这是当时他对手下的一名军官说的话。[59] 显然他正打算放弃他在"飙车谷"的指挥部。事实上，他已经下令准备爆破这个庞大的地下综合掩体，尽管为了修筑它曾花费了不计其数的工时和资源。

我们也不能将此归功于艾森豪威尔，虽然卡塞林失守后他在沙漠中画下一条界线，并宣布"不得后退一步"。对于德军的攻势，他感到的意外不亚于其他任何人。

说实话，当德军开始进攻时，他显然一直在游览罗马的遗迹。在那之后，他对战斗进程的影响即使有那么一点也可以忽略不计。这段时间，他一直在努力减少对部下的干预，这是为了应付马歇尔对他"去前线视察次数过多"的严厉批评。[60]为了公平起见，我们必须指出，这个批评与总参谋长先前要艾森豪威尔将更多注意力用于突尼斯作战的告诫完全相反。

高层指挥官或许陷入了一片混乱，但是在前线却明显发生了一些变化。就像突然退了烧一样，美军的恐慌情绪来得快去得也快，他们的防守力度一下子就加强了。实际上，这是战役层面的一些因素造成的。隆美尔相信自己已经击溃了美国第2军，于是兵分三路同时推进。即便是一个经常被人称作天才的指挥官，在同时朝三个方向进攻时也是显得很平庸的。第21装甲师在右路对斯比巴的攻击彻底失败，因为该师在2月20日撞上了美英军队四个完整的步兵团以及美国第151野战炮兵营准确的炮火支援，一度凶猛的攻势戛然而止。中路对塔莱的攻击也受阻于类似的炮火之墙，在这里据守防线的是英国第26装甲旅，还有刚刚赶到的，由斯塔福德·勒罗伊·欧文准将（Brigadier General Stafford LeRoy Irwin）指挥的美国第9步兵师的师属炮兵。仅仅四天前，欧文和他的炮兵还驻扎在阿尔及利亚的奥兰以西。他们在这短短的时间里疾驰1287千米，进入了塔莱的防线。[61]最后，隆美尔的第三路攻击的目标是泰贝萨。它同样在敌方顽强的防御面前碰得头破血流。德军遇到的拦路虎是在哈姆拉山（Djebel el Hamra）和布切布卡山口（Bou Chebka Pass）一带布防的美国第16步兵团（第1步兵师师长艾伦将军亲自指挥）。该团还得到了由保罗·罗比内特准将（Brigadier General Paul Robinett）领衔的第1装甲师B战斗群有力的装甲反击支援。美军高度精准的炮火再一次发挥了重要作用，第1步兵师的炮兵指挥官克利夫特·安德勒斯准将（Brigadier General Clift Andrus）在德军面前打出了一道他们在非洲从未见过的火墙。顺带一提，来自东线的德国老兵表示他们在那里也不曾遇到这样的火力。[62]

三个方向上的进攻都以失败告终。此时隆美尔的突击部队全都损失惨重，而他的物资也逐渐告罄。根据后勤部门的报告，他只剩下四天的口粮和可供行军250千米左右的燃油。这点物资让他赶回马雷特防线都勉强，更谈不上在那里作战。与此同时，他的部下也看出战局发生了变化。此时他们已无法运用胜人一筹的机动战技巧快速击败业余的对手，反而与顽强的敌人缠斗在一起，对方显然有着无穷无尽的弹药供应，而他们自己的进攻威力正在减弱。这是德国军事史上屡见不鲜的情况：运动战几乎在一夜之间让位于阵地战。凯塞林再次来到非洲，他在 2 月 22 日赶到前线与隆美尔进行了会谈。两人一致同意，此时应该将隆美尔的军队拉回马雷特防线迎击蒙哥马利，后者的先头部队已经陆续杀到了。于是德军装甲部队在 2 月 23 日撤出卡塞林山口，回到他们原来的防线。德军在北非的最后一次进攻失败了。

这样的结果有一部分要归咎于他们自己的失误。隆美尔具有同时在所有方向上发动攻击的倾向，这是很有问题的。但我们也要指出，这种倾向从隆美尔职业生涯之初就是他的指挥方式中的痼疾。国防军军官团中有许多同僚都明白，隆美尔分不清指挥机械化大军和领导突袭队之间的区别，这个缺陷总有一天会让他吃到苦头。[63] 同样，指挥权责不明确也是个不可饶恕的错误。在这场短暂的战役中，阿尼姆不顾凯塞林的明确指示，始终扣着第 10 装甲师大约半数的部队，不愿交给隆美尔指挥，因为他打算留下这些部队在北方发动攻势。这种情况在德国军事

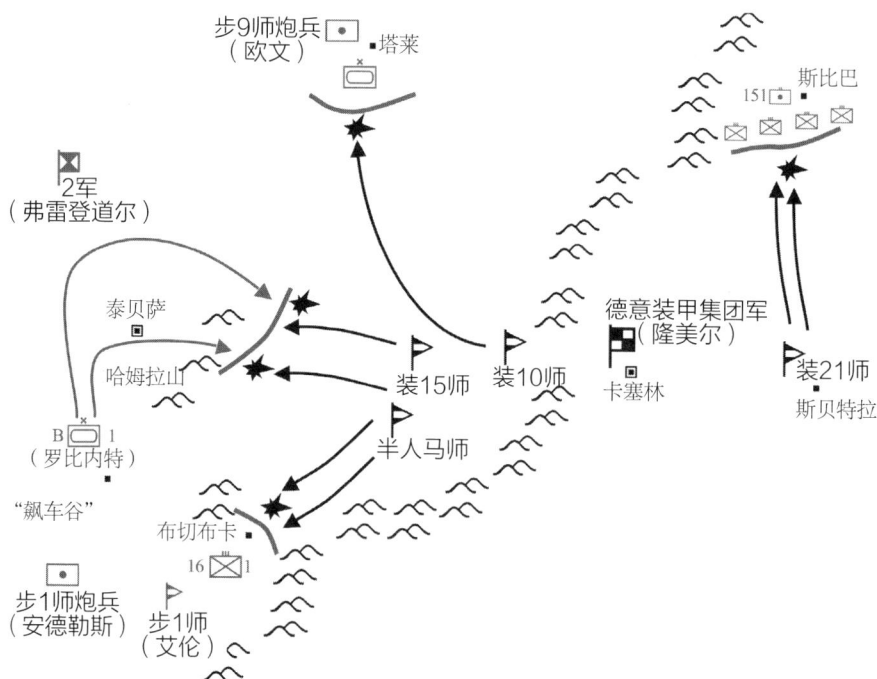

卡塞林的胜利：美国陆军力抗强敌（1943年2月21—23日）

史上也有先例：既然指挥官的思考和行动都应该独立于自己的上级，那么他当然不会对和自己平起平坐的同僚有求必应，阿尼姆和隆美尔之间就是如此。

但是，造成卡塞林山口一役失利的既不是隆美尔的离心攻击，也不是两个指挥官之间的摩擦。事实上，这场较量中最突出的一点就是美国陆军终于振作了起来，既涌现出一批坚强可靠的中级指挥官（少校、中校和上校们），又发挥了物质资源丰富、火力强大的优势。随着战争的持续，德军将会发现他们越来越难以抗衡这样的优势组合。也许让隆美尔来做最后的总结比较好。日后他将会写道，在卡塞林，"美国人打得很出色"（Die Amerikaner hatten sich vorzüglich geschlagen）。[64] 我们至少应该承认，他在这个问题上具有绝对的权威。

美国人对卡塞林山口之战的理解很奇怪，总是倾向于强调初期几乎酿成的灾难，而不是后来的转危为安。弗雷登道尔在战斗中途丢了官位，而且在大部分史书中都被刻画成一个丑角。虽然"责备指挥官"是把军事历史简单化的极致形式，但有时候历史被写成这样也是难免。对他不利的证据实在太多了。弗雷登道尔对于保密确实执着到了让所有其他工作都无法开展的地步。因为坚信自己已经被德国谍报机关盯上，他真的发出过这种让自己的军官挠头的古怪命令："让你们的老板向那位法国绅士报到，他的姓名以 J 开头，位于一个以 D 开头、在 M 左侧第五个网格的地点。"[65] 卡塞林山口战役期间，当战役第一天他的部下在西迪布济德奋战和死去时，他确实一直躲在 160 千米开外那个巨大的地下掩体"飙车谷"里。当坏消息接二连三地从前线传来时，他看起来确实神经崩溃了。目击者都说他一支接一支地抽烟，甚至可能在酗酒，还对下级发牢骚说丧气话。当德军装甲部队的前锋逼近美军在非洲的主要后勤基地泰贝萨时，弗雷登道尔确实开始做撤退准备，这等于是在宣布前线打了一等一的大败仗。幸亏他手下的士兵和中级指挥官在千钧一发之际及时稳住阵脚，他才免于蒙受落荒而逃的耻辱。战役结束后，艾森豪威尔将他明升暗降，让他回国负责部队训练。而他的继任者 [先是乔治·巴顿将军，后来是奥马尔·布雷德利将军（General Omar S. Bradley）] 将会证明，第 2 军并没有在得力的领导者手下也解决不了的大问题。

当然了，对于这份"弗雷登道尔起诉书"中的几条罪名，我们也许都可以做些辩解。不停地抽烟？这可是 20 世纪 40 年代。在这个年头，军队里下至大头兵、上至总司令，几乎人人都有烟瘾。说丧气话？每个指挥官都会时不时地发些牢骚。但是归根到底，对一个被他自己手下的装甲兵指挥官欧内斯特·哈蒙将军（General

Ernest Harmon）形容为"在生理和心理上都是懦夫"的将领[66]，我们确实很难找
到可取之处。

不过，即便是弗雷登道尔，也有权在法庭上为自己辩护。从他自己手下的军
官到几十年后写书的历史学家，大家对他的仇视实在太深，以至于我们可以一眼
看出，他已经不仅仅是一个平庸的将领。他变成了突尼斯那支稚嫩的美国陆军的
一切毛病的象征。对于艾森豪威尔、布雷德利和巴顿这样的美国军官来说，虽然
他们后来继续奋战并赢得战争，但弗雷登道尔总会令他们尴尬地回想起那段他们
愿意不惜一切代价从记忆中抹去的时光。假若我们不承认弗雷登道尔的指挥才能
有那么差，或者企图为他分辩，难道我们就不能如实撰写关于他的史实吗？可以
肯定的是，他既不是第一个、也不会是最后一个在和平时期的军队里光芒四射、
到了战时却洋相百出的军官。

突尼斯之战的结束（1943年3—5月）

德军在卡塞林的失败是他们在突尼斯的末日的开端。通过运动战快速而决定
性地解决突尼斯问题已经再无可能，此地的战斗已经变成消耗战，而这种战斗是
轴心国注定要输的。用日后一位德国权威学者的话来说，这是"北非真正意义上
的战役层面作战的结束"。[67]从一个迹象就能看出德国人认识到了这一点：国防
军总司令部此时已经将大名鼎鼎的非洲装甲集团军更名为意大利第1集团军，由
乔瓦尼·梅塞将军（General Giovanni Messe）任司令。如果说末日确实已经临
近，那么至少将被打败的不是非洲装甲集团军。梅塞的部队此时与阿尼姆的第5
装甲集团军组成了非洲集团军群（Heeresgruppe Afrika），统一由隆美尔指挥。然
而这位元帅本人在非洲的时日已经不多：他违背了太多命令，也触动了太多逆
鳞，而无论他先前的功绩是多么耀眼，战争打到这个地步他却拿不出什么功劳来
让反对者闭嘴。他在3月9日最后一次离开了非洲，阿尼姆升任非洲集团军群司
令，而第5装甲集团军改由经验丰富的装甲兵指挥官古斯塔夫·冯·韦尔斯特将
军（General Gustav von Värst）指挥。

所有这一切只不过是人事变动。轴心国的进攻力量此时正在做最后的挣
扎。阿尼姆于2月26日在战线北段用第5装甲集团军发动了一次全面攻势，即
Operation Ochsenkopf（字面意思是"牛头行动"，但更通俗的译法是"笨蛋行动"），
结果一无所获。对历史学家来说，这次行动的主要意义就是成为阿尼姆拒绝在卡

塞林之战中将装甲部队交给隆美尔的理由。隆美尔则在南面的马雷特防线一带以他的装甲部队的残余力量发起了针对第 8 集团军的最后一次打击，而结果更要糟糕得多，可以说是隆美尔职业生涯中真正的大败仗之一。这位元帅并不打算把"卡普里行动"（Operation Capri）打成一次突破作战，只想打一次破坏性进攻，目的是尽可能多地消灭蒙哥马利的兵力，从而打乱盟军的时间表，推迟此时在隆美尔看来已经不可避免的突尼斯的陷落。这场行动在 3 月 6 日发起，突击目标是蒙哥马利在梅德宁村（Medenine）附近的前进阵地。[68]

对国防军来说，卡普里行动就是一场由失败组成的完美风暴。他们首先遇到的问题就是缺乏资源。隆美尔的三个装甲师（第 10、第 15 和第 21 装甲师）总共只有 160 辆坦克，只相当于一个满编装甲师的三分之一左右。另一方面，蒙哥马利在前线有 4 个师、400 辆坦克和 800 多门大炮及反坦克炮。轴心国的空中实力已经一落千丈，几乎为零，而蒙哥马利可以调动三个驻扎在前进机场的战斗机联队。蒙哥马利喜欢夸耀的"承受痛苦的无限能力"已经全面开花结果。这一次他甚至与"超级机密"达成了共识，而且蒙哥马利也能够将坦克、兵员和火炮部署到该去的地方——这是整场战争中，"超级机密"真正按照大多数历史学家的说法发挥作用的少数场合之一。德军坦克在早晨 6:00 一马当先发起进攻，只不过称此战为进攻是有点问题的。更准确的说法是，这些坦克配合英军炮兵和航空兵做了一次打靶练习，而且对随后于下午 2:30 发起的步兵突击也可以如此形容。德军共损失 52 辆坦克，占了隆美尔的坦克总数的三分之一，因此他在当天晚些时候叫停了进攻。现代的每一场战役都会产生大量专题分析文章，但是用蒙哥马利简洁有力的评论"那位元帅搞砸了"来分析德军对梅德宁的最后突击应该已经足够。[69]隆美尔也从这场灾难中得出了相应的结论，决定接受元首早就提出，但被他拖延了很久的提议，去欧洲休息和疗养一段时间。虽然把隆美尔此举说成抛弃了自己的部下是不公平的——说实话，军中没有人比他更早、更执着地提出关于即将到来的灾难的警告——但我们可以公平地说，他已经意识到自己在这个战场再也做不了什么了。

从梅德宁之战可以看出，盟军此时显然已经赢得了空中的战斗，约有 3000 架盟军飞机盘旋在这个战区的上空，而与之对抗的轴心国飞机只有 300 架。在战斗过程中，盟军在突尼斯建造了 100 个全天候机场——为此投入的人力、时间和混凝土是惊人的。在卡塞林山口之战结束后，美国工兵在斯贝特拉附近建成了五个新机场。这或许足以令人肃然起敬，但更令人肃然起敬的是，他们是在短短 72 小时内完成这一工程的。同样，盟军也在很久以前就打赢了后勤战；战争进行到这一阶段，双方在这方面的比拼已经再无悬念。卡塞林之战沉重打击了美军，但同时也将轴心国储备的弹药和油料消耗大半，导致他们的后勤形势进一步恶化。此刻，在这次进攻失败之后，轴心国方面的后勤基本上已经崩溃。盟军占有绝对优势的海空实力使轴心国的运输船遭到了严重损失。据轴心国的策划人员估计，他们每月需要大约 14 万吨物资，然而在 1943 年 3 月，只有 29000 吨物资运抵非洲。相比之下，在同一个月份，光是美军就将 40 万吨物资运进了这个战区——即使经过这么多年，这些数字给人的震撼依然如故。[70] 当然，在过去这几个世纪，从美国大革命到越南战争的历史都证明，单凭资源并不能赢得战争。但这样的说法也许是完全正确的：这些物资为盟军赢得突尼斯这样的高强度常规战争发挥了巨大作用。

除了单纯地调配资源之外，同盟国也正在学会将这些资源转变为战场上的绝对优势力量，解决了一个"老大难"问题。由于此时这个战区已经有两个完整的同盟国集团军（安德森的第 1 集团军和蒙哥马利的第 8 集团军），艾森豪威尔在 2 月份组建了一个更高级别的司令部，即由英国的哈罗德·亚历山大将军（General Harold Alexander）领导的第 18 集团军群。[71] 随着更多师旅涌入突尼斯，战场局势变成了 25 万同盟国士兵与 12 万轴心国士兵对垒。美国第 2 军此时扩编了一倍，下辖四个师，在原有部队（第 1 步兵师、第 1 装甲师）基础上增加了第 9 步兵师和第 34 步兵师。它也有了一个新的军长；艾森豪威尔在卡塞林山口之战打到一半时就撤掉弗雷登道尔，让巴顿将军取代了他。艾森豪威尔给巴顿的命令"踢第 2 军的屁股"在军事历史长河中也许可以排入最多余的命令之列。[72] 巴顿在走马上任后就是这么干的，他让一支曾经颇为懒散的部队恢复了纪律意识。毫无疑问，某些纪律就是二战老兵所谓的"鸡毛蒜皮"：制服一定要整洁，军靴一定要擦亮，下颚带一定要系好——但总的来说，严肃军纪是好事。巴顿还对自己的新部下承诺，他们将会"把那些人赶出非洲"[73]，而他也在着手做这件事。

整顿后面貌一新的第 2 军在战场上的首次亮相实际上是重演了当初弗雷登道尔那个缩水的"绸缎行动"。在 3 月 17 日，美军部队开始向东挺进，收复加夫萨并赶跑了那里的意大利守军。这就是"南蛮子行动"（Operation Wop，请注意，那是一个对种族歧视不太敏感的年代）。[74] 美军随后从加夫萨继续推进，准备攻取塞涅德站。当德国第10装甲师在加夫萨东南16千米处的盖塔尔（El Guettar）对巴顿发动反击时，美国第1步兵师又一次用顽强的步兵配合世界一流的炮兵将其击退。此后美军重启攻势，在25日，第1装甲师攻克了梅克纳西。虽然第2军的人数与这一带的敌军相比可能有4比1的优势，却还是没有取得真正的突破。但是美军实现了持续而稳健的推进，考虑到他们过去的表现，这已经为他们以后的进步打下了基础。

在第2军东进的同时，英国第8集团军也针对南面的马雷特防线发起了它在北非的最后一次严密策划的作战。和蒙哥马利的所有军事行动一样，这次作战也具有计划周密细致的特点，并不以快速或大胆见长。分析家通常将这类作战描述为正面进攻和同时进行的侧翼机动的结合，但这种说法使它们显得比实际更为动态。这种战法的目的只是使部队出现在敌人侧翼，并没有对敌人进行两面夹击的企图。它的意义只是尽可能拉长敌人的战线，摊薄他们的兵力，由于蒙哥马利面对的轴心国部队普遍在物质方面居于劣势，这种战术在大多数时候都能奏效。马雷特防线的战斗就是如此。此时隆美尔已经离去，但是他曾对马雷特的防守问题研究了几个月，他的继任者——阿尼姆和韦尔斯特——也能做同样的基本计算。蒙哥马利的原计划代号是"拳击手盖洛普"（Pugilist Gallop），要求以第30军的三个师（第5诺森伯兰师、第51高地师、第4印度师、第201禁卫旅）正面攻击马雷特前方的齐格扎乌干谷（Wadi Zigzaou）一带的轴心国阵地。一旦打开缺口，担任预备队的第10军（第1装甲师、第7装甲师和第4轻装甲旅）就要随时准备向纵深发展。与此同时，一个暂编的新西兰军（第2新西兰师、第8装甲旅和由塞内加尔步兵及法国军官组成的法国团级部队"L部队"）要对马雷特防线的内陆侧翼实施宽正面的攻击。[75]

轴心国在马雷特的防线从海岸一直延伸到马特马塔丘陵（Matmata Hills），长约35千米。防守它的部队有九个师，其中五个德国师、四个意大利师——从纸面上看，这是一支强大的力量。几个步兵师把守着主要防线。它们从内陆到海边，依次是"青年法西斯"师、"的里雅斯特"师、第90轻装师（大致位于马雷特防线的中央）、"斯佩齐亚"师、"皮斯托亚"摩托化师和第164轻装师。虽然这样的战斗序列看起来足以防守如此短的防线，但实际上这些部队都是严重缺编的。"的里雅斯特"师和"斯佩齐亚"师都是只含两个团的师，每个团只有三个营，而"青年法西斯"师连这样的编制都达不到，它部署在防线上的只有五个营。第164轻装师的编制是九个营，但它此时只有四个营，实际兵力只比一个加强团多一些。在主防线后方是三个装甲师——第15、第21和第10装甲师——但任何关注北非战事进程的人都不会奇怪，它们此时的兵力只相当于其编制的一小部分。例如，第10装甲师只有32辆坦克。[76]

和蒙哥马利的所有战役一样，这一仗的难度也超出分析家们的意料。尽管在坦克上对敌军拥有610对150的优势，他还是倾向于谨慎行事。和第二次世界大战中几乎所有的正面进攻一样，第30军在3月20日发起的正面进攻失败了。为了穿越齐格扎乌干谷，英军尝试用稻草和树枝捆成的大型柴捆铺路，结果完全失败，许多柴捆被守军的火力点燃。攻击部队蒙受惨重伤亡，一些地方出现了恐慌。蒙哥马利在接到这些消息时一如既往地保持了冷静——冷静到了被一些人斥为麻木不仁的地步。他已经在轴心国的侧翼布置了一支部队：新西兰军。此时他更改了计划，命令第10军绕过马雷特防线的侧翼，增援新西兰军。于是"拳击手盖洛普行动"变成了"增压二号行动"，这个代号是特意起的，就是为了呼应阿拉曼进攻中类似的计划更改。这个行动策划得很周密，也考虑到了德军为确保侧翼完整而将装甲师调至西侧的应对。这一带的战斗很激烈，但是两天以后，在英军优势数量的坦克、不间断的炮火和无可争议的制空权面前，轴心国的阵地开始动摇。到了3月26日，梅塞将军下令放弃马雷特防线，后撤至下一个瓶颈防御地带，即位于北面56千米外的阿卡利特干谷（Wadi Akarit）阵地，那里有无法通行的费贾杰盐沼（Chott el Fedjadj）为内陆侧翼提供掩护。蒙哥马利未能在马雷特歼灭意大利第1集团军，但是他抓获了5000名意大利俘虏，他们主要是步兵师的士兵，在这种阵地战中几乎总是被牺牲。

虽然当时还不明显，但这其实是压垮意大利人的最后一根稻草。在4月5日晚上，当蒙哥马利开始突击阿卡利特干谷（又名"盐沼阵地"）时，他的第4印度师的先头部队开始报告说，意大利军队出现了集体投降现象，仅一个晚上就有约4000人投降。由于敌军防守阵地在几小时内崩溃，他很快就命令第4军急速北上扩大战果。此时巴顿的第2军一部也从西面杀来。在4月7日，两支部队会师，盟军在突尼斯终于建立起一条连贯的战线。截至此时，梅塞的意大利第1集团军早已溜之大吉。它也进行了一场大撤退，向北狂奔300多千米，沿着海岸一路退回了昂菲达维尔（Enfidaville）。此时"突尼斯桥头堡"只剩下了突尼斯城周边的一片弹丸之地。轴心国的防线从昂菲达维尔向正西延伸，然后右转90度，向北经迈贾兹巴卜延伸到海边——这条战线的长度只有160多千米，而先前的战线长640多千米。

此时意大利军队已经被彻底打残，而德国军队也好不到哪里去。盟军在突尼斯城周边完成了对敌军的合围，战役显然已经进入收尾阶段。此时他们面临的最大问题是技术性的。同盟国两个集团军的会合对美国第2军产生了"挤压"作用。此时艾森豪威尔和亚历山大决定把它撤下前线，由新军长布雷德利率领，重新部署到北方。事实证明这是一个复杂的调动，因为第2军不得不横穿第1集团军的后方，但是这支能力日渐提高的美军部队成功完成任务，而且期间只发生了极小的混乱。[77]

在盟军为最后的进军做准备时，敌军的抵抗正在全面崩溃。轴心国方面的物资已经枯竭，士气也一落千丈。就连最底层的士兵也明白——部队已经陷入绝境。当然，艾森豪威尔和他的部队主官都不了解敌方的详情，但是他们也开始看出了一些征兆。在4月19日，第8集团军开始了对突尼斯的进军，其第30军猛攻昂菲达维尔，三天后，第1集团军也从西方开始攻击。如今的文献都习惯强调盟军在最后进军中遇到的困难，最初的几次攻击也确实遭遇了坚决的抵抗。蒙哥马利突破昂菲达维尔阵地的首次尝试遭到惨败，以至于亚历山大决定从他手下抽调几个师转给安德森的第1集团军，寄望于后者更好地利用它们。到了4月底，第4印度师和第7装甲师都在英国第5军的编成内作战。它们在向东的大进军中担任前锋，于5月1日突破轴心国防线，取道马西科（Massicault）直扑突尼斯。轴心国军队沿途的抵抗全被击溃，盟军很快就如入无人之境。突尼斯和比塞大在5月7日双双被攻克，前者落入英军之手，后者落入美军之手。几天以后，轴心国在邦角半岛（Cape Bon peninsula）的最后抵抗也宣告结束。[78]

结论

这场虎头蛇尾的会战终于画上了句号。盟军抓获了大约25万名轴心国战俘，其中包括梅塞将军、阿尼姆将军和其他许多高级军官。隆美尔的老非洲军的三个师——第15装甲师、第21装甲师和第90轻装师，在德国军事编年史上书写了传奇的几支部队——集体走进了战俘营。此时德军中间已有一些人提出北非"突尼斯格勒"的说法，认为这是一次可与斯大林格勒相比的浩劫，而这个名词直到今天还频繁出现在文献中。[79]但是在将这两场战役相提并论时，我们必须注意一些细微的差别。在斯大林格勒，国防军失去了其 1942 年战斗序列中的主力野战部队第 6 集团军，这是一支在战役开始时拥有 33 万官兵的部队。与其一同损失的还有南方集团军群几乎所有的重武器和战斗工兵。这是一次战役失败，同时也是一场战略灾难。与之相比，突尼斯战役仅仅是一场败仗。25 万战俘中也许只有三分之一是战斗部队。事实上，在战役结束前不久，隆美尔曾经估计轴心国在非洲的作战兵力总数是 12 万人[80]，在那之后又发生了严重的损失，却只有微不足道的补充。在这些战斗人员中，我们不妨认为其中德国人大约占一半。在"突尼斯格勒"中，轴心国军队纠集起的大量人力都是意属非洲殖民地行政机关的残余工作人员，那些殖民地早已不再归意大利所有。[81]

但是，以如此消极的评论作为结语可能有些失礼。突尼斯会战毕竟是盟军的全面胜利——虽然来得比所有人的期望都晚了一点，但这场苦战的结果还是令人满意的。对突尼斯城的进军将为以后所有的盟军战役树立榜样，包括 1944 年盟军穿越西欧的大进军。这一战并没有仰赖突然性、复杂的机动或出色的指挥才能，这些东西都是德式兵法的要素。对盟军来说，战役管理成了将资源转化为战斗力量的关键。它包括地面上具有压倒性优势的兵力，绝对的制空权，足以支持整条战线不停顿地连续作战的后勤体系，以及忠于职守、谨慎行事的指挥官。巴顿是个异类，不过话又说回来，他不管选择哪个行当都会成为其中的异类。

美国陆军就是这种发展的典范。布雷德利证明了自己是个能力出众的军长，他并没有多少闪光的表现，但是他四平八稳的作风很适合他麾下的军官与士兵。到了战役结束时，他的这个"军"在规模上已经相当于二战时代的集团军。他手下的中级指挥官一向表现不错，而普通士兵此时也积累了不少经验，足可以被称作老兵了。在那次最后的进军中，布雷德利以四个师齐头并进（从左到右，依次是第 9 步兵师、第 34 步兵师、第 1 步兵师和第 1 装甲师），用美国的大炮轰平德军的抵抗，用不间断的空袭使敌军防御阵地的整个纵深都遭到经典模式的攻击，虽然平平无奇，却始终稳步前进。他的军在 5 月 3 日攻克马特尔（Mateur），接着又在 5 月 7 日拿下比塞大，后者几乎已经被盟军飞机的轰炸彻底摧毁。

此时正是回顾和反思的好时机。在布雷德利进军比塞大时，距离西迪布济德和卡塞林的灾难，距离美国步兵被整团整团地歼灭，只过去了两个半月。在这短短的时间里，美国陆军就找到了自己的立足点，并锻炼出了一套作战技能——它不是一柄精美的迅捷剑，永远不是。它偏好以力破巧。它喜欢自己的高爆炸药，而且用得比历史上任何一支军事力量都多。它很少打出精彩的作战行动。它的步兵不愿做任何过于大胆或激进的事情，再说又何必呢？既然炮击或空袭的杀伤效率要高得多，那他们为什么要冒险呢？以上这些特点都是众所周知的。而有时被人忽略的是它极高的机动能力。它的机械化水平高于世界上其他任何军队，一旦它在敌军的防线上打开或发现了空隙，它就能够以当时非常罕见的速度长驱直入。它确实综合了可以被我们称为经典美式特色的几个特质：一方面具有对工业时代战法的偏好和强大的生产能力，另一方面又具有众所周知的、在北美大平原上实施高速骑兵追击的悠久传统。从这个意义上来说，突尼斯的美国陆军近乎完美地体现了一种战争之道——一种深深植根于历史、文化和传统的军事文化。[82]

至于德国国防军，它在这场战役中的打法与它在这场战争中的所有其他战役、与德意志军队几百年来打过的历次战役都非常相似。我们熟悉的特点一个不少：一系列独立的战役都瞄准了敌军防线上精心选择的要点（Schwerpunkt，常被译作"重心"，但在这里真正的含义是"主要突击地点"）；多路纵队一开始就发起快速而猛烈的打击，旨在突破到敌军的战役纵深；实施向心（konzentrisch）作战，目的是在一场包围战中歼灭敌军主力或尽可能多的有生力量。在这场战役中也出现了许多富有攻击精神的高级指挥官（凯塞林、阿尼姆和隆美尔），善于独立思考的中级和下级军官。他们都抱着同一个信念，即德国人的意志、活力和勇气最终能够弥补他们在纯物质领域的劣势。突尼斯的德国军队在这场败仗中一直做着他们习惯做的事：发起攻势作战——晨风行动、春风行动、牛头行动，以及隆美尔在梅德宁那次没有代号的、半途而废的最后突击。当然，这些行动无一奏效，在这支军队经历了1942年斯大林格勒和阿拉曼的灾难之后，经典的德式兵法将再也不会成功。但是，对这个军官团来说，这种作战模式实在太深入人心，因此它始终没有停止过尝试。这使我们不禁联想起那句对精神错乱的著名定义：反反复复地做着同样的事，却期待得到不同的结果。

这是精神错乱吗？也许吧。但有意思的是，我们也可以对盟军提出这个疑问。打败国防军并非易事。两种战争之道在突尼斯的这次较量——其中一种的特点是具有高度的攻击精神和对机动战的偏好，另一种则谋求将与敌人的每一次交手都转变为比拼耐力的物质战——显然注定要产生巨大的伤亡。盟军在突尼斯损失了

7万人：36000 名英国人，16000 名法国人和 18000 名美国人。美国陆军在这场战争中第一次参战，就有 2715 人阵亡，8978 人负伤，6528 人失踪（许多失踪者后来都加入了死者名单）。

对盟军而言，这些数字反映了突尼斯战役的真正意义：预示了未来的前景。为了征服这个小小的法国殖民地而付出的代价意味着等待同盟国的是一个绝不轻松的未来。经过 7 个月的苦战，付出 7 万人的伤亡，才制服了德军的几个师。如果艾森豪威尔或其他任何盟军指挥官对于强攻欧洲、消灭国防军和占领德国的难度曾抱有任何幻想，那么突尼斯的现实应该已使它们彻底破灭。

对德国人来说，此战的损失和预示的前景则更为可怕。有一个事实很容易被人忽略：突尼斯战役是完全在所谓的 OKW 战区进行的第一次大规模会战。早在 1938 年，希特勒就攫取了德国武装力量的领导权，并组建了一个为他自己服务的私人小参谋班子，即国防军总司令部（Oberkommando der Wehrmacht，缩写为 OKW）。他这么做不仅是为了协调陆海空三军之间的策划，也是为了制衡传统上一直主导着德国的战争行动的机构：陆军总司令部（Oberkommando des Heeres，缩写为 OKH）和总参谋部。希特勒对这两个机构并不信任：它们都是有着强烈的集体认同感和忠诚感的传统团体，因此有可能威胁到他的权力。何况它们也是被他鄙视的老派容克社会精英所组成的堡垒。

在这场战争进行期间，每当时机合适，他就利用国防军总司令部将总参谋部排挤出策划圈。而且他还大幅度扩大了国防军总司令部的规模，到 1943 年年底，它已经含有 44 个局和司令部。[83] 他还将越来越多的战区纳入国防军总司令部的管辖范围：挪威、法国被占领土、芬兰、巴尔干半岛、克里特岛、北非，等等。只有东线是个例外，它一直是 OKH 战区——这是一个合理的决定，因为绝大部分陆军都在那里作战。这些举措造成了一场叠床架屋、钩心斗角的官僚主义噩梦。就连把一个师从苏联（OKH 管辖的前线）调到法国（OKW）再调回去（OKH）这样简单的事务，都会产生没完没了的文案工作，使相关机构不必要地耗费大量精力。

换句话说，突尼斯不是陆军管的。蔡茨勒、总参谋部和陆军总司令部与那里的作战策划和实施都毫不相干。它完全是希特勒和他的国防军总司令部参谋班子导演的，他的作战部长阿尔弗雷德·约德尔将军出力尤其多。在整场战争中，希特勒一直没有停止过对总参谋部的"体面绅士们"的抱怨，而且将 1941—1942

年的败仗都归咎于他们。这一次，在突尼斯，他和他亲自挑选的助手们终于有机会按照他认为合适的方式打一仗了。结果却是一场小一号的斯大林格勒之战。[84]

我们当然可以说，在这场战役中他们全都表现得糟糕透顶：希特勒、约德尔、凯特尔、凯塞林，甚至也包括隆美尔和阿尼姆。然而，这也许是一场他们根本不懂得怎么打的战役。北非在普鲁士—德意志军事历史中是很特别的：这是一场需要派出远征军实施的海外作战，是一次持续数年、对后勤要求很高的行动，是一场需要制海权以及滨海地区作战必不可少的精细操作的冒险。所有这一切都与德国传统格格不入，以当时国防军的构成，根本就不适合在这样的环境里作战和取胜。我们必须在史籍中深入挖掘，才能找到一些与它有一点点相似的事件：也许是对中国义和团的惩戒性远征，或者在纳米比亚镇压赫雷罗人的行动，但就连这些反常的战例也不能提供任何适用于北非战场的经验。不过我们还是要指出，虽然犯了很多错，但希特勒和国防军总司令部在对时机的判断方面显得异常无能：不懂得什么时候应该增援，什么时候应该继续进军，什么时候应该后退固守，特别是在1943年早春的什么时候应该果断撤退止损。这场战役是否有打赢的可能还值得商榷。但可以肯定的是，即使失败，全军覆没的结局也是有可能避免的。

此刻，当他们冷漠地注视着望不到头的被俘人员名单时（在突尼斯和邦角的大包围圈中，至少有3600名德国军官落入了盟军之手），很可能回想起了腓特烈大帝的话语。他一生从未花很多心思考虑地中海或北非，也不曾梦想打造疆土远布海外的普鲁士帝国。这位国王对海军的兴趣并不大。在他的认识中，远征敌国纵深就意味着攻入西里西亚、波希米亚或摩拉维亚之类的邻近省份。他最远曾向西打到位于图林根的罗斯巴赫。1757年下半年，他在那里和一支法国军队交手，享受了颇为得意的一天。总的来说，他是一个睿智的人，是古往今来最有攻击精神的战场指挥官之一，但也是了解自己和他所领导的国家的能力极限的统治者。

在他统治的后期，英国驻柏林的大使曾经向他征求关于一场战争的意见，当时这场战争正发生在地球上一个不起眼的角落，也就是偏远的北美，打得如火如荼。英国军队正在千方百计镇压桀骜不驯的臣民掀起的反叛，大使想听听腓特烈有什么高见。老弗里茨对这个问题沉思了一会儿才开口回答。"相信我，"他说，"打一场发生在附近的战争就够难了。打一场完全发生在另一个大陆的战争？这差不多要穷尽人类的所有能力了。"[85]

注释

1. 见罗伯特·M. 奇蒂诺著，《在突尼斯的艰难决定：艾森豪威尔的冬季防线》（*Tough Call in Tunisia: Eisenhower's Winter Line*），《出列》，2010 年 2 月 25 日，http://www.historynet.com/tough-call-in-tunisia-eisenhowers-winter-line.htm。

2. 劳埃德·弗雷登道尔将军的父亲当过怀俄明州拉勒米（Laramie）县的治安官。见道格拉斯·波尔奇著，《胜利之路：第二次世界大战中的地中海战场》（*The Path to Victory: The Mediterranean Theater in World War II*，纽约：Farrar, Straus & Giroux，2004 年），第 383 页。里克·阿特金森著，《破晓的军队从挺进突尼斯到解放北非》（*An Army at Dawn: The War in North Africa*，纽约：Holt，2002 年）第 273 页把老弗雷登道尔称作怀俄明地区"偷牛贼的克星"。罗伯特·伯林（Robert H. Berlin）著，《第二次世界大战中的美国军长们：传记合集》（*U.S. Army World War II Corps Commanders: A Composite Biography*，堪萨斯州利文沃思堡美国陆军指挥与参谋学院，1989 年）提到，战时美国陆军的 34 个军长中有 24 人上过西点军校，其中 23 人从该校毕业。"第二十四个人就是劳埃德·弗雷登道尔，他因为在 1902 年和 1903 年连续两年数学不及格而被劝退。"（第 4—5 页）

3. 关于法军部队在突尼斯的作战的讨论，见其指挥官阿方斯·朱安将军（General Alphonse Juin）撰写的文章《突尼斯会战》（*La Campagne de Tunisie*），《历史之镜》（*Miroir de l'Histoire*）第 8 辑，第 87 期（1957 年）第 312—324 页，以及马塞尔·斯皮瓦克（Marcel Spivak）和阿尔芒·莱奥尼（Armand Leoni）著，《在非洲抗击轴心国的法国军队》第 2 卷（*Les Forces Françaises dans la Lutte contre l'Axe en Afrique*, vol. 2，万塞讷：Ministère de la Défense，1985 年），第 205—215 页。

4. 见相关的"绿皮丛书"，乔治·豪著，《西北非洲：夺取西线的主动权》（*Northwest Africa: Seizing the Initiative in the West*，华盛顿哥伦比亚特区：Center of Military History，1957 年），第 374—376 页。

5. 关于信使行动，见肯尼思·麦克西（Kenneth Macksey）著，《强国的熔炉：突尼斯之战，1942—1943》（*Crucible of Power: The Fight for Tunisia, 1942—1943*，伦敦：Hutchinson，1969 年），第 124—132 页，以及英国官方战史中的相关卷册，即普莱费尔和莫洛尼著，《地中海与中东战场》（*The Mediterranean and Middle East*）第 4 卷，《轴心国军队在非洲的覆灭》（*The Destruction of the Axis forces in Africa*，伦敦：皇家出版局，1966 年），第 277—284 页。

6. 杰克·科金斯（Jack Coggins）著，《争夺北非之战》（*The Campaign for North Africa*，纽约州加登城：Doubleday，1980 年），第 118—120 页，该书中作者认真绘制的地图也很有价值；卡洛·德斯特著，《第二次世界大战的地中海战区，1942—1945》（*World War II in the Mediterranean, 1942–1945*，北卡罗来纳州查珀尔希尔：Algonquin Books，1990 年），第 13—16 页；以及阿特金森著，《破晓的军队》，第 270—280 页。

7. 有关塞涅德站的胜利和通向梅克纳西的道路上的惨败，见豪著，《夺取主动权》，第 387—388、392—393 页；阿特金森著，《破晓的军队》，第 306—307、312—317 页以及查尔斯·安德森著，《突尼斯》（*Tunisia*，华盛顿哥伦比亚特区Center of Military History，出版年份不详），第 16—17 页。

8. 关于这场大撤退的第一手史料是埃尔温·隆美尔著，《无恨之战：由卢齐厄－玛丽亚·隆美尔夫人与前非洲装甲集团军参谋长弗里茨·拜尔莱因中将编纂成集》（*Krieg Ohne Hass: Herausgegeben von Frau Lucie-Maria Rommel und Generalleutnant Fritz Bayerlein, ehemaliger Chef des Stabes der Panzerarmee Afrika*，海登海姆：Verlag Heidenheimer Zeitung，1950 年），第 287—343 页。要查看英译本，见利德尔·哈特编，《隆美尔战时文件》（*The Rommel Papers*，纽约：Da Capo，1953 年），第 337—396 页。利德尔·哈特选择在书中穿插了不少隆美尔与妻子的通信——有时效果不错，有时反而会干扰读者。德国官方正史也很有价值。见《德国与第二次世界大战》，第 6 卷，《全球战争：战争的扩大和主动权的易手，1941—1943》（*Das*

Deutsche Reich und Der Zweite Weltkrieg, vol. 6, Der Globale Krieg: Die Ausweitung zum Weltkrieg und der Wechsel der Initiative, 1941—1943，斯图加特：Deutsche Verlags-Anstalt，1990 年），尤其是第 5 部分，赖因哈德·施通普夫著，《地中海的战争，1942—1943：北非和地中海的作战行动》（*Der Krieg im Mittelmeerraum 1942/43: Die Operationen in Nordafrika und im mittleren Mittelmeer*），第 6 卷第 725—739 页。乔治·福蒂（George Forty）著，《隆美尔的军队》（*The Armies of Rommel*，伦敦：Arms and Armour，1997 年），第 152—166 页提供了大量关于武器、条令和战斗序列的重要信息。要了解重要的作战行动细节，还可参见隆美尔的参谋长西格弗里德·韦斯特法尔及其继任者阿尔弗雷德·高泽（Alfred Gause）的作品。韦斯特法尔的作品是《被禁锢的军队：隆美尔、凯塞林和龙德施泰特的参谋长的文件集》（*Heer in Fesseln: Aus den Papieren des Stabschefs von Rommel, Kesselring und Rundstedt*，波恩：Athenäum-Verlag，1950 年），第 186—188 页；其英译本是《西线的德国军队》（*The German Army in the West*，伦敦：Cassell，1951 年），第 118—121 页；《回忆录》（*Erinnerungen*，美因茨：Von Hase & Koehler，1975 年），第 176—187 页；以及《北非战争札记，1941—1943》（*Notes on the Campaign in North Africa, 1941—1943*），《皇家联合军种学会志》（*Journal of the Royal United Service Institution*）第 105 辑，第 617 期（1960 年）：第 70—81 页。弗朗茨·库罗夫斯基（Franz Kurowski）著，《隆美尔、凯塞林和冯·龙德施泰特三元帅的参谋长西格弗里德·韦斯特法尔骑兵上将》（*General der Kavallerie Siegfried Westphal, Generalstabschef dreier Feldmarschälle Rommel, Kesselring und von Rundstedt*，维尔茨堡：Flechsig，2007 年），第 67—87 页，和杰弗里·梅加吉著，《西格弗里德·韦斯特法尔》（*Siegfried Westphal*），达维德·宗贝茨基（David T. Zabecki）编，《参谋长：历史名将背后的首席幕僚》第 2 卷，《从第二次世界大战到朝鲜和越南战争》（*Chief of Staff: The Principal Officers Behind History's Great Commanders, vol. 2, World War II to Korea and Vietnam*，马里兰州安纳波利斯：Naval Institute Press，2008 年），第 37—49 页都将韦斯特法尔放在历史背景下做了分析。梅加吉在讨论德军的参谋军官和部队主官时眼光犀利，鞭辟入里。关于阿尔弗雷德·高泽的作品，见《1942 年的北非会战》（*Der Feldzug in Nordafrika im Jahre 1942*），《国防科学评论》第 12 辑，第 11 期（1962 年 11 月）：第 652—680 页，和《1943 年的北非会战》（*Der Feldzug in Nordafrika im Jahre 1943*），《国防科学评论》第 12 辑，第 12 期（1962 年 12 月）：第 720—728 页。顺带一提，高泽声称这场撤退的行程是 3000 千米（第 676 页）。关于英国方面的分析，首先请参见第一手史料，伯纳德·劳·蒙哥马利（Bernard Law Montgomery）著，《蒙哥马利元帅回忆录》（*Memoirs of Field-Marshal the Viscount Montgomery of Alamein*，伦敦：Collins，1958 年），第 140—169 页，然后请看普莱费尔和莫洛尼著，《轴心国军队在非洲的覆灭》，第 215—238 页；罗宾·尼尔兰兹（Robin Neillands）著，《第 8 集团军：从北非到阿尔卑斯山将轴心国逼入绝境的沙漠胜利之师，1939—1945》（*Eighth Army: The Triumphant Desert Army that Held the Axis at Bay from North Africa to the Alps, 1939-1945*，纽约：Overlook，2004 年），第 173—189 页；以及弗尼（C. L. Verney）著，《沙漠之鼠：第二次世界大战中的第 7 装甲师》（*The Desert Rats: The 7th Armoured Divisions in World War II*，宾夕法尼亚州梅卡尼克斯堡：Stackpole Books，2002 年），第 127—161 页。最后，请参见通常配有精美插图的雅努什·皮耶卡尔凯维奇（Janusz Piekalkiewicz）著，《非洲的沙漠战争，1940—1943》（*Der Wüstenkrieg in Afrika, 1940—1943*，慕尼黑Südwest Verlag，1985 年），尤其是第 225—238 页。皮耶卡尔凯维奇写过一系列这类书籍。它们在大西洋两岸赢得了一批忠实读者，在分析战争中德军的几乎任何战役时都是必读之作。要了解他的其他代表作，见《巴尔干之战》（*Krieg auf dem Balkan*，慕尼黑: Südwest Verlag，1984 年）和《斯大林格勒：战役剖析》（*Stalingrad: Anatomie einer Schlacht*，慕尼黑：Südwest Verlag，1977 年）。

9. 最近忽视这场撤退的风气出现了可喜的改变，请参见布鲁斯·艾伦·沃森（Bruce Allen Watson）著，《隆美尔退场：突尼斯会战，1942—1943》（*Exit Rommel: The Tunisian Campaign, 1942—43*，宾夕法尼亚州梅卡尼克斯堡：Stackpole，2007 年）中的一章，《隆美尔的走向突尼斯之路：大撤退》（Rommel's Road to Tunisia: The Great Withdrawal）（第 26—45 页）。

译注:《远征记》(一译《长征记》)是古希腊历史学家色诺芬的名著,讲述了一支希腊雇佣军从波斯回到希腊的悲壮历程。

10. 韦斯特法尔著,《被禁锢的军队》声称隆美尔"内心已经崩溃"(innerlich zerbrochen)。英文版见韦斯特法尔著,《西线的德国军队》,第 121 页。另见韦斯特法尔著,《回忆录》,第 186 页,作者在其中将隆美尔称作"一个垮掉的男人"(ein gebrochener Mann)。

11. 要了解希特勒的坚守令的详细文本,见韦斯特法尔著,《回忆录》,第 176 页,以及隆美尔著,《无恨之战》,第 268 页。在《隆美尔战时文件》,第 321 页中,编辑者利德尔·哈特宣称《无恨之战》中给出的文本是"命令的缩略版本",并且自己给出了一个"完整版本"(很遗憾,是英文的)。

12. 关于坚守令和隆美尔的反应的讨论,见罗伯特·M. 奇蒂诺著,《国防军:第一部·折戟沉沙,1942 年德军历次战役》(Death of the Wehrmacht: The German Campaigns of 1942,劳伦斯:University Press of Kansas,2007 年),第 286—288 页。

13. 关于阿拉曼之战的结局,见《德国与第二次世界大战》,第 5 部分,施通普夫著,《地中海的战争》,第 6 卷第 706—709 页中精彩的战役记述。

14. 关于历史学家对蒙哥马利的指责,有代表性的样本可参见利德尔·哈特著,《第二次世界大战史》(History of the Second World War,康涅狄格州旧塞布鲁克Konecky & Konecky,1970 年),第 305—306 页,其中这位英国权威学者重点抨击了"谨慎过头、犹豫不决、行动迟缓和浅近机动等老毛病",认为切断隆美尔的几次敷衍了事的尝试"还是过于浅近和过于迟缓",英军"不愿在黑夜中追击",而蒙哥马利又往往"过于密切地关注战斗,忘记了决定性地扩大战果的基本要求"。

15. 隆美尔著,《无恨之战》,第 385 页。

16. 关于在沙漠中真正实现 Kesselschlacht 之难,最好的证据就是隆美尔 1942 年 5 月在贾扎拉(忒修斯行动)的大规模攻势。见奇蒂诺著,《国防军:第一部·折戟沉沙,1942 年德军历次战役》,第 116—151 页,以及小萨缪尔·米查姆(Samuel W. Mitcham Jr.)著,《隆美尔的最大胜利:沙漠之狐与托布鲁克的陷落,1942》(Rommel's Greatest Victory: The Desert Fox and the Fall of Tobruk, 1942,加利福尼亚州纳瓦托:Presidio,1998 年)中生动的记述。隆美尔最初针对英国第 8 集团军后方的机动实际上已经包围了他的敌人。但是两天以后,他自己反而在贾扎拉以南依然连贯的英军防御阵地后方被包围在"大锅"中。在这两次战斗中,无论双方摧毁了对方的多少物资,都没有达成真正的包围战。

17. 关于轻足行动和增压行动的作战策划过程和战前指示,请参见蒙哥马利著,《回忆录》,第 118—139 页中虽有倾向性但仍然比较准确的说明。

18. 关于这段混乱的作战过程的细节,见《德国与第二次世界大战》,第 5 部分,施通普夫著,《地中海的战争》,第 6 卷第 726 页("第 33 和第 580 侦察营的官兵组成福斯战斗群,断后掩护主力直至早晨")。

19. 隆美尔著,《无恨之战》,第 294 页将拉姆克的逃脱称作"了不起的成就"。韦斯特法尔著,《回忆录》,第 180 页却声称隆美尔并没有这么激动。韦斯特法尔写道,这位元帅认为拉姆克"只是尽到了他的职责"。

20. 隆美尔著,《无恨之战》,第 295—296 页承认,非洲装甲集团军此时仍然处于惊魂未定的状态。另见沃森著,《隆美尔退场》,第 32 页。

21. 作为一场以一个完整的野战集团军的覆灭告终的战役,贝达福姆之战在西方文献中无疑没有得到应有的重视。利德尔·哈特著,《第二次世界大战史》,第 116—118 页,以及威廉森·默里和艾伦·米利特著,《一场要赢的战争:第二次世界大战》(A War to be Won: Fighting the Second World War,马萨诸塞州坎布里奇:Harvard University Press,2000 年),第 90—101 页都只是简略叙述了此战。

22. 十字军行动产生了大量相关文献,以英语作品为主。最好的入门之作是科雷利·巴尼特(Correlli

Barnett）著，《沙漠将军》（*The Desert Generals*，布卢明顿Indiana University Press，1982 年）。

23. 隆美尔的第二次攻势，也就是他从欧盖莱向贾扎拉的仓促进军，通常在文献中只有寥寥数语的记录。最好的作战记述是《德国与第二次世界大战》，第 5 部分，施通普夫著，《地中海的战争》，第 6 卷第 569—588 页，"再次征服昔兰尼加"（Die Wiedereroberung der Cyrenaika）。

24. 见沃森著，《隆美尔退场》，第 34—45 页，和《德国与第二次世界大战》，第 5 部分，施通普夫著，《地中海的战争》，第 6 卷第 728 页。

25.《德国与第二次世界大战》，第 5 部分，施通普夫著，《地中海的战争》，第 6 卷第 728 页。

26. 出处同前。德语原文是"möglichst grossen Sprung"。

27. 隆美尔著，《无恨之战》，第 304—305 页，"从托布鲁克到布雷加港的路上，我们基本上未损一兵一卒。"另见福蒂著，《隆美尔的军队》，第 162—164 页。

28.《德国与第二次世界大战》，第 5 部分，施通普夫著，《地中海的战争》，第 6 卷第 729 页。

29. 隆美尔著，《无恨之战》，第 305—306 页。

30. 见《隆美尔战时文件》，第 357—358 页中隆美尔关于这个问题的议论（"除此之外，形势与我们在 1941—1942 年冬天面临的情况非常相似"）。这些文字并未出现在《无恨之战》中。另见阿尔弗雷德·托佩少将（Major General Alfred Toppe）著，《沙漠战：德军在第二次世界大战中的经验》（*Desert Warfare: German Experiences in World War Ⅱ*），手稿 P-129，宾夕法尼亚州卡莱尔市的美国陆军传统与教育中心（USAHEC）藏有德文原件和英文译本。

31. 关于蒙哥马利对布雷加港的进攻，最好的作战记述至今仍是 45 年前写成的普莱费尔和莫洛尼著，《轴心国军队在非洲的覆灭》，第 217—227 页，这很能说明关于沙漠战争这一阶段的研究是多么欠缺。

32. 隆美尔著，《无恨之战》，第 319 页将蒙哥马利对布雷加港的突击形容为"一拳打空"（ein Stoss ins Leere）。

33. 德军这种独特的防御形式是 1935 年前护国军训练体系的核心，有关资料见金特·布卢门特里特（Günther Blumentritt）著，《阻滞战斗》（*Hinhaltender Kampf*），B-704，美国陆军传统与教育中心藏有德文原件和英文译本。

34. 有关墨索里尼发给部队的电报（"抵抗到底，我重复一遍，在德意装甲集团军的全体官兵要在布埃拉特阵地抵抗到底"），见隆美尔著，《无恨之战》，第 325—326 页；高泽著，《1942 年的北非会战》，第 679 页；以及普莱费尔和莫洛尼著，《轴心国军队在非洲的覆灭》，第 229 页。

35.《德国与第二次世界大战》，第 5 部分，施通普夫著，《地中海的战争》，第 6 卷第 733 页："angesichts die kümmerlichen Reste der Panzerarmee vielleicht zu systematischen。"

36. 普莱费尔和莫洛尼著，《轴心国军队在非洲的覆灭》，第 228 页。关于布埃拉特阵地的战斗，见隆美尔著，《无恨之战》，第 330—336 页。

37. 普莱费尔和莫洛尼著，《轴心国军队在非洲的覆灭》，第 231 页。要了解"瓦伦丁"式坦克在该战区的运用，见布莱恩·佩雷特（Bryan Perrett）著，《"瓦伦丁"式坦克在北非，1942—1943》（*The Valentine in North Africa, 1942-43*，伦敦：Ian Allan，1972 年）。

38. 见尼尔兰兹著，《第 8 集团军》，第 187—189 页；以及普莱费尔和莫洛尼著，《轴心国军队在非洲的覆灭》，第 233—234 页。

39. 关于第 7 装甲师在布埃拉特的作战的简述，见弗尼著，《沙漠之鼠》，第 145—148 页。

40. 普莱费尔和莫洛尼著，《轴心国军队在非洲的覆灭》，第 236 页。

41. 高泽著，《1942 年的北非会战》，第 721 页。

42. 普莱费尔和莫洛尼著，《轴心国军队在非洲的覆灭》，第 238 页。但"走了很远的路"有些轻描淡写。第 8 集团军在沙漠条件下行程大大超过 1600 千米。

43.《德国与第二次世界大战》，第 5 部分，施通普夫著，《地中海的战争》，第 6 卷第 738 页："Grosselogistische und bürokratische Apparate, wie sie bei westalliierten Kommandobehörden üblich waren, hatten mancherlei Vorteile, beschleunigten aber die Entschlussfassung nicht." 施通普夫还进一步对比了盟军的命令式策略（以下达和接受命令为基础的指挥和控制体系）与德军的任务式策略（以任务为基础，执行任务的手段和方法由下级指挥官决定）。

44. 见蒙哥马利著，《回忆录》，第 352 页，其中他将"承受痛苦和针对每一种可能发生的情况做好准备的无限能力"称为"战争中一切胜利的基础"，在第 353—354 页又重复了这一观点。

45. 卡塞林山口之战在文献中得到了相当多的关注——相关文献远远多于一场只是稍稍超过军级规模的战斗通常会产生的数量。但是规模并不重要，因为我们要考虑到其他因素：这是非洲的轴心国部队拼尽全力的最后一次进攻；隆美尔元帅以过去两年曾令他声名大噪的高速坦克突击战法作最后一次豪赌；尤其值得注意的是，这是美国陆军与国防军第一次对决的好戏。如果想了解管理者的观点，请首先阅读德怀特·艾森豪威尔著，《十字军征欧》（Crusade in Europe，纽约州加登城：Doubleday，1948 年），第 141—148 页。要了解追求给敌人致命一击的斗士和作战专家的观点，请参见隆美尔著，《无恨之战》，第 347—362 页，而且应该与阿尔贝特·凯塞林著，《军人处至最后一日》（Soldat bis zum letzten Tag，波恩：Athenäum，1953 年），第 202—206 页以及弗朗茨·库罗夫斯基著，《阿尔贝特·凯塞林元帅：各条战线上的总司令》（Generalfeldmarschall Albert Kesselring: Oberbefehlshaber an allen Fronten，湖畔山：Kurt Vowinckel-Verlag，1985 年），第 176—196 页连起来阅读。接下来，应该参考双方的官方正史。豪著，《夺取主动权》中的整整四章相关论述包含了连完美主义者都会感到满足的作战细节，但它也具有"绿皮丛书"的通病，有时叙事不够连贯。在德国方面，我们应该阅读《德国与第二次世界大战》，第 8 卷，《东线：东方与次要战线的战争》（Die Ostfront: Der Krieg im Osten and an den Nebenfronten），第 6 部分，"次要战线的战争"（Der Krieg an den Nebenfronten），尤其是格哈德·施赖伯（Gerhard Schreiber）著，《北非战事的结束和 1943 至 1945 年意大利的战争》（Das Ende des nordafrikanischen Feldzugs und der Krieg in Italian 1943 bis 1945），第 1100—1162 页。施赖伯是位优秀的历史学家，因为研究德国与意大利的关系而成名，但是他只花了两页篇幅（第 1105—1106 页）叙述卡塞林的战斗，而且对于从卡塞林到波河谷地的全部大战也仅仅写了 60 页。与《德国与第二次世界大战》丛书中的其他条目相比，这部分的作战细节从头至尾都极少，不能不说是令人失望的。也许这反映了这套学术巨著的作者对于战斗的疲倦，或者仅仅是在提醒我们德国分析家直到今天都对突尼斯这条边缘战线缺乏兴趣。总而言之，官方战史在这一课题上的比拼是以美国人的完胜而告终的。

我们通过翻阅德国国防军的半官方期刊《军事周刊》也可以发现突尼斯战役的二流地位。专题文章《大德意志解放战争》（Grossdeutschlands Freiheitskrieg）自战争开始以来一直是这份期刊的头条。这一专题每期都汇总了自上一期出版以来各条战线的军事报道，也是提供军官团关于战斗的集体思维的宝贵源泉，而它对从火炬行动到突尼斯的北非战事报道极少，也几乎没有提供任何相关的作战细节——而在上一年夏天它还生动地描写了隆美尔进军埃及的细节。请参见《英美联军对法属北非的攻击》（Die britisch-amerikanische Überfall auf Französisch-Nordafrika），《大德意志解放战争》，第 171 节，《军事周刊》第 127 辑，第 21 期（1942 年 11 月 20 日）：第 557—560 页；《敌军在北非的实力》（Die Feindmächte in Nordafrika），《大德意志解放战争》，第 172 节，《军事周刊》第 127 辑，第 22 期（1942 年 11 月 27 日）第 584—587 页《美国佬在北非的恐怖主义》Yankeeterror in Nordafrika），《大德意志解放战争》，第 173 节，《军事周刊》第 127 辑，第 23 期（1942 年 12 月 4 日）：第 616 页；《突尼斯正在进行大战》（In Tunesien grössere Kämpfe im Gange），《大德意志解放战争》，第 174 节，《军事周刊》第 127 辑，第 24 期（1942 年 12 月 11 日），说是"大战"，却只用了一个段落（第 640—641 页）来描写；《突尼斯的战斗》（Kämpfe in Tunisien），《大德意志解放战争》，第 175 节，《军事周刊》第 127 辑，第 25 期（1942 年 12 月 18 日）：第 670—671 页，又是只用一个段落叙述了突尼斯前线的事件（包括内林将军在特布尔巴的反击）。最后，在关于德军总参谋部的两部权威德语史书中突尼斯战役也几乎踪影全无瓦尔特·格利茨（Walter Görlitz）著，《德军总参谋部：历史与完形，1657—1945》（*Der deutsche Generalstab: Geschichte und Gestalt, 1657-1945*，美因河畔法兰克福：Verlag der Frankfurter Hefte，1950 年）和瓦尔德马·爱尔福特著，《德国总参谋部 1918 到 1945 年的历史》（*Die Geschichte des deutschen Generalstabes von 1918 bis 1945*，柏林：Musterschmidt，1957 年）。

有关专业文献，首先请阅读高泽著，《1943 年的北非会战》，第 721 页，他也只用一个段落叙述了卡塞林山口之战。关于专业文献的其他例子，请参见库尔特·沃尔夫（Kurt E. Wolff）著，《突尼斯的坦克战》（*Tank Battle in Tunisia*），这是原本发表在《帝国》（*Das Reich*）上的德语文章的转载，见于《军事评论》第 23 辑，第 6 期（1943 年 9 月）：第 61—63 页；乔治·豪著，《法伊德——卡塞林：德方观点》（*Faid—Kasserine: The German View*），《军务》（*Military Affairs*）第 13 辑，第 4 期（1949 年冬）：第 216—222 页，这是他的"绿皮丛书"章节的概略，很有参考价值；《突尼斯的内线》（*Interior Lines in Tunisia*），这是转载的一篇英方分析文章，见于《军事评论》第 23 辑，第 5 期（1943 年 8 月）第 30 页还有赫尔曼·朗格（Herman W. W. Lange）著，《隆美尔在塔莱》（*Rommel at Thala*），《军事评论》第 41 辑，第 9 期（1961 年 9 月）：第 72—84 页。有一篇来自美国军界的优秀作品是马克·卡尔霍恩（Mark T. Calhoun）著，《兵败卡塞林：第二次世界大战美国装甲兵学说、训练和在西北非洲战场的战斗指挥》（*Defeat at Kasserine: American Armor Doctrine, Training, and Battle Command in Northwest Africa, World War II*，硕士论文，美国陆军指挥与参谋学院，堪萨斯州利文沃思堡，2003 年）。卡尔霍恩正确地指出突尼斯美军的问题是"装备低劣、条令不合理"（第 81 页）。最后，要了解美国陆军一位优秀军官目睹部队夭灭、自己也被德军俘虏的内幕故事，请参见约翰·沃特斯的访谈录，它是"高级军官口述历史计划"的一部分，项目号 80-4（1980 年），第 617—619 页。美国陆军传统与教育中心收藏了该文档的一份副本。

英语的专题文献数不胜数。其中的佼佼者有麦克西著，《强国的熔炉》，第 140—178 页；沃森著，《隆美尔退场》；马丁·布吕芒松（Martin Blumenson）著，《卡塞林山口：隆美尔争夺突尼斯的高潮大血战》（*Kasserine Pass: Rommel's Bloody, Climactic Battle for Tunisia*，纽约：Cooper Square Press，2000 年）；以及阿特金森著，《破晓的军队》。阿特金森单凭第 9 章（"卡塞林"，第 338—392 页）的描写就足以赢得普利策奖。其他值得一读的作品包括利德尔·哈特著，《第二次世界大战史》，第 402—410 页可靠的作战记述德斯特著，《第二次世界大战的地中海战区》，第 13—21 页；波尔奇著，《胜利之路》，第 384—390 页；以及奥尔·凯利（Orr Kelly）著，《对抗狡狐：盟军对非洲的进攻，从火炬行动到卡塞林山口再到突尼斯的胜利》（*Meeting the Fox: The Allied Invasion of Africa, from Operation Torch to Kasserine Pass to Victory in Tunisia*，纽约：John Wiley & Sons，2002 年），第 227—258 页。

46. 关于卡塞林之战的策划，见沃森著，《隆美尔退场》，第 73—74 页；和马丁·基钦著，《隆美尔的沙漠战争：第二次世界大战中的北非战事，1941—1943》（*Rommel's Desert War: Waging World War II in North Africa, 1941-1943*，剑桥：Cambridge University Press，2009 年），第 427—433 页。

47. 见阿尔贝特·凯塞林著，《凯塞林：一个军人的记录》（*Kesselring: A Soldier's Record*，纽约：William Morrow，1954 年），第 179—181 页，其中他提到了"Eigenwilligkeit der beiden Oberbefehlshaber"（在第 181 页，被译作两位司令官的"愚顽"）。

48. 关于阿尔杰营被血洗的经过，见阿特金森著，《破晓的军队》，第 350—352 页，和豪著，《夺取主动权》，第 421—422 页。

49. 布吕芒松著，《卡塞林山口》，第 144—145 页。

50. 约翰·沃特斯访谈录，第 583—609 页。

51. 沃森著，《隆美尔退场》，第 79—80 页。

52. 豪著，《夺取主动权》，第 437 页："三十四架无法再飞行的飞机被销毁。"

53. 阿特金森著，《破晓的军队》，第 349 页。美军损失75 人伤亡，全部 12 辆坦克歼击车和"16 辆其他车辆"被毁。

54. 隆美尔著，《无恨之战》，第 351—355 页。

55. 例如，请参见罗伯特·M. 奇蒂诺著，《德式兵法：从三十年战争到第三帝国》(*The German Way of War: From the Thirty Years' War to the Third Reich*，劳伦斯：University Press of Kansas，2005 年)，第 297—299 页中记述的台风行动结束前的离心机动，以及奇蒂诺著，《国防军第一部·折戟沉沙，1942 年德军历次战役》，第 224—227 页中描写的 1942 年夏季攻势 (蓝色行动) 期间这一现象的重演。

56. 要了解当时美军在该山口中混乱的防御状态，见豪著，《夺取主动权》，第 447—448 页，以及阿特金森著，《破晓的军队》，第 371—373 页。

57. 豪著，《夺取主动权》，第 447 页："我要你立即前往卡塞林，当一回'石壁'杰克逊。占领那里的阵地。"另见布吕芒松著，《卡塞林山口》，第 231 页。

58. 关于山口中的战斗，以及德军方面准确的战斗序列信息，见沃森著，《隆美尔退场》，第 91—93 页。

59. 转引自阿特金森著，《破晓的军队》，第 375 页。

60. 见德怀特·艾森豪威尔著，《稍息：我讲给朋友听的故事》(*At Ease: Stories I Tell to My Friends*，纽约州加登城：Doubleday，1967 年)，第 360 页。这段历史揭示了现代战争复杂背景下指挥关系的协调有多难。

61. 豪著，《夺取主动权》，第 466 页。另见朗格著，《隆美尔在塔莱》。

62. 要了解美军炮兵的优秀素质，尤其是射击控制和集中火力方面的素质，见博伊德·达斯特鲁普 (Boyd Dastrup) 著，《野战炮兵：历史与历史与原始资料》(*The Field Artillery: History and Sourcebook*，康涅狄格州韦斯特波特：Greenwood Press，1994 年)，第 60—61 页。

63. 要了解德国国军官团内部对隆美尔的意见，请参见阿尔弗雷德·约德尔战后在纽伦堡国际军事法庭上的证言，他将沙漠之狐的历次战役讥讽为"隆美尔在北非的小小游猎"。转引自拉尔夫·格奥尔格·罗伊特 (Ralf Georg Reuth) 的批判性传记《隆美尔：一个传奇的终结》(*Rommel: The End of a Legend*，伦敦：Haus，2005 年)，第 188 页。

64. 隆美尔著，《无恨之战》，第 357 页。此外他还称赞了"美军在卡塞林山口的顽强防守"(die zähe Verteidigung des Kasserinepasses durch die Amerikaner)，第 362 页。

65. 要了解弗雷登道尔对语言文字的奇葩运用——"奇葩"一词在此处不含褒义——请参见豪著，《夺取主动权》，第 378 页。下面原样转述弗雷登道尔 1943 年 1 月 19 日在一通电话中给保罗·罗比内特准将下达的命令："尽快把你们的部队，也就是走路男孩、玩具气枪、贝克的装备、贝克的装备倒过来的装备以及大家伙们，移动到位于你们当前位置正北方的 M。让你们的老板向那位法国绅士报到，他的姓名以 J 开头，位于一个以 D 开头、在 M 左侧第五个网格的地点。"

66. 转引自阿特金森著，《破晓的军队》，第 400 页。他还补充说，弗雷登道尔是个"常见的、令人不齿的家伙"。

67. 《德国与第二次世界大战》，第 5 部分，施通普夫著，《地中海的战争》，第 6 卷第739 页"Das Ende der im eigentlichen Sinne operativen Kriegführung der Achse in Nordafrika。"

68. 要了解卡普里行动混乱的策划和平庸的执行过程，见隆美尔著，《无恨之战》，第 364—367 页。这位元帅将此战的惨败主要归咎于发动时间的延迟 ["Tatsächlich kam der Angriff um etwa acht

Tage zu spät"（实际上这次进攻差不多晚了八天），第 367 页]。

69. 转引自阿特金森著，《破晓的军队》，第 410 页。

70. 要了解轴心国在突尼斯的后勤崩溃，艾伦·莱文（Alan J. Levine）的专著《针对隆美尔的补给线的战争，1942—1943》（*Alan J. Levine, The War against Rommel's Supply Lines, 1942-1943*，康涅狄格州韦斯特波特：Praeger，1999 年）至今仍是最有用的资料，尤其是第 115—181 页。

71. 关于第 18 集团军群的组建，见豪著，《夺取主动权》，第 485—500 页。第 486 页对页的图表"1943 年 3 月地中海盟军的指挥关系"尤其有帮助。亚历山大第一次到前线视察自己的新部队以后并不满意，他在 1943 年 2 月 27 日向首相和帝国总参谋长汇报说："坦率地说，我被自己发现的情况震惊了……我不想让您失望，但是北非的最终胜利还不能说是指日可待的。"普莱费尔和莫洛尼著，《轴心国军队在非洲的覆灭》，第 304 页。

72. 转引自波尔奇著，《胜利之路》，第 395 页。

73. 转引自阿特金森著，《破晓的军队》，第 401 页。要了解巴顿接管第 2 军时发表的另一些具有鲜明个人特色的大话，见拉迪斯拉斯·法拉戈（Ladislas Farago）著，《巴顿：磨难与胜利》（*Patton: Ordeal and Triumph*，宾夕法尼亚州亚德利：Westholme，2005 年），第 242—247 页；以及卡洛·德斯特著，《巴顿传：为战争而生的天才》（*Patton: A Genius for War*，纽约：Harper，1996 年），第 456—470 页。

74. 关于南蛮子行动，见豪著，《夺取主动权》，第 545—547 页。译注：Wop 一词是对移居美国的南欧人的蔑称，尤指意大利裔。

75. 有关拳击手盖洛普行动，见蒙哥马利著，《回忆录》，第 159—163 页。普莱费尔和莫洛尼著，《轴心国军队在非洲的覆灭》，第 331—355 页提供了最完整的作战细节描述。利德尔·哈特著，《第二次世界大战史》，第 416—422 页批评蒙哥马利未能取得"决定性胜利"，已成为关于此战的公认评价（第 421 页）。尼尔兰兹著，《第 8 集团军》，第 191—207 页提供了蒙哥马利麾下许多士兵的口述证言。要了解关于沙漠中常见的侧翼机动的讨论，见《沙漠"勾拳"——沙漠战中的迂回机动》（*Desert 'Hooks'—Outflanking Movements in Desert Warfare*），《军事评论》第 24 辑，第 11 期（1945 年 2 月）：第 115—119 页。

76. 阿特金森著，《破晓的军队》，第 420 页。

77. 关于这场有 11 万人和 3 万车辆参与的"向比塞大地段的秘密机动"，第一手史料请参见奥马尔·布雷德利（Omar N. Bradley）著，《一个军人的故事》（*A Soldier's Story*，纽约：Modern Library，1999 年），第 56—70 页。

78. 见英军来复枪旅第 1 营的营长斯蒂芬斯上校（Colonel F. Stephens）撰写的文章《突尼斯的崩溃》（*Collapse in Tunisia*），《军事评论》第 25 辑，第 1 期（1945 年 4 月）：第 79—82 页；以及汉斯·冯·卢克上校（Colonel Hans von Luck）的回忆录《坦克指挥官》（*Panzer Commander*，康涅狄格州韦斯特波特：Praeger，1989 年），第 120—139 页。卢克执笔的文章《北非的末日》（*The End in North Africa*），《军事历史季刊》（*Military History Quarterly*）第 1 辑，第 4 期（1989 年）：第 118—127 页是他的回忆录相关章节的缩编版。

79. 德国官方正史就明确支持这一说法，将突尼斯称作"ein zweites Stalingrad"（第二次斯大林格勒）（《德国与第二次世界大战》，第 6 部分，施赖伯著，《北非战事的结束》，第 8 卷第 1109 页）。另见基钦著，《隆美尔的沙漠战争》，第 422—458 页。

80. 在 8 月初，阿尼姆估计轴心国在突尼斯的总兵力是 35 万人，其中三分之一（12 万人）是作战部队。见豪著，《夺取主动权》，第 510 页。

81. 大多数历史学家认为突尼斯战役中的轴心国战俘人数在 25 万上下，但他们给出的数字差异很大，豪著，《夺取主动权》，第 510 页认为是 275000 人。布雷德利著，《一个军人的故事》，第 99 页则说"盟军抓获的俘虏总数超过 25 万，其中德国人超过一半"。《德国与第二次世界大战》，第 6 部分，施赖伯著，《北非战事的结束》，第 8 卷第 1109 页认为俘虏人数"在 267000 到 275000 之间，其中大多数是久经沙场的意大利人和德国人（zwischen 267,000 und 275,000 überwiegend kampferprobte Italiener und Deutsche）"。布吕芒松著，《卡塞林山口》，第 313 页宣称"这场失败超过了斯大林格勒的灾难"。基钦著，《隆美尔的沙漠战争》，第 456 页认为"该集团军群中的 13 万人"进了战俘营，但不清楚他们是德国人还是意大利人。普莱费尔和莫洛尼著，《轴心国军队在非洲的覆灭》，第 460 页给出了一个 238243 人的数字。英国新闻记者戴维·雷姆 [David Rame，这是迪万（A. D. Divine）的笔名] 著，《通向突尼斯之路》（Road to Tunis，纽约：Macmillan，1944 年），第 292 页宣称轴心国至少损失了 975000 人，不过他显然说的是整个北非战争的损失。安德森著，《突尼斯》，第 27 页给出的数字是"近 200000 战斗伤亡（整整一个野战集团军），275000 战俘"。查尔斯·麦克唐纳著，《大动干戈：美国在欧洲的战争》（The Mighty Endeavor: The American War in Europe，纽约：Da Capo，1992 年），第 139 页认为损失的不只是一个野战集团军："在北非的所有战斗中，轴心国损失了 34 万人，整整一个集团军群。"德方资料也并不比这些文献权威。国防军总司令部的瓦尔特·瓦利蒙特将军著，《德国国防军司令部内幕，1939—1945基础、成形、发展》（Im Hauptquartier der deutschen Wehrmacht, 1939-1945: Grundlagen, Formen, Gestalten，美因河畔法兰克福Bernard & Graefe, 1962 年），第 329 页将这次投降形容为一场"浩劫"（Katastrophe），并且说"两个德国一意大利集团军的 30 多万人"在突尼斯被俘。要查看瓦尔特蒙特回忆录的英文版，请参见《希特勒指挥部内幕，1939—1945》（Inside Hitler's Headquarters, 1939-45，加利福尼亚州诺瓦托：Presidio，1964 年），第 313 页。利德尔·哈特著，《第二次世界大战史》，第 431 页怀疑上述数字，指出非洲集团军群在 4 月下旬的就餐人数是 170000—180000 人，"所以很难理解为何被俘人数比这一数字多出近 50%。"同样，读者还可参见英国第 1 集团军司令安德森将军撰写的战斗报告，《1942 年 11 月 8 日至 1943 年 5 月 13 日西北非洲的作战》（Operations in North West Africa from 8th November 1942 to 13th May 1943），《伦敦公报》副刊（Supplement to the London Gazette），1946 年 11 月 6 日，第 5464 页，他在其中估计 4 月 1 日轴心国在非洲的兵力是 196700 人。另见波尔奇著，《胜利之路》，第 412—414 页中关于轴心国伤亡及俘虏人数和损失严重程度的精彩议论。

82. 按照历史学家布莱恩·麦卡利斯特·林在《战斗的启示：陆军的兵法》（The Echo of Battle: The Army's Way of War，马萨诸塞州坎布里奇：Harvard University Press，2007 年）第 1—9 页中首创的说法，突尼斯的美国陆军肯定是一支主要由"管理者"领导的军队，但它也包含了相当多的"英雄"。此外，这支军队偏好以技术手段解决战场上遇到的问题，这或许也使它可被归入"捍卫者"的类别。

83. 对德军总司令部的最佳剖析见杰弗里·梅加吉著，《希特勒总司令部揭秘》（Inside Hitler's High Command，劳伦斯：University Press of Kansas，2000 年），其中把陆军总司令部和国防军总司令部之间耗费大量精力和时间的钩心斗角写得尤其精彩。有关国防军总司令部的扩张，见第 205—206 页。

84. 有关突尼斯的惨败对约德尔的影响，请参见博多·朔伊里希（Bodo Scheurig）撰写的批判性传记，《阿尔弗雷德·约德尔：顺从与毁灭》（Alfred Jodl: Gehorsam und Verhängnis，柏林：Propyläen，1991 年），第 253 页："Der Verlust Nordafrikas deprimierte ihn. Es war—nominell—sein Stalingrad.（北非的损失令他意气消沉。从名义上来讲，这是他的斯大林格勒。）"另见瓦尔特·格利茨著，《凯特尔、约德尔和瓦尔利蒙特》（Keitel, Jodl, and Warlimont），收录于科瑞利·巴尼特编，《希特勒的将军们》（Hitler's Generals，纽约：Quill，1989 年），第 138—171 页。威廉·凯特尔元帅（Field Marshal Wilhelm Keitel）备受争议的回忆录《我的一生：尽职到末日：希特勒的元帅兼国防军总司令部参谋长的证言》（Mein Leben: Pflichterfüllung bis zum Untergang: Hitlers Generalfeldmarschall und Chef des Oberkommandos der Wehrmacht in Selbstzeugnissen,

柏林：Edition Q，1998 年）虽然不能令读者对作者产生多少同情，但它至少说明了凯特尔的日常行为的背景，方便了人们理解。该书的英译本是《为帝国效忠》（*In the Service of the Reich*，纽约：Stein and Day，1979 年）。对于研究 1943 年的学者来说，凯特尔回忆录在关于斯大林格勒的部分戛然而止实在太可惜。他还没写完该书就在 1946 年 10 月 16 日被处以绞刑。

　　85．见韦斯特法尔著，《被禁锢的军队》，第 203—204 页："Glauben Sie mir, es ist eine böse Sache, Krieg zu führen und selbst in der Nähe. Wenn aber vollends der Krieg in einem anderen Erdteil geführt werden soll, dann, mein Herr, ist es das Meisterstück menschlichen Geistes, alles Nötige zu besorgen." 要了解轴心国在确定如何与为何在北非开展战争时遇到的种种困难，见拉尔夫·格奥尔格·罗伊特著，《地中海的决策：第二次世界大战中德国战略的欧洲南线部分，1940—1942》（Entscheidigung im Mittelmeer: Die südliche Peripherie Europas in der deutschen Strategie des Zweiten Weltkrieges, 1940-1942，科布伦茨：Bernard & Graefe，1985 年）。另见安德烈亚斯·希尔格鲁贝尔撰写的引言（第 7—8 页）。迈克尔·霍华德著，《第二次世界大战中的地中海战略》（*The Mediterranean Strategy in the Second World War*，纽约：Praeger，1968 年）提出，与其敌人相比，英美同盟能更好地使这个战区与大战略保持合适关系，而他们做到这一点恰恰是得益于他们的分歧，而不是相反（第 70—71 页）。要了解英美关系的动力及其对作战的影响，见安德鲁·布坎南（Andrew Buchanan）著，《真正的朋友？从托布鲁克到阿拉曼：美国对沙漠战争胜利的贡献》（*A Friend Indeed? From Tobruk to El Alamein: The American Contribution to Victory in the Desert*），《外交与国策》（*Diplomacy and Statecraft*）第 15 辑，第 2 期（2004 年 6 月）：第 279—301 页。

第四章
库尔斯克之战省思

引言

现实中真的存在所谓的"历史"吗？还是只存在反映各家立场的记录，称之为"史料"更为确切？让我们回溯到1943年年中，看看国防军在这场战争中的三个小片断吧。[1]

片段一

要是再听到一个将军对即将发起的攻势说三道四……他（希特勒）感到自己的怒火又涌了上来。[2] 只要一切顺利，那就好说。但是一旦战事不利，他们就会变得缩手缩脚。总是那套老生常谈：作战啦，战术啦，后勤啦……仿佛战争中只有这些东西最重要！这帮体面绅士们没读过克劳塞维茨的书吗？当然了，他们经常会引用他的话。可是他们似乎全都没有考虑过政治方面……没有。那显然是该由他操心的。

局势已经变坏了，这谁都看得出来。斯大林格勒、突尼斯、U艇遇到的问题……他能感觉到整个大局都有崩塌的危险，可是这帮人只会抱怨。

取消库尔斯克攻势？这就是现在他们异口同声对他说的话。他只能苦笑。当然了！多简单！他怎么就没想到呢？取消攻势！把主动权让给敌人。让那帮反墨索里尼的家伙在意大利掌权。让安东内斯库在罗马尼亚倒台——那个国王就等着出手的机会呢。该死！为什么安东内斯库不听他的话？"建设一支民众运动团体，"他告诫过这位罗马尼亚独裁者，"不要依赖军队。"安东内斯库没听进去。没有人听进去。在匈牙利，那个老狐狸霍尔蒂就在等待机会。只要我们稍不留神，这家伙就会跟英国人签条约了。

不……他不会取消"城堡行动"。这一点他们都知道。所以现在他们就想出了一个新花样：先等待俄国人进攻，放弃一些土地，诱敌深入，然后给他们反手一击。他又一次感到了愤怒：后退，放弃土地，腾出部队用于机动作战。"作战（Operieren）"——他开始讨厌这个字眼了——他在上一次大战中学到的一个道理就是：拿下了阵地，就要坚决守住，不能为了"作战"而放弃。

蠢货！他们怎么就不明白呢？每场战争都有打得顺利和不顺的时候。为什么这场战争就应该例外呢？也许对他们来说，初期的那些胜利都来得太容易了。一次挫折就让他们全垮了。也许他们受过的教育比他多，可是他读过的历史比他们所有人加起来都多。腓特烈大帝在库勒斯道夫（Kunersdorf）之战以后也没有绝望，而当时他已经一无所有了。[3]他成了没有军队的孤家寡人。

不，老弗里茨不曾放弃。

他也不会。

片段二

希特勒疯了吗？[4]

集团军群的指挥官们今晚的情绪很烦躁，都在坦率地交流着意见——有时候实在坦率了。作战处长因此感到很紧张，按理说再小心也不为过，可是有时候大家实在忍不住——先是斯大林格勒，然后是突尼斯，现在又是这一仗。

他到底疯了没有？

他们在毛厄沃德（Mauerwald）齐聚一堂，等待明天上午和元首开会。眼下这样的聚会让人高兴不起来。斯大林格勒已经够糟糕了……接着又是突尼斯。希特勒想问题总是不透彻。折中办法——从来都是折中办法！[5]当初盟军在西边登陆时他们就应该离开非洲，要么就干脆拿下直布罗陀或马耳他。看在上帝的分上，他们应该做些什么！而不是……在那里干等。

现在同样的事情又在东边发生了，不管是谁，只要看一眼地图就能明白局势如何。处长暗自思忖：现在就应该后撤，拉直战线，别再浪费兵力防守那些曲里拐弯的阵地，把部队解放出来。他们已经证明自己能够成功做到这一点，比如中央集团军群和它的"水牛行动"（Büffelbewegung）。[6]他心想，那是一次精妙的小规模行动，他们一直以来的训练就是为了做这种事，然而希特勒却听都不想听。"Operieren"这样的命令一下达，就意味着"后退"与"撤退"，对任何傻到提出这种建议的军官来说，都意味着提前退休，然后希特勒就会换上一个更听话的人。这种事他们以前都见过。

不得后撤。希特勒要的是进攻。他以为俄国人有多蠢？任何受过训练的参谋军官都能看出来：在"库尔斯克突出部（Der Kursker Bogen）"，这个地图上最显眼的地点不可能达成突然性，除了时间之外……也许该选在 3 月下旬，紧接在哈尔科夫之后，或者在早春时节。可现在已经是 6 月中旬了。[7]

他在等什么？

他是不是疯了？

片段三

1943 年 7 月 4 日。夜。[8]

少校很不高兴。

他朝地上啐了一口。军士刚刚拿着元首的电报来报告，那是这次大规模攻势之前的"当日命令"，足有四页。四页！战争打得越久，这些演说就越长。[9]他对历史了解不多，但是他怀疑腓特烈大帝和拿破仑都没有讲过这么多话。

全营将士已经共处了很长时间，也经历过许多风浪。他们需要的不是长篇大论。应该给他们一些吃的，给他们充足的弹药，让他们时不时好好睡上一晚。这些才是他们需要的。

新式坦克正在运来，崭新的、基本上没开过的"黑豹"坦克。它们的主炮打过炮弹没有？他又啐了一口。对坦克他还是有些了解的，比如新车在上战场前必须先磨合一段时间——小心地磨合。不管怎样，他听说新坦克全被党卫军的那帮混蛋领走了。他暂时还要接着用他的四号坦克。

新式坦克？他们需要的是更多步兵。再蠢的白痴都能看出来，可是看起来谁都不把步兵的事放在心上。

他手里拿着些别的东西，是前些时候苏联红军空投的一些传单。他快速翻了翻它们：在斯大林格勒拍的照片，德国战俘，塞德利茨呼吁他们投降的公告。他见过塞德利茨一面，那人是个铁骨铮铮的硬汉，但只有上帝知道俄国人对他做了什么。[10]

还有这件事！刚刚来了一个工兵连。听军士说，情报部门刚刚发现在他们对面的苏联人修筑了一些新的防御阵地，所以他们需要工兵的支援才能突破。可再过六小时就要进攻了啊？在他看来，这有点太迟了。[11] 这一仗不会顺利。他已经在这地方驻扎了一段时间，从心底里感到这一仗不好打。

少校很不高兴。

的确。此时德军即将发起 1943 年那场大规模攻势，目标是位于工业城市库尔斯克前方的苏军防线上的大突出部。国防军正站在万丈深渊前，所有人看起来都不是很高兴。

不可思议地缩水的库尔斯克战役

有史以来规模最大的坦克战？[12] 好吧，也许是。这个短语应该会让每一个研究二战的学者、学生或发烧友立刻想起什么。几十年来，我们一直用它来描述库尔斯克会战，也就是"城堡行动"，苏德两军在 1943 年夏天进行的超大规模装甲战。[13] 双方都是全力以赴：德军在东线进行了最后一次孤注一掷的豪赌，拼命想在苏军的坚固防御阵地上杀开一条血路，冲进后面的旷野，他们相信只要到了那些地方，他们优秀的训练水平和主动精神就能够抵消敌军的数量优势；日渐自信的苏军顶住了这次攻击，而且他们从第一天起就发动了反击，起初是在一些孤立的地点，后来更是在地图各处投入了他们的战役预备队和战略预备队。

在传统叙事中，这场战役的高潮于 7 月 12 日发生在一个名叫普罗霍罗夫卡（Prokhorovka）的平凡小村附近。一方是罗特米斯特罗夫将军（General P. A. Rotmistrov）指挥的苏联近卫第 5 坦克集团军，另一方是独眼的党卫军将领保罗·豪塞尔指挥的党卫军第 2 装甲军。德军又在四处游走，想要寻找普肖尔河（Psel River）上的渡口，越过库尔斯克前方这最后一道天然屏障。苏军又一次攻防并举，在坚守阵地之余发动了凶猛的反击。

多么惨烈的一天啊！普罗霍罗夫卡将成为一个术语，用来描述现代战争的残酷性质，以及你死我活的激烈斗争，在这样的斗争中，双方都明白战事到了生死关头，除了取胜别无出路。这场战斗中的暴力和混乱程度是不可估量的：双方的坦克纵队纠缠在一起，主炮在零距离上开火，而且，没错——每一个研究这场战争的人都听说过——在 7 月烈日的炙烤下，双方的坦克真的相互实施了撞击。罗特米斯特罗夫日后将会用启示录式的文字描述战场："战场上遍布着战死者的尸体、被击毁的坦克、被碾碎的火炮和不计其数的弹坑。地上连一片草叶都看不到：只有黑色的、冒着烟的焦土铺满了我们的整个攻击纵深——足足绵延 13 千米。"[14] 另一份资料则将普罗霍罗夫卡战场形容为"一大片扭曲的坦克残骸"，这一描写也进入了文学作品和大众意识。最终苏军守住了阵地，并给他们的党卫军对手造成了可怕的损失。德军没能取得突破，而城堡行动事实上也就此结束。

这是一次很有说服力的，甚至令人无法抗拒的叙事。库尔斯克会战包含了一切该有的要素：德国武装党卫队（与常规陆军并列的一支军队，其组建宗旨就是成为德国军队的机械化精英）的精锐机械化部队，苏军在保卫祖国时除了拥有大无畏的英雄主义精神外，还有坦克——数量众多的坦克，其中包括新式坦克。[15] 德军新式的"黑豹"和"虎"式坦克都在此战中亮相，更不用说还有被他们命名为"斐迪南"的巨型坦克歼击车。在苏军方面，值得信赖的 T-34 再次证明自己无愧决定胜负的关键。这场战役的意义也和其规模一样，一向被认为是巨大的。虽然有许多历史学家认为这场战争的转折点是德军在莫斯科城下的失败（1941 年），或是德国第 6 集团军在斯大林格勒的被围（1942 年），但也始终有着相当数量的人认为这个转折点出现在库尔斯克。这是"德国装甲兵的天鹅之歌"[16]，是他们集体的死亡冲锋，是这场战争中让人清楚地认识到哪一方将主宰另一方命运的时刻。

但是，近年来学者们却一直在给库尔斯克战役缩水。在这方面的讨论中新近出现了很受欢迎的一派，那就是在政府倒台后终于能够查阅档案的苏联研究者们。在这个群体中我们还应该加上一位令人敬重的美国学者的名字：戴维·格兰茨。[17] 他是已退役的美国陆军上校，精通俄语，在俄国发展了众多资料来源，并一本接一本地写出改变我们对苏德战争的认识的著作。这些学者已经告诉我们许多在德方记录中也能得到印证的事实。库尔斯克战役根本不是什么"孤注一掷的努力"。国防军并未追求在这个战役区域取得显著的突破。它的进攻规模是相当有限的，参战的只有两个正规集团军（北面的第 9 集团军和南面的第 4 装甲集团军），外加一个保护第 4 装甲集团军右翼的"暂编"集团军（肯普夫暂编集团军）。我们不妨将它与 1941 年的巴巴罗萨行动做个对比。那一次，国防军在从波罗的海到黑海的超大正面上攻击了苏军。在那场会战中的损失使它在 1942 年只能选择一个地段发动攻势，结果它以多个集团军在南方实施了蓝色行动。那场会战中的损失——它在东线最大的野战集团军在斯大林格勒被全歼——意味着在 1943

年，它已经落魄到只能发动某种破坏性作战：试图歼灭部署在库尔斯克突出部中、易受攻击的苏军部队。如果在此处获胜，就可以为岌岌可危的东线减轻一些压力，打乱苏军从库尔斯克发动新攻势的计划，并且缩短战线（Frontverkürzung），腾出急需用于其他地方的德军兵力。[18]

当然，这里的战斗是可怕的，损失是惨重的。现代的大规模机械化部队在进行这种近距离阵地战时是很善于互相伤害的。但是普罗霍罗夫卡的那场世界末日式的战斗？显然并没有发生。至少它并没有出现在任何德语资料中，仅仅出现在少数苏方资料中。那里确实发生了战斗，但要说到传统上公认的那种战斗——那"一大片扭曲的坦克残骸"，惨烈的近距离搏斗，装甲战历史上最疯狂的一天——那么普罗霍罗夫卡之战其实并不存在。[19]

在第二次世界大战中，德国人的记录工作确实做得一丝不苟，连他们最凶残的暴行都被记了下来，因此在普罗霍罗夫卡坦克战发生的那一天，也就是7月12日，照理说德军的装甲车辆统计表上应该出现很大的损失数字。如果能在档案中发现相关文件，甚至应该可以看到数字表格边上的旁注，或者是几个惊叹号。然而，我们在档案中几乎一无所获。没有大规模的坦克损失，没有死亡冲锋，没有德国装甲兵的天鹅之歌。问一问当时在场的德军坦克乘员，大多数人多半都会讲述一个抗击苏军大规模反击的艰苦防御战故事。他们受到了一定损失，但是也把进攻方打得头破血流。总的来说，他们忙活了一整天。[20]

很显然，如今要探究普罗霍罗夫卡之战的神话，我们就必须研究一下苏联近卫第5坦克集团军司令员罗特米斯特罗夫的作品。[21]上级命令他发动一次反击来遏制南方集团军群（及其先锋——党卫军第2装甲军）的推进，他满怀热情地执行了任务，迎着来势汹汹的德军发起了大规模的正面突击。在近距离与"黑豹"和"虎"式坦克混战几乎必然会造成严重后果——他的损失是惊人的——直到最近，研究者通过发掘苏联解体后公布的档案才发现了真相。以他的先头部队第29坦克军为例，它的122辆T-34坦克损失了95辆，70辆T-70轻型坦克损失了36辆，20辆突击炮损失了19辆。[22]这其实没有必要。与罗特米斯特罗夫并肩作战的苏军部队打得就没有这么大胆，但是却更聪明，结果他们并未付出如此骇人听闻的代价就阻止了德军的前进。[23]

在斯大林时代的苏联，这些事实意味着罗特米斯特罗夫必须做一些解释，而他也确实这么做了。在他的回忆录中，他编造了被广泛接受的关于普罗霍罗夫卡之战的说法，没错，他承认己方损失惨重，但同时又宣称在那一天击毁了400辆坦克，打断了党卫军第2装甲军的脊梁。击毁400辆坦克的战果确实很神奇，因为党卫军第2装甲军在普罗霍罗夫卡的坦克总共只有267辆。[24] 事实上，整个德国南方集团军群在持续12天的库尔斯克进攻战中损失的坦克只有161辆。罗特米斯特罗夫还宣称击毁了至少70辆"虎"式坦克。这同样是一个神奇的战果。德军在普罗霍罗夫卡实际损失的"虎"式坦克是几辆呢？答案是零。[25]

在这之后呢？好吧，我们只能说在这本回忆录出版后，各路历史学家和作家的生花妙笔就一发不可收拾了。"有史以来规模最大的坦克战"，"6000辆坦克的大战"[26]，有人绘声绘色地描写了1500辆坦克在一片"正面宽500米、纵深不过1000米"的战场上的大战。认真想一想就会发现，这些数字是令人难以置信的，甚至是荒诞不经的。[27] 问题在于，直到最近都没有几个人认真思考过这些数字。

这些数字根本就是不可能的。普罗霍罗夫卡发生过一场大战吗？毫无疑问。它是这场战争的转折点吗？也许是，也许不是。我们对这个问题的争论将永远不会终止，但这就是关于"转折点"的争论的固有性质。有史以来规模最大的坦克战？基本上肯定不是。

麻烦重重的计划，麻烦重重的开始

身经百战的德国装甲兵军官冯·梅林津将军在战后写作时，对库尔斯克攻势的作战计划基本上没说什么好话。"坦率地说，"他以不屑的口吻写道，"这个计划非常简单。"[28] 作为专门以巧妙的机动方案制定战法的总参谋部成员，站在专业人员的立场上，梅林津对于城堡行动的设计不能不感到尴尬。总参谋部的人都相信战争是一门艺术，固然要"依照科学原理"[29]，但仍不失为一门艺术。1943年的东线战场极为辽阔，一些地段有着在各个方向上都无边无垠的、开阔而起伏的平原。这是一个多么合适的作战舞台，存在着多少运动战的可能啊！这里可以佯攻，那里可以奇袭，可以突然撤退，可以奇兵突击——潜在的攻击方案是无穷无尽的。在地形开阔的南方地段尤其如此，因为那里具有屏障或通道作用的地形相对较少。在乌克兰，使战线发生变动也是比较容易的，因为任何一方的军队都无法防守每一个方向，也无法加强每一个侧翼。一旦打出了运动战，总参谋部的人都知道——这是他们的另一个坚定信条——德军在策划、训练和机动能力方面的优势就可以真正发挥出来，无论实力对比有多么悬殊，最终一定能取得胜利。[30]

　　如果说有一支军队特别需要一场胜利，那么它就应该是 1943 年的德国国防军。这是它在苏联的第三个会战季节。它曾经被莫斯科城下的惨败在实质上摧毁。于 1942 年利用年轻的应征人员重建后，它又在斯大林格勒一头扎进深渊。在所有战线上，战争的走向都已经明显不利于德国。此刻它正需要发出引人注目的宣言。然而它却没能淋漓尽致地发挥出自己的军事艺术的特长，这种历史悠久、举世闻名的军事传统的继承人在 1943 年想到的计策竟然只是对地图上最突出的地点发动一场笨拙的攻击而已。梅林津抱怨说："德军总司令部没有想方设法为机动战创造条件，它所能想到的最好的主意就是轻率地将我军精锐的装甲师投入库尔斯克。"[31]

　　任何研究过普鲁士—德意志军事行动史的人都很容易与梅林津产生共鸣。虽然德军历史上有过无数次大规模会战，城堡行动却始终是最容易解说的战役之一，而这可能就是它的问题之一。库尔斯克突出部是乌克兰北部战线上的一个突出地带，由于从亚速海延伸到北冰洋的整条东线的其他部分都相对较直，它的存在很是碍眼。因此，它是一个显而易见的目标。此外，它也是中央集团军群和南方集团军群之间一个很方便的作战分界。根据最终制定的方案，每个集团军群将各派出一个集团军——中央集团军群的瓦尔特·莫德尔将军（General Walther Model）指挥的第 9 集团军，以及南方集团军群的赫尔曼·霍特将军指挥的第 4 装甲集团军——攻击这个突出部的根部，突破它们当面的苏军防御并向心推进，直到实现会师，将苏军围困在一个巨大的包围圈中。在第 4 装甲集团军推进过程中，负责保护其暴露的南方侧翼的是第三支集团军规模的部队——肯普夫暂编集团军（或者叫肯普夫战役集群，得名于其指挥官）。虽然在城堡行动中它只担任辅助任务，并非核心部队，但是随着攻势的展开，它也会扮演关键角色。

　　两个集团军，一个显而易见的突出部，一次向心进攻——城堡行动的计划没有设计任何战前的机动，没有执行过调动敌人的尝试，没有辅助主要突击的佯攻，没有任何意外之处。不仅如此，防守方还得到了 4 个月的时间（对于苏联红军这样精通野战筑垒技术的军队来说，这段时间就和 4 年差不多），围绕这个显而易见的目标巩固阵地。因此，库尔斯克突出部在应对敌方进攻的准备上不亚于 3200千米战线上的其他任何地点。它有着星罗棋布的可以互相支援的据点、炮兵阵地、反坦克炮掩体，有整场战争中最密集的雷场之一，还有至少八条防御地带，这是苏联有关部门调集的大约 30 万平民劳工的劳动成果。[32]

第4集团军

西方面军

第2装甲集团军

布良斯克

布良斯克方面军

奥廖尔

第9集团军

中央方面军

库尔斯克

第2集团军

草原方面军

中央集团军群
（克鲁格）

沃罗涅日方面军

━ ━ ✕✕✕✕✕ ━ ━

别尔哥罗德

第4装甲集团军

肯普夫

南方集团军群
（曼斯坦因）

哈尔科夫

西南方面军

▲ 突破失败：城堡行动（1943年7月5—8日）

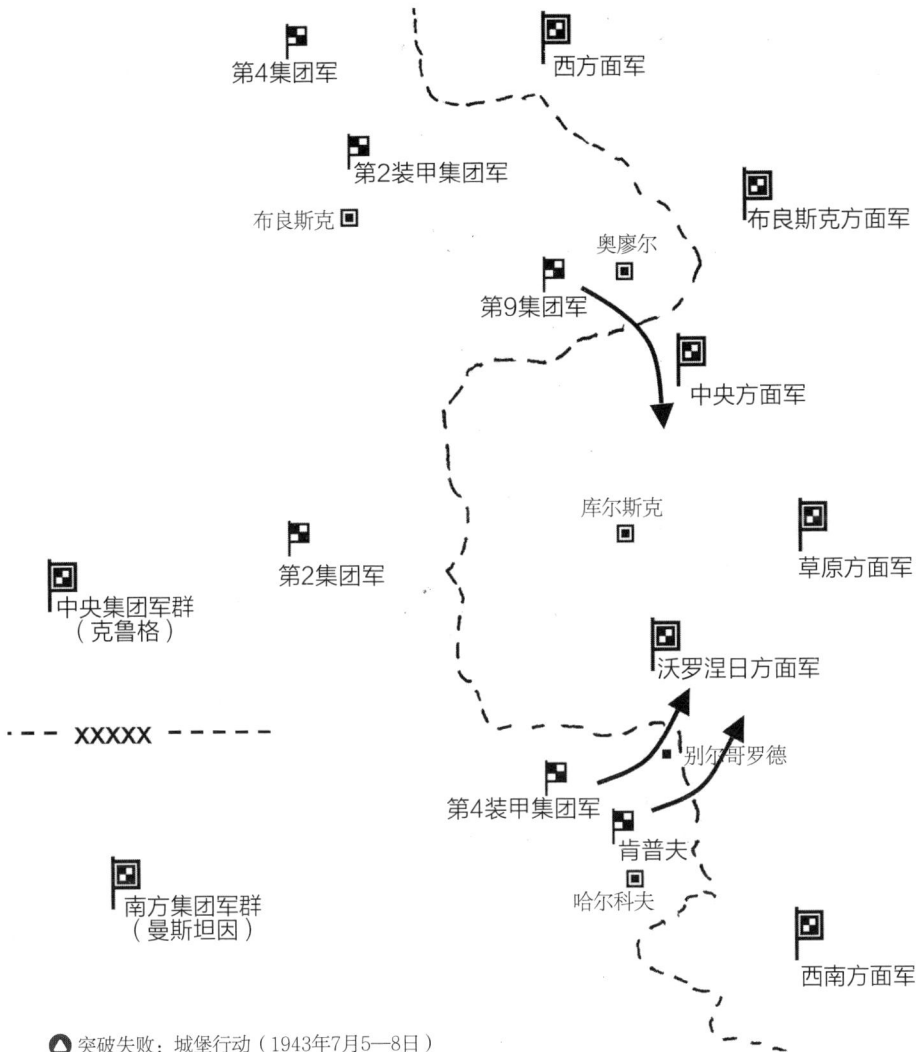

　　再坚固的阵地本身都不是攻不破的。一如既往，双方的地面部队才是决定胜负的关键。但其实在这个方面，库尔斯克的苏军看起来也颇具优势。上文提到的两个德国集团军（莫德尔的第9集团军和霍特的第4装甲集团军）将要对抗苏军的三个方面军（俄国人对集团军群的叫法），莫德尔必须在突出部的北半部分突破罗科索夫斯基将军（General K. K. Rokossovsky）指挥的中央方面

军，而霍特必须在南面突破瓦图京将军指挥的沃罗涅日方面军。即便德军这两路进攻只有一路得手，在这两个苏联方面军身后担任预备队的还有科涅夫将军（General I. S. Konev）指挥的草原方面军，它的任务就是派部队支援在其西方的战斗，或者在突出部的战局严重恶化时作为最后的撒手锏。草原方面军是有史以来部署过的规模最大的战略预备队之一。战争进行到这个时候，苏联红军已经能够将五个步兵集团军、一个坦克集团军、一个航空兵集团军和六个后备军（其中两个是坦克军）完全置于主战场之外，作为在必要时才调用的预备队，这足以说明它的实力之雄厚。

当我们如今回顾历史，会发现城堡行动的成功机会实在太小。说实话，我们很想在一开始就给这个计划"判处死刑"。从有关这场战役的大量史书中随便挑一本阅读就能得出这个结论。但与此同时我们应该认识到，历史事件的当事人基本上绝不会决定做他们认为不可能做到的事。很显然，当时德国人觉得在库尔斯克有一定的成功希望。那么问题还是没有解决：城堡行动的计划是怎么制定出来的？它是在什么时候，又是由什么人提出的？

在战后的几十年里，这些问题的答案一直很简单——它是希特勒提出来的。这个观点最初被郑重地写在德军总参谋长库尔特·蔡茨勒将军的回忆录中，后来在流传中又产生了多种原样照搬或稍有变化的版本，其中就包括所有德国官方回忆录中最有影响的一部作品——埃里希·冯·曼斯坦因的《失去的胜利》。作为一次写实的叙事，它看似合情合理：门外汉希特勒下令对一个几乎坚不可摧的阵地发动毫无意义的进攻，虽然他手下较为清醒的职业军官们纷纷提出异议，他却一如既往地一意孤行。这种说法完全符合战后人们关于希特勒的众多假设，这些假设不仅在道德上对他严厉批判（当然，这是非常正确的），而且认为有必要质疑他的每一个军事决断，这可能是为了消除普通民众心中残存的关于他的"天才"的信念。

但是随着岁月推移，我们却发现要把库尔斯克攻势的罪责全部推给希特勒一人是越来越困难了。事实上，如今真相已经大白，他们所有人都难逃罪责——希特勒、参谋部和部队主官们，无一例外。历史记录写得很清楚，最早提议对库尔斯克发动攻击的不是希特勒，而是曼斯坦因自己。早在 1943 年 3 月，在他的冬季反攻胜利结束后，当希特勒还在宣布 1943 年不会发动任何大规模攻势时，曼斯坦因已经呼吁在东线实施进一步的进攻作战了。[33] 他北上进攻哈尔科夫的行动已经成功地使苏军遭受出其不意的打击——全歼了后者的一个集团军，并重创了另几个。此外，大城市哈尔科夫本身也被攻克，苏军在整个地段的防御都显得混乱不堪，因此曼斯坦因认为继续向北进攻的时机已经到来，他也许可以和中央集团军群的部队相互配合，重夺库尔斯克。希特勒也希望保持德军的进攻势头，只不过他关注的完全是另一个方向：伊久姆（Izyum）城和顿涅茨河。

经过反复争论，希特勒的意见占了上风。在 3 月 13 日，希特勒发布了第 5 号作战令（Operationsbefehl）。[34] 它要求在南方集团军群的北翼组建"一个强大的装甲集团军"，随时准备进攻"哈尔科夫以北地区"；[35] 与此同时，中央集团军群也要组织一个"攻击集群"，其任务是"会同南方集团军群北翼实施进攻"。[36] 这道命令既没有提到库尔斯克这座城市，也没有出现"城堡"这个行动代号，但提出的概念却很清晰：分属两个集团军群的两个集团军从南北两面攻击库尔斯克突出部。第 5 号作战令要求行动开始日期"不晚于 4 月中旬"[37]，这是因为相关的两个集团军群都需要从各自的战线上抽调部队，为进攻提供兵力。由于莫德尔将军的第 9 集团军通过水牛行动[38] 成功撤出了勒热夫（Rzhev）突出部，从中腾出的 9 个师将可为此次作战增加制胜砝码，此外还有从法国调来的几个师，以及几经拖延后终于从遥远南方的库班桥头堡撤下来的两个师。

这个最初提出的进攻计划最终没能赶上希特勒的原定时间表，其原因即使在多年以后仍然显得颇为合理。多雨的解冻季节（德国人称之为 Tauwetter）正在临近，泥泞时期（Schlammperiod）将会无情地来临，就连最基本的非战斗行军也已经变得越来越困难。除了天气之外，德军实力的衰减也是个问题。哈尔科夫战役是一场令人钦佩的胜利，但是却无法掩盖国防军在斯大林格勒的战略失败。南方集团军的战斗序列中少了整整一个集团军，而中央集团军群的情况也好不到哪里去——早在 1942 年上半年，为了实施夏季攻势（蓝色行动），它可能就已经将自身的大量兵力和大多数机动部队移交给了南方集团军群——指望这两个集团军群突然之间凭自身的力量发动一场机动战役，本就是痴心妄想。[39]

看一下希特勒在 2 月和 3 月间与曼斯坦因及其他部队主官进行的内部会议记录，我们能够感受到一种在经历了之前几个月的大起大落后的困惑感，以及在失败之后对于再次试探战争之神耐心的做法的抗拒感。第 4 装甲集团军司令霍特将军向来以铁腕治军著称，也是有史以来最有攻击精神的装甲兵指挥官之一，但是在 3 月 21 日，当被曼斯坦因问起继续实施进攻作战的可能性时，他却是这么回答的：

部队几个月来没日没夜地战斗，得不到休息，已经承受了严重的压力。元首先前的命令曾经让他们相信自己会得到一段时间的休息。如果现在他们接到命令，要他们离开现有的、相当凑合的阵地，他们将会感到一定的失望。部队主官们，就连有"莽汉"之名的指挥官发来的一系列报告都表明，至少有一部分部队已经失去了热情，全靠上级极其严厉的督促，他们才到达了当前的作战目标——顿涅茨河。[40]

任何人都能明显看出，让突击部队完成集结并恢复士气是困难重重的。随后，一道新的作战命令在4月5日下达，它设想的进攻日期是5月3日。

在这段时间里，曼斯坦因还在力主尽早行动。在这方面他很快就找到了一个伙伴：总参谋长蔡茨勒将军。虽然此人在各种文献中经常被描写成希特勒的忠实支持者和传统陆军的冷漠盟友，但他实际上是个有着一定作战头脑的人。他并不是纳粹政权的反对者。[41]可以这么说，他希望消除这个政权在军事领导方面较为明显的缺陷，从而使它得到加强。在1943年春天，这种愿望使他站在了大多数人公认最有作战才能的德军指挥官——曼斯坦因一边，多次在与元首的争论中为后者说话。不久蔡茨勒就提笔起草了库尔斯克攻势的又一份计划，这一次它有了"城堡行动"的代号。

这道新的作战指令出现在1943年4月15日。这就是由蔡茨勒执笔并在希特勒签字后下发的第6号作战令。[42]它是这样开头的："我已决定，一旦气象条件允许，就发起'城堡'行动，作为今年的第一次攻势。"[43]虽然这份文件有时被批评具有"元首式"（Führerstil）宣言的特征[44]，但更准确地说，它的语气是恳求式的。德军的作战命令历来以庄重简练的文风著称，但奇怪的是，这道命令却以一段鼓舞士气的文字作为开场白：

这次进攻至关重要。它必须取得迅速而全面的胜利。它必须使我军掌握今年春夏两季的主动权。

正因如此，我们必须以最高的热情实施一切准备工作——在每一个主要突击方向上都必须部署最好的军队、最好的武器、最好的指挥官，并囤积大量弹药，且必须让每一个指挥官、每一个士兵都明白此次进攻的决定性意义，必须让库尔斯克的胜利成为向全世界发出的信号。[45]

最后一句的原文是 "Der Sieg von Kursk muss für die Welt wie en Fanal wirken"。至少有一名参与了讨论的当事人宣称,这句话是希特勒亲自加到稿件中的。[46] 如果一个指挥官感到需要向部下说明某次战役有多么重要,那么旁观者必然能从中看出一些端倪——比如我们读到这段话时就能感受到一种"经过坟地时吹口哨壮胆"的意味,说明这支军队的领导人意识到了获胜机会是多么渺茫。这也是历史学家们在这场战争中德军的其他战役里普遍注意到的方面,而这也并不奇怪,因为整场战争就是一次胜率很低的豪赌。[47]

不过,在说明作战行动时,这道命令却充分体现了经典的德国军事传统、概念和用语。当然,我们看到的这些文字应该出自蔡茨勒之手,他是一位训练有素的总参谋部军官。"此次进攻的目的是集中兵力实施无情而快速的打击,为此应在别尔哥罗德附近和奥廖尔以南各动用一个突击集团军,以求合围(einzukesseln)库尔斯克一带的敌军部队,并通过向心攻击歼灭之(durch konzentrischen Angriff zu vernichten)。"[48] 这样的用语在德国的军史和论文中出现过很多次,作为包围战(Kesselschlacht)的基本概念,它们构成了几个世纪以来德式兵法的精髓,也是历代德军指挥官们一眼就能理解的文字。

第 6 号作战令将 5 月 3 日定为可能发起进攻的最早日期。它还为参战部队规定了一个为期 6 天的时间窗口,要求它们在此时间内占领出发阵地并做好攻击准备。因此,陆军总司令部发出的城堡行动进攻命令最晚必须在 4 月 28 日传达到部队,但是这个期限却几经变动。这是多种因素造成的:对苏军防御部署的不确定造成了两天延误,暴雨又造成了四天延误。但最重要的因素还是第 9 集团军司令莫德尔将军的态度。由于自己部队的状态和他所能发现的苏军的集结情况都令他不安,他在 4 月下旬面见希特勒,汇报了自己的忧虑。莫德尔表示,进攻仍有可能,但前提是他的集团军要得到有力的加强,特别是当时刚刚开始送达前线的新式坦克:五号"黑豹"式坦克和六号"虎"式坦克,以及绰号为"斐迪南"的坦克歼击车。莫德尔相信,只要让这些车辆参与突击,这个攻势就能达到他所需要的力度。[49]

在此之前,关于这场战役的描述还是很简单的:曼施坦因提议发动库尔斯克攻势,蔡茨勒表示同意,并在 3 月拟定初步草案,然后在 4 月下达了更为明确的作战命令。任何人只要认真读一读那些备受争议的德国军人回忆录,就能记住这些事实。另一方面,几乎所有回忆录都讨论了 5 月 3—4 日这两天在慕尼黑召开的那次至关重要的参谋会议，在那次会议上，希特勒和他的集团军群指挥官们、新近被任命为装甲兵总监的海因茨·古德里安将军、德国经济和军工生产的总负责人阿尔贝特·施佩尔（Albert Speer）以及德国空军参谋长汉斯·耶顺内克将军（General Hans Jeschonnek）齐聚一堂，讨论库尔斯克攻势问题。

慕尼黑会议为我们提供了将帅不和的经典事例。[50]它已经被研究第三帝国的历史学者们用作论据，证明这个政权远不是"极权主义"的，而是"多头治理"的，有多个互不相让的权力中心无时无刻不在竞争影响力，这里的"影响力"通常是指与希特勒的亲近程度。[51]这个理论似乎也适用于军事领域。慕尼黑会议并不是那种由元首单方面发表长篇大论的典型独角戏会议。事实上，与会各方似乎坦诚地交换了意见。

但也有一位现代历史学家将它称为"将军之间的战争"[52]，而这一提法似乎也是恰当的。毕竟此时军队正处于极为艰难的时期。德国已经遭受了一连串打击：斯大林格勒的灾难，前不久突尼斯的陷落和轴心国军队在非洲抵抗的终结，U艇战首次遇到的真正问题，还有同盟国对德国的轰炸攻势的开始。1943年年初这支军队在哈尔科夫从行刑者刀下赢得了缓刑的机会，但这是一次极为惊险的胜利，是动用了最后的后备兵力才打赢的，大部分与会者似乎都没有因此产生错觉。此时他们都收起了傲慢之心，在战争如何继续的问题上产生了合理的意见分歧。从会议记录可以明显看出，就连希特勒也没有决定下一步该怎么办。他并未尝试将任何解决方案强加于人，也没有出言反对下属的意见。与纳粹德国常见的另一种决策模式相反，在这次会议上没有人尝试采用"跟着元首走"的思路，即精明地揣摩希特勒想听什么意见，然后提出相应的建议。[53]很显然，此时连元首自己都不知道自己想要听到什么话。

希特勒在会议开始时理智地讨论了 [古德里安用"客观"（sachlich）一词形容了他的语气] 蔡茨勒在库尔斯克发动攻势的计划。[54]他既没有对这个计划表示认可，也没有加以批驳，只是概述了他已经听到的反对意见。这些意见主要来自莫德尔，他的集团军将负责北线的突击。最近第9集团军的照相侦察显示，这个突出部的苏军已经变得像蜂窝里的蜜蜂一样繁忙，而突出部本身正在成为"精心组织的纵深防御体系"。[55]苏军司令部已经让机动部队全面撤出前沿阵地，并且给蔡茨勒计划中的突破地段配置了"异常强大的支援火炮和反坦克炮部队"。[56]莫德尔担心自己的实力不足以突破当面苏军的防御。基于这些原因，应该要么取消这次进攻，要么对计划做大幅修改。他的意见显然打动了希特勒。莫德尔是个乐观主义者，是一员虎将，而且对元首绝对忠诚。如果他看到了问题，那就表示真的有问题。于是希特勒沉思着大声说道，也许应该把进攻推迟一个月。他已经听莫德尔说过，最好等"黑豹"和"虎"式坦克到达前线再说，而他越来越倾向于同意。

希特勒随后转向曼斯坦因。对于他究竟做了什么回答，文献中说法不一。古德里安说他"和往常有希特勒在场时一样，表现得不是最好"。[57] 他的回答是模棱两可的。他表示在4月从南面发起进攻肯定会成功，但此时的成功前景就不确定了，除非他能再得到两个满员的步兵师。按照古德里安的说法，希特勒的答复是根本拿不出这些部队，曼斯坦因只能靠现有的兵力进攻。随后元首又把同样的问题再问了一遍，但是元帅"没有明确回答"（keine eindeutige Antwort）。

曼斯坦因在《失去的胜利》中费了很多笔墨给自己的表现涂抹了更漂亮、更睿智的色彩，但他还是承认自己的回答在一定程度上是含糊其词的。在库尔斯克发动攻势的意见就是他最早提出来的，所以他绝对不可能拒绝进攻。不过，他确实发言反对了任何继续推迟进攻的计划。他认为，等待更多更新式的坦克运抵前线是得不偿失的。苏军将会利用这些多出来的时间积蓄实力，先是与德军达成平衡，继而压倒德军，对他们来说做到这一点毫无问题，因为他们每月的坦克产量远远超过德国。推迟进攻还会使苏军官兵在3月哈尔科夫之败中受挫的士气得以恢复，重新具备强大的战斗力。在南方集团军群当面，苏军的实力正在全面增强，而苏联红军此时尚不具备在顿涅茨河或米乌斯河沿岸发动进攻的条件，但是再过一个月他们就能做到了。曼斯坦因还指出，最重要的是，突尼斯的陷落可能很快就会导致盟军在欧洲大陆登陆，因此城堡行动将会发生在德国两线作战期间。由于以上这些原因，"虽然等待我军的装甲部队进一步加强是很有吸引力的选择"[58]，他还是坚定地支持立即发起进攻。如果一定要推迟，那么"为了克服敌人的阵地防御体系"（feindlichen Stellungssystems），他要求除了增加坦克之外，再给他两个步兵师。

在这番"一方面如何如何，另一方面又如何如何"的陈述末尾，他表示城堡行动不会轻易得手。但是他希望希特勒知道他已经做好了准备：就和任何准备进行高难度跳跃的骑手一样，他明白"必须先让自己的心越过障碍"。此时会议室里的众人显然有些迷茫，就连曼斯坦因后来也在他的回忆录中承认："我很快就看出来，对于既不是骑手也不懂马术的希特勒来说，这个比喻让他一点都高兴不起来。"[59]

此后，会议桌边的其他人纷纷加入讨论。中央集团军群司令金特·冯·克鲁格元帅（Field Marshal Günther von Kluge）要么就是坚定支持了曼斯坦因（这是古德里安的说法），要么就是在不推迟行动的前提下坚定支持曼斯坦因（这是曼斯坦因的说法）。另一些资料则称，克鲁格和他的首席参谋亨宁·冯·特雷斯科上校（Colonel Henning von Tresckow）是蔡茨勒计划的核心支持者。我们很容易推测出他持这一态度的原因：城堡行动有望让中央集团军群在战斗中恢复更为核心的地位，该部扮演非常次要的角色已经有一年多了。[60]它曾经将自己的大部分坦克移交给南方集团军群，而它近期的主要战绩是一次精心策划并成功执行的撤退（在水牛行动中撤出勒热夫突出部）。我们还可以注意到，在这样的背景下，莫德尔跳过指挥层级直接向希特勒进言，而没有先把自己的反对意见向克鲁格提出，肯定令克鲁格感到不快。[61]总而言之，克鲁格对莫德尔的航空侦察报告提出了质疑，认为在这个新构筑的防御体系中，许多工事只是先前战斗中的堑壕系统的遗迹而已。[62]

其他人的发言则各有侧重，语气的强烈程度也有差异。古德里安并未参与这次作战的策划，但他企图巩固自己这个新上任的装甲兵总监的影响力，因此反对任何进攻，无论时间是否推迟。他表示，在库尔斯克发动进攻是"毫无意义的"（zwecklos）。[63]此时该做的是准备好机动预备队，用于抗击西方强国，它们已经随时可能在欧洲登陆。此外，任何人都不应该指望"黑豹"或"虎"式坦克能带来什么奇迹——古德里安指出，每一种新式坦克都有"新生儿的毛病"（Kinderkrankheiten）[64]，这几种型号也不会例外。施佩尔也表示反对进攻。他此时对工业生产的整顿刚有起色，再次发动进攻肯定会产生不小的损失，这不是他想要看到的。耶顺内克支持进攻，但他也指出，空军认为任何推迟都不会带来真正的好处。[65]

在所有人都发表过意见之后，最终的局面是蔡茨勒和克鲁格支持进攻，莫德尔反对按此时的计划进攻，古德里安和施佩尔反对任何形式的进攻，曼斯坦因的意见既可以说是支持，也可以说是反对，完全取决于别人对他的话如何解读，耶顺内克支持在不推迟的前提下进攻，而希特勒还没有表态。元首无疑很迷茫，他最终决定把城堡行动推迟到6月12日，考虑到他司令部里这些顾问的意见分歧，他这个决定是颇为合理的。这可以解决许多问题，但尤其重要的是它让莫德尔进入了决策圈，而莫德尔对于这次进攻的热情支持是至关重要的。

之后的几个星期里，德军加紧进行库尔斯克攻势的准备工作。但是在前线紧锣密鼓紧密备战的同时，德军各级指挥机关的疑虑也在不断增加。在战争中有时就是这样，所有的选择看起来都很糟糕。国防军不能在东线坐等敌军动手。撤退也不在考虑范围内，至少只要希特勒还在掌权就不容考虑。库尔斯克攻势将会代价高昂，即使成功了也不例外。没有人知道该怎么办，而希特勒是最拿不定主意的人。慕尼黑的讨论没有解决任何问题。虽然他人生中的最大乐趣似乎就是冲着后方参谋部的军官们咆哮，但在慕尼黑他听到的是前线将士——他的集团军和集团军群指挥官们——的意见，对他来说和这些人争执向来是比较困难的。看到这些人在慕尼黑吵成一团，他肯定感到非常不安。

想想这个著名的场景吧，它就发生在慕尼黑会议的几天后。在 5 月 10 日，希特勒和古德里安开了一次短会，讨论提高坦克产量的方法和手段。古德里安再次力劝他全面取消库尔斯克攻势。"我们到底为什么要在东线进攻？"他问道。按照古德里安的说法，此时在场的国防军总司令部参谋长凯特尔插了嘴。"出于政治原因，我们不得不进攻。"他说。古德里安轻蔑地回应了凯特尔："你觉得有谁会知道库尔斯克在哪吗？不管库尔斯克在不在我们手里，对全世界来说反正都一样。"他转身面对希特勒，又把他的问题重复了一遍："今年我们到底为什么要在东线进攻？"希特勒回答："你说得对。每当我想到这次进攻，都会有一种反胃的感觉。"这就是古德里安想听到的话。"那么你对这件事的态度就是对的，"他说，"别管它了！"[66]

当然，希特勒并没有撒手不管。随着春去夏来，进攻时间又被进一步推迟。此时的焦点已经转到了另一条战线：北非。突尼斯的线路和非洲的丧失使意大利的未来面临严重问题。对这位轴心国盟友来说，这是一场灾难性的失败，不仅损失了一个野战集团军，还失去了它的殖民帝国。意大利还会继续参战吗？轴心国阵营会就此垮台吗？希特勒此时不得不考虑放弃城堡行动，把几个装甲师调到南欧，为意大利退出战争的极端情况做准备。蔡茨勒对一再的推迟感到越来越不安，而希特勒的国防军总司令部作战部长阿尔弗雷德·约德尔将军则利用蔡茨勒的犹豫，又提出了反对城堡行动的意见。

希特勒一心两用地度过了 6 月。他小心地关注着意大利的局势，并因此考虑

146

彻底取消城堡行动。另一方面，他也开始思索实施城堡行动的新方法。这一时期参谋们进行了几次研究，提出了大幅修改原计划的作战方案，即将主要突击部队调至库尔斯克突出部的西侧，基本上从那个方向对它展开正面攻击，直取库尔斯克城本身。[67] 这是一条直接路线，但却仍有可能实现一定的突然性，避开苏军防御最强的地段。但是这个新方案注定胎死腹中，因为两个集团军司令（莫德尔和霍特）都提醒说，在已经拖延了这么久的情况下，如此大规模的部署调整是不可能实现的。直到 6 月 16 日，意大利的局势才有了足够稳定的迹象，使城堡行动有了实施的条件，这一次定下的开始日期是 7 月初。

但是，库尔斯克的攻势除了"发动与不发动"的选择之外，还有另一个可能，而随着时间一个星期一个星期地流逝，它也得到了越来越多的关注。1942—1943年冬季战役结束时曼斯坦因在哈尔科夫获得的胜利是快节奏运动战的范例。但是在雨季来临之后，前线就稳定了下来，双方军队自 1943 年 3 月以来几乎没有前进半步。此后和前一个会战季节一样，双方都开始修筑工事，在加强防御的同时为继续进攻创造有利的出发阵地。从当时的情况来看，这就意味着城堡行动必须在阵地战的条件下开始，而这种令人难以忍受的阵地战形式正是德国军队传统上一直在设法避免的——攻击部队必须首先在重兵把守的防线、预有准备的阵地和苏军的火力网中杀开一条血路，然后才能以库尔斯克为目标开始至关重要的向心机动。

曼斯坦因认为自己已经找到了库尔斯克难题的答案。他决定不再选择"正手打击"（Schlag aus der Vorhand），换句话说，就是不直接进攻这个突出部，而是重新使他在年初的招数——让苏军先发动进攻，在战役的开始阶段放弃大量土地诱其深入。然后，当苏军的锐气开始衰竭，当他们的后勤开始不堪重负时，当他们的进攻达到顶点时，再对其侧翼发起尽可能深远的打击。这将不是一次正手打击，而是"反手打击"（Schlag aus der Nachhand）。[68] 以前在克里米亚和哈尔科夫，他的这一招都曾奏效，他坚信这一次也会成功。他感到只要在苏军面前放一些诱饵，引他们上钩，然后在适当的时机里将之狠狠打击，苏军就会一败涂地。

曼斯坦因看着态势地图，设想了多种在 1943 年夏季有可能实施的反手打击方案。也许最有可能遭到苏军攻击的是南方集团军群的最右翼，它此时正在米乌斯河沿岸据守着一条薄弱的防线。[69] 在这里，可以成为苏军诱饵的是拥有丰富矿藏和重工业的顿巴斯，以及位于第聂伯罗彼得罗夫斯克和扎波罗热的第聂伯河渡口。曼斯坦因建议让进攻方突破米乌斯河天险西进。此后进攻需要推进很长距离，他们的攻势在某一时刻就会衰竭。然后小心地控制着自己的机动预备队的曼斯坦因就可以发动反攻。反攻将会从北面发起，朝南方和东南方深深楔入苏军侧翼，最终到达亚速海的岸边。如果反攻成功的话，就可以将苏军部队全部围困在一个巨大的包围圈中，其规模可能与 1941 年 9 月基辅的大包围圈相当。

如果苏军从库尔斯克突出部发起的进攻没有越过米乌斯河，曼斯坦因也可以使用同样的套路。苏军的目标仍然会是第聂伯河的渡口，他们可能会向西南方的切尔卡瑟（Cherkassy）和克列缅丘格进军。这种情况下他们还是需要推进很长距离，这与西欧战场的任何地方都大不一样。而退向己方交通线的曼斯坦因还是会处于非常有利的位置。在这种情况下，他的反击将在南方发动，并向北推进。如果左侧的中央集团军群肯配合，也有很大希望打一场包围战。

在春天关于城堡行动时间表的争论中，曼斯坦因一直不断地寻找机会向希特勒提出激进的反手打击方案。曼斯坦因主张为了机动作战而开放前线，或许还需要大规模撤退，但这在希特勒看来就是软弱的表现。他抱怨这段时间自己越来越讨厌听到"作战"这个词。他不希望手下的军官们"开展作战行动"；他希望他们就地奋战。德国军官们在战后的著作中纷纷附和曼斯坦因的意见，而历史学家们至今都在转述这套理念。[70] 这确实是一个很有吸引力的方案，特别是与希特勒无论意义大小都要与每个阵地共存亡的简单粗暴的理念相比。但元首毕竟有最终决定权，而他驳回了曼斯坦因实施反手打击作战的建议。

指挥官们的这些反复争执，当然还有城堡行动的一再推迟，最终造成了两个结果。首先，这给了苏军更多时间准备，使这次进攻的危险系数增大，或许也毁掉了它的成功机会。但与此同时，随着时间的流逝，国防军在这场进攻的策划和准备阶段越陷越深，围绕突出部部署了数以千计的坦克和数十万大军，这就导致进攻计划变得越来越不可能取消。截至此时，城堡行动已经一连三个多月占用了国防军的大部分策划时间和精力，彻底放弃它对谁都没有好处。这个行动已经有了自己的生命和动力。进攻库尔斯克突出部在 3 月也许是合理的，然而那时候策划者们还在讨论是否要实施。到了 6 月这一行动的合理性就已大大降低，但此时关于是否发动它却已经再也没有疑问。当然，希特勒在这件事上发挥了一定作用，也必须承担责任。

不过，其他所有人也都是一样的。在向着失败的深渊飞奔的过程中，国防军危险的战略局势酿成了类似于指挥瘫痪的恶劣后果。

库尔斯克战役

准备与部署

　　尽管在策划过程中发生种种波折，国防军还是为这次进攻集结了一支威武雄壮的大军。它包括了此时国防军尚存的几乎所有装甲师。当大批坦克云集库尔斯克时，南方的 A 集团军群的战斗序列中只剩下了一个装甲师，而北方集团军群连一个都没有。[71] 如此大规模的装甲部队集结是希特勒一手促成的，是他一再让作战行动推迟的目的。如果在 3 月实施进攻，德军的打击力量只会是此时的零头，相应地，成为打击对象的敌人也将仅相当于此时苏军兵力的一小部分。与常见的分析相反，这不一定是好事。虽然提前进攻很可能让德军攻下库尔斯克，但是对苏军的打击绝不可能达到影响其 1943 年进攻计划的程度。

　　如果我们由北向南绕着这个突出部走一圈，首先遇到的将是莫德尔将军的第 9 集团军，它是面朝南方部署的。[72] 它自西向东包括下列部队：

　　鲁道夫·冯·罗曼男爵将军（General Rudolf Freiherr von Roman）指挥的第 20 军，下辖四个战线拉得很长的、不满员的步兵师，即第 45、72、137 和 251 师。

　　汉斯·措恩将军（General Hans Zorn）指挥的第 46 装甲军，下辖四个步兵师（第 7、31、102 和 258 师），外加曼陀菲尔战斗群（Gruppe Manteuffel）——由三个轻装猎兵营组成的一支旅级机动部队——和一个突击炮营。

　　约阿希姆·勒梅尔森将军（General Joachim Lemelsen）指挥的第 47 装甲军，下辖第 2 装甲师、第 9 装甲师、第 20 装甲师、满编（也就是有 9 个营）的第 6 步兵师、第 505 "虎"式坦克营和两个突击炮营。

　　约瑟夫·哈尔佩将军（General Josef Harpe）指挥的第 41 装甲军，下辖第 18 装甲师和分别位于其左右两翼的第 86 步兵师和第 292 步兵师，还有第 656 装甲歼击团提供支援，该团下辖两个各有 45 辆 "斐迪南" 的营。

　　约翰内斯·弗里斯纳将军（General Johannes Friessner）指挥的第 23 军，下辖两个步兵师（第 216 和 385 师），以及第 78 突击师（一个加强了自行火炮的师）以及一个突击炮营。

　　莫德尔的集团军是自战争爆发以来在东线集结的实力最强的集团军之一，包含了国防军的很大一部分机动兵力：这支部队共有 5 个军，下辖 19 个师，其中 4 个是机械化师。该集团军的任务是突破当面苏军的防御，负责此次战役主要突击的是第 47 装甲军的三个装甲师和一个"虎"式坦克营。这个军将会沿着从奥廖尔经奥利霍瓦特卡（Olkhovatka）至库尔斯克的铁路和公路线朝正南方向推进，最终目标是占领库尔斯克以北的高地。这些装甲部队将在此处与从南方杀来的第 4 装甲师的部队会师，完成合围，将突出部中的所有苏军部队装入一个大口袋。中央集团军群司令冯·克鲁格元帅手中还掌握着一支规模较大的机动预备队，包括由第 4 装甲师和第 12 装甲师组成并由汉斯 – 卡尔·冯·埃塞贝克男爵将军（Hans-Karl Freiherr von Esebeck）指挥的一支军级特遣部队（因此被命名为埃塞贝克集群），以及第 10 装甲掷弹兵师。德军合计沿突出部北面部署了至少 7 个机械化师。

突出部南面的霍特第 4 装甲集团军也不逊色。它同样有着值得一提的强大阵容。[73] 还是按由西向东的顺序，它包含下列部队：

欧根·奥特将军（General Eugen Ott）指挥的第 52 军，下辖三个不满员的步兵师，即第 57、255 和 332 师。

奥托·冯·克诺贝尔斯多夫将军（General Otto von Knobelsdorff）指挥的第 48 装甲军，下辖第 3 装甲师、第 11 装甲师、"大德意志"装甲掷弹兵师，以及满员的第 167 步兵师和大量军直属部队，例如下辖第 51 装甲营（45 辆"虎"式坦克）和第 52 装甲营（200 辆"黑豹"坦克）的第 10 装甲旅。

保罗·豪塞尔党卫军上将指挥的党卫军第 2 装甲军，下辖三个新近组建并被吹得神乎其神的武装党卫队师，这些部队之所以是精锐，主要是因为它们能优先获得新征兵员、补充人员和新式装备。这三个满员的党卫军装甲掷弹兵师是：党卫军第 1"阿道夫·希特勒警卫旗队"师、党卫军第 2"帝国"师和党卫军第 3 装甲师（"髑髅"师）。它们的每个团都有四个营（而一般的部队是三个营），每个师都有一个"虎"式重型坦克连，因此豪塞尔的这个军的实力大大超过库尔斯克德军战斗序列中的其他所有部队。

克诺贝尔斯多夫和豪塞尔都肩负着至关重要的任务。第 48 装甲军将要在布托沃（Butovo）两侧发起突击，向北经奥博扬（Oboyan）推进至库尔斯克，在那里与莫德尔会师。党卫军第 2 装甲军将在它的右侧与它一同进攻，但同时还要警戒从东南方向经普罗霍罗夫卡进入突出部的苏军装甲预备队。因此，豪塞尔和他的军在右翼展开，随时准备应对来自该方向的威胁。

最后，保护第 4 装甲集团军右翼的是魏尔纳·肯普夫将军的暂编集团军。虽然肯普夫的任务基本上是防御，但他也要尽可能大胆进击。事实上，有一份德方资料称肯普夫的任务是"攻势掩护"（offensive Abdeckung）。[74] 为此他在自己的左翼部署了第 3 装甲军 [该军下辖第 6 装甲师、第 7 装甲师、第 19 装甲师、第 168 步兵师和第 503 "虎"式坦克营，军长是赫尔曼·布赖特将军（General Hermann Breith）]，与霍特右翼的党卫军第 2 装甲军保持联系。此外他还有第 11 军（下辖第 106 和 320 步兵师，是曼斯坦因在 3 月拼凑起来的杂牌军，此时的军长仍然是骁勇善战的埃哈德·劳斯将军，因此该军也被称为劳斯军），以及位于库尔斯克周边德军的最右翼、主要任务是固守沃尔昌斯克（Volchansk）对面的顿涅茨河沿岸防线的第 42 军 [下辖三个部署得很分散的步兵师，即第 39、161 和 282 师，军长是弗朗茨·马滕克洛特将军（General Franz Mattenklott）]。

和德军的所有进攻作战一样，参战的空中力量也十分强大。此时在总司令部人员的脑海中，对 1942 年的经验还有着鲜明的记忆。在刻赤和塞瓦斯托波尔，在哈尔科夫和卡拉奇，国防军在上一年已经反复证明自己仍然能够突破到苏军后方，逼迫苏军和自己打运动战，但前提是将德国空军的几乎全部兵力部署到一个相对狭小的战场空间。在北非的贾扎拉和托布鲁克，他们也一再得到了同样的经验。[75] 在库尔斯克，奥托·德斯洛赫将军（General Otto Dessloch）指挥的第 4 航空队和罗伯特·冯·格赖姆骑士将军（General Robert Ritter von Greim）指挥的第 6 航空队将会参战，前者负责为第 4 装甲集团军和肯普夫暂编集团军提供直接空中支援，后者为第 9 集团军提供同样的支援。德国空军在斯大林格勒和随后的冬季战斗中遭受的损失并不亚于陆军。但此时补充的飞机和人员已经纷纷抵达前线，飞机的妥善率很不错（第 4 航空队中负责此战对地支援的第 8 航空军达到了 75%），而且士气依然高昂。[76]

因此，德军在此战中总共部署了三个集团军的 65 万人，他们能得到大约 2600 辆坦克和突击炮以及 1800 架飞机的支援，而目标只是一个从南到北长约 257 千米的突出部。[77] 正如一名现代史学权威所指出的，参与此战的坦克和飞机数量与国防军在 1941 年整个巴巴罗萨行动中动用的技术装备（3500 辆坦克和 1800 架飞机）大致相当，但后者的战线长约 2900 千米，是前者的 10 倍以上。

这些数字是令人惊叹的，但我们必须指出两个问题。首先，德军之所以能够集结如此多的部队，完全是因为他们从南北两翼的漫长战线上抽调了许多兵力，并且把新部队和新装备都集中到了这里，这些新部队和新装备本可以在有朝一日成为整个东线的强大预备队，但此时很难说做好了战斗准备。依靠挖肉补疮和寅吃卯粮的做法集结部队，用于一场孤注一掷的豪赌，这绝不是进行战争的正确方式。

第二个问题是，苏军集结的兵力要比德军还多。在北面与莫德尔对阵的是罗科索夫斯基将军指挥的中央方面军防守部队，在防线上共部署了五个完整的步兵集团军，从左到右依次是第 60、65、70、13 和 48 集团军；其中后三个方面军据守位于德军突击正面的前两道防御地带，而第 60 和 65 集团军负责警戒突出部的西面；普霍夫将军（General N. P. Pukhov）指挥的第 13 集团军把守着突出部的肩部——也就是位于德军主要突击方向的地段。在北面担任预备队的是罗金将军（General A. G. Rodin）指挥的第 2 坦克集团军，以及第 9 和第 19 坦克军。罗科索夫斯基麾下是一支强大的诸兵种合成部队：六个集团军，70 多万人，近 1800 辆坦克和 1 万多门大炮及迫击炮。

在南面与曼斯坦因的集团军对阵的是瓦图京将军的沃罗涅日方面军。他在前线部署了四个步兵集团军，从左到右依次是第 38 集团军、第 40 集团军、近卫第 6 集团军和近卫第 7 集团军。担任预备队的是卡图科夫将军（General M. E. Katukov）指挥的第 1 坦克集团军、第 69 步兵集团军，以及近卫第 35 步兵军、近卫第 2 坦克军和近卫第 5 坦克军，还有格兰茨和豪斯所说的"阵容强大的炮兵和其他支援部队"。[78] 瓦图京也指挥着一支令人生畏的部队：625000 人，1700 辆坦克和 8718 门大炮及迫击炮。

最后，还有整整一个集团军群，即科涅夫将军指挥的草原方面军，它虽然不会在一开始就投入战斗，但是也部署在突出部的东部入口，应对防线崩溃、德军长驱直入的情况。科涅夫指挥的部队也是兵多将广：五个步兵集团军（近卫第 4 集团军、近卫第 5 集团军、第 27 集团军、第 47 集团军和第 53 集团军）、近卫第 5 坦克集团军、近卫第 3 骑兵军、近卫第 5 骑兵军、近卫第 7 骑兵军、近卫第 4 坦克军、近卫第 1 机械化军和近卫第 3 机械化军，合计又有 575000 人和 1500 辆坦克。[79]

计算库尔斯克战役的准确参战兵力至今仍是历史学者和这场战役的狂热爱好者乐此不疲的游戏。按照保守的估计，苏军的三个方面军（沃罗涅日、中央和草原）共有 180 万人，大约是德军参战兵力的两倍，共有约 5000 辆坦克——也是德军坦克总数的两倍左右。在大炮和迫击炮方面，苏军更是远远超越他们的对手，大约是 20000 门对 9000 门。[80] 苏军还投入了四个航空兵集团军：第 2、第 16 和第 5 航空兵集团军直接支援中央方面军、草原方面军和沃罗涅日方面军，而第 15 航空兵集团军配属于奥廖尔以北的友邻布良斯克方面军，但也可参与库尔斯克一带的战斗。仅合计前三个航空兵集团军，就有 3000 架左右的飞机。我们也许可以质疑苏军的这种或那种飞机型号的质量，或者怀疑他们的飞行员尚未达到德国空军的训练标准。但无论如何，在德军发起进攻前的几个星期，苏军就已经在反复空袭德军设施和机场，而德国空军始终未能赢得战场上的空中优势，更不用说它在前几次会战中曾经享有的制空权。[81]

失败

经过了种种争议、讨论和论辩，经过一次次制定计划和推倒重来，一次次推迟和重定日期，城堡行动成为这一层面的战争行动中的罕见现象：全面而彻底的失败。单纯的物质力量对比并不能掩盖国防军作战概念中的缺陷。到头来它还是成了历史上的那个样子：一次简单的正面突击。[82]

这次进攻开始于 7 月 5 日，大批坦克从南北两面发起突击，第 4 和第 6 航空队的机群在天上发出阵阵轰鸣，但是两路进攻势头很快就止步不前。考虑到苏军在突出部精心准备了八道同心弧形防御阵地，挖掘了近 5000 千米长的战壕，埋设了 40 万颗地雷，把每一个村庄和山丘都变成了坚固的据点，而且苏军最高统帅部正确地预测了德军的主要进攻地段——这其实是一道很简单的作战题——我们很难想象这一仗还会有什么别的结果。虽然战术分析可能会显示某个连或某个营成功地实现了推进，但是在战役层面上，德军基本上就是撞到了南墙。

德军与其说是在进攻苏军的筑垒地域，不如说是陷入其中无法自拔。在第 4 装甲集团军的正面，霍特的坦克始终未能真正打出突破的气势。第 48 装甲军正面的进攻过程就是个很好的例子。苏军英勇的防御，将布托沃南方和东南方的干沟变成浊流的大雨，再加上地雷组成的海洋，使这次进攻几乎一开始就陷入了僵局。克诺贝尔斯多夫用三个机动师齐头并进，从左到右依次是第 3 装甲师、"大德意志"师和第 11 装甲师。然而部队却无法径直向北前进，他不得不两次（在 7 月 10—11 日和 7 月 14 日）让"大德意志"师向西绕行，以试探和迂回第 3 装甲师正面坚固的防御阵地。这是在许多小村子和 243、247、260.8 等无名高地进行的战斗，苏军不断发动反击，先是动用当地的预备队，后来更是出动了沃罗涅日方面军预备队中的劲旅，而双方炮兵的火力打击都是非常致命的。双方都给对方造成了重大损失，同时自己也伤亡惨重。这样的静态阵地战一向都会消耗大量物资，而且伤亡也总是居高不下——这也是普鲁士和德意志军队总要想方设法避免它的原因之一。他们在有广阔空间机动的战斗中能发挥出最佳水平，而在这样的环境下却显得十分平庸。即便像"大德意志"师这样的精锐部队成功地在防线上找到某个弱点或缝隙，然后前进数十千米，但充其量也只能打出一个其细如针、有着又长又脆弱的侧翼的突破口。该师无法取得任何持久的战果，而且它往往需要驰援没有那么幸运的友邻部队。经过 10 天苦战，第 48 装甲军只能楔入敌军防线 20 千米，而且惨烈的战斗使它的兵力严重下降，骁勇善战的"大德意志"师损失尤其严重。此时该军距离和莫德尔会师的地方还远得很，而且用它的参谋长的话来说，显然"德军进攻部队的脊梁已经断了，锐气已经丧失"。[83]

实际上，此时莫德尔方面的问题甚至犹有过之。他的南下突击在 56 千米的正面上突破了苏军的第一道防线，在第一天前进了大约 12 千米。随后他的推进就戛然而止，在苏军的坚固防御面前，他取得的进展甚至比霍特还要小。在这里，苏军的主要防御阵地是奥利霍瓦特卡西南一道筑有坚固工事的山脊。中央方面军司令员罗科索夫斯基巧妙地运用了他的预备队，在对德军突破部队发起直接突击的同时又屡屡威胁其侧翼。他有充足的本钱实施这种战术。莫德尔在 7 月 10 日和 7 月 11 日两次尝试攻下这道山脊，但两次都惨遭失败。[84] 双方的损失都是惊人的。德军的"黑豹"和"虎"式等新型坦克证明了自己是高效的杀人机器，但由于故障频发、缺少辅助武器和乘员不熟悉这些新装备，它们未能实现任何战役突破。灰心丧气的莫德尔不得不承认，至少在他的战线上，国防军遇到了一场"持续的消耗战"。[85]

关于德军的库尔斯克攻势的记述通常都把重点放在位于霍特右翼的党卫军第 2 装甲军身上。豪塞尔的这个军确实拥有德军战斗序列中三个最强大的师，它们也的确实现了最深远的突进——在 10 天里前进了大约 40 千米。但是对于该军的战果，我们也应该谨慎看待。面对和友邻部队地段一样坚固的苏军防御，它成功打出了一次有威胁的突进（Einbruch）。但可以肯定的是，它没能取得任何彻底的突破（Durchbruch）。在整个战斗过程中，它在正面和侧翼始终未能摆脱苏军的纠缠。在侧翼受到的威胁尤其严重。肯普夫暂编集团军的进攻是战果最小的。由于肯普夫从第一天起就寸步难进，党卫军第 2 装甲军每前进数千米，它脆弱的侧翼就会拉长数千米，迫使它分兵保护；结果它的前进方向越来越向右侧偏斜，而不是径直向北突进。在 7 月 9 日，霍特得到的侦察报告显示，敌人有一支强大的装甲部队从东面的普罗霍罗夫卡出发，正在向他移动。他在策划阶段就已经预见了这种情况，并拟定了应对的初步命令。由于肯普夫暂编集团军还是远远落在后面，无法保护第 4 装甲集团军的侧翼，霍特便命令党卫军第 2 装甲军向右转弯去应对这一威胁。[86]

战局的这些发展为库尔斯克战役的最高潮安排了舞台。豪塞尔的装甲军以三个师并排向右旋转，"髑髅"师在左侧，"警卫旗队"师在中央，"帝国"师在右侧。7 月 12 日，他们遭遇了罗特米斯特罗夫指挥的整个近卫第 5 坦克集团军的反击。这支部队一出普罗霍罗夫卡就与迎面而来的党卫军第 2 装甲军狭路相逢，两支庞大的装甲部队在上午 8:30 前后展开厮杀。"后来发现，"罗特米斯特罗夫在事后写道，"我军和德军是同时发起进攻的。"这一偶然事件引发的可能是也可能不是有史以来规模最大的坦克战，但它的规模肯定大到足以让最铁杆的坦克爱好者心满意足。

在战术层面，普罗霍罗夫卡大战是一次在很短的距离（很多时候是短兵相接的距离）上发生的坦克混战。由于德军的坦克吨位更大、火力更强，"虎"式坦克尤其可怕，苏军的 T–34 别无选择，只能冲上去抵消德军在远距离交战中的优势。在战斗前夕，罗特米斯特罗夫和他的司令员瓦图京（沃罗涅日方面军）讨论过如何对付敌人的钢铁巨兽，以及是否需要拉近战斗距离。"换句话说，就是要在短兵相接的距离上打接舷战。"瓦图京如此建议，他的这种黑色幽默让罗特米斯特罗夫深深认识到局势有多么危急。[87]当时战场的混乱程度至今仍让我们感到难以想象，而关于这场战役的两位权威学者将结果描述为"一系列令人眼花缭乱、摸不着头脑的遭遇战和仓促攻击，双方都是逐次投入兵力的"。[88]

但是在战役层面上，要理清头绪则比较容易。苏军成功地将战场做了足够的延伸，从而威胁了党卫军第 2 装甲军的侧翼，使德军的前进戛然而止。在德军左侧，扎多夫将军（General A. S. Zhadov）指挥的苏联近卫第 5 集团军通过进攻迫使"髑髅"师分兵保护侧翼。在右侧（"帝国"师），独立的近卫第 2 坦克军的攻击构成了更为严重的威胁。党卫军第 2 装甲军的右翼几乎完全暴露。肯普夫暂编集团军的左翼——第 3 装甲军此时已经取得了不错的进展，但它和党卫军第 2 装甲军之间仍然存在着很大的空隙。因此，"帝国"师在这一天的大多数时间都是一边奋力前进，一边分出步兵保护自己脆弱的右翼。"俄国人对我们侧翼的攻击牵制了我们一半的有生力量。"党卫军的一位团级指挥官如此抱怨。[89]

到这一天结束时，两支大军打成了平手。在战术上，德军沉重打击了近卫第5坦克集团军，但是他们也失去了一些东西：他们的进攻锐势，以及他们损失不起的一整天时间。

在《失去的胜利》中，曼斯坦因宣称南方集团军群此时正处于彻底达成战役突破的边缘，而总司令部却拒绝继续投入兵力，从而"放弃了胜利"（den Sieg verschenkte）。[90]曼斯坦因指出，他的突击部队给敌人造成的损失要比自身的损失大得多，而且苏军对他的战线施加的压力也在减弱，这都是符合事实的。普罗霍罗夫卡的恶战几乎毁掉了苏军最强的坦克集团军，也就是罗特米斯特罗夫的近卫第5坦克集团军，它可能损失了多达400辆坦克。但是苏军还有尚未投入战斗的预备队——而且多得很。即使党卫军第2装甲军能够突破他们的拦截，仍然必须面对一个问题：突破到哪里为止？既然北线的攻击箭头无法施加任何压力，那么包围战也就没有任何可能，装甲部队向库尔斯克以东继续进攻是毫无意义的。德军既没有用于这一进军的兵力，也没有可以支持它的后勤网络。在理想的作战条件下，也许党卫军第2装甲军可以一路打到莫斯科甚至更远，但这种设想只是幻想，并非现实。

这次注定失败的进攻的结局是众所周知的。在7月10日星期六，当莫德尔对奥利霍瓦特卡发动第一次不成功的进攻，党卫军第2装甲军正在转向普罗霍罗夫卡时，被期待已久的盟军针对欧洲大陆的登陆战终于开始了。这就是登陆西西里岛的雪橇犬行动，初期的战斗报告似乎确认了希特勒最担心的情况。意大利士兵不是成群结队地投降，就是从前线悄无声息地消失，基本上可以确定这个岛屿将会失守。意大利本土一片哗然，墨索里尼对权力的控制突然就显得那么无力。尽管意大利有着种种弱点，但轴心国联盟对于德国在欧洲的地位仍然是至关重要的，而此时这个联盟正摇摇欲坠。7月12日星期一主要是作为普罗霍罗夫卡大战的日期被载入史册的，但实际上它成为东线战事的标志性时刻是由于另一个原因，这一天苏军在这场战争中第一次发动大规模夏季攻势：苏军大举杀入了库尔斯克以北被德军控制的奥廖尔突出部。曼斯坦尼设想的反手打击终于还是出现了，只不过实施打击的是另一方。在7月13日星期二，希特勒将参与城堡行动的集团军群指挥官们召集到他在东普鲁士的指挥部。到了该做一次长谈的时候了。

库尔斯克与德式兵法

考虑到东线和西欧的整体局势，希特勒叫停城堡行动的决定是明智的。如果我们从传统德国军事文化的角度来看，它也是合情合理的。在库尔斯克刚刚发生的情况对司令部里的任何人来说应该都不是意外。每一个德国军官都知道，在阵地战的条件下实施的进攻将会耗费大量时间和精力，毁掉不计其数的装备，并给己方造成高得不可接受的伤亡数字。参谋军官们年轻时就在柏林军事学院了解到了所有这些经验教训，而毕生的练习、推演和军事演习也将这些理念深深地烙在了部队主官的头脑中。这些传统是根深蒂固的，可以追溯到普鲁士军队和腓特烈大帝的理论：普鲁士打的所有战争都必须"短促而活跃"（kurtz und vives），要运用机动力、攻击精神和突然性压倒比自己更庞大、更富有的敌人。它也可以追溯到拿破仑战争时代的布吕歇尔，1866 年柯尼希格雷茨的腓特烈·卡尔亲王（红亲王），1870 年马斯拉图尔（Mars-la-Tour）的第 3 军军长康斯坦丁·冯·阿尔文斯莱本将军（General Constantin von Alvensleben）[91]——所有这些人都蔑视实力对比，都曾在缺乏物质因素的情况下依靠意志、智慧和某种道德优越感克敌制胜。

19 世纪末的革命性发展曾动摇了这种根基深厚的军事文化。大规模军队兴起，膛线步枪出现，现代化军队越来越难以打出决定性的胜仗——所有这些发展似乎都标志着普鲁士—德国军队惯用的节奏迅猛、先发制人的战法走到了尽头。例如，1899—1902 年的布尔战争就在德国军队策划者中间掀起了波澜，因为在这场战争中，一支由半文盲的农民组成、装备大威力步枪的非正规军队竟然在莫德河（Modder River）、马赫斯方丹（Magersfontein）和斯皮恩山（Spion Kop）打得英国陆军寸步难进。[92]几年以后，各国军队纷纷装备机枪，而 1904—1905 年的日俄战争证明了依托堑壕战斗的现代化军队可以用它以空前的效率互相杀戮。[93]在 1912 年的第一次巴尔干战争中，堑壕战再度出现，在柯克基利塞（Kirk Kilisse）和哈德良堡（Adrianople）都有这样的战例，尤其是在君士坦丁堡（Constantinople）城下的恰塔尔贾（Chatalja）瓶颈地带，退无可退的土耳其军队依靠这种战法守住了阵地。[94]

阵地战的经典表现形式就是第一次世界大战中双方依托堑壕打成的僵局。[95]到了 1915 年，西线就已经固定下来，在此后的两年中，双方反复发动的进攻造成了数以百万计的伤亡，而战线基本上没有朝任何一个方向移动半步。德国军队的传统战法运动战显然已经破产，德军因此对其战前的训练进行了根本反思。战时的总司令部将一些最有经验的中下级军官从前线召回，询问他们在战场上获得的经验。其中最有名望的威利·马丁·罗尔上尉（Captain Willy Martin Rohr）受命指挥一支新建的突击分队，他的任务是发明突破敌军堑壕防线的新工具与新方法，使前线恢复打机动战的条件。[96]

由此诞生了一种全新的步兵突击学说，也就是德国著名的突击队战术。独立的小组在进攻中担任先锋，找到敌军防御中的弱点，绕过各种障碍，把它们留给普通步兵组成的后续梯队对付，自己不断向前推进。这种新的战术体系经常被错误地称为"渗透战术"，它在1917年的卡波雷托（Caporetto）和里加（Riga）战役中首次亮相，打得意大利军队和沙俄军队一败涂地，随后又在1918年的德军大攻势中吸引了全世界的目光。连续的三次作战——"米夏埃尔"（Michael）、"若尔热特"（Georgette）和"布吕歇尔"——撕开了协约国完备的防御阵地，造成协约国军队数以十万计的伤亡，并使德军一口气推进了80千米（在1915—1917年的堑壕战僵局背景下，这是令人震惊的战果）。但是，德军为这些战果付出的代价并不小。任何逼迫士兵朝着"机关武器"（Maschinenwaffen）冲锋的战术体系都会令部队付出高昂代价，哪怕是像这样精心设计的战术体系也不例外。最终在这些进攻中死去的攻方士兵几乎和守方士兵一样多。更糟糕的是，他们没能实现任何战略突破。协议国军队虽然往往在混乱中败退，但仍然保持着足够的凝聚力，可以重新建立防线，阻止德军到达任何真正有战略意义的目标。换言之，1918年的攻势是战役层面的胜利——确实令人钦佩，但是还不够。

正是在这次失败的背景下，德军在间战时代取得了各种成就：建立起了装甲师，实现了与德国空军的对地攻击兵种的密切协同，并且依靠无线电通信技术极大地改进了指挥与控制。与大众的普遍认知相反的是，德军并未在这个时代发明闪电战。他们并未尝试发明任何新战法，只是在寻找打破阵地战僵局和复兴运动战的方法。坦克与俯冲轰炸机的组合仅仅是达成这一目的的手段，而这一组合的成功超出了他们最狂野的梦想，造就了战争头两年的辉煌胜利：在波兰的白色方案行动，在丹麦和挪威的威悉演习行动，以及在西线的黄色方案行动。

这个成功的时期一直持续到1941年，德军以较小的代价取得了一连串胜利，但即便在此期间，仍然有过作战态势恢复为运动战的时候。这些事例通常被研究闪电战的历史学家们忽视，但每一次德军都损失惨重。1939年波兰会战中对姆瓦瓦（Mlawa）和莫德林（Modlin）阵地的突击，1940年突击荷兰军队坚固据点的仓促尝试，1941 年对梅塔克萨斯防线（Metaxas line）的进攻，克里特岛战役中的某些交战——所有这些战斗都让依然年轻的国防军领教了一条古老的经验——机动是快速取胜和较少损失的关键。

1941 年入侵苏联的巴巴罗萨行动在很多方面是德式运动战的巅峰，国防军一次又一次地合围敌军，打出了一场又一场包围战。但即便在这次行动中，德军突击部队，甚至包括装甲纵队在内，也曾多次撞上苏军预有准备的防御阵地。北方的卢加防线（Luga line）、中央的布列斯特—利托夫斯克（Brest Litovsk），以及南方的普里皮亚季沼泽（Pripet marshes），全都发生了消耗大量时间和人命的苦战。如果说德军在东线的第一次会战中学到了什么，那就是只要他们给了苏联人构筑工事的机会，那么就要有千辛万苦地将敌人从工事里赶出去的心理准备。可以毫不夸张地说，当德军在冬季临近时向莫斯科发起最后的突击——台风行动时，几个坚固的防御阵地就成了苏联红军生存的保证。在这个背景下图拉（Tula）的防御阵地尤其值得人们关注，苏军在那里将海因茨·古德里安将军的第 2 装甲集团军阻挡了几个星期之久。

我们在 1942 年也看到了同样的情况。在蓝色行动中，国防军再一次突进了数十千米，在刻赤、哈尔科夫和卡拉奇包围了大批苏军部队。但它也在塞瓦斯托波尔，在高加索，尤其是在斯大林格勒遭遇了苏军预有准备的防御。在第一个地方，它经过苦战取得了胜利，但是付出的人员和物资代价很高昂。在后两个地方，它最终离胜利只有一步之遥。在高加索的奥尔忠尼启则，它一直打到了距离这座大山的门户城市不到 2 千米的地方。在斯大林格勒的战斗中，在冲向伏尔加河的最后突击——胡贝图斯行动中，德军一支由步兵和战斗工兵组成的混合部队前进到离河岸只有几百米的地方，但这座城市的最后一片阵地仍然掌握在苏军手中。

让我们把时间快进到 1943 年春天。当德军司令部的人员苦苦思索如何将战争继续下去的难题时，德国最古老的作战信念再次占了上风。这是一支喜欢打运动战而且厌恶包围战的军队。发动进攻的意见首先作为机动作战的一部分被提出。在哈尔科夫战役胜利收尾时，曼斯坦因建议继续向北进攻，同时中央集团军群也向南进攻作为配合，这基本上就是最终指导了夏季攻势的策划工作的作战大纲。但是在当时，库尔斯克周围没有完备的防御阵地。苏军刚刚在他们的冬季攻势中收复这座城市，而且他们还没有从冬季战斗惊人的人员和物资损失中恢复过来。曼斯坦因巧妙的"王车易位"机动和时机拿捏得很好的侧翼打击重创了他们的进攻部队。他认为此时继续进攻的时机已经成熟，而且他不是唯一有这种想法的人。

　　正如我们已经看到的，他提议的进攻未能实施。行动时间被一再地推迟。时间拖得越久，军官团对这次进攻的热情就越少。曼斯坦因在3月本来有很大可能通过一次奇袭重夺库尔斯克，但是他知道，随着苏军在突出部中集结兵力并巩固防御阵地，这种可能性就越来越小。此时对库尔斯克发动直接打击将会是一场苦战。参谋们推演了各种方案——直接从西面进攻，为了一开始就将苏军的预备队草原方面军拖入战斗而在突出部的肩部向纵深攻击，或者直接从南北两面进攻库尔斯克城本身——但是没有一种方案能够降低难度。无论这个突出部周围有多少个罗盘方位可以选择，有一个事实始终是很清楚的：德军的进攻只要一开始，就会打成类似于第一次世界大战的堑壕战。无论有多少坦克和机械化部队，对这一地段的任何直接进攻都将是一场阵地战。

　　曼斯坦因也提出了各种反手打击的建议。但是这些计划有多少现实性？苏军就不会从先前的战役中吸取教训吗？他们真的还会那么配合吗？曼斯坦因究竟想让他们重蹈多少次覆辙？人们很容易忘记导致这位元帅上一次在哈尔科夫取胜的客观条件。苏联红军在1942—1943年冬季刚刚完成了一次向西的大进军。那是一次持续五个月的史诗般的战役：数千千米的距离，冰点以下的温度，一片冰天雪地。苏军的后勤在他们的推进过程中当然早已不堪重负。但此时苏联红军的实力已经大大增强，当他们在夏季良好的硬质路面上作战时，要让他们的疲惫达到上一次会战的程度，可能性是非常低的。而考虑到双方实力的差距，红军的大规模进攻把德军机械化部队卷入阵地战的可能性也不比德军进攻时小。要集中足够的机械化部队发动反击绝非易事。有一位研究德军作战的当代权威指出，曼斯坦因已经把反手打击视作"灵丹妙药"（Erfolgsrezept），而问题可能也就出在这里：根本没有什么灵丹妙药。[97]

　　关于整个库尔斯克战役，有一个问题至今仍让人兴味盎然：尽管遭遇了上一年的种种挫折，德军司令部在多大程度上仍然死抱着古老的战争方式不放？合围（Einzukesseln）、向心攻击（Konzentrischen Angriff）、歼灭（Vernichten），这些字眼几个世纪来一直是德国军事理论的一部分。一场作战在多大程度上是"向心"的，或者在多大程度上不是，早已成为普鲁士—德意志军人对其进行评判的标准，因为只有对已经被包围的敌军发起向心进攻才能取得包围战的决定性胜利。1813年的莱比锡，1866年的柯尼希格雷茨，1870年的色当，1914年的坦嫩贝格，以及 1940 年的佛兰德斯大会战（Flandernschlacht），全都是按照相似的脚本演出的，目标就是通过向心作战合围（einzukesseln）并歼灭敌人。它们都是经典的战役，关于它们的记忆在几近世袭的德国军官阶层中代代流传。它们都是值得仿效的作战。

而在 1943 年，他们实在太想打包围战，太想把敌人包围起来再通过一系列勇猛的向心作战歼灭，以至于没有认识到在这些条件下尝试打包围战是多么荒谬。除了生搬硬套传统的德式兵法，他们确实不懂得任何其他的作战之道，尽管这种兵法已经再也没有成功的机会。在 1942 年，他们已经发现在东线这样辽阔的战场上实施向心作战问题很大，尤其是在战线南段的空旷地带。集中兵力向一个地点突击也会导致自身暴露在来自多地的侧翼攻击下。在某些时候，机动只能是离心的，也就是说各路部队之间的距离会越拉越大。即使在城堡行动这样极其简单的作战情况下，实施向心机动的部队在侧翼受到的威胁也是至关重要的失败原因。第 48 装甲军推进失败；党卫军第 2 装甲军因为肯普夫暂编集团军受阻于其当面的筑垒地域而在右翼受到威胁；霍特决定右转冲向普罗霍罗夫卡——城堡行动的向心作战方案在短短几天内就宣告破产。

无论是利用近在眼前的库尔斯克突出部（希特勒的做法），还是打一场更复杂、牵涉地域更广的战斗（曼斯坦因在亚速海岸边包围敌军的计划），德军总司令部都是在谋求打一场包围战，然而重创之后的国防军已经再也没有能力实现这个目标。

曼斯坦因和希特勒当然有很大区别：一个是训练有素的专业人员，一个是门外汉；一个是沙场宿将，一个是政客；一个是高雅的容克精英，一个是来自街头的粗俗鼓动家。但是在这场战役中，这两人表现出的共同点却远多于差异，两人都是按照远在他们出生之前就早已写好的脚本行事。对于元首和他手下最优秀的元帅来说，库尔斯克确实就是一出戏剧。剧名姑且就叫"两个寻求包围战的角色"。

最后，是时候质疑运动战的基本假设了。曼斯坦因和德国军官团的所有人一样，相信国防军自上而下的优势在机动战中将会再度显现。运动战将会使这支部队的军官和士兵从物质的暴政下解放出来，让人的因素充分发挥。曼斯坦因和他的同僚确信，他们是比苏联红军更为训练有素的军人，是一支更优秀的军官团，能够更快地进行决策，上下各级的主动性都要更强，等等。但是到了 1943 年，所有这些观点都已经变得有待商榷了。苏军的普通士兵真就不如他的德国同行吗？苏联军官团的能力真的就比德国军官团差吗？

说到对城堡行动的分析（事实上也适用于对整场战争的分析），最没有意义的方式就是争论哪支军队更优秀。在 1943 年，国防军仍然有着许多强项：一支训练有素、尽忠职守、富有进攻精神的军官团出于意识形态原因或对集体的忠诚，随时准备为事业献身的大批人员；以及在东线战争中，第一次具有明显的质量优势的武器装备（尽管还有着种种磨合问题）。但另一方面，苏军也拥有一些重要的优势：一个能力出众、在斯大林格勒和高加索的胜利之后信心不断增强的最高统帅部，已经学会了信任彼此的能力和应对德军进攻战术的中下级官兵，还有他们经常被忽视的传统强项——野战筑垒技艺。

我们还可以举出红军的最后一个至关重要的优势：它的规模。苏联红军在库尔斯克获胜有许多原因，但只有蠢材才会忽略它的数量优势。苏军在库尔斯克顶住了德军的打击——虽说并不是没有危急的时刻——而且与此同时，它一直在整条战线上的其他许多地点进行着大规模进攻的准备。与之形成鲜明对比的是，国防军为了发动城堡行动，却不得不抽调东线其他地段的装甲师。在军事历史的论述中，将胜利归结于某支军队的规模往往会被认为是对其质量的批评，但是在数量上压倒对手并不是什么可耻的事情。规模确实很重要，而数量本身其实就是一种质量。德军在库尔斯克认识到了这个道理，而如果他们遵从曼斯坦因的建议，先等待对手攻击，然后尝试实施反手打击，很可能还是会得到同样的教训。

注释

1. 此处描写的三个片断都取材自阿道夫·霍伊辛格著,《冲突中的司令部: 1923—1945 年德国陆军的宿命时刻》(*Befehl im Widerstreit: Schicksalsstunden der deutschen Armee 1923－ 1945*,蒂宾根: Rainer Wunderlich Verlag Hermann Leins, 1950 年)。霍伊辛格在 1940 年到 1944 年担任德国总参谋部作战处(Operationsabteilung)的处长,战后成为联邦国防军的首任总监。

2. 出处同前,"1943 年 5 月底: 拉斯滕堡元首指挥部中的情况报告"(*Ende Mai 1943: Lagevortrag im Führerhauptquartier bei Rastenburg*),第 250—254 页。

3. 出处同前, "Friedrich der Grosse hat selbst nach Kunersdorf nicht versagt. Und damals hatte er so gut wie nichts mehr."第 251 页。要了解库勒斯道夫一战(1759 年 8 月 12 日)的惨败, 见丹尼斯·肖沃尔特著,《腓特烈大帝的战争》(*Wars of Frederick the Great*,伦敦: Longman, 1996 年),第 242—250 页。

4. 霍伊辛格著,《冲突中的司令部》,"1943 年 6 月中旬: 在安格堡附近的毛厄沃德,希特勒与各集团军群和集团军司令及其幕僚陆军总司令部举行会议的前夜: 陆军总司令部作战处处长与东线各集团军群的指挥官们对话"(Mitte Juni 1943: Am Abend einer Besprechung Hitlers mit den Oberbefehlshabern der Heeresgruppen and Armeen sowie deren Chefs im Hauptquartier des Oberkommandos des Heeres imMauerwald bei Angerburg: Der Chef der Operationsabteilung im Oberkommando des Heeres im Gespräch mit den Chefs der Heeresgruppen im Osten),第 255—258 页。

5. "但有一点是很清楚的:地中海一直都是被折中办法左右的战区,这对我们来说真是不幸(Aber soviel ist klar: das Mittelmeer ist zu unserem Unglück immer der Kriegsschauplatz der halben Massnahmen geblieben)。"出处同前,第 255 页。

6. 要了解成功的水牛行动,见厄尔·齐姆克著,《从斯大林格勒到柏林: 德军在东线的失败》(*Stalingrad to Berlin: The German Defeat in the East*,华盛顿哥伦比亚特区: Center of Military History,1987 年),第 115—117 页。

7. "直到 6 月 10 日我都是支持这个行动的。但现在我觉得风险太大了。(Bis zum 10. Juni war ich dafür. Jetzt erscheint mir das Wagnis zu gross.)"霍伊辛格著,《冲突中的司令部》,第 256 页。

8. 出处同前,"1943 年 7 月 4 日: 进攻库尔斯克突出部的前夜。一个位于出发阵地的装甲营。(4. Juli 1943: Vorabend des Angriffs gegen den Kursker Bogen. Eine Panzerabteilung in der Ausgangsstellung)"第 259—260 页。

9. 原文为 "Vier Seiten! Je länger der Krieg, desto länger die Reden!"出处同前,第 259 页。

10. 要了解瓦尔特·冯·塞德利茨将军命运多舛的职业生涯,请参见他本人的记述,《斯大林格勒: 战斗与结果: 回忆录》(*Stalingrad: Konflikt und Konsequenz: Erinnerungen*,奥尔登堡: Stalling,1977 年),以及汉斯·马滕斯(Hans Martens)著,《冯·塞德利茨将军对一场战争的分析》(*General v. Seydlitz, 1942－1945: Analyse eines Konfliktes*,柏林: v. Kloeden,1971 年)。

11. "今晚来了一个工兵连,因为要突破俄国人的阵地。太他妈迟了! "(Und heute nacht trifft noch eine Pionierkompanie ein, wegen der russischen Stellungen. Verdammt spät!)霍伊辛格著,《冲突中的司令部》,第 260 页。

12. 见罗伯特·M. 奇蒂诺著,《缩水: 历史学家与库尔斯克之战》(*Downsizing: Historians and the Battle of Kursk*),《出列》,2010 年 6 月 16 日,http://www.historynet.com/downsizing-his torians-and-the-battle-of-kursk.htm。

13. 库尔斯克战役产生了数量庞大的文献,只不过质量参差不齐,而且近几年一波姗姗来迟的修正浪潮也使它们的价值被严重动摇。适合作为入门读物的是罗尔夫 - 迪特尔·米勒(Rolf-Dieter Müller)和格尔德·于贝舍尔(Gerd R. Überschär)的参考作品,《希特勒的东方战争,1941—

1945：批判性评价》(*Hitler's War in the East, 1941－1945: A Critical Assessment*，罗德艾兰州普罗维登斯：Berghahn Books，1997 年)，第 180—182 页。然后就应该阅读第一手史料，尤其是德国将领的回忆录和美国陆军的《外国军事研究》丛书中的相关资料，只不过明智的研究者对这些资料都会谨慎运用并小心求证。埃里希·冯·曼斯坦因著，《失去的胜利》(*Verlorene Siege*，波恩：Athenäum，1955 年)，第 473—507 页很聪明地记述了作者为主张（后来又反对）在库尔斯克发动进攻的作战计划而做的抗争。在英译本《失去的胜利》(*Lost Victories*，加利福尼亚州诺瓦托：Presidio，1982 年)，第 443—449 页中对相关事件的记述则完全不同而且缺失大量要素，原作的内容被压缩成了短短七页，这个事实再次说明为什么任何懂德语的人都不应该只使用英文版进行学术研究。它看起来就是《失去的胜利》原作中整整一章的摘要。在埃里希·冯·曼斯坦因著，《城堡行动：指挥决策研究》(*Operation Citadel: A Study in Command Decision*)，《陆战队公报》(*Marine Corps Gazette*)第 40 辑，第 8 期 (1956 年 8 月)，第 44—47 页可以找到另一个更为简短的译本。曼斯坦因的记述应该与海因茨·古德里安著，《一个军人的回忆》(*Erinnerungen eines Soldaten*，海德堡：Kurt Vowinckel，1951 年)，第 253—284 页一同阅读；英译本是《闪击英雄》(*Panzer Leader*，纽约：Ballantine，1957 年)，第 215—251 页。这两位重要的指挥官在许多方面的记述都是互相矛盾的。冯·梅林津著，《坦克战：第二次世界大战装甲兵运用研究》(*Panzer Battles: A Study of the Employment of Armor in the Second World War*，纽约：Ballantine，1956 年)，第 258—283 页是城堡行动中的第 48 装甲军参谋长的记述，但这份资料却把水搅得更浑了；就连 1943 年 5 月著名的慕尼黑会议上有哪些军官出席这样的基本问题都说不一。其他第一手史料包括特奥多尔·布塞著，《1943 年东线的城堡攻势》(*Der Angriff Zitadelle im Osten 1943*)，手稿 T-26("T"代表"Thema")，作者是南方集团军群的参谋长。德文原稿和英文译本都收藏在宾夕法尼亚州卡莱尔市的美国陆军传统与教育中心。T-26 中还包括了德军各集团军的报告：埃哈德·劳斯 (Erhard Raus) 著，《1943 年东线的城堡攻势：肯普夫暂编集团军部分》(*Der Angriff Zitadelle im Osten 1943: Abschnitt der Armee-Abteilung Kempf*)，作者是第 11 军的军长；弗里德里希·范戈尔 (Friedrich Fangohr) 著，《城堡行动：1943 年 7 月第 4 装甲集团军的进攻》(*Zitadelle: Der Angriff der 4. Panzer-Armee im July 1943*)，作者是第 4 装甲集团军的参谋长；彼得·冯·德·格热本 (Peter von der Groeben) 著，《第 2 装甲集团军和第 9 集团军 1943 年 7 月 5 日至 8 月 18 日在奥廖尔突出部的战斗》(*Die Schlacht der 2. Panzer-Armee und 9. Armee im Orel-Bogen vom 5. Juli bis 18. August 1943*)，作者是第 2 装甲集团军的作战参谋；以及汉斯·赛德曼 (Hans Seidemann) 著，《1943 年东线的城堡攻势：德国空军的参战情况》(*Der Angriff Zitadelle im Osten 1943: Die Beteiligung durch die Luftwaffe*)，作者是第 8 航空军的军长。英语世界要好好感谢学者斯蒂芬·牛顿 (Stephen H. Newton)，他在《库尔斯克：德方观点：亲历城堡行动的德军指挥官的报告》(*Kursk: The German View: Eyewitness Reports of Operation Citadel by the German Commanders*，纽约：Da Capo，2002 年) 中编纂、翻译并分析了所有这些报告。原始的英文译本往往写得很仓促而且不专业。牛顿是位高明的译者，而他对于作战的深入了解使他能够提供我们迄今为止见到的最精准的翻译。他的这部著作具有不可替代的价值，应该被尽可能广泛的读者群体所阅读。卡尔·瓦格纳著，《南方集团军群：东线南段的战斗，1941—1945》(*Heeresgruppe Süd: Der Kampf im Süden der Ostfront, 1941-1945*，巴特瑙海姆：Podzun，1967 年)，第 231—244 页是第 40 装甲军的指挥官所做的可靠记述，在作战问题方面提供了权威观点。最后一本已出版的第一手资料在西方鲜为人知，但包含了大量对城堡行动的起源的深刻见解，它就是瓦尔特·布斯曼 (Walter Bussmann) 著，《库尔斯克—奥廖尔—第聂伯河：第 46 装甲军军部在"城堡行动"期间的经历与体会》(*Kursk-Orel-Dnjepr: Erlebnisse und Erfahrungen im Stab des XXXXVI Panzerkorps während des 'Unternehmens Zitadelle'*)，《当代历史季刊》(*Vierteljahrshefte für Zeitgeschichte*)第 41 辑，第 4 期 (1993 年 10 月)，第 503—518 页，作者在此战中是在第 46 装甲军军部任职的一名军官。

德国方面关键的二手文献首先是恩斯特·克林克 (Ernst Klink) 著，《主动权：1943 年的城堡行动》（*Das Gesetz des Handelns: Die Operation Zitadelle, 1943*，斯图加特：Deutsche Verlags-Anstalt，1966 年），这部著作深入的研究和明智的结论使它历久弥新；它的附录（Anlagen）部分至少能让研究者省去一天翻阅档案的功夫。在阅读克林克著作的同时还应阅读德国官方正史中的相关部分，《德国与第二次世界大战》，第 8 卷，《东线，1943—1944：东方与次要战线的战事》（*Das Deutsche Reich und der ZweiteWeltkrieg, vol. 8, Die Ostfront, 1943/44: Der Krieg im Osten and an den Nebenfronten*，慕尼黑Deutsche Verlags-Anstalt，2007 年），第 1 部分，贝恩德·魏格纳著，《从斯大林格勒到库尔斯克》（*Von Stalingrad nach Kursk*），第 1—79 页；第 2 部分，卡尔－海因茨·弗里泽尔著，《库尔斯克突出部的战斗》（*Die Schlacht im Kursker Bogen*），第 81—208 页；第 3 部分，贝恩德·魏格纳著，《窘迫的战局》（*Die Aporie des Krieges*），第 209—274 页。这三节合在一起，就是一部关于库尔斯克战役的起源、过程和后续的专题学术著作，两位作者都是德国军事行动史领域的扛鼎人物。"官方正史"一词往往隐含众多贬义，但这部著作不是。第三部不可不读的著作反映了关于库尔斯克战役的学术研究的变迁，它就是罗兰·弗尔斯特编，《第二次世界大战的转折？ 1943 年春夏两季的哈尔科夫战役和库尔斯克战役的战役背景、过程与政治意义》（*Gezeitenwechsel im Zweiten Weltkrieg? Die Schlachten von Ch'arkov und Kursk im Frühjahr und Sommer 1943 in operative Anlage, Verlauf und politischer Bedeutung*，柏林：E. S. Mittler，1996 年），其中收录的论文来自德国联邦军事历史研究所（Federal GermanMilitärgeschichtliches Forschungsamt）赞助下召开的一次学术会议，即 1993 年在英戈尔施塔特（Ingolstadt）举办的第 35 届国际军事历史节。例如，读者可以参见金特·罗特（Günter Roth）著，"前言"（Vorwort），第 9—18 页；罗兰·弗尔斯特著，"简介"（Einführung），第 19—25 页；戴维·格兰茨著，《库尔斯克的前奏；1943 年 2—3 月苏军的战略行动》（Prelude to Kursk; Soviet Strategic Operations, February‐March 1943），第 29—56 页；尼古拉·鲁曼尼切夫（Nikolaj Rumanicev）著，《库尔斯克之战：缘起、经过与结果》（Die Schlachten bei Kursk: Vorgeschichte, Verlauf und Ausgang），第 57—67 页；鲍里斯·索科洛夫（Boris V. Sokolov）著，《库尔斯克、奥廖尔与哈尔科夫之战：战略意图与结果：对苏方历史的批判观点》（The Battle for Kursk, Orel, and Char'kov: Strategic Intentions and Results: A Critical View of the Soviet Historiography），第 69—88 页；卡尔－海因茨·弗里泽尔著，《后发制人与先发制人：1943 年的哈尔科夫战役与库尔斯克战役》（Schlagen aus der Nachhand—Schlagen aus der Vorhand: Die Schlachten von Ch'arkov und Kursk 1943），第 101—135 页；约翰·阿道夫·冯·基尔曼斯埃格伯爵著，《时任陆军总参谋部作战处首席参谋的见证者对哈尔科夫和库尔斯克战役的评论》（Bemerkungen eines Zeitzeugen zu den Schlachten von Char'kov und Kursk aus der Sicht des damaligen Generalstabsoffiziers Ia in der Operationsabteilung der generalstabs des Heeres），第 137—148 页；格哈德·魏因贝格著，《关于东线一段特殊的平静时期的问题》（Zur Frage eines Sonderfriedens im Osten），第 173—183 页；以及贝恩德·魏格纳著，《战略的终结：斯大林格勒之后德国的政治与军事形势》（Das Ende der Strategie: Deutschlands politische und militärische Lage nach Stalingrad），第 211—227 页。

其他重要的德语文献包括戈特哈德·海因里西将军（General Gotthard Heinrici）原著并经弗里德里希·威廉·豪克（Friedrich Wilhelm Hauck）补充（ergänzt）的文章，它分成三个部分刊载：《城堡行动：对俄军在库尔斯克的突出部阵地的进攻》（*Zitadelle: Der Angriff auf den russischen Stellungsvorsprung bei Kursk*），《国防科学评论》第 15 辑，第 8 期（1965 年 8 月），第 463—486 页；第 9 期（1965 年 9 月），第 529—544 页；第 10 期（1965 年 10 月），第 582—604 页。这篇文章附有不少注释和地图，长度接近学术专著。阿尔弗雷德·菲利皮和费迪南德·海姆著，《1941 年到 1945 年在俄国南部的会战：作战概述》（*Der Feldzug gegen Sowjetrussland, 1941 bis 1945: Ein operative Überblick*，斯图加特：W. Kohlhammer，1962 年），尤其是海姆写的第 2 部分《斯大林格勒战役和 1943—1945 年历次战役的经过》（Stalingrad und der Verlauf des Feldzuges der Jahre 1943‐1945）很好地体现了城堡行动虎头蛇尾的性质。请参见《进攻及草草收场》（Der Angriff und sein bäldiges Ende），第 211—212 页。海姆曾任第 48 装甲军的军长，在

苏军的天王星行动中曾领受了在顿河沿岸阻止苏军南下推进的不可能完成的任务，结果被希特勒逮捕并单独关押，以怯战和渎职的罪名被判处死刑，但后来得到减刑。罗曼·特佩尔（Roman Töppel）的两篇文章也很有价值，尤其是戳破了关于库尔斯克的神话：《历史叙事中传奇的形成：库尔斯克之战》（Legendenbildung in der Geschichtsschreibung: Die Schlacht bei Kursk），《军事历史杂志》（Militärgeschichtliche Zeitschrift）第 61 辑，第 2 期（2002 年），第 369—401 页，和《库尔斯克：一场战役的神话与真相》（Kursk: Mythen und Wirklichkeit einer Schlacht），《当代历史季刊》（Vierteljahrshefte für Zeitgeschichte）第 57 辑，第 3 期（2009 年），第 349—385 页。两篇为纪念此战六十周年而写的文章也包含了有用的作战细节：西格贝特·克罗伊特尔（Siegbert Kreuter）著，《库尔斯克之战：1943 年 7 月 5—15 日的城堡行动》（Die Schlacht um Kursk: Das Unternehmen Zitadelle vom 5. - 15.7.1943），《奥地利军事杂志》（Österreichische Militärische Zeitschrift）第 41 辑，第 6 期（2003 年），第 583—586 页，迪特尔·布兰德（Dieter Brand）著，《60 年前：普罗霍罗夫卡：城堡行动的方方面面；1943 年 7 月南方集团军群地段》（Vor 60 Jahren: Prochorovka: Aspekte der Operation Zitadelle; Juli 1943 im Abschnitt der Heeresgruppe Süd），《奥地利军事杂志》（Österreichische Militärische Zeitschrift）第 41 辑，第 5 期（2003 年），第 587—597 页。

　　英语文献种类繁多，从高深的学术研究到比较通俗的读物应有尽有。毫无疑问，英语学术著作中首屈一指的是戴维·格兰茨和乔纳森·豪斯著，《库尔斯克会战》（The Battle of Kursk，劳伦斯：University Press of Kansas，1999 年）。从各方面来讲——作战细节的深度、研究、组织、对各种学术争议的处理——它的成就都令人有高山仰止之感，在很长时间内恐怕都不会被超越。芒戈·梅尔文著，《曼斯坦因：希特勒手下最伟大的将领》（Manstein: Hitler's Greatest General，伦敦：Weidenfeld & Nicolson，2010 年），第 347—381 页对这位元帅持批判态度，并且认为"曼斯坦因只要有一次承认自己在库尔斯克是被更优秀的敌人击败的，他这本回忆录就会提高一个档次"。（第 381 页）

　　齐姆克著，《从斯大林格勒到柏林》，第 7 章《城堡行动》（Operation Zitadelle）仍是标准的学术叙事，我们必须指出，虽然该书写作年代较早，但也不应被忽视。蒂莫西·马利根（Timothy P. Mulligan）著，《间谍、密码与"城堡"：情报与库尔斯克之战》（Spies, Ciphers and 'Zitadelle': Intelligence and the Battle of Kursk），《当代历史杂志》（Journal of Contemporary History）第 22 辑，第 2 期（1987 年 4 月），第 235—260 页，以及戴维·托马斯（David Thomas）著，《东线外军处与德军在苏联的军事情报，1941—1945》（Foreign Armies East and German Military Intelligence in Russia, 1941 - 45），《当代历史杂志》第 22 辑，第 2 期（1987 年 4 月），第 261—301 页可以一并阅读，它们有效地复盘了库尔斯克战役前前后后的情报战，指出它和战役本身一样，是苏军的决定性胜利。其他值得一提的作品有罗宾·克罗斯（Robin Cross）著，《城堡行动：库尔斯克战役》（Citadel: The Battle of Kursk，纽约：Sarpedon，1993 年），这是最早对普罗霍罗夫卡作为史上规模最大坦克战的神话提出质疑的著作之一。还有尼克拉斯·塞特贝里（Niklas Zetterberg）和安德斯·弗兰克森（Anders Frankson）著，《库尔斯克 1943：统计分析》（Kursk, 1943: A Statistical Analysis，伦敦：Frank Cass，2000 年），这是最早以可靠的数字提出质疑的作品之一。本杰明·西姆斯（Benjamin R. Simms）著，《库尔斯克之战分析》（Analysis of the Battle of Kursk），《装甲》（Armor），2003 年 3—4 月，第 7—12 页提供了美国军界有关战争原理的有用见解，不过光是介绍这方面的文献就可以另写一本书。一些通俗著作，如杰弗里·朱克斯（Geoffrey Jukes）著，《库尔斯克：1943 年 7 月的坦克大战》（Kursk: The Clash of Armor, July 1943，纽约：Ballantine，1969 年），马丁·凯丁（Martin Caidin）著，《虎式坦克在燃烧》（The Tigers Are Burning，纽约：Hawthorn，1974 年）以及马修·库珀（Matthew Cooper）著，《德国军队 1933—1945》（The German Army, 1933—1945，密歇根州切尔西：Scarborough House，1991 年），第 441—459 页的相关内容仍然值得一读，虽然它们都已过时，未能采纳许多新的研究成果，但在叙事和眼界方面都有不少可取之处。尤其是库珀的作品，在战役层面分析和战斗序列方面还是非常不错的。

如今已有相当多的苏方作品被译成英语。首先是格奥尔基·朱可夫（Georgi K. Zhukov）著，《朱可夫元帅的伟大战役》（*Marshal Zhukov's Greatest Battles*，纽约：Cooper Square，2002 年），附有戴维·格兰茨的简介；然后是帕维尔·罗特米斯特罗夫元帅（Marshal Pavel Rotmistrov）著，《库尔斯克坦克战》（*The Tank Battle at Kursk*），收录于《希特勒的败仗：东线俄国将领关于第二次世界大战的第一手记述》（*Battles Hitler Lost: First-Person Accounts of World War II by Russian General on the Eastern Front*，纽约：Richardson & Steirman，1986 年），第 86—99 页；还有提供普通士兵视角的尼古拉·利特温（Nikolai Litvin）著，《东线 800 天：一个苏军士兵的二战回忆》（*800 Days on the Eastern Front: A Russian Soldier Remembers World War II*，劳伦斯：University Press of Kansas，2007 年），第 10—43 页。

最后有三部作品值得一提。小沃尔特·邓恩（Walter S. Dunn Jr.）著，《库尔斯克：1943 年希特勒的豪赌》（*Kursk: Hitler's Gamble, 1943*，康涅狄格州韦斯特波特Praeger，1997 年）提醒我们，许多优秀的军事历史作品来自传统学术圈之外。和他的所有著作一样，邓恩的这本书显示了一丝不苟的学风。巴尔比耶（M. K. Barbier）著，《库尔斯克：规模最大的坦克战，1943 年》（*Kursk: The Greatest Tank Battle, 1943*，明尼苏达州圣保罗：MBI，2002 年）是一本非常罕见的精品：既有丰富的插图，又有严肃而精深的学术研究。丹尼斯·肖沃尔特著，《希特勒的坦克：掀起军事革命的闪电式进攻》（*Hitler's Panzers: The Lightning Attacks that Revolutionized Warfare*，纽约：Berkley Caliber，2009 年），第 253—273 页对国防军和红军做了精妙的分析——书中论述了红军的"密集度、冗余性、管理、机动"（第 273 页）——而且以生动的文笔令读者有身临其境之感。肖沃尔特的写作生涯太长也太成功，以至于我们有时会忘记他是一个多么有才华的作者。

14. 有关普罗霍罗夫卡之战，见罗伯特·M. 奇蒂诺著，《史上规模最大的坦克战》（*The Greatest Tank Battle of All Time*），《出列》，2010 年 6 月 6 日，http://www.historynet.com/thegreatest-tank-battle-of-all-time.htm。另见罗特米斯特罗夫著，《库尔斯克坦克战》，第 95 页。

15. 要了解武装党卫队的起源和作战行动，首先请阅读格拉尔德·赖特林格（Gerald Reitlinger）著，《党卫军：一个民族的脱罪借口，1922—1945》（*The S. S.: Alibi of a Nation, 1922–1945*，新泽西州恩格尔伍德克利夫斯：Prentice-Hall，1981 年），这是 1956 年出版的原作的再版；乔治·斯坦（George H. Stein）著，《武装党卫队：希特勒的精锐鹰犬》（*The Waffen S. S.: Hitler's Elite Guard at War, 1939-1945*，纽约州伊萨卡：Cornell University Press，1966 年）；以及小查尔斯·西德诺（Charles W. Sydnor Jr.）著，《毁灭之师:党卫军"髑髅"师，1933—1945》（*Soldiers of Destruction: The S. S. Death's Head Division, 1933-1945*，新泽西州普林斯顿：Princeton University Press，1977 年）。海因茨·赫内（Heinz Höhne）著，《髑髅之令》（*Order of the Death's Head*，纽约：Ballantine，1971 年），第 493—545 页关于武装党卫队的内容仍然是很有价值的概述。要了解党卫军的各个指挥官，应该选择罗兰·施梅尔泽（Roland Smelser）和恩里科·叙林（Enrico Syring）编，《党卫军：髑髅帽徽下的精锐：30 份履历》（*Die S. S.: Elite unter den Totenkopf: 30 Lebensläufe*，帕德博恩：Ferdinand Schöningh，2000 年）。尤其请参见克里斯托弗·克拉克（Christopher Clark）著，《"泽普"约瑟夫·迪特里希》（*Josef 'Sepp' Dietrich*），第 119—133 页，和恩里科·叙林著，《保罗·豪塞尔："他的"武装党卫队的"开门人"兼指挥官》（*Paul Hausser: 'Türöffner' und Kommandeur 'seiner' Waffen-S. S.*），第 190—207 页。卡尔·泰勒（Karl H. Theile）著，《不仅是"怪物"和"小丑"：党卫军作战部队：打破五十年来关于德军精锐部队的神话》（*Beyond "Monsters" and "Clowns": The Combat S. S.: De-Mythologizing Five Decades of German Elite Formation*，纽约：University Press of America，1997 年）提供了武装党卫队每个师的作战简史，很有参考价值卡尔·瑟夫（Karl Cerff）著，《国防军报告中的武装党卫队》（*Die Waffen-S. S. im Werhmachtbericht*，奥斯纳布吕克：Munin-Verlag，1971 年）书如其名，选编了国防军总司令部的国防军报告中关于党卫军的内容，未加任何修饰。但作者声称自己要以该书证明"武装党卫队的士兵和其他军人一样尽了自己的职责（der Männern der Waffen-*S. S.*, die als Soldaten wie andere auch ihre Pflicht getan haben）"（第 9 页），这就违背了他"不做任何评论

（keines Kommentars）"地编写该书的初衷。此外还有大量主要面向军事历史爱好者的文献。其中许多作品轻佻地表露了对武装党卫队的敬佩之情，有些甚至还远不止于此。例如，可参见威尔·法伊（Will Fey）著，《武装党卫队的装甲战斗，1943—1945》（Armor Battles of the Waffen-S. S., 1943-45，宾夕法尼亚州梅卡尼克斯堡：Stackpole，2003 年）；帕特里克·阿格特（Patrick Agte）著，2卷本《米夏埃尔·魏特曼与第二次世界大战中的武装党卫队"警卫旗队"师虎式坦克指挥官》（Michael Wittmann and the Waffen S. S. Tiger Commanders of the Leibstandarte in World War II，宾夕法尼亚州梅卡尼克斯堡：Stackpole，2006 年）；迈克尔·雷诺兹（Michael Reynolds）著，《钢铁之师：党卫军第 1 装甲军：阿登与东线，1944—1945》（Men of Steel: I S. S. Panzer Corps: The Ardennes and Eastern Front, 1944-45，英国巴恩斯利：Pen & Sword，2009 年）以及同一位作者的《帝国之子：党卫军第 2 装甲军：诺曼底、阿登与东线》（Sons of the Reich: II S. S. Panzer Corps: Normandy, the Ardennes, and on the Eastern Front，英国巴恩斯利：Pen & Sword，2009 年）。同类中其他有用的作品包括布鲁斯·夸里（Bruce Quarrie）著，《希特勒的条顿骑士团:战斗中的党卫军装甲部队》（Hitler's Teutonic Knights: S. S. Panzers in Action，韦灵伯勒: Patrick Stephens，1986 年），戈登·威廉森（Gordon Williamson）著，《忠诚就是我的荣誉：武装党卫队成员的个人叙述》（Loyalty Is My Honor: Personal Accounts from the Waffen-S. S.，伦敦:MBI，1999 年），以及迈克尔·夏普（Michael Sharpe）和布莱恩·戴维斯（Brian L. Davis）著，《武装党卫队精锐部队 -1》（Waffen-S. S. Elite Forces-1，新泽西州爱迪生:Chartwell，2007 年）。

16. 这一说法流传极广。例如，可参见意大利语学术文献中的几个相关例子：奥古斯托·阿里亚斯（Augusto Arias）著，《城堡行动：德国装甲兵在东线的天鹅之歌》（Operazione Citadel: Canto del Cigno dei Corazzati Tedeschi in Oriente），《军事评论》（Rivista Militare）第 23 辑，第 7 期（1967 年），第 808—829 页，雷纳托·韦尔纳（Renato Verna）著，《俄国前线 1943:"Panzerwaffe"的天鹅之歌：库尔斯克之战（7 月 5—16 日）》[Fronte Russo 1943: il Canto del Cigno della 'Panzerwaffe': la Battaglia di Kursk (5-16 Luglio)]，第 1 部分,《军事评论》第 24 辑，第 4 期（1968 年），第 437—454 页，以及第 2 部分，《军事评论》第 24 辑，第 5 期（1968 年），第 536—549 页。

17. 将戴维·格兰茨的著作——列出（包括他与乔纳森·豪斯合著的作品）将会使这条注释变得没完没了。要了解具有鲜明格兰茨特色——研究深入、细节详尽、文笔简练——的作品，请参见下面的几部代表作，全都具有权威性：戴维·格兰茨著，《从顿河到第聂伯河：1942 年 12 月—1943 年 8 月苏军的进攻作战》（From the Don to the Dnepr: Soviet Offensive Operations, December 1942-August 1943，伦敦：Frank Cass，1991 年）；戴维·格兰茨和乔纳森·豪斯著，《巨人的碰撞：一部全新的苏德战争史》（When Titans Clashed: How the Red Army Stopped Hitler，劳伦斯：University Press of Kansas，1995 年）；戴维·格兰茨著，《朱可夫的最大失败：1942 年红军在火星行动中的史诗级惨败》（Zhukov's Greatest Defeat: The Red Army's Epic Disaster in Operation Mars, 1942，劳伦斯：University Press of Kansas，1999 年）；戴维·格兰茨和乔纳森·豪斯著，《斯大林格勒三部曲第一部：兵临城下（1942.4—1942.8）》（To the Gates of Stalingrad: Soviet German Combat Operations, April-August 1942，劳伦斯：University Press of Kansas，2009 年）；以及戴维·格兰茨和乔纳森·豪斯著，《斯大林格勒三部曲第二部：决战（1942.9—1942.11）》（Armageddon in Stalingrad: September-November 1942,劳伦斯: University Press of Kansas，2009 年）。关于城堡行动，请参见格兰茨和豪斯著，《库尔斯克会战》。一言以蔽之，这并不是一份完整的书单。

18. 德国人在当时和战后都是这么说的。例如，可参见布塞著，《城堡攻势》："与此同时，前线上向西突出的库尔斯克突出部提供了一个空间有限的作战目标，而这也恰好与我军可动用的兵力对应。如果能切断这个突出部，那么在实现目标的同时还能缩短战线、节约兵力（Gleichzeitig bot der Frontbogen westlich Kursk ein räumlich begrenztes Operationsziel, das dem Mass der verfügbaren eigenen Kräfte entsprach. Mit Abschneid des Bogens war das Ziel erreicht und gleichzeitig eine kräftesparende Frontverkürzung gewonnen）。"（第 9—10 页）如果想了解与

168

这种去除库尔斯克战役神话色彩的潮流背道而驰的反例，请参见来自俄罗斯军界的两个例子：拉赫马宁上校（Colonel O. B. Rakhmanin）著，《论库尔斯克突出部战役（60 周年）的国际性方面》[On International Aspects of the Kursk Salient Battle (60th Anniversary)]，《军事思想》（Military Thought）第 12 辑，第 3 期（2003 年），第 119—130 页；以及利西茨基上校（P. I. Lisitskiy）和波格丹诺夫中将（Lieutenant General S. A. Bogdanov）著，《伟大卫国战争第二阶段军事艺术的进步》（Upgrading Military Art during the Second Period of the Great Patriotic War），《军事思想》第 14 辑，第 1 期（2005 年），第 191—200 页。特别是拉赫马宁，他怀着满腔怒火谴责了"所谓的历史学家们为了证明这场伟大战役只具备有限的局部意义而堆砌的所谓证据"（第 122 页）。

19. 弗里泽尔著，《后发制人与先发制人》，第 118—121 页。另见《德国与第二次世界大战》，第 2 部分，弗里泽尔著，《库尔斯克突出部的战斗》，第 8 卷第 119—131 页，其中作者就提到了"普罗霍罗夫卡的神话（der Mythos von Prochorovka）"。

20. 见塞特贝里和弗兰克森著，《库尔斯克 1943》，第 105—110 页。按照作者的说法，"德军的坦克损失与苏联红军所受的损失相比是非常小的"。（第 108 页）

21. 见罗伯特·M. 奇蒂诺著，《创造库尔斯克：罗特米斯特罗夫将军的描写》（Creating Kursk: General Rotmistrov's Portrait），《出列》，2010 年 6 月 23 日，http://www.historynet.com/creating-kurskgeneral-rotmostrov's-portrait.htm。

22. 弗里泽尔著，《后发制人与先发制人》，第 121—122 页。另见《德国与第二次世界大战》，第 2 部分，弗里泽尔著，《库尔斯克突出部的战斗》，第 8 卷第 131—132 页中关于损失的记述。

23. 罗特米斯特罗夫甚至也没有完成他的基本任务。见格兰茨和豪斯著，《库尔斯克会战》，第 195 页，其中的结论是"罗特米斯特罗夫在 7 月 12 日使德军的进攻转移了方向，但并未将其遏止"。

24. 《德国与第二次世界大战》，第 2 部分，弗里泽尔著，《库尔斯克突出部的战斗》指出，"警卫旗队"师和"帝国"师在 7 月 11 日（普罗霍罗夫卡之战的前一天）拥有的坦克是 186 辆，而在这场战斗的次日，也就是 7 月 13 日，却拥有坦克 190 辆（第 8 卷第 130 页）。

25. 弗里泽尔著，《后发制人与先发制人》，第 125 页。

26. 朱克斯关于库尔斯克之战的作品的德文译本书名就是《6000 辆坦克的大战，库尔斯克与奥廖尔 1943》（Die Schlacht der 6000 Panzer: Kursk und Orel，1943，拉施塔特Moewig，1982 年）。

27. 弗里泽尔著，《后发制人与先发制人》，第 123—124 页。

28. 梅林津著，《坦克战》，第 264 页。

29. 这一说法来自德军的野战勤务条令《军队领导学》（Truppenführung），它于 1933 年施行，在整个第二次世界大战期间始终有效："指导战争是一门艺术，是依据科学原理进行的自由的创新活动。"有关这一文件及其对德军军事学说的影响的讨论，见罗伯特·M. 奇蒂诺著，《通向闪电战之路：1920—1939 年德国军队的军事学说与训练》（The Path to Blitzkrieg: Doctrine and Training in the German Army, 1920—1939，科罗拉多州博尔德Lynne Rienner，1999 年），第 223—229 页。要查看《军队领导学》的最新英文译本，见布鲁斯·康德尔（Bruce Condell）和达维德·宗贝茨基著，《论德国战争艺术：Truppenführung》（On the German Art of War: Truppenführung，科罗拉多州博尔德：Lynne Rienner，2001 年）。书中的译文是："战争是一门艺术，是建立在科学原理基础上的自由创新活动。"（第 17 页）

30. 即使在斯大林格勒战役之后，这种关于德国军事优越性的傲慢认知依然存在，相关的第一手史料可参见曼斯坦因著，《失去的胜利》："在此强调我军相对于敌军依然拥有的优势：更优秀也更灵活的指挥和控制，以及我军部队更胜一筹的机动能力（至少在夏季是如此）。"[Die Faktoren zur Geltung zu bringen, die noch immer unsere Überlegenheit gegenüber dem Gegner darstellen: die bessere und wendigere Truppenführung und den höheren Kampfwert, sowie die grössere Beweglichkeit (wenigstens im Sommer)unserer Truppen]（第 476 页）请参见马塞尔·斯坦著，

《陆军元帅埃里希·冯·曼斯坦因：对其军人和普通人身份的批判性研究》（*Generalfeldmarschall Erich von Manstein: Kritische Betrachtung des Soldaten und Menschen*，美因茨：v. Hase & Koehler，2000 年），第 153 页的讨论。

31. 梅林津著，《坦克战》，第 264 页。

32. 要了解苏军在库尔斯克的备战，见格兰茨和豪斯著，《库尔斯克会战》，第 65—67 页马克·希利（Mark Healy）著，《库尔斯克 1943》（*Kursk, 1943*，康涅狄格州韦斯特波特 Praeger，2004 年）（Osprey 出版社 1993 年原版书的再版），第 30—31 页以及雅努什·皮耶尔凯维奇著，《城堡行动：库尔斯克与奥廖尔：第二次世界大战中规模最大的坦克战》（*Operation Citadel: Kursk and Orel: The Greatest Tank Battle of the Second World War*，加利福尼亚州纳瓦托：Presidio，1987 年），第 70—87 页。

33. 曼斯坦因依然充满自信，"通过宽广正面的进攻实施机动作战，在这类作战中我军相对于敌军依然具有优势（durch Offensiven mit weit gesteckten Zielen zu beweglicher Operationsführung, in der wir dem Feind nun einmal überlegen waren）"，《失去的胜利》，第 481 页；希特勒在 1943 年定下的目标却比较小 ["今年我军不能实施大规模作战"（Wir können in diesem Jahr keine grossen Operationen machen）]，请参见《德国与第二次世界大战》，第一部分，魏格纳著，《从斯大林格勒到库尔斯克》，第 8 卷第 61 页。关于希特勒这一言论的上下文，见"1943 年 2 月 18 日的作战指示"（Lagebesprechung vom 18.2.1943），埃伯哈德·施瓦茨著，《斯大林格勒之后的稳定东线之战：1943 年春曼斯坦因在顿涅茨河与第聂伯河之间的反击》（*Die Stabilisierung der Ostfront nach Stalingrad: Mansteins Gegenschlag zwischen Donez und Dnjepr im Frühjahr 1943*，格丁根：Muster-Schmidt Verlag，1985 年），附录 C1，第 255 页全文抄录了该文档。

34. 关于第 5 号作战令（Operationsbefehl Nr. 5），见克林克著，《主动权》，附录 I, 1，第 277—278 页。

35. 出处同前，第 277 页。

36. 原文为 "Stoss nach Norden aus der Gegend von Charkow im Zusammen wirken mit einer Angriffsgruppe aus dem Gebiet der 2. Pz.Armee"。出处同前。

37. 原文为 "Bis Mitte April"。出处同前。

38. 关于水牛行动，见斯蒂芬·牛顿著，《希特勒的指挥官：希特勒的心腹爱将瓦尔特·莫德尔元帅》（*Hitler's Commander: Field Marshal Walther Model—Hitler's Favorite General*，纽约：Da Capo，2006 年），第 211—217 页。

39. 关于中央集团军群在城堡行动前的困境，见冯·德·格热本著，《第 2 装甲集团军和第 9 集团军在奥廖尔突出部的战斗》，T-26，第 4—8 页，以及牛顿编，《库尔斯克：德方观点》，第 102—103 页中流畅的译文。

40. 见施瓦茨著，《稳定东线之战》，附录 F，《1943 年 3 月 21 日第 4 装甲集团军司令应南方集团军群总司令请求所作的陈述（摘自第 4 装甲集团军战争日记）》[Stellungnahme des Oberbefehlshabers der 4. Panzerarmee an einer Anfrage des Oberbefehlshabers der Heeresgruppe Süd, 21.3.1943 (Auszug aus dem Kriegstagebuch des Panzer AOK 4)]，第 285 页。

41. 要了解对绰号为 Kugelblitz（"球形闪电"）的蔡茨勒批判而公正的评价，请参见杰弗里·梅加吉著，《希特勒总司令部揭秘》（*Inside Hitler's High Command*，劳伦斯：University Press of Kansas，2000 年），第 181—183 页，其中还记录了他在就任总参谋长一职时向所有总参谋部军官口头传达的讯息："忠于我们的元首，忠于我们的胜利，忠于我们的工作。"

42. 有关第 6 号作战令（Operationsbefehl Nr. 6），见克林克著，《主动权》，附录 I，6，第 292—294 页。

43. 原文为"Ich habe mich entschlossen, sobald die Wetterlage es zulässt, als ersten der diesjährigen Angriffsschläge den Angriff 'Zitadelle' zu führen"。出处同前，第 292 页。

44. 布斯曼著，《库尔斯克—奥廖尔—第聂伯河》，第 506 页。布斯曼在战役期间一直负责为第 46 装甲军写战争日记。要了解战争日记作为史料的优缺点，见瓦尔特·胡巴奇（Walther Hubatsch）著，《作为史料的战争日记》（Das Kriegstagebuch als Geschichtsquelle），《国防科学评论》第 15 辑，第 11 期（1965 年），第 615—623 页。

45. 克林克著，《主动权》，第 292 页。

46. 基尔曼斯埃格著，《见证者对哈尔科夫和库尔斯克战役的评论》，第 144 页。

47. 例如，请参见克里斯蒂安·哈特曼（Christian Hartmann）著，《哈尔德：希特勒的总参谋长，1938—1942》（Halder: Generalstabschef Hitlers, 1938-1942，帕德博恩：Ferdinand Schöningh，1991 年），第 319 页，其中哈特曼讨论了这类用语的"心理作用"，它使德军策划者能够无视令人不安的现实。

48. 克林克著，《主动权》，第 292 页。

49. 关于莫德尔对库尔斯克进攻的反对意见，见牛顿著，《希特勒的指挥官》，第 217—224 页。

50. 关于慕尼黑会议，请参见以下资料中的描述古德里安著，《一个军人的回忆》，第 278—280 页;曼斯坦因著，《失去的胜利》，第 488—492 页梅林津著，《坦克战》，第 261—263 页格兰茨和豪斯著，《库尔斯克会战》，第 1—3 页。

51. 术语"多头治理"常见于德国比勒菲尔德学派的左翼历史学家描述德意志第二帝国和第三帝国的政治文化的著作中，他们认为这种混乱的制度的特点就是弱势独裁和相互竞争的权力机关。例如，可参见汉斯 - 乌尔里希·韦勒（Hans-Ulrich Wehler）、汉斯·莫姆森（Hans Mommsen）和马丁·布罗萨特（Martin Broszat）的作品。

52. 见斯坦著，《陆军元帅埃里希·冯·曼斯坦因》，第 154 页，其中他总结了"Krieg der Generale"的特点。

53. 这个提法来自伊恩·克肖（Ian Kershaw）著，2 卷本《希特勒传》（Hitler，纽约：Norton，1998-2000 年），尤其是第 1 卷《1889—1936：狂人》（1889-1936: Hubris），第 527—589 页。"在第三帝国的达尔文主义丛林中，获得权力和晋升的方法就是预测'元首的意愿'，然后不等指示就主动推进被认为符合希特勒的目标和意愿的事务。"（第 530 页）有关这一风气对德国军事历史的影响，见罗伯特·M. 奇蒂诺著，《德式兵法：从三十年战争到第三帝国》（The German Way of War: From the Thirty Years' War to the Third Reich，劳伦斯：University Press of Kansas，2005 年），第 277—278 页。

54. "客观地描述了东线的形势（Die Lage an der Ostfront sachlich schilderte）。"古德里安著，《一个军人的回忆》，第 279 页。

55. "Eine tiefe, sehr sorgfältig organisierte Abwehr"，出处同前。与古德里安的说法相反的是;莫德尔将军并没有出席这次会议。他已经通过书面方式提交了反对进攻的意见。见《德国与第二次世界大战》，第一部分，魏格纳著，《从斯大林格勒到库尔斯克》，第 8 卷第 75 页注释 90。

56. 古德里安著，《一个军人的回忆》，第 279 页。

57. 原文为"Manstein hatte—wie öfters Auge in Auge mit Hitler—keinen guten Tag"。出处同前。

58. 曼斯坦因著，《失去的胜利》，第 491 页："So verlockend die weitere Verstärkung

unserer Panzerkräfte auch sei…"

59. 出处同前。德语比喻的原文是"das Herz über das Hindernis werfen müsse"。随后曼斯坦因承认"Ein Vergleich, der, wie mir alsbald klar wurde, Hitler, welcher Pferde und Reiter nicht schätzte, allerdings nicht ansprechen konnte"。

60. 特佩尔著,《库尔斯克:一场战役的神话与真相》,第351—352页。

61. 格兰茨和豪斯著,《库尔斯克会战》,第2页。

62. "航拍照片还包括了先前作战行动中遗留的许多战壕(In den Luftbildern seien auch sämtliche verfallenen Gräben aus früheren Kampfhandlungen enthalten)。"曼斯坦因著,《失去的胜利》,第490页。

63. "这场进攻将是毫无意义的(Der Angriff zwecklos wäre)。"古德里安著,《一个军人的回忆》,第279页。

64. 出处同前。

65. "推迟'城堡'行动不会有任何好处(Eine Verschiebung von 'Zitadelle' keinen Vorteil biete)。"曼斯坦因著,《失去的胜利》,第491页。

66. 古德里安著,《一个军人的回忆》,第281页。我们似乎没什么理由怀疑这段轶事的真实性。虽然古德里安的两位主要见证人(希特勒和凯特尔)都没有活到能用书面形式证明此事的时候,但军备部的沃尔夫冈·托马勒将军(General Wolfgang Thomale)和卡尔·绍尔将军(General Karl Saur)当时也在场,他俩从未否认此事。希特勒的原话是:"Mir ist bei dem Gedanken an diesen Angriff auch immer ganz mulmig im Bauch."古德里安的回答是:"Dann haben Sie das richtige Gefühl für die Lage. Lassen Sie die Finger davon!"

67. 弗里泽尔著,《后发制人与先发制人》,第110—113页。

68. 曼斯坦因著,《失去的胜利》,第476—484页。

69. 出处同前,第477—479页。

70. 希特勒当时说:"我总是担心听到这样的话,说是必须放弃某个地方,才能实施'作战'(Ich kriege immer einen Horror, wenn ich so etwas höre, dass man sich irgendwo absetzen muss, um dann 'operieren' zu können)。"菲利皮和海姆著,《俄国南部的会战》,第228页。请参见曼斯坦因著,《失去的胜利》,第489—490页关于莫德尔将军的评价:"他(莫德尔)正对希特勒的胃口,是一个'不会作战,只会坚守'的司令官 [Wie Hitler denken möchte, war er (Model) ein Oberbefehlshaber 'der nicht operierte, sondern stand']。"关于战围绕"作战派"和"坚守派"的冲突进行分析的作品,请参见弗里多·冯·森格尔·翁德·埃特林(Frido von Senger und Etterlin)著,《反击:机动防御的战例与指导原则》(Der Gegenschlag: Kampfbeispiele und Führungsgrundsätze der beweglichen Abwehr,内卡格明德Kurt Vowinckel Verlag,1959年)。

71. 许多资料提供了城堡行动中敌对双方的可靠战斗序列。最好的两本资料是《德国与第二次世界大战》,第2部分,弗里泽尔著,《库尔斯克突出部的战斗》,第8卷第87—103页,其中包含大量表格,以及格兰茨和豪斯著,《库尔斯克会战》,第51—75页。瓦格纳著,《南方集团军群》,第231—238页也很有用。关于机械化部队的问题,见海因里西和豪克著,《城堡行动》,第2部分,第531页注释41。

72. 冯·德·格热本著,《第2装甲集团军和第9集团军在奥廖尔突出部的战斗》,T-26。

73. 范戈尔著,《城堡行动》,T-26。

74. 布塞著,《城堡攻势》,T-26,第17页。

75. 关于这一点,见罗伯特·M.奇蒂诺著,《国防军:第一部·折戟沉沙,1942年德军历次战役》(*Death of the Wehrmacht: The German Campaigns of 1942*, 劳伦斯: University Press of Kansas, 2007 年), 第 70—71、149 页。

76. 按照皮耶卡尔凯维奇著,《城堡行动》, 第 110—111 页的说法, 德国空军为库尔斯克攻势集中了其东线总兵力的三分之二左右。

77. 见格兰茨和豪斯著,《库尔斯克会战》, 第 65 页的表格, 以及皮耶卡尔凯维奇著,《城堡行动》, 第 111 页。

78. 格兰茨和豪斯著,《库尔斯克会战》, 第 62 页。

79. 出处同前, 第 62—63 页。

80. 见同一出处, 第 61 页的表格。

81. 出处同前, 第 63 页。

82.《德国与第二次世界大战》, 第 2 部分, 弗里泽尔著,《库尔斯克突出部的战斗》提到了"德军毫无希望的开局形势 (die aussichtlose deutsche Ausgangslage)"和"毫无突袭效果的正面强攻 (Frontalangriff ohne Überraschungseffekt)"(第 8 卷第 83、84 页)。

83. 梅林津著,《坦克战》, 第 271 页。

84. 齐姆克著,《从斯大林格勒到柏林》, 第 136—137 页。

85. 原话是 "rollenden Materialabnutzungsschlacht"。《德国与第二次世界大战》, 第 2 部分, 弗里泽尔著,《库尔斯克突出部的战斗》, 第 8 卷第 110 页。

86. 见斯蒂芬·牛顿著,《霍特、冯·曼斯坦因与普罗霍罗夫卡: 需要修订的修订版》(Hoth, von Manstein, and Prokhorovka: A Revision in Need of Revising), 收录于斯蒂芬·牛顿编,《库尔斯克: 德方观点: 亲历城堡行动的德军指挥官的报告》, 第 357—369 页。牛顿对格兰茨和豪斯著,《库尔斯克会战》, 第 146 页的观点提出了质疑, 后者认为"事后看来, 霍特从根本上改变了他的计划, 并造成了致命后果"。

87. 转引自格兰茨和豪斯著,《库尔斯克会战》, 第 168 页。

88. 出处同前, 第 152 页。请参见《德国与第二次世界大战》, 第 2 部分, 弗里泽尔著,《库尔斯克突出部的战斗》, 第 8 卷第 124—125 页中描述的普罗霍罗夫卡战斗的开始, 德国军事行动史泰斗弗里泽尔在这里戳破了"两个装甲集团军排成密集方阵同时发起进攻"的神话。

89. 格兰茨和豪斯著,《库尔斯克会战》, 第 193 页。

90. 见曼斯坦因著,《失去的胜利》, 第 502 页:"此时中止战斗很可能就意味着放弃胜利 (Jetzt den Kampf abzubrechen, würde voraussichtlich bedeuten, dass man den Sieg verschenkte)!"请参见《德国与第二次世界大战》, 第 2 部分, 弗里泽尔著,《库尔斯克突出部的战斗》, 第 8 卷第 139—147 页对这一观点的驳斥, "希特勒停止进攻的命令放弃了胜利吗?"(Hitlers Haltbefehl: ein verschenkter Sieg?)

91. 要了解阿尔文斯莱本, 见奇蒂诺著,《德式兵法》, 第 182—186 页。德语的专业文献可参见奥布基歇尔中校 (Lieutenant Colonel Obkircher) 著,《纪念 3 月 28 日康斯坦丁·冯·阿尔文斯莱本将军逝世 50 周年》(General Constantin von Alvensleben: Zu seinem 50. Todestag, 28 März),《军事周刊》第 126 辑, 第 39 期 (1942 年 3 月 7 日), 第 1111—1115 页。

92. 要了解关于南非的这场战争的大量文献, 请参见弗雷德·范哈特斯费尔特 (Fred R. van Hartesveldt),《布尔战争: 史料汇编与注释参考书目》(*The Boer War: Historiography and Annotated Bibliography*, 康涅狄格州韦斯特波特: Greenwood Press, 2000 年)。最好的全景式著作是比尔·纳森 (Bill Nasson) 著,《南非战争 1899—1902》(*The South African War, 1899-1902*, 牛津: Oxford University Press, 2000 年)。另见罗伯特·M. 奇蒂诺著,《追求决定

性胜利：从僵持到欧洲的闪电战，1899—1940》（*Quest for Decisive Victory: From Stalemate to Blitzkrieg in Europe, 1899-1940*，劳伦斯：University Press of Kansas，2002 年），第 31—63 页的相关章节。有部分参考价值的是托马斯·帕克南（Thomas Pakenham）著，《布尔战争》（*The Boer War*，纽约：Random House，1979 年），该书所宣称的原创性言过其实；拜伦·法韦尔（Byron Farwell）著，《英布大战》（*The Great Anglo-Boer War*，纽约：Norton，1976 年），它具有通俗史书的一切优点和缺点；迈克尔·巴索普（Michael Barthorp）著，《英布战争：英国人与南非白人，1815—1902》（*The Anglo-Boer Wars: The British and the Afrikaners, 1815-1902*，纽约：Blandford Press，1987 年），它兼有简洁的文笔和精彩的照片，而且涵盖了整个 19 世纪的历史，尽管非常粗略；以及埃德加·霍尔特（Edgar Holt）著，《布尔战争》（*The Boer War*，伦敦：Putnam，1958 年）。威廉·麦克尔威（William McElwee）著，《战争的艺术：从滑铁卢到蒙斯》（*The Art of War: Waterloo to Mons*，布卢明顿：Indiana University Press，1974 年）将这场战争放在了 1914 年前军事学说和技术变革的背景下阐述。关于这场战争的最佳战役记述是巴林·彭伯顿（W. Baring Pemberton）著，《布尔战争的历次战役》（*Battles of the Boer War*，伦敦：Batsford，1964 年），至今仍是了不起的杰作。总的来说，所有这些作品都专注于英军在战斗中扮演的角色、英军的军事学说以及英军在运用新的战争科技时遇到的问题，整体上缺少南非白人的观点。当然，以南非荷兰语写成的文献数量庞大，但语言障碍使大部分西方学者无法查阅它们。这种情况已经几十年没有改观：这场战争至今仍缺少一部综合之作，缺少能够整合英语和南非荷兰语史料的全史。

93. 要了解日俄战争，请参见布鲁斯·门宁（Bruce Menning）的学术著作《刺刀先于子弹：俄罗斯帝国军队，1861—1914》（*Bayonets before Bullets: The Imperial Russian Army, 1861-1914*，布卢明顿：Indiana University Press，1992 年），其中包含这场战争的可靠历史（第 152—199 页），并且分析了这一时期俄军的军事学说、训练和组织；理查德·哈里森（Richard W. Harrison）著，《俄式兵法：战役艺术，1904—1940 年》（*The Russian Way of War: Operational Art, 1904-1940*，劳伦斯：University Press of Kansas，2001 年），第 7—23 页，详细考察了几次战役；还有奇蒂诺著，《追求决定性胜利》，第 101—141 页的相关章节。除了这三部著作之外，英语世界的历史学家提供的有关这场战争的好作品并不多。主要的两部专著是康诺顿（R. M. Connaughton）著，《旭日与跛熊的战争：日俄战争军事史》（*The War of the Rising Sun and Tumbling Bear: A Military History of the Russo-Japanese War*，伦敦：Routledge，1988 年），以及雷金纳德·哈格里夫斯（Reginald Hargreaves）著，《红日升起：旅顺围城战》（*Red Sun Rising: The Siege of Port Arthur*，费城：Lippincott，1962 年）。康诺顿的作品很有广度，但很少参考近年的研究成果，而且引用的学术资料也只是聊胜于无。麦克尔威著，《战争的艺术》，第 241—255 页围绕军事学说和技术提供了很有见地的议论。另见富勒（J. F. C. Fuller）著，《西洋世界军事史》，第 3 卷，《从美国内战到第二次世界大战结束》（*A Military History of the Western World, vol. 3, From the American Civil War to the End of World War II*，纽约：Da Capo，1956 年），第 141—181 页的相关内容。除了这寥寥无几的作品外，研究者还必须查阅观察员的报告，其中往往提供了丰富的信息。例如，可参见美国陆军的《日俄战争期间派驻双方在满洲军队的军事观察员的报告》（*Reports of Military Observers Attached to the Armies in Manchuria during the Russo-Japanese War*，华盛顿哥伦比亚特区：政府印刷局，1906 年）和《日俄战争概要》（*Epitome of the Russo-Japanese War*，华盛顿哥伦比亚特区：政府印刷局，1907 年），以及英军的系列报告 3 卷本《日俄战争：派驻当地日军的英国军官的报告》（*The Russo-Japanese War: Reports from British Officers Attached to the Japanese Forces in the Field, 3 vols.*，伦敦总参谋部，1907 年）。《"时代"周刊军事记者报道的远东战争》（*The War in the Far East by the Military Correspondent of the "Times"*，纽约Dutton，1905 年）很有价值，伯德少将（Major-General W. D. Bird）著，《日俄战争战略讲座》（*Lectures on the Strategy of the Russo-Japanese War*，伦敦：Hugh Rees，1911 年）也是如此。最后，樱井忠温（Tadayoshi Sakurai）著，《肉弹：旅顺实战记》（*Human Bullets: A Soldier's Story of the Russo-Japanese War*，林肯：University of Nebraska Press，

1999 年）是不可不读的佳作，反映了日军普通士兵的经历。

94. 目前关于巴尔干战争的权威专著是爱德华·埃里克森（Edward J. Erickson）著，《各个击破巴尔干半岛的奥斯曼军队，1912—1913》（*Defeat in Detail: The Ottoman Army in the Balkans, 1912-1913*，康涅狄格州韦斯特波特：Praeger，2003 年）。另见奇蒂诺著，《追求决定性胜利》，第 101—141 页的相关章节。除了这些作品外，对巴尔干战争的研究还必须立足于第一手史料和同时代人的记述。赫梅内吉尔德·瓦格纳中尉（Lieutenant Hermenegild Wagner）著，《胜利的保加利亚军队征战纪实》（*With the Victorious Bulgarians*，波士顿：Houghton Mifflin，1913 年）是德国《帝国邮报》（Reichspost）记者对保加利亚人的战争活动的重要分析，不过其真实性常被与他竞争的记者诟病。战争的另一方则得到了埃利斯·阿什米德 - 巴特利特（Ellis Ashmead-Bartlett）的关注，《土耳其军队色雷斯征战纪实》（*With the Turks in Thrace*，纽约：George H. Doran，1913 年）是这位《伦敦每日电讯报》特派记者的记述。菲利普·吉布斯（Philip Gibbs）和伯纳德·格兰特（Bernard Grant）在《巴尔干战争：十字与新月下的战争历险记》（*The Balkan War: Adventures of War with Cross and Crescent*，波士顿：Small, Maynard, and Company，1913 年）中对双方的活动都做了记述。《巴尔干战争纪实》（*The Balkan War Drama*，伦敦：Andrew Melrose，1913 年）是"一位特派记者"的匿名之作，主要描写了塞尔维亚军队的作战。诺埃尔 - 巴克斯顿（N. E. Noel-Buxton）著，《保加利亚参谋部见闻录》（*With the Bulgarian Staff*，纽约：Macmillan，1913 年）是一名英国国会议员撰写的全景式记述。让·佩利西耶（Jean Pélissier）著，《十个月的巴尔干战事，1912 年 10 月—1913 年 8 月》（*Dix mois de guerre dans les Balkans, Octobre 1912-Août 1913*，巴黎：Perrin，1914 年）是一名法国记者最初发表于《南方快报》（*La Dépêche*）的文章的合集。还有三部价值极高的作品是：布卡贝耶中校（Lieutenant-Colonel Boucabeille）著，《土耳其—巴尔干战争，1912—1913：色雷斯—马其顿—阿尔巴尼亚—伊庇鲁斯》（*La Guerre Turco-Balkanique, 1912-1913: Thrace-Macédoine-Albanie-Epire*，巴黎：Librairie Chapelot，1914 年）；库奇巴赫（A. Kutschbach）著，《1912—1913 年巴尔干战争和反保加利亚战争中的塞尔维亚军队》（*Die Serben im Balkankrieg 1912-1913 und im Kriege gegen die Bulgaren*，斯图加特：Frank'sche Verlagshandlung，1913 年）；以及土耳其第 3 军军长马哈茂德·穆赫塔尔帕夏（Mahmud Mukhtar Pasha）的回忆录的德文译本《我在 1912 年巴尔干战争中率军征战的经历》（*Meine Führung im Balkankriege, 1912*，柏林：E. S. Mittler and Son，1913 年）。

95. 与大众的普遍认知相反，战争发展成这种形式并没有令指挥官们感到意外。要了解 1914 年前在德国由于新式火力的统治地位而产生的对旧学说的疑问，见《战斗与搏斗》（*Kampf und Gefecht*），《军事周刊》第 84 辑，第 27 期（1899 年 3 月 25 日），第 694—698 页，以及朗格马克上尉（Captain Langemak）著，《匍匐还是跃进？一篇关于我军战斗训练的文章》（*Kriechen oder Springen? Ein Beitrag zu unserer Gefechtsausbildung*）《军事周刊》第 84 辑，第 28 期（1905 年 3 月 27 日），第 653—660 页。

96. 要了解突击队战术的发展，首屈一指的作品是拉尔夫·拉茨（Ralf Raths）著，《从集团冲锋到突击队战术：1906 到 1918 年的野战条令与大众宣传中反映出的德军地面战术》（*Vom Massensturm zur Stosstrupptaktik: Die deutsche Landkriegtaktik im Spiegel von Dienstvorschriften und Publizistik, 1906 bis 1918*，布赖斯高地区弗赖堡：Rombach，2009 年），它有力地指出了战时军事学说变革的战前根源。布鲁斯·古德蒙松（Bruce I. Gudmundsson）著，《突击队战术：德国陆军的创新，1914—1918》（*Stormtroop Tactics: Innovation in the German Army, 1914-1918*，康涅狄格州韦斯特波特：Praeger，1989 年）依然很有价值，蒂莫西·鲁普费尔（Timothy S. Lupfer）著，《军事学说的动态：第一次世界大战期间德军战术条令的变化》（*The Dynamics of Doctrine: The Changes in German Tactical Doctrine during the First World War*，堪萨斯州利文沃思堡：美国陆军指挥与参谋学院，1981 年）也一样。

97. 弗里泽尔著，《后发制人与先发制人》，第 107 页。

第五章
击破轴心：雪橇犬行动与西西里战役

引言

如果将军事历史中的事件换为敌方视角来进行审视，一定会大不一样，这是不言自明的。敌人有着不一样的考虑、不一样的观点和不一样的任务，他们关于胜利和失败的每一种看法都可能与我方大相径庭。每一个指挥官都肩负着一个关键的任务，那就是填平敌我之间的这条认知鸿沟，尽量站在敌人的角度来思考问题，并进入到他们的"决策循环"。[1]

"在山的另一边会看到不一样的景象。"他们是这么说的。

西西里，1943 年 7 月 12 日。[2]

美军指挥官：即便事隔多年，这份记忆依然能令他屏住呼吸。他终于离开了他在马耳他的司令部，乘坐一艘英国驱逐舰来到前线，还带了几个记者同行。约翰·冈瑟（John Gunther）拍了几张漂亮的当地风景。他们在东南部的波扎洛（Pozzallo）上了岸，见到了加拿大人——这是一支优秀的部队，小伙子们都很棒。接下来，他们还看了滩头的其他部分。事情进行得……很顺利，总而言之，足够好了。他们遇到了登陆战中常有的问题这个营走错了地方，或那艘补给船没来。但是这和在北非那次完全不一样——从那以后他们已经学到了很多。

他记得当他们沿着海岸绕进弧形的杰拉湾（Bay of Gela），前往美军滩头时的感受——眼前突然出现了大大小小、成百上千艘船，大到战列舰，小到希金斯艇和小型平底驳船，应有尽有。他能听到头顶上传来飞机发出的人工雷鸣——成百上千架战斗机就像保护幼崽的雌鹰一样盘旋着，那轰鸣声震耳欲聋。

当他们乘船来到利卡塔（Licata）附近时，他眯起眼睛看向海岸。即使在这么远的距离，将军也不需要望远镜就能看见成千上万的士兵正在组织、整队，并向内陆挺进。

就是这种伟力——他生平从未见识过的伟力。有那么一刻，他屏住了呼吸。[3]

他记得此时自己突然有了一种安定感，无论先前经历了多少忧虑、失误、卡塞林的烂事，以及关于下一步行动的争论。但就在那一刻，艾森豪威尔意识到了一件事：他们将会打赢这场战争。

德军指挥官[4]：即使在多年以后，这份记忆依然鲜明。他早知道敌人将会登陆，大家全都知道。他们为此谋划了几个月，拟定各种部署和机动方案。如果意大利人溃败了该怎么办？如果……其实他知道那只是时间问题。他用手帕擦了擦额头。

现在该来的已经来了。他已经决定亲自去侦察，按照最古老的普鲁士军事传统。弗里多·冯·森格尔·翁德·埃特林将军（General Frido von Senger und Etterlin）出生在巴登（Baden），在军队里服役的时间足以让他明白自己的使命。在登上利卡塔以北的小高地后，他望向大海。这不可能！他擦了擦自己的眼睛，然而，这是真的。一幅不可思议的景象出现在他眼前。船！几百艘船，也可能是几千艘——他这辈子从没见过这么多船，说不定全世界的船都到了这里。他面前的海滩上已经满是美国兵，他对这些人还不太清楚，他听说他们在突尼斯打得很出色，至少在最后阶段是这样的。他没法知道确切情况，那时候他在俄国。而在空中——他从没见过这么多飞机。虽然其中有些长得怪模怪样的，但是它们看起来速度都足够快。以前在俄国，有时候哪怕他在头上只看到一架德国空军的飞机都是值得庆祝的事情。

面对如此强大的实力，他有一种无力感。[5]在那一刻，森格尔的脑海里形成了一个确定的想法：这个岛已经没希望了。

这场战争也一样。

战争是不对称的——如今，这个字眼被所有人挂在嘴边。但在各种军事流行语中它不是最糟糕的，至少它能够给指挥官们提供一条明智的忠告：千万不要以为敌人的想法和你一样。

不过在某些地点和时间——1943 年的西西里似乎就是其中之一——你也许能够来到山的另一边，发现敌人眼中的景象和你看到的一模一样。

雪橇犬行动：缘起和策划

从 1943 年 1 月 14 日到 24 日，突尼斯战场上的交战双方突然偃旗息鼓。一些大人物来到了北非：罗斯福总统、丘吉尔首相，以及他们的三军掌门人（此时已经组成了简称为“CCS”的同盟国参谋长联席会议），还有一大群顾问、助理、侍从和记者。虽然人数众多，但却少了一个重要人物。苏联的领袖约瑟夫·斯大林大元帅虽然接到邀请，但却婉言谢绝了。他这么做是有充分理由的，苏联红军针对国防军的冬季大反攻当时正在进入高潮。如果此刻全世界只有一个人有理由留在苏联，那么这个人非斯大林莫属。[6]

这个高级代表团的目的地是卡萨布兰卡。[7]此时正是就这场战争的进行方式做出一些基本决定的时候。众人讨论的一个重点议题就是针对德国的空中作战，而所谓的“大同盟”此时已经在这方面出现了裂痕。美国陆军航空兵（USAAF）倾向于旨在摧毁德国战时经济关键领域的日间精确轰炸政策。与此形成鲜明对比的是，已经对德国轰炸了整整三年的皇家空军（RAF）发现日间轰炸行动会对己方飞机造成极高的损失。皇家空军早就已经改用夜间面积轰炸政策——即对敌人的城市进行多少有些随意的轰炸，以求打击德国平民的士气。为了解决这个棘手的矛盾，这次会议采用了通常被历史学家称为折中的办法，但实际上那是一个“放弃治疗”的办法——会议的决定就是不做决定。在“抵近射击行动指令”（Directive Point Blank）中，与会者基本上达成了共识。驻扎在英国的两支航空兵部队 [艾拉·埃克将军（General Ira C. Eaker）指挥的美国第 8 航空队和绰号“轰炸机”的阿瑟·哈里斯将军（General Arthur “Bomber” Harris）指挥的皇家空军战斗机司令部] 都将得到按照各自设想开展行动的机会——他们称之为“昼夜轰炸”。这是一个灵机一动的双关语，但却不能掩盖这种战略的奇怪之处。因为会议不能在两种南辕北辙的行动方案之间做出抉择，于是就把有限的兵力拆分开来同时执行两种方案，这根本不能称为战略。[8]

关于陆上战略的争议同样激烈。近期的战略是已经决定好的，盟军必须结束北非的战事，粉碎当地的轴心国军队，并占领突尼斯。但是在那之后，不确定性就大大增加了。关于突尼斯战役之后应该在何处用兵，美英两国的策划者之间存在着不可调和的分歧。美国陆军总参谋长乔治·马歇尔将军一如既往地执着。他希望将工作重点转回到主要行动（此时被称为"围捕行动"的西欧登陆战）上来。也就是说，他显然把火炬行动—突尼斯会战看作一次绕道，呼吁在结束此战之后回到直接路线上来进行对德作战。以美国陆军作战部（OPD）的托马斯·汉迪少将（Major General Thomas T. Handy）为代表的大部分美军高级策划人员都持与他一样的观点。[9]另一方面，英国人希望把开始显露成功曙光的外围战略继续执行下去。[10]他们打算在火炬行动成功后乘胜突入地中海，要么是登陆撒丁岛["硫黄行动"（Operation Brimstone）]，要么登陆西西里岛（雪橇犬行动）。他们认为，占领这两个意大利大岛中的任何一个都可能导致意大利的崩溃，从而使轴心国迎来末日。两大阵营之间和内部经过激烈讨论后，决定只保留雪橇犬行动这一选项。在西西里岛登陆将会使盟军穿越整个地中海的海上航道得到安全保障，而在撒丁岛的登陆即使成功，盟军似乎也会进入死胡同。罗斯福用他特有的一针见血的辞令描述了占领撒丁岛的结果。他指出，盟军在占领撒丁岛后，还是会处于和此时一样的困境，大喊着："好啊！我们从这里能去哪里？"[11]

虽然马歇尔最终同意了雪橇犬行动，但并不是因为他喜欢这一作战计划，而是他不得不屈从于当初导致了火炬行动的同一套战争逻辑和动力。盟军已经在北非集结了大量部队，但是围捕行动仍然处于策划阶段，在1943年，他们不可能去其他任何地方与国防军作战。也就是说，卡萨布兰卡会议大体就陆上战略达成了一个可行的折中方案。美国以支持1943年在西西里登陆为条件，换来了英国支持1944年跨英吉利海峡大规模登陆行动的许诺。

这个折中决议的指导精神，也从某种程度上决定了指挥官的人选——会议决定选择德怀特·艾森豪威尔将军作为雪橇犬行动的总指挥。虽然今天看来这是一个必然的选择，但在当时却并不确定。突尼斯会战已经深深陷入僵局，而且局势还将有严重的恶化。由于英国人对美军的战斗素质疑虑重重，策划者们又任命了一个三人小组来辅佐艾森豪威尔：哈罗德·亚历山大将军将作为他的副手指挥地面部队，海军上将安德鲁·坎宁安爵士（Admiral Sir Andrew Cunningham）指挥海军部队，空军上将阿瑟·特德爵士（Air Chief Marshal Sir Arthur Tedder）指挥航空兵部队。他们将会监视艾森豪威尔，为他把稳方向，并让美军戒除他们在突尼斯表现出来的"不够专业且粗枝大叶"的作风。[12]

卡萨布兰卡会议产生了一个影响战争结局，而且至今仍存在争议的结果。在会议结束后的新闻发布会上，罗斯福总统发表了看似一时兴起的宣言，声称战争将会一直进行到德国"无条件投降"为止。[13] 换句话说，至少对德国而言，战争将会有一个痛苦的结局。丘吉尔后来声称罗斯福的这些言论出乎他的意料，但如今看来，丘吉尔显然在罗斯福发表宣言前和他讨论过这一问题。有关这一问题的争论持续至今，文献中存在各式各样的解释。大多数学者认同这一宣言所蕴含的智慧，它不仅将西方盟国空前紧密地团结在一起，还缓解了当时苏联对于西方盟国与德国单独媾和的担忧。而与这一积极评价针锋相对的是，同时代人留下的大量证言都说明他们认为该宣言的发布是一个错误，因为它没有给轴心国任何谈判的理由，前所未有地将它们的人民与政府牢牢捆绑在一起，这既沉重打击了德国抵抗运动，也使国防军除了战斗到底别无选择。[14]

在关于无条件投降政策的讨论中，经常被人忽视的一个问题是：它究竟在多大程度上是不可避免的？无论民选的官员和军事策划者在总体战略方面提出什么主张，美国人民（他们并不是在这场战争年代的大戏中粉墨登场的唯一要角）都不太可能容忍让希特勒和纳粹党在德国，或日本军国主义者在东京继续掌权的和平条约。如果说真的存在一种美式兵法，存在一种将战争进行到彻底推翻敌国政权并占领敌国本土为止的倾向，那么它在 1943 年的美国国内正大行其道。在一个月前，各路印刷媒体和电台都在对艾森豪威尔与维希政府的达尔朗元帅的暧昧关系口诛笔伐。如果此时再传出罗斯福政府计划与希特勒做交易的风声，舆论界又得闹成什么样子？

历史学家们经常指出，由于突尼斯会战还在进行中，雪橇犬行动的策划只能临时安排人员匆忙完成。[15] 美英联军的参谋班子在阿尔及尔的圣乔治酒店（St. George's Hotel）召开策划会议，并且因为客房号码而得名"141 部队"。他们在这里将计划一次次地推倒重来，总共制定了八份草案（通常被称为"雪橇犬一号"到"雪橇犬八号"），而对这些方案都不满的蒙哥马利又让自己的参谋班子利用复活节假日赶出了第九份草案（它也因此被称为"复活节计划"）。[16] 不过，如此快的节奏在现代军事策划周期中并不罕见。下一次军事行动几乎总是紧接着上一次。或许可以这样说：即使是考虑到美军司令部里都是初出茅庐的新手，美英同盟也仍然在摸索着前进，雪橇犬行动的发动时间也就比它本来计划的发动时间早了几个星期。

在那个人满为患的酒店客房里，所有人都发现这一次作战的复杂程度几乎是难以想象的，好几个有争议的问题几乎立刻冒了出来。第一个问题关系到登陆行动本身的形式。两栖作战的基本策略有两种：在敌军抵抗微弱的情况下，登陆方通常会在相隔很远的几个滩头上岸（我们可以以火炬行动为例，它的登陆就是在 12 片不同的海滩上进行的，相互之间远隔数百千米）；而如果登陆方预计会遭到激烈抵抗，他们选定的登陆地点之间的间距就必须大大缩短，以便部队进行相互支援。可问题在于，141 部队真的不知道会遇到怎样的抵抗。意大利军队也许会在登陆部队上岸后立即溃散（盟军阵营中的主流意见确实认为会发生这种情况），但是盟军的情报部门已经报告说，这个岛上还有德军的几个师，而大家一致认为他们会进行凶猛的抵抗。[17] 而另一个因素进一步增加了决策难度：特德上将和盟军的航空兵指挥官们要求两栖部队分别在几个相隔很远的地点登陆，这样盟军就可以在发起作战后的几小时内占领西西里岛上的众多机场。[18] 于是最初的作战方案包含了一系列高度复杂的登陆行动——部队将分成三个梯队，一个在东南部登陆，一个几天后在南部登陆，还有一个在西北部的巴勒莫（Palermo）登陆。[19]

面对这些互相矛盾的期望，盟军策划者们就和战争中的其他时候一样，选择了不偏不倚的折中方案。在西西里岛东南部将有一支庞大的军队登陆，那就是亚历山大将军指挥的第 15 集团军群。亚历山大的部队拥有两个集团军，即蒙哥马利元帅指挥的英国第 8 集团军和乔治·巴顿将军指挥的美国第 7 集团军。作战计划要求在第一天就让 7 个完整的师上岸，这使得雪橇犬行动成为这场战争中规模最大的两栖作战——甚至比"霸王行动"（Operation Overlord）中的登陆规模还要大。虽然投入了如此重兵，但登陆计划却要求他们分散在长达 169 千米的海岸线上，而且至少要在 26 个不同的地点登陆。目标是兼顾守军实力的两种潜在可能登陆既要充分利用意大利军队的弱小（分散），又要针对德军的强大提供最大限度的防范（集中）。在很多人看来，或许这就是个水中捞月的尝试。

第二个棘手的问题是作战的时间安排。按照英国人所认为的最佳做法，登陆行动应该在漆黑一片的夜间实施。他们也知道在这种情况下进行登陆会增加己方的混乱程度，但这是避免与全神戒备的守军遭遇的唯一方法。可是按照艾森豪威尔的设想，登陆前还要先在岛上实施一系列空降，而这些行动需要明亮的月光。另一方面，美英双方的海军策划人员都希望选择在一片漆黑的时候接近西西里岛，他们抱怨艾森豪威尔的空降方案会令所有舰船面临风险——他们警告说，艾森豪威尔动用伞兵的渴望会危及整个作战计划。而使问题进一步复杂化的是，艾森豪威尔成功赢得了美、英双方的航空兵军官的支持——他们在实施空中火力准备时需要月光。于是毫不奇怪，最终的结果又是折中方案。登陆将在上弦月期间实施，这一时期的月光对于海军来说已足够暗，但又足以为飞行员照明。相关人员查阅月相表以后发现，登录时间只能选在 7 月 10—14 日。[20]

最后，还要解决同盟国之间缺乏信任的问题。雪橇犬行动的最终计划让英国陆军扮演了主角。计划的早期版本要求以两个集团军登陆，每个集团军的登陆场附近都有一个大港口：在西西里岛东南角登陆的英国第 8 集团军可以使用锡拉库扎（Syracuse），而在西北角登陆的美国第 7 集团军有巴勒莫。这个安排在计划的前八个版本中始终未变。但是蒙哥马利对此并不满意——因为这会使两个集团军各自为战，如果岛上有强大的德军部队，那么他们就有被各个击破的危险。蒙哥马利希望把美军挪过来保护他的左翼。因此他认为，比较谨慎的做法是将登陆场全部安排在西西里岛的南岸，让两个集团军并排推进。如果说蒙哥马利的军事生涯有一个根本的特点，那就是谨慎。他的这些主张都体现在由他的幕僚在开罗制定的"复活节计划"中，而且在艾森豪威尔看来似乎有足够的说服力，于是新的计划基本上遵从了他的意愿。[21]

按照最终的计划，在"雪橇犬行动"中，蒙哥马利的第 8 集团军将在锡拉库扎附近登陆，经东部沿岸的平原向北推进到卡塔尼亚（Catania）。然后继续北上，攻取岛上的最后一个大城市——墨西拿（Messina）。只要拿下这座城市，轴心国在西西里的所有部队都会成为瓮中之鳖。巴顿的第 7 集团军将会在西边的杰拉（Gela）和利卡塔（Licata）之间登陆，主要任务是保护蒙哥马利的侧翼。美军甚至没有供自己使用的大港口，只能依赖这两个小港口中规模小得多的设施，以及进行"滩头维持"（不靠港口设施，用小船把物资送到海滩上）。为了帮助他们完成这个棘手的工作，盟军将投入一种未经实战考验的新式技术装备：一种两吨半重的六轮水陆两用运输车，它的代号是 DUKW，俗称"鸭子"。[22]

不用说，美国陆军中的许多人——自巴顿以下的各级官兵——都对这个计划不是很满意。"英国人的阴谋"，巴顿愤愤不平地做出评价。这个计划的问题不仅仅在于有矮化美国陆军之嫌，毫无必要地使其遭受羞辱，还显得很危险，甚至很鲁莽：登陆场是光秃秃的海滩，无遮无掩，没有港口。不仅如此，几乎可以肯定的是，降低美军在雪橇犬行动中的地位就是蒙哥马利的"复活节计划"的主要关注事项。在地中海战区英国军队的高级策划圈中没有人信任美国军队。大家都没有把这种想法公开表露出来，不过话又说回来，大家对此都是心照不宣的。美国军官对此颇有怨言，但是他们必须服从命令。到最后，就连即将在实战中第一次指挥一个集团军的巴顿也表示了支持。他表示自己也许不喜欢这个计划，但他会"拼了命去执行它"。[23]

在 7 月的第一个星期，舰队浩浩荡荡地离开了北非的港口。英国第 8 集团军从东面的利比亚和埃及的港口出发，美国第 7 集团军则从西面阿尔及利亚的 6 个港口出发。登陆舰队合计约有 2590 艘船——按照其指挥官亨利·肯特·休伊特海军中将（Vice Admiral Henry Kent Hewitt）的说法，这是"世界历史上最庞大的舰队"[24]——这支舰队承载着 18 万人、600 辆坦克、1800 门大炮和 14000 辆机动车。此外，空中支援的规模也很庞大，有大约 3600 架飞机参加，而且此前它们已经对西西里岛和意大利半岛的目标狂轰滥炸了整整一个月。无论在当时还是现在，这都是一场令人惊叹的武力展示。而这，就是全力以赴的同盟国。

德军在地中海的谋划

学术界关于雪橇犬行动的研究，往往都集中于英美两军彼此之间以礼相待的种种别扭。但无论英美同盟间的裂痕此时有多大，至少这两家都不打算相互背叛或互相攻击。而战争进行到此时，轴心国阵营却已经陷入了这种可悲的状态。国防军总司令部（OKW）已经起草了一份名为《关于如果意大利退出战争可能发生的情况的报告》。[25] 德军的南线总司令阿尔贝特·凯塞林元帅与意军总参谋长维托里奥·安布罗西奥将军（General Vittorio Ambrosio）之间的对话已经变得火药味十足，而希特勒与墨索里尼之间的关系或许也是如此。这两位最高统帅每天都在为究竟要让几个德军师进入意大利而讨价还价，意大利人显然不想让德国势力过多地深入这个国家。[26] 墨索里尼不想要德国的士兵和军队，只是一味索要更多装备和物资。比如，5 月初的一份笔记就提到了 300 辆坦克、足以装备 50 个连的高射炮和足以装备 50 个中队的飞机。[27] 这些要求是不切实际的，因为此时德国自身也物资短缺，而且几乎可以肯定，意大利人提出这种要求就是准备让德国人回绝的。

此时意大利国内的反战声浪逐渐增强，突尼斯战局崩盘后更是民怨沸腾——在那里成为阶下囚的大部分人都是意大利人。同盟国的轰炸行动已经如火如荼地开始，意大利国内的城市几乎没有任何防空设施，也没有战斗机掩护，因空袭而死去的人最终将会达到数以万计。驻扎在意大利和西西里的德军士兵日渐成为民众泄愤、奚落和偶尔的暴力行为的目标。这并不奇怪，当时一位意大利官员曾经告诉康斯坦丁·冯·诺伊拉特男爵（Baron Konstantin von Neurath）："你们没有为自己争得民心。你们不是去东家强征财物，就是去西家吃光他们的鸡。"[28]

德国人也在悄悄地报复，到这年春天，"阿拉里克行动"（Operation Alarich）的策划工作已经有了很大的进展，制定了不少在意大利反水时他们将会实施的严厉措施。[29] 到这年夏天，"阿拉里克行动"将会得到一个新的名称——颇具讽刺意味的"轴心行动"（Operation Achse）。这将是战争史上的一个重大事件：一个国家对企图投降的盟友发动蓄谋已久的凶残攻击，意大利人又将遭受数以万计的伤亡。做国防军的敌人也许很危险，很显然，做它的朋友也一样。与这种丑恶的行径相比，英美策划人员就雪橇犬行动的具体作战方案、时间安排和西西里岛港口设施的分配所产生的专业性分歧就显得非常文明了。

从高屋建瓴的战略角度来看，德国在地中海的处境也许确实是绝望的。盟友正摇摇欲坠，敌人不仅已经在空中占据优势，还掌握着绝对的制海权。德国自己的绝大多数陆军正在东方约 1609 千米（1000 英里）之外的苏联被一场消耗战死死拖住，能够抽调到地中海战场的地面部队显然不敷使用。更不用说，很多被抽调的部队都是重型机械化部队和坦克部队，根本不适合在岛屿或濒海地区作战。

不过，在为战斗操心之前，德军必须先确定可能会发生战斗的地点。地中海是一个面积广大的战区，盟军可以自由选择有利的作战目标。盟军的目标会是西地中海的撒丁和科西嘉这两个大岛吗？如果盟军计划在法国南部的某个地点实施大规模登陆，那么它们自然就是先期登陆的地点。单是撒丁岛上就有足够大的机场，可以将意大利西部的大片区域置于盟军战术航空兵的攻击范围内——如果盟军计划随后在意大利半岛的某个地方登陆，那么这是个很有用的优势。而东地中海则有巴尔干半岛，它作为进入中东的门户，是几个世纪以来欧洲政治家和军人情有独钟的地方。如果盟军在这里登陆，与希腊和南斯拉夫已经很活跃的抵抗组织联手，将会使在苏联战斗的德军部队的深远侧翼和后方出现一支强大的敌军——对国防军来说这可能会造成战略性的灾难。除了这两个侧翼的选择之外，还有位于中央的西西里岛可供选择，它正对着盟军的面门，与他们此时设在突尼斯的战略基地只有一步之遥。

这完全是一个能不能猜对的问题。希特勒倾向于判断盟军会选择巴尔干半岛，他为了保护自己的南方侧翼，已经于 1941 年在那里打了一仗，所以他关心那里也许是可以理解的。不过，这个战区的德国空军指挥官——沃尔弗拉姆·冯·里希特霍芬元帅（Field Marshal Wolfram von Richtofen）持不同意见：撒丁岛在他眼中是合乎逻辑的选择，而且他已经把自己的大部分防空兵力和武器调到了那里。[30]墨索里尼的战略眼光虽然经常被人诟病（而且理由很充分），但这一次他非常肯定地认为目标将是西西里，盟军将会沿着经过这里的直接路线进攻意大利本土，对他的政权的生死存亡构成最严重的威胁，而凯塞林似乎与他意见一致。[31]

对于国防军是否能靠现有的微薄兵力守住上述任何一个地方，众人也是意见不一。新上任的德军与驻西西里意军联络官弗里多·冯·森格尔·翁德·埃特林将军生动地描述了这种战略混乱的局面。[32]他曾经见过希特勒，后者表示对于守住西西里很有信心——国防军总司令部的大多数幕僚也持同样看法，至少在希特勒在场时是如此。森格尔特别点了国防军总司令部参谋长威廉·凯特尔元帅和作战部副部长瓦尔特·瓦尔利蒙特将军（General Walter Warlimont）的名——当他与他们做私下交谈时，他们的调子就变了。瓦尔利蒙特认为，如果遭到盟军进攻，也许最好的办法是"把部队主力从西西里转移到大陆"。[33]凯特尔"和瓦尔利蒙特一样，对防守这个岛屿的前景疑虑重重"。[34]接着森格尔又会见了凯塞林，后者一如既往地乐观——森格尔觉得他是乐观过头了："德军地面部队的指挥官通常容易低估拥有海空优势的敌军成功登陆的机会。"[35]凯塞林的思维显然还停留在1942 年，他想到的是德军过去在迪耶普抗击登陆的成功战例，并没有意识到盟军的两栖作战已经发展到了全新的水平。最后，森格尔会见了负责支援地中海作战的第 2 航空队司令沃尔弗拉姆·冯·里希特霍芬元帅。里希特霍芬对西西里岛毫无兴趣，他的全部注意力都集中在了撒丁岛，认为那里才是盟军合理的登陆地点。森格尔写道，总而言之，他们存在着"可悲可叹的意见分歧"。[36]

军事情报史学家经常宣称，盟军一次构思巧妙且全面成功的欺骗行动是导致西西里的防御被削弱的关键。这个被称为"肉馅行动"（Operation Mincemeat）的诡计就是著名的"谍海浮尸"的故事：在地中海放出一具带着伪造的作战文件的尸体，让它漂到会被德国人发现的地方。[37]这些假文件指出盟军将在伯罗奔尼撒半岛登陆，随后还将对撒丁岛用兵。[38]与此同时，为了坐实希特勒的猜测，盟军还针对德军在希腊北部的通信设施搞了一次破坏作战，代号为"动物行动"（Operation Animals）。[39] 其实，这些行动的影响都是很难量化的。上述地区都需要部队把守，而在种种因素影响下，德军在地中海的最终部署显得很谨慎，尽可能兼顾了西部诸岛、西西里和希腊，只是兵力侧重于巴尔干半岛。无论有没有"肉馅行动"，德军的部署都是完全合理的——因为巴尔干半岛就在欧洲大陆上。即使希特勒和他的幕僚猜到了进攻地点是西西里，他们也要问自己，在那个岛上能够部署多少个师，以及他们愿意冒险把多少个师送到位于故军控制水域的岛屿上。

最终这两个问题的答案都是"不多"。突尼斯的大规模投降导致许多部队整建制消失，因此德军的兵力已经捉襟见肘了。好在德军在法国南部或意大利已经有了一些补充营，这是此时已经灭亡的突尼斯守军的部分补充兵力（Tunis–Stau）。[40] 再加上休假人员和因伤退出战场后已经充分康复的人员，这个小小的"人力池"就构成了几个匆忙组建的师的基础：第1伞兵装甲师（又称"赫尔曼·戈林"师）、第29装甲掷弹兵师、"西西里"师（后来番号改为第15装甲掷弹兵师）和"撒丁"师（后来改为第90装甲掷弹兵师）等。其中，第1伞兵装甲师和第15装甲掷弹兵师将成为西西里德国守军的主力。[41]

只是国防军总司令部要顾及的地区太多，而可用的兵力实在太少。匆忙的

▲ 雪橇犬行动：轴心国的部署（第一天）

组建工作自然会造成混乱，几乎所有新编部队在战斗中都暴露出了可以理解的凝聚力问题。第 1 伞兵装甲师的名头或许很响亮，但是它的师长保罗·康拉特将军（General Paul Conrath）却轻蔑地将部下描述为一群"勤务兵、司机和后方机关人员"。[42] 不仅如此，由于该师人员分别来自德国、荷兰、法国和意大利，所以他发现自己无法履行作为师长的一项主要任务——"有力地影响训练"。[43] 在抵达西西里之前，保罗·康拉特从来没有见过将在自己手下服役的军官和士兵。到了那里以后他又发现，团级指挥官们达不到合格标准，大批士兵缺乏相关经验——他们基本都是空军人员，却即将投入地面战斗，感到困惑是情有可原的。保罗·康拉特抱怨说，这个师在雪橇犬行动前夕"并没有完全做好战斗准备"。[44]

这样的问题是没有任何解决办法的。这是 1943 年 6 月。既然总司令部里所有人都在紧紧盯着库尔斯克突出部，摇摇欲坠的国防军也就只能用那点微薄兵力防守西西里。

雪橇犬行动：登陆

虽然作为同盟国军队重返欧洲大陆的首战，雪橇犬行动有着种种激动人心的庄严意味，但它的开局却很糟糕。曾在阿尔及尔引发大量争议的空降突击于 7 月 9 日夜间打响了这次战役的头炮，结果却是一场灾难。按照计划，英国第 1 空降旅应该搭乘滑翔机降落在锡拉库扎以南至关重要的蓬泰格兰德桥（Ponte Grande，在意大利语中的意思就是"大桥"）附近。[45] 飞机准时出发，在马耳他岛上空利用那里的导航灯塔完成集结，然后飞向西西里。但是接下来就出了差错，滑翔机在途中严重失散。文献中通常将这个结果归咎于大风干扰、牵引飞机上的美军机组缺乏经验，以及计划制定和飞行员的各种错误，但更重要的原因却似乎是"在任何夜间大规模空降行动中都会出现异常严重的困难"。也就是说，这样的行动实际上必然会在某一时刻出现差错。只是无论如何，这次行动中的差错严重得有点无以复加。大部分滑翔机掉进了大海，机上人员无一生还。总共 144 架滑翔机中，只有 54 架在西西里着陆，而其中只有两架可以算是落在大桥附近。最终在地面上到达蓬泰格兰德桥的不是计划中的 1700 人，而是不到 100 人。[46] 他们几乎立刻被当地意军预备队的火力所压制，在行动第一天就从遭遇厄运到陷入绝境，直至最终被敌人歼灭——一支训练有素的精锐部队就这样白白牺牲了。[47]

与这场不折不扣的灾难相比，美军的空降行动仅仅是糟糕而已[48]——这是新组建的第82空降师的首战。该师第505伞兵团和第504伞兵团的一个营组成了"野狼部队"，按计划他们应该降落在皮亚诺卢波（Piano Lupo）——这是位于美军登陆滩头后方的杰拉东北约11千米（约7英里）外的一个小山包，是阻击任何企图向滩头反击的敌军的理想地点。但是由于前文列举的种种原因，他们降落得过于分散，没有按计划落在半径8千米（约5英里）的范围内，而是散落在西西里岛东南部超过104千米（约65英里）的区域中，实际到达皮亚诺卢波的不到200人。第505伞兵团的团长詹姆斯·加文上校（Colonel James Gavin）离预定着陆区有40千米（约25英里）远，显然他花了不少时间才确信自己确实降落在了西西里。[49] 大部分士兵三五成群地在乡间游荡了一天左右，并对与自己狭路相逢的任何意大利或德国巡逻队开火。他们确实制造了一些骚乱，但远谈不上对战役造成任何影响。他们"并没有妨碍战役进程。"——这是一位德国参谋军官简明扼要的评价。[50] 这又是一支被浪费的精锐部队。

　　与此形成鲜明对比的是，从海上登陆的行动却顺利得不亚于战争中其他任何登陆战。士兵和他们所属的部队都按照计划的时间和地点上了岸——这让所有经历过火炬行动中马虎而业余的登陆的人都大感宽慰。这场战役，在至关重要的登陆船方面出现了重大进步。虽然距离火炬行动只过了八个月，但是在这段短短的时间中，有五种新式的大型登陆舰和至少九种新式的小型登陆艇进入现役。与它们一同出现的是一系列新的缩写：LSI（landing ship infantry，步兵登陆舰）、LST（landing ship tank，坦克登陆舰）、LCI（landing craft infantry，步兵登陆艇）和LCT（landing craft tank，坦克登陆艇），以及通用的LCVP（landing craft, vehicle, personnel，车辆人员登陆艇，也因为设计师的名字而被称作希金斯艇）。[51] 大家对第二次世界大战中的美军士兵总有一种刻板印象，认为他们都是喜欢捣鼓小发明的人——总爱折腾自己的装备，直到使它兼具性能出色、简单可靠和修理方便的优点。也许，这种刻板印象是完全符合事实的。[52]

　　登陆是在7月10日凌晨2:45开始的。英国第8集团军出动了两个军。奥利弗·利斯将军（General Oliver Leese）指挥的第30军在帕塞罗角（Cape Passero）一带和西西里岛东南角的帕基诺半岛（Pachino peninsula）上岸，登陆场上从左到右依次是第1加拿大步兵师、英国第51步兵师和英国第231步兵旅。到这一天日落时，第30军已经控制了从西南方的伊斯皮卡（Ispica）到西北方的诺托（Noto）一线，大致与115号公路平行。在东部海岸更偏北处，迈尔斯·邓普西将军（General Miles Dempsey）指挥的第 13 军也将两个步兵师送上了海岸，第 50 师在阿沃拉（Avola）附近，第 5 师在卡西比莱（Cassibile）附近。这两个军都只遭遇了零星抵抗，意大利岸防炮台有的偶尔打了几炮，有的一炮未发，而在陆地上更是几乎没有遭遇抵抗。截至午后，第 13 军已经夺取西西里岛的重要港口锡拉库扎，并开始向北推进。

在美军的滩头，虽然风和其他天气因素稍稍为登陆增加了一些困难，但登陆同样进行得很成功。奥马尔·布雷德利将军指挥的第 2 军以第 1 步兵师在杰拉登陆，第 45 步兵师在斯科利蒂（Scoglitti）登陆，同时保护左翼的第 3 步兵师（由第 7 集团军司令巴顿直接指挥）在利卡塔两侧上岸。美国陆军在这场战争以及 20 世纪后来的几场战争中，通常喜欢把正常编制的部队根据具体任务拆散编组成特遣部队和团级战斗队。在这场战役的作战地图上，我们可以看到"佛像部队"（包括第 3 步兵师、第 2 装甲师的 A 战斗群和一个游骑兵营）、"鲨鱼部队"（布雷德利的第 2 军，又进一步细分为"十美分部队""野狼部队"和"一美分部队"）和担任预备队的"库尔部队"[又细分为一支浮动的预备队（库尔部队）和留在非洲，没有准确代号的部队]。[53] 其他任何军事组织的作战行动都不会比这更难分析、评判乃至跟踪。

这些登陆部队在西西里遇到的是庞大的守军——一支人数众多的意大利军队。防守该岛的是阿尔弗雷多·古佐尼将军（General Alfredo Guzzoni）指挥的意大利第 6 集团军，该集团军指挥部设在位于岛中央的小城恩纳（Enna）。古佐尼手下有两个正规编制的军:第 12 军位于岛西端的萨莱米(Salemi)，下辖"奥斯塔"师、"阿希耶塔"师、第 202 海防师、第 207 海防师、第 208 海防师和独立第 136 步兵团；第 16 军位于东面的维齐尼（Vizzini），下辖"那波利"师、第 206 海防师、第 213 海防师、第 18 海防旅和第 19 海防旅。而预备队，则由第四个正规师——"里窝那"师担任。海防师是一种有趣的部队，他们主要由当地的青少年组成，装备很差，训练水平也不怎么样——没有人对他们抱多大期待，他们自己也瞧不起自己。此外岛上还散布着一些营级部队，理论上也算是古佐尼的一部分预备队：八个专门用于阵地防御的战术群和八个用于实施局部反击的机动群。[54] 此外还有两个德国师，是在这年春天调到地中海的德军部队的一部分：第 15 装甲掷弹兵师和"赫尔曼·戈林"伞兵装甲师，后者加强了一个"虎"式坦克连。盟军登陆部队合计要在西西里面对 28000 名德军和 175000 人的意大利前线部队，算上大约

57000 名勤杂人员，轴心国军队在岛上的军队总数大约是 260000 人。

当然，在登陆开始后的几个小时内，古佐尼手下的兵力数字就发生了悲惨的大缩水。虽然尝试找到一场战役的转折点通常是在做无用功，但这场战役例外，因为它的转折点就发生在第一天。面对盟军的猛攻，绝大部分意大利海防部队（以及不少正规部队）做出的反应或是临阵脱逃，或是丢下武器投降，或是把自己的制服换成平民服装，然后躲进西西里岛多山的腹地。关于西西里会战的标准叙事都嘲笑他们是胆小鬼，或者将此作为现代意大利每次发动战争就会得到滑稽可笑的结果的又一证明。在德国人眼里，意大利人不仅符合所有这些评价，还具备另一个性质：叛徒。凯塞林在战后的回忆录中是这样说的："令人失望的消息接二连三地传来。意大利的海防师完全是废物，他们用于反击的师没有一个及时迎击敌军，有的甚至根本没有和敌人见面——位于西西里岛西南角的'那波利'师干脆人间蒸发了。与此同时，奥古斯塔（Augusta）要塞的指挥官甚至没等敌人进攻就投降了。这是怯懦还是背叛？无论墨索里尼有没有向我许诺过，我从未发现他们中有人受到军事法庭的审判。"[55]

德国人感到恼火是可以理解的。他们来到这个岌岌可危的岛屿上，为的是帮助他们的盟友守卫它。可是，现在这些盟友却让他们陷入了困境——有可能要被困死在这个岛上。在这里，我们要再次指出，德国人的回忆录对于给这场战役的叙事定调起到了至关重要的作用。后来美国和英国的历史学家基本上都是在重复德国人的说法，但他们这么做的原因却是让人难以理解的——在这场战役的研究中并没有冷战的压力，不需要从德军身上吸取教训。

在西西里开了小差的意大利士兵是意大利的反墨索里尼革命中的第一批战士，他们用脚投票的行为和 1917 年的沙俄士兵是完全一致的。他们在很大程度上促成了德军在西西里的失败，为盟军做出了重大贡献，把一场本来可能很艰苦的战斗变成了历史书中的一段小脚注。如果这些开小差的意大利士兵被抓住，是有可能被枪毙的。虽然把他们称作英雄的话可能需要对"英雄"一词的定义做太多修改，但他们的所作所为确实需要勇气。考虑到他们的训练和装备状况，如果他们留在阵地上战斗，并且接受几乎不可避免的为墨索里尼而死的命运，那才真是愚不可及。

德军在第一天的突击：尼谢米与比斯卡里

由于意军的变节，防守西西里的重担将会落到两个德国师的肩上。对它们来说，这次盟军的登陆来得很不是时候，因为这两个德国师刚刚进行了一次重大的部署调整。由原"西西里"师改编而来的第 15 装甲掷弹兵师自 5 月下旬以来一直是岛上唯一的德军部队，它的部署重点是西西里岛中部和东南角。在 6 月 29 日，该师的一个团（福尔里德团级集群，后来改为第 129 装甲掷弹兵团）甚至搞了一次图上军事演习（Kriegsspiel），以检验当敌军在杰拉登陆时的各种应对措施。但随着"赫尔曼·戈林"师在 6 月下旬赶来，凯塞林元帅便给第 15 装甲掷弹兵师的师长埃伯哈德·罗特将军（General Eberhard Rodt）下了一道命令，要他把部队调动到西西里岛西端的萨莱米。[56]"赫尔曼·戈林"师将会接管它在该岛东部的防区。罗特对此提出异议，认为更明智的做法是将新来的师部署在西边，让他自己的师留在原来的防区，而不应该在这样危险的时刻将两个师都放到新的环境中。不过，他的争辩没有效果。后来据他猜测，戈林元帅本人——是那个人，而不是那个师——可能是这道命令背后的推手。与戈林元帅同名的师已经在遥远的突尼斯海岸被围困过一次，也许他希望这次把这个师放在比较安全的西西里岛东部，万一又要疏散，离墨西拿也近一些。根据我们对第三帝国战时决策过程的了解，这是一个言之有理的说法。"事实是，各种安排都是在幕后决定的。"森格尔将军后来这样写道。这是"将个人的权力置于专业考虑之上的经典例子。"国防军的其他军官在战争中也始终有着这样的抱怨。[57]不过，在这个案例中，我们可以指出一个事实来反驳："赫尔曼·戈林"师是一个标准的装甲师，因此更适合按照凯塞林元帅的设想对盟军的登陆发起凶猛反击。

由于这两个师的调动是在 7 月 6 日才开始的，当盟军发起登陆时，第 15 装甲掷弹兵师正位于西西里岛西部，有被完全孤立的危险，而"赫尔曼·戈林"师基本上就在位于卡尔塔吉罗内（Caltagirone）的美军滩头后方。只要看一下态势地图就会发现，美军正处于危险境地，他们此时的态势简直就是为德国装甲师定制的。美国第 1 和第 45 步兵师的部队同所有刚刚上岸的两栖部队一样，刚刚开始整理战斗队形。他们正站在陌生的土地上，而他们在敌军火力下的表现是出了名的不稳定。"赫尔曼·戈林"师的指挥部就在卡尔塔吉罗内，距离滩头不过 24 千米（约 15 英里），只要半小时就能赶到，而师长保罗·康拉特将军很清楚这意味着什么：应该马上发起进攻。[58]

康拉特是个训练有素的德国军官，他的进攻计划体现了一切"德式兵法"应有的特征。首先，他把自己的师拆分成两个团级战斗群——一个团级战斗群包含了他的大部分步兵（一个下辖两个营的摩托化步兵团、一个自行火炮营和一个"虎"式坦克连），另一个团级战斗群集中了他的大部分装甲部队 [一个下辖两个营的坦克团（90 辆三号和四号坦克）、两个自行火炮营和师属侦察营与工兵营]。康拉特的设想是兵分两路进攻，装甲战斗群经过尼谢米（Niscemi），步兵经过比斯卡里（Biscari），然后向心汇聚于杰拉以东的海滩。[59] 无论面对怎样的战术或战役问题，国防军基本上总是会拿出同一个解决方案：向心攻击。德式兵法在这里依然发挥了作用：快速的反应、向心的作战、下级指挥官的独立性，以及能让老布吕歇尔感到自豪的攻击精神。古佐尼已经下达了攻击命令——虽然如今看来很清楚，无论古佐尼有没有下命令，康拉特都会发动进攻。事实上，在当天上午的某个时候，康拉特似乎已经失去了与古佐尼的无线电联络，不过他仍然能联系上德军在意大利第 6 集团军指挥部的联络官弗里多·冯·森格尔·翁德·埃特林将军，把要进攻的消息通知了他。在这短短的一天里，康拉特的自主权不亚于战争中其他任何师级指挥官。[60]

虽然遵循着近乎经典的路线，康拉特的这次大规模装甲进攻却遭到了彻底失败。这个缺乏经验的师充分暴露了所有弱点。按理说进攻时间越早，越有可能抓住敌军缺乏准备和组织的机会。康拉特在凌晨 2:20 命令自己的部队进入戒备状态，几乎比盟军踏上海滩早了半个小时。他的攻击命令在凌晨 3:00 左右发出的，到了凌晨 4:00，两路大军都已从位于卡尔塔吉罗内的师集结地域出发，而他计划在上午 9:00 前后开始攻击。但是当部队向尼谢米和比斯卡里以北的出发阵地运动时，康拉特和他的部下遭遇了一些不愉快的意外。他们的友军——罗特将军和他的第15 装甲掷弹兵师——已经通过先前的研究和战术演习熟悉了这一带的地形，尤其是在这片道路条件比较差的乡村地带中的极为重要的山路、小径和山坳。可不幸的是，这支友军部队此时正远在西方的萨莱米。而康拉特和他的军官们对这片地区几乎一无所知——这并不奇怪，因为他们都是初来乍到。他们所走的三级公路远比他们预料的差，地形的崎岖也是超乎想象。[61] 当太阳升起时，盟军的战斗轰炸机开始赶到战场，逼着他们一次又一次地离开公路。该师的军官普遍缺乏经验，而尤其令康拉特感到悲哀的是他刚刚开始了解到的团级军官的素质。士兵们大都是第一次上战场的年轻应征者，从他们的表现上也能看出这一点。虽然他们有着足够的热情，但是行军纪律很散漫，所有行动的速度似乎都比应有的水平慢了一点。空袭和几次与小股美军伞兵的遭遇战都差一点让他们陷入恐慌，康拉特不得不出手干预。[62] 最终结果是：直到下午2:00，也就是在康拉特的第一批命令发出近11小时后，他的部队才机动到位。

等到德军发起进攻时，美军的指挥官——第1步兵师的特里·艾伦少将和第45步兵师的特洛伊·米德尔顿少将（Major General Troy H. Middleton）——刚好组织起一条足以抵挡它的防线。康拉特右路的装甲战斗群攻击了美国第1步兵师第16步兵团第2营，但是他们很快就在尼谢米以南的普里奥洛（Priolo）村附近受阻。[63] 虽然当时他们还根本没有接近滩头，但已经进入岸边的美国海军舰船可以轻易对他们进行打击的范围。国防军地面部队就是在普里奥洛第一次领教了5英寸（约12.7厘米）和6英寸（约15.2厘米）海军炮的火力——这很难说是公平的战斗。此外，美军轻武器的火力也成功压制了侦察营和工兵营，使德军那些伴随装甲部队进攻的仅有的步兵也难以前进。虽然康拉特在下午3:00亲自出手干预，命令部队再次进攻，但依然毫无效果。到了下午5:00，由于没有得到步兵纵队的任何消息，不能确定它是否取得了进展，康拉特只好承认失败，下令停止进攻。

此时，由师作战参谋赫尔穆特·贝根格林上校（Colonel Hellmut Bergengruen）率领的步兵纵队也遇到了麻烦。[64] 这支部队于下午2:00在比斯卡里以南发起进攻，但是立即失去了与师指挥部的无线电联络，随后就遭遇了正在北上的美国第45师第180步兵团第1营。到了下午3:30，尽管贝根格林反复催促进攻，但这个战斗群还是寸步难行。[65] 在这里，最令人失望的是"虎"式坦克连的失败。[66] 在四号坦克可以战斗的各种地形中，西西里的山地和橄榄林都可能是最为恶劣的环境。而对于即使是在路况良好的地面上也会遭遇变速器问题和转向机构故障的"虎"式重型坦克来说，这里的地形更是糟糕到了极点——好几辆这种坦克都抛了锚，还挡住了纵队其他车辆的去路。在无线电联络恢复后，愤怒的康拉特命令他们全体再次进攻。这一次"虎"式坦克冲锋在前，突破了美军第180团第1营的防线，并俘虏了营长威廉·谢弗中校（Lieutenant Colonel William Schaefer）。[67] 但是还没等这个战斗群扩大战果，美军的另一个营（第180团第3营）就沿着公路快速进入了防御阵地。德军的进攻又一次被阻止。这一次，短暂的交火使德军部分步兵在恐慌中逃跑。贝根格林不得不让士兵们冷静下来，再把他们赶回战线上。随着夜幕降临，战斗也告一段落。

　　对德军来说，第一天对滩头的反击是彻底的失败，一个装甲师被两个严重不满员的步兵营死死挡住了去路。康拉特对自己看到的情况很不满意，他认为这两个战斗群的失败都是缘于士兵缺乏经验，训练水平不尽人意，各兵种之间的配合存在问题，以及装甲团和掷弹兵团的指挥官能力有欠缺。"我师的年轻士兵打得很勇敢。"康拉特写道。[68] 他的话似乎有道理，"赫尔曼·戈林"师里充斥着和他们对面的美军一样缺乏经验的新兵，而且装备明显不如美军精良。美军的第 45 师是一个从未参加过实战的国民警卫队师[69]，它是直接从美国本土调来的。虽然这意味着该师的士兵们缺乏经验，但也意味着他们没有在突尼斯经历过卡塞林山口之战，以及没有被任何关于国防军的迷信所影响。[70]

　　不过，并非所有人都把失败归咎于士兵缺乏经验，在战后的分析中，康拉特自己也被认为需要承担责任。例如，凯塞林就批评了他把步兵和装甲兵分别编入两个战斗群的做法，认为他应该编组两个兵力更为平衡的战斗群。"康拉特将军在现代诸兵种合成战斗方面的经验太少，"这位元帅后来这样断言，"在这个战例中，让坦克部队与装甲步兵分开行军是错误的装甲战术。"[71] 和此类争议中常有的情况一样，康拉特和凯塞林可能都是对的。

　　在关于第一天战斗的讨论中，几乎被人遗忘的是美军滩头受到的真正威胁，而它并非来自德军。在杰拉，意军以多梅尼科·基列莱森将军（General Domenico Chirieleison）的"里窝那"师一部和 E 机动群发起了一场规模相当大的快速反击。在装甲车辆（应该指出的是，那是第一次世界大战时代的雷诺 FT-17 坦克）的支援下，意军确实冲进了这座小城的中心。在他们快要到达水边时，遭遇了美国第 1 步兵师第 26 步兵团一部、美国陆军的一个游骑兵营和又一队迷路的美国伞兵。在这一战中，海军的炮火又一次发挥了重大作用。意军在杰拉遭到了美国海军驱逐舰"舒布里克"号（U.S.S. Shubrick）的炮击，"她"有条不紊地摧毁了一辆又一辆坦克。[72]

德军在第二天的反击：冲向海滩

　　虽然美军在比斯卡里和尼谢米逃过一劫，但是他们第二天的战斗将会更加艰苦。自巴顿将军以下，美军司令部中的每个人都意识到德军的又一次打击即将来临。德军有一个装甲师距大海不过一箭之地，而滩头本身存在大量新登陆的部队常有的管理混乱。美国陆军的官方正史形容第 45 师的滩头呈现出一片"糟糕透顶的景象"：

> 五个突击滩头背靠松软的沙丘，只有少数可以使用的出口，在登陆开始后不久就布满了大量搁浅的登陆艇和汹涌的人流及车流。许多登陆艇搁浅在岸边的沙洲上无法返回，还有的打横靠在沙滩上，其中一些被汹涌的海浪完全打翻，另一些则在低缓的斜坡上不停旋转。上岸的部队乱成一团，毫无组织，直到上午 8:00 都无法有效运作。[73]

虽然登陆的士兵已经很多，但几乎没有重武器、大炮和装甲车辆。巴顿已下令将 4 辆 M-4"谢尔曼"式坦克送上岸，可它们刚一上岸就立即陷进了松软的沙地里。在这一天的大部分时间里，当周围炮声隆隆之时，这些坦克都在拼命设法脱困。在夜里，巴顿还动用了海上预备队中的登陆部队。在战斗中这么早就出动预备队是相当不寻常的，而这也反映了当时的局势看起来是多么严峻。在 7 月 10 日夜至 11 日晨，第 2 装甲师一部和第 1 步兵师第 18 步兵团上了岸。巴顿的决定确实使滩头挤进了更多士兵——大约相当于 4 个步兵营——但需要再次指出的是，他们中的大部分人上岸时只带着轻武器。

轴心国守军也度过了一个忙碌的夜晚。他们知道自己必须在次日上午发动进攻，这是他们击溃登陆敌军的最后机会，由于没有预备队或援兵会赶来，这一仗也有最后一搏的意味。康拉特日后将会表示，他相信"盟军在 7 月 10 日已经赢得了西西里之战"。[74] 此外，指挥方面的不确定性也使康拉特的心情更加沉重。在当天夜里，康拉特通过森格尔将军得知，他的师在即将开始的战斗中将转隶意大利第 16 军。而且，他还接到了一系列互相矛盾的指令。其中一道是第 6 集团军的古佐尼将军发来的，命令他参与一次由两个师共同实施的针对杰拉的进攻，与他配合的是意大利"里窝那"师，此时正在他右侧数千米外。[75] 这两个师将要攻向海滩，"里窝那"师从西北方对杰拉进军，"赫尔曼·戈林"师则从东北方进攻。康拉特同意这个计划的大纲，但是他没有收到关于当天执行过程的更多详细信息。在凌晨 3:50，他又接到第二道命令，来自南线德军总司令凯塞林。凯塞林元帅与古佐尼失去了通信联络，只能间接通过卡塔尼亚和陶尔米纳（Taormina）的德国空军指挥部了解情况。[76] 因为已经对意军抗击登陆时的糟糕表现不满，他

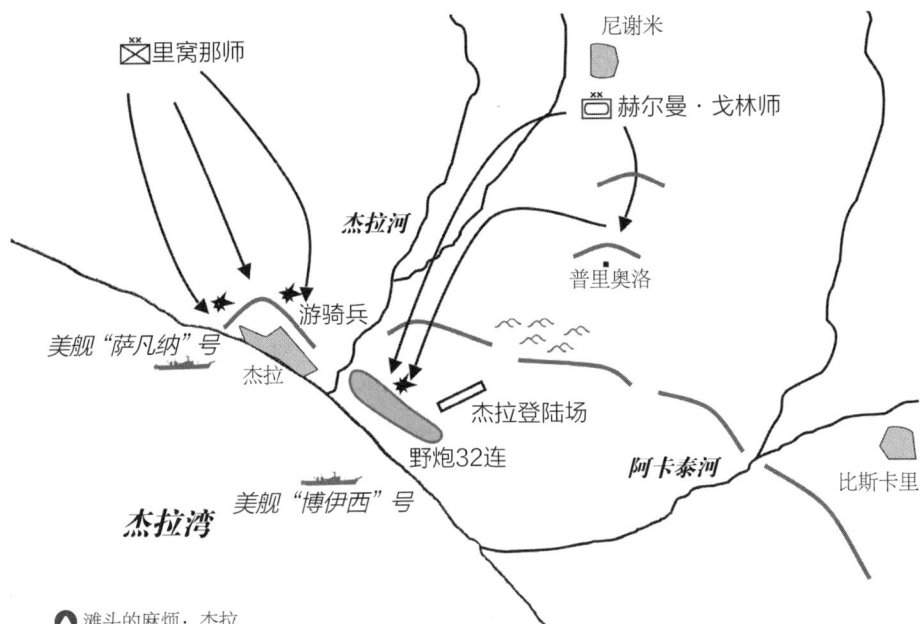

尼谢米

赫尔曼·戈林师

里窝那师

杰拉河

普里奥洛

游骑兵

美舰"萨凡纳"号

杰拉

杰拉登陆场

野炮32连

阿卡泰河

比斯卡里

杰拉湾

美舰"博伊西"号

🔺 滩头的麻烦：杰拉

命令康拉特在当天上午尽早对杰拉发动反击。此时，又传来第三道命令，这次又是古佐尼发来的。[77]原来他刚刚接到消息，英军在第一天就快速陷了锡拉库扎。鉴于东南侧翼的局势已经恶化，古佐尼希望康拉特先攻向海滩，然后转向东南——也就是冲向美国第 45 步兵师和第 3 步兵师的滩头。此时的康拉特肯定颇有晕头转向之感。

7 月 11 日清晨，西西里的轴心国守军投入了两个完整的师的大部分兵力，"里窝那"师从右路，"赫尔曼·戈林"师从左路，在德国空军的空袭支援下扑向美国第 1 步兵师在杰拉的桥头堡。[78]虽然这两个师的目标都是杰拉，但由于命令混乱不堪，很难说它们有什么真正意义上的协同。康拉特再次将他的师分成几个战斗群，其中两个位于阿卡泰河（Acate River）以西，另一个位于河东，为的是对他的目标实施向心攻击。在他的右路，第 2 装甲营的大部分兵力将从蓬泰奥利沃（Ponte Olivo）机场沿 117 号公路南下。中路的战斗群以第 1 装甲营为基础组建，他们将从卡萨普里奥洛（Casa Priolo）出发，沿 115 号公路南下，与第 2 营在沿海公路上的杰拉—法雷洛（Farello）登陆场会师。最后在比斯卡里，在与前两者相距很远的左路，一个主要由第2装甲掷弹兵团的步兵与"虎"式坦克组成的步兵战斗群将会右转穿越阿卡泰河上的蓬泰迪里洛桥（Ponte Dirillo Bridge），与另两个战斗群会师。此外，基列莱森将军的"里窝那"师也将分成三个由第33步兵团和第34步兵团组成的混编战斗群冲向海滩。

与上一次相比，德军方面这一次进攻的出发阵地离海滩近得多，而且需要克服的崎岖地形也少得多。因此，意军和德军都几乎立即就突破了美军的前沿阵地，然后就冲向杰拉、位于该城东面的登陆场和大海。"里窝那"师攻到了杰拉附近。这是一场激战，但战况基本上就是前一天的重演。防守该城的几个美军游骑兵连在自己的4.2英寸（约10.6厘米）迫击炮和一些缴获的77毫米意大利炮的支援下，再次用火力阻止了对方的进攻。美国守军又一次得以召唤海军炮火支援，岸边的一艘美国巡洋舰"萨凡纳"号（U. S. S. Savannah）在不可能打空的距离上发射了近500发5英寸（约12.7厘米）炮弹。这一天的杰拉与前一天有所不同的是，巴顿将军亲自涉水上岸，对滞留在滩头的士兵厉声呵斥"给我滚出这片海滩"，并指着意军告诉游骑兵指挥官，"把这些该死的混蛋通通杀光"。[79] 虽然巴顿并没有如愿，但"里窝那"师（这是一个二团制师，全师只有两个团）的进攻确实因为伤亡惨重而崩溃，该师在一定程度的混乱下败退。无论是否二团制，一个第二次世界大战中的意大利师确实远远经不起这样的火力打击。

东边的情况则要严重得多。在阿卡泰河西岸，两个装甲战斗群——由60辆德国坦克组成的一支强军——兵分两路，无情地推进。这是一次令人钦佩的机动能力和冲击力的展示，它们只要有可能就绕过美军阵地，只在必要时将其攻破。到了中午，两路坦克纵队已经在圣斯皮纳（Santa Spina）以西的海岸公路附近会合。它们距离大海只有区区1828米左右（2000码），开始用主炮和机枪扫射海滩，美军堆放的物资乃至登陆艇都成了它们的射击目标。美军上岸的人员纷纷焚烧文件并破坏雷达设备，以免落入敌人之手，而康拉特从现场接到至少一份报告称，"'赫尔曼·戈林'师施加的压力（已经）迫使敌人暂时重新登船。"[80] 康拉特尽责地将这一信息发送给古佐尼，后者又转发给了凯塞林。

毫无疑问，此时杰拉桥头堡本身正危如累卵。但即便在这个德军看似获胜的时刻，双方的实力对比仍然在变化。在一片混乱中，一队载着美国第32野战炮兵连的DUKW（一种两吨半重的六轮水陆两用运输车）上了岸。迎接这些炮兵们的是第1步兵师的炮兵指挥官克利夫特·安德勒斯准将（Brigadier General Clift

Andrus），他镇定地催促他们进入海滩边的沙丘边缘的阵地，并指着两军混战的大致方向告诉他们，"那里有很多好猎物"。[81] 几分钟之后，炮兵们就开始朝着德军的坦克队形倾泻炮弹。由于这一次目标是在直瞄射击距离内，所以三号和四号坦克纷纷被炸成火球。不久以后，那 10 辆陷入沙中的"谢尔曼"坦克也有 4 辆终于从海滩脱身，加入了战斗。最后海军的舰炮又为美军这次生动的火力展示加上了浓墨重彩的一笔，美国海军巡洋舰"博伊西"号（U. S. S. Boise）徐徐移动到距离岸边约 2743 米（3000 码）以内的地方，以 6 英寸（约 15.2 厘米）主炮倾泻炮火。任何部队都抵挡不住如此凶猛的火力，更不用说在无遮无掩的海滩上的几个装甲营。康拉特在下午 2:00 下令撤退，很快幸存的坦克就匆忙逃进山中。

这样的火力足以遏制德军攻势。阵地被守住了，桥头堡安全了，美军火力沉重打击了进攻的德军，杰拉一带的平原上留下大约 40 辆熊熊燃烧的德军坦克，其中包括参与此战的 17 辆"虎"式中的 10 辆。但是，这场胜利并非仅仅是集中火力的战例。从比斯卡里出发的第三个德军战斗群甚至根本没能发挥作用，当它朝着阿卡泰河上的蓬泰迪里洛桥前进时，突然遭遇了比亚佐岭（Biazzo Ridge）上一支未知敌军的侧射火力。原来这是加文上校沿途召集的伞兵，此时他们的人数已有相当规模。这是一个哪里有枪炮声就朝哪里去的经典战例——在这场战争中很罕见。加文支队经过持续一整天的苦战挡住了第三个战斗群的攻势（在此过程中加文手下的迫击炮手们甚至打瘫了几辆"虎"式坦克），极大地扰乱了德军实施真正向心攻击的计划。[82]

虽然战况一度激烈到令人不安的地步，但对杰拉之战我们还是可以做多种叙事和解读。首先，从战略层面来讲，即使滩头阵地被攻破，整个西西里会战是否会因此失败仍然是值得商榷的。英军已经有大量兵力上岸，主要港口锡拉库扎也已经落入他们手中，而德军刚刚消耗掉了他们唯一的装甲师。美国人将会蒙受一些耻辱，英国人会有些幸灾乐祸，虽然这将对以后的战争造成不可估量的影响，但西西里会战还是会接着打下去。第 1 步兵师的师长特里·艾伦少将说得很对："虽然战况本来有可能很危急，但从实际来看，只是有些窘迫而已。"[83]

在战役和战术层面上，杰拉之战提供了一个有趣的案例，让我们能够一窥两种形成鲜明对比的战争方式。德军仍然对他们的老方子深信不疑：勇猛突击，向心攻击，打一场围歼战，哪怕只是具体而微的。和以往一样，他们早早地就控制了战局。但是八个小时之后，他们却在无处躲藏的开阔海滩上像无头苍蝇一样乱转，被来自多处的美军优势火力轰成齑粉。我们并不清楚他们打算在杰拉包围什么，如果他们真这么想，那么他们就不仅仅是在按照某种意义上已经有数百年历史的军事教条行动，或许还是在纯粹依据假设而非有意识的谋划而行动。至于美军在杰拉之战中的所作所为，有太多的文献对他们利用海军火力持负面看法，仿佛这是地面部队光辉战绩中的污点。另一些文献则把海军的炮火写得像是突如其来的，就像某种神迹一般从天而降，拯救了地面部队和整个战局。显然，这两种观点都不符合事实。早在美国陆军和海军因为雪橇犬行动来到西西里岛之前，他们就对运用海军炮火发挥战术作用的问题进行了大量讨论和协商。也就是说，这并不是一种绝境之下的应急措施。当然，我们可以发现它在实战中暴露的问题。"博伊西"号在这一天的战斗中不得不多次停止射击，因为双方的军队纠缠得过于紧密，而美国陆海两军中谁都不希望看到大炮屠杀自己人的景象。海军炮火是一种势大力沉的武器，用在地面战斗中并不是最精密或最灵活的战术武器。但是它在这样的距离上非常有效，而且从一开始它就是作战计划的一部分。那些被接二连三打爆的、无能为力的德国坦克面对海军炮火无计可施，而从某种意义上来说，资源和人力都很匮乏的德国国防军面对可以如此挥霍物资和弹药的美国陆军，或是拥有绝对制海权的美国海军，也一样无计可施。德国军队正在衰落，而美国军队才刚刚开始崛起，这样的事实更是凸显了双方的战争方式的差异。

为什么美国人在杰拉会求助于海军炮火？因为他们有这个条件。

争夺西西里之战

此后的作战过程演示了当美国陆军在作战领域企图玩任何过于花哨的技巧时，会得到什么结果。在杰拉防御战胜利的当天晚上，巴顿将军命令第504伞兵团的2300名官兵执行一次空降作战。这次空降的目的并不是袭击敌军，只是为了增援一个此时相当紧张不安的桥头堡。不幸的是，当C-47飞临上空时，神经过敏的美军高射炮手们将它们当成了敌机——在夜里这是很容易出现的差错——随即用手头的每一门炮对它们开了火。这些飞机一架接一架地起火坠落（总共144架飞机，其中有23架被击落），而且这场屠杀还不止于此。[84] 数以百计的士兵在降落伞下无助地飘浮时被子弹打成筛子，就连那些安全着陆的人也往往发现自己在深更半夜里卷入了与自己的美国战友的凶险交火中——因为他们使用的口令并不相同，空降兵的口令是"尤利西斯"和"格兰特"，而地面部队的是"思考"和"快速"。[85] 这是截至此时，这场战争中最新的一场弄巧成拙的空降行动，但绝不会是最后一场，它或许也是在警告美军的策划者们不要尝试任何复杂过头的作战。

随着登陆行动的完成，争夺西西里岛本身的战役也正式开始。要想全面了解这场战役中发生的情况，我们就不能不分析此战中影响作战的三大因素。首先，以第 15 集团军群司令亚历山大将军和第 8 集团军司令伯纳德·劳·蒙哥马利将军为代表的英军指挥官们对美国盟友的作战素质毫无信心。历史学家对这些人的观点不应该作辩护或驳斥的尝试，而应该单纯将此作为分析西西里会战的工具之一。其次，是美国陆军的领导层——总司令艾森豪威尔、第 7 集团军司令巴顿和第 2 军军长奥马尔·布雷德利将军——非常清楚其伙伴的蔑视心态。在他们眼中，雪橇犬行动不仅仅是一个消灭当面德国军队并有可能彻底拆散轴心国的机会，还是一条证明自身价值并胜过英国人的途径。同样，历史学家也不应该尝试对这种心态进行辩护或质疑，而应该单纯地将它视作影响西西里作战的固有动力之一。

最后，和地中海战区的所有战役一样，轴心国在西西里会战中的指挥体系是极度复杂的，其决策过程经常令人费解。凯塞林元帅是南线德军的最高指挥官，和以往一样，他在战役开始时信心十足，认为自己能够趁盟军在岛上立足未稳之时将他们赶入大海。[86] 西西里的轴心国地面部队指挥官——意大利第 6 集团军司令古佐尼将军则认为，考虑到盟军的空中优势和绝对制海权，凯塞林的这种想法是很荒谬的。古佐尼的德军联络官森格尔·翁德·埃特林将军与他意见一致。这两人都认为，己方充其量只能打一场迟滞作战，然后撤至西西里岛东北角，依托巍峨的埃特纳（Etna）火山继续防守。他们可以在这里围绕墨西拿港建立一道弧形防御阵地，确保轴心国部队最终能够撤离这个岛屿。森格尔认为凯塞林的部分动机来自雪耻的需要，因为突尼斯的惨败已经使他的名誉严重受损。森格尔写道，此人需要一场"引人注目的防守战胜利"[87]——这很可能是事实。无论原因如何，凯塞林在战役初期确实向西西里投入了德国增援部队，企图把这场被他的大部分前线指挥官都认为败局已定的战役继续打下去。[88] 这些部队包括第 29 装甲掷弹兵师和第 1 伞兵师的大部，它们与已经在西西里的两个师（第 15 装甲掷弹兵师和"赫尔曼·戈林"装甲师）并肩作战。此外，凯塞林还将第 15 装甲掷弹兵师重新调到东边与兄弟部队会合，实际上是放弃了西西里西部。但是第一天和第二天的战斗毁掉了意大利第 6 集团军，也重创了"赫尔曼·戈林"师，这使得凯塞林重新认清了现实。此时他同意部队向着埃特纳火山且战且退，等于是宣布他仅仅 24 小时前还投入了增援的战斗已经败北。在最初的两天过后，德国人主要考虑的是在尽可能减少己方伤亡的情况下撤出西西里。

这些就是西西里会战中存在的系统性因素：英军不信任盟友、美军渴望证明自己，而国防军不想做任何超出绝对必要限度的停留。这类因素对战斗过程和结果所起的影响要远远大于这个或那个指挥决定，事实上它们决定了大部分战役的结果。我们必须站在这个基础上来看待盟军围歼西西里轴心国军队"失败"的结果——这是几乎每一篇关于这场战役的分析中都不会缺少的指责。理论上讲，要实现这一目标似乎足够简单。但实际上，成功的机会很小，这恰恰是以上列举的种种因素所造成的。

回头来看，盟军很可能确实有过歼灭西西里大部分守军的机会，但这个机会出现得很早，消失得也很快。在战役的第一个星期，岛上两支国防军部队之间出现了一个很大的缺口。第 15 装甲掷弹兵师仍然位于西边的萨莱米，虽然该师已经接到了返回原驻地的命令，但由于盟军的空中力量无处不在，而且岛上缺乏优质道路，需要花很多时间才能到达。由于此时"赫尔曼·戈林"师已经在东边投入战斗，两个师之间一度没有任何联系。在盟军这边，蒙哥马利的第 8 集团军已经开始沿东海岸向卡塔尼亚进军，正在以其特有的高度谨慎的方式运动。德军的威廉·施马尔茨上校（Colonel Wilhelm Schmalz）率领的以"赫尔曼·戈林"师的一个团为基础组建的机械化战斗群（施马尔茨战斗群），此时得到了新近空运来的部队增援，正在英军的前进道路上节节抗击。[89] 另一方面，在康拉特命令"赫尔曼·戈林"师后撤之后，美国第 7 集团军的面前几乎已经没有任何敌人。巴顿的集团军此时正处于理想的位置，大可从它位于利卡塔和杰拉之间的桥头堡出发，径直穿越西西里岛，将这个岛屿和防守它的国防军部队一分为二。如果实施这一行动，盟军至少有很大机会围歼西边第 15 装甲掷弹兵师的很大一部分兵力。

不过，美国人没有得到这个机会。与原作战方案相反，英国第 8 集团军很快就占用了西西里东部的几乎整个公路网。蒙哥马利的意图是重演他在马雷特一战中的机动，即由第 30 军沿卡塔尼亚公路北上，正面突击埃特纳火山，而第 13 军以某种宽正面的侧翼机动为其提供支援。原计划要求巴顿作为盾牌掩护蒙哥马利的利剑，阻止任何德军妨碍英军向北穿插。但蒙哥马利并不打算对西西里最高的山岭发动简单的正面突击，他需要在埃特纳火山以西放一支侧翼进攻部队。因为不相信美军的作战能力，蒙哥马利希望这个任务由英军承担。蒙哥马利得到了亚历山大将军的支持。于是在 7 月 13 日，司令部下令将 124 号公路划给英军使用，并将第 7 和第 8 集团军的作战分界线向西大幅移动，大致穿过埃特纳火山。

这条"被偷走的公路"似乎将在整个西西里作战期间对美军彻底封闭，由此造成的影响是巨大的。特别是美军的军官们，在得知此事时都勃然大怒。"拿我们当傻瓜吗？"巴顿说，"叫蒙哥马利别挡我的道，不然我就把那些德国鬼子都赶到他屁股后面去。"[90] 布雷德利将军称此为战争中"最最傲慢、任性、自私和危险的举动"，并警告说"这将会在我军中间引起骚乱"。巴顿的副手杰弗里·凯斯少将（Major General Geoffrey Keyes）则警告说，英国人是打算"出卖我们"。[91]

虽然这里的部分言辞可能有些夸张，但是其表达出的愤慨，甚至是不安全感却都是相当真切的。正是在这样的情感驱动下，巴顿一手策划了这场战役中的标志性事件：征求上级批准他率整个集团军向着西面和北面高速穿越西西里岛。亚历山大对此并不介意——与其让美国人干坐在原地生闷气，何不让他们找点事干呢？于是美军在 7 月 18 日开始向西扫荡，并很快提高了进军速度。[92] 一旦美军的速度发挥出来，世界上没有任何一支部队能跑得比他们还快。巴顿命令布雷德利的第 2 军在右侧（包括第 1 步兵师和第 45 步兵师）向北方和西北方前进，凯斯率领的一个暂编军（第 3 步兵师和第 82 空降师）沿海岸线向西推进，第 2 装甲师则担任集团军预备队。这是一支强大的部队，也是一支具有高超机动能力的部队。这些部队的番号或许是步兵师，但它们是美军的步兵师，这就意味着它们拥有数量庞大的机动车辆和快节奏的进军步伐。当地的许多城镇被迅速攻克：19 日是里贝拉（Ribera），20 日是莱尔卡拉弗里迪（Lercara Friddi），21 日是科莱奥内（Corleone）、卡斯特尔韦特拉诺（Castelvetrano）和萨莱米（Salemi）。美军抓获了 5 万多名战俘。巴顿简直如鱼得水，因为他最拿手的本领就是以最高速度机动，而不是真正的战斗。"要马不停蹄地赶路，"他告诉自己的部下，"除了加油不要停下来！"[93] 这次大扫荡的高潮是 7 月 22 日攻克巴勒莫，这是美军在第二次世界大战中征服的第一个大城市。至此美军面前只剩下了西西里岛最西端的港口马尔萨拉（Marsala）和特拉帕尼——它们在次日也被攻克。

巴顿和他的部下在一个星期之内横扫了西西里岛的整个西部，而且只付出了极少的伤亡。后来他将把这次大进军称为"战争史上一个光辉的篇章"，并对第 7 集团军的官兵宣称："你们的英名将永不磨灭！"[94] 如此夸张的言辞很容易引来嘲笑——当地没有发生抵抗，官兵们主要的行动是赶路而非战斗，而且他抓获的俘虏几乎都是渴望投降的意大利人。与此同时，美国第 7 集团军却被这次进军搞得筋疲力尽，急需补给——例如，布雷德利在战役的余下阶段就一直抱怨这个问题。而从好的一面来说，这次进军为大后方的报纸提供了很好的素材，战争进行到此时这可不是小事。这次西进扫荡作为替美国陆军建立信誉的一种方式，证明了美国陆军有能力实施大规模的快速机动，甚至有可能使这支经常因为卡塞林山口的表现而遭非议的军队树立了一定的自尊心，因此可以说是实现了重要目的。巴顿也知道这次行动使他成了美国公众心目中的英雄，以他的见识不可能不了解这一点。不过，有时候个人利益与集体利益可以完美地保持一致，这就是一个例子。

只是，我们不能忘记第三个影响作战的因素：正在消失的国防军。在德国人——凯塞林、森格尔和各师的师长——看来，巴顿的进军没有丝毫军事意义。国防军在这段时间里一直在匆匆地向着北面和东面撤退。当巴顿到达他想去的地方（巴勒莫）时，德国人也到了他们想去的地方：围绕墨西拿摆出的两道紧凑而坚固的弧形防线。第一道起自东面的卡塔尼亚，绕着埃特纳火山延伸至北面的圣斯特凡诺（San Stefano），第二道更严密的防线起自东面的阿奇雷亚莱（Acireale），延伸至北面的圣弗拉泰洛（San Fratello）。此时德军的指挥已经统一，所有部队都编入了第 14 装甲军，军长是汉斯·胡贝将军（General Hans Hube），这位独臂军官颇有威名，曾在东线经历过多次惊心动魄的冒险。他的士兵都称他为 "der Mann"——其含义并不是指挥官的常见代称"老头"，而仅仅是"那个人"。[95]

此时国防军需要一位头脑冷静的指挥官，而胡贝就是这样的人。在不到一年前，他率领他的师一马当先，一口气从顿河冲到伏尔加河边，然后维持着一条狭窄的走廊，顶住了来自两个方向的大量苏军坦克的反复攻击。防守墨西拿前方的坚固防线在胡贝看来肯定就像在公园里散步一样轻松，他并排部署了三个师："赫尔曼·戈林"师在左，第 29 装甲掷弹兵师在右，第 15 装甲掷弹兵师居中。同时，胡贝还在这三个师中间穿插配置了意大利"里窝那"师、"阿希耶塔"师和"奥斯塔"师的残部。

美英两国的新闻界将会沿用当初他们在突尼斯就曾大肆宣扬的比喻，把这场会战的余下阶段称为"向墨西拿赛跑"，不过这一次竞争双方是巴顿和蒙哥马利。而且，这一回的竞争也不太像是一场赛跑。盟军两个齐头并进的集团军（第 7 集团军在左，第 8 集团军在右）面对德军隐藏在欧洲数一数二险峻的山地中的三个师，显然只能步履维艰地缓慢推进。德军在这里也满足于打阵地战（Stellungskrieg），以阻滞战斗（hinhaltender Widerstand）给敌人不断放血。德军的习惯做法是在高地上占领阵地，等待盟军攻击，在给对方造成严重伤亡后撤退到下一个阵地。德军这么做的目的并不是守住西西里，而是争取足够的时间，让部队穿过墨西拿海峡回到大陆。

在这些因素的作用下，战役的这一阶段将会发生一些苦战。例如在 8 月 1 日，美国第 1 步兵师对设防坚固的小城特罗伊纳（Troina）发起进攻。在此后的六天时间里，该部面对德军的激烈抵抗艰难推进。由于山地限制了炮火和空中打击的效能，美军在这座城镇南北两侧进行迂回的尝试都无功而返，最终德军从容地与美军脱离接触并撤退。第 1 步兵师损失惨重，而且部队的军纪似乎也出现了瓦解迹象，这促使布雷德利和巴顿将该师的师长特里·艾伦少将和副师长小西奥多·罗斯福准将双双撤职。[96] 在特罗伊纳被攻克的同一天，蒙哥马利终于挫败了埃特纳火山上的德国守军。这个结果与他先前的设想颇为符合，只不过来得晚了一点。加拿大第 1 师和英国第 78 师的部队绕过山脚，奋力朝阿德拉诺（Adrano）前进，迫使守军不断拉长防线，直到无法立足。8 月 13 日，第 7 集团军和第 8 集团军在兰达佐（Randazzo）再次会师，使盟军的战线在埃特纳火山以北再次连成一片。[97]

此时战役的结束已经近在眼前。巴顿在北方试图让他的进攻恢复锐势，在发动正面突击的同时通过海路实施了一系列迂回进攻，在德军防线后方进行小规模登陆，并企图破坏他们的防御。第一次登陆是在 8 月 8 日，美军企图绕过德军位于圣弗拉泰洛的阵地。这次行动很顺利，但这主要是因为德军已经在后撤。第二次登陆是 8 月 11 日在布罗洛（Brolo）实施的，但打得很糟糕，这支小部队差点被守军赶回了大海。第三次登陆是 8 月 15 日在法尔科内（Falcone）实施的，结果扑了个空，德军又是早就溜之大吉。实际上，登陆部队遇到的是美国第 3 步兵师的尖兵，他们已经通过陆路到达了法尔科内。

另一方面，胡贝一直在缓慢而有条不紊地后退。当退到墨西拿三角地带中狭窄得无法并排部署三个师的区域时，他将第 15 装甲掷弹兵师从前线撤下，只用两个师防守阵地：第 29 装甲掷弹兵在他的右翼，"赫尔曼·戈林"师在他的左翼。由于墨西拿半岛在此处收窄为细细的末端，盟军能够部署的兵力也不会比他多多少。这种地形让盟军体验了无尽的挫折，但它所提供的经验教训至少可以追溯到温泉关之战，甚至可能和战争本身一样古老。与此同时，胡贝部署在后方的部队已经将墨西拿海峡改造成了一个堡垒，在这条海峡两侧的西西里海岸和卡拉布里亚海岸各部署了 500 多门高射炮。在这短短的几个星期时间里，它很可能是全世界最危险的小块空域之一。撤离西西里的"课程行动"（Operation Lehrgang）即将开始[98]，此时胡贝要做的无非是在地图上标出几条过渡防线，然后逐一撤退到这些防线上。完成这个过程需要敏锐的眼光和一些可靠的部队，而这两方面胡贝都并不欠缺。

课程行动始于 8 月 11 日，持续了五天时间。海峡最狭窄处宽不过 3.2 千米（约 2 英里），而德军投入了所有能够渡海的工具：运输船、渡轮和五花八门的汽艇。直到此时，随着德军放弃他们的最后防线，盟军才终于完成了向墨西拿的赛跑。蒙哥马利在最后一刻遭遇了德军在陶尔米纳以北布置的雷区，因此而耽误的时间刚好让巴顿赢得了比赛。美军前锋在 8 月 17 日上午进入墨西拿，而巴顿也很快追上他们，接受了这座城市的正式投降。蒙哥马利的前锋此时位于特雷梅斯蒂耶里（Tremestieri），沿海岸再前进 1.6 千米左右就能到达墨西拿，而他最终在次日到达该城。当然，此时墨西拿基本上已是空城，德军早已弃它而去。

总结

客观评价雪橇犬行动并非易事，让我们先说几个明确的事实。经过 38 天的战斗，盟军以伤亡 2 万人的代价（12000 名英军和 8000 名美军）攻占了西西里，将守军从这个岛屿赶走。考虑到即使是最简单的作战计划也可能在执行中出现种种差错，在当今的军事历史记述中，战争迷雾、不确定因素和偶发事件占了如此大的比重时，雪橇犬行动可以说是一个奇迹。看到一场作战能够执行得像它这样顺利，盟军方面的每个人应该都会从心底感到喜悦。

同样地，在战略层面，雪橇犬行动也是盟军走向胜利的道路上的一个至关重要的里程碑。这是对轴心国领土的第一次直接攻击，甚至当战斗还在激烈进行时，这次登陆行动就已经导致了本尼托·墨索里尼的垮台——同盟国与彼得罗·巴多格里奥元帅（Marshal Pietro Badoglio）领导的新政府已经就投降事宜展开了谈判。可以说，三大轴心国已去其一。

最后，站在美国陆军的特定立场上来看，雪橇犬行动是一次令人满意的作战。这支军队参与执行了一个显然将它降格到二流地位的计划，尽管被其盟友露骨的羞辱所刺痛，它还是忠实而出色地执行了这个计划。美国陆军勇敢地守卫了自己的滩头阵地，击退了自负的德国装甲部队的直接攻击，并且让他们付出了沉重的代价。在战斗过程中，美国陆军终于摆脱束缚，执行了它在这场战争中的第一次大规模独立行动：巴顿向巴勒莫的大进军。任何一支能够如此快速地进军，并如此出色地作战的军队总会令敌人感到头疼。虽然美国陆军在战术方面能否与德国国防军旗鼓相当还有待观察，而且"卡塞林综合征"在许多人身上依然明显，但此战已经确切无疑地证明了美军不比英军差，这在其发展历程中是一个重要的里程碑。

　　所以——这是一个重大的胜利！是这样吗？即使到了今天，雪橇犬行动仍然会引发争议。当代文献中关于此战的最著名的作品出自功力深不可测的作家兼学者卡洛·德斯特（Carlo D'Este）之手，这就是《苦涩的胜利》（*Bitter Victory*）。说到底，盟军也许根本没有将德军从西西里赶走。德军是自己决定离开的，而且他们巧妙地实施了阻滞作战，只用三个师就顶住了最终人数接近 50 万的盟军部队。他们的撤退行动本身执行得完美无缺，救出了 55000 名德国士兵和 70000 名意大利士兵，而且完全没有受到盟军海空力量的阻碍，尽管在这些方面盟军拥有最具决定性的优势。要阻止课程行动并不容易，但是无论它可能有多危险，最关键的是盟军根本没有进行尝试。当然，美英联军的航空兵很忌惮墨西拿海峡的高射炮，但他们没能阻止德意军队撤退的真正原因是：他们当时正深入意大利本土，对那不勒斯（Naples）、博洛尼亚（Bologna）和罗马等目标广泛开展战略轰炸。另一方面，虽然美英两国的海军都具有勇猛攻击、大胆搏杀的传统，但是两者都不愿意冒险进入狭窄的墨西拿海峡，因为在这片水域里它们将会成为出奇脆弱的目标，而他们的主要优势（舰炮远程射击）也将基本上无从发挥。

　　就连墨西拿的胜利者——巴顿本人也承认，这场战役的最终结局让他感到失望。关于这场战争最著名的叙事之一就是巴顿因为这场胜利而得到的奖赏：艾森豪威尔的一顿严厉训斥（起因是巴顿两次当众失态，在第 15 号和第 93 号后送医院里掌掴了炮弹休克症的士兵）。虽然巴顿本人喜爱作秀，而且引发了各种围绕着他的荒谬传闻，但他的表现从很多方面来讲是那个时代的典型。在人类关于心理学的知识仍处于起步阶段的年代，许多人对战斗疲劳之类的新奇概念都不太认同。在巴顿看来，那几个士兵肯定是懒骨头，甚至可能是胆小鬼。但无论个人观点如何，美国军官都无权对自己的部下动粗。虽然艾森豪威尔仅仅命令巴顿对当事人和在他指挥下的部队道歉了事，但是在 11 月，美国广播界的名人德鲁·皮尔森（Drew Pearson）听说此事并在广播中公之于众。不久之后，许多美国平民就开始为是否应该把几个月前征服西西里岛的英雄彻底赶出军队而争论不休。从某种意义上讲，这倒是和雪橇犬行动很相称的结局。

虽然我们喜欢把"不对称"挂在嘴边，但也许那些战役不一定是不对称的，我们应该始终质疑自己的流行词。也许在某些军事背景下，尤其是在胜利与失败模糊得难以区分的复杂大规模战争中，参战双方可能对刚刚结束的战役的意义一样感到困惑。

注释

1. 决策循环指的是"观察—定向—决策—行动"的循环（在美国军界常被称作博伊德循环），它是 1980 年开始流行于美国军事圈的术语。例如，可参见罗伯特·莱昂哈德（Robert R. Leonhard）著，《机动的艺术：机动战理论与空地一体战》（*The Art of Maneuver: Maneuver-Warfare Theory and AirLand Battle*，加利福尼亚州诺瓦托 Presidio，1991 年），第 51、87—88 和 277 页。约翰·博伊德上校（Colonel John Boyd）就这一课题设计出一套题为"冲突的模式"（Patterns of Conflict）的口头讲义，配以数百张幻灯片进行讲解，但是他从未将这些讲义付样。请参见理查德·斯温（Richard M. Swain）著，《"幸运的战争"：沙漠风暴行动中的第三支军队》（*"Lucky War": Third Army in Desert Storm*，堪萨斯州利文沃思堡：美国陆军指挥与参谋学院，1997 年），第 97 页注释 3。

2. 这一片断取材自德怀特·艾森豪威尔著，《十字军征欧》（*Crusade in Europe*，纽约州加登城，Doubleday，1948 年），第 174 页。

3. 见艾森豪威尔 1943 年 7 月 17 日写给乔治·马歇尔将军的信，这封信带有"秘密"标签，艾森豪威尔在其中描述了"成百上千艘船只的壮观景象，自利卡塔以东的海岸线上，到处都是登陆艇在活动"。他写道，这种景象是"令人难忘的"。小阿尔弗雷德·钱德勒编，《德怀特·戴维·艾森豪威尔文件集：战争岁月：2》（*The Papers of Dwight David Eisenhower: The War Years: Ⅱ*，马里兰州巴尔的摩：Johns Hopkins Press，1970 年），第 1258—1259 页。

4. 这一片断取材自德军派驻西西里意大利第 6 集团军的联络官弗里多·冯·森格尔·翁德·埃特林将军（General Frido von Senger und Etterlin）的回忆录《欧陆战火》（*Krieg in Europa*，科隆：Kiepenhauer & Witsch，1960 年），第 185 页。"7 月 12 日，我就站在东边几千米外的海岸上，看到了艾森豪威尔将军目睹并且给美军总参谋长描述的那一幕奇观。"该书的英译本请参见《无惧亦无望：卡西诺守卫者弗里多·冯·森格尔·翁德·埃特林将军的战时经历》（*Neither Fear nor Hope: The Wartime Career of General Frido von Senger und Etterlin, Defender of Cassino*，加利福尼亚州诺瓦托：Presidio，1989 年）第 150 页。

5. 森格尔提到了"全面优势"——"这些从海上进攻的敌军的全面优势"（diese ganze Überlegenheit eines von See her angreifenden Gegners），并认为"只有亲眼看到才能体会"。森格尔·翁德·埃特林著，《欧陆战火》，第 185 页。英译本《无惧亦无望》，第 150 页"无处不在的优势"。

6. 劳伦斯·里斯（Laurence Rees）著，《密室中的第二次世界大战斯大林、纳粹与西方》（*World War Ⅱ behind Closed Doors: Stalin, the Nazis and the West*，纽约：Pantheon，2008 年）提出了很有见地的观点："对斯大林来说，拒绝或接受与罗斯福进行高峰会议的邀请的能力是他在这种关系中用得最顺手的权柄之一。"（第 212 页）

7. 关于卡萨布兰卡会议的记述多得不计其数。想看文笔优美的描写，请参见里克·阿特金森著，《破晓的军队：从挺进突尼斯到解放北非》（*An Army at Dawn: The War in North Africa*，纽约：Henry Holt，2002 年）第 265—300 页。英国和美国的官方正史都提供了很有价值的材料、分析和未来研究线索。请参见普莱费尔和莫洛尼著，《地中海与中东战场》（*The Mediterranean and Middle East*）第 4 卷，《轴心国军队在非洲的覆灭》（*The Destruction of the Axis forces in Africa*，伦敦：皇家出版局，1966 年），第 261—266 页；乔治·豪著，《西北非洲：夺取西线的主动权》（*Northwest Africa: Seizing the Initiative in the West*，华盛顿哥伦比亚特区：Center of Military History，1957 年），第 349—355 页；莫里斯·马特洛夫（Maurice Matloff）和埃德温·斯内尔（Edwin M. Snell）著，《联合作战的战略策划，1941—1942》（*Strategic Planning for Coalition Warfare, 1941-1942*，华盛顿哥伦比亚特区 Center of Military History，1953 年），第 376—382 页阿瑟·弗格森（Arthur B. Ferguson）著，《联合轰炸攻势的起源》（*Origins of the Combined Bomber Offensive*），收录于韦斯利·弗兰克·克雷文和詹姆斯·利·凯特编，《第二次世界大战中的陆军航空兵》（*The Army Air Forces in World War Ⅱ*），第 2 卷，《欧洲：从火炬行动到抵近射击行动，1942 年

8 月至 1943 年 12 月》（*Europe: Torch to Pointblank, August 1942 to December 1943*，芝加哥：University of Chicago Press，1949 年），第 274—307 页；以及塞缪尔·埃利奥特·莫里森（Samuel Eliot Morison）著，《第二次世界大战美国海军作战史》（*History of United States Naval Operation in World War II*），第 9 卷，《西西里—萨勒诺—安齐奥，1943 年 1 月—1944 年 6 月》（*Sicily-Salerno-Anzio, January 1943 - June 1944*，波士顿：Little, Brown，1954 年），第 5—13 页。要查看高水平的学术综述，请参见道格拉斯·波尔奇著，《胜利之路：第二次世界大战中的地中海战场》（*The Path to Victory: The Mediterranean Theater in World War II*，纽约：Farrar, Straus & Giroux，2004 年），第 366—369、415—419 页，以及马修·琼斯著，《英国、美国与地中海战争，1942—1944》（*Britain, the United States, and the Mediterranean War, 1942 - 44*，纽约：St. Martin's Press，1996 年），第 35—49 页。要了解重点论述卡萨布兰卡会议上决定的作战问题的资料，请参见卡洛·德斯特著，《军阀：温斯顿·丘吉尔的战争生涯，1874—1945》（*Warlord: A Life of Winston Churchill at War, 1874 - 1945*，纽约：Harper，2008 年），第 611—619 页；马克·佩里著，《司令部中的搭档：战争与和平时期的乔治·马歇尔与德怀特·艾森豪威尔》（*Partners in Command: George Marshall and Dwight Eisenhower in War and Peace*，纽约：Penguin，2007 年），第 146—151 页，以及安德鲁·罗伯茨著，《国家元首与统帅：西方四巨头如何赢得战争，1941—1945》（*Masters and Commanders: How Four Titans Won the War in the West*，纽约：Harper，2008 年），第 316—345 页。

8. 卡萨布兰卡指示（CCS 166/1/D）也没有为联合轰炸攻势（CBO）规定任何正式的指挥体系。它只规定"由相应的英国和美国航空部队指挥官管理英国境内的英军和美军轰炸机司令部的运作"。弗格森著，《联合轰炸攻势的起源》，第 306—307 页。弗格森有些轻描淡写地评论说，"这种疏漏非常有可能是故意为之。"要了解联合轰炸攻势的实战，尤其是困难重重的第一年，请参见唐纳德·米勒著，《空中英豪：美国第八航空队对纳粹德国的空中之战》（*Donald L. Miller, Masters of the Air: America's Bomber Boys Who Fought the Air War against Nazi Germany*，纽约：Simon & Schuster，2007 年），第 160—184 页。在有关盟军对德轰炸的汗牛充栋的文献中，读者还可参见阿尔弗雷德·梅热耶夫斯基（Alfred C. Mierzejewski）著，《德国战争经济的崩溃，1944—1945：盟军空中力量与德国国家铁路》（*The Collapse of the German War Economy, 1944 - 1945: Allied Air Power and the German National Railway*，查珀尔希尔：University of North Carolina Press，1988 年），其中指出，盟军对铁路系统的攻击，尤其是针对德国主要的铁路编组场的攻击，是破坏德国经济的关键因素，不过作者认为决定性的拐点在战争中出现得很晚：是在 1945 年年初。要了解战略轰炸在战时的整体作用，必读之作还得数吉安·真蒂莱（Gian P. Gentile）著，《战略轰炸有多大效果？从第二次世界大战到科索沃的经验教训》（*How Effective Is Strategic Bombing? Lessons Learned from World War II to Kosovo*，纽约：New York University Press，2001 年）。

9. 请参见"绿皮丛书"中的相关卷册，阿尔伯特·加兰（Albert N. Garland）和霍华德·麦高·史密斯（Howard McGaw Smyth）著，《西西里和意大利的投降》（*Sicily and the Surrender of Italy*，华盛顿哥伦比亚特区：Center of Military History，1965 年），第 4—5 页："OPD 的汉迪认为，在北非以外的地方继续地中海战事在后勤上是不可取的，在战略上是不明智的。"要了解汉迪关于卡萨布兰卡会议的结论，请参见罗伯茨著，《国家元首与统帅》，第 337 页。说到美方策划人员，汉迪感觉"他们都被英国高层策划人员唬住了……如果有个问题被提出来，而你已经准备好了有关的文件，那么比起没有准备文件的人，你就有了很大的优势"。

10. "我方相信，"英军幕僚团的首脑们当时写道，"与其集中力量进行'波莱罗'行动并排斥所有其他作战，不如执行这一策略，它能够直接和间接地使俄国受到的压力更早、更充分地得到缓解……在时机成熟前发起徒劳无功的进攻将对我们造成灾难性影响，对俄国毫无帮助，还会严重损害欧洲被占国家的民心士气。"转引自阿瑟·布莱恩特（Arthur Bryant）著，《力挽狂澜：根据帝国总参谋长阿兰布鲁克元帅的日记写成的战争编年史》（*The Turn of the Tide: A History of the War Years Based on the Diaries of Field-Marshal Lord Alanbrooke, Chief of the Imperial General Staff,*

纽约州加登城：Doubleday，1957 年），第 440 页。关于布鲁克自己的评论，见第 432 页。

11. 转引自加兰和史密斯著，《西西里和意大利的投降》，第 7 页。

12. 布莱恩特著，《力挽狂澜》，第 452—453 页。有数以百计的资料描述了艾森豪威尔在卡萨布兰卡经受的磨难和雪橇犬行动指挥团队人选的确定过程，读者可参见迈克尔·科达最近写成的艾森豪威尔传记，《艾克：一位美国英雄》(*Ike: An American Hero*，纽约：Harper，2007 年)，第 359—363 页："直到木已成舟之时美国人才有机会反思这一安排，然后终于恍然大悟，自己上当了。"（第 361 页）

13. 有关"无条件投降"的宣言，见阿特金森著，《破晓的军队》，他将罗斯福"我正巧想到了"这一概念的说法形容为"荒唐可笑"（第 294 页）。关于这一问题，主要的学术著作依然是安妮·阿姆斯特朗（Anne Armstrong）著，《无条件投降：卡萨布兰卡政策对第二次世界大战的影响》(*The Impact of the Casablanca Policy upon World War II*，新泽西州新不伦瑞克：Rutgers University Press，1961 年)；雷蒙德·吉什·奥康纳（Raymond Gish O'Connor）著，《胜利的外交：罗斯福与无条件投降》(*Diplomacy for Victory: FDR and Unconditional Surrender*，纽约：Norton，1971 年)；以及罗伯特·达莱克（Robert Dallek）著，《富兰克林·罗斯福与美国对外政策，1932—1945》(*Franklin D. Roosevelt and American Foreign Policy, 1932 - 1945*，牛津：Oxford University Press，1995 年)，这是 1979 年产生重大影响的初版著作的新版。

14. 要了解已经得到普遍公认的德国人对于无条件投降(bedingungenlos Kapitulation)的态度，见瓦尔特·格利茨著，《德军总参谋部：历史与定形，1657—1945》(*Der deutsche Generalstab: Geschichte und Gestalt, 1657 - 1945*，美因河畔法兰克福：Verlag der Frankfurter Hefte，1950 年)，第 609 页："以总参谋部的反对派为代表的'影子政府'曾经抱着各种与同盟国进行'体面的'和谈的希望，而无条件投降是对这种希望的致命打击。"这种说法在西方也得到了附和。例如，可参见富勒著，《战争指导，1789—1961：关于法国革命、工业革命和俄国革命对战争及其实施的影响之研究》(*The Conduct of War, 1789 - 1961: A Study of the Impact of the French, Industrial, and Russian Revolutions on War and Its Conduct*，纽约：Da Capo，1992 年)，第 279 页。但它并不是没有争议，见格哈德·魏因贝格著，《战火中的世界：第二次世界大战全史》第 2 版 (*A World at Arms: A Global History of World War II, 2nd ed.*，剑桥：Cambridge University Press，2005 年)，第 438—439 页和第 1044 页注释 94 依据德国学术界的研究成果指出，无条件投降宣言实际上（在德国）"没有引起多少反响"（第 1044 页）。就连德国抵抗组织中都有人认为"无条件投降"是好事。请参见汉斯·吉泽菲乌斯（Hans B. Gisevius）著，《直到痛苦的结局》(*To the Bitter End*，波士顿：Houghton Mifflin，1947 年)，第 467 页："起初许多反政府人士认为，'无条件投降'也许是德国将军们唯一听得进的字眼。许多人相信，只有对我们的将军们亮出铁拳，他们才会最终明白自己所面临的困境也在恶化。"对于美国未能扶植德国抵抗力量并与之合作的说法，也有人进行了有力的驳斥，请参见阿戈斯蒂诺·冯·哈塞尔（Agostino von Hassell）和西格丽德·麦克雷（Sigrid MacRae）著，《敌手的联盟：揭秘美国与德国为结束第二次世界大战而进行的秘密合作》(*Alliance of Enemies: The Untold Story of the Secret American and German Collaboration to End World War II*，纽约：Thomas Dunne，2006 年)。

15. 关于盟军为雪橇犬行动而进行的一波三折的策划，包括在预计为五级的大风下继续登陆的决定（为霸王行动开了先例），最好的著作是第一手史料，艾森豪威尔著，《十字军征欧》，第 159—172 页。同样不可不读的是伯纳德·劳·蒙哥马利著，《蒙哥马利元帅回忆录》(*Memoirs of Field-Marshal the Viscount Montgomery of Alamein*，伦敦：Collins，1958 年)，尤其是第 170—184 页，以及布莱恩特著，《力挽狂澜》，第 543—546 页。"绿皮丛书"中的加兰和史密斯著，《西西里和意大利的投降》，第 52—68、88—111 页仍能以深度细节吸引读者，而英国官方正史莫洛尼著，《地中海与中东战场》(*The Mediterranean and Middle East*) 第 5 卷，《1943 年的西西里会战与 1943 年 9 月 3 日至 1944 年 3 月 31 日的意大利会战》(*The Campaign in Sicily, 1943, and the Campaign in*

Italy, 3rd September 1943 to 31st March 1944，伦敦：皇家出版局，1973 年），第 1—34 页不仅达到了丛书前作中普莱费尔树立的高超的学术、档案和分析标准，甚至有所超越。安德鲁·伯特尔（Andrew J. Birtle）著，《西西里》（*Sicily*，华盛顿哥伦比亚特区：Center of Military History，出版年份不详）是一份有用的战役概要，也是美国陆军的《第二次世界大战战役》丛书的一部分。其他可以参见的文献有：里克·阿特金森著，《战斗的日子：从攻占西西里岛到解放意大利，1943—1944》（*The Day of Battle: The War in Sicily and Italy, 1943 - 1944*，纽约：Henry Holt，2007 年），第 1—72 页，这是《解放》三部曲的第二卷，很值得和他的《破晓的军队》一起阅读；卡洛·德斯特著，《苦涩的胜利：1943 年西西里之战》（*Bitter Victory: The Battle for Sicily, 1943*，纽约：Harper Collins，1988 年），第 17—126 页。说到兼具学术深度和优美文笔的军事史，德斯特是唯一真正能与阿特金森匹敌的作者，《苦涩的胜利》也是达到这一标准的文献中唯一关于雪橇犬行动的专著。另见汉森·鲍德温（Hanson Baldwin）著，《胜仗与败仗：第二次世界大战中的重大战役》（*Battles Lost and Won: Great Campaigns of World War Ⅱ*，纽约：Harper & Row，1966 年），第 187—196 页的相关内容；波尔奇著，《胜利之路》，第 415—421 页；查尔斯·麦克唐纳著，《大动干戈：美国在欧洲的战争》（*The Mighty Endeavor: The American War in Europe*，纽约:Da Capo，1992 年），第 150—154 页。关于西西里战役，最尖锐的批评之作也许是阿德里安·刘易斯（Adrian R. Lewis）著，《奥马哈海滩：一场有瑕疵的胜利》（*Omaha Beach: A Flawed Victory*，查珀尔希尔：University of North Carolina Press，2001 年），第 79—83 页的相关内容。

16. 要了解前八个计划和复活节计划的源起，请参见蒙哥马利著，《回忆录》，第 173—175 页。

17. "如果进攻发起时德国守军的实力大大超过两个齐装满员的师，那么我们计划中的突击力量就太弱了。"艾森豪威尔著，《十字军征欧》，第 163 页。

18. 关于空军人员提出的优先占领机场的要求，见加兰和史密斯著，《西西里和意大利的投降》，第 58—59 页。

19. 关于雪橇犬行动计划的历次修改，请参见德斯特著，《苦涩的胜利》，第 80—81 页的地图。关于梯队进攻的问题，及其"复杂、分散和先后而非同时突击"的性质，见艾森豪威尔著，《十字军征欧》，第 163 页。

20. 要了解这些围绕黑暗、月光和提议进攻日期进行的高度复杂的辩论，请参见加兰和史密斯著，《西西里和意大利的投降》，第 10—11 页，以及莫里森著，《西西里—萨勒诺—安齐奥》，第 20—22 页。

21. 要了解蒙哥马利对早期作战计划的反对意见，请参见蒙哥马利著，《回忆录》，第 175—177 页；关于他在 5 月 2 日那次使复活节计划被采纳的大胆陈述（他的开场白就是那段流传后世的名言："我很清楚，在许多人眼里我是个讨人嫌的家伙。我认为这种看法很有可能是正确的。"），见第 177—182 页。在关于蒙哥马利的浩如烟海的文献中，亚历克斯·格雷姆－埃文斯（Alex Graeme-Evans）的《伯纳·蒙哥马利元帅：批判性评价》（*Field Marshal Bernard Montgomery: A Critical Assessment*）以尖锐而合理的分析显得颇为突出 [发表于《弗林德斯历史与政治学报》（*Flinders Journal of History and Politics*）第 4 辑（1974 年），第 124—142 页]。

22. DUKW 是一种"设计精巧的水陆两用车辆"，"能够搭载 25 名士兵及其装备，或 2068 千克普通货物，或 12 副载有伤病员的担架"。加兰和史密斯著，《西西里和意大利的投降》，第 104 页。

23. 巴顿的原话很有个人特色："不，该死的，我已经在陆军干了 30 年，上级给我命令的时候我都会说一声'是，长官！'，然后拼了命去执行它。"转引自莫里森著，《西西里—萨勒诺—安齐奥》，第 20 页注释 15。莫里森的评论是："这和英国陆军大不一样，在那里'蒙蒂'的反对意见就能推翻最初的计划。"另见卡洛·德斯特著，《巴顿传：为战争而生的天才》（*Patton: A Genius for War*，纽约：Harper，1995 年），第 494 页。

24. 转引自德斯特著，《苦涩的胜利》，第 153 页。

25. 原文是 "Übersicht über die Lage beim Ausscheiden Italiens aus dem Krieg"，见瓦尔特·瓦

尔利蒙特著，《德国国防军司令部内幕，1939—1945：基础、成形、发展》(*Im Hauptquartier der deutschen Wehrmacht, 1939‐1945: Grundlagen, Formen, Gestalten*，美因河畔法兰克福：Bernard & Graefe，1962 年)，第 334 页。

26. 希特勒提议德军出五个师，墨索里尼则表示三个师就已足够，即在西西里岛、撒丁岛和大陆上各放一个师。请参见德国官方正史，《德国与第二次世界大战》，第 8 卷，《东线，1943—1944：东方与次要战线的战事》，第 6 部分，《次要战线的战事》，尤其是格哈德·施赖伯著，《北非战事的结束和 1943 至 1945 年意大利的战争》，第 1110 页。以及西格弗里德·韦斯特法尔著，《被禁锢的军队：隆美尔、凯塞林和龙德施泰特的参谋长的文件集》(*Heer in Fesseln: Aus den Papieren des Stabschefs von Rommel, Kesselring und Rundstedt*，波恩：Athenäum-Verlag，1950 年)，第 218 页。

27. 瓦尔利蒙特著，《德国国防军司令部内幕》，第 346—347 页。

28. 见《1943 年 5 月 20 日领导们与特派员冯·诺伊拉特的讨论》(*Besprechung des Führers mit Sonderführer v. Neurath am 20. Mai 1943*)，收录于赫尔穆特·海贝尔编，《希特勒的讨论：1942—1945 年军事会议记录片段》(*Hitlers Lagebesprechungen: Die Protokollfragmente siner militärischen Konferenzen, 1942‐1945*，斯图加特：Deutsche Verlags-Anstalt，1962 年)，第 222 页。

29. 关于轴心国联盟的恶化与崩溃，首屈一指的作品是约瑟夫·施勒德(Josef Schröder)著，《1943 年意大利退出战争的经过德国在意大利地区的反制措施"阿拉里克"与"轴心"行动》(*Italiens Kriegsaustritt, 1943: Die deutschen Gegenmassnahmen im italienischen Raum: Fall "Alarich" und "Achse"*，格丁根：Musterschmidt-Verlag，1969 年)，它提出："德国与意大利的政治联盟虽然曾无条件地扩展为军事联盟，但是在突尼斯陷落之前就早已到了极限。"(第 11 页)

30. 希特勒认为，巴尔干半岛很有可能"比意大利的问题更加危险"，这是因为"即使出现最坏的情况，我们也总能在意大利的某个地方堵住敌人"。见瓦尔利蒙特著，《德国国防军司令部内幕》，第 335 页。

31. 德军高层的意见如此混乱不一，本身就是战场的巨大尺度和盟军的绝对制海权造成的，有关资料请参见《1943 年 5 月 14 日 17:30 在狼穴指挥部提交给元首的报告》(*Report to the Führer at Headquarters, Wolfsschanze, May 14th 1943 at 1730*)，这是卡尔·邓尼茨元帅与希特勒之间的会议记录，收录于杰克·马尔曼·肖维尔(Jak P. Mallmann Showell)编，《关于海军事务的元首会议，1939—1945》(*Fuehrer Conferences on Naval Affairs, 1939‐1945*，伦敦Chatham，1990 年)，第 327—330 页。

32. 森格尔·翁德·埃特林著，《欧陆战火》，第 153—156 页。

33. 原文是"Bei einem feindlichen Grossangriff die masse der auf Sizilien stationierten Truppen auf das Festland zu überführen"。出处同前，第 154 页。

34. 凯特尔的原文是"hielt offenbar eine erfolgreiche Abwehr für ebenso aussichtlos wie General Warlimont"。出处同前。

35. 关于这一点的原文是"zu einer Unterschätzung der Chancen, die ein zu Wasser und in der Luft überlegener Gegner gerade bei Landungen haben musste"。出处同前，第 154—155 页。

36. 原文是"Diese Divergenz war bedauerlich"。出处同前，第 156 页。

37. 有关这个令人惊叹的事件的第一手史料，见尤恩·蒙塔古(Ewen Montagu)著，《谍海浮尸》(*The Man Who Never Was*，纽约：J. P. Lippincott，1954 年)。近年来最好的专著是丹尼斯·史密斯(Denis Smyth)著，《死亡骗局：肉馅行动的真实故事》(*Deathly Deception: The Real Story of Operation Mincemeat*，牛津Oxford University Press，2010 年)。有关此事的评论，

见罗伯特·M. 奇蒂诺著,《让我兴奋吧,死人:肉馅参战》(*Turn Me On, Dead Man: Mincemeat Goes to War*),《出列》,2010 年 8 月 10 日,http://www.historynet.com/turn-me-on-dead-man-mincemeat-goes-to-war.htm。有关史密斯的反驳,见丹尼斯·史密斯著,《肉馅行动:作者的意见》(*Mincemeat: An Author Has His Say*),《出列》,2010 年 8 月 16 日,http://www.historynet.com/mincemeat-an-author-has-his-say.htm。

38. 肉馅行动的策划者为了给他们的死人编造背景故事付出了不可思议的努力。他这次坐飞机是要干什么?为什么他要携带这些重要的文件?他还必须在英国有令人信服的生活,而策划者们在这方面下的功夫到了荒谬的程度。他们给"马丁上校"提供了来自其父亲的信件,银行经理抱怨他总是透支的警告函,以及过期的度假证明,而且对这些文件进行了适当的做旧处理。他们甚至给他编造了性生活,通过照片和情书为他安排了一个名叫帕姆的年轻貌美的未婚妻。见史密斯著,《死亡骗局》,第 135—136 页。

39. 有关动物行动,请参见同一出处,第 261—265 页。

40. 关于"Tunis-Stau"一词,见瓦尔利蒙特著,《德国国防军司令部内幕》,第 335 页。

41. 关于德军在西西里的防御和战斗序列,见《外国军事研究》丛书中的相关报告,尤其是 T-2,这个总集中包含下列报告:瓦尔特·弗里斯(Walter Fries)著,《西西里之战》(*Der Kampf um Sizilien*)和《第 29 装甲掷弹兵师在西西里的战斗》(*Der Kampf der 29. Panzer-Grenadier-Division auf Sizilien*);博吉斯拉夫·冯·博宁(Bogislaw von Bonin)著,《对 1943—1944 年意大利会战的反思》(*Betrachtungen über den italienischen Feldzug 1943/1944*),第一部分,《西西里之战,1943 年 7 月 10 日—8 月 16 日》(*Kampf um Sizilien, 10.7. – 16.8.43*);赫尔穆特·贝根格林(Helmut Bergengruen)著,《"赫尔曼·戈林"装甲师在西西里的战斗》(*Der Kampf der Panzer Division 'Hermann Goering' auf Sizilien*)以及威廉·施马尔茨(Wilhelm Schmalz)著,《西西里施马尔茨旅地段的战斗》(*Der Kampf um Sizilien im Abschnitt der Brigade Schmalz*),弗里斯是第 29 装甲掷弹兵师的师长,贝根格林是"赫尔曼·戈林"装甲师的参谋长,博宁是第 14 装甲军的参谋长。另见埃伯哈德·罗特(Eberhard Rodt)的报告,《第 15 装甲掷弹兵师在西西里》(*15th Panzer Grenadier Division in Sicily*),C-077,和保罗·康拉特(Paul Conrath)著,《西西里之战》(*Der Kampf um Sizilien*),C-087。罗特是第 15 装甲掷弹兵师的师长,而康拉特是"赫尔曼·戈林"装甲师的师长。所有这些报告的德文版和英文版都收藏在宾夕法尼亚州卡莱尔市的美国陆军传统与教育中心。

42. 原文是"Trosse, Kolonnen und rückwärtige Dienste"。康拉特著,《西西里之战》,第 2 页。

43. 原文是"Intensive Einflussnahme auf die Ausbildung"。出处同前,第 3 页。

44. 出处同前,第 3 页。关于这个问题存在争议。请参见弗里斯著,《西西里之战》,第 6 页,其中对该师的描述是"装备精良,而且完全达到战斗标准"。

45. 在威廉·布罗伊尔(William B. Breuer)著,《空降区西西里:1943 年 7 月的盟军空降突击》(*Drop Zone Sicily: Allied Airborne Strike, July 1943*,加利福尼亚州诺瓦托:Presidio,1983 年)中,对英美军队在西西里的空降行动都做了精彩的分析。读者如果想要了解蓬泰格兰德桥的惨败,请参见英国官方正史,《第二次世界大战,1939—1945:陆军》(*The Second World War, 1939 – 1945: Army*),奥特韦(T. B. H. Otway)著,《空降部队》(*Airborne Forces*,伦敦:帝国战争博物馆,1990 年),第 117—124 页。另见杰克逊(W. G. F. Jackson)著,《意大利之战》(*The Battle for Italy*,纽约:Harper & Row,1967 年),第 49—50 页,该书是关于西西里和意大利会战的最佳作战记述之一,值得再版。

46. 杰克逊著,《意大利之战》,第 49 页给出的数字是 8 名军官和 65 名士兵。

47. 奥特韦著,《空降部队》,第 122 页。

48. 关于美军的空降,以及雪橇犬行动中空降作战的整体情况,请参见当时年轻气盛的第 505

伞兵团团长的詹姆斯·加文（James M. Gavin）扣人心弦的记述，《打到柏林：一名空降兵指挥官经历的战斗，1943—1946》（*On to Berlin: Battles of an Airborne Commander, 1943‑1946*，纽约：Viking，1978年），第14—50页。如果想更深入地了解加文的战时经历，请参见芭芭拉·加文·方特勒罗伊（Barbara Gavin Fauntleroy）著，《将军和他的女儿：詹姆斯·加文将军与其女芭芭拉的战时通信》（*The General and His Daughter: The Wartime Letters of General James M. Gavin to His Daughter Barbara*，纽约：Fordham University Press，2007年），第14—53页。同样值得参考的还有第83空降师的军史专家凯特森（T. B. Ketterson）编辑的小册子《第82空降师在西西里和意大利》（*82d Airborne Division in Sicily and Italy*），R-11960，http://cgsc.contentdm.oclc.org/cdm4/item_viewer.php?CISOROOT=/p4013coll8&CISOPTR=103&CISOBOX=1&REC=10。

49. 加文著，《打到柏林》，第24页——"对于我们究竟是在西西里、意大利还是巴尔干，还存在一些疑惑。"

50. 原文是"Die übrigen Landungen aus der Luft… haben sich auf die deutsche Kampfführung nicht ausgewewirkt"。贝根格林著，《"赫尔曼·戈林"装甲师在西西里的战斗》，第5页。

51. 关于这些新式登陆舰艇的详细讨论，见塞缪尔·埃利奥特·莫里森（Samuel Eliot Morison）著，《第二次世界大战美国海军作战史》，第2卷，《北非水域的作战，1942年10月—1943年6月》（*Operations in North African Waters, October 1942‑June 1943*），第266—271页。

52. 关于这个话题的精彩讨论，见詹姆斯·杰伊·卡拉法诺著，《心灵手巧的大兵：即兴改造、技术革新和赢得第二次世界大战》（*G. I. Ingenuity: Improvisation, Technology, and Winning World War II*，康涅狄格州韦斯特波特：Praeger Security International，2006年）。

53. 请参见地图《登陆西西里：登陆计划，1943年7月10日》（*The Invasion of Sicily: Plan for Landings, 10 July 1943*），它是文森特·埃斯波西托（Vincent J. Esposito）编，《西点美军战争地图集》（*The West Point Atlas of American Wars*），第2卷，《1900—1953》（纽约：Praeger，1959年）中的地图90。

54. 《德国与第二次世界大战》，第6部分，施赖伯著，《北非战事的结束和1943至1945年意大利的战争》，第8卷第1113页。

55. 原文是"Die Enttäuschungen lösten einander ab…Feigheit oder Verrat?"阿尔贝特·凯塞林著，《军人战至最后一日》（*Soldat bis zum letzten Tag*，波恩：Athenäum，1953年），第222页。关于英文译本，见阿尔贝特·凯塞林著，《凯塞林：一个军人的记录》（*Kesselring: A Soldier's Record*，纽约：William Morrow，1954年），第196页。

56. 关于在西西里的这两个德国师所进行的灾难性的临阵调动，见罗特著，《第15装甲掷弹兵师在西西里》，第8—9页。

57. 原话是"Die Dinge spielten sich hinter den Kulissen ab"和"eine Entscheidung nicht aus sachlichen, sondern aus persönlichen Gründen"。森格尔·翁德·埃特林著，《欧陆战火》，第163页。

58. 要了解德军在第一天的反击，见康拉特著，《西西里之战》，第8—10页，以及贝根格林著，《"赫尔曼·戈林"装甲师在西西里的战斗》，第1—4页。对贝根格林的文章要谨慎引用，因为他给出的日期明显是错的。加兰和史密斯著，《西西里和意大利的投降》，第147—162页对于了解美方情况很有用（这也在意料之中），对德方情况的参考价值则较少。

59. 原文是"Zum konzentrischen Angriff aud den südostw. Gela gelandeten Feind"。贝根格林著，《"赫尔曼·戈林"装甲师在西西里的战斗》，第2页。

60. 康拉特著，《西西里之战》，第4—6页。另见贝根格林著，《"赫尔曼·戈林"装甲师在西西里的战斗》，第1页："直到最后一刻我们都不清楚意军方面会如何行动。上级机关（意大利军指和集团军指）一直保持着沉默。"

61. 攻击部队经过的是"一条狭窄的三级公路"（"Eine schmale Strasse Ⅲ. Ordnung"）。贝根格林著，《"赫尔曼·戈林"装甲师在西西里的战斗》，第 2 页。

62. 康拉特著，《西西里之战》，第 8—9 页。

63. 加兰和史密斯著，《西西里和意大利的投降》，第 154 页。

64. 贝根格林著，《"赫尔曼·戈林"装甲师在西西里的战斗》，第 3 页。

65. 康拉特著，《西西里之战》，第 8—9 页。

66. "虎式坦克在橄榄林里射界狭小，而且发生了大量机械故障。"见贝根格林著，《"赫尔曼·戈林"装甲师在西西里的战斗》，第 3 页。

67. 加兰和史密斯著，《西西里和意大利的投降》，第 154—155 页。

68. "两个战斗群的错误和失败……是由于（再强调一下）：部队经验欠缺，训练水平不足，各兵种之间缺乏协同，以及装甲团和掷弹兵团的团长素质有缺陷。"康拉特著，《西西里之战》，第 8—9 页；"我师的年轻士兵们打得很英勇"，出处同前，第 9 页。

69. 关于第 45 步兵师在西西里的活动，请参见文件《西西里战役中的第 45 步兵师，根据 1943 年 7 月 10 日—8 月 22 日的 G3 日志编写》（*45th Infantry Division in the Sicilian Campaign as Compiled from G3 Journal for Period July 10, 1943 - Aug 22, 1943*），http://cgsc.contentdm. oclc.org/cdm/compoundobject/collection/p4013coll8/id/113。

70. 在 20 世纪 80 年代后期，美国专业军事期刊上刊登了大量文章论述国防军及其素质，以及现代军队可以从中借鉴的东西。例如，可参见罗杰·博蒙特（Roger A. Beaumont）著，《论德国国防军的秘诀》（*On the Wehrmacht Mystique*），《军事评论》第 66 辑，第 7 期（1986 年 7 月），第 44—56 页；安图利奥·埃切瓦里亚二世（Antulio J. Echevarria Ⅱ）著，《正确看待 Auftragstaktik》（*Auftragstaktik: In Its Proper Perspective*），《军事评论》第 66 辑，第 10 期（1986 年 10 月），第 50—56 页；丹尼尔·休斯（Daniel J. Hughes）著，《关于德国军事历史的迷思》（*Abuses of German Military History*），《军事评论》第 66 辑，第 12 期（1986 年 12 月），第 66—76 页；马丁·范克勒韦尔德著，《关于借鉴德国国防军及其他》（*On Learning from the Wehrmacht and Other Things*），《军事评论》第 68 辑，第 1 期（1988 年 1 月），第 62—71 页；罗杰·博蒙特著，《再论国防军的秘诀》（*Wehrmacht Mystique' Revisited*），《军事评论》第 70 辑，第 2 期（1990 年 2 月），第 64—75 页。虽然这些文章大多——仍然沉浸于战役艺术和空地一体战的概念中——已经严重过时，但休斯的文章还是不可不读的。

71. 原文是"General Conrath hatte zu wenig Erfahrung im Kampf moderner gemischter Waffen General Conrath hatte zu wenig Erfahrung im Kampf moderner gemischter Waffen"。转引自康拉特著，《西西里之战》，第 10 页。

72. 阿特金森著，《战斗的日子》，第 81—83 页，以及加兰和史密斯著，《西西里和意大利的投降》，第 150—153 页对此战都有精彩纷呈的描写。要了解海军方面的分析，请参见莫里森著，《西西里—萨勒诺—安齐奥》，第 102—105 页。

73. 加兰和史密斯著，《西西里和意大利的投降》，第 161 页。

74. 原文是"Der Kampf um Sizilien war von den Alliierten bereits am 10.7. gewonnen"。康拉特著，《西西里之战》，第 9 页。

75. 加兰和史密斯著，《西西里和意大利的投降》，第 164 页；康拉特著，《西西里之战》，第 7 页。

76. 加兰和史密斯著，《西西里和意大利的投降》，第 163 页。

77. "从当时的形势来看，这道命令显得不可思议而且不合逻辑，所以我们没有服从它。"贝根格林著，《"赫尔曼·戈林"装甲师在西西里的战斗》，第 4 页。

78. 关于德军在 D+1 日的反击，最好的记述还得数德斯特著，《苦涩的胜利》，第 290—309 页。另见阿特金森著，《战斗的日子》，第 91—105 页；加兰和史密斯著，《西西里和意大利的投降》，第 164—174 页；以及弗里斯著，《西西里之战》，第 18 页。詹姆斯·斯科特·惠勒（James Scott Wheeler）著，《大红一师：从第一次世界大战到沙漠风暴不断书写传奇的美国第 1 步兵师》（The Big Red One: America's Legendary 1st Infantry Division from World War I to Desert Storm, 劳伦斯：University Press of Kansas，2007 年），第 228—236 页强调了该师炮兵在遏制德军攻势方面发挥的作用。

79. 转引自卡洛·德斯特著，《巴顿传》，第 507 页。另见马丁·布吕芒松和凯文·海梅尔（Kevin M. Hymel,）著，《巴顿：传奇的二战指挥官》（Patton: Legendary World War II Commander, 弗吉尼亚州杜勒斯：Potomac Books，2008 年），第 55 页。

80. 加兰和史密斯著，《西西里和意大利的投降》，第 170 页引用了这一"胜利报告"，但是在师长康拉特的《西西里之战》和参谋长贝根格林的《"赫尔曼·戈林"装甲师在西西里的战斗》中都没有提及。

81. 阿特金森著，《战斗的日子》，第 103 页。

82. 德斯特著，《苦涩的胜利》，第 300 页。

83. 转引自阿特金森著，《战斗的日子》，第 103—104 页。

84. 关于滩头上空这场友军误击的灾难，见布罗伊尔著，《空降区西西里》，第 136—155 页。另见加文著，《打到柏林》，第 42 页。

85. 参见阿特金森著，《战斗的日子》，第 109 页。

86. 关于凯塞林最初的乐观判断，以及他迅速破灭的幻想，见凯塞林著，《军人战至最后一日》，第 222—224 页。德军的两个师长罗特和康拉特显然也持相同意见："两个德国师的师长也同意这一观点，这与德军指挥官崇尚进攻的传统是一致的。"森格尔·翁德·埃特林著，《欧陆战火》，第 166 页。

87. 原文是"Seinen ersten in die Augen springenden Abwehrerfolg als Oberbefehlshaber erhoffte"。森格尔·翁德·埃特林著，《欧陆战火》，第 182 页。

88. 要查看对凯塞林增兵西西里的决定的尖刻评判和辛辣嘲讽，请参见《德国与第二次世界大战》，第 6 部分，施赖伯著，《北非战事的结束和 1943 至 1945 年意大利的战争》，第 8 卷第 1113 页："Am Ende wollte Kesselring doch lieber neue Truppen auf die Insel bringen lassen, gewissermassen um Zeitgewinn herbeizusterben"。

89. 关于该战斗群的战斗序列，见施马尔茨著，《西西里施马尔茨旅地段的战斗》，第 5 页。

90. 德斯特著，《巴顿传》，第 515 页；阿特金森著，《战斗的日子》，第 124 页。

91. 奥马尔·布雷德利著，《一个军人的故事》（A Soldier's Story, 纽约 Modern Library, 1999 年），第 135 页。布雷德利还接着写道："我本来对那条公路寄予厚望。现在要是我军只能改走别路，那全军的推进速度都会被拖慢。"另见阿特金森著，《战斗的日子》，第 124 页。

92. 要了解巴顿的"西进扫荡"和"巴勒莫突袭"，首先应该参考的还是加兰和史密斯著，《西西里和意大利的投降》，第 244—257 页。另见阿特金森在《战斗的日子》，第 129—135 页中对"一支挣脱缰绳的军队"的描写，以及德斯特在《苦涩的胜利》，第 412—427 页关于"勇闯巴勒莫"的叙述。

93. 阿特金森著，《战斗的日子》，第 133 页。巴顿的机动速度已经超越了机械化部队的一般水平。美军步兵在西进扫荡过程中完成了一些惊人的行军。特别值得一提的是小卢西恩·特拉斯科特将军（General Lucian K. Truscott Jr.）率领的第 3 步兵师，该部因为进行了一次被称为"特拉斯科特疾走"的高速行军而名声大噪。见斯蒂芬·科茨（Stephen D. Coats）著，《"特拉斯科特疾走"：为 1943 年雪橇犬行动而进行的训练》（The 'Truscott Trot': Training for Operation Husky, 1943），收录于罗杰·斯皮勒（Roger J. Spiller）编，《1939 年以来的诸兵种协同作战》（Combined Arms

in Battle since 1939，堪萨斯州利文沃思堡: 美国陆军指挥与参谋学院，1997 年），第 277—282 页。

94．见《美国第 7 集团军：第 18 号将军令》（*U. S. 7th Army: General Order No. 18*），收录于小乔治·巴顿（George S. Patton Jr.）著，《我所知道的战争》（*War as I Knew It*，纽约：Bantam，1981 年），第 61—62 页。

95．丹尼斯·肖沃尔特著，《希特勒的坦克：掀起军事革命的闪电式进攻》（*Hitler's Panzers: The Lightning Attacks that Revolutionized Warfare*，纽约Berkley Caliber，2009 年），第 194 页。胡贝的声名和他硬汉式的绰号，偶尔还会招来希特勒的挖苦。例如，可参见海贝尔编，《希特勒的讨论》中"1943 年 2 月 1 日中午在狼穴召开的局势讨论会"（Mittaglage vom 1. Februar 1943 in der Wolfsschanze），第 125 页："以及以下人员：'胡贝——那个人！'"

96．关于特罗伊纳之战，见布雷德利著，《一个军人的故事》，第 144—157 页。关于艾伦和罗斯福被解职一事，见第 154—157 页："此时艾伦的个人主义思想已经变得太过严重，使他无法心无旁骛地从事战争这样的集体事业了。"（第 155 页）

97．关于英军（和加拿大军队）在东面的进军，请参见"J. K."著，《西西里的战事》（*The Campaign in Sicily*），《皇家联合军种学会志》第 101 辑（1956 年 2—11 月），第 221—229 页，以及威廉·麦克安德鲁（William J. McAndrew）著，《火力还是机动？加拿大军队的战术条令，西西里 1943》（*Fire or Movement? Canadian Tactical Doctrine, Sicily–1943*），《军务》第 51 辑，第 3 期（1987 年 7 月），第 140—145 页。

98．关于课程行动，最好的德方记述是博宁著，《对意大利会战的反思》，第 24—33 页。要了解美军军界从中总结的经验教训，请参见巴顿·巴恩哈特（Barton V. Barnhart）著，《大脱逃：分析第二次世界大战中导致轴心国军队逃离西西里的盟军行动》（硕士论文，美国陆军指挥与参谋学院，堪萨斯州利文沃思堡，2003 年）。

第六章
曼斯坦因的战争：1943 年 7—12 月，东线的运动战

引言

美国小说家斯科特·菲茨杰拉德（F. Scott Fitzgerald）曾经发表过一个著名的论断：虽然我们总是百般努力，要使自己的人生摆脱种种妨碍或束缚，但我们经常会发现这都是徒劳。"于是我们奋力向前划，"他在自己最伟大的小说中写道，"小舟逆流而上，不断地被浪潮推回到过去。"[1]

本着这一思想，让我们在时间的长河中逆流而上，回到一个已经消逝的世界，那个我们现代人几乎无法想象的世界。地点是在欧洲，时间是 1757 年，敌对双方的两支大军即将在波希米亚小城科林（Kolin）展开对决。[2]

"该死！"国王发出怒喝。

国王能听到自己的右手边传来枪炮声，那是在他的侧翼。那里到底发生了什么事？他已经一遍又一遍地告诉自己的将军们，必须迅速而安静地完成这次机动。他已经命令他们反复叮嘱士兵：不准大声说话，不准抽烟，不准停歇，只管不断行军。绕过奥地利军队的侧翼，从右侧攻击。迅速击溃他们，不要给他们反应的机会。

和往常一样，这次行动有一定风险。敌人的军队比他自己的军队庞大太多。国王做过计算，奥地利军队的人数是他的军队人数的两倍。奥地利军队在科林前方的高地占领了很好的阵地，而他正在穿越他们的战线。国王知道，这些奥地

利军队的士兵都不值一提，而他们的军官则更差。他以前曾打败过他们两次，这一次也会将他们打败。只要出其不意地从侧翼攻击他们就好，这些奥地利人将会土崩瓦解。

不过，右翼传来的枪炮声让国王明白，这次行动失败了。有人暴露了目标，或是没有保持行军纪律，又或者——天杀的——决定过早地发起进攻。国王麾下的军官都很优秀，他们来自王国的精英家庭，老派的容克阶层，全都严于律己，对部下更是严厉。他觉得，有时他们在战斗中有些勇猛过头，太热衷于证明自己。但是，国王能理解这一点，因为他自己在战斗激烈时头脑发热的次数也够多。

显然这就是此时发生的情况。国王把副手们召集到身边，迅速开了一次作战会议（Kriegsrat）。他没有多废话，也没有把时间浪费在礼节上，他只想得到答案。发生了什么事？是谁的错？会议并没有持续很久，大家似乎都被国王吓到了。"是一个师长。"他们结结巴巴地回答，显然此人的几个士兵遭到了防守科林村的一支奥地利轻步兵分队的射击。在听取报告时，国王能感觉到自己的怒火正在上涌。那些该死的克罗地亚人！野蛮人！他们老是在惹麻烦。

只是有一件事腓特烈大帝是很清楚的，那就是该如何处置搅乱了他的计划的军官，不管那人是不是将军，是不是容克贵族。他转身面向自己的一个副手，他用尽全力，以最有皇家威仪的语气发出怒吼："叫曼斯坦因将军来见朕！"[3] 看到副手还在迟疑，他又补充了一句，"马上！"

副手们能听懂这种语气，这代表着曼斯坦因将军要倒霉了。

军事历史学家应该多读一些文学作品。我们总爱使用各种专业术语——"转向机动"和"拦截作战"，引用"节约兵力"和"战略撤退"之类的概念，剖析运动战和"战役艺术"，或是"系统性战斗"和"美式兵法"——但这一切也许都比不上小说家一针见血的警句。历史学家在评判一个指挥官时依据的标准往往假定他有行动自由，能够自由地从各种合理选项中做出选择。做出这些假设之后，他们就会对好的决策加分，给坏的决策扣分。

不过，如果当事人并不是完全自由的呢？如果环境和经验，甚至历史本身，都在限制选择的范围呢？如果战场上的指挥官只不过是"逆流而上，不断地被浪潮推回到过去的小舟"，无法摆脱自身经验的拖累呢？

城堡行动之死：震撼世界的九天

1943 年 7 月 13 日，阿道夫·希特勒将当时正在参与城堡行动的集团军群指挥官们召集到了他的指挥部——位于东普鲁士拉斯滕堡的"狼穴"。在那里，他告诉了南方集团军群司令埃里希·冯·曼斯坦因元帅和中央集团军群司令金特·冯·克鲁格元帅一条坏消息：城堡行动已经结束，在东线转入防御的时候到了。[4] 曼斯坦因一如既往地提出了抗辩，这位元帅宣称，南方地段的情况正在好转。他的攻击已经歼灭了苏联红军在普罗霍罗夫卡的战略预备队，战役突破已经近在眼前——他能感觉到。克鲁格则持不同观点，他指出，第 9 集团军从北面发动的进攻只不过使苏联红军的防线发生了局部凹陷，而且苏联红军显然正在集结部队准备反击。但是很快两位军官就都意识到，这些争论都是无关紧要的。希特勒已经做出了决定，而且此时他也提出了自己的理由。盟军已经在三天前登陆西西里，岛上显然有很大一部分意大利军队已经崩溃。[5] 为了支撑正在崩塌的战略大局，德国此时必须从东线抽调主力部队前往西方。从我们后人的角度来看，他的这些理由即使不是全无道理，也显得很没有说服力。这种情况真有可能发生吗？盟军以区区七个师在一个遥远的岛屿上登陆，就能做到苏联红军以几百个师、近 200 万士兵都尚未做到的事：阻止德军在库尔斯克的夏季攻势？

实际上，只要我们研究一下更细致的时间表，就会发现希特勒的见解是完全合理的。第二次世界大战是一场漫长的战争，它几乎持续了整整六年，包含七个交战季节，而且就像宣伟涂料的广告一样覆盖了全球。但是在分析这场战争的过程时，我们偶尔也需要从微观层面入手。

让我们将时间回溯到 1943 年夏天，我们可以称那段时间为"震撼世界的九天"。[6]

7 月 5 日，星期一。德军发动了对库尔斯克突出部的攻击，第 9 集团军从北进攻，第 4 装甲集团军从南进攻。这次攻击的任务是针对库尔斯克城实施向心机动，并在那里会师，对这个突出部中的所有苏联红军部队打一场标志性的包围战（Kesselschlacht）。然而，在接下来的三天时间里，这次作战陷入了代价高昂的阵地战（Stellungskrieg），而这正是国防军承担不起的那种战斗。鉴于这是德军在这个交战季节中主要的攻势（事实上也是唯一的攻势），这样的结果给了希特勒当头一棒，令他极度失望。为了城堡行动，德国人已经付出了几个月时间的艰苦努力，并爆发了多次激烈争吵。这是一个不断制定计划、取消计划，又重做计划的过程，主要就是因为德军的指挥层都清楚，盟军即将在西线的某个地方发动两栖打击——谁都不希望在库尔斯克陷得太深，以免当盟军登岸时无力应付。他们最终决定冒险一试——结果撞上了一堵铜墙铁壁。库尔斯克对德军来说不仅仅意味着输掉一场战役，它还让德军浪费了一年时间。[7]

7月9日，星期五。第4装甲集团军司令赫尔曼·霍特将军接到报告称，有大批苏联红军装甲预备队正在赶往突出部并开赴前线（这支部队就是罗特米斯特罗夫将军指挥的苏联近卫第5坦克集团军）。霍特运用德军传统的独立指挥特权，决定让他的集团军偏离北进轴线，转而朝东北方向前进，准备在小城普罗霍罗夫卡附近截击苏联红军的预备队。[8]

7月9日，星期五，临近午夜。德军指挥部收到了美英两国空降兵在西西里岛着陆的第一份报告。

7月10日，星期六，清晨。被期待已久的同盟国对欧洲大陆的登陆开始了，盟军以两个集团军在西西里岛南岸登陆。雪橇犬行动回答了已在德军总司令部中激烈争论数月之久的疑难问题：盟军针对欧洲的首次打击的时间、地点和规模。希特勒感到很意外，因为他一直预料盟军会登陆巴尔干，但他对守住西西里岛的前景很乐观，他的南线总司令（Oberbefehlshaber-Süd）阿尔贝特·凯塞林元帅也持同样观点。[9]

7月10日，星期六，中午。初步报告表明，先是有数千，继而有数万意大利士兵放弃了自己的阵地，或消失在西西里岛腹地，或向盟军投降。由"赫尔曼·戈林"师实施的将盟军赶下大海的首次尝试以失败而告终。

7月10日，星期六，夜。英国第8集团军一部兵不血刃地攻克了西西里最大的港口锡拉库扎。

7月11日，星期日。德军针对西西里小港口杰拉附近的美军滩头阵地发动的第二次准备更充分的攻击也失败了。驻扎在西西里的意大利第6集团军的几乎全部人马（20多万官兵）都已经停止战斗，把防守该岛的重担丢给了区区两支德军部队："赫尔曼·戈林"师和第15装甲掷弹兵师。

7月11日，星期日。库尔斯克的南路攻击部队——第4装甲集团军和在其右方保护侧翼的肯普夫暂编集团军——开始取得了一些进展。虽然这些进展并不多，但还是值得一提的。中央集团军群中参与城堡行动的部队，也就是瓦尔特·莫德尔将军在北路进攻的第 9 集团军，在仅仅突入约 19.3 千米后就寸步难进了。此时，库尔斯克突出部的北面相对较为平静。

7 月 12 日，星期一。普罗霍罗夫卡发生了一场"装甲大战"，霍特的前锋——党卫军第 2 装甲军与苏联红军的近卫第 5 坦克集团军迎头相撞。战场上血流成河。在侧翼，第 48 装甲军（位于左侧）和第 3 装甲军（位于右侧）也与各自当面的苏联红军部队发生了同样激烈的交战。虽然第一批报告显示苏联红军损失惨重，但是德军显然不会在库尔斯克快速取得突破。

同样是在 7 月 12 日，关于苏联红军在库尔斯克以北（德军在那里围绕奥廖尔城控制着一个属于自己的突出部）发动反攻的第一批报告传至拉斯滕堡。遭到攻击的是德国第 2 装甲集团军，它虽有装甲集团军之名，却基本上一辆坦克都没有——它的任务基本上是静态的，也就是保护莫德尔的第 9 集团军的深远侧翼和后方。因此苏联红军这次代号为"库图佐夫"（Kutuzov）的作战对第 9 集团军造成了明显而现实的危险，并于事实上威胁到了奥廖尔周边的所有德军部队。克鲁格命令第 9 集团军司令莫德尔从进攻库尔斯克的部队中抽调两个装甲师，用于抵挡这个新的威胁。[10]

而在同一天，凯塞林也飞抵西西里亲自了解战局。他一改自己 24 小时前的乐观态度，很快就判断战局已经无可挽回。[11]守军无法守住这个岛屿，必须立即开始策划穿越墨西拿海峡的撤退行动。为了避免在准备工作尚未完成时防线彻底崩溃，凯塞林联系了国防军总司令部，请求立即向西西里增派一个德国师——第 29 装甲掷弹兵师。希特勒同意了这个要求，并且决定取消城堡行动，传唤曼斯坦因和克鲁格在次日（7 月 13 日）参加会议。

上面的这条时间线反映了两个重要事实。首先，第二次世界大战中的司令部工作负担很重，要不断接收来自世界各地的报告，其中包含着关于大规模作战行动的粗略的第一印象——这些报告往往与事实有很大差距。情报的收集和评估工作需要成千上万训练有素的人员来执行。以希特勒和他那个小参谋班子（以及国防军所有其他高级指挥机关中规模同样很小的参谋班子）的能力，做这样的工作是完全不够的，即使希特勒的战略和指挥才能比现实中高出一大截也是不行的。例如，在 1943 年，德军总参谋部的作战处一共只有 17 名军官——其中之一的约翰·阿道夫·冯·基尔曼斯埃格伯爵将军（General Johann Adolf Graf von

Kielmansegg）在战后回首往事时曾经慨叹，"如今的人不会相信这个数字！"[12] 基尔曼斯埃格伯爵将军后来担任了中欧地区北约部队的最高指挥官，他记得有一天他清点了自己参谋部里的军官人数，结果他再次被震惊了："在那个 17 后面必须加个 0，而且即使这样人数也还是不够。"[13]

其次，在城堡行动和雪橇犬行动之间，在苏联纵深腹地的装甲部队大对决和地中海发生的大规模两栖作战之间，存在着明显的战略和战役关联，这种联系远比人们普遍猜测的要强。[14] 这两场作战行动是相辅相成的，而不是各自独立的。发动库尔斯克战役是当务之急，它是 1943 年年初就摆在国防军面前的大规模战役。总司令部看到了这个问题，而只要这场战役的准备、武装和筹划在不断推进，就能让人感到宽慰。城堡行动本质上是一个作战问题——虽然很难解决，但对一支习惯于此类事务的军队来说有着令人安心的概念基础。

雪橇犬行动还有一些神秘且恐怖的问题。什么地点？什么时间？多大规模？我们刚才提到的那一小撮参谋军官可以为了这样的问题一直争论到半夜三更，而他们确实经常这样做。不仅如此，雪橇犬行动还牵扯到了国际政治、联盟作战乃至意识形态的问题。从这个意义上来讲，它可能让希特勒也不得不熬夜。希特勒的军官们对这些领域明显缺乏兴趣，但是他认为这才是战争的核心问题，而他的这种观点是非常正确的。虽然，如今的史书把意大利参战的问题简化成了一系列体现其在军事上的无能和在政治上的愚蠢的段子，但是在 1943 年的希特勒眼中肯定并非如此。无论希特勒喜不喜欢，意大利都是德国在欧洲唯一的结盟大国。它将继续屹立不倒还是分崩离析？这是一个意义重大的问题。

虽然笔者并不想引发读者对恶魔的任何同情，但处理这场战争确实十分棘手。早在 1942 年下半年，希特勒就撤掉了弗朗茨·哈尔德将军的总参谋长之职——虽然其导火索在今天看来只是围绕高加索作战的一系列琐碎分歧。希特勒当时还与在场的作战处（Operationsabteilung）处长阿道夫·霍伊辛格将军（General Adolf Heusinger）有过一番对话。在对话中，霍伊辛格请求下到部队里当指挥官，这是他自 1937 年加入总参谋部以来的夙愿。希特勒拒绝了他的请求，霍伊辛格便以提出辞职作为回应，但希特勒同样拒绝考虑他的辞呈。"您的拒绝让我很困扰。"霍伊辛格回答道。希特勒对此的反驳既简练又直白，对于这样一个喜好长篇大论而且情绪不稳定的人来说实属罕见。这是一句深刻揭示事实的评论，而且在一年以后的 1943 年夏天仍然不过时："相信我，"他告诉霍伊辛格，"我也被许多事情困扰着。"（Auch mir fällt vieles schwer, das können Sie mir glauben…）[15]

在 1943 年夏天，的确有许多事情在困扰着希特勒、总参谋部和整个国防军。历史学家们围绕着"扼杀城堡行动的'凶手'是谁？"一直争论不休，回答这个问题需要我们将视野尽可能放宽，而不能盲信片面的（einseitig）言论。[16]苏联红军针对奥廖尔突出部发动的库图佐夫行动无疑是一场大规模攻势，但有关的报告才刚刚开始传到总司令部，司令部的人员也才刚刚开始对这些情报进行筛选。它对城堡行动的取消起了重要作用吗？当然。考虑到当时前线上一系列突出部犬牙交错的态势，它肯定会影响城堡行动。但轴心国联盟的崩溃同样作用巨大，这是对德国战略态势的沉重打击。

扼杀城堡行动的"凶手"是谁？考虑到我们刚才研究过的时间表和一场同时在多条战线上进行的战争的要求，唯一可能的答案就是：许多因素。

苏联红军：1943年的战役艺术

在针对第二次世界大战的标准叙事的各种修正中，我们对苏联红军的观念的转变是最为根本，也最有意义的。几十年来，德方的叙事一直统治着英语世界。这是一个文化基因的经典案例——从一种文化中产生的观点移植到了另一种文化中，成为新宿主的世界观的一部分，并且很快就形成了一种无人质疑的假设。德国文化基因将苏联军队描述为一群缺乏个性和思想的人，军官们以种种手段迫使士兵服从，而约瑟夫·斯大林也以恐怖手段统治着军官们——这支军队没有任何策略，它的军事艺术的核心思想就是借助纯粹的规模优势粉碎一切拦路者。[17]原第40装甲军参谋长卡尔·瓦格纳将军（General Carl Wagener）以他简明扼要的典型"军用德语"（Militärdeutsch）对东线战事做了这样的概括："数量战胜了质量。"[18]换句话说，比较优秀的那一支军队战败了，它的精锐部队在敌方的数量优势下消失了。

冯·梅林津将军曾担任过转战千里的第48装甲军的参谋长，曾在1942年的奇尔河和1943年的库尔斯克与苏军对抗。在他那本影响很大的《坦克战》中，他甚至走得比瓦格纳还远。请看他书中题为"俄国士兵的心理"的段落：

任何一个属于西方文化圈的人士都不太可能彻底了解这些在欧洲边境的另一边出生和成长的亚洲人的性格和灵魂……永远也不能事先猜出，俄国人要干什么——他们往往从一个极端走向另一个极端。西方人或许可以根据经验轻而易举地判断出其他任何一个国家的军人将做些什么，但是却无法判断出俄国军人要做什么。俄国人的天性很不寻常，而且是复杂的，就像他们那幅员辽阔的国家一样。他们有着超乎想象的耐心和忍耐力，他们无比英勇顽强——但有时又表现得十分懦弱……俄国人是无法被揣测的，今天他们可能根本不考虑侧翼的安全，明天他们可能一想到侧翼暴露就害怕得发抖。他们对一般战术原则采取玩笑般的态度，对他们的野战条令则字字信守。造成这种态度的关键可能是以下事实：俄国人并不是西方人所能理解的战士，他们不大善于独立思考，常常在情绪的驱使下行事。从本质上来看，他们生性骁勇，但是又受着一定的感情和本能的制约。他们的个性是不稳定的，很容易受群体的影响，而他们的吃苦耐劳却是从千百年的病苦和穷困中磨炼出来的。由于这些固有的特点，俄国军人在许多方面都优于更有觉悟的西方人，而西方军人只能通过纪律性和精神训练上的优势来弥补这些方面的不足。[19]

确实，"西方文化圈"在战后年代全盘接受了这种观点。梅林津笔下的"俄国"士兵——实际上既有可能是俄罗斯人，也有可能是乌克兰人、格鲁吉亚人或鞑靼人——他们依靠本能行动，情绪易于波动，常常陷入恐慌，具有不可预测性。梅林津含蓄地将他写成了"弗里茨"的标准形象的反面，后者是德国士兵的典型，有文化、有理性、情绪稳定，其行为动力来自更高的理想，而不是生物本能。梅林津笔下的那些"俄国"士兵被赋予了现代文化历史学家一眼就能认出的形象：与我们自身的信仰、期望和规范决然相悖。[20]

如今我们不难明白这一切是如何发生的。与公众普遍的认知相反，历史经常是由失败者书写的。想想那些名垂青史的伟大军事统帅吧：古代有汉尼拔，近代有拿破仑和罗伯特·李。他们都被认为是各自时代最有才华的指挥官，尽管他们指挥的军队最后都失败了。能最明显地体现了这种悖论的莫过于 1945 年以后的时代。我们所熟悉的"第二次世界大战史"和所有历史一样，实际上是建构的产物：提取几个早期印象，掺入一些 1945 年以后的偏见——有些是次要的，有些是主要的——然后一遍又一遍地强化，直到"真相"成形。这杯用史料编纂出的"鸡尾酒"的主要原料是回忆录，而这些回忆录的主要来源就是德国军官团。供查阅的书单能给人留下深刻印象，其中包括了梅林津的《坦克战》、海因茨·古德里安的《闪击英雄》(*Panzer Leader*)、[21] 汉斯·冯·卢克 (Hans von Luck) 的《坦克指挥官》(*Panzer Commander*)、[22] 埃里希·冯·曼斯坦因的《失去的胜利》、海因茨·维尔纳·施密特 (Heinz Werner Schmidt) 的《随隆美尔征战大漠》(*With Rommel in the Desert*)（隆美尔在北非的副官撰写的回忆录）、[23] 弗里多·冯·森格尔·翁德·埃特林的《无惧亦无望》(*Neither Fear nor Hope*)（虽然主要回忆西西里和意大利的战事，但也包含了关于战争初期的重要段落）……[24] 除此之外，我们还有美国陆军部编纂的《外国军事研究》丛书，它根据被俘德军将领的访谈录写成。虽然其中大部分至今仍没有出版，但是可以在各地档案馆进行查阅，特别是位于宾夕法尼亚州卡莱尔市的美国陆军传统与教育中心。[25]

这些史料在很多方面都有问题。接受采访的将军们通常无法查阅自己的个人文件或办公档案，他们的许多记录已经毁于盟军的空袭。而且，他们的证词也不一定完全可靠。[26] 许多证词必然是高度概括的，缺少关于各支军级部队、师级部队和具体地形特征的详细叙述。单是这个理由，就意味着任何研究者都不应该在未找到确凿证据的情况下采信《外国军事研究》丛书中的报告。

而且，比起缺乏档案，这些史料还有更深层次的问题。在回忆不久以前的微妙事件时，这些德国将军们都会含糊其词，更别提他们参与过的犯罪行为了。他们故意省略了许多事情——例如他们对希特勒的忠诚，以及他们在执行希特勒的种族政策时的热情。不仅如此，这些德国将军们还会在回忆中添油加醋——他们在回忆录中宣称自己"站出来反对希特勒"的次数多得数不胜数。这要是真的就好了！但最重要的是，他们撰写这些回忆录的真正目的是从专业角度为自己进行辩解：否认自己要为这场灾难性的战争承担罪责，并把所有过错都推到希特勒头上。[27] 从某种意义来讲，希特勒是完美的借口。当然，他已经死了，所以无法为自己辩护。何况他又是希特勒，是古往今来最邪恶的大屠杀元凶，因此也不太可能有许多人为他辩护。这些德国的将军们可以随心所欲地攻击他，而且他们的指责通常没有人会质疑。

最后还有一个因素值得一提。这些德国的将军们当时或多或少都已成为美国和英国政府永久的座上宾，而这两个政府在20世纪50年代遇到了新的安全问题。当时有一场新的冲突正在进行，那是一场随时可能"变热"的冷战。西方的政治家和军官们想知道在即将发生的任何战争中应该如何抗击并打败苏联，这类战争甚至还未爆发就得到了"第三次世界大战"的诨名。可是，近年来谁有与苏联打仗的经验？当然就是古德里安、曼斯坦因和梅林津等人。尤其是美国军队，在那个年代渴望尽可能多地了解苏联以及它的军事机构和作战技巧，而《闪击英雄》和《失去的胜利》之类的回忆录在美国军人眼里肯定就像是《圣经》一样的"神圣"。许多享有盛名的出版社出版了这些回忆录，而且全都以很快的速度推出了英文译本，于是德国军官团的集体观点成了西方对这场战争的诠释的重要组成部分，甚至导致人们对国防军产生了一种不是那么微妙的认同，至少在看待它在东线与苏联红军的厮杀时就是如此。

时运决定一切。在冷战的影响下，即使是受过高等教育的人，在看到梅林津的上述评论——或看到他宣称"俄国士兵的一大特点就是全然蔑视生死"[28]，或看到他将"俄国军队"的战术形容为"集中运用大量兵员和装备，往往过于直接地投入战场"[29]，甚至看到他声称"俄国士兵"能够无视"寒暑"和"饥渴"——时也很容易点头表示认同。[30] 不过为了公平起见，我们也应该承认，无论这些夸张的言辞在我们看来有多么荒谬，一个在 1956 年（这本书的英文版面世的年份）读到它们的美国军官肯定会有耳目一新之感。

如今，通过对档案的细致研究，并且摆脱了已经过时的冷战偏见之后，历史学家们已经打破了这种印象。[31] 他们已经无数次证明，即使是德国人的回忆录中最好部分的也是不可靠的，而最坏的部分则更是有意误导，他们灌输给我们的关于苏联红军的印象中问题多多，轻则有待商榷，重则全然似是而非。多亏了现代的研究，让现在苏联红军在第二次世界大战的历史中已经占据了不同的地位。如今我们已经知道，这是一支水准高超而且领导有方的军队，它吸收了德国国防军在 1941 年所能提供的最佳经验，然后扭转乾坤，最终将后者彻底击败。苏联红军孕育了现代军事作战行动，后来的他们是就连美国陆军也要以"战役艺术"称之的战法的鼻祖。[32] 在现代军事分析家的眼中，苏联军人不再是与典型的军人形象所相对的范例，其本身已经成了一种典型。在 1990 年以后完成写作的第二次世界大战历史中，"苏联军人"已经成为新的标准。

这种看待苏联红军作战行动的进步的新观点对"帝俄时代"后期和苏联时代早期的军事改革做了认真的审视。伊谢尔松（G. S. Isserson）、特里安达菲洛夫（V. K. Triandafillov）和图哈切夫斯基（M. N. Tukhachevsky）等理论家们是在一种与众不同的军事文化环境中开展研究的，这种文化在坚实的传统基础上融合了许多新生事物。[33] 苏联军队的第一批指挥官有许多来自沙俄的旧军队，他们继承了两种不同的作战传统（它们都起源于这个国家广袤的国土）。其中一种传统的特点是集中大量步兵部队，在不同的作战地段或战线上实施宽正面的进攻（1916 年的布鲁西洛夫攻势就是代表）。而另一种传统则更强调机动，即运用长途机动的骑兵作为游击兵团实施纵深打击。[34] 在俄国内战以及俄波战争中积累的经验使这个年轻的新军官团获得了共同的传统，他们都意识到了在这个国家广阔的空间中作战的优势和劣势。他们也看到了打一种新型纵深作战的可能，即使用纵深梯次配置的部队在同一作战轴线上突破敌军前沿，然后一口气挺进数百千米，进入敌军的战略纵深。最后，他们也认识到了实施连续作战的绝对必要性。[35] 现代化军队的规模实在太大，承受打击的能力也太强，想按照拿破仑或伟大的赫尔穆特·冯·毛奇的作风通过一次决战将其歼灭是不可能的。正确的办法是发动一系列不间断的大规模进攻作战，一次接一次地加以打击，直至将其击溃。虽然苏联红军的指挥官对自己在德国和西方看到的军事科学发展很感兴趣，但他们也会在必要时对其持批判态度。最重要的是，苏联红军的指挥官们从未掉入将小型机械化军队视作解决大规模工业化战争问题的灵丹妙药的陷阱（当时这种观点在英国装甲兵先驱富勒和利德尔·哈特的作品中随处可见），他们认为军队还是应该保持庞大的规模——事实上这正是纵深作战和连续作战的前提。下面是图哈切夫斯基写于 1931 年的一段文字：

让我们想象一场发生在英国和美国之间的战争，比如说，这场战争是在加拿大边境上爆发的。双方的军队都是机械化部队，但是英国军队（姑且这么说吧），按照富勒的编制拥有 18 个师，而美国军队有 180 个师。前者有 5000 辆坦克和 3000 架飞机，但后者有 5 万辆坦克和 3 万架飞机。毫无疑问，小小的英国军队将会被轻松碾碎。难道这还不能让我们明白，在大规模战争中所谓的机动灵活的小规模机械化军队就是个笑话吗？只有蠢人才会认真地看待这种观念。[36]

图哈切夫斯基的战争艺术融合了策略与规模，他设想使用强大的突击集群（步兵、坦克和炮兵混合编组的集群）在极为狭窄的正面上实现突破。[37] 在突破部队身后将是第二波（或第二梯队）具有高度机动能力的装甲兵和骑兵集群，而在他们身后的则是第三梯队。这些部队将会沿着同一条作战轴线运动，在敌人的后方长驱直入，并且不断获得生力军的补充。这些思想在 1936 年被编写成野战条令，成为当时最新颖的军事学说之一。德军的观察员实地观摩了 1936 年的苏联红军秋季演习，苏联红军对于机械化的执着给他们留下了深刻印象。他们看到坦克在遭遇战、突破战、对敌军前沿阵地的突击、反击战、追击战乃至大规模渡河进攻中都表现突出。"我们看到了，"一位德军的观察员写道，"极为宽广的视野，穷尽一切可能的激进探索，对装甲兵的力量近乎无限的信任。"[38]

在那之后，大纵深战役却经历了几番沉浮。我们也许可以将此称为苏联在军事上的"精神分裂症"。在斯大林的首肯下，图哈切夫斯基得以实现他的设想。庞大的机械化军出现在了苏联红军的战斗序列中，并且依靠斯大林的五年计划建设起来的新工厂造出了成千上万的坦克和装甲车辆。但是在 20 世纪 30 年代后期，图哈切夫斯基却与斯大林发生冲突并消失在大清洗中，与他一同消失的还有红军高级军官团的很大一部分成员。不仅如此，装甲战车——无论是苏联的还是德国的——在西班牙内战中的表现似乎并不能预示任何新时代的到来，坦克在大多数战斗中都成了部署得当的反坦克炮的牺牲品。结果苏联的军事学说转而采取了新的方向，不再强调大规模装甲部队。机械化军消失了，坦克部队被缩编成规模大不如前的坦克旅，而且主要被用于旧式的步兵支援任务。但接踵而至的却是 1940年德军在法国的辉煌胜利。于是苏联的策划者们再次改弦易辙，抛弃了坦克旅的编制，重新组建机械化军。[39]

战争降临到苏联的时间坏得不能再坏，正好处于这最后一次大转变的中途。苏联红军在 1941 年确实打了某种大纵深战役，但不幸的是，它是遭到打击的一方，在纵深长驱直入的是德国国防军。虽然苏联红军成功地挺过了这场磨难，但代价是失去了这个国家最富饶的一部分国土，并伤亡了 400 万人——这是几乎任何人都不想仿效的战略。虽然苏联红军在莫斯科城下成功发动了冬季反攻，但是他们在下一个交战季节又遇到了类似的问题。先是 1942 年 5 月在刻赤和哈尔科夫，接着是德军夏季攻势（蓝色行动）期间在顿涅茨河一带，苏联红军再次落荒而逃，匆忙丢弃了他们在顿涅茨河沿岸的初始阵地，乱哄哄地退向顿河，随后又退向伏尔加河。这次大撤退不仅在规模、范围和速度上都令德军出乎意料，还很可能是遵循斯大林和他的首席军事顾问兼救火队员朱可夫将军的命令进行的。在俄国的军事历史中，最传统的战法莫过于以空间换时间的大撤退，即利用这个国家广阔的国土诱敌深入，使入侵者超出其后勤补给线所能保障的范围，成为被反击的理想对象。但无论 1942 年的大撤退有什么战略基础，它在战术层面上都是一团糟，许多坚固的阵地未经一战就被放弃，堆积如山的装备被丢给了来势汹汹的国防军。斯大林对此忧心忡忡，不得不发布了他著名的第227号命令——"一步都不得后退！"（Ни Шагу Назад！）。[40]这道命令宣布要从速处决懦夫，将逃避责任者抓起来成立惩戒营，并且组建督战队来确保军心动摇的部队坚守阵地，必要时可动用子弹和刺刀来确保命令的执行。

苏联红军的防御到了斯大林格勒和高加索才变得顽强，前者是修建了坚固工事的城市地区，后者是世界上最险峻的山脉之一。这些地方都对防守方有利，而且明显限制了德军，使他们在开阔地带打机动战的能力无从发挥。此时德军在两个相距很远的地区深陷阵地战泥潭而无法自拔，朱可夫和苏联红军总参谋部得以对他们实施了整场战争中规模最大的反击：天王星行动。经过精心准备，苏联红军在斯大林格勒一举包围了德国第6集团军。这个冬天的后续作战——小土星行动、飞驰行动和恒星行动——无情地打击了德军，将他们赶往西方，并彻底粉碎了他们的罗马尼亚、匈牙利和意大利盟友的军队。只是，这一连串作战最后还是以苏联红军的失利而告终——不仅仅因为进攻超出了他们的后勤极限，还因为曼斯坦因在哈尔科夫周边发动了他的反击。苏联红军遭受了巨大的伤亡，但最高统帅部对冬季战斗的结果不能不感到满意。

在库尔斯克，苏联红军显示了自己的进步有多大——它使德军的大规模攻势还未全面展开就锐气尽失，证明了自己已经能与先前不可抵挡的对手旗鼓相当。这是一支已经变了样的苏联军队——我们也许可以称它为苏联军队2.0版，它的军官已经学会了如何充分发挥这支军队的长处（数量、实力和国土的纵深）并尽量弥补其短处（缺乏灵活性、许多中级军官主动性不强和士官的素质普遍低下）。苏联红军此时信心高涨，就连斯大林也在学习——他此时往往不会干预作战细节。无论他平时对待军官团有多么严酷（这方面有大量记述），这位领袖（Вождь）已经认识到把作战谋划工作交给职业人员来完成是明智之举——这与希特勒恰恰相反。[41]斯大林格勒也许是这场战争的转折点，也许不是，但它肯定是苏联红军的转折点。自从德军入侵以来，他们全都学到了一些深刻的教训，而他们近期的战果也是非常令人满意的。

也许对苏联红军来说，剩下的唯一限制就是它对天气的依赖：苏联的军队显然在冬天能发挥出最佳水平，而德军在这种季节的水平最差。瓦格纳将军写道，经过在苏联的两年交战，"德国一方在夏季寻求决战，而俄国人在冬季寻求决战，

230

这已经成为一条规律"。[42] 在 1941 年的莫斯科和 1942 年的斯大林格勒，苏联红军都把严寒和冰雪当成了可靠的盟友。冬季的天气起到了某种大平衡器的作用，特别是削弱了德军在战役层面的机动能力。至于夏季，苏联红军还未能在这个季节发动任何大规模攻势。

直到此时为止。

库图佐夫行动

在战争的中期，苏联红军的作战行动具有两面性。一方面，它们的地理尺度大得令人难以置信，可以从伏尔加河越过顿涅茨河打到第聂伯河，从库班打到克里米亚。参战的军队规模庞大，战役的次数也多得令人麻木。另一方面，每次作战行动本身都具有某种简单明了的特性，因此也比较容易描述、分析和理解。库图佐夫行动也是如此。[43]

可以把库图佐夫行动看作是反向的城堡行动。正如德军企图围绕库尔斯克突出部实施向心攻击一样，苏联红军对于在库尔斯克以北反向凸出的奥廖尔突出部也有这样的打算。当然，苏联红军能够用于实现这一目的的部队要比国防军多得多，而且可以成纵深梯次配置。因此，苏联红军的最高统帅部不必像德国人那样苦恼。他们不必为了集结足够兵力而反复推迟行动，也不必削弱前线其他地方的部队。苏联红军早在 1943 年 4 月就开始谋划这样的进攻行动，与德军首次构思城堡行动大致在同一时间。和德军一样，苏联红军计划使用的部队也分属于两个集团军，即西方面军（位于奥廖尔突出部以北）和布良斯克方面军（在该突出部以东）。索科洛夫斯基将军（General V. D. Sokolovsky）指挥的西方面军将贡献两个集团军，它们从右到左依次是博尔金将军（General I. V. Boldin）指挥的第 50 集团军和巴格拉米扬将军（General I. K. Bagramian）指挥的近卫第 11 集团军。巴格拉米扬的集团军将实施主要突击，布特科夫将军（General V. V. Butkov）的第 1 坦克军和萨赫诺将军的第 5 坦克军将提供支援。最可靠的权威学者认为，苏联红军在库图佐夫行动中的北线部队有 211458 人、745 辆坦克和自行火炮，以及 4285 门大炮和迫击炮。[44] 战争进行到这个时候，双方的兵力对比已经严重失衡，苏联红军在这条战线上发动攻势时竟然可以让两个完整的集团军担任预备队：费久宁斯基将军（General I. I. Fediuninsky）指挥的第 11 集团军和巴达诺夫将军指挥的新建的第 4 坦克集团军。这两个集团军都随时准备支援巴格拉米扬南下进军奥廖尔。

部署在西方面军左侧的是波波夫将军指挥的布良斯克方面军的三个集团军，他们的任务是从东北方和东方进攻奥廖尔。这个方面军几乎和友邻部队一样强大，它将投入三个集团军分两路进攻。左路是科尔帕克奇将军（V. I. Kolpakchi）指挥的第 63 集团军，右路是戈尔巴托夫将军（General A. V. Gorbatov）指挥的第 3 集团军，它们将直接从东面进攻，构成这个方面军的主要突击力量。这两个集团军合计超过 17 万人，不仅拥有 350 多辆坦克和自行火炮，还可以召唤近卫第 1 坦克军和第 25 步兵军支援。此外，担任预备队的又是一个完整的集团军，即雷巴尔科将军（General P. S. Rybalko）指挥的近卫第 3 坦克集团军（有 731 辆坦克和自行火炮）。负责支援第 63 集团军和第 3 集团军并与西方面军保持战役联结的是别洛夫将军（General P. A. Belov）指挥的第 61 集团军，它将从东北方进攻奥廖尔，并且会得到第 20 坦克军的支援。也就是说，布良斯克方面军在这次作战中共投入了 433616 人。[45]

与这 60 多万大军对峙的是德国第 2 装甲集团军——战争进行到这个阶段，它已经和国防军的其他许多部队一样，变成了一个顶着响亮名头的空架子部队。虽然第 2 装甲集团军下辖了三个军——从右到左依次是埃里希·雅施克将军（General Erich Jaschke）指挥的第 55 军，海因里希·克勒斯纳将军（General Heinrich Clössner）指挥的第 53 军，以及洛塔尔·伦杜利克将军（General Lothar Rendulic）指挥的第 35 军——但坦克的数量却少得可怜。[46] 第 2 装甲集团军有一个担任预备队的装甲师（第 5 装甲师），总共拥有 93 辆坦克；克勒斯纳的第 53 军还有一个名义上的机动师，即第 25 装甲掷弹兵师，但这个师连一辆坦克都没有；第 8 装甲师正在调往当地，可以再带来 100 辆坦克，但它在 7 月 12 日以前无法到达。另一方面，第 2 装甲集团军的全部 14 个前线步兵师需要把守至少约 273 千米长的战线。和东线的其他所有德军部队一样，它早就将自己的机动部队交给了南方集团军群，供其发动 1942 年的攻势——这些部队此时已经永远损失了。虽然第 2 装甲集团军的军官很专业，士兵也并未失去信心，但是物质严重短缺。换句话说，第 2 装甲集团军此时就是一个典型的德国野战集团军，除了顽强的防守能力外没什么长处，而且"实力远不足以遏制进攻他们的强大敌军"。[47]

而雪上加霜的是，就在苏联红军的奥廖尔攻势开始的几天前，盖世太保找到第 2 装甲集团军司令鲁道夫·施密特将军（General Rudolf Schmidt），并将他逮捕——看来他最近关于纳粹政权的评论有些坦率过头了。[48] 施密特在这个紧要关头从前线消失，意味着第 9 集团军司令瓦尔特·莫德尔将军还要同时兼顾第 2 装甲集团军的指挥，这使他成为临时的集团军群司令。这是在这场战争中已经成为德军传统的现象的最新例子：部队主官在大战前夕遭到猜忌。这包括 1940 年所谓的梅赫伦事件 [49]，以及 1942 年蓝色行动临开始前第 40 装甲军军长格奥尔格·施图姆将军（General Georg Stumme）与他的参谋长弗朗茨上校（Colonel Franz）一同被解职的事件。[50] 施密特只不过是最新的倒霉鬼，也许这些事件都反映出希特

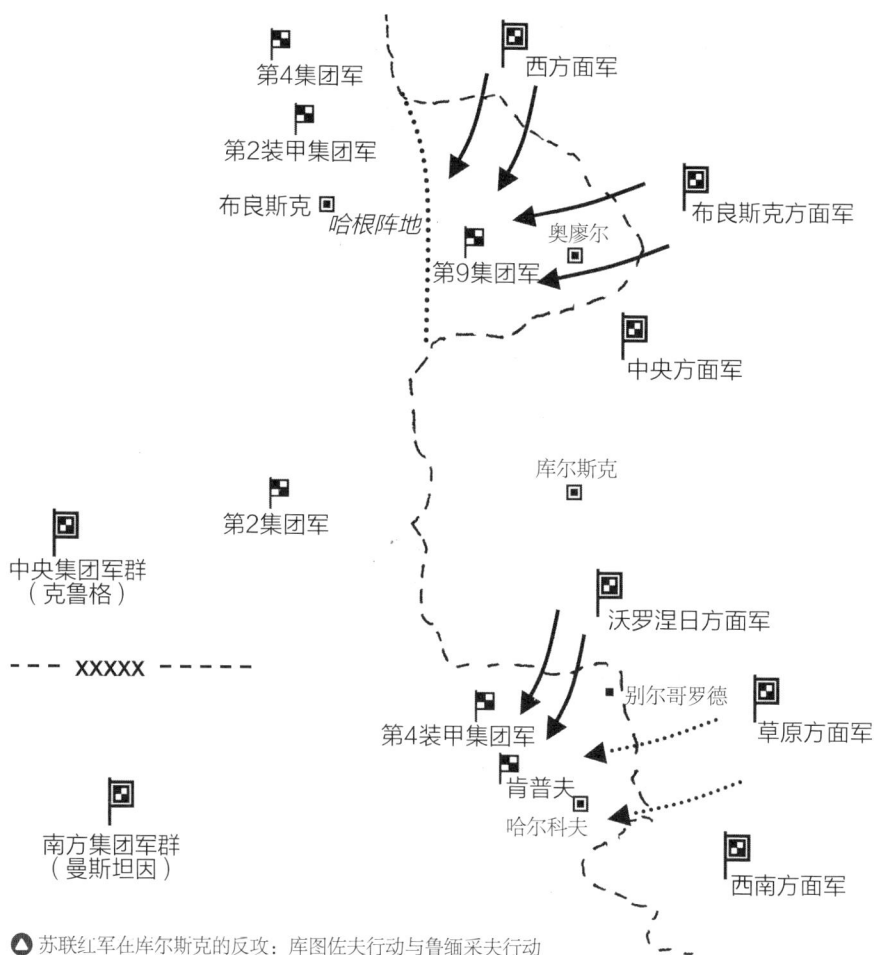

第4集团军

第2装甲集团军

布良斯克　哈根阵地

西方面军

布良斯克方面军

奥廖尔

第9集团军

中央方面军

库尔斯克

第2集团军

中央集团军群
（克鲁格）

- - - - XXXXX - - - - -

沃罗涅日方面军

别尔哥罗德

第4装甲集团军

草原方面军

肯普夫

哈尔科夫

南方集团军群
（曼斯坦因）

西南方面军

苏联红军在库尔斯克的反攻：库图佐夫行动与鲁缅采夫行动

勒在作战领域反复无常的老毛病又加重了。虽然这些临阵换将之举似乎都没有妨碍德军的作战，但它们对作战肯定也没有任何好处。

库图佐夫行动开始于 7 月 12 日，也就是党卫军第 2 装甲军与近卫第 5 坦克集团军在普罗霍罗夫卡厮杀成一团的那天。凌晨 3:00，从位于奥廖尔突出部西北肩部的日兹德拉（Zhizdra）到位于其东端的诺沃西利（Novosil），处处都爆发了大战。苏联红军的侦察部队率先占领了德军的前哨阵地，紧接着就是正在成为苏联红军特色的大规模炮击，以及远程轰炸机针对突出部纵深腹地的德军目标的空袭。[51] 到了 6:05，布良斯克方面军和西方面军的主力进攻部队开始投入战斗。由于双方实力对比悬殊，第 2 装甲集团军的前线师团兵力严重分散，而且德方的注意力全都在奥廖尔突出部以南的库尔斯克方向，苏联红军的进攻几乎处处得手。有一份德方资料称，"敌军面对兵力空虚的防线，在最初 48 小时内就广泛突入，深入我方阵地达 10 千米"[52]，这些评估十分准确。国防军在针对库尔斯克的 10 天进攻中未能做到的事，苏联红军只用两天时间就轻松实现了。

最大的战果出现在近卫第 11 集团军地段，在这里苏联方面集中了 6 个近卫步兵师攻打克勒斯纳将军的第 53 军的第 211 师和 293 师把守的短短 16 千米长的防线。巴格拉米扬将军在下午就投入了第二梯队的步兵师，而且已经在准备投入第 1 坦克军和第 5 坦克军。莫德尔则调来第 5 装甲师，用它抵挡敌军的如潮攻势。该师依靠逐次投入兵力的连续反击，终于阻止了差一点就能实现完全突破的苏联红军，但也仅止于此。第二天巴格拉米扬重启攻势，这一次他得到了右侧第 50 集团军的支援，因此进展比前一天更快。此时形势已经很清楚，德军仅靠第 5 装甲师不足以支撑战局。[53]

不过，苏联红军从东面诺沃西利出发对奥廖尔的攻击在一开始遇到了较大的困难——此地有几个对国防军有利的因素。德国第 35 军的军长伦杜利克将军处于和所有同僚一样的困境：要靠四个残破的步兵师把守 129 千米长的战线。但是他根据自己截获的电报、可靠的航空侦察，或许还有单纯的直觉，正确地猜到了苏联红军计划的突破点就在第 56 步兵师和第 262 步兵师的结合部。[54] 虽然伦杜利克的这个军此时并不强，但是他决定在那个地段集中使用具有压倒性优势的兵力与武器，例如他把自己仅有的 48 门重型反坦克炮中的 26 门都部署在了那里，并增加了 4 个步兵营和 70 多门大炮（伦杜利克是靠削弱战线其他地方的防御才做到这一点的）。结果，布良斯克方面军最初由第 3 集团军和第 63 集团军发起的攻击导致一位现代权威学者所说的"几近灾难"的后果。[55] 第一梯队的6个步兵师撞上了一堵火墙，支援的坦克在地雷和反坦克炮的打击下损失惨重。伦杜利克的炮兵仅在第一天就击毁了60辆苏联坦克（以重型的KV-1坦克为主）。虽然德军在苏联红军第一波突击下的损失也超过了他们的承受能力，但他们至少守住了防线。

只是，到了这个时候，莫德尔、中央集团军群司令克鲁格元帅和总司令部已经清楚地认识到库图佐夫行动带来的威胁。事实已经多次证明，国防军的反应速度很少有不够快的时候。这是这支注重机动的军队的强项，增援部队很快就赶往前线，支撑已经明显不稳的阵地。莫德尔从南面的战线抽调了第9集团军的大量部队，将它们转给北面的第2装甲集团军：约瑟夫·哈尔佩将军指挥的第41装甲军（下辖第2装甲师、第8装甲师、第9装甲师和"大德意志"装甲掷弹兵师）、约翰内斯·弗里斯纳将军指挥的第23军和埃塞贝克集群。[56] 这些部队是参与城堡攻势的主力，莫德尔将它们调到奥廖尔突出部的北半部分意味着库尔斯克攻势已经结束。事实上，如今我们可以相当有把握地断定，莫德尔已经知道苏联红军在针对奥廖尔集结兵力，所以特意扣住了手上的几个师，不让它们过多地卷入针对库尔斯克的进攻。这也许有助于解释他的突击部队为何在城堡行动的第三天就已经全面受阻，也有助于解释他为何能如此迅速地向北调动兵力。

此外，莫德尔还调整了突出部内的指挥关系，这是一个必不可少的措施，因为他自己也只是临时代理集团军群司令。他把重任交给哈尔佩将军，还新建了哈尔佩集群（下辖第41装甲军、第53军和第23军）。这是一个临时编成的集团军，大约占莫德尔麾下部队的三分之一。[57] 哈尔佩的任务是遏制苏联红军在突出部北面的进攻，因为莫德尔判断这会是苏联红军的主要突击方向，所以将到达前线的增援部队优先分配到北面。在东面，虽然伦杜利克靠自己的力量成功守住了阵地，但他只能靠着手头的微薄兵力继续坚持。在伦杜利克的地段，危机接踵而至，苏联红军于7月19日投入了雷巴尔科将军的近卫第3坦克集团军，使得这里的局势更趋紧张。这个已经不必参与抗击城堡行动攻势的集团军给苏联红军的突击增加了重要的砝码——又多了600辆坦克。德军已经再也得不到增援，而伦杜利克自己的前线部队也已消耗殆尽。德军依靠俯冲轰炸机的空袭和从哈尔佩集群暂借的装甲师一部再次保住了阵地，不过这几天的战斗打得很艰苦。

此时库图佐夫行动已经开始一个星期，苏联红军的大规模攻势给敌人造成了他们无法承受的损失，而且占领了德军原本的前沿阵地的绝大部分。但是，苏联红军还未实现真正的战役级别突破——这也许是因为苏联红军的期望过高了。毕竟作为第9集团军的后方和城堡行动的战略及后勤基地，奥廖尔突出部本来就聚集了大量的德军部队，而且莫德尔能够让这些部队迅速掉头，将足够的兵力北调以防止灾难发生。不过，这次进攻还是摧毁了德军在奥廖尔周边的防御阵地。在伦杜利克防守的地段，突出部本来有一个漂亮而锐利的尖角直指诺沃西利，但此时已经变得就像一个被打断了的鼻梁——布良斯克方面军的突击沉重地打击了它。同样，在西北方，近卫第11集团军会同支援的坦克军实施的突击在原本平直的防线上撕开了一个参差不齐的缺口。德军的前线已经一退再退，越来越多的苏联红军部队正在赶来，而德军的补充和增援兵员已经完全耗尽。即便是一个门外汉，只要快速浏览一下地图，看上几份前线报告，也能得出显而易见的结论：奥廖尔突出部已经在劫难逃。

希特勒就是一个这样的门外汉。他出于本性反对任何撤退，对手下的将军和他们过于复杂的方案都持怀疑的态度。而且，由于希特勒有过作为士兵在前线蹲战壕的经历，所以他通常对想要撤退的将军只有一个答复：Haltbefehl——就地坚守的命令。希特勒认为这样的命令在1941—1942年的冬天挽救了他们所有人，而且当时他是顶着几乎所有高级将领的反对强行下达这个命令的。如今他们又一次要他撤退：莫德尔、克鲁格，还有他的总参谋长库尔特·蔡茨勒将军。奥廖尔突出部、顿巴斯、库班的桥头堡、克里米亚——他们告诉他，这许多前哨阵地正在消耗德国有限的兵力资源。"当然了，"希特勒在拉斯滕堡一次由元首主持的马拉松式会议上对蔡茨勒反唇相讥，"总是老一套。除了撤退就是撤退。我们要不了多久就会退到德国边境，俄国人不费一兵一卒就能收复他们的国土。"[58] 此外，希特勒也不想听其他人说起那个十分合理的建议：在后方沿第聂伯河构筑一道防线，这样万一吃了败仗，残破的部队可以依托这条坚固的防线得到休整和补充。

此时最紧迫的问题是在奥廖尔，而这一次，希特勒改变了主意。莫德尔具有足够的独立精神，敢于向希特勒提出反对意见，与他争辩，偶尔还会冲他大喊。再加上此人对纳粹政权有着显而易见的忠诚乃至狂热，他能够侥幸避开其他将军无法避免的命运。莫德尔已经呈交了一份计划，建议横跨奥廖尔突出部的根部，沿杰斯纳河（Desna River）建立一条备用的坚固防线，用以掩护在其后方的下一个大城市——布良斯克（Bryansk）。一旦这条防线构筑完备，他的第9集团军和第 2 装甲集团军就会撤出奥廖尔及其周边的突出部,前往这道被命名为"哈根阵地"(Hagenstellung)的新防线。[59]虽然希特勒不出所料地驳回了这份计划,但莫德尔还是开展了实地考察和准备工作——这些活动不间断地进行了几个星期,已经取得了很好的进展。随着奥廖尔的局势进一步恶化,苏联中央方面军的部队也从突出部南面加入战斗,就连希特勒也不得不向不可避免的命运低头。希特勒先是在 7 月 22 日采取了与自己的个性不相符的举动——批准莫德尔实施"弹性防御"。[60]接着在 7 月 25 日,元首又下了一道突兀的命令:莫德尔和他的两个集团军都要立即退往哈根阵地。

我们在这里又能看到多线战争的规律发挥了作用,并且认识到在不考虑其他战线的情况下对第二次世界大战中的任何一条战线进行分析是多么困难。苏联红军对奥廖尔的进攻正在折磨着国防军,按理说后者应该撤退。但是,希特勒一生中是经常无视这种合理需求的。在斯大林格勒,他曾逼迫一支 20 多万人的大军在原地等死。但是这一次,从西方来了一道晴天霹雳:本尼托·墨索里尼被推翻并逮捕,意大利成立了由彼得罗·巴多格里奥元帅领导的新政府。罗马的新主人承诺对轴心国联盟保持忠诚,并发誓将战争继续下去,但希特勒并不相信他,德军总司令部里也没有人会相信他。希特勒知道意大利将会给他出难题,而他需要抽调一些部队来应对——以恐吓手段让意大利人安守本分,并且阻止同盟国利用意大利的动荡局势。希特勒甚至可能想通过这些行动来平息自己脑海中怀疑的声音——墨索里尼的垮台肯定不会令他感到愉快。希特勒最先想到的就是党卫军第 2 装甲军,这支带有很强政治色彩的军队可以号召意大利的法西斯党徒——他已经起草了将它调往西方的命令。除了这些考虑之外,德军如果从奥廖尔突出部撤离,后退到短得多的哈根阵地(基本上就是半圆形底部的弦),可以将不少此时被该突出部拖累的师解放出来。这将是一次"战线收缩"(Frontverkürzung)。当然,莫德尔早已知道这一点,他的参谋班子经过研究后得出结论,这样做总共可以省下 19 个师——[61]他和其他许多人已经在各种场合用这个理由劝了希特勒一年。如今,巴多格里奥元帅显然在所有德国将军都劝说失败的情况下"说服"了元首。

撤离奥廖尔突出部的"秋季旅行行动"(Operation Herbstreise)就此开始。虽然撤退行动在文献中得不到多少重视,但它们其实是高度复杂的任务。有一个流传很久,且有可能是杜撰的传说,说是老毛奇因为在普法战争中表现出的指挥才干而声名鹊起，有人称赞他可以和腓特烈大帝、蒂雷纳及拿破仑等有史以来最伟大的统帅并列。而这位伟大的普鲁士指挥官的回答是："不敢当，因为我从未指挥过撤退。"[62] 对莫德尔和第9集团军及第2装甲集团军的官兵来说，在这次撤退中他们需要面临一些困难的客观约束：撤退的命令是在战斗中下达的，当时苏联红军正从四面八方紧盯着他们，而他们的目的地——哈根防线——还远未完工。谁知道能不能守住这道防线？不仅如此，这次撤退还紧接在一场大规模进攻战之后。德军在前线后方已经储备了堆积如山的装备、弹药和油料，准备在城堡行动的进展加快后用于为前线补给。突然间，这支一直在计划持续推进的军队就不得不掉头后退。奥尼尔突出部纵深约96.6千米，按照秋季旅行行动的计划，德军需要在三个星期内清空该地。参谋人员必须在地图上标出一系列中间线，确定哪些战术单位要在撤退中超越其他单位，哪些单位需要让路，避免某位参谋军官所说的部队穿越友军撤退路线所导致的"极致混乱"（heilloses Durcheinander）。[63] 他们必须在撤退路线上预先准备好补给物资，改善主要道路的路况，并且计划好万一主干道被苏联红军切断时的备用路线。他们需要执行的任务简直无穷无尽，基本上可以预料，在这样一场即使执行得当也可能失败的艰难行动中，还会下起连绵的大雨，使得部队在泥泞中的混乱程度再提高一个档次。

尽管遭遇了种种难题，莫德尔还是成功了。这次行动在7月31日开始。各支部队都保持了完整，尽管有时候它们不得不互换指挥官。大雨增加了部队机动的难度，但或许也在一定程度上缓解了苏联红军的进攻压力。莫德尔不得不将自己数量有限而且已大伤元气的预备师团来回调动，不是在这里封堵缺口，就是去那里击退突破的敌军。突出部里的游击队也始终是个问题，更何况单是第2装甲集团军就有2万伤员需要后送。不仅如此，莫德尔还执行了焦土政策，毁掉当地的庄稼并逼迫所有平民——大约25万不幸的受害者——在不人道的条件下匆忙疏散，导致各方面的情况都发生了难以估量的恶化。[64]

到了8月15日，第一批德军部队已经到达哈根防线，比预定时间稍微提前了一点。苏联红军显然并没有将这里视作德军的最后阵地，他们对其发动了一系列代价高昂的进攻。虽然战斗焦点很快就转移到战线的其他地段，但这里的战斗从未真正停止。也就是说，一场旨在从多个方向杀入突出部并歼灭其中的德军部队的作战已经变成了正面强攻，并化作了一场血腥的厮杀。顺便说一下，即使德军成功地削平了库尔斯克突出部，他们在某个时刻也会遇到与此几乎完全相同的情况。

8月5日，苏联红军收复了奥廖尔。此时，双方的损失都是惊人的，请看下面这些数字。在城堡行动期间（7月1—10日），德国第9集团军和第2装甲集团军合计伤亡了21248人。但是从7月11日到31日，在防守奥廖尔突出部的战斗中，他们又损失了62305人，因此在这个月总共伤亡约85000人。此外，德军在撤退中也并非没有损失。我们可以再加上20000人伤亡——这是合理的估计——因此德军为了这个他们最终决定放弃的阵地而付出的伤亡超过了10万人。至于苏联红军，他们在库图佐夫行动中所体现的人数众多、勇于进攻和多梯队纵深战役等特质经常作为一种特殊战役艺术的特点而得到历史学家称赞，也为他们赢得了胜利。苏联红军成功收复这个突出部并夺回了一座大城市，为此付出的代价有时被估算为429000人，但真实的伤亡人数也可能比这个数字还要高得多。[65]

给德军和苏联红军的作战行动涂抹英雄主义色彩的时代应该早就过去了。这两支军队的战斗必然造成巨大的伤亡，部分原因是显而易见的。战场巨大，参战部队人数众多，两个敌对的领袖都残酷无情。但除了这些基本因素之外，我们还应该看到两种战争方式相互交缠的现实。在德国人这边，有一支擅长打运动战的军队。在进攻时，这支军队的指挥官们表现得残酷无情且勇猛好斗；而即使在防御时，这支军队也会几乎不停地使用多个兵种联合发起反击。不仅如此，虽然这支军队的军官团与希特勒有种种分歧，而且鄙视他极度不专业的作战指挥，但却有一点是与希特勒相同的：战斗到底的决心！他们中间只有少数人曾经打破这个"戒律"。

至于苏联红军，他们用于指导作战的理论似乎总是处于脱离实际的边缘。苏联红军的战役艺术，尤其是在其突破阶段，是对维持战场锐势问题的合理而诱人的回答。它看起来是那么有道理：用第一梯队突破敌军阵地，然后沿着同一条轴线不断突破，投入第二梯队，甚至可能投入第三梯队。当它奏效时——例如用于已被削弱或者被打得措手不及的敌军防线时——能令人由衷赞叹。1942年年底在斯大林格勒城外，罗马尼亚第3和第4集团军防线上的步兵基本上没有取胜的机会，苏联红军的进攻毫不费力地突入了他们的战役纵深。但是，如果第一梯队没能砸开防线会怎样？第二梯队就在身后等待，而指挥官的反应几乎总是如出一辙：投入第二梯队来完成第一梯队已经开始的突破。但是，"投入第二梯队"是将理想化的战法用于远比它沉闷和残酷的现实，这意味着对此时已经完全警醒并且击败了第一次进攻的敌军阵地发动正面强攻。所以我们会看到德军评论说，苏联红军在战斗中有着"冲动且直接"的倾向，在成功的一切可能性都早已消散之后，他们还会一次又一次地冲击同一个突破点。[66]

只是，最终在奥廖尔发生的情况似乎与运动战、战役艺术或其他任何高明的理论都没有多大关系。1943 年的两个大突出部战役使双方都有挫败感。尤其是在奥廖尔，国防军实施机动的渴望彻底落空——因为它难以从苏联红军的全面进攻下脱身。虽然德国将军们在战后纷纷宣称只要希特勒允许他们机动，他们就能在东线赢得胜利，但是他们却无法回避奥廖尔之战的事实。希特勒在这里允许他们后撤缩短战线，做了历史学家一直指责他没有做到的事。结果呢？德军伤亡了 10 多万人。显然，机动战术本身就有问题。另一方面，苏联红军对于纵深突破的渴望在奥廖尔也只收获了失望。让几乎所有部队排着队攻击敌人防线上的一个点也许够聪明，但却不能保证成功。如果敌人猜到了你的意图（伦杜利克将军显然就做到了这一点），那么你就会遇到大麻烦。到了奥廖尔战役在大雨下进行的收尾阶段时，已经筋疲力尽的德军步兵占据了哈根阵地，而苏联红军仍然企图将它击破，双方的作战都没有多少艺术可言。

至此，城堡—库图佐夫系列作战终于告一段落。虽然此时两个对手都已经浑身浴血，但是这个交战季节才刚刚开始。

关于南方战线的策划：曼斯坦因的战争

如果 1943 年仅仅发生了库尔斯克和奥廖尔战役，那么我们很可能就会认为双方打成了平局，或者判定苏联红军占了上风。而实际上，这一年的余下时间将会表明国防军在东线的处境已经变得有多么绝望。城堡行动对德军来说是孤注一掷，他们没有其他选择，也没有实施其他的进攻作战。但对苏联红军来说，库图佐夫行动只不过是一系列看似无穷无尽的攻势的开端，这些攻势将会持续到这年的年底，在 1944 年又重新开始，然后延续到战争结束。西方研究第二次世界大战中的苏联的首席权威戴维·格兰茨在分析后发现，苏联红军在 1943 年至少策划了 8 场不同的作战行动[67]：

1. 库尔斯克突出部防御作战，到 7 月 12 日成功结束。

2. 针对奥廖尔突出部的库图佐夫行动，在 7 月 13 日发起，到 8 月 15 日成功结束，该突出部被清除，德国守军退守哈根阵地。

3. 鲁缅采夫行动（Operation Rumiantsev），由沃罗涅日方面军和草原方面军针对别尔哥罗德和哈尔科夫一带的德军集团发起。

4. 苏沃洛夫行动（Operation Suvorov），由加里宁方面军和西方面军在北方针对斯摩棱斯克（Smolensk）和罗斯拉夫尔（Roslavl）前方的德军部队发起的突击。

5. 由西南方面军和南方面军在顿巴斯实施的作战，旨在突破米乌斯河沿岸的德军防线。

6. 切尔尼戈夫（Chernigov）—波尔塔瓦作战，由中央方面军、沃罗涅日方面军和草原方面军实施，作为鲁缅采夫行动的延续，旨在将德军击退至第聂伯河。

7. 布良斯克作战，由布良斯克方面军针对布良斯克的德军部队发起的突击，是库图佐夫行动和苏沃洛夫行动的后续。

8. 新罗西斯克—塔曼和梅利托波尔（Melitopol）作战，由南方面军和北高加索方面军发动的攻势。

也就是说，苏联红军为 1943 年余下时间制定的作战计划要求各地的军队都参与进攻。按照一位苏联红军参谋人员的说法，在南方面军和北高加索方面军也加入进攻后，这就是"从大卢基（Velikiye Luki）到黑海"的整条南方战线的全面进攻。[68]

如果说苏联红军此时的战争方式有一个精髓，那么就在于——全面实现连续作战的设想。所有这些战役都将是苦战，因为作为对手的国防军此时仍然能够熟练地进行自卫。这些战役全都无法达成冲进敌后不设防区域的彻底战略突破，它们全都将在某个时刻转变为令人痛苦的消耗战。然而苏联红军有能力接二连三地发起这些战役，这就给国防军出了一个无解的难题。德军的指挥体系只能应对一定数量的紧急情况，超出限度就完全无力应对。数量有限的预备师或预备旅只能封堵一定数量的缺口，而国防军必定会在苏联红军攻势枯竭前耗尽兵力。

可能有人会批评这一系列作战的时间安排。因为苏联红军的这些战役是依次发动，而不是同时开始的，所以就给了曼斯坦因这样优秀的德军指挥官闪转腾挪的机会：通过机动应对威胁，将预备队在不同地点之间移来移去，并在适当的时机以凶猛的反击打击过度扩张的苏联红军前锋。在苏联红军最高统帅部内部对这个问题也有争论，朱可夫元帅主张减少进攻次数，集中更多兵力攻击比较关键的地段，以求包围并歼灭德国守军。斯大林则主张"在宽广战线上实施数量众多的正面打击"，最后他的意见占了上风。[69]训练有素的职业军人朱可夫希望按照军事学院的手册打大纵深战役，而比较保守的斯大林则意识到己方已经掌握作战优势，不需要冒不合理的风险，于是采取了较为传统的做法，即"迫使敌人分散其资源，在不同地段之间疲于奔命，设法孤立一段战线，使其布满被苏联红军部队打开的巨大缺口"。[70] 这种连续进行的宽正面进攻有几种好处：每次进攻可以获得尽可能长的准备时间，可以周到细致地储备物资和弹药，可以减少在高度官僚化和集中化的威权制度下发生差错的次数（在这种制度下不太可能依靠下级的主动精神来弥补计划过于死板的缺陷）。因此在这个问题上我们只能得出这样的结论：斯大林坚持保守路线的做法很可能是正确的。

要评估这一时期德军的战略则比较困难，因为曼斯坦因除了应付接二连三的严重威胁之外并无多少建树。

此时南方集团军群在前线从左至右依次部署了四个集团军：部署在库尔斯克以南的别尔哥罗德和哈尔科夫一带的第 4 装甲集团军（由赫尔曼·霍特将军率领）与肯普夫暂编集团军，其中第 4 装甲集团军大致面朝北方，肯普夫暂编集团军大致面朝东方；在伊久姆一带防守顿涅茨河中游的第 1 装甲集团军（由埃伯哈德·冯·马肯森将军率领），大致面朝北方；以及重建的第 6 集团军 [原霍利特暂编集团军，由卡尔 – 阿道夫·霍利特将军（General Karl–Adolf Hollidt）指挥]，它位于突出的"作战阳台"地带，据守米乌斯河防线，面向正东。[71] 这些集团军此时都兵力空虚——第 4 装甲集团军和肯普夫暂编集团军是因为参与了库尔斯克的血战，第 1 装甲集团军和第 6 集团军是因为贡献了自己的装甲部队使库尔斯克攻势得以实现。从纸面上看，德军似乎形成了一道像模像样的防线：四个集团军一字排开，步兵师部署在前沿，装甲师在后方担任预备队应对苏联红军的任何突破。但实际上却是另一番光景：后勤供给不足，各支部队都缺人（步兵尤其短缺），还要据守北起别尔哥罗德、南至塔甘罗格并且呈阶梯状向东突出的前线。因此，这条战线远远长于它应有的长度，很容易在苏联红军选择的任意地点遭到突破。

虽然有着许多不利条件，但曼斯坦因还是看到了作战机会。他所属的军官团使他接受了寻找战机的训练，而他也比国防军中的其他任何人都更能体现这种传统。在回忆录中，曼斯坦因专门用一个最长的章节（篇幅大大超过其他章节）讲述了这场在东线的防御战（Abwehrkampf），颇有写作才能的他明晰地阐述了自己的主张。毕竟，要克服苏联红军此时享有的数量优势绝非易事：

在 1943 年 7 月 17 日，我集团军群的 29 个步兵师和 13 个装甲师要面对苏联红军的 109 个步兵师、9 个步兵旅、10 个坦克军、7 个机械化军和 7 个骑兵军，此外我们还必须算上 20 个独立坦克旅、16 个坦克团和 8 个反坦克旅。到了 9 月 7 日，我军面前又出现了 55 个步兵师、2 个坦克军、2 个机械化军、8 个坦克旅和 12 个坦克团，主要是从中央集团军群和北方集团军群的地段调来的。合计起来，苏联红军对我军拥有大约 7 比 1 的兵力优势。[72]

坦克产量的对比也同样令人沮丧。曼施坦因指出，"虽然希特勒的热情造成了令人吃惊的军工产量，但德国的工厂每月只能产出 500 辆坦克。"相比之下，苏联的产量是这个数字的三倍乃至四倍。

至于国防军本身，曼斯坦因指出一系列苦战使它元气大伤，既增加了它的人力消耗，也给这支军队的核心——"经验丰富的前线战士和军官"——造成了巨大的伤害。[73] 曼施坦因提到，从城堡行动开始到 8 月底，德军的勇猛作风和军官靠前指挥的传统使南方集团军群成了军官团的坟墓。在这段相对短暂的时间里，至少有 7 个师长在战斗中身亡，与他们一同战死的还有 38 个团长，以及至今看来仍然令人难以置信的数字——252 个营长。

面对这些触目惊心的数字，曼斯坦因认为，他的集团军群能够"在战场上自保"就算幸运，这不啻是"一场对抗九头巨蛇的战斗"。[74] 尽管如此，曼斯坦因却认定自己有两个优势可以帮助扳平局面。首先，是"德国军人的质量优势"。[75] 在今天看来，这似乎是一种很愚蠢，甚至很危险的信念，但是几代——不，几个世纪以来的普鲁士和德意志指挥官都对此深信不疑。德国的军事历史中充斥着以少胜多的故事：腓特烈大帝在霍亨弗里德堡（Hohenfriedeberg）、罗斯巴赫和洛伊滕（Leuthen），布吕歇尔在默肯（Möckern，1813 年莱比锡战役的北部战区），"红亲王"腓特烈·卡尔在 1866 年的柯尼希格雷茨。曼斯坦因熟知所有这些历史，他的全体同僚也一样。如果德国军队要等待己方在数量上超过敌人才会进攻，那么这种等待必然是徒劳的。德式兵法的基本理念就是拒绝计算数字，忘记胜负概率，尽人事以听天命。从这个意义上来讲，曼斯坦因与历代军官前辈没有什么不同。

而且，曼施坦因对历史的认同甚至还不止于此。如果说有一种被德国军官团小心地维护了几个世纪的传统，那就是在必要时反对、藐视乃至公然违抗上级。这个军官团中的每一个人都知道那些著名的故事。在 1740 年的莫尔维茨（Mollwitz）之战（腓特烈大帝生平的第一场战役）中，什未林伯爵（Count Schwerin）在看到这位年轻的国君有生命危险时，竟然命令他离开战场。在普法战争期间，施泰因梅茨将军在 1870 年的斯皮舍朗（Spichern）之战中无视上级给他的书面命令，选择朝着枪炮声前进。在 1914 年的坦嫩贝格会战的开局阶段，赫尔曼·冯·弗朗索瓦将军拒绝了上级让他被动等待俄军进攻的命令，选择了朝着枪炮声前进，在斯塔卢波嫩（Stallupönen）攻击了一支人数远多于他的俄军。这些莽汉都不曾遭受谴责，有的甚至得到了提拔。对一个资源匮乏的国家来说，这些桀骜不驯的指挥官往往能够创造或利用在指挥官消极等待命令时就会转瞬即逝的战机。

说到这种在难以驾驭却机动灵活的指挥体系下发生的经典事例，就不能不提到弗里德里希·威廉·冯·塞德利茨的故事，在 1758 年那场艰苦的曹恩道夫（Zorndorf）战役中，他担任腓特烈大帝的骑兵指挥官，敌人也是俄军。当战役进行到关键时刻，俄军凶猛的进攻已经破坏了腓特烈当天的计划，看到似乎大势已去，普鲁士国王命令自己的骑兵在受到威胁的左翼投入战斗。但是塞德利茨似乎反应迟缓，于是腓特烈又下了一道命令，并威胁说如果这位将军不立即从命就将他治罪。塞德利茨其实并没有无视国王的命令，他一直在忙着为自己的部下侦察最佳的前进路线。此时他暂时放下手头的工作，对皇家传令官说："这一仗打完后我的脑袋任他处置，但是目前，还请他恩准我用这个脑袋为他效力。"[76] 然后不出一个小时，塞德利茨就针对俄军右翼发起了冲锋，这个行动挽救了曹恩道夫的战局。

考虑到这些历史典故，当我们发现曼斯坦因也是个难以驾驭的下属时就不应该感到意外。在 1940 年关于对法作战计划的讨论中他就证明了这一点，而在 1941 年巴巴罗莎行动的开局阶段他又一次表现出刺头本色（在率领第 56 装甲军穿越波罗的海国家的进军途中对上级施加的种种限制颇为抵触）。此后，在 1941—1942 年的克里米亚会战期间，曼斯坦因反复向总司令部提出增加兵力和支援的要求。而在 1942—1943 年的冬季会战中，大多数时间曼斯坦因都在扬言，如果不给他更多的兵员、更多的坦克和更多的师旅，他的战线就会彻底崩溃。

此时，在这场艰难的会战中，曼斯坦因也一如既往。8 月，当曼斯坦因在装甲预备队的部署问题上与上级产生相当细微的分歧时，他在给蔡茨勒将军的信中是这样写的：

如果我对战局的后续发展的担忧继续被忽视，如果我作为指挥官的意愿——我仅仅是为了解决并非由我造成的困难——继续得不到满足，那么我只能认为，元首对于我对本集团军群的领导缺乏必要的信任。我绝不认为自己是永远正确的，每个人都会犯错，就连腓特烈大帝和拿破仑这样的统帅也不能例外。但我可以指出，第 11 集团军曾经在非常困难的条件下打赢了克里米亚会战，南方集团军群在去年年底近乎绝望的形势下也扭转了战局。

如果元首相信他手下有哪个指挥官或集团军群指挥部在勇气上胜过我们去年冬天的表现，在主动精神上胜过我们在克里米亚、顿涅茨河畔或哈尔科夫的表现，在即兴发挥上比我们在克里米亚或上一次冬季会战中的表现更强，或者能够比我们更好地预测不可避免的事态发展，那么我随时准备让贤。

只是，在这封充满怨气的书信的最后一句才是与普鲁士—德意志军事历史的悠久传统关系最密切的："只要我还在这个职位上，"曼斯坦因写道，"我就必须拥有运用自己的头脑的机会。"[77] 也许他就是想发扬塞德利茨的刚烈精神，想从这位恰好在 170 年前的这个月份去世的先贤的话语中寻找激励。面对吉凶难测的未来和此时正在逐渐呈现的残酷现实，曼斯坦因和德国军官团的其他所有成员都选择了在自家的历史中寻找慰藉。

冲向哈尔科夫

争夺乌克兰的战斗应该是属于曼斯坦因个人的战争，他终于能够在他一直声称的理想战场上迎战"俄国人"了。他们是进攻方，进入了毫无掩护的空旷地带，正适合他运用他那著名的反击手段。然而，尽管曼斯坦因拥有无可争议的优秀作战技巧，1943 年秋季却依然将会成为南方集团军群的又一个灾难季节。

战斗是在遥远的南方打响的。7 月 17 日，当库尔斯克的战斗刚刚平息，苏联红军就对米乌斯河沿岸的德国第 6 集团军发动了进攻。[78]

在其他任何战争中，这样一场强大的攻势都会被视作这个交战季节的主要事件。但是在这场战争中，它却被完全埋没了。发起进攻的是托尔布欣将军（General F. I. Tolbukhin）指挥的南方面军，从右到左依次是第 51 集团军、第 5 突击集团军、第 28 集团军和第 44 集团军，而第五支部队（近卫第 2 集团军）则用来组成第二梯队。中路的第 5 突击集团军和第 28 集团军将会在宽度只有 19 千米左右的狭窄正面上进攻，一旦它们砸开了德军前沿阵地，近卫第 2 集团军就会通过缺口深入。虽然德国第 6 集团军在人数上处于严重劣势，但隔河布阵的它拥有地利，而且士兵们已经花了五个月的时间来加固阵地。德国第 6 集团军在前线部署了三个军，从右到左依次是第 29 军、第 17 军和米特军[这又是一支支援力量不足的暂编部队，得名于其指挥官弗里德里希·米特将军（General Friedrich Mieth）]。此外，还有一个机动师（第 16 装甲掷弹兵师）在前线后方担任集团军预备队。[79]

战局的发展遵循着此时大家都开始熟悉的套路，苏联红军最初的进攻在指定攻击地段撕开了德军防线，在防线中央的古比雪夫（Kuibyshev）北郊渡过了米乌斯河。德军转到预设阵地上继续战斗，他们巧妙利用地形顽强抵抗，并且使用小型的摩托化战斗群迅速发动反击。结果，进攻的苏联红军未能取得彻底的战役突破。但即便如此，托尔布欣还是决定投入他的第二梯队——近卫第 2 集团军，让它渡过米乌斯河，进入此时宽约 19 千米、纵深 16 千米的，人满为患的桥头堡（有些人可能认为他的这个决定有点轻率）。

德军迅速做出了反应。曼斯坦因很清楚放任苏联红军越过大河占领任何阵地的危险性——他们首先会巩固该阵地，然后集结兵力，最终从桥头堡杀出，或者是为策应战线其他地段的攻势而实施牵制作战，或者本身就是主攻。于是增援的装甲部队很快从南方集团军群的各个防区赶来，其中包括党卫军第 2 装甲军（从顿涅茨河沿岸的第 1 装甲集团军抽调）和第 24 装甲军（南方集团军群的最后一支机动预备队）。第 6 集团军司令霍利特将军最终封堵了突破口，甚至在 7 月底将苏联红军击退。有报告称托尔布欣很气馁，他感觉自己的攻势失败了。实际上，由于托尔布欣将德军装甲部队吸引到了米乌斯河，反而可以说是完美地扮演了他应该扮演的角色。事后回想起来，就连曼斯坦因也认为自己把这么多装甲部队调到米乌斯河的决定是"灾难性的"。[80]

此时，苏联红军已经实现了三个目标——他们守住了库尔斯克，消除了奥廖尔突出部，而且将德军的大部分战役预备队吸引到了米乌斯河。他们已经为自己最辉煌的胜利做好了铺垫。他们的下一个攻势（鲁缅采夫行动）的目标是歼灭部署在库尔斯克突出部南部的德军部队，即位于左侧的第 4 装甲集团军和位于右侧的肯普夫暂编集团军。[81] 德军处于一个暴露的突出部中，它是由于原本向北延伸的战线向西转了近 90 度而形成的，而这种态势再次被苏联红军利用。进攻的苏

联红军部队是面朝南方的沃罗涅日方面军（由瓦图京将军率领）和面朝西方的草
原方面军（由科涅夫将军率领），共有五个集团军参与最初的打击。这五个集团
军从右到左依次是近卫第 6 集团军、近卫第 5 集团军（沃罗涅日方面军）、第 53
集团军、第 69 集团军和近卫第 7 集团军（草原方面军）。此外，瓦图京从北方发
动的最初打击还将得到由装甲部队组成的第二梯队的支援 [近卫第 1 坦克集团军
（位于近卫第 6 集团军后方）和近卫第 5 坦克集团军(位于近卫第 5 集团军后方)]。
一旦突击集群突破德军防御，这两个坦克集团军就会穿过突破口冲向博戈杜霍夫
（Bogodukhov，这座城市控制着从西方和西北方接近哈尔科夫城的道路），并在这
里配合来自东方的科涅夫的部队包围哈尔科夫。此外，还有三个集团军部署在瓦
图京的突击集群右侧（从右到左依次是第 38 集团军、第 40 集团军和第 27 集团
军），任务是在进攻得手时扩大战果。还有一个在左侧的集团军也随时准备加入
战斗——隶属于马利诺夫斯基将军（General R. I. Malinovsky）指挥的西南方面军
的第 57 集团军，它基本上部署在哈尔科夫的正东方向。此外，还有两个航空兵
集团军（第 2 和第 5 航空集团军）可提供空中支援。

参与这次进攻的苏联红军部队总计至少有九个集团军、两个坦克集团军和两
个航空集团军，围绕别尔哥罗德突出部摆出一个半圆形的阵势——总人数超过
100 万。虽然这次进攻的规模巨大，但理念却很简单。用近年来关于这场战役的
最佳历史著作的话来说就是：一次"经典朱可夫"作战。[82] 但是，鲁缅采夫行动
要想成功，需要的不仅仅是大炮的数量。苏联红军在策划阶段就遇到了许多难题。
参与进攻的部队一直是按照阵地防御的要求配置的，它们此时却要在过渡或准备
时间极少的情况下快速转入进攻。而且大部分策划似乎是通过口头讨论完成的，
关于鲁缅采夫行动的书面命令直到作战开始两天后才出现。[83] 不仅如此，许多部
队在库尔斯克作战期间蒙受了可怕的损失，尤以近卫第 5 坦克集团军为最。几乎
所有部队都缺编且非常疲惫，补充兵员才刚刚开始到达。所有这些困难都需要时
间来克服，所以原定于 7 月下旬开始的进攻直到 8 月 3 日才开始进行。

面对苏联红军的重兵，霍特、肯普夫和曼斯坦因都没有任何办法拿出与之相
称的实力。当地的守军就是刚刚在库尔斯克攻势中承担南路突击的两个集团军。
位于左侧的第 4 装甲集团军和位于右侧的肯普夫暂编集团军此刻的实力都已大不
如前。此前的两个星期，这两个集团军一直在放弃自己向普罗霍罗夫卡进军途中
占领的小片区域，并缓慢退向原先的出发阵地。但我们还是要指出，这两个集团

军并没有做好多少自卫的准备，没有占领任何预设阵地，元气大伤，后勤也处于崩溃边缘，而且缺乏补充兵员，步兵的缺额尤其严重，相比之下苏联红军遇到的问题就显得简单多了。

因此，鲁缅采夫行动最初的进攻几乎处处得手也就不足为奇了。在经过三个小时的大规模炮火准备后，地面进攻在上午 7:55 开始。到了上午 10:00，苏联红军的突击集群已经攻占了德军的第一道防线，到了下午 13:00，近卫第 1 坦克集团军和近卫第 5 坦克集团军（第二梯队）的先头部队已经在通过突破口。朱可夫又一次把自己的部队集中在了狭窄的正面上，例如近卫第 1 坦克集团军的作战正面只有 3 千米宽，而近卫第 5 坦克集团军的作战正面也只有 5 千米宽。[84] 位于前线的城市别尔哥罗德在进攻发起后的第三天（8 月 5 日）被攻克——顺便说一下，苏联红军收复奥廖尔也是在同一天。

这次进攻让曼斯坦因和他的幕僚都震惊不已，他们意识到自己中了圈套，于是匆忙下令从遥远的南方召回那些装甲师：党卫军的"髑髅"师和"帝国"装甲掷弹兵师连同第 3 装甲师一起增援霍特，党卫军第 5 装甲掷弹兵师"维京"则驰援肯普夫。虽然它们会迅速抵达目的地，但是要挽回已经酿成的战役灾难为时已晚。苏联红军的主要战果出现在中路，也就是第 4 装甲集团军与肯普夫暂编集团军的作战交界处。随着第二梯队的坦克集团军开始急速南下，两个德国集团军被分割开来。由于在苏联红军压力下，第 4 装甲集团军逐渐退向西南，而肯普夫暂编集团军退向东南，两者之间的缺口每时每刻都在扩大。到了 8 月 7 日入夜时，在进攻发起五天后，这一缺口已经扩大为 48 千米——对苏联坦克集团军来说这是非常宽大的作战空间。[85]

德国的两个集团军侧翼暴露，而楔入两者之间的机动能力出色的敌军已经在欢呼胜利，眼看一场灾难就要降临。但就在此时，德军几个装甲师的先头部队开始抵达战场。结果在博戈杜霍夫和阿赫特尔卡（Akhtyrka）一带爆发了规模庞大的装甲对决，这场恶战使苏联红军的攻势暂时被遏制，也使双方都损失惨重。到了 8 月底，德国的两个集团军得以与敌人脱离接触，重新建立起一条极为薄弱的防线，不过它们的逃脱非常惊险，任何研究此战的人都不应该将德军的幸免于难等同于胜利。

在 8 月 22 日，苏军部队重新进入这个国家的第四大城市——哈尔科夫。这预示着国防军需要采取此时已经成为习惯的措施：解除一位将军的职务。这一次

248

的受害者是肯普夫将军，因为负责城防的就是他的暂编集团军。我们不能说肯普夫在防守过程中犯过什么特别严重的错误，而他撤离哈尔科夫的行动也是避免被包围的必要之举。也就是说，肯普夫的被解职更像是一次仪式性的献祭。继任者是曼斯坦因的前参谋长奥托·韦勒将军（General Otto Wöhler），而随着肯普夫去职，原来的肯普夫暂编集团军也得到了一个新的番号——第8集团军。[86]

此外，苏联红军攻克哈尔科夫还有着更深刻的意义。1941年国防军从苏联红军手中夺走了这座城市，1942年5月，苏联红军曾企图通过他们最早策划的反攻战役之一收复它，但却以失败而告终。在始于斯大林格勒的冬季大反攻中，苏联红军于1943年年初将它夺回。但是在1943年3月曼斯坦因的反击中，他们又一次失去了它。此时，苏联红军终于又夺回了它——这一次是永久的。

如今在军事研究的圈子里，对于克劳塞维茨的顶点理论有许多讨论。这一理论认为任何进攻都不能永远持续下去。进攻方的实力会在某一刻开始下降，进攻方会开始感受到补给线拉长、损失严重和单纯的疲惫所带来的压力。此时防守方将掌握优势：他们已经沿着自己的补给线后退，补充兵员更容易到达前线，而且指挥官也可以有力地控制部队。用克劳塞维茨的名言来讲，这就是"复仇之剑闪耀光芒"的时刻。

"顶点"可以有许多表现形式，它既可以是某个事件、某个时刻或某种思维状态，也可以是某个地点。在辽阔的东线战场的这一地段，显然就矗立着1941—1943年的顶点，它是双方军队的作战极限，任何一方到达这一地点时都会感到维持进攻锐势和后勤供应的吃力。这个顶点，就是哈尔科夫城。

总结：冲向第聂伯河

国防军此时在南方陷入了严重的困境。这支军队现在正位于顿涅茨克和第聂伯河之间一片绵延起伏的开阔平原上，考虑到它遭受的重创和越来越失衡的兵力对比，进攻是没有任何可能的。事实已经无可辩驳地证明，国防军在苏联红军的坚决攻击下再也没有能力自保，而在它此时所在的位置进行防御更是等于自杀。此外，国防军的最高统帅阿道夫·希特勒还限制了作战选择，他禁止撤退的命令通常是压倒一切的。也就是说，国防军此时既不能前进，又不能原地停留，更不能后退。在一个星期左右的时间里，这支军队又一次经历了因指挥官意见分歧而造成的完美僵局。

一年来千疮百孔的战线此时正在彻底崩塌。处处都有苏联红军在进攻，从波罗的海到黑海，他们几乎使得每一段战线都在缓慢地前移。在8月中旬，随着德军装甲部队集中于哈尔科夫地段，南方面军（托尔布欣）和西南方面军（马利诺夫斯基）又联手对米乌斯河的德军战线发动了大规模攻势。与上一个月的尝试不同的是，这一次进攻方轻易地撕开了这条防线——这是理所当然的：此时已经没有一个作为预备队的德国装甲师能够快速赶往受到威胁的地段，而且苏联红军可以召唤至少5000门大炮实施火力打击。[87] 在态势地图上可以看到一大片红色箭头在向西移动。南方集团军群正处于土崩瓦解的边缘。

这种时候必然有人要做出让步，而与德国军人回忆录宣传的刻板印象相反的是，首先让步的是希特勒。在8月的最后一个星期和9月的第一个星期，他召开了一连串指挥会议。希特勒在8月27日搭乘飞机来到文尼察（Vinnitsa），几天后克鲁格飞赴东普鲁士。9月3日曼斯坦因和克鲁格双双坐飞机来到东普鲁士，随后元首再次前往东线视察，这次他在9月8日去了曼斯坦因设于扎波罗热的集团军群指挥部。坦率地说，在这段讨论过程中所有人都已顾不上体面。曼斯坦因使出了此时希特勒应该已经很熟悉的招数，他提出了不可能得到满足的增援要求，起初想要10个师，后来又加码到12个师——换句话说，就是要一个新的野战集团军。曼斯坦因表示，没有这些部队他就无法按希特勒的要求坚守此时的阵地。[88] 面对这种情况，他除了撤退别无选择。

不过，也许连曼斯坦因自己都没有想到的是，在扎波罗热的会议上希特勒竟然同意了他的要求。希特勒终于给了这位元帅一直苦苦哀求的自由，给了他实施机动作战的权力——具体而言，就是让南方集团军群实施大撤退。而且希特勒也终于同意结束整场战争中最荒谬的作战形势之一，也就是所谓的库班桥头堡——由里夏德·劳夫将军指挥的几乎被遗忘的第17集团军还在其中据守，为国防军1942年考虑不周的高加索战役苟延残喘。[89] 作为埃瓦尔德·冯·克莱斯特元帅指挥的A集团军群中硕果仅存的主力野战部队，第17集团军从那时起一直停留在这个偏远的角落，在与热带地区相差无几的环境中守卫着丛林和河口之间的阵地。如果说这个桥头堡曾经有过一些作战潜力——例如作为再次进攻高加索的跳板——那也早就时过境迁了。于是劳夫和他的部下渡过刻赤海峡，回到了克里米亚。

至于南方集团军群，则正在后退到第聂伯河。曼斯坦因在自己的回忆录中照例将这次撤退描述为某种史诗（Heldenepos）——冲破万难的英雄史诗。只是，实际的情况则要乏味得多：不过是一支失败之师步履蹒跚地节节后退。因为国防军此时的后勤在很大程度上仍然依靠马车，而且拉车的马也往往是掠夺自当地居民的柯尔克马，所以南方集团军群并不是快如闪电地退到第聂伯河的。苏联红军自始至终紧追不舍，与德军的后卫部队发生了大量激战。进攻方偶尔会遭遇被拉到前线应对局部紧急事态的德军装甲师，此时双方又会发生惨烈的大战。不过由于战线实在太长，而装甲师的数量又太少，所以并不能给战局造成多少改变。虽然发生了大量战术级别的战斗，但是在战役层面上，这只是一次平凡而单纯的撤退，一路上经过了一位国防军军官所说的"一堆有着不好发音的名字的城镇"。[90]

不过，在这里也出现了一些耐人寻味的作战问题。这个机动力每况愈下的集团军群分布在 708 千米宽的战线上，必须集中到区区六个渡口里来横渡世界上最宽的河流之一。从北到南，国防军需要在基辅、卡涅夫（Kanev）、切尔卡瑟、克列缅丘格、第聂伯罗彼得罗夫斯克和扎波罗热渡过第聂伯河。如果有一支苏联红军的机械化部队绕过侧翼或通过战线上的空隙赶在德军之前到达其中任何一个渡口，对德军来说都是一场灾难。[91]

此外还有第 6 集团军的问题。第 6 集团军根本不会退到第聂伯河。和苏联境内的众多河流——顿涅茨河、顿河和伏尔加河——一样，第聂伯河的河道也形成了一个巨大的弯曲部，它向东突出，末端大致位于第聂伯罗彼得罗夫斯克。防守如此巨大的突出部是对兵力和兵器的浪费，而且不管怎么说，国防军再也没有多余的部队了。因此，第 6 集团军将退到一条短得多的既设防线上——它从扎波罗热向正南经梅利托波尔一直延伸到亚速海的岸边。这条防线将会挡住敌人前往第聂伯河下游的去路，保护彼列科普地峡（Perekop isthmus），并阻止苏联红军孤立克里米亚。因为这条防线仍然位于第聂伯河前方，所以第 6 集团军从南方集团军群转隶 A 集团军群，成为此时还在陆续抵达克里米亚的第 17 集团军的友邻。

最后，作为批准撤退的条件，希特勒还坚持要求南方集团军群在第聂伯河左（东）岸的基辅、切尔卡瑟、扎波罗热和第聂伯罗彼得罗夫斯克维持一系列桥头堡。按照计划，大部分桥头堡将只需要坚持到主力部队过河为止，届时其中的守军就会撤出。但还是有一些桥头堡将会继续维持下去，扎波罗热的桥头堡就是其中一个。正常情况下这是一种审慎的措施，但前提是己方在这一地段仍有再次发动进攻的希望，而此时这样的命令除了将更多己方人员置于险境外毫无意义。

防守梅利托波尔—第聂伯防线的整套思路可能会令我们感到很莫名其妙。苏联红军的各个方面军——从右到左依次是中央方面军、沃罗涅日方面军、草原方面军、西南方面军和南方面军——大致和德军在同一时间到达了这条大河旁边，而且基本上全都成功过了河。有些部队是冒着敌人的火力强渡的，只要在地势较高的西岸有足够的德军部队，这种情况就很难避免。也有少数部队未经战斗就过了河，其中一些是走了好运，正好找到了德军部队之间的空隙，或者在精疲力竭的敌人打盹的时候过了河。此外，因为苏联红军在前线部署了抢在主力部队之前急进的机动集群，所以这些临时编组的部队利用德军在河对岸立足未稳的机会也过了河。

对于国防军来说，这里并没有什么史诗，有的只是一场接一场的灾难。到了9月底，苏联红军各部就都已到达第聂伯河并迅速越过了这条天堑。在这一阶段的作战中，我们需要对苏联红军大部队形成的印象进行一些修正。有一份可靠的资料是这样描写的：

> 在9月的最后一个星期开始时，越来越多的苏联红军部队西进240多千米，逼近了第聂伯河……在这一个星期的时间里，苏联红军部队或使用简易的木筏，或利用游击队隐藏起来的小船，或是伐木搭桥，在宽阔的第聂伯河西岸建立起了第一批23个桥头堡，它们的纵深从900多米到32千米不等。[92]

> 只花了几个星期时间，苏联红军就在基辅以南的布克林（Bukrin），在切尔卡瑟、克列缅丘格和第聂伯罗彼得罗夫斯克过了河，并最终将西岸的桥头堡连成了一片巨大的阵地。若按通常的定义称它为桥头堡显然淡化了事实：因为这些桥头堡的面积已经和一些欧洲国家的国土面积大小不相上下了。苏联红军已经过了河，而且过河的部队人多势众，德军还没有真正完成部署就丢失了第聂伯河防线。当然苏联红军也会时不时地遇到困难，这在任何如此规模的作战行动中都是很正常的。比如在9月26日，为扩大布克林桥头堡，苏联红军空降了三个旅，结果惨遭失败。对于1943年的空降作战，我们可以总结出许多常见的败因：运输机数量不足、缺乏燃油或天气恶劣。但真正的元凶，却是这种作战过于复杂。

10月，苏联红军南方面军又一次撕开了德国第6集团军在扎波罗热和梅利托波尔之间的防线。苏联红军全速向西冲刺，到达了第聂伯河下游（其左翼还占领了彼列科普）。德国第17集团军此时已在克里米亚成为孤军，该集团军刚刚惊险地逃出了可能成为自己的坟墓的库班，此时又要面对第二次"死刑判决"。11月，沃罗涅日方面军（此时已更名为第1乌克兰方面军）向基辅发起进军。由于未能从基辅以南的布克林桥头堡实现突破，瓦图京将自己的攻击重点转移到基辅以北的柳捷日（Lyutezh）桥头堡。这是一次在敌人眼皮底下完成的巧妙行动。正如一位旅长所言：

> 这是一个艰难的任务。300多辆坦克和自行火炮，成百上千的大炮、装甲车和机动车都必须快速而隐秘地离开大布克林桥头堡，然后沿着前线转移201千米，渡过杰斯纳河，并最终再次渡过第聂伯河，进入另一个桥头堡。[93]

　　苏联红军在11月3日从柳捷日桥头堡发起进攻，并且进展顺利。"在突破敌军防御时要快速而坚决——这是我军胜利的保证"，瓦图京这样告诫他手下的指挥官，而事实也证明这是他在基辅取胜的秘诀。如果敌军已无力再战，而你却能够在6千米的正面上集中2000门大炮为进攻部队开路，取胜自然不难。到了11月5日，苏联红军已经攻进基辅，次日苏联最高统帅部就宣布已解放"所有俄罗斯城市之母"。但接下来，苏联红军向西继续推进的尝试却失败了，因为德国第48装甲军在赫尔曼·巴尔克将军（General Hermann Balck）的指挥下发动了一系列时机拿捏得很好的反击，在日托米尔（Zhitomir）、布鲁西洛夫（Brussilov）和法斯托夫（Fastov）给进攻的苏联红军造成了严重损失。后来梅林津将军宣称，此战"从作战指导的战术层面来讲是我经历过的最出色的一仗，巴尔克将军以高超的技巧指挥了他的军队"。[94]这个评价似乎有足够的真实性，但是到了这个时候，已经没有多少意义了。

　　此时大局已定。苏联红军已经在乌克兰痛击了国防军。德国人无法在当地立足，他们面对敌军掀起的狂风暴雨毫无应对之策。随着苏联红军各方面军的番号从描述其所在地段的名称（沃罗涅日、草原、西南和南）更改为几乎毫无个性的第1乌克兰方面军、第2乌克兰方面军、第3乌克兰方面军和乌克兰方面军，形势就更显得令人惊胆战。德国人也许可以在这个或那个地段奋力自保，或者发动一场为时已晚的反击，但是从战役层面上来看，他们正毫无疑问地被赶回老家。

　　在思考这场军事浩劫——古往今来的军事历史中规模最大的失败之一——之

时，就让我们再从曼斯坦因那本文笔老练的《失去的胜利》中摘抄一段吧！1943
年8月下旬，这位元帅正在一如既往地责怪希特勒，抱怨总司令部的增援不足，
理解不足，行动力也不足：

> 冯·克鲁格元帅在8月28日去了一次元首的指挥部，结果我们就再也不曾
> 听到从其战区抽调兵力的消息了。现在北方集团军群也宣称连一个师都调不出了。
> 至于说到其他的战场方面，希特勒首先想静候事态发展，比如看看英国人现在会
> 不会在阿普利亚（Apulia）或巴尔干登陆，或者把他们的部队丢到撒丁岛——这
> 种情况既不太可能发生，也并不重要。[95]

如今曼斯坦因已经被逐出了西方历史的英灵殿。相比以往，我们会更多地注
意到他对国家社会主义政权的深切认同，他对元首的忠心耿耿（尽管偶尔有专业
上的分歧），以及他对这个政权的战争罪行曾出过的力。

现在让我们暂时搁置这些意义深远的问题，来关注曼斯坦因的另一些特征，
正是这些特征使这个具有无可争议的天才的作战指挥官被他自己的传统无情束
缚。如今对于德式兵法的批判几乎已经成了老生常谈，人们经常指责它是一种对
现代战争目光短浅的见解，这种军事文化过分强调战役观点，却忽视了更重要的
战略问题——后勤、情报、工业生产，特别是政治。

我们在阅读曼斯坦因的回忆录时可以清楚地看到，他从未尝试过隐瞒自己优
先考虑的事项。他是真心相信守住亚速海岸边的某个阵地 [比如说塔甘罗格、马
里乌波尔、别尔江斯克（Berdiansk）或梅利托波尔]，对德国的整体战局来说有
着比维护轴心国联盟更重大的意义。虽然今天的人们很容易对意大利嗤之以鼻，
但是在这场战争中，意大利却能够影响双方的实力对比（而且影响很大）。德国
如果不想独自对抗世界上其他所有国家，就必须建立一个联盟。只是曼施坦因认
为这毫无意义，从这个角度上来看，他正是危险性与日俱增的德国军事传统的
典范人物。

此外，更值得注意的是，曼斯坦因在《失去的胜利》中反复声称他在东线
是想争取"僵持不下的和平"（Remis-Frieden）。鉴于我们对斯大林个人意愿的
了解，再加上西方列强已在1943年年初宣布他们要战斗到轴心国列强无条件投
降为止，曼斯坦因的这些宣言让人很难严肃看待。曼斯坦因并不像他在自己的

回忆录中所说的那样是一个普通军人——他是一个集团军群的司令，权限仅仅低于德军总司令部。从与曼斯坦因地位相当的西方指挥官——巴顿、布雷德利、蒙哥马利——在战后的回忆录来看，他们对自己作战时的整体战略背景都有充分的了解。但是，曼斯坦因和他的同僚却有意拒绝从战略高度看待问题。曼斯坦因直到最后还坚持认为，自己只不过是在进行阻滞战斗（hinhaltender Widerstand）。即使是到了死者人数已经要以"百万"来计算的时候，他也始终没有解释过自己对未来究竟抱有什么预期或希望。从这个意义上来讲，曼斯坦因和他的全体同僚都是在打一场败局已定的战争，一场既没有战略，也没有希望的战争。[96]

战争也许确实会时不时地给我们提供一些明确的教训，可以让我们拿来教导子孙后代。在这里，我们姑且将现在接受的这一条教训称之为曼斯坦因第一定律吧：要打阻滞战斗，前提是你确实有一个明确的目标。

注释

1. 斯科特·菲茨杰拉德（F. Scott Fitzgerald）著，《了不起的盖茨比》（*The Great Gatsby*, 纽约:
Scribner，1925 年），第 180 页，全书的最后一句。

2. 要了解科林之战，请参见古斯塔夫·贝特霍尔德·福尔茨（Gustav Berthold Volz）编，《腓
特烈大帝选集》（*Ausgewählte Werke Friedrichs des Grossen*），第 1 卷，《历史及军事著作，书信》
（*Historische und militärische Schriften, Briefe*，柏林：Reimar Hobbing，1900 年）中腓特烈自
己的证言，尤其是"科林"（Kolin）一节，第 118—121 页。另见杰伊·卢瓦斯（Jay Luvaas）编，《腓
特烈大帝论军事艺术》（*Frederick the Great on the Art of War*，纽约：Free Press，1966 年），第
216—233 页。丹尼斯·肖沃尔特著，《腓特烈大帝的战争》（*The Wars of Frederick the Great*, 伦敦:
Longman，1996 年），第 158—167 页描写了一场激烈的战斗，结局是这位国王"在远离家乡的地方
带着一支残破之师，而他在此战中的指挥遭到了他的高级军官们广泛而尖锐的批评"（第 167 页）。

3. 曼斯坦因的家族是勃兰登堡—普鲁士的古老贵族世家（"preussischer Uradel"）之一，自大
选帝侯时代起就为朝廷效力。请参见瓦尔特·冯·舒尔岑多夫著，《作为普通人和军人的埃里希·冯·曼
斯坦因》（*Der Mensch und der Soldat Erich von Manstein*），收录于《从未退伍:纪念埃里希·冯·曼
斯坦因元帅八十华诞》（*Nie ausser Dienst: Zum achtzigsten Geburtstag von Generfeldmarschll
Erich von Manstein*，科隆：Markus Verlagsgesellschaft，1967 年），第 10 页。在科林，冯·曼
斯坦因将军（General C. H. von Manstein）"指挥一支人马跟在莫里茨（Moritz）部后面行军"。肖
沃尔特著，《腓特烈大帝的战争》，第 161—162 页。

4. 关于这次会议，在已发表的著作中首先应该参考的还是埃里希·冯·曼斯坦因著，《失去的胜利》
（*Verlorene Siege*，波恩：Athenäum，1955 年），第 501—503 页。要查看在档案资料的充分支持
下对拉斯滕堡会议及其后续的内行分析，请参见德国官方正史，《德国与第二次世界大战》，第 8 卷，《东
线，1943—1944：东方与次要战线的战事》（*Das Deutsche Reich und der ZweiteWeltkrieg, vol.
8, Die Ostfront, 1943/44: Der Krieg im Osten and an den Nebenfronten*，慕尼黑：Deutsche
Verlags-Anstalt，2007 年），第 2 部分，卡尔 – 海因茨·弗里泽尔著，《库尔斯克突出部的战斗》（*Die
Schlacht im Kursker Bogen*），第 140—143 页。

5. 希特勒告诉他们"意大利人根本没有战斗，这个岛很可能守不住。"曼斯坦因著，《失去的胜利》，
第 502 页。

6. 见罗伯特·M. 奇蒂诺著，《震撼世界的九天：库尔斯克攻势之死》（*Nine Days that Shook the
World: The Death of the Kursk Offensive*），《出列》，2011 年 3 月 23 日，http://www.historynet.
com/nine-days-that-shook-the-world-the-death-of-the-kursk-offesive.htm。

7. "城堡行动不只是一场失败的战役。"瓦尔特·瓦尔利蒙特著，《德国国防军司令部内幕，
1939—1945：基础、成形、发展》（*Im Hauptquartier der deutschen Wehrmacht, 1939 - 1945:
Grundlagen, Formen, Gestalten*，美因河畔法兰克福：Bernard & Graefe，1962 年），第 348 页。

8. 关于霍特在库尔斯克的指挥，最好的分析请参见斯蒂芬·牛顿编，《库尔斯克：德方观点：亲
历城堡行动的德军指挥官的报告》（*Kursk: The German View: Eyewitness Reports of Operation
Citadel by the German Commanders*，纽约：Da Capo，2002 年），尤其是题为《霍特、冯·曼
斯坦因与普罗霍罗夫卡：需要修订的修订版》（Hoth, von Manstein, and Prokhorovka: A Revision
in Need of Revising）一章，第 357—369 页。

9. 瓦尔特·瓦尔利蒙特著，《德国国防军司令部内幕》，第 350—351 页提到了"完全不切实际的
期望"，因为希特勒宣称"可以把敌人赶回大海"。

10. "因此第 12 和第 18 装甲师被调往东北方受威胁的地段，投入博尔霍夫和北乌里扬诺沃的战
斗。"彼得·冯·德·格热本著，《第 2 装甲集团军和第 9 集团军 1943 年 7 月 5 日至 8 月 18 日在奥
廖尔突出部的战斗》，第 16 页。该文为第 2 装甲集团军的作战参谋所写，它包含在南方集团军群参谋

长特奥多尔·布塞的报告总集《1943 年东线的城堡攻势》（*Der Angriff Zitadelle im Osten 1943*），手稿 T-26 中。这些报告的德文原稿和英文译本都收藏在宾夕法尼亚州卡莱尔市的美国陆军传统与教育中心。另见牛顿编，《库尔斯克》，第 109 页。

11. "这个岛单凭德军部队也无法坚守"，见瓦尔利蒙特著，《德国国防军司令部内幕》，第 350 页。

12. 原文为"Diese Zahl mag man heute nicht glauben！"约翰·阿道夫·冯·基尔曼斯埃格伯爵著，《时任陆军总参谋部作战处首席参谋的见证者对哈尔科夫和库尔斯克战役的评论》，收录于罗兰·弗尔斯特编，《第二次世界大战的转折？ 1943 年春夏两季的哈尔科夫战役和库尔斯克战役的战役背景、过程与政治意义》（*Gezeitenwechsel im Zweiten Weltkrieg? Die Schlachten von Ch'arkov und Kursk im Frühjahr und Sommer 1943 in operative Anlage, Verlauf und politischer Bedeutung*，柏林：E. S. Mittler，1996 年），第 138 页。

13. 出处同前。

14. 历史学家们直到最近才开始强调这场全球战争的各个战场之间的关联，而这种强调在关于这场战争的水平最高的几部全景式史书中显得特别突出。首先请参见格哈德·魏因贝格的杰作《战火中的世界：第二次世界大战全史》第 2 版（*A World at Arms: A Global History of World War Ⅱ, 2nd ed.*，剑桥：Cambridge University Press，2005 年）。此外还有埃文·莫兹利著，《新编第二次世界大战史》（*World War Ⅱ: A New History*，剑桥：Cambridge University Press，2009 年），和托马斯·蔡勒著，《毁灭：第二次世界大战军事全史》（*Annihilation: A Global Military History of World War Ⅱ*，牛津：Oxford University Press，2011 年）。如果说这几部史书有一个共同的主题，那就是全球战争的概念。虽然魏因贝格不惮强调希特勒对于发动战争所起的作用——希特勒是个"意向主义者"，尽管他生活在历史学家造出这一术语之前。《战火中的世界》前言中的那个开场片断显然与德国对波兰的入侵无关，它描写的是 1944 年的科希马（Kohima）之战，此战中英国和印度军队决定性地击败了入侵印度的日军，而且文中还嘲讽了印度民族主义者苏巴斯·钱德拉·鲍斯（Subhas Chandra Bose）的观点（第 XⅢ 页）。

15. 阿道夫·霍伊辛格著，《冲突中的司令部：1923—1945 年德国陆军的宿命时刻》（*Befehl im Widerstreit: Schicksalsstunden der deutschen Armee 1923 - 1945*，蒂宾根：Rainer Wunderlich Verlag Hermann Leins，1950 年），第 210—211 页。

16. "片面性"（Einseitigkeit）也许是德国军事词汇中最严厉的批评用语。见罗伯特·M. 奇蒂诺著，《"思想是自由的"：间战时期德国军队的知性文化》（*'Die Gedanken sind frei': The Intellectual Culture of the Interwar German Army*），《陆军条令与训练公报（加拿大）》[*Army Doctrine and Training Bulletin (Canada)*] 第 4 辑，第 3 期（2001 年秋季），第 53—54 页，该文还同时发表了法语版，题为"'Die Gedanken sind frei': Culture Intellectuelle de l'Armée Allemande de l'Entre-Deux-Guerres"。

17. 这种说法有一定的真实性。战争进行到这一阶段，苏军的数量确实已远远超越国防军。见《德国与第二次世界大战》，第 2 部分，弗里泽尔著，《库尔斯克突出部的战斗》，第 8 卷第 149 页，作者在分析"德军失败的原因"时首先讨论了"数量法则"（Gesetz der Zahl）。

18. "德国士兵仍然感到自己优于俄国士兵……然而数量战胜了质量"，见卡尔·瓦格纳著，《南方集团军群：东线南段的战斗，1941—1945》（*Heeresgruppe Süd: Der Kampf im Süden der Ostfront, 1941 - 1945*，巴特瑙海姆：Podzun，1967 年），第 248 页。

19. 冯·梅林津著，《坦克战：第二次世界大战装甲兵运用研究》（*Panzer Battles: A Study of the Employment of Armor in the Second World War*，纽约：Ballantine，1956 年），第 349—350 页。

20. 关于这种意识形态的起源，请参见爱德华·赛义德（Edward Said）著，《东方主义》（*Orientalism*，纽约：Vintage，1979 年），第 1—3、5 页。

21. 海因茨·古德里安著，《一个军人的回忆》（*Erinnerungen eines Soldaten*，海德堡：Kurt

Vowinckel，1951 年），英译本名为《闪击英雄》（*Panzer Leader*，纽约：Ballantine，1957 年）。关于梅林津，见上文注释 19。

22. 汉斯·冯·卢克著，《坦克指挥官》（*Panzer Commander*，康涅狄格州韦斯特波特：Praeger，1989 年）。

23. 海因茨·维尔纳·施密特著，《随隆美尔征战大漠》（*With Rommel in the Desert*，纽约：Bantam，1977 年）。曼斯坦因著，《失去的胜利》（*Lost Victories*，加利福尼亚州诺瓦托：Presidio，1982 年）。

24. 弗里多·冯·森格尔·翁德·埃特林著，《欧陆战火》（*Krieg in Europa*，科隆：Kiepenhauer & Witsch，1960 年）的英译本是《无惧亦无望：卡西诺守卫者弗里多·冯·森格尔·翁德·埃特林将军的战时经历》（*Neither Fear nor Hope: The Wartime Career of General Frido von Senger und Etterlin, Defender of Cassino*，加利福尼亚州诺瓦托：Presidio，1989 年）。

25. 迄今为止历史学家对这批文件的探究还远未完成，它们需要学者花费毕生精力来进行研究。读者如果想了解概要，请参见 253 页的《外国军事研究导读，1945—1954：目录与索引》（*Guide to Foreign Military Studies, 1945‑54: Catalog and Index*，卡尔斯鲁厄：驻欧美军指挥部军史部，1954 年），以及《外国军事研究导读，1945—1954：目录与索引补遗》（*Supplement to Guide to Foreign Military Studies 1945‑54: Catalog and Index*，卡尔斯鲁厄：驻欧美军指挥部军史部，1959 年）。

26. 如果想看典型的免责声明，请参见布塞著，《1943 年东线的城堡攻势》第 3 页的开场白："按照命令编写时不能查阅态势地图和档案，所有编写者只能依靠记忆和少数个人记录。"

27. 在他们将所有过错都推给希特勒的过程中，个人私怨也可能起了推波助澜的作用。阿尔弗雷德·菲利皮和费迪南德·海姆著，《1941 年到 1945 年在俄国南部的会战：作战概述》（*Der Feldzug gegen Sowjetrussland, 1941 bis 1945: Ein operative Überblick*，斯图加特：W. Kohlhammer，1962 年）是一部合理分析东线作战的作品，但明智的读者需要知道，海姆在战争期间曾被希特勒下令逮捕并关押。

28. 梅林津著，《坦克战》，第 350 页。

29. 出处同前，第 354 页。

30. 出处同前，第 350 页。

31. 关于德国军官团的最佳学术著作是约翰内斯·许尔特著，《希特勒的陆军司令：对苏战争中的德军高级指挥官，1941/42》（*Hitlers Heerführer: Die deutschen Oberbefehlshaber im Krieg gegen die Sowjetunion, 1941/42*，慕尼黑：R. Oldenbourg，2006 年），其中重点关注了东线陆军（Ostheer）的指挥官们。许尔特描写了东线战争前两年中这支军队的集团军和集团军群指挥官们专业素质和道德水平的败坏，他们与元首对峙时的内部联盟的崩溃，以及他们向着犯罪和渎职的深渊的堕落。要了解来自德国学术界的另一部力作，请参见达维德·施塔尔（David Stahel）著，《巴巴罗萨行动与德国在东方的失败》（*Operation Barbarossa and Germany's Defeat in the East*，剑桥：Cambridge University Press，2009 年）。在英语文献中，杰弗里·梅加吉在破除关于德国军事天才的迷信方面无人可望其项背。请参见他的《希特勒总司令部揭秘》（*Inside Hitler's High Command*，劳伦斯：University Press of Kansas，2000 年）和《灭绝战争：东线的战斗和种族屠杀，1941》（*War of Annihilation: Combat and Genocide on the Eastern Front, 1941*，马里兰州拉纳姆：Rowman & Littlefield，2006 年）。

32. 在"战役艺术"已经成为某种"图腾"的年代，美国军界产生了大量相关的专业文献，这里可以举两个例子：克莱顿·纽厄尔（Clayton R. Newell）和迈克尔·克劳斯编，《论战役艺术》（*On Operational Art*，华盛顿哥伦比亚特区：Center of Military History，1994 年），迈克尔·克劳斯和科迪·菲利普斯编，《从历史角度看战役艺术》（*Historical Perspectives of the Operational Art*，华盛顿哥伦比亚特区：Center of Military History，2007 年）。前者是在战役艺术热达到高潮时成书的，形而上学到了令人难以忍受的地步。可参见詹姆斯·施奈德（James J. Schneider）著，《战役艺术的理论意义》（*Theoretical Implications of Operational Art*），第 17—30 页；格伦·奥蒂斯（Glenn K. Otis）著，《地面指挥官的观点——1》（*The Ground Commander's View—Ⅰ*），第 31—46 页；克罗斯比·森特（Crosbie Saint）著，《地面指挥官的观点——2》（*The Ground Commander's View—Ⅱ*），第 47—64 页；以及威廉·斯托夫特（William A. Stofft）著，《战争战役层面的领导学》（*Leadership at the Operational Level of War*），第 189—196 页。理查德·斯温（Richard M. Swain）著，《关于战役艺术的读物》（*Reading about Operational Art*），第 197—210 页终于通过讨论实际文献让读者回到了现实，这也是斯温一生的全部学术著作的特点。汉斯·冯·桑德拉特（Hans Henning von Sandrart）著，《大陆战场上的战役艺术》（*Operational Art in a Continental Theater*），第 119—132 页提供了同时代联邦德国国防军的观点。

33. 要了解学术界的图哈切夫斯基崇拜的登峰造极之作，请参见希蒙·纳韦（Shimon Naveh）著，《追求卓越：战役理论的发展》（*In Pursuit of Excellence: The Evolution of Operational Theory*，伦敦：Frank Cass，1997 年）。这位作者依据系统论进行战役分析，使该书几乎令人不堪卒读。如果想阅读不那么晦涩的介绍图哈切夫斯基的作品，请参见罗曼·约翰·亚里莫维奇著，《克里姆林宫里的绝地武士：20 世纪 30 年代的苏联军事与大纵深战役的起源》（*Jedi Knights in the Kremlin: The Soviet Military in the 1930s and the Genesis of Deep Battle*），收录于麦克彻（B. J. C. McKercher）和罗克·勒戈（Roch Legault）编《第二次世界大战在欧洲的军事策划与起源》（*Military Planning and the Origins of the Second World War in Europe*，康涅狄格州韦斯特波特Praeger，1989 年），第 122—124 页。另见玛丽·哈贝克（Mary R. Habeck）著，《钢铁风暴：德国和苏联的装甲战术学说发展，1919—1939》（*Storm of Steel: The Development of Armor Doctrine in Germany and the Soviet Union, 1919‑1939*，纽约州伊萨卡：Cornell University Press，2003 年）；萨莉·韦布·施特克尔（Sally Webb Stoecker）著，《锻造斯大林的军队：图哈切夫斯基元帅与军事革新中的政治斗争》（*Forging Stalin's Army: Marshal Tukhachevsky and the Politics of Military Innovation*，科罗拉多州博尔德：Westview Press，1998 年）；以及弗雷德里克·卡尔顿·特纳（Frederick Carleton Turner）著，《苏军"大纵深作战"的起源：斯大林时代的大规模攻势机动战学说》（*The Genesis of the Soviet 'Deep Operation': The Stalin-Era Doctrine for Large-Scale Offensive Maneuver Warfare*，博士论文，杜克大学，1988 年）。对学者们这种只关注一个人的倾向做出了有益纠正的是理查德·哈里森著，《俄式兵法：战役艺术，1904—1940 年》（*The Russian Way of War: Operational Art, 1904‑1940*，劳伦斯：University Press of Kansas，2001 年），第 169—217 页，其中分析了苏联红军中其他许多人对大纵深战役的贡献，尤其是伊谢尔松。哈里森是一位令人敬佩的学者，在美国的苏联军事研究专家中仅次于戴维·格兰茨。他的《第二次世界大战中苏联红军胜利的设计师：伊谢尔松的生平与理论》（*Architect of Soviet Victory in World War Ⅱ: The Life and Theories of G. S. Isserson*，北卡罗来纳州杰克逊：McFarland，2010 年）满足了学术界对这位关键人物的传记的需求。

34. 这个有理有据的观点是布鲁斯·门宁提出的，见《俄国和苏联军事历史中的纵深打击》（*The Deep Strike in Russian and Soviet Military History*），《苏联军事研究杂志》（*Journal of Soviet Military Studies*）第 1 辑，第 1 期（1988 年 4 月），第 9—28 页。

35. 关于"连续作战"可参见多种资料，例如弗雷德里克·卡根（Frederick Kagan）著，《军事学说与现代战争：关于新版 FM 100-5 手册的说明》（*Army Doctrine and Modern War: Notes toward a New Edition of FM 100-5*），《参数》（*Parameters*）第 27 辑，第 1 期（1997 年春），第 134—151 页。

36. 转引自雅各布·基普（Jacob W. Kipp）著，《苏军战役艺术的起源，1917—1936》（*The Origins of Soviet Operational Art, 1917‑1936*），收录于克劳斯和菲利普斯编，《从历史角度看战役艺术》，第 237 页。

37. 有关图哈切夫斯基的作战设想的讨论，请参见帕迪·格里菲斯（Paddy Griffith）著，《勇往直前：从滑铁卢到近未来的战术》（*Forward into Battle: Fighting Tactics from Waterloo to the Near Future*，加利福尼亚州纳瓦托Presidio，1990 年），第 131 页，以及罗伯特·M. 奇蒂诺著，《国防军：第一部·折戟沉沙，1942 年德军历次战役》（*Death of the Wehrmacht: The German Campaigns of 1942*，劳伦斯：University Press of Kansas，2007 年），第 289—290 页。

38. 例如，请参见布劳恩（Major M. Braun）少校著，《俄军 1936 年秋季演习中关于战车及飞机运用的思想》（*Gedanken über Kampfwagen- und Fliegerverwendung bei den russischen Herbstmanövern 1936*），《军事周刊》第 121 辑，第 28 期（1937 年 1 月 22 日），第 1589—1592 页。另见美国驻莫斯科使馆武官菲利普·费蒙维尔中校（Lieutenant Colonel Philip R. Faymonville）关于苏军 1935 年在基辅进行的军事演习的报告，此次演习中实施了一次 500 人的空降，随后一支"强大的快速坦克分队"攻击了这些伞兵。戴维·格兰茨著，《观察苏军：20 世纪 30 年代驻东欧的美国武官们》（*Observing the Soviets: U.S. Army Attachés in Eastern Europe During the 1930s*），《军事历史期刊》第 55 辑，第 2 期（1991 年 4 月），第 153—183 页，尤其是第 163—165 页。

39. 见戴维·格兰茨著，《1936 年以来的苏军战役艺术：机动战的胜利》（*Soviet Operational Art since 1936: The Triumph of Maneuver War*），收录于克劳斯和菲利普斯编，《从历史角度看战役艺术》，第 247—248 页。

40. 关于"一步都不得后退"命令的讨论，见罗伯特·M. 奇蒂诺著，《国防军：第一部·折戟沉沙，1942 年德军历次战役》，第 173—174 页。

41. "政工干部们不再插手士气和宣传以外的事务，就连斯大林也开始把下属当作专家来信任。"戴维·格兰茨和乔纳森·豪斯著，《巨人的碰撞：一部全新的苏德战争史》（*When Titans Clashed: How the Red Army Stopped Hitler*，劳伦斯：University Press of Kansas，1995 年），第 288 页。

42. 瓦格纳著，《南方集团军群》，第 201 页。

43. 英语世界的历史学家对德军失败的城堡行动趋之若鹜，相比之下苏军代号为"库图佐夫"的成功作战获得的关注却少得可怜。论述德军对库尔斯克的进攻的专著足有两位数之多，而库图佐夫行动连一本学术专著都没有。我们很容易列举历史学家们的理由：美国学术界缺少懂俄语的人才，存在认同德军的倾向，查阅俄语资料和档案也很困难。关于苏德战争的德方观点在西方被普遍采纳，导致大部分关于库尔斯克战役的专著只写到 7 月 13 日希特勒决定停止进攻为止。例如，可参见马丁·凯丁著，《虎式坦克在燃烧》（*The Tigers Are Burning*，纽约：Hawthorn，1974 年）；小沃尔特·邓恩著，《库尔斯克：1943 年希特勒的豪赌》（*Kursk: Hitler's Gamble, 1943*，康涅狄格州韦斯特波特：Praeger，1997 年）；马克·希利著，《库尔斯克 1943》（*Kursk, 1943*，康涅狄格州韦斯特波特：Praeger，2004 年）；以及劳埃德·克拉克（Lloyd Clark）著，《坦克大战：库尔斯克 1943》（*The Battle of the Tanks: Kursk, 1943*，纽约：Atlantic Monthly，2011 年）。就连通常很可靠的厄尔·齐姆克的《从斯大林格勒到柏林：德军在东线的失败》（*Stalingrad to Berlin: The German Defeat in the East*，华盛顿哥伦比亚特区：Center of Military History，1987 年）对库图佐夫行动也是只用了短短几页篇幅一笔带过（见第 136—142 页）。寻找资料的学者不得不先从一些关于苏德战争或库尔斯克战役的二手作品看起，其中最好的用了一个或两个章节论述苏军对奥廖尔和别尔哥罗德—哈尔科夫的进攻。例如，可参见什捷缅科（S. M. Shtemenko）具有重大影响的作品《战争年代的总参谋部》（*The Soviet General Staff at War, 1941–1945*，莫斯科：Progress Publishers，1981 年）；约翰·埃里克森（John Erickson）著，《通往柏林之路：斯大林对德战争史续编》（*The Road to Berlin: Continuing the History of Stalin's War with Germany*，科罗拉多州博尔德：Westview Press，1983 年），它用了一章来叙述"打破均势：库尔斯克及其后续"（Breaking the Equilibrium: Kursk and Its Aftermath）（第 87—135 页）；戴维·格兰茨和乔纳森·豪斯著，《库尔斯克会战》（*The Battle of Kursk*，劳伦斯：University Press of Kansas，1999 年），第 225—240 页；以及戴维·格兰茨著，《第二次世界大战期间的苏联军事战略（1942 年 11 月—1943 年 12 月）：再评价》[*Soviet*

Military Strategy during the Second Period of War (November 1942 – December 1943): A Reappraisal],《军事历史期刊》第 60 辑，第 1 期（1996 年 1 月），第 115—150 页。杰弗里·朱克斯著，《库尔斯克：1943 年 7 月的坦克大战》(*Kursk: The Clash of Armor, July 1943*，纽约：Ballantine，1969 年）对库图佐夫行动的描写很不错，巴尔比耶著，《库尔斯克：规模最大的坦克战，1943 年》(*Kursk: The Greatest Tank Battle, 1943*，明尼苏达州圣保罗：MBI，2002 年）也是如此。关于这场战役复杂的史料编纂，见鲍里斯·索科洛夫著，《库尔斯克、奥廖尔与哈尔科夫之战：战略意图与结果：对苏方历史的批判观点》(*The Battle for Kursk, Orel, and Char'kov: Strategic Intentions and Results: A Critical View of the Soviet Historiography*），收录于弗尔斯特编，《第二次世界大战的转折？》，第 69—88 页。德国方面的必要史料是格热本著，《第 2 装甲集团军和第 9 集团军 1943 年 7 月 5 日至 8 月 18 日在奥廖尔突出部的战斗》。该报告的英译本见牛顿编，《库尔斯克》，第 97—119 页。

44. 格兰茨和豪斯著，《库尔斯克会战》，第 230 页。

45. 出处同前。如此庞大的数字是很难做到精确统计的。见《德国与第二次世界大战》，第 2 部分，弗里泽尔著，《库尔斯克突出部的战斗》，第 8 卷第 174 页，其中认为"布良斯克方面军和西方面军左翼"共有 561111 人。

46. "与此同时第 2'装甲集团军'这个番号也成了唬人的把戏，因为该集团军（除了后方的预备队）已经一辆坦克都没有了。"《德国与第二次世界大战》，第 2 部分，弗里泽尔著，《库尔斯克突出部的战斗》，第 8 卷第 174 页。

47. 格兰茨和豪斯著，《库尔斯克会战》，第 232 页。

48. 盖世太保在以叛国（Landesverrat）的罪名逮捕施密特将军的兄弟时，发现了出自施密特将军之手的几封信件，"其中非常尖锐地批评了元首"。见许尔特著，《希特勒的陆军司令》，第 602—603 页。

49. 关于梅赫伦事件，见让·范维尔肯休森（Jean Vanwelkenhuyzen）著，《1940 年 1 月的危机》(*Die Krise vom Januar 1940*），《国防科学评论》第 5 辑，第 2 期（1955 年 2 月），第 66—90 页。

50. 关于导致第 23 装甲师师长（汉斯·冯·博伊内堡 - 伦斯费尔德将军）和第 40 装甲军军长（格奥尔格·施图姆将军）在 1942 年蓝色行动前夕被解职的施图姆事件，见罗伯特·M. 奇蒂诺著，《国防军：第一部·折戟沉沙，1942 年德军历次战役》，第 164—165 页。

51. 关于苏军这次进攻中的炮兵集中度，见《德国与第二次世界大战》，第 2 部分，弗里泽尔著，《库尔斯克突出部的战斗》，第 8 卷第 175 页，其中给出的数字是每千米 200 门炮［"大炮和迫击炮（Geschütze und Granatwerfer）"］，相比之下德国守军每千米只有 2 门炮。

52. 格热本著，《第 2 装甲集团军和第 9 集团军 1943 年 7 月 5 日至 8 月 18 日在奥廖尔突出部的战斗》，第 15 页；牛顿编，《库尔斯克》，第 108 页。

53. 格兰茨和豪斯著，《库尔斯克会战》，第 234 页。

54. 见第一手史料：洛塔尔·伦杜利克（Lothar Rendulic）著，《1943 年 7 月奥廖尔之战：主要突击方向的选择与集结》(*Die Schlacht von Orel, Juli 1943: Wahl und Bildung des Schwerpunktes*），《奥地利军事杂志》第 1 辑，第 3 期（1963 年），第 130—138 页。

55. 格兰茨和豪斯著，《库尔斯克会战》，第 234 页。

56. 关于莫德尔在奥廖尔战役中的巧妙指挥，见斯蒂芬·牛顿著，《希特勒的指挥官：希特勒的心腹爱将瓦尔特·莫德尔元帅》(*Hitler's Commander: Field Marshal Walther Model—Hitler's Favorite General*，纽约：Da Capo，2006 年），第 255—262 页，以及《德国与第二次世界大战》，第 2 部分，弗里泽尔著，《库尔斯克突出部的战斗》，第 8 卷第 186 页："人们对于莫德尔一直有着'纳粹将军'的刻板印象，认为他是会毫不犹豫地执行希特勒的命令的人，现在看来需要打破这一成见了。"关于莫德尔的生平概况，还可参见马塞尔·斯坦尔著，《瓦尔特·莫德尔元帅：传说与真相》（ *Generalfeldmarschall Walter Model: Legende und Wirklichkeit*，比森多夫：Biblio，2001年）。

57. 牛顿著，《希特勒的指挥官》，第258—259页。

58. 霍伊辛格著，《冲突中的司令部》，第266页。

59. 关于向哈根阵地的撤退，见《德国与第二次世界大战》，第2部分，弗里泽尔著，《库尔斯克突出部的战斗》，第8卷第186—187页。

60. 齐姆克著，《从斯大林格勒到柏林》，第139页。

61. 这包括5个装甲师、3个装甲掷弹兵师和11个步兵师。《德国与第二次世界大战》，第2部分，弗里泽尔著，《库尔斯克突出部的战斗》，第8卷第188页。

62. 梅林津著，《坦克战》，第291页。

63. 瓦尔特·布斯曼著，《库尔斯克—奥廖尔—第聂伯河：第46装甲军军部在"城堡行动"期间的经历与体会》，《当代历史季刊》第41辑，第4期（1993年10月），第515页。

64. 格兰茨和豪斯著，《库尔斯克会战》，第240页。

65. 关于双方的伤亡，见《德国与第二次世界大战》，第2部分，弗里泽尔著，《库尔斯克突出部的战斗》，第8卷第188页。索科洛夫著，《库尔斯克、奥廖尔与哈尔科夫之战》给出的苏联红军在库图佐夫行动中的伤亡数字是86万人，大约是官方承认数字的两倍，这也反映了当前后苏联时代史学的一种趋势。

66. 这一观察结论是第9集团军司令瓦尔特·莫德尔元帅在勒热夫突出部战斗之后得出的。转引自戴维·格兰茨著，《朱可夫的最大失败：1942年红军在火星行动中的史诗级惨败》（ *Zhukov's Greatest Defeat: The Red Army's Epic Disaster in Operation Mars, 1942*，劳伦斯：University Press of Kansas，1999年），第301页。

67. 格兰茨著，《苏联军事战略》，第143—145页。关于这些战役的发动顺序，见埃里克森著，《通往柏林之路》，第113—135页。

68. 此人就是总参谋长华西列夫斯基元帅（Marshal A. M. Vasilevsky），转引自格兰茨著，《苏联军事战略》，第145页注释34。

69. 格兰茨著，《苏联军事战略》，第145页。

70. 这也是华西列夫斯基的话，转引自同一出处。

71. 关于对库尔斯克战役以后南方战线局势的总体观点，见瓦格纳著，《南方集团军群》，第245—254页。

72. 曼斯坦因著，《失去的胜利》，第509页。

73. 出处同前。

74. "我们是在和一条九头蛇对抗，每砍掉它一个头，它似乎就会再长出两个头来。"出处同前，第509、514页。

75. 出处同前，第510页。

76. 关于塞德利茨的这段故事，见罗伯特·M.奇蒂诺著，《德式兵法：从三十年战争到第三帝国》（ *The German Way of War: From the Thirty Years' War to the Third Reich*，劳伦斯：University Press of Kansas，2005年），第100页。克里斯托弗·达菲（Christopher Duffy）著，《腓特烈大帝的军事生涯》（ *Frederick the Great: A Military Life*，伦敦：Routledge and Kegan Paul，1985年），第167页指出，这个故事在1797年才首次出现，此时塞德利茨已经去世多年。

77. 曼斯坦因著，《失去的胜利》，第516—517页。

262

78. 关于对米乌斯河防线的进攻，见埃里克森著，《通往柏林之路》，第 115—116 页。

79. 关于德军的防御，见马丁·弗兰克（Martin Francke）的德文报告的英译本，《第 6 集团军防守米乌斯河防线》（*Sixth Army Defends the Mius River Line*），收录于牛顿编，《库尔斯克》，第 305—349 页。弗兰克是负责记录第 6 集团军的战争日记的参谋军官。

80. "disastrous" 是曼斯坦因的《失去的胜利》英文版第 452 页的用词；曼斯坦因自己在德文版的《失去的胜利》中第 516 页用的词是 "verhängnisvoll"。

81. 鲁缅采夫行动和库图佐夫行动一样，在英语史书中几乎不见踪影。上文注释 43 中列出的所有资料也可用于此战的参考。不过，有些关于此战的资料也近似于专著了：戴维·格兰茨著，《从顿河到第聂伯河：1942 年 12 月—1943 年 8 月苏军的进攻作战》（*From the Don to the Dnepr: Soviet Offensive Operations, December 1942 - August 1943*，伦敦：Frank Cass，1991 年），第 215—365 页的一章 "鲁缅采夫将军" 行动：1943 年 8 月别尔哥罗德—哈尔科夫作战》（*Operation 'Polkovodets Rumyantsev': The Belgorod-Khar'kov Operation, August 1943*）。格兰茨一如既往，在大量参阅苏方档案资料的基础上提供了审慎而详细的记述，该书目前仍是任何需要了解鲁缅采夫行动的历史学者的首选资料。另见格兰茨和豪斯著，《库尔斯克会战》，第 241—254 页；《德国与第二次世界大战》，第 2 部分，弗里泽尔著，《库尔斯克突出部的战斗》，第 8 卷第 190—200 页；什捷缅科著，《战争年代的总参谋部》，第 235—255 页。

82. 格兰茨和豪斯著，《库尔斯克会战》，第 241 页。

83. 什捷缅科著，《战争年代的总参谋部》，第 243—244 页。

84. 格兰茨和豪斯著，《库尔斯克会战》，第 246 页。

85. "这两支德军重兵集团之间的空隙截至 8 月 7 日夜间已经扩大至 50 千米以上。"《德国与第二次世界大战》，第 2 部分，弗里泽尔著，《库尔斯克突出部的战斗》，第 8 卷第 193 页。

86. 这一指挥人员变更得到了曼斯坦因的证实（《失去的胜利》，第 519 页）。见《德国与第二次世界大战》，第 2 部分，弗里泽尔著，《库尔斯克突出部的战斗》，第 8 卷第 197—198 页的讨论。

87. 埃里克森著，《通往柏林之路》，第 124 页。

88. 曼斯坦因著，《失去的胜利》，第 526 页。

89. 库班战役中一支几乎被孤立的国防军部队在潟湖和丛林之间苦战，史书中几乎找不到这场战役的踪迹。不过，目前有两本有用的专著，它们分别是：沃尔夫冈·皮克特（Wolfgang Pickert）所著的《从库班桥头堡到塞瓦斯托波尔：第 17 集团军中的高炮部队》（*Vom Kuban-Brückenkopf bis Sewastopol: Flakartillerie im Verband der 17. Army*，海德堡：Scharnhorst Buchkameradschaft，1955 年）和弗里德里希·福斯特迈尔（Friedrich Forstmeier）著，《1943 年秋从库班桥头堡撤离的行动》（*Die Räumung des Kuban-Brückenkopfes im Herbst 1943*，达姆施塔特：Wehr und Wissen Verlagsgesellschaft，1964 年）。顾名思义，前者主要描写防空部队的活动，而后者对整场战役做了有一定细节的分析。这场战役在战时德国大后方的宣传中曾被大肆宣扬，给人的印象是这些身处偏远的异国他乡的士兵显然顶住了苏军的进攻。请参见格特·哈贝丹克（Gert Habedanck）著，《在库班桥头堡》（*Im Kuban Brückenkopf*），《国防军》第 7 辑，第 9 期（1943 年 4 月 28 日）的第 10—11 页；格特·哈贝丹克著，《库班桥头堡中的弗洛雷斯库据点》（*Stutzpunkt Florescu im Kuban Brückenkopf*），《国防军》第 7 辑，第 10 期（1943 年 5 月 12 日）的第 6—7 页；格特·哈贝丹克著，《在新罗西斯克附近的丛林中》（*In den Dschungeln bei Noworossijsk*），《国防军》第 7 辑，第 11 期（1943 年 5 月 26 日）的第 4—5、14 页《罗马尼亚军：在库班的战友》（*Rumänen: Kameraden am Kuban*），《国防军》第 7 辑，第 11 期（1943 年 5 月 26 日）的第 22 页；《新罗西斯克以南的中间地带》（*Niemandsland Noworossijsk-Süd*），《国防军》第 7 辑，第 12 期（1943 年 5 月 9 日）的第 10 页；《库班的高射炮》（*Flak am Kuban*），《国防军》第 7 辑，第 13 期（1943 年 6 月 12 日）的第 6 页冯·克贝尔（von Koerber）著，《潟湖中寂静的据点》（*Schweigestützpunkt*

in den Lagunen)，第一部分，《国防军》第 7 辑，第 18 期（1943 年 9 月 1 日）的第 10—11 页冯·克贝尔著，《潟湖中寂静的据点》，第 2 部分，《国防军》第 7 辑，第 21 期（1943 年 10 月 13 日）的第 10—11 页。

90．瓦格纳著，《南方集团军群》，第 245 页。

91．有关向第聂伯河撤退的作战细节，见罗尔夫·欣策（Rolf Hinze）著，《战斗考验：德国在乌克兰的防御战，1943—1944》(*Crucible of Combat: Germany's Defensive Battles in the Ukraine, 1943‐44*，索利哈尔：Helion，2009 年），第 26—146 页。

92．埃里克森著，《通往柏林之路》，第 127 页。

93．伊万·雅库鲍夫斯基（Ivan Yakubovsky）著，《解放基辅》(*The Liberation of Kiev*)，收录于《希特勒的败仗：东线俄国将领关于第二次世界大战的第一手记述》(*Battles Hitler Lost: First-Person Accounts of World War Ⅱ by Russian General on the Eastern Front*，纽约：Richardson & Steirman，1986 年），第 101 页。

94．梅林津著，《坦克战》，第 318 页。

95．曼斯坦因著，《失去的胜利》，第 523 页。

96．要了解对这些论点的论证，请参见贝恩德·魏格纳著，《战略的终结：斯大林格勒之后德国的政治与军事形势》，收录于弗尔斯特编，《第二次世界大战的转折？》，第 211—227 页。

第七章
凯塞林的战争：1943 年，意大利

拉斯滕堡的一天：1943年9月8日

在战争中有些参谋部的运转要好于其他参谋部。一些参谋部以高超的效率工作着，所有人都时不时地走进自己的办公室埋头苦干，而另一些参谋部则处于完全瘫痪的状态。在这最后一章里，让我们前往"狼穴"一看究竟——这是阿道夫·希特勒设在拉斯滕堡的军事指挥部，隐藏于草木繁茂的东普鲁士阴凉的树林中。如今拉斯滕堡已经更名为肯琴（Kętrzyn），位于波兰东北部。

"多么糟糕的一天啊！"[1] 作战处长叹了一口气，"不……多么糟糕的一个星期啊！"

东边的局势正在分崩离析。俄国人——der Russe——正在进军，前线的每一支德国军队都陷入了困境。现在是应该撤退的时候，应该实施机动作战——Bewegliche Kriegführung，这是他们现在的叫法。不能用"撤退"这个字眼——那不对希特勒的胃口，他只知道不惜一切代价死守！坚持到底！战斗到最后一兵一卒！但是现在这些都是空话，只不过是口号（Schlagworte）而已。

然后，还有意大利。现在盟军无论哪一天都有可能登陆。所有人都有这种预感。但是那又如何？意大利人会战斗吗？虽然来自那个国家的报告都很简略，但是反映出的情况却令人揪心。

作战处长长叹一声。这是难熬的一个星期，现在该做出一些艰难的决定了，

266

关于俄国、意大利、战争，以及他自己的事业。他近来给妻子写了一些信，里面全是丧气话。他在写信的时候感到很难过，但是他总得找人倾诉。

当一切都在崩溃的时候，他们都在干什么？霍伊辛格低头看了看自己在日记中的潦草记录，不过他在看之前就已经知道答案了。"坐飞机。"他暗自思忖，这就是他们都在干的事。在上个星期，曼斯坦因就坐飞机来拉斯滕堡和元首进行协商，在他离开的时候，克鲁格也来了。然后，等到讨论结束，元首又坐飞机去了前线：9月3日去了文尼察，几天以后又去了扎波罗热。

问题在于，当希特勒离开拉斯滕堡的时候，什么事都没干成。

更大的问题是，霍伊辛格苦笑了一下：当希特勒回来的时候，也是什么事都没干成。

霍伊辛格回想起了那天的事情。当麻烦事就像潮水一样在周围越堆越高时，他却在拉斯滕堡无聊地坐了五个小时，观看一场新式武器装备的演示会。当然，希特勒很喜欢这种演示会，他常在会上信口开河地谈论武器规格，抛出各种重量和产量数字。他几乎被一种装在老式的捷克造坦克底盘上的自行火炮迷得神魂颠倒[2]，接着又对一些新设计的防毒面具产生了浓厚兴趣——这是希特勒能说出些个人体验的东西：他滔滔不绝地说起了1917年在西线发生的事。最后，会上又展示了一种新式的100吨重的坦克的比例模型[3]，大家又围绕它讨论了很久。听到后来霍伊辛格已经很难忍住不打哈欠了，会议室里的其他许多人也一样。拉斯滕堡的时间真是难熬。

凯特尔冲进来的时候是深夜还是凌晨？霍伊辛格已经记不清了。美英联军已经在萨勒诺登陆，意大利人与西方列强达成了休战协议，这意味着轴心国的末日。凯特尔带来的消息仿佛在房间里引爆了一颗炸弹：大家顿时乱作一团，每个人都同时发出了惊叫，希特勒更是在咆哮，他在盛怒之下面容扭曲，威胁要把巴多格里奥和意大利国王都抓起来，甚至枪毙他们。"我告诉过你们，可是没人相信我。"希特勒号叫着说，"我告诉过你们！"[4]

多年以后，这番情景在霍伊辛格的记忆中依然鲜明宛如昨天。这是战争进行到那个时候的典型参谋会议：五个小时的无聊透顶，然后就是五分钟的癫狂。回首往事时霍伊辛格不禁想道：他们就不能用那浪费的五个小时做些更好的事吗？

虽然相关的刻板印象和陈词滥调早已深入人心，但其实德国输掉第二次世界大战并不是阿道夫·希特勒一个人的责任——除非我们认为一开始发动战争就是至关重要的错误。希特勒变幻无常的领导作风当然对德国没有好处，可是在战争中每时每刻他的身边都站着一群训练有素的参谋军官，一边忍着哈欠，一边浪费时间。

登陆：又是震撼世界的9天

继西西里战役获胜后，盟军又发起了对意大利本土的登陆战。[5] 虽然美军高层对这些计划又一次缺乏热情，但是这场战役却在事实上是不可避免的，原因不外乎最初使同盟国军队来到北非，随后又前往西西里的那些因素：他们在那年冬天不可能去其他任何地方与德军交战。策划人员可能还盯上了位于意大利南部福贾（Foggia）的现代化航空基地——如果盟军的轰炸机能从福贾起飞，那么前往罗马尼亚普洛耶什蒂（Ploesti）的油田的距离就会大大缩短，而这些油田是支持德国战争活动的重要支柱。最后，同盟国已经与新上台的巴多格里奥政府就意大利投降的事宜展开了深入谈判。如果意大利看准时机投降，甚至决定改换阵营，那么登陆过程中也许不会发生多少战斗，同盟国军队可以十分迅速地取得巨大战果。

在德军总司令部看来，9月肯定恍如7月的重演。我们已经考察过了从7月5日到7月13日那灾难性的9天，德军各种累积和潜在的问题似乎就在那段短短的时间里全部爆发。而9月的最初几天将会更加可怕，又有一批错综复杂、令人头疼的事件像雪崩一样一下子砸到了德国军方策划人员的头上。和第一次的9日危机一样，这第二次的危机再次证明了这场全球战争中各条战线的相互关联有多深。

9月初是一段特别紧张的时期。无论是对彼得罗·巴多格里奥元帅领导的意大利新政府，还是对这位元帅关于意大利将会继续充当第三帝国忠实盟友的反复声明，希特勒都没有任何信任。整个8月里德军一直在向意大利调兵遣将，到月底时已经有大约16个师进入这个国家，分别属于意大利北部埃尔温·隆美尔元帅的B集团军群和意大利南部阿尔贝特·凯塞林元帅的南线总司令部。[6] 如此庞大的军事力量，表面上是为了在同盟国的入侵威胁下保护德国的盟友，实际上已经近似于军事占领。

在了解了这一背景之后，让我们再来观察一段微观历史——虽然它在这场漫长而血腥的战争中只是短短一瞬。对德军而言，9 月初交杂着各种他们已经知晓、尚未知晓和有所怀疑的事件。

9 月 1 日，星期一。同盟国与意大利之间关于投降的谈判已经在西西里的卡西比莱持续了两个星期，此时显然出现了突破性进展。[7] 巴多格里奥政府电告同盟国，表示自己同意停战协定中的条款。虽然德国人知道意大利人的背叛行动正在酝酿之中，但并不清楚其范围和确切性质。[8]

9 月 2 日，星期二。意大利首席谈判代表朱塞佩·卡斯泰拉诺将军（General Giuseppe Castellano）飞回卡西比莱，与他的谈判对手——德怀特·艾森豪威尔将军的参谋长沃尔特·比德尔·史密斯将军（General Walter Bedell Smith）会晤。

9 月 3 日，星期三。分别指挥着南方集团军群和中央集团军群的埃里希·冯·曼斯坦因元帅与金特·克鲁格元帅飞赴拉斯滕堡讨论东线的灾难性局势，并敦促希特勒做出决定：要么向东线派遣增援，要么允许他们两人重新实施机动作战——言下之意就是实施撤退。希特勒犹豫不决，他似乎也意识到东线的局势已经难以维持，但是在这个紧要关头他却抽不出哪怕一个师来进行增援。而且几个星期以来一直有人警告他，地中海方向将会有大事发生。

同日。地中海方向果然出了大事。同盟国军队在意大利登陆。英国第 8 集团军在蒙哥马利将军的指挥下发起了湾城行动，从西西里越过狭窄的墨西拿海峡，来到亚平宁半岛靴尖处的卡拉布里亚省。

同日。史密斯与卡斯泰拉诺在使意大利退出战争的停战协定上签字。双方计划在 9 月 8 日将这一协定公之于众，而盟军计划于协定公布的次日在那不勒斯以南不远的萨勒诺登陆。美国第 82 空降师的伞兵则准备执行"巨人二号行动"（Operation Giant II），在罗马城外实施空降，以求与意大利军队里应外合，在意大利投降之时就解放它的首都。[9]

9 月 5 日，星期五。希特勒此时已经确信意大利准备投降，他向凯塞林元帅下达了指示，要求他在意大利的部队做好应对任何紧急情况的准备。此外，隆美尔的部队也要在北方做好类似的作战准备。而且，两人都准备执行轴心行动，也就是要在意大利投降时实施的武力措施。德军的航空侦察发现，北非沿海的盟军登陆船只正在进行大规模调动。

9 月 7 日，星期日。希特勒起草了给巴多格里奥元帅的最后通牒，内容是要求意大利停止一切反德活动（希特勒准备在9月9日把这份最后通牒交给意大利人）。德军的航空侦察发现，一支庞大的盟军船队正在从突尼斯的比塞大出发。虽然不知道这支船队的准确目的地是哪里，但是显然为卡拉布里亚的英国第8集团军提供支援的舰队不可能有这么大的规模。也就是说，盟军将要在其他地点实施一次大规模登陆。

9月8日，星期一。巴多格里奥临阵退缩。由于"德国军队在罗马地区的部署和实力"，他决定拒绝接受与同盟国达成的原协议。[10] 他担心德军以暴力手段接管整个意大利。

同日。元首飞赴东线，在扎波罗热的南方集团军群司令部与曼斯坦因商议。在经过一番激烈的讨价还价之后，希特勒同意南方集团军群后撤至第聂伯河，同时撤出库班桥头堡的守军。

同日。由于盟军的运兵船已经在驶向意大利南部萨勒诺的海滩，艾森豪威尔不能再等待了。按计划他和巴多格里奥应该同时通过电台宣布意大利投降，但是巴多格里奥方面一直杳无音信。下午6:30，艾森豪威尔按预定时间通过阿尔及尔广播电台宣布"意大利政府已经命令其武装力量无条件投降"，并呼吁意大利人民"协助盟军将德国侵略者赶出意大利国土"。[11] 等待了10分钟以后，在仍未听到巴多格里奥方面任何消息的情况下，艾森豪威尔下令用英语广播这位元帅的声明。

同日。在经过意大利政府内部一天的来回折腾和激烈辩论之后，巴多格里奥终于在下午7:45（比原计划晚了一个小时）通过罗马广播电台宣布，由于"面对敌方具有压倒性优势的实力，这场不对等的战争无以为继"，意大利正式投降。[12] 在做完这件事以后，意大利政府就从罗马逃之夭夭。而凯塞林也发出了暗语"轴心"，轴心行动就此开始。

同日。第82空降师的炮兵指挥官马克斯韦尔·泰勒将军（General Maxwell Taylor）秘密潜入罗马。由于对自己看到的意大利军队的准备情况并不满意，他决定取消巨人二号行动，此时距离计划中的行动时间只剩下了几个小时。事实上，载着伞兵的飞机已经开上了跑道。

9月9日，星期二。希特勒回到拉斯滕堡。英军执行了闹剧行动，即从海上登陆亚平宁半岛靴跟处的阿普利亚，夺取重要港口塔兰托（Taranto）。

同日。美国第5集团军在马克·克拉克将军的指挥下登上了意大利西海岸位于那不勒斯以南不远处的萨勒诺。雪崩行动已经开始。

这场战争的复杂程度再次令我们感到震惊。众多的不确定因素，确实应该令任何对战时决策过于苛求的历史学家三思。许多现在我们看来一清二楚的事情，在发生的当时却完全是晦暗不明的。

虽然历史学家能够查阅所有战时当事人留下的档案记录，能够详尽无遗地复现任何一方在任何时刻的思考，但这种无所不知的本领却是"虚假"且可能有碍于我们理解历史事件的。要知道，所有历史人物在当时看到的只是一个个问题：克鲁格应该再得到几个师的增援吗？曼斯坦因又该得到多少增援呢？这些师能从哪里来？意大利人的态度究竟如何？从比塞大出发的那支盟军大舰队究竟要去哪里？

由于各条战线相互关联性进一步提高到了相当复杂的程度，第二次世界大战再一次证明了伟大的普鲁士统帅赫尔穆特·冯·毛奇的智慧，他曾有一句将战略称为"由权宜之计组成的体系"（ein System von Aushilfen）的名言。在 1871 年的论文《论战略》（*Über Strategie*）中，赫尔穆特·冯·毛奇是这样说的：

只有外行才会觉得进行一场战役需要始终如一地执行某种原创想法，指挥官在事先就想好了所有细节，而且坚定地把计划执行到底。[13]

换句话说就是，指挥官只能随着战役的进行尽其所能应对各种意外。当形势发生变化时，计划也必须改变。这就是普鲁士以及后来的德意志式战争之道的基石之一：指挥的灵活性。[14]

在这场战争中，几乎每天都会发生令策划人员大吃一惊的事件。在某些时期，例如 7 月初或 9 月初，每个小时似乎都会产生新的危机，发生像意大利投降或雪崩行动这样影响巨大的事件，每一个这样的事件本身都会产生不计其数的学术研究文献。最优秀的策划者能够制定出可行的应急方案加以应对，而不如他们的人只能一筹莫展。只是，任何人都不曾具备将第二次世界大战的战局全程纳入股掌之中的本领。

轴心行动

毛奇还有过另一些著名的论断。在他执笔的《1870 年战争史》（*Geschichte des Krieges 1870*）中，他宣称：

总有人相信可以提前很久制定出战役计划，然后将它贯彻到底，然而这只是一种错觉。部队与敌军主力的第一次冲突，以及这次冲突的结果，必然造成新的形势（Lage）。[15]

这段论述通常在军事论述中被简化为"没有一个作战计划在己方与敌人接触后还能保持有效"，它已成为这部经典中被引用得最多的格言之一。虽然简化版通常省略了重要的修饰语"与敌军主力的第一次冲突"（der erste Zusammenstoss mit der feindlichen Hauptmacht），但它仍然能作为一条普适的自明之理，提醒指挥官"敌人对战局如何发展具有一定的发言权"。这段名言的唯一问题是，它并不完全正确。在有些时候——虽然很罕见，但确实有这样的时候——计划会准确地按照制定者的意图执行，其成功程度甚至会超越他们最狂野的梦想。国防军在这场战争中已经有过几次这样的经历：例如，1940年的黄色方案[16]，或者1941年攻略南斯拉夫的25号作战。[17]此外，还有一次异常成功的作战就是轴心行动。在任何作战中，都会有许多事情取决于敌人的态度。有些敌人会拼尽全力战斗，有些敌人会进行不失体面的抵抗，还有些敌人则会彻底消失。面对轴心行动，意大利军队大多选择了第三种态度。

轴心行动理应得到学术界比目前更多的关注。这场作战规模庞大、纷繁复杂，几乎在任何环节都可能出错。哪怕只是不经意地扫一眼作战计划，都能看出许多可能导致计划破产的地方。不仅如此，轴心行动还是一次史无前例的行动。军事史上从未有过这样的作战：对昔日的盟友发动凶残且血腥的突击，并可能造成数以万计的伤亡。也许只有古往今来最残酷无情的军事集团之一，曾经在战争中处决过数以万计的自家士兵的德国国防军才能如此有效地执行它。

德军在意大利有两个集团军群。隆美尔指挥的B集团军群位于上意大利，指挥部设在加尔达（Garda）。虽然番号是集团军群，但隆美尔的部队在本质上只相当于一个小集团军，下辖八个师，而它们又组成了四个军：维特赫夫特军（第44和第71步兵师）、第87军（第76和第94步兵师）、党卫军第2装甲军（党卫军"阿道夫·希特勒警卫旗队"装甲掷弹兵师和第24装甲师），以及第51山地军（第65和第305步兵师，9月时尚未全部抵达）。隆美尔的任务是凭借这支规模相对不大的部队解除至少三个意大利集团军的武装。这些部队包括意大利第8集团军，指挥部设在帕多瓦（Padua），下辖第23、24和35军；第5集团军，指挥部设在维泰博（Viterbo），下辖第 2 军和第 16 军；第 4 集团军，指挥部设在法国南部的索斯佩勒（Sospel），下辖第 1、12 和 15 军。德国第 19 集团军的部队也将参与解除意大利第 4 集团军武装的任务，该部此时正作为 D 集团军群的一部分驻扎在当地。[18]

德军在意大利的第二个重兵集团是凯塞林的南线总司令部。凯塞林将手下的八个师编成了三个军：第 11 空降军位于罗马一带，下辖第 2 伞兵师和第 3 装甲掷弹兵师；第 14 装甲军位于那不勒斯地区，下辖第 1 伞兵装甲师"赫尔曼·戈林"、第 15 装甲掷弹兵师和第 16 装甲师；第 76 装甲军位于遥远的南方，下辖第 26 装甲师、第 29 装甲掷弹兵师和第 1 伞兵师。凯塞林的任务同样艰巨：解除罗马周边，及罗马以南地区的意大利军队的武装。凯塞林最担心的就是罗马周边地区，因为在那里有意大利装备最精良的重装部队：Corpo d'Armata motocorazzato（字面意思是"摩托化军团"，但是德方资料通常十分合理地将其称为"装甲军"）——下辖"半人马"装甲师、"公羊"装甲师、"皮亚韦"摩托化步兵师以及"撒丁掷弹兵"步兵师。此外还有第 17 军（下辖"皮亚琴察"摩托化步兵师、"国王"步兵师、"托斯卡纳之狼"步兵师、第 220 海防师和第 221 海防师），以及罗马军团（Corpo d'Armata de Roma，下辖"萨萨里"步兵师、"波德戈拉"轻装步兵师和一个装甲步兵团）。再往南还有指挥部设在波坦察（Potenza）的意大利第 7 集团军（下辖第 9 军、第 19 军和第 31 军）。[19] 此外，凯塞林还要负责将科西嘉、撒丁和厄尔巴（Elba）岛上的意大利部队缴械。虽然，凯塞林在科西嘉岛上有"党卫队全国领袖"旅，在撒丁岛上有第 90 装甲掷弹兵师[20]，但是这些地方的德军人数同样处于严重劣势，因为意大利人在撒丁岛上有两个军（第 13 军和第 30 军），在科西嘉岛上有一个军（第 7 军）。至于厄尔巴岛，那里只有意大利人的一个海防团以及一些守备部队——合计约 6000 人。不过，德军在这个美丽的小岛上派驻的部队仅有 80 人，这种巨大的数量差距，显然让他们不会觉得很安心。[21] 而且，我们可以认为意大利境内的所有国防军部队都是这种心态。没有一份德方档案显示有任何人对轴心行动的顺利实施抱有特别强的信心。相反，在整个行动中，德方始终处于极度惊恐的状态之中，尤其是在盟军即将登上某处意大利海滩的情况下。虽然凯塞林、隆美尔和其他人都认为自己能够对付意大利人，面对盟军或许也能有不错的表现，但是没有人愿意同时做这两件事。

此外，还有最后一个不确定因素。虽然所有人都一致认为任务是将意军"解除武装"，但德语中的 Entwaffnung 却是一个定义不明的词语。在这场始于 9 月 8 日夜间的作战中，Entwaffnung 几乎意味着任何行动，从用坦克包围意军兵营并发出要求对方投降的宣告，到德意两军指挥官之间进行长时间的谈判，再到德军官兵对曾和自己在北非并肩作战的老战友动之以情。为了诱使保卫罗马的意军部队——"半人马"装甲师、"公羊"装甲师和"皮亚韦"摩托化步兵师——在 9 月 8 日放下武器，凯塞林运用了上述所有策略，因为这对于保证深陷于意大利南部的德军部队的交通线畅通至关重要。[22]

只是，这些行动不一定是和平进行的。第 3 装甲掷弹兵师快速拿下意大利首都的首次尝试在曼齐亚纳（Manziana）和蒙特罗西（Monterosi）就遭遇到了激烈抵抗，最终爆发战斗的地点遍布亚平宁半岛和各海岛：那不勒斯、巴列塔（Barletta）、蒙特罗通多（Monterotondo）和科西嘉。[23] 虽然战斗总体上是低烈度的，但在少数地方德意两军却大打出手。最值得一提的是希腊的凯法洛尼亚岛（Cephalonia），在那里胡贝特·兰茨将军指挥的德国山地兵不得不镇压"阿奎"师的激烈抵抗。当地的战斗一直持续到 9 月 21 日，在"阿奎"师兵败投降后，德军枪杀了数千名落入他们手中的意大利俘虏。[24]

国防军以最快的速度和最残忍的手法执行了整个作战计划——这正是它的标准做派。最初的轴心行动提议是一场相当理智的假想推演，旨在应对意大利投降时可能出现的问题。然而，此时希特勒已经宣布意大利的投降是背叛之举，他个人已经将愤怒的矛头直接指向了巴多格里奥和意大利国王维克托·伊曼纽三世（Victor Emmanuel Ⅲ）。[25] 于是原本很客观的作战研究蜕变为了一份资料中所说的"凶残的报复行动，满怀怨恨并带有突出的种族主义色彩"。[26] 也许在我们看来，凯塞林在各种照片和《德国新闻周报》纪录片中都以"微笑的阿尔贝特"的面目示人，但微笑可以掩盖许多情感。据说当时他曾对一个同僚吐露，凯塞林"对意大利人只剩下了恨意"[27]，他还把意大利的投降形容为"最卑鄙的背叛"和"背着我们与敌人媾和"。虽然凯塞林并不反对劝说意大利人继续与盟军作战，或者在他们拒绝时解除他们的武装，但是他的仁慈也就仅止于此了。"对待叛徒要毫不留情。"凯塞林如此命令，并督促他的部下在意大利"扫平"任何抵抗德国势力的人。希特勒很少在照片中露出笑容，因此任何人都不应该对他的愤怒更甚于凯塞林而感到意外。按照元首的想法，以巴多格里奥为核心的整个"叛徒集团"都应该被枪毙。[28]

在了解到轴心行动的实施过程后，我们很难不得出这样的结论：国防军是抱着一种不适宜的热情去执行命令的。如果德国军队是一个人，我们也许会有对他进行心理分析的冲动。这可能是一个移情的病例，患者把自己对无法真正伤害到的敌人的愤怒转移到了可以轻松打击的、无助的同伴身上。虽然数字并不容易统计，但可以确定的是德军在轴心行动中杀死的意大利军官和士兵数量应在7000—12000人左右，其中许多人是在投降后被枪杀的。不仅如此，这次行动还产生了60多万"被拘留的军事人员"（Militärinternierte），这是抓捕他们的德军故意选择的字眼，为的就是规避日内瓦公约中有关战俘待遇的规定。这些被抓捕的人大部分都成了奴隶，在兵工厂里为第三帝国做苦工。[29]

最后，德军还获得了数量巨大的战利品。虽然意大利的海军舰队成功逃脱，并驶向了马耳他岛和巴利阿里群岛（Balearic Islands），但是德军缴获了意大利王家陆军和王家空军的几乎所有装备977辆坦克、装甲汽车和突击炮，5568门大炮，8736门迫击炮，1173门反坦克炮，以及其他许多装备。[30]虽然意军的装备并没有达到其他列强的标准，但对于缺枪少炮的国防军来说已经足够好了。和1939年取自捷克斯洛伐克以及1940年取自法国的前几代"缴获武器"（Beutewaffen）一样，意大利的武器将为装备德军二线部队和地方守备部队发挥至关重要的作用。

这次作战是一场重大的胜利，甚至有可能正如某些人的戏言，是"德国国防军的最后一场胜仗"。[31]但是我们仍然有一个绕不开的问题："为什么这次行动会如此轻松？"一些数字足以令人震惊——截至1943年夏天，在意大利、法国南部和巴尔干半岛共有3488000名身穿制服的意大利军人，他们面对的是大约60万德军。在轴心行动开始后的短短几天里，进攻者就解除了大约100万人的武装，而其余的近250万人则消失得无影无踪。这是现代军事史上史无前例的事件。

在解释这场大崩溃时，历史学家们习惯于将责任归于巴多格里奥元帅和国王。因为，这两人都没有预先将投降谈判的消息通报给军队（为了防止德国人发现，保密确实是绝对有必要的）。在发布了姗姗来迟的广播声明后，巴多格里奥就带着国王逃离了罗马，前往南方盟军控制的安全区域，并于几天后在布林迪西（Brindisi）重新现身。[32]为了使政权保持一定的连续性，国王的潜逃之举也许是正确的，但最高统帅部的消失却是一场灾难。在这种情况下，我们怎么高估普通士兵的震惊程度也不为过。巴多格里奥上一次在电台里讲话，还是7月刚刚罢免墨索里尼之后。当时他曾宣布，"战争将会继续，意大利依然信守自己的诺言"（La guerra continua e l'Italia resta fedele alla parola data）。[33] 从那以后，他就一直保持沉默。此时巴多格里奥突然重新出现，并突然宣布一切都已结束。高层的消失和忽然宣布的投降，让军队处于糟糕到无以复加的境地——猝不及防且群龙无首，没有上级的任何命令或策略。更重要的是，此时还有一个紧盯着他们的敌人——已经做好充分准备并武装到牙齿，而且一如既往地残酷无情的敌人。

不过，意大利混乱的投降也许是系统性因素造成的，有着比巴多格里奥的首鼠两端和国王的优柔寡断更深层的原因。在战时就一个强国的投降事宜进行谈判，对所有相关人员来说都是高度复杂的任务——必须同时顾及意大利人的情感、同盟国的战略要务和国防军的存在。如果将这种谈判视作要严格控制在小圈子里进行的事务，从本质上就是把它当作了一小撮同盟国和意大利军官的密谋，这种观念实在幼稚到了极点。而同样幼稚的看法是，认为战时一个现代西方国家的军队和民意能够在极短时间内进行180度的大转弯。我们评估意大利的投降和轴心行动闪电般的成功时，必须把这些因素都考虑在内，而它们并非都是巴多格里奥的错。

从理论上来讲，投降应该是世界上最容易的事情。但是，发生在意大利的事实却再一次证明了理论中的战争与现实中的战争之间隔着巨大的鸿沟。就让我们用德国官方正史《德国与第二次世界大战》第8卷中关于轴心行动的评价作为结语吧！和这部皇皇巨著中的所有章节一样，关于轴心行动的论述非常权威，且语气客观，绝无夸大其词或情绪激昂之嫌（但它也是全书中有些突兀的段落之一）。这部史书中显示，让意大利顺利退出轴心国并平稳地转换阵营是值得一试的。但是，"在错觉、诡计、欺骗、误解、无能、怯懦、浅薄和迟疑等诸多因素的共同作用下"，这个尝试终以惨败而告终。[34] 这个评价基本上概括了事实。

预备行动：湾城行动与闹剧行动

盟军在意大利的登陆源自一个复杂且旷日持久的策划过程。选择过少可能蕴含危险，而选择过多可能令人无所适从。在掌握了绝对制空权和制海权的情况下，盟军可以考虑许多方案，可以在许多海滩实施许多场登陆。各种作战方案接二连三地被提出又被否决：比如让克拉克将军的整个第5集团军在塔兰托登陆的"滑膛枪行动"（Operation Musket），让克拉克登上撒丁岛海滩的"硫黄行动"，让英国第5军在卡拉布里亚北部的克罗托内（Crotone）登陆的"高脚杯行动"（Operation

276

Goblet）等。[35] 这些方案的大胆程度全都不相上下，它们都把目标慎重地选在意大利南部，在从西西里起飞的盟军飞机的掩护范围内。登陆意大利的最终计划是湾城—闹剧—雪崩这三个连续的行动，它利用了盟军的两栖机动能力，但也具备出自委员会手笔的全部特征。不仅如此，这个委员会的所有成员都知道，1944 年跨过英吉利海峡的登陆行动正处于筹备阶段，整个地中海战场即将被边缘化。由此产生了众多问题，例如：滨海战斗中必不可少的登陆船已经供不应求，因此必须放弃同时在多地登陆的做法，改为先后登陆。

蒙哥马利的第 8 集团军率先发起了湾城行动，在亚平宁半岛的靴尖处登上了卡拉布里亚海滩。蒙哥马利直到最后一刻还在告诉所有肯听他诉说的人，他认为这整个作战都是没有必要的。由于湾城行动缺乏重点，所以蒙哥马利非常不满："我接到了在 8 月 30 日登上欧洲大陆的命令，"他在当时写道，"由于缺少关于敌方的情报，我必须假设敌人将会作一定程度的抵抗。没有人告诉我这次作战的目的是什么。我的目的是为海军控制海峡，还是通过佯攻来配合雪崩行动？如果都不是，请说明目的究竟是什么！"[36] 在美方战史中，蒙哥马利经常被描写为令人难以忍受的吹牛大王，他的部分怨气可能源自受损的自尊心，因为此时他指挥的显然是次要攻击，但是他提出的这些问题看起来却有足够的合理性。蒙哥马利知道自己的登陆地点与克拉克计划登陆的萨勒诺相距太远，两地的直线距离大约有241 千米，而在意大利南部路况恶劣且蜿蜒曲折的公路上可能要走 482 千米。蒙哥马利认为这两场作战无论如何都做不到相互配合，而事实也证明他是对的。此外，蒙哥马利对意大利人的投降计划也没有任何信心，他在 9 月 5 日告诉亚历山大元帅，"当德国人弄明白发生了什么事的时候，他们就会把意大利人踩扁。"事实证明，这也是一个可靠的预测。[37]

在耽搁了几天，凑足了登陆船之后，蒙哥马利在 9 月 3 日凌晨 3:45 派自己的集团军渡过海峡。他的作战特点一向是谨慎行事，发挥他所说的"承受痛苦的无限能力"[38]，湾城行动也不例外。蒙哥马利安排了一次典型的火力支援大戏：驱逐舰在离岸不远处用舰炮猛轰，沙漠航空队在天上进行攻势巡逻，而 630 门大炮实施的可怕炮击为地面部队铺平了道路。随后，迈尔斯·邓普西将军指挥的第13 军的两支主力部队（左路的第 5 师和右路的第 1 加拿大师）在雷焦卡拉布里亚（Reggio Calabria）以北上了岸。

不过这一次，这些一丝不苟的火力准备变得没有任何意义——最先上岸的登陆部队扑了个空。虽然卡拉布里亚确实有德军守卫 [瓦尔特·弗里斯将军（General Walter Fries）指挥的第29装甲掷弹兵师一部]，但他们在英军登陆的几天前就已经按计划开始撤退，结果成功躲过了这次狂轰滥炸。[39] 当地也有隶属于第 7 集团军的意大利军队驻守，但他们没有进行任何抵抗，而当地的几十个海防炮台——它们本有可能粉碎这次登陆——也完全保持了沉默（这也许是好事，毕竟它们已经多年不曾开火）。德方的资料认为，在英军登陆的几天前，意大利炮手们丢下了自己的大炮，乱哄哄地跑进了内陆的城镇。这些资料还提到，从 "雷焦到墨西拿" 的通信电缆完好无损 [40]——也就是说，大陆上的意大利军队与西西里岛上的盟军一直保持着联系。盟军的空袭都以德军为目标，完全避开了意军所在地。弗里斯的任务不是抗击登陆，而仅仅是进行破坏，并迟滞英军推进——他的部下破坏了一路上的公路、涵洞和桥梁，把一个道路条件本来就很差的地区变成了原始的蛮荒之地。[41]

　　因此，湾城行动很快就蜕变为在卡拉布里亚半岛两侧进行的一系列距离虽短却颇费时间的两栖登陆。蒙哥马利花了 6 天时间才到达他的第一个重要目标——卡坦扎罗地峡（Catanzaro isthmus），也就是半岛上明显收窄的部分。虽然作战地图显示有两个师齐头并进（第 5 师沿卡拉布里亚西海岸北上，第 1 加拿大师沿东海岸推进），但事实是每个师都只有一个营级集群经陆路前进，其余部队都不得不乘船绕岸而行。[42] 第 231 旅 9 月 8 日在卡拉布罗峰（Pizzo Calabro）实施的两栖登陆遭遇顽强抵抗，而且基本上第 8 集团军的所有机动都过于谨慎，无法切断或包围任何敌军。不过，要为他们想出一个提高推进速度的办法也同样困难。直到 9 月 15 日，蒙哥马利的部队才终于冲破了这个可能禁锢他们的卡拉布里亚牢笼，第 5 步兵师到达波利卡斯特罗湾（Gulf of Policastro）的萨普里（Sapri），第 1 加拿大师进入东海岸的特雷比萨切（Trebisacce）。[43]

　　当蒙哥马利为了冲出亚平宁半岛的靴尖而挣扎时，英军又实施了闹剧行动，在半岛靴跟部的阿普利亚省登陆。那里有一些重要的战役目标吸引着英军，尤其是塔兰托、布林迪西和巴里（Bari）港。在英国第 8 集团军沿亚平宁半岛东侧北上时，这三个港口可以方便地为其提供补给。闹剧行动是一次急就章。盟军的战役策划人员选择的一系列行动导致只有一支主力部队能够投入此战，它就是英国第 1 空降师，但尴尬的是没有空运装备可用于实施空降。在意大利的投降使意大利海军不需要再被纳入战略考虑之后，英国人急急忙忙——事实上是在一夜之间——草拟了一个计划，用英国海军第 12 巡洋舰中队的舰船将该师运到塔兰托。这次登陆也没有遭遇任何抵抗——与原先的预计完全相反。这是盟军少数从意军的主动合作中获益的行动之一，第 1 空降师兵不血刃地控制了该港口。颇有讽刺意味的是，当地的德国守军是德国第 1 伞兵师。师长里夏德·海德里希将军（General Richard Heidrich）已经接到了国防军总司令部要求他"快速而坚决地将陆空部队撤出南意大利"的命令 [44]，他熟练地实施了从阿普利亚的撤退，他的后卫部队让英军每前进 1 千米都要付出代价，而他的工兵则实施了全面的破坏计划，使英军在没有遭遇战术抵抗的情况下也步履维艰。

不过，在闹剧行动的登陆过程中，唯一的波折仅仅是快速扫雷舰"亚必迭"号（Abdiel）遭遇的灾难——它在撞上了一颗水雷后，带着全体船员和所搭载的伞兵沉入海底。[45] 可以说，闹剧行动从总体上来看还是很成功的，而且作为一场临时组织的快速打击，它理应得到比通常情况下更多的关注。英国第 1 空降师在付出了极小的伤亡代价后就加入了作战。不久之后，该师就冲出了阿普利亚，到 9 月 14 日已经占领重要港口布林迪西和巴里，而德国第 1 伞兵师在此之前已缓慢撤退，并沿途进行了一系列焚烧和爆破。

雪崩行动：策划

按照计划，在闹剧行动的同一天，美国第 5 集团军将沿意大利西海岸北上 241 千米，在那不勒斯以南约 64 千米处的萨勒诺附近登陆。克拉克将军将以两个军实施最初的登陆：左路是麦克里里将军（General R. L. McCreery）指挥的英国第 10 军，包括英国第 46 和第 56 步兵师；右路是欧内斯特·道利（Ernest J. Dawley）少将指挥的美国第 6 军，包括率先登陆的美国第 36 "德克萨斯"步兵师和在船上担任预备队的第 45 步兵师。至于主攻任务，则将由麦克里里的第 10 军承担——这支部队必须登上海滩，建立稳固的滩头阵地，然后朝着西北方向的大城市那不勒斯挺进。为了支援这一任务，第 10 军加强了大量轻装部队：美军的三个游骑兵营和英军的两个突击队营。轻装部队将位于最左翼，游骑兵营将在马约里（Maiori）登陆，并夺取通向那不勒斯的道路上的基翁齐山口（Chiunzi Pass），而突击队营则将在滨海维耶特里（Vietri sul Mare）登陆，然后转向东南方，占领萨勒诺城本身。至于美国第 6 军，他们主要任务是掩护英军进攻部队的侧翼。道利的部下将在帕埃斯图姆（Paestum）登陆，然后推进至在东边和南边俯瞰海滩的高地。[46] 这个阵型平均分配了兵力，两个军齐头并进，每个军各有两个师：这是按照传统的教科书制定的战法。尽管如此，这场登陆却注定从一开始就会遇到麻烦，这是盟军方面人人都认识到却无法解决的两个问题造成的。

第一个问题是，预定登陆的萨勒诺平原在被塞莱河（Sele River）一分为二后，又被其支流卡洛雷河（Calore）进一步分割。这两条河流形成的天堑，会在两个军登陆时将他们隔开。虽然塞莱河和卡洛雷河都算不上什么大河，但是它们的河岸非常陡峭，其宽度也使得部署在河两岸的这两个军之间必然形成一个近15千米的空隙。如果德军能够发现这个空隙，并利用它发起坦克突击，就能够将盟军的滩头阵地分割成两半并各个击破。因此，抢在敌人利用塞莱河空隙之前将其封闭是登陆部队必须优先完成的任务。

第二个问题是地势。萨勒诺是典型的欧洲海滩，有个德军指挥官将它形容为"被新月形的陡峭丘陵和山岭环抱的一小片平地"。[47] 换句话说就是，登陆地段形成了一个敌方很容易观察的盆地。周围环绕的高地使盟军登陆部队无时无刻不处于德军的监视下。部队从离开登陆船的那一刻起，就会成为德军炮火轻松打击的靶子，如果不能迅速向内陆推进并夺取那些高地，他们就会一直遭到炮击。这样的作战前景令人实在高兴不起来。

登陆前关于这个问题的讨论很耐人寻味。下面是美国陆军官方战史的相关卷册对于在萨勒诺实施大规模登陆的"严重劣势"的讨论：

> 塞莱河在萨勒诺以南约26千米处汇入海湾，将这片平原分成两个区域，这导致雪崩行动的登陆部队不得不分散。塞莱河及其支流卡洛雷河直上直下的陡峭河岸将会严重妨碍机动，这要求突击部队在登陆阶段的早期就将足够的舟桥器材送上海岸，以便跨越河流，使两支登陆部队之间保持交通联系。此外，环绕塞莱河平原的高山将会限制最初的滩头阵地的纵深，并使部队暴露在高地上敌军的观测、射击和攻击下。

对此，美军战史的总结是，"但是因为这个问题没有解决的办法，所以策划人员干脆拒绝加以考虑。"[48]

敌对双方任何一个训练有素的参谋军官或部队主官都能在地图上一眼看出问题所在。拿破仑称这种本领为在潜在的战场上一眼找到关键地形的"慧眼"

（coup d'oeil），而德国人则称此为指挥官识别主要突击地点（Schwerpunkt）的本领。无论我们使用哪种术语，克拉克将军肯定认识到了萨勒诺海滩的地形问题，蒙哥马利也是，在那次臭名昭著的掌掴事件之后正在西西里坐冷板凳的巴顿也一样。作为第5集团军的预备指挥官，万一克拉克身负重伤或死于非命，巴顿就要顶替他进行指挥，因此他在9月2日也听集团军参谋长介绍了此次作战的概要。"我告诉他，正如上帝必然存在，"当晚巴顿在自己的日记中写道，"德国人也必然会从那条河顺流而下发起攻击。"[49]

因此塞莱河的空隙既不是盟军策划人员的错误，也不是指挥官聪明一点就能避免的。事实上，它是在盟军的战略策划的背景下产生的。在这里给读者提一个问题：假设你自己就是1943年的盟军策划者，你已经下定决心要在意大利实施大规模登陆，而且，这次行动既需要西西里的陆基飞机提供强有力的空中支援，又需要在罗马以南占领一个大型港口作为后勤基地，你会选择在什么地方进行登陆？你只能在那不勒斯周边选择一个登陆场。既然你已经决定拿下那不勒斯，那么就要找一块海滩，而且它的宽度要足以供两个军同时登陆——这是西方强国的两个军，换句话来说，就是指完全机械化的两个军，包括各种人员、武器和装备——还要有用来堆放弹药、油料和食品的空间。综合这些因素，你会做出什么选择？你会在萨勒诺湾找一块登陆场。一旦你得出了这个结论，并且更加仔细地考察了地形，你又会怎么做？你会选择在萨勒诺和帕埃斯图姆之间的海滩登陆。这样一来，你就会选择一片被蜿蜒曲折的河流从中间一分为二的海滩。于是，你就得到了雪崩行动计划。这基本上就是一个系统性因素导致作战的难度比表面看起来更大的经典案例。一旦作战的时间表确定下来，各种问题就只能被搁置。所以，策划人员干脆就拒绝考虑那些问题。

对于领受了萨勒诺登陆任务的可怜的士兵们来说，什么解释都肯定起不到安慰作用。雪崩行动是在9月9日发起的，这正是意大利国内因为投降而群龙无首的时候，也是轴心行动的第一天。亚平宁半岛陷入了混乱的漩涡，德国和意大利的军队或是讨价还价，或是怒目相向，或是已经大打出手。盟军方面自艾森豪威尔以下，所有指挥官都对正在发生的事件知之甚少，我们也不知道广播意大利停战协定的决定对登陆舰队上的士兵们的士气究竟会产生什么样的影响。似乎这一消息只是让那些士兵有了错误的期待，各级指挥官不得不告诉他们，无论大家有什么想法，登陆意大利的作战行动并未取消。[50]

雪崩行动：作战

雪崩行动是一个里程碑——这是本次战争中第一次由美国主导的大规模作战，它将会检验年轻的美国陆军指挥官是否有能力应对策划复杂的两栖作战，并在其中担任先锋的挑战。结果并不是令人鼓舞的，美军指挥官克拉克将军后来甚至将它形容为"几近灾难"。

登陆开始于凌晨 3:30。按照原先的预计，登陆部队只会遇到意大利军队的轻微火力拦截，可实际上登陆部队从一开始就遭遇到了德军的猛烈抵抗。大量文献认为问题都出在克拉克身上，而且批评的矛头通常会先指向他为了达成突然性而取消火力准备的决定。德军在滩头的防御火力相当猛烈，美军突击部队不得不冒着暴风骤雨般的子弹和炮弹接近滩头，结果损失惨重。克拉克甚至声称，德军架设了一台扩音器，用它狂妄叫嚣："来吧，来送死吧。我们已经瞄准你们了。"虽然基本上可以肯定这个传说不足为信，但它确实在一定程度上反映了守军的火力强度。[51]

不过，我可以明确地告诉读者，省略火力准备并不是克拉克本人的发明。在 1943 年年中，英美两军的决策圈对大规模两栖作战的问题做了很多思考。他们已经组织了两次敌前登陆，而且他们都知道，跨越英吉利海峡的超大规模登陆将在 1944 年实施。为了尽量实现突然性，以尽可能小的代价成功实施登陆，众人想出了许多点子，在不进行大规模火力准备的情况下快速发起打击就是其中之一[52]——和许多理论设想一样，它被实践证明没什么作用，它的下场就和其他许多失败的理论一样。从意大利的"二团制师"，到美军以无护航的 B-17 实施的日间战略轰炸，再到莱斯利·麦克奈尔将军热情鼓吹的坦克歼击车——也许所有这些失败的理论都是军人在追求第二次世界大战的最终胜利的途中走过的弯路，但这并不意味着它们都是荒唐可笑的。

在萨勒诺，在作战行动发起数小时后，盟军所遭遇的真正的问题并不是缺少火力，而是简单的兵力问题。盟军只有三个师参与了最初的登陆（英军第 46、第 56 师，以及美军第 36 师），而在雪橇犬行动中登陆部队有整整七个师。防守萨勒诺海滩的是一个完整的德国装甲师 [第 16 装甲师，曾在斯大林格勒被歼灭，此时已在鲁道夫·西克纽斯将军（General Rudolf Sieckenius）指挥下重建]，而且该师还加强了反坦克炮和高射炮。西克纽斯的师驻扎在埃博利（Eboli）和巴蒂帕利亚（Battipaglia）附近，位于俯瞰萨勒诺平原的高地上。他面临着艰巨的任务，必须以一个师守卫至少 40 千米长的海滩，并保持一定的机动反击能力。为了完成第一个任务，西克纽斯沿着位于萨勒诺和阿格罗波利（Agropoli）之间的战线构筑了八个支撑点（Stützpunkte）——每个支撑点都有深壕、机枪火力点和铁丝网，并配备一个步兵排守卫。虽然很难说这些支撑点可以构成一条防线，但是它们却可以阻碍任何恰好在其前方登陆的部队。而与此同时，西克纽斯还组建了四个机动战斗群，每个机动战斗群都包含一个得到坦克和大炮支援的步兵营。西克纽斯把其中三个机动战斗群部署在距离海滩两三千米远的地方，而将第四个机动战斗群放在了纵深作为师预备队。[53] 此外，德军的炮兵都在高地上放列，以便俯瞰任何冲击海滩的登陆部队。

虽然第 16 装甲师的兵力在萨勒诺是捉襟见肘的，但西克纽斯对该师的部署还是成功地平衡了阵地防御、机动潜力和火力，显示了德国装甲师在老练的指挥官手下的应变能力。在盟军登陆的第一天，该师一直在实施以 5—7 辆坦克打头阵的小规模反击（有时会出动支援的步兵，但在大多数时候只使用坦克进行反击）。严格说来，第 16 装甲师一次都没能造成"把入侵者赶下大海"的威胁[54]，但该师却确实打乱了盟军的登陆时间表并且限制了最初滩头阵地的纵深。

说到对德军不利的一面，则是此战再次证明了德军的坦克敌不过盟军的火力。一如既往，盟军的火力有各种来源。盟军特色的海军舰炮支援表现抢眼，这一次参战的是美国海军巡洋舰"费城"号和巡洋舰"萨凡纳"号的 6 英寸炮，此外从西西里岛和五艘英国航空母舰上起飞的盟军飞机也无情地遮蔽了滩头的天空。[55] 虽然数量处于严重劣势的德国空军在进攻发起的第一天还是偶尔出现在了战场上空，但地面上的德军步兵和坦克兵完全没有注意到他们的存在也是情有可原的。正如一位分析家所言，"德军唯一的有效战术就是高速潜入战场，对各种疑似目标发射火箭并投弹，然后高速逃离"。[56] 克拉克将军和美军官方战史都批评德国守军没有"在当天早早地集中运用其装甲力量"，而是"化整为零"冲击滩头。[57] 这些批评本身是正确的，在兵力分散的情况下进攻确实很难获得成功，只是无论指挥官有何意图，敌军高强度的防御火力总会逼得进攻部队以分散作为生存手段——国防军已经在西西里的海滩上学会了认真对待美军的火力。总之，事实就是第 16 装甲师在这一天损失了三分之二的装甲车辆。等到夜幕降临时，西克纽斯只剩下了 35 辆还能作战的坦克，他决定将自己的师后撤到内陆纵深的防御阵地 [贝利齐（Bellizzi）—佩尔萨诺（Persano）—卡帕乔（Capaccio）一线]，在那里他既能监视盟军的兵力集结，又能处于盟军舰炮的射程之外。[58]

德国方面的分析家通常认为萨勒诺之战可分为四个阶段。[59] 第一个阶段是 9 月 9 日第 16 装甲师在海滩上的战斗，该师以装甲力量的重大损失为代价成功阻滞了盟军的前进。第二阶段是 9 月 10—11 日，双方都在巩固阵地并调集增援。盟军试图拓宽滩头阵地并增加其纵深，他们面对德军的顽强抵抗，将在海上担任预备队的第 45 步兵师一部与英国第 7 装甲师的一些小部队送上了滩头。对德军来说，萨勒诺登陆的规模——参战的战舰共有近 600 艘，参战的飞机也有数千架——已经表明了这不是什么佯攻，而是一次大规模登陆作战（Grosslandung）。[60] 德军的另两个师几乎立即火速赶往登陆场，增援第 16 装甲师，他们是盟军在西西里交过手的老相识：第 1 伞兵装甲师"赫尔曼·戈林"师和第 15 装甲掷弹兵师。这两个师和第 16 装甲师组成了第 14 装甲军[61]，该军的前任军长——骁勇善战的汉斯·胡贝在美军登陆时正在享受四个星期的假期，接替他的

🔺 盟军的麻烦：南意大利的德军部队（1943年9月）

是另一员悍将：赫尔曼·巴尔克将军。不久还会有一个军加入战团，这就是在特劳戈特·赫尔将军（General Traugott Herr）率领下从卡拉布里亚和阿普利亚赶来的第 76 装甲军。因此，德军方面又多了两个师（第 26 装甲师和第 29 装甲掷弹兵师）的兵力。第 14 装甲军和第 76 装甲军合编为了德国第 10 集团军，司令是海因里希·菲廷霍夫将军（General Heinrich Vietinghoff）。最后，由于此时德军已经解决了罗马的棘手问题，第 3 装甲掷弹兵师已经可以投入战斗。因此，这支部队正在沿着公路快速开往萨勒诺。也就是说，在萨勒诺，国防军在 9 月 10 日和 11 日这关键的两天中进行的局部集结超过了盟军。不久以后，盟军的三个师就要与德军的六个师进行交战。无论我们想要如何评价马克·克拉克的指挥才能，任何人都不应该对此役变为苦战感到意外。

　　和战争进行到这一阶段后的国防军的总体情况一样，在这片战场上的德军的实力要比表面上看起来弱——所有的师都不满员，而且其中三个师刚刚在西西里遭受了重创，其重建过程还远未完成。例如，"赫尔曼·戈林"师只能投入 25 辆可作战的坦克，而且该师的装甲掷弹兵团也没有完成重建。虽然菲廷霍夫从第 1 伞兵师抽出了两个步兵营，将他们配属给了"赫尔曼·戈林"师，但这也只是对部队凝聚力毫无帮助的权宜之计。此外，德军的其他部队也各有各的难处。比如第 15 装甲掷弹兵师只有 7 辆坦克，而记录册中第 26 装甲师的名称应该带有注释：该师连一辆坦克都没有。尽管如此，萨勒诺的德军仍然是一支不容小觑的力量，而且这在很大程度上要归功于他们的军级指挥官。赫尔和胡贝都是 1942 年在东线经历了超高强度战斗的沙场宿将。在蓝色行动中，胡贝作为第 16 装甲师的师长曾一马当先，从顿河一路打到了伏尔加河，而且在苏军大批坦克的四面围攻之下成功地守住了一条狭窄的走廊。[62] 赫尔曾在高加索会战中指挥第 13 装甲师，并参与了对重要的门户城市奥尔忠尼启则的最后进军。[63] 巴尔克曾在斯大林格勒战役后指挥第 11 装甲师在奇尔河沿岸死战不退，后来又担任了第 48 装甲军的军长。[64] 不仅如此，这三人都是习惯身先士卒的勇将。尤其是赫尔和胡贝，都曾在职业生涯中为这一作风付出过沉重代价：胡贝在第一次世界大战中失去了一条手臂，而赫尔在进攻奥尔忠尼启则的战斗中曾伤及头部。

　　随着多个师抵达战场增援第 16 装甲师，萨勒诺战役的第三阶段开始了。毫无疑问，这是整场战争截至此时美军遭遇的最危险的时刻——他们此时的处境很糟糕，一个半步兵师在一片平原上还立足未稳，需要依托这个脆弱且被分割成两

戈林师

装掷15师

游骑兵

萨勒诺
滨海维耶特里

马约里

突击队

蒙特科尔维诺

46师

10军
（麦克里里）

埃博利　塞莱河

巴蒂帕利亚

装16师　装掷29师

56师

卡洛雷河

野炮189营

45师　香烟厂

美舰"博伊西"号

"被焚毁的
桥梁"

美舰"费城"号

阿尔塔维拉

萨勒诺湾

塞莱河

野炮158营

6军（道利）

帕埃斯图姆

36师
（"德克萨斯"）

9月13日的
滩头阵地

⬤ 大麻烦：萨勒诺（1943年9月13日）

半的滩头阵地背水一战。而他们面前的德军则处于绝对有利的态势中，即使在沙盘推演中也设计不出比这更好的情况：两个装甲军并列排成坚实的阵型（第14装甲军在右，第76装甲军在左），围绕美军的桥头堡摆出经典的向心攻击姿态，两个彪悍而残忍的军长只等上级一声令下就要发动进攻。德军在9月12日不断派出侦察部队从阿尔塔维拉（Altavilla）和巴蒂帕利亚前出试探，最终确认塞莱河空隙就是敌军阵型的真正弱点。显然，菲廷霍夫对盟军"自己把自己分割成两部分"的做法深感震惊。[65] 毫无疑问，此时无论是他，还是赫尔、巴尔克或凯塞林本人，都认为己方将要在萨勒诺取得一场大胜。

　　第二天（9月13日），菲廷霍夫吹响了进攻的号角。此时三个师——第16装甲师、第29装甲掷弹兵师和第26装甲师——瞄准英国第10军与美国第6军之间的空隙，对萨勒诺桥头堡发动了全面反攻。战斗焦点很快就集中在了所谓的香烟厂，也就是五座紧挨在一起俯瞰塞莱河的砖石结构建筑。[66] 美国守军的兵力严重分散。第 36 师守卫的正面达到惊人的 56 千米宽，其"防线"在大多数地方只不过是一系列互不相连的前哨阵地，德军几乎可以在他们选择的任何地方成功渗透。这次进攻的主要突击方向是塞莱河—卡洛雷河走廊。在这里，第 16 装甲师一部从两翼痛击了第 143 步兵团第 2 营，将这个营基本击溃，杀伤美军 500 人，并且抓获数百名俘虏。此时还未完全登陆的美国第 45 师正在进行艰难的侧向机动，企图与左侧的英国第 10 军取得联系。既然美军一个师的兵力严重分散，另一个师又在敌军火力下进行艰难的侧向运动，那么他们的阵地在德军进攻下被撕开大缺口也就是无可避免的了。截至下午 5:15，德军坦克已经突入美军兵力空虚的后方，正在冲向大海。此时挡在他们面前的只有美军的炮兵阵地，包括第 189 和第 158 野战炮兵营的榴弹炮，以及第 636 坦克歼击营刚刚登陆的少量坦克歼击车。

此时美军的桥头堡危如累卵，要不是地形中一个不起眼的小小障碍，它很可能已经被扫平：德军遇到了卡洛雷河上一座被焚毁的桥梁。第 29 装甲掷弹兵师的全力突击因此受阻，至少有多名目击者声称看见德军指挥官在此地跳下坦克，查阅自己的地图。[67] 虽然还有另外几条通过卡洛雷河的道路，但是德军的这次停顿刚好给了美国炮兵对他们倾泻毁灭性火力的时间。无论美军步兵和装甲兵在战争的这一阶段的表现有多么不稳定——萨勒诺之战表明他们仍有很大的问题——美军的炮兵却从没有任何瑕疵，他们的火力在千钧一发之际阻止了德军的推进。在这些火炮和坦克歼击车后方几百米处就是克拉克的第 5 集团军指挥所，当时它仅靠一条匆忙组织起来的防线守卫，用美国官方战史的话来说，其中都是"杂七杂八的总部人员——厨子、书记员和司机"。[68]

尽管如此，这一天的战斗对美军来说还是很艰苦，且胜负仍然悬而未决的。当夜幕降临时，德军部分坦克距离大海只有 2.4 千米左右。在集团军司令菲廷霍夫看来，进攻部队似乎已经成功打垮了这个桥头堡，盟军眼看就要回到船上。[69]"看来萨勒诺之战已经结束。"第 10 集团军 9 月 13 日的《战争日记》（Kriegstagebuch）如此写道。而菲廷霍夫在一份给凯塞林的电报中说得更明白：

经过持续四天的防御作战，敌军的抵抗正在崩溃。第 10 集团军正在宽广正面上进行追击。萨勒诺与阿尔塔维拉附近仍在发生激战。我军正在实施机动，以求切断正从帕埃斯图姆撤退的敌军。[70]

　　然而，菲廷霍夫的乐观却没有完全感染到其他人。他手下的两个军长巴尔克和赫尔这一天一直在承受着盟军的猛烈炮火，对于敌军是否在溃逃这个问题，他们并不是那么有把握。

　　而在离德军几千米外的地方，"撤退的敌军"的指挥官克拉克将军度过了焦虑的一夜。克拉克已经把第6军的军长道利将军和他手下的师长 [第36师的弗雷德·沃克少将（Major General Fred Walker）和第45师的特洛伊·米德尔顿少将]，以及他的参谋们叫到了指挥所，商讨下一步的行动方案。"很明显，"他后来写道，"我们惊险地逃过了灭顶之灾。"[71] 对桥头堡中的每个人来说，这都是艰难的一天。虽然英军进行了顽强抵抗，但还是被"赫尔曼·戈林"师和第15装甲掷弹兵师杀入了滨海维耶特里，主力部队与正在西边基翁齐山奋战的游骑兵有被分割开来的威胁，而此时已经没有预备队了。不过，与第6军的困境相比这又不算什么了，下面是克拉克对局势的评估：

　　现在我军最迫切的需求是重整旗鼓，否则顶不住下一次攻击。第142和第143 RCT（团级战斗队）的部队已经被赶出阿尔塔维拉，第143团K连已经被切断，第142团第1营只剩下60人，第143团第2营在塞莱河—卡洛雷河走廊遭到了沉重打击，损失了508名军官和士兵，第157团第1营也在佩尔萨诺以西遭到重创，德军已经占领了高地上重要的香烟厂楼房。[72]

　　克拉克知道自己在陆地上控制的区域只不过是一块弹丸之地，这天晚上他认真思考了撤离桥头堡的问题，并且考虑过进行炸毁物资的准备。如果真要撤离，这次行动将被称为"海狮行动"（Operation Sealion）。许多人批评克拉克表露出动摇迹象，他的回忆录则毫无必要地为他在海滩上的所作所为做了辩解，"我知道，如果是在军事学院里解答理论问题，要是我这时候没有下令准备销毁物资，肯定会被某些教官骂得狗血淋头。"克拉克的这些话是绝对正确的。而且，虽然克拉克说自己甚至从未和幕僚讨论过撤退的可能性也许是隐瞒了实情，但他的判断终究也是正确的。"这不是什么理论问题，如果我在萨勒诺下达这样的命令，我看不出除了挫伤士气还有什么作用……我下定了决心，如果他们要把我们赶出这片海滩，那么唯一的办法就是把我们一步一步地推进水里。"克拉克也曾短暂考虑过让第 6 军重新登船，转移到塞莱河以北的英军滩头，这个机动如果实施的话，代号将是"火车渡船行动"（Operation Seatrain）。这将会消除塞莱河空隙的问题，但却会造成几十个新的问题，例如怎样避免装载了过多人员和物资的登陆船搁浅，怎样在敌军直射火力下完成撤离。最终，克拉克也放弃了这个计划。[73]

不过，克拉克也做出了一些决定，从中可以看出他至少还在奋力控制严峻的形势。早在 13 日上午德军坦克还未发起进攻时，克拉克就已经下令将第 82 空降师第 504 伞兵团第 2 营直接空投到了滩头（这个营将在当晚临近午夜时分到达），巴顿在形势远不如此战危急的西西里就曾用过同样的手段快速增援前线。克拉克还下令实施另一次空降，目标是英军地段的德军防线后方的阿韦利诺（Avellino），这次将出动第 509 伞兵团第 2 营。该营的任务是切断德军的交通线，阻止德军继续向滩头派遣援兵。

最后，很可能就在这个夜晚，克拉克决定将第 6 军的军长道利撤职，只不过他认为最好等到眼前的危机缓解之后再宣布这个决定。在 9 月 13 日激战正酣时，克拉克接到了道利的一个电话。当时美军的防线刚刚被突破，德军部队正在第 6 军的后方地域展开。"你采取了什么措施？"克拉克问道。"没有，"道利回答，"我没有预备队了。我能做的只有祈祷。"[74] 道利的军长之职将会保留到 9 月 20 日，正好赶上艾森豪威尔视察滩头的日子。当时风暴显然已经平息，盟军已经挺过了难关，但艾森豪威尔还是高兴不起来。在道利汇报时，总司令对他发出了连珠炮般的责难，并低声怒喝，"看在上帝的分上，迈克！你怎么能让自己的部队被打得这么惨？"[75] 除了道利个人称职与否的问题外，我们还可以做一个简单的观察。美军派遣到这个战区的军长截至此时一共只有四人：劳埃德·弗雷登道尔、乔治·巴顿、奥马尔·布雷德利和道利。艾森豪威尔已经撤了其中两个人的职，还让第三个人在西西里坐冷板凳。很显然，在这支军队里"作战指挥"（德国人称之为 Kampfführung）[76] 的难度要比我们愿意承认的更大。

虽然还没有人知道，但是这一仗的形势已经发生了逆转。截至 9 月 14 日，萨勒诺桥头堡中的盟军已经在紧锣密鼓地准备一场由兵力和火力组成的真正"雪崩"，并将在此后几天里使进攻方几乎遭受灭顶之灾。增援部队正在源源不断地赶来，第 45 师的第三个团（第 180 团）在这一天抵达，而第 3 师也正从西西里奔赴战场。此外，英国第 7 装甲师也开始在第 10 军的地段登陆。除了前文提到的两次空降之外，克拉克又下令再将一个团（第 505 伞兵团）直接空投到桥头堡。如果说德军在 9 月 10 日和 11 日赢得了集结兵力的比拼，那么盟军截至 14 日已经在这方面取得了决定性胜利。[77]

事实证明对萨勒诺的盟军来说，火力是比增援更重要的胜利保证。在前一天，艾森豪威尔已经请求在萨勒诺动用战略轰炸机。这些巨大的多引擎飞机是为了摧毁整座德国城市而设计的，此时却到这边相对狭小的战场上来发挥战术作用。500 多架轰炸机（187 架 B–25、166 架 B–26 和 170 架 B–17 "空中堡垒"）对狭窄的巴蒂帕利亚—埃博利—蓬泰塞莱（Ponte Sele）走廊轰炸了一整天——因为德军要想继续发动任何攻击都必须在那里集结。参与这场狂轰滥炸的还有两艘装备 15 英寸（约 38 厘米）主炮的英国战列舰，它们就是奉地中海舰队总司令安德鲁·坎宁安之命从马耳他北上的 "厌战" 号（H. M. S. Warspite）与 "刚勇" 号（H. M. S. Valiant）。此外，美国海军也派出了 "费城" 号和 "博伊西" 号与它们一同进行对岸轰击。"费城" 号就在塞莱河入海口外游弋，在直射距离内发射了 1000 多发 6 英寸（约 15 厘米）炮弹，"博伊西" 号发射的炮弹数量也与之相差无几。[78] 不仅如此，盟军还将越来越多的大炮送上海岸，直到滩头看起来再也无法容纳为止。例如，仅在 13 日的战斗中，美军炮兵就在短短四小时的战斗中发射了 3650 发炮弹，而这与此后几天的炮弹消耗相比只是小巫见大巫。

当德军仍然处于山区时，他们可以相当安全地躲避这种 "火焰飓风"。但是一旦他们企图下到平原，就会撞上铜墙铁壁，从不曾真正逃脱炮火打击。例如，他们在 9 月 14 日的第一次进攻有第 16 装甲师和第 29 装甲掷弹兵师的部队参与。这是一次试探性进攻，开始于上午 8:00，德军出动了八辆坦克和一个营的步兵。在短短几分钟内，美军的炮火就摧毁了七辆坦克，并且使第八辆坦克失去机动能力。在这一天的战斗中，德军在走廊中的阵地，无论位于阿尔塔维拉、埃博利还是巴蒂帕利亚，基本上都和城镇本身一起被炸平。沃克将军在战后曾途经阿尔塔维拉，就连他也被这座古镇的下场惊呆了。"没有一座建筑是完好的，" 他说，"这个镇子只能重建了。它是无法修复的。"[79]

如果说德军方面对萨勒诺之战有一个共同的记忆，那就是盟军的舰炮轰击——每一本回忆录都提到了它。炮击不仅带来高爆炸药，也使地面上的士兵产生了自己在与敌人进行不公平的战斗的不安感觉。"特别讨厌。" 这是 "赫尔曼·戈林"师一位军官经典的故作轻松之语。[80] 指挥第14装甲军的巴尔克将军则在自己的回忆录中抱怨，"我们对猛烈的舰炮火力毫无办法"（dem wir nichts entgegensetzen konnten）。[81]

德军在盟军的炮火打击下遭受了可怕的损失，到了9月14日，他们对滩头施加的压力已经开始明显减弱。经过一天的重整之后，菲廷霍夫命令德军在9月16日实施最后一次进攻，以新到的第26装甲师的两个营会同"赫尔曼·戈林"师一起攻击萨勒诺的英军。基本上德军刚开始前进就被英军的各种火力——火炮、舰炮和坦克炮——挡住了去路。在付出巨大伤亡之后，德国人仅仅推进了约182.9米（200码）：对国防军来说这是非常不划算的买卖。

这就是不得不与西方军队作战的国防军军官印象最深的一点——敌军连绵不绝的炮火使机动成为不可能实现的目标。他们也许偶尔会嘲笑美军士兵贪图安逸、过于惜命或缺乏攻击精神，例如第16装甲师的西克纽斯将军就认为美军缺乏想象力，有拒绝"大胆突进"的倾向。[82] 但正如隆美尔已经在阿拉曼得到的教训一样，对抗一支拥有无限弹药供应、能够日夜不停进行轰炸，还可以动用海军舰炮轰碎坦克的军队并非易事。从许多方面来讲，意大利是一个二流的战场——这个战区在战略上并不重要，提供的机动机会很有限，两支军队都是在别人的家园作战，都没有被逼到墙角的感觉。[83] 双方对此也都心知肚明。1943年所有的重大战役都是在苏联腹地进行的，但是意大利的战斗在激烈程度上并不逊色，而其火力水平更是高得邪门。就连德国国防军总司令部这样的权威机构也认为将两条战线相提并论并无问题。德国国防军总司令部认为，争夺意大利的战斗绝不是什么次要战事，而是一场"伟大的战斗"（Grosskampf），在许多方面甚至超越了"东线战斗的残酷"。[84]

盟军在萨勒诺制造的"火焰风暴"，尤其是在背后支持他们的近乎无限的美国工业实力，又给国防军上了一课。1942年国防军在阿拉曼对抗英军时就已经被教育了一回，之后在斯大林格勒对抗苏军时又遇到了更严厉的"老师"。此时在萨勒诺，国防军遭遇了又一支自己无法击败的军队——虽然行动笨拙、缺乏策略和优雅的封堵，但是显然热爱高爆炸药，这是又一种国防军无法找到有效对策的战争之道。

在这场战役中，国防军使出了令人惊叹的全套看家本领：快速的反应、迅捷的机动，以及向心的进攻。这一仗对美军上下各级指挥官来说都是一次令人不安的体验，也许它重新唤起了上次在卡塞林的噩梦，而且萨勒诺的情况比那一次还要糟得多：这支军队是背靠大海在作战。但在菲廷霍夫、巴尔克和赫尔眼里，这一仗肯定就像是武术大师向一个初学者传授某种精微奥妙的武功，而最终那个初学者想起了自己有枪……

美国陆军在萨勒诺

　　盟军依靠优势火力在萨勒诺取得了胜利。但是除了展示狂轰滥炸的本领，美国陆军还有什么值得一提的事迹？在大部分军事史书中，"优势火力"其实隐含着对军队素质的贬低。美军在萨勒诺的作战确实暴露了不少问题。各级指挥机构的策划工作都做得很潦草，究其原因，最重要的一点就是缺乏经验。在北非和西西里经历的任何战斗都没有让这支军队为雪崩行动中遭遇的情况做好准备——美军不得不在一夜之间适应战场，考虑到这支军队是在一个从未被其指挥官真正重视的战区作战，因此这绝非易事。众所周知，美军高层没有人想去那里作战，陆军总参谋长乔治·马歇尔将军尤其不乐意。萨勒诺登陆发生的时间更起了雪上加霜的作用，这个一开始就作为备胎存在的战区的重要性正在进一步降低。美国陆军中真正的精英此时都在策划霸王行动。因此，萨勒诺之战就是逼着缺乏经验的美军士兵去对抗国防军的百战精锐。德国守军当然不是什么超人，但是他们曾经在各种时间和地点与苏军交战，也已经习惯于克制自己逃跑的冲动。

　　当然，美国陆军在1943年时常表现得很无能。步兵部队往往会在坦克的攻击下陷入恐慌，这一点与世界各国缺乏经验的步兵别无二致。此外，美国陆军各兵种的协同水平普遍低下。虽然这支军队打赢了多场战斗，但每次都是在步兵退出战斗之后才赢得胜利的——通常是因为步兵被敌人打垮，反而为炮兵扫清了射界。在这段逐渐进步的时期，美国陆军不得不依赖战略轰炸和海军炮击等非常手段来避免战术失败。只是话又说回来，美国人有条件这么做，所以任何人都不应该将这视作真正的问题。

　　那么萨勒诺之战中糟糕的指挥是个问题吗？也许是。克拉克给我们提出了一个经典的历史问题，而对他做出评判是件棘手的事。要多找几个为他说好话的历史学家并不容易[85]，史书中给他列出的罪状倒是有一大堆。克拉克是个明目张胆的野心家，热衷于追名逐利，尽管他从事的职业（在美国陆军里当将军）实际上就是以充斥着许多妄自尊大者为特色的，但他的野心还是超出了一切限度。比起实际的作战事务，克拉克更关心的是公关和打造英雄形象，他是一个只允许摄影记者从他比较帅气的那一侧拍照的将军（确切地说，就是一定要从他的左侧拍照）。[86] 克拉克的自负已经到了傲慢的程度，以至于一些促狭的下属给他起了"马可·奥勒留·克拉克乌斯"的绰号。[87] 克拉克对待下属非常专横，他自己缺乏实战经验，却喜欢对更有经验、更称职的军官颐指气使。克拉克是一个铁杆的仇英派，尽管在他指挥的这场战役中两国军队之间的合作必不可少，他还是不愿信任自己的英国盟友。对克拉克的批评还有很多很多，而且都值得我们认真思考。

与此同时，历史学家也会按捺不住地发出惊呼："真的吗？"克拉克真是一个比巴顿将军还要唯我独尊的追名逐利之徒吗？他真的比隆美尔元帅还热衷于塑造自己的形象吗？没有人比"沙漠之狐"更喜欢战地摄影师了吧？克拉克的晋升真的太快了吗？和艾森豪威尔比呢？要知道在1941年2月，艾森豪威尔还是个中校。短短两年之后，他已经官拜上将，有可能创下了全世界最快的晋升记录。与之相比，克拉克在1941年7月是中校，到1942年11月成为中将。在这个问题上很容易被人忽略的一点是：在一支用短短两年时间从无到有、全速扩张的军队里，几乎每一个军官都会得到快速提拔。[88]

细究起来，那些针对克拉克个人品德的指责基本上都站不住脚。它们只是针对他的人身攻击，而没有事实作为依据。在任何一个像美国陆军这样庞大的组织中，总会有某些人比较冒尖。在任何一个需要人们倾注心力的领域中，像克拉克这样飞黄腾达的人必定会遭到流言中伤——无论在民间还是军界，都会发生这种事。

萨勒诺之战当然是对克拉克的考验，他在某些时候确实显得不知所措，而他的草率之举也为他招来了大量负面报道。但是我们应该指出的是，他在9月13日夜间做了自己该做的事：审时度势，冷静看待问题。他还有整整两天（9月13日和14日）艰难地辗转于自己的指挥所和前线之间，冒着敌军的猛烈炮火重整部队。每个读者都应该自己判断他作为指挥官是否称职；历史学家似乎总是倾向于片面的观点。也许克拉克真正的问题在这里：他命中注定要在地中海战区指挥军队作战，而事实已经证明这个战区是美国军人名誉的墓地，与之相反的则是一年以后的西欧，在那里所有指挥官都奇迹般地表现得相当不错。

最后，萨勒诺之战也表明美军依然有着过度思考、弄巧成拙的倾向——把本来简简单单就能打好的作战搞得过于复杂，结果反而酿成灾难。美国陆军1943年的作战经常让人感觉是把打响空降兵的名头当成了主要目的，而不顾空降行动是否有意义。9月14日在阿韦利诺的空降就是又一个草率地空投伞兵的战例。读者此时应该对行动失败的原因耳熟能详了：行动准备过于仓促，某些指挥官只有两个小时来研究地图；发生了无法解释的导航错误；雷达效用不佳；风力过大；跳伞高度也过大。和先前的所有空降行动一样，这一次部队的降落地点又是严重分散，有些人落在了离预定空降区40千米远的地方。40架运输机中只有15架将搭载的伞兵空投在距阿韦利诺不超过8千米的范围内。伞兵们落地后又发现，崎岖的地形使部队很难重新集中起来。在接下来的几天时间里，这些美国军方耗费巨资训练出的精锐战士不得不把大部分精力放在躲避德军的巡逻队上。虽然该营的一些人员三三两两地穿过德军战线回到了安全地带，但阿韦利诺空降对整个战役没有产生任何正面影响。[89] 到头来，它成了一次可有可无的行动——也许这才是克拉克在此战中最大的罪过。

结语：萨勒诺之后

菲廷霍夫此时知道自己已经不可能摧毁盟军的桥头堡了，鉴于蒙哥马利的第8集团军也终于冲出了卡拉布里亚，他开始命令部队退出战斗。于是战役的第四阶段，就从德军自萨勒诺的撤退开始了。对国防军的指挥官来说，最近这几个星期是令人眼花缭乱的。盟军在萨勒诺渡了一次危机，但德军却是渡过了一连串危机：应对意大利的背叛，解除300万意大利军人的武装，抗击盟军的至少三次两栖登陆。此时，该重新评估局势了。

德军领导层面对的主要问题是，应该在意大利的哪个地方守住战线。此时，指挥官之间自西西里陷落以来就开始激化的矛盾终于爆发。意大利的德军部队分别处于两个司令部的领导之下，即隆美尔的B集团军群（指挥部设在北意大利的加尔达）和凯塞林的南线总司令部[指挥部设在罗马以南不远处的弗拉斯卡蒂（Frascati）]。这种二重指挥体制的运转效果基本上不出所料——说白了就是很糟糕。身处北方的隆美尔建议放弃整个意大利中部和南部，把德军部队集中到意大利北部。在他看来，面对拥有绝对制海权的敌人，防守这个狭长半岛的南部是毫无意义的。盟军只要在半岛北部任选一个地方登陆，就有可能切断位于南部的德军部队的后路。隆美尔警告说，国防军已经在突尼斯损失了一个集团军群，现在有可能再损失一个。因此,最好是在亚平宁半岛的北部进行防御,选择比萨(Pisa)或更偏北的地方。他认为意大利唯一值得防守的地区就是波河谷地(Po River valley),因为那里是意大利主要的人口聚居地和资源中心。隆美尔的参谋部里有些军官甚至想后撤到阿尔卑斯山(Alps),在那里建立一条几乎坚不可摧的防线。

隆美尔的对头凯塞林的意见则截然相反——他确信盟军不会深入北方选择登陆场。空中力量对于盟军来说实在太过重要,所以他们绝不会在自己的空军保护伞之外登陆。虽然人们常把凯塞林的观点归结于他不屈不挠的乐观主义精神,但他确实有着很好的理由。凯塞林认为,防守意大利的最佳地点是在罗马以南的"腰部"(Taille),那里是亚平宁半岛最狭窄的部位,投入较少的部队就能守住阵地。[90] 他自己的参谋部经过计算后认为,只要在防线上部署九个师,再安排两个师作为预备队即可,这比隆美尔在北方防守所需的兵力少得多。

这是一次耐人寻味的战略争论,两派的方案都各有优劣,其中又掺杂了隆美尔和凯塞林两人的大量私人恩怨、盛气凌人的评论和伤害自尊心的时刻。希特勒一如既往地摇摆不定,用凯塞林能干的参谋长西格弗里德·韦斯特法尔将军(General Siegfried Westphal)的话来说,就是"schwankte lange hin und her"(动摇了很久)。[91] 公平地说,元首的犹豫是有理由的。当时正值 8 月下旬,紧张得几乎令人无法忍受的战局——继库尔斯克的失败之后,奥廖尔和别尔哥罗德又遭到了苏军的猛攻——使得意大利暂时处于次要地位。但是,国防军在东线几近崩溃的局势也预示着在意大利靠前防守的大胆战法不会有好结果。因此,希特勒起初倾向于隆美尔比较保守的提案。不过随着希特勒与东线的部队主官们的关系不断恶化,凯塞林的建议在他听来肯定有如天上仙乐。他终于有了一个愿意坚守阵地的指挥官,这个指挥官没有对"作战"的执迷不悟,不会缠着他要求撤退的许可。

令凯塞林深感欣慰的是,意大利危机的缓解,以及盟军在萨勒诺相对保守的登陆,都证明他的判断是正确的。于是,希特勒也回心转意。凯塞林的实力开始增强,到了 11 月,他终于得到了属于他自己的野战司令部——C 集团军群,也得到了指挥意大利境内所有德军部队作战的权力。在他的统一指挥下,国防军将在意大利南部建立防线。考虑到他是在相对次要的战区进行战略防御,这个选择可以说是大胆而露骨地表明了他的意图。

凯塞林在意大利南部战斗的决定为此后漫长而血腥的战事奠定了基调。此时德国第 10 集团军以萨勒诺为"支点"(Angelpunkt)向后收缩,占领了第一条横跨意大利半岛，从西边的第勒尼安海延伸到东边的亚得里亚海的防线。之后德军还将占领一系列看似无穷无尽的类似防线，最初是一些"警戒线"（Sicherungslinien），后来是"抵抗线"（Widerstandslinien），最终是设施齐全、深沟高垒的防御"阵地"（Stellungen）。[92] 第 10 集团军就这样一步步向北撤退，首先占领了 1 号、2 号和 3 号警戒线，然后占领零号抵抗线和"维克多"（Viktor）抵抗线，最终退至"伯恩哈德"（Bernhard）和"古斯塔夫"（Gustav）阵地。其中有几条防线将会在西方名声大噪：维克多防线在西边依托沃尔图诺河（Volturno River）而建，横跨半岛延伸至亚得里亚海边的泰尔莫利（Termoli），因此以"沃尔图诺防线"之名被永远载入美国军事史。伯恩哈德阵地利用西边的加里利亚诺河（Garigliano River）作为主要屏障，因此也被称为"加里利亚诺防线"。古斯塔夫阵地是这些防线中最著名的一条，它以拉皮多河（Rapido River）为依托，在一个小镇和一座不容常人涉足的修道院前方穿过亚平宁山脉，小镇和修道院的名字都叫卡西诺（Cassino）。

　　盟军将把战争余下的时间都用来攻打这些防线，击败德国守军的顽强抵抗，一寸一寸地向着亚平宁半岛北部推进。这是艰苦而血腥的战斗，基本上就是一次接一次的正面强攻。亚平宁半岛有一道岩石组成的脊梁（亚平宁山脉），以及成百上千条通到两侧海岸的河流、溪涧和深谷，每一条都形成了一道完美的防线。德军将会一边在其中一道阵地上坚守，一边在后方准备另一道阵地，然后在盟军的压力使前一道阵地无法支撑时撤至后一道阵地里去。地形和气候在这里起了决定性的作用——战线狭小的宽度限制了机动的可能，山地和多雨的气候成为防守方的实力倍增器，而不够完善的道路网络使集中兵力实施主要突击的做法几乎不可能实现。意大利是防守战术家梦寐以求的战场，也是进攻方的梦魇之地。

　　相比之下，在战役层面，这片战场就是一堂"作战基础"课。盟军以两个集团军齐头并进，克拉克的第 5 集团军在西，蒙哥马利的第 8 集团军在东。德国第 10 集团军在其前方横跨半岛布阵，防线两头依托海岸，中间穿越高耸的亚平宁山脉。德军的阵势基本上没有变过：第 14 装甲军在第勒尼安海沿岸，第 76 装甲军在中央，第 11 空降军则把守亚得里亚海一侧。这片战场小得足以让历史发烧友记住双方每一个师的番号。这是一道无解的作战难题，更何况盟军为了满足霸王行动的策划需求还要不断从意大利抽调兵力。因此，1943 年在这里的战斗注定会演变成静态的阵地战（Stellungskrieg）。

凯塞林在意大利将会坚持到战争结束，并因此被誉为防守天才。现代英语文献中有一段经典的评价将他形容为"防守型指挥官"：

凯塞林一次又一次以显著劣势的兵力在地中海挫败了盟军的进攻，奠定了他作为防守大师的地位……他在突尼斯战役中发挥的作用是微乎其微的，但是当战场转到意大利时，情况就大不一样了。德军在意大利的长期坚守是凯塞林的防御战才华结出的硕果。在这场会战中，把握德军战略方向的始终是凯塞林，他有力地行使了自己的指挥权，并巧妙地调动了他的部队来抗击盟军。[93]

而另一部著作，则给凯塞林贴上了"防守战大师"的标签，称他是具有"战斗直觉"的指挥官，是一个"能够在最大限度杀伤敌军后及时撤退以便再战"的将领。[94]此外，还有人声称凯塞林是"第二次世界大战中德国军队涌现出的最优秀的将领之一"。[95]

不过，这些说法全都是值得怀疑的。让我们先从作战的难易度谈起。在亚平宁半岛上节节抵抗从南向北进攻的对手，也许是第二次世界大战的所有战役中最简单的战争模式。"能够一次又一次在地中海挫败盟军"？很难这么说。凯塞林的总司令部曾造成了突尼斯的灾难和西西里的快速失守。"具有战斗直觉"？在萨勒诺，这种拿破仑时代（也许可以追溯到古代）的理念遭遇了15英寸（约38厘米）舰炮的轰击和B-17的地毯式轰炸。"能够巧妙地调动他的部队"？虽然凯塞林在德国空军中积累了大量（足足有十年时间来积累经验）战役层面的指挥经验，但是在这场会战中几乎没有机动。当然，凯塞林能够调动营级和团级部队来适应一种新式堑壕战的需求。但称他为机动大师？似乎太过勉强了一点。最后，所谓凯塞林能够"最大限度地杀伤敌军"并及时撤退部队以便再战的说法更是完全错误的。在整个意大利会战中，盟军总计伤亡了312000人，不过这个数量要分摊到许多不同国籍的军队头上：美军、英军、英联邦军（加拿大人、新西兰人、南非人和印度人）、法国远征军、波兰一个下辖两个师的军、来自巴勒斯坦的犹太志愿者旅、希腊旅，甚至还有一支来自巴西的部队（巴西第1步兵师）。在一个并不具备决定性意义的战场上，这样的损失是很高的，任何人都不应该淡化它们。但是，德军的伤亡数字却能帮助我们正确看待盟军的伤亡。凯塞林指挥下的部队至少损失了415615人，我们应该指出，他们全都是德国人。[96] 即使作为一场有限的阻滞和消耗战，德军在意大利的防御也是一场彻头彻尾的失败。

意大利是一场谁都不太想打的战役。国防军匀出的部队本可以用在更重要的方向。国防军一共投入了 11 个师，虽然看起来不多，但合起来也是一个完整的野战集团军——这是正在崩溃的东线急需的兵力。英美联军来到意大利是为了推翻墨索里尼，摧毁轴心国，以及在为霸王行动做准备时找些事做——美国陆军的总司令部极为不愿意在意大利陷入阵地战的泥潭。然而此时盟军却在意大利投入了大量兵力，而国防军也在罗马以南很远的地方死战不退，双方都不得不面对现实：他们需要在这里打一场会战。战争经常会迫使交战双方做他们都不想做的事，而没有一个地方比 1943 年的意大利更能证明这一点。这是一场没有人喜欢的会战。哦不，或许我要做一个更正。有一个大权在握的人确实希望在意大利作战，而且还乐在其中，把自己的信念坚持到了最后：他就是凯塞林。是他夸下海口说自己能够守住意大利，而最终也正是这一自吹自擂造就了这场可怕的会战。虽然任何一个通情达理的人都不会否认军队有权为自己辩护，但是我们需要把凯塞林的决定放在德国悠久的战争史的背景下来进行观察。自 18 世纪的腓特烈大帝时代起，普鲁士的指挥官们就在想方设法打"短促而活跃"（kurtz und vives）的战争。他们的国家是欧洲面积最小的国家之一，在五大列强中敬陪末座，缺少易于防守的边界，在生产能力和军事实力上也往往不如境外环伺的敌方强国：法国、奥地利、俄国和荷兰。因此，普鲁士很早就认识到自己在战争中必须速战速胜，不能被拖入最终取决于资源和人力优势的漫长比拼。

一代代的普鲁士军官都把这些理念牢记于心，他们的德意志后辈也是如此。他们针对自己的战略问题提出的解决方法就是所谓的运动战（Bewegungskrieg），这是一种冒险而大胆的战法，旨在使部队的主力进行巧妙的机动，从而尽可能迅速地包围并歼灭敌军主力。如果这一战法失败，就会导致战争陷入僵局，成为所谓的阵地战（Stellungskrieg），在这种战争中敌对两军将以正面对拼的方式打消耗战。在传统上，普鲁士和德意志的军官都把阵地战视作一种退化的战争形式，是只有在默认的战法莫名其妙失败之后才会发生的情况。而且，阵地战也是一种临时的战争形式，指挥官对它的容忍只能持续到攻势重启为止。

然而，这种观念也只持续到了 1943 年。凯塞林元帅也许是有史以来最重要的德国指挥官之一，但并非是由于那些常见的原因。"腓特烈们和毛奇们""红亲王们和施利芬们""古德里安们""隆美尔们"和"曼斯坦因们",全都在史书中占有一席之地——他们都追求最大限度地发挥自己的攻击精神和天赋,通过高速机动赢得大规模的包围战和歼灭战(也就是 Kesselschlacht 和 Vernichtungsschlacht)。罗斯巴赫与洛伊滕,柯尼希格雷茨与色当,1940 年的阿登与 1942 年的贾扎拉——所有这些战役都是依靠一个甘冒一切风险主动进攻的军官团打出来的,而且它们都是以弱胜强的伟大胜利。

与此形成鲜明对比的是,凯塞林走的却是另一条路子。德国指挥官们以前也打过阵地战,最突出的就是第一次世界大战的堑壕战岁月中的那一代军官。但是,当时他们是别无选择,而且在 1918 年,埃里希·冯·鲁登道夫将军就回到了机动进攻的老路上。可凯塞林却是有史以来第一个主动而热心地选择打阵地战的德军高级指挥官,而且他知道自己绝不会放弃这种战斗。关于这一点,历史学家可能永远也弄不清确切的原因。也许凯塞林误判了战略形势,相信德国还有赢得那场战争的合理机会。也许凯塞林在自欺欺人,利用对元首的盲目信仰作为继续战斗的借口。也许凯塞林只是一个官迷,唯一关心的事情就是讨希特勒的欢心。照这些猜想来看,很可能凯塞林的动机兼有这三种因素。无论如何,他把一支在人数和物资上都处于劣势的德国野战集团军投入了一场对抗优势敌军的阵地战。这是一场他没有机会打赢的战役——是战争进行到这一阶段国防军最不想遇到的情况。

虽然凯塞林老练地指挥了这场战役,表现很是亮眼,但我们可以设计一个更严峻的考验来检测他的成色。让我们把这位元帅从意大利易守难攻的狭小空间调到东线一望无际的开阔战场上去,让我们给他守住顿涅茨河、第聂伯河或杰斯纳河的任务,让他对抗从四面八方涌来的苏联坦克大军。而且,只给他一个不满员的装甲师或更少的部队作为战略预备队,然后让元首给他下达不惜一切代价坚守的命令。在这种情况下,评判凯塞林究竟是什么水平的防守天才将会容易得多。

注释

1. 这个片断取材自阿道夫·霍伊辛格著，《冲突中的司令部：1923—1945 年德国陆军的宿命时刻》(*Befehl im Widerstreit: Schicksalsstunden der deutschen Armee 1923 - 1945*，蒂宾根：Rainer Wunderlich Verlag Hermann Leins，1950 年)，"1943 年 9 月初，希特勒在拉斯滕堡的元首指挥部参加了一场有许多工程师、设计师、军官和党员干部出席的新式坦克、反坦克炮、大炮和其他武器的演示会"，第 272—275 页。

2. 出处同前，第 273 页。

3. 出处同前，第 275 页。

4. 出处同前。

5. 我们在研究意大利的战役时又可以见到曾在西西里战役中观察到的那些史学动态：英美历史学家对这场战役执着到了痴迷的程度，并乐此不疲地走着已经留下许多前人足迹的叙事路径，而德国人却似乎对它漠不关心。各国的官方正史就能证实这一点。"绿皮丛书"用了整整两卷叙述这一主题，即阿尔伯特·加兰和霍华德·麦高·史密斯著，《西西里和意大利的投降》(*Sicily and the Surrender of Italy*，华盛顿哥伦比亚特区：Center of Military History，1965 年)，和马丁·布吕芒松著，《从萨勒诺到卡西诺》(*Salerno to Cassino*，华盛顿哥伦比亚特区：Center of Military History，1969 年)。这两部著作有大量重叠，而且把意大利的投降写进西西里卷而非萨勒诺卷的决定很有问题，这导致非常需要作为一个整体来研究的历史现象被人为割裂，令人非常不满。但考虑到这一系列事件的惊人复杂性，除了出版一卷 1000 页的巨著外，这个问题可能也没有更好的解决办法了。美国海军的官方正史也是不可不读的：塞缪尔·埃利奥特·莫里森，《第二次世界大战美国海军作战史》(*History of United States Naval Operation in World War II*)，第 9 卷，《西西里—萨勒诺—安齐奥，1943 年 1 月—1944 年 6 月》(*Sicily-Salerno-Anzio, January 1943 - June 1944*，波士顿：Little, Brown，1954 年)。在莫洛尼著，《地中海与中东战场》(*The Mediterranean and Middle East*) 第 5 卷，《1943 年的西西里会战与 1943 年 9 月 3 日至 1944 年 3 月 31 日的意大利会战》(*The Campaign in Sicily, 1943, and the Campaign in Italy, 3rd September 1943 to 31st March 1944*，伦敦：皇家出版局，1973 年) 中也阐明了英国的官方观点。至于德国官方正史，正如我们在讨论西西里会战时已经提到的，对意大利的战斗所花的篇幅比较短小。请参见《德国与第二次世界大战》，第 8 卷，《东线，1943/1944：东方与次要战线的战事》，第 6 部分，《次要战线的战事》，尤其是格哈德·施赖伯著，《北非战事的结束和 1943 至 1945 年意大利的战争》，第 1100—1162 页，仅仅用了 62 页来叙述从突尼斯开始到战争结束的所有战役（而且其中还有部分篇幅描述了政治等方面的内容）。对一套已经自我设定了极高标准的丛书来说，这个主题处理得如此潦草实在令人失望。如果要调查德国人对这场颇有争议的会战的观点，最好首先参考《外国军事研究》丛书中的证言，德文版和英文版都收藏在宾夕法尼亚州卡莱尔市的美国陆军传统与教育中心。和同时代的所有档案记录一样，它需要谨慎阅读。请参见西格弗里德·韦斯特法尔等人著，《意大利会战，1942 年 4 月—1944 年 5 月》(*Der Feldzug in Italien, Apr 1943 - Mai 1944*)，手稿 T-1a，尤其是海因里希·冯·菲廷霍夫将军（General Heinrich von Vietinghoff，他是抗击盟军登陆的第 10 集团军的司令）撰写的至关重要的第 6 章，《第 10 集团军在意大利南部和中部的战斗，以发生在萨勒诺、沃尔图诺、加里利亚诺、桑戈和卡西诺的战斗为重点》。该章还附带了作为附录的一篇文章，但由于这篇文章没有编号，所以没有在详尽的目录和索引中列出，它就是威廉·施马尔茨著，《"赫尔曼·戈林"装甲师 1943 年 9 月 9—17 日在萨勒诺的战斗》(*Der Kampf der Panzerdivision 'Hermann Göring' bei Salerno vom 9. - 17.9.1943*)。同样有用的还有菲廷霍夫为那个较大的章节写的摘要，《总司令部 1943 年 8 月对形势的评估：第 10 集团军的作战》(*Burteiling der Lage durch die Höchsten Dienststellen im August 1943: Einsatz des AOK 10*)，手稿 MS-117。另见马克斯·乌尔里希（Max Ulrich）著，《第 15 装甲掷弹兵师，1943 年 9 月 3 日》(*15th Panzer Grenadier Division, 3 September 1943*)，手稿 D-021，以及卡尔·冯·克林科斯特伦伯爵（Karl Graf von

Klinkowstroem）著，《意大利的背叛与罗马之战：南线总司令部参谋人员的见证》（*Der Abfall Italiens und die Kämpfe um Rom: Gesehen com Stabe der OB–Süd*），手稿 D-301。

已出版的第一手史料很丰富，学者至少需要阅读主要当事人的回忆录。在美军方面，这包括德怀特·艾森豪威尔著，《十字军征欧》（*Crusade in Europe*，纽约州加登城：Doubleday，1948 年），第 201—219 页，以及马克·克拉克著，《预期风险》（*Calculated Risk*，纽约：Enigma Books，2007 年）——它是这位将军最早在 1950 年出版的回忆录的再版。对于英军方面，请参见伯纳德·劳·蒙哥马利著，《蒙哥马利元帅回忆录》（*Memoirs of Field-Marshal the Viscount Montgomery of Alamein*，伦敦：Collins，1958 年），以及阿瑟·布莱恩特著，《西线的胜利，1943—1946：根据阿兰布鲁克元帅的日记和自传而作》（*Triumph in the West, 1943 - 1946: Based on Diaries and Autobiographical Notes of Field Marshal the Viscount Alanbrooke*，伦敦：Collins，1959 年）。至于德军方面，首先请阅读阿尔贝特·凯塞林著，《军人战至最后一日》（*Soldat bis zum letzten Tag*，波恩：Athenäum，1953 年），它的英译本是《凯塞林：一个军人的记录》（*Kesselring: A Soldier' s Record*，纽约：William Morrow，1954 年）；西格弗里德·韦斯特法尔著，《被禁锢的军队：隆美尔、凯塞林和龙德施泰特的参谋长的文件集》（*Heer in Fesseln: Aus den Papieren des Stabschefs von Rommel, Kesselring und Rundstedt*，波恩：Athenäum-Verlag，1950 年），英译本是《西线的德国军队》（*The German Army in the West*，伦敦：Cassell，1951 年），另外还有同一作者的《回忆录》（*Erinnerungen*，柏林：Von Hase & Koehler，1975 年），以及弗里多·冯·森格尔·翁德·埃特林著，《欧陆战火》（*Krieg in Europa*，科隆：Kiepenhauer & Witsch，1960 年），英译本是《无惧亦无望：卡西诺守卫者弗里多·冯·森格尔·翁德·埃特林将军的战时经历》（*Neither Fear nor Hope: The Wartime Career of General Frido von Senger und Etterlin, Defender of Cassino*，加利福尼亚州诺瓦托：Presidio，1989 年）。另见瓦尔特·瓦利蒙特著，《德国国防军司令部内幕，1939—1945：基础、成形、发展》（*Im Hauptquartier der deutschen Wehrmacht, 1939 - 1945: Grundlagen, Formen, Gestalten*，美因河畔法兰克福：Bernard & Graefe，1962 年）；意大利是国防军总司令部管辖的战区，瓦尔利蒙特具有论述该战区的权威。英文译本见《希特勒指挥部内幕，1939—1945》（*Inside Hitler's Headquarters, 1939 - 45*，加利福尼亚州诺瓦托：Presidio，1964 年）。赫尔穆特·海贝尔编，《希特勒的讨论 1942—1945 年军事会议记录片段》（*Hitlers Lagebesprechungen: Die Protokollfragmente siner militärischen Konferenzen, 1942 - 1945*，斯图加特：Deutsche Verlags-Anstalt，1962 年）对于了解德军总司令部在这些日子里完全运转失灵的状态也是不可或缺的，该书也有英文版。见赫尔穆特·海贝尔和戴维·格兰茨编，《希特勒和他的将军们：军事会议，1942—1945》（*Hitler and His Generals: Military Conferences, 1942 - 1945*，纽约：Enigma，2003 年）。最后，虽然约瑟夫·施姆德著，《1943 年意大利退出战争的经过：德国在意大利地区的反制措施："阿拉里克"与"轴心"行动》（*Italiens Kriegsaustritt, 1943: Die deutschen Gegenmassnahmen im italienischen Raum: Fall "Alarich" und "Achse"*，格丁根：Musterschmidt-Verlag，1969 年）是二手资料，但它具有鞭辟入里的分析和对德方文件与档案记录的详尽收集，对于了解德军的计划和作战也是不可不读的。

英文的二手文献数量庞大，如果把主要当事人的传记计算在内就更是如此。首先请阅读里克·阿特金森著，《战斗的日子：从攻占西西里岛到解放意大利，1943—1944》（*The Day of Battle: The War in Sicily and Italy, 1943 - 1944*，纽约：Henry Holt，2007 年），卡洛·德斯特著，《致命的决定：安齐奥与罗马之战》（*Fatal Decision: Anzio and the Battle for Rome*，纽约：Harper Perennial，1992 年），道格拉斯·波尔奇著，《胜利之路：第二次世界大战中的地中海战场》（*The Path to Victory: The Mediterranean Theater in World War II*，纽约：Farrar, Straus & Giroux，2004 年），以及查尔斯·麦克唐纳著，《大动干戈：美国在欧洲的战争》（*The Mighty Endeavor: The American War in Europe*，纽约：Da Capo，1992 年），第 190—247 页的相关部分。所有这些作品都有细致的分析和通常很精彩的文笔。另见德斯特的《第二次世界大战的地中海战区，1942—1945》（*World War II in the Mediterranean, 1942 - 1945*，北卡罗来纳州查珀尔希尔：Algonquin Books，1990

年），以及马丁·布吕芒松的必读传记《马克·克拉克传》（*Mark Clark*，伦敦：Jonathan Cape，1984 年），这部作品至少为这位饱受中伤的人物部分地恢复了名誉。关于这场会战的开局之战，最有用的简短总结是《萨勒诺美军从滩头到沃尔图诺河的作战，1943 年 9 月 9 日—10 月 6 日》（*Salerno: American Operations from the Beaches to the Volturno, 9 September - 6 October 1943*，华盛顿：Center of Military History，1990 年），这是美国陆军部军史局 1944 年出版的小册子的再版。还有大量作品记述了个别单位和部队。例如，为这场会战贡献了第 36 步兵师的德克萨斯州就出版了许多文献。请参见小克利福德·皮克（Clifford H. Peek Jr.）著，《五年、五个国家、五场会战：关于第二次世界大战中的第 141 步兵团的记述》（*Five Years—Five Countries—Five Campaigns: An Account of the One-Hundred-Forty-First Infantry in World War II*，慕尼黑：141st Infantry Regiment Association，1945 年）；罗伯特·瓦格纳（Robert L. Wagner）著，《德克萨斯军队：第 36 师在意大利会战中的历史》（*The Texas Army: A History of the 36th Division in the Italian Campaign*，德克萨斯奥斯汀：出版社不详，1972 年），以及马丁·布吕芒松著，《第二次世界大战中的第 36 步兵师》（*The 36th Infantry Division in World War II*），收录于约瑟夫·道森（Joseph G. Dawson）编，《德克萨斯的军事经历：从德州革命到第二次世界大战》（*The Texas Military Experience: From the Texas Revolution to World War II*，科利奇站：Texas A&M University Press，1995 年），第 128—136 页。关于另一个在萨勒诺登陆的美国师，见弗林特·惠特洛克（Flint Whitlock）著，《安齐奥的岩石：从西西里到达豪：第 45 步兵师师史》（*The Rock of Anzio: From Sicily to Dachau: A History of the 45th Infantry Division*，科罗拉多州博尔德Westview，1998 年）。

如果要了解英方视角，见埃里克·林克莱特（Eric Linklater）著，《意大利会战》（*The Campaign in Italy*，伦敦：皇家出版局，1951 年），杰克逊（W. G. F. Jackson）著，《鏖战意大利》（*The Battle for Italy*，纽约Harper & Row，1967 年），约翰·斯特劳森（John Strawson）著，《意大利战役》（*The Italian Campaign*，纽约Carroll & Graf，1988 年），以及伯纳德·爱尔兰（Bernard Ireland）著，《地中海的战争，1940—1943》（*The War in the Mediterranean, 1940-1943*，巴恩斯利：Leo Cooper，1993 年）。杰克逊是亚历山大将军的参谋部中的英国军官，他对历次作战的记述可能是市面上的文献中最明晰、最全面的。另见休·庞德（Hugh Pond）著，《萨勒诺》（*Salerno*，伦敦William Kimber，1961 年），以及德斯·希基（Des Hickey），和格斯·史密斯（Gus Smith）著，《雪崩行动：1943 年萨勒诺登陆战》（*Operation Avalanche: The Salerno Landings, 1943*，纽约：McGraw-Hill，1984 年）。马修·琼斯著，《英国、美国与地中海战争，1942—1944》（*Britain, the United States, and the Mediterranean War, 1942 - 44*，纽约：St. Martin's Press，1996 年）对地中海历次战役和总体战略的分析很有价值。克里斯托弗·巴克利（Christopher Buckley）著，《通向罗马之路》（*Road to Rome*，伦敦：Hodder and Stoughton，1945 年），和理查德·特里加斯基斯（Richard Tregaskis）著，《登陆日记》（*Invasion Diary*，林肯：University of Nebraska Press，2004 年），分别提供了跟随英军和美军行动的新闻记者的视角。特里加斯基斯的记述很恐怖，其中还详细描写了他自己在战斗中头部受伤的经过。有关这一话题的进一步讨论，见罗伯特·M. 奇蒂诺著，《迪克·特里加斯基斯的日记》（*Dick Tregaskis's Diaries*），《出列》，2010 年 1 月 24 日，http://www.historynet.com/dick-tregaskis's-diaries.htm。

6. 关于当时意大利这种剑拔弩张的局势，描写得最好的当属西格弗里德·韦斯特法尔，他在《被禁锢的军队》，第 214—226 页中写到了"'不稳定'的 1943 年之夏"（labile Sommer 1943）。

7. 关于"卡西比莱的和谈"，见加兰和史密斯著，《西西里和意大利的投降》，第 474—479 页。

8. 要了解德军为防意大利投降而进行的策划的起源，见施勒德著，《意大利退出战争》，第 176—195 页。

9. 关于巨人一号和二号行动，也就是美军计划对意大利实施的空降作战，詹姆斯·加文在《打到柏林：一名空降兵指挥官经历的战斗，1943—1946》（*On to Berlin: Battles of an Airborne Commander, 1943 - 1946*，纽约：Viking，1978 年），第 51—63 页的讨论很有价值。

10. 协议内容见加兰和史密斯著，《西西里和意大利的投降》，第 502 页。

11. 要了解艾森豪威尔对巴多格里奥的"恐惧和动摇"的鄙夷，见《十字军征欧》，第 186 页。艾森豪威尔的公告全文可参见加兰和史密斯著，《西西里和意大利的投降》，第 508 页。

12. 出处同前，第 509 页。要了解巴多格里奥为意大利投降一事向希特勒所做的辩解，见施勒德著，《意大利退出战争》，第 281—282 页。

13. 见恩斯特·卡比施（Ernst Kabisch）著，《无系统的战略》（Systemlose Strategie），《军事周刊》第 125 辑，第 26 期（1940 年 12 月 27 日）的第 1235。要了解赫尔穆特·冯·毛奇的著作，见丹尼尔·休斯（Daniel J. Hughes）编，《毛奇军事文选》（Moltke on the Art of War: Selected Writings，加利福尼亚州诺瓦托：Presidio，1993 年）。这一论断可在第 45、92 页找到。

14. 关于这种经常被称为 Auftragstaktik 的灵活指挥体系的起源，见安图利奥·埃切瓦里亚二世著，《克劳塞维茨之后：第一次世界大战前的德国军事思想家》（After Clausewitz: German Military Thinkers before the Great War，劳伦斯：University Press of Kansas，2000 年），第 32—42、94—103 页。

15. 卡比施著，《无系统的战略》，第 1235 页。

16. 1940 年会战产生的文献极多，却少有必读的佳作，卡尔－海因茨·弗里泽尔著，《闪电战传说：1940 年西线会战》（The Blitzkrieg Legend: The 1940 Campaign in the West，安纳波利斯：Naval Institute Press，2005 年）可以算是其中之一，这是德文原作 Blitzkrieg-Legende: Der Westfeldzug 1940（奥尔登堡：Wissenschaftliche Verlag，1995 年）大受欢迎的英译本。

17. 要了解基本上被历史学家们无视的德军在南斯拉夫的战役，请参见乔治·布劳（George E. Blau）著，《德军在巴尔干的战役（1941 年春）》，美国陆军部宣传册 20-260[The German Campaign in the Balkans (Spring 1941), Department of the Army Pamphlet 20-260，华盛顿哥伦比亚特区：美国陆军部，1953 年]，雅努什·皮耶卡尔凯维奇著，《巴尔干之战》（Krieg auf dem Balkan，慕尼黑：Südwest Verlag，1984 年），以及约翰·安塔尔（John F. Antal）著，《25 号行动：国防军对南斯拉夫的征服》（Operation 25: The Wehrmacht's Conquest of Yugoslavia），收录于小理查德·胡克（Richard D. Hooker Jr.）编，《机动作战战例选编》（Maneuver Warfare: An Anthology，加利福尼亚州诺瓦托：Presidio，1993 年），第 391—404 页。

18. 要了解当时还是盟友但很快就反目成仇的德意两军在意大利的部署情况，请参见《德国与第二次世界大战》，第 6 部分，施赖伯著，《北非战事的结束和 1943 至 1945 年意大利的战争》，第 8 卷第 1119 页。另见施勒德著，《意大利退出战争》，第 136 页对面的地图《意军各师的分布，截至：1943 年 3 月 1 日》（Verteilung der italienischen Divisionen, Stand: 1.3.1943）。

19.《德国与第二次世界大战》，第 6 部分，施赖伯著，《北非战事的结束和 1943 至 1945 年意大利的战争》，第 8 卷第 1119—1120 页。

20. 格尔·翁德·埃特林著，《欧陆战火》，第 196—199 页强调了这些岛屿上的形势有多么绝望"防守这些孤立岛屿的指示在我看来只是又一次证明了上级没有正确认识现代作战中制空权和制海权的重要意义。"（第 197 页）

21.《德国与第二次世界大战》，第 6 部分，施赖伯著，《北非战事的结束和 1943 至 1945 年意大利的战争》，第 8 卷第 1120 页。

22. 关于罗马一带战斗的最佳记述，是施勒德著，《意大利退出战争》，第 287—293 页，根据德方档案资料写成。

23.《德国与第二次世界大战》，第 6 部分，施赖伯著，《北非战事的结束和 1943 至 1945 年意大利的战争》，第 8 卷第 1120 页。

24. 见克斯廷·冯·林根（Kerstin von Lingen）著，《凯塞林的最后一战：战争罪行审判与冷

战 政 治，1945—1960》(*Kesselring's Last Battle: War Crimes Trials and Cold War Politics, 1945 - 1960*，劳伦斯：University Press of Kansas，2009 年），第 32—33 页。《德国与第二次世界大战》，第 6 部分，施赖伯著，《北非战事的结束和 1943 至 1945 年意大利的战争》，第 8 卷第 1124 页称凯法洛尼亚岛上的意军进行了"英勇的抵抗"（heroischen Widerstand）。

25. 霍伊辛格著，《冲突中的司令部》，第 275 页。

26.《德国与第二次世界大战》，第 6 部分，施赖伯著，《北非战事的结束和 1943 至 1945 年意大利的战争》，第 8 卷第 1123 页。

27. 冯 · 林根著，《凯塞林的最后一战》，第 32 页。

28. 出处同前，第 32—33 页。

29.《德国与第二次世界大战》，第 6 部分，施赖伯著，《北非战事的结束和 1943 至 1945 年意大利的战争》，第 8 卷第 1123—1124 页，以及冯 · 林根著，《凯塞林的最后一战》，第 33—34 页。有关被拘留者的问题，另见格哈德 · 施赖伯著，《在在德国控制区域内被拘留的意大利军事人员：1943—1945：被出卖—被唾弃—被遗忘》(*Die italienischen Militärinternierten im deutschen Machtbereich, 1943 - 1945: Verraten - Verachtet - Vergessen*，慕尼黑：Oldenbourg-Verlag，1990 年）。

30.《德国与第二次世界大战》，第 6 部分，施赖伯著，《北非战事的结束和 1943 至 1945 年意大利的战争》，第 8 卷第 1124 页。

31. "若以讽刺手法来形容，'轴心'行动的成功实施可被称作德国国防军的最后一场胜仗。"出处同前。

32. 施勒德著，《意大利退出战争》，第 291 页认为国王、巴多格里奥和其他高官的潜逃是意大利军队未能抵抗德军的首要原因（"der Hauptgrund"）。

33. 关于"巴多格里奥元帅的四十五天统治"，最好的学术论述还得数迪金（F. W. Deakin）著，《残酷的友谊：墨索里尼、希特勒与意大利法西斯主义的垮台》(*The Brutal Friendship: Mussolini, Hitler and the Fall of Italian Fascism*，纽约：Harper & Row，1962 年），第 487—548 页。

34.《德国与第二次世界大战》，第 6 部分，施赖伯著，《北非战事的结束和 1943 至 1945 年意大利的战争》，第 8 卷第 1122 页。关于意大利退出战争的混乱经过，还可以参见埃莱娜 · 阿加罗西（Elena Agarossi）著，《一个民族的崩溃：1943 年 9 月意大利的投降》(*A Nation Collapses: The Italian Surrender of September 1943*，剑桥：Cambridge University Press，2006 年）。

35. 见布吕芒松著，《从萨勒诺到卡西诺》，第 8—15 页，尤其是第 12 页的地图。

36. 请参见他发给亚历山大的日期为 1943 年 8 月 19 日的电报，收录于蒙哥马利著，《回忆录》，第 191—192 页，以及德斯特著，《致命的决定》，第 34—35 页。

37. "他们也许能干些有用的游击队工作，搞点破坏，而且大体上可以确保当地人完全不和德国人合作。但是我不认为他们能和德国人战斗。"蒙哥马利著，《回忆录》，第 195 页。

38. 见同一出处。《关于战争中的总司令部的一些思考》(*Some Thoughts on High Command in War*)，第 347—354 页。

39. 施勒德著，《意大利退出战争》，第 269—274 页精彩地描写了德军面对在他们看来"很粗糙的牵制行动"（primitives Ablenkungsmanöver）如何成功从卡拉布里亚撤退。

40. 乌尔里希著，《第 15 装甲掷弹兵师》，第 3 页。

41. 关于第 29 装甲掷弹兵师得到的命令，见菲廷霍夫著，《第 10 集团军在意大利南部和中部的战斗》，第 18 页。关于在面向德国公众的报道中被宣传为大规模交战的后卫遭遇战和破坏行动，见《意大利骄阳下的街巷战》(*Strassenkampf unter der Sonne Italiens*)，《国防军》第 7 辑，第 22 期（1943 年 10 月 27 日）第 11 页。

42. 事实上，菲廷霍夫甚至声称加拿大军队在东海岸的推进"对德军的机动没有造成任何影响"。出处同前，第 20 页。

43. 见《德国与第二次世界大战》，第 6 部分，施赖伯著，《北非战事的结束和 1943 至 1945 年意大利的战争》，第 8 卷第 1140 页的地图《1943 年 9 月 3 日至 20 日意大利境内形势》。

44. 出处同前，第 1127—1128 页。

45. 关于闹剧行动，见莫洛尼著，《1943 年的西西里会战与 1943 年 9 月 3 日至 1944 年 3 月 31 日的意大利会战》，第 242—243 页，其中给出的死亡人数是"48 名海军官兵和 120 名第 6 伞兵营的官兵"。另见杰克逊著，《鏖战意大利》，第 117—119 页。关于德军在阿普利亚的防守，见菲廷霍夫著，《第 10 集团军在意大利南部和中部的战斗》，第 40—41 页。

46. 雪崩行动是"首次突破"德军在欧洲大陆上的防御的作战，关于其策划的最佳资料是杰克逊著，《鏖战意大利》，第 81—96 页；克拉克著，《预期风险》，第 145—151 页；布吕芒松著，《从萨勒诺到卡西诺》，第 16—42 页；以及莫洛尼著，《1943 年的西西里会战与 1943 年 9 月 3 日至 1944 年 3 月 31 日的意大利会战》，第 230—236 页。

47. 菲廷霍夫著，《第 10 集团军在意大利南部和中部的战斗》，第 26 页。

48. 美国陆军"绿皮丛书"的史学、批评和文学价值良莠不齐，但布吕芒松的作品在这三方面的价值都是拔尖的。见《从萨勒诺到卡西诺》，第 26 页。

49. 转引自卡洛·德斯特著，《巴顿传: 为战争而生的天才》（Patton: A Genius for War，纽约：Harper，1996 年），第 554 页。

50. "我估计以后再也看不到这么欢乐的场景了，"一个士兵后来回忆说，"我们将会大摇大摆地在那不勒斯的港湾靠岸，一只手拿着橄榄枝，另一只手拿着歌剧院的门票。"见麦克唐纳著，《大动干戈》，第 206—207 页。

51. 关于克拉克说的究竟是什么，至今仍莫衷一是。克拉克的原话见克拉克著，《预期风险》，第 156 页。第 14 装甲军的军长承认德国守军装备了扩音器，而且确实曾在美军登陆时要求他们投降，但他否认他们有过这种匪气十足的叫嚣。见赫尔曼·巴尔克（Hermann Balck）著，《混乱中的秩序：回忆录，1893—1948》（Ordnung im Chaos: Erinnerungen, 1893 - 1948，奥斯纳布吕克：Biblio Verlag，1981 年），第 455 页："据我所知沿岸每个地段的据点都有扩音器，守军应该曾用它们要求美军投降。当然，他们肯定没说过那种话，那是任何有理智的人都不应该说出口的。"麦克唐纳著，《大动干戈》，第 209 页将这个"流传已久的荒诞说法"归因于使用扩音器指挥交通的盟军海滩管制人员。另见布吕芒松著，《从萨勒诺到卡西诺》，第 83 页注释 16。

52. 关于这个话题的更多信息，见阿德里安·刘易斯（Adrian R. Lewis）著，《奥马哈海滩：一场有瑕疵的胜利》（Omaha Beach: A Flawed Victory，查珀尔希尔：University of North Carolina Press，2001 年），第 57—90 页的论证严密的章节《联合与合成两栖战学说》（Joint and Combined Amphibious Doctrine），尤其是第 83—86 页。

53. 关于第 16 装甲师的部署，尤其是"在沙丘中构筑的小型支撑点"，见菲廷霍夫著，《第 10 集团军在意大利南部和中部的战斗》，第 26—27 页。另见《德国与第二次世界大战》，第 6 部分，施赖伯著，《北非战事的结束和 1943 至 1945 年意大利的战争》，第 8 卷第 1129 页。

54. 或者按照德国式的表述，是"把他们赶回船上"。见菲廷霍夫著，《第 10 集团军在意大利南部和中部的战斗》，第 22 页（"尽快通过反击把敌军赶回船上"）。

55. 莫里森著，《西西里—萨勒诺—安齐奥》，第 266—267 页。

56. 见詹姆斯·科勒姆著，《沃尔夫拉姆·冯·里希特霍芬:德国空中战争的主宰者》（Wolfram von Richtofen: Master of the German Air War，劳伦斯：University Press of Kansas，

2008 年），第 344 页。

57. 例如，可参见克拉克著，《预期风险》，第 168 页，以及布吕芒松著，《从萨勒诺到卡西诺》，第 86 页。

58. 第 10 集团军的司令称自己对第一天的战斗过程"并无不满"（nicht unzufrieden），因为孤军奋战的第 16 装甲师在盟军陆海空三军的强大攻势下守住了防线。菲廷霍夫著，《第 10 集团军在意大利南部和中部的战斗》，第 29 页。另见《德国与第二次世界大战》，第 6 部分，施赖伯著，《北非战事的结束和 1943 至 1945 年意大利的战争》，第 8 卷第 1129 页。

59. 《德国与第二次世界大战》，第 6 部分，施赖伯著，《北非战事的结束和 1943 至 1945 年意大利的战争》，第 8 卷第 1130—1131 页。

60. 菲廷霍夫著，《第 10 集团军在意大利南部和中部的战斗》，第 21 页。

61. 见施马尔茨著，《"赫尔曼·戈林"装甲师 1943 年 9 月 9—17 日在萨勒诺的战斗》。关于第 14 装甲军，见巴尔克著，《混乱中的秩序》，第 449—463 页。

62. 关于胡贝在伏尔加河沿岸的战斗，见罗伯特·M. 奇蒂诺著，《国防军：第一部·折戟沉沙，1942 年德军历次战役》（Death of the Wehrmacht: The German Campaigns of 1942，劳伦斯：University Press of Kansas，2007 年），第 247—248 页。

63. 关于纳尔奇克—奥尔忠尼启则战役，请参见埃伯哈德·冯·马肯森（Eberhard von Mackensen）提供的第一手史料，《从布格河到高加索对苏作战中的第 3 装甲军，1941—1942》（Vom Bug zum Kaukasus: Das III. Panzerkorps im Feldzug gegen Sowjetrussland, 1941‑42，内卡格明德：Kurt Vowinckel，1967 年），第 102—111 页。有用的二手资料包括威廉·蒂克（Wilhelm Tieke）著，《高加索与石油：德国与苏联在高加索的战争，1942—1943》（The Caucasus and the Oil: The German-Soviet War in the Caucasus, 1942‑43，温尼伯J. J. Fedorowicz，1995 年），第 221—237 页；以及乔尔·海沃德（Joel S. A. Hayward）著，《兵败斯大林格勒：德国空军与希特勒在东方的失败，1941—1943》（Stopped at Stalingrad: The Luftwaffe and Hitler's Defeat in the East, 1941‑1943，劳伦斯：University Press of Kansas，1998 年），第 174—176 页。

64. 关于巴尔克在奇尔河沿岸的战斗，请参见他的参谋长的经典记述：冯·梅林津著，《坦克战：第二次世界大战装甲兵运用研究》（Panzer Battles: A Study of the Employment of Armor in the Second World War，纽约：Ballantine，1956 年），第 211—222 页。

65. 原话出自第 10 集团军战争日记，转引自布吕芒松著，《从萨勒诺到卡西诺》，第 112 页。

66. 要了解香烟厂（Tabakfabrik）一带的战斗，请参见阿特金森著，《战斗的日子》，第 222—227 页中的决定性记述。

67. 关于这座被焚毁的桥梁所起的作用，见菲廷霍夫著，《第 10 集团军在意大利南部和中部的战斗》，第 33—34 页。

68. 关于这场战斗中的危急时刻的详细记述，见布吕芒松著，《从萨勒诺到卡西诺》，第 112—117 页。

69. 关于美军正在撤退的报告，见菲廷霍夫著，《第 10 集团军在意大利南部和中部的战斗》，第 34 页："部队报告：'敌军正在撤离。'"

70. 施勒德著，《意大利退出战争》，第 298—299 页。菲廷霍夫把这条讯息发给了凯塞林，而一贯乐观的凯塞林又转发给了希特勒的指挥部。出处同前，第 299 页注释 60。要了解更多基于第 10 集团军的战争日记分析的德军方面的形势，另见布吕芒松著，《从萨勒诺到卡西诺》，第 116—117 页。在战后，菲廷霍夫对这场战斗的说法就变得慎重了许多。请参见《第 10 集团军在意大利南部和中部的战斗》，第 34 页："截至夜间，传到集团军指挥部的报告显示出一片胜利景象。集团军指挥部做了比较冷静的判断……但是只有接下来的几天才能决定敌人是否会在这次失败后终止萨勒诺的登陆行动……"

71. 克拉克著，《预期风险》，第 166 页。围绕克拉克关于萨勒诺之战的章节，学界争论的主要焦点是他是否认真考虑过撤出这个桥头堡。他自己的说法是没有，但有一些目击者和亲历者表示，至少初步的准备工作已经展开。此处仅举一例，请参见莫洛尼著，《1943 年的西西里会战与 1943 年 9 月 3 日至 1944 年 3 月 31 日的意大利会战》，第 307 页。

72. 克拉克著，《预期风险》，第 166 页。有关第 142 和第 143 团级战斗队的磨难的详细记述，见瓦格纳著，《德克萨斯军队》，第 19—56 页。

73. 克拉克著，《预期风险》，第 163 页。

74. 出处同前，第 164 页。

75. 阿特金森著，《战斗的日子》，第 234 页，另见文后注释（第 645 页）。

76. 关于这个概念的讨论，请参见弗朗茨·哈尔德（Franz Halder）著，《瓦格纳"关于东线作战指挥的思考"之我见》(Stellungnahme zu Wagener, 'Gedanken über Kampfführung im Osten')，手稿 P-082，收藏于美国陆军传统与教育中心。

77. 关于兵力集结，见杰克逊著，《鏖战意大利》，第 116—117 页。

78. 莫里森著，《西西里—萨勒诺—安齐奥》，第 286—294 页。

79. 布吕芒松著，《从萨勒诺到卡西诺》，第 146 页。

80. 施马尔茨著，《"赫尔曼·戈林"装甲师 1943 年 9 月 9—17 日在萨勒诺的战斗》，第 5 页。

81. 巴尔克著，《混乱中的秩序》，第 455 页。

82. 布吕芒松著，《从萨勒诺到卡西诺》，第 144 页。

83. "二流的战争"。《德国与第二次世界大战》，第 6 部分，施赖伯著，《北非战事的结束和 1943 至 1945 年意大利的战争》，第 8 卷第 1152 页。

84. 出处同前，第 1145 页。

85. 见罗伯特·M. 奇蒂诺著，《美国之鹰：马克·克拉克》(The American Eagle: Mark W. Clark)，《出列》，2010 年 4 月 2 日，http://www.historynet.com/the-american-eagle-markw-clark.htm，和《美国之鹰？ 马克·克拉克》(The American Eagle? Mark W. Clark)，《出列》，2010 年 4 月 8 日，http://www.historynet.com/the-american-eagle-mark-w-clark-2.htm。

86. 波尔奇著，《胜利之路》，第 488—489 页。

87. 布吕芒松著，《马克·克拉克》，第 144 页。译注：马可·奥勒留是著名的罗马五贤帝之一。

88. 例如，请参见彼得·希弗尔（Peter J. Schifferle）著，《美国的战争学院：利文沃思堡、军官教育与第二次世界大战中的胜利》(America's School for War: Fort Leavenworth, Officer Education, and Victory in World War II，劳伦斯：University Press of Kansas，2010 年），他指出"战前的所有预测，甚至包括 1940 年后的初步预测在内，都大大低估了用以组建、训练、部署和维持地面部队的大型指挥部的需求，大大低估了勤务部队的需求，而且几乎完全未能理解迅速发展壮大的陆军航空兵对于高级军官和参谋人员的需求"（第 167—168 页）。

89. 要了解德军对这场最新的笨拙空降行动的观点，见菲廷霍夫著，《第 10 集团军在意大利南部和中部的战斗》，第 35 页。

90. 在意大利半岛的哪个位置坚守防线是个至关重要的决定，而唯一论述这一问题的学术著作是拉尔夫·马弗罗戈达托（Ralph S.Mavrogordato）著，《指挥决策：希特勒关于防守意大利的决定》(Command Decisions: Hitler's Decision on the Defense of Italy，华盛顿哥伦比亚特区：Center of Military History，1990 年）。

91. 韦斯特法尔著，《被禁锢的军队》，第 238 页。

92.《德国与第二次世界大战》，第 6 部分，施赖伯著，《北非战事的结束和 1943 至 1945 年意大利的战争》，第 8 卷第 1131—1132 页。要了解在这场战役进行时德方的代表性记述，请参见金特·格赖纳（Günter Greiner）著，《故人的末路：止步于沃尔图诺防线》（*Die Letzten am Feind: Absetzung an der Volturno-Front*），《国防军》第 7 辑，第 24 期（1943 年 11 月 24 日），第 7 页；贝恩德·奥弗许斯（Bernd E. H. Overhues）著，《在波奇利上方的高地来自阿布鲁佐西坡的战斗报告》（*Auf den Höhen über Pozzilli: Ein Kampfbericht aus den Westhängen der Abruzzen*），《国防军》第 7 辑，第 25 期（1943 年 12 月 8 日），第 4—6、17 页；金特·格赖纳著，《水是盟友：南意大利前线西段的工兵》（*Wasser-ein Verbündeter: Pioniere an den westlichen Süditalienfront*），《国防军》第 7 辑，第 25 期（1943 年 12 月 8 日），第 7 页。

93. 德斯特著，《致命的决定》，第 87—88 页。

94. 波尔奇著，《胜利之路》，第 423 页。

95. 多米尼克·格雷厄姆（Dominick Graham）和谢尔福德·比德韦尔（Shelford Bidwell）著，《拉锯战：意大利战役》（*Tug of War: The Battle for Italy*，伦敦：Hodder & Stoughton，1986 年），第 38 页。德斯特著，《致命的决定》，第 87 页也引用了这一评价。

96. 《德国与第二次世界大战》，第 6 部分，施赖伯著，《北非战事的结束和 1943 至 1945 年意大利的战争》，第 8 卷第 1161 页。

结语
打一场败局已定的战争

据说时运决定着一切。

而这，也就是研究第二次世界大战的历史学家没有对 1943 年投以很多关注的原因。它被夹在充满戏剧性的 1942 年和 1944 年之间，成为了"被遗忘的一年"（das vergessene Kriegsjahre），可能永远也得不到应有的关注。[1] 当然，前一年国防军有重兵集团在阿拉曼和斯大林格勒被歼灭。后一年有伟大的诺曼底 D 日登陆——至少美国人始终认为这是那一年的主要事件。而对东线战史的发烧友来说，1944 年将永远是"巴格拉季昂行动"（Operation Bagration）之年，这次行动是苏联红军在白俄罗斯的大规模攻势，是"德国军事史上最惨痛的失败"。[2] 它粉碎的不仅是一个野战集团军，还有整个中央集团军群，至今仍是陆战史上最伟大的胜利之一。

相比之下，1943 年就没有什么可以被视作有决定性意义的事件了。虽然这一年高潮迭起，德军损失惨重，但所有的决定都是早已定下的。西方同盟国这一年始终在地中海一带缓慢推进：突尼斯、西西里和意大利。在东线，德军在库尔斯克发动的攻势（城堡行动）以失败告终。这一战曾在西方默默无闻，虽然在战后年代里一度引发了人们的巨大兴趣，被宣传为有史以来规模最大的坦克战，但如今历史学家又降低了库尔斯克之战的地位，尝试把它从 1941—1942 年的全面战略突破贬低为一次破坏性作战，认为德军的目的仅仅是为了消灭苏联红军在中央战线集结的兵力并保住自己在东线的主动权。

当然，对德国人来说 1942 年是形势全面恶化的一年。在海上，盟军似乎终于遏制住了德军 U 艇的威胁。"黑 5 月"是至关重要的一个月份，这个月里盟军改进后的护航船队战术使至少 41 艘德国潜艇沉入了海底，约占德军可作战潜艇总数的 25%。在空中，随着盟军航空力量在 7 月发动"蛾摩拉行动"（Operation Gomorrah），对汉堡（Hamburg）实施一个星期的密集空袭，德国人民对即将降临的恐怖灾难有了初步体验。空袭造成的火焰风暴焚毁了这座大都市，使 47000 人死于非命——这还是尚处于初创时期的战略轰炸所造成的结果。汉堡是第一座毁于盟军战略空袭的城市，但绝不是最后一座。

虽然这些事件都很严重，但历史上德国的战略从未以制空权或制海权为核心。这"世界的权柄"（Griff nach der Weltmacht）[3] 从一开始就是掌握在德国陆军手中的——它在 1939—1941 年所向无敌，而 1941—1942 年却在苏联几乎遭到灭顶之灾，到了 1943 年，它已经深深陷入了失败的深渊。德国陆军的特色依然是"战斗力量"（Kampfkraft），是勇猛的部队主官、合理的军事学说与士气高昂的士兵的组合，而且依然令它的敌人感到头疼。[4] 西方盟军在卡塞林、在西西里登陆的头几个小时以及萨勒诺雪崩行动的头几天都得到过一些惨痛的教训。同样，在东线，1943 年年初埃里希·冯·曼斯坦因元帅在哈尔科夫的反击也展现了国防军传统战法的威力。而且，即使当这支军队在库尔斯克受挫时，它也还能显示出一些生气。帕维尔·罗特米斯特罗夫将军的近卫第 5 坦克集团军在普罗霍罗夫卡留下的残骸足以证明这一点。

不过，在战争中打得再漂亮也和胜负无关，国防军在 1943 年的全部努力换来的只是一场接一场的失败。突尼斯、西西里、意大利、库尔斯克、奥廖尔、别尔哥罗德、哈尔科夫和第聂伯河：这里有一连串伤亡数百万人、损失无数装备却无济于事的记录。在战斗过程中，国防军显得越来越孤立。首先，它在东线失去了所有盟友的军队——匈牙利人、罗马尼亚人和意大利人——德国总司令部还没有看清现实，可这些盟友却已经开始看到了。祸不单行的是，在突尼斯、西西里和意大利的败仗摧毁了轴心国联盟，迫使意大利退出了战争。在失去盟友之后，德国微不足道的海军力量也被粉碎，而它那曾经不可一世的空军也越来越不是敌军的对手，陆军（Landheer）此时只能凭一己之力对抗全世界的敌人。[5]

只是，让我们再深入地思考一下 1943 年在德国军人眼中是什么样的形势吧。他们都知道自己遭遇了一场风暴——可怕的风暴。这一年开始时，德军的许多部队正在逃命：第 1 装甲集团军在逃离高加索，隆美尔的非洲装甲集团军在逃离阿拉曼。第三支部队（第 6 集团军）则无法逃跑，它已经在斯大林格勒陷入了死地。当然，最终德国人失去了第 6 集团军，但另两个集团军却渡过了各自的危机。等到 1942—1943 年的冬季结束时，德军已经重新建立起了一条像样的战线，甚至夺回了哈尔科夫——与几个月前的形势地图相比，这实在是令人难以置信。库尔斯克战役之后，苏联红军发起的大规模反攻给德军造成了巨大损失，迫使德国人再次后撤，这次德军一路退过了第聂伯河。苏联红军在一系列战役中痛击了国防军，德国人发现自己已经不可能守住这条大河沿岸的阵地。尽管如此，苏联红军渡过第聂伯河建立的桥头堡却经历了持续到年底的激战，南方集团军群的几个装甲师对它们发动了一次又一次的拼死反击：10 月 3 日到 8 日攻击了苏联红军在切尔诺贝利（Chernobyl）的桥头堡，10 月 23 日到 28 日攻击了克里沃罗格（Krivoi Rog）桥头堡，而 11 月到 12 月对基辅外围桥头堡的攻击尤其猛烈。虽然这些反击远不足以将苏联红军赶回第聂伯河对岸，但它们全都收复了先前丢失的一些阵地，并给此时扩张过度的苏联红军部队造成了巨大伤亡。同样，在中央集团军群地段，12 月由两个装甲师联合发动的反击——“尼古劳斯行动”（Operation Nikolaus）成功地在第聂伯河以西第 9 集团军和第 2 集团军的交界处恢复了连续的战线，封闭了这两个集团军之间敞开数月之久的战役空隙。[6]

虽然从长远来看局势恶劣，但国防军当前正在给苏联红军造成相当沉重的打击。例如，在将德军赶过第聂伯河的过程中，苏联红军付出了可怕的代价，至少伤亡了 701474 人。如果再算上德军针对各桥头堡的反击战，那么苏联红军的伤亡总数将上升到 1687164 人，其中战死者在 40 万人以上。我们往往会忘记的一个事实是，即便是苏联，也没有无限的资源。到了 1943 年 12 月中旬，苏联红军已经暂时停止了进攻，德军恢复了他们的战线，战局似乎已经稳定下来。苏联红军完成了一次经典的大进军，第一次打出了真正的大纵深战役，但是要从第聂伯河打到柏林依然任重道远。

与之相似，西方盟军 1943 年在地中海也连战连捷，其中首屈一指的就是突尼斯战役，它使轴心国的一个集团军（其中很大一部分是意大利人）在 5 月走进了战俘营。但 7 月的西西里登陆战的结局并不能令人满意，德国人通过巧妙的阻滞作战挽救了岛上的全体轴心国军队。当盟军在 9 月开始意大利战役时，曾在萨勒诺被打得惊慌失措，等他们终于回过神来后，体验到的却只有苦恼。截至 12 月，盟军依然被挡在罗马以南约 128 千米的德军主要防御阵地（古斯塔夫防线）前。这条防线前方有湍急的河流（被恰如其分地命名为"拉皮多"河），中部有卡西诺山修道院作为支撑点，然后又沿着桑格罗河（Sangro River）延伸至亚得里亚海，几乎不可能从侧翼迂回，只能从正面进行困难的强攻。面对这样的僵局，盟军发起了整场战争中最具争议的作战之一——"鹅卵石行动"（Operation Shingle），于 1944 年 1 月以约翰·卢卡斯将军（General John P. Lucas）指挥的美国第 6 军在安齐奥（Anzio）实施两栖登陆。这次行动遭遇了惨痛的失败，盟军在付出重大伤亡的代价之后仅仅收获了又一条僵持的战线。在此后的三个月里，第 6 军困守于纵深非常浅的桥头堡中，始终处于德军的监视和火力打击下。卢卡斯变得越来越冷漠和暴躁，克拉克最终将他解职——他成为第三个丢了乌纱帽的美国军长，而此时在该战区总共只有六个军长。[7] 到了年底，西方盟军在意大利已经彻底陷入困境，和苏联红军一样，他们离自己想去的目标也有很长的路要走。

国防军独自面对着两个占据优势的敌人：一个正在从东方艰难推进，另一个似乎在亚平宁半岛深陷泥潭。当然，双方的实力对比还是悬殊得无以复加。但是在德国军界仍然可能有些人——不仅是希特勒，也包括参谋人员和部队主官——在这可怕的一年结束时环顾四周，深吸一口气，开始期待某些地方出现逆转。也许只要再多一点意志力，或者再加上一点运气，他们就能挺过这场劫难？[8]

打一场败局已定的战争

如今，历史学家们已经细致入微地证明了，任何此类希望都是不可能实现的。从历史和客观的角度来讲，第二次世界大战——这场由希特勒和德军总司令部策划、发动和指挥的战争，此时德国败局已定。国防军打赢这场战争的最佳机会曾经出现过，但已经消失（可能是在 1941 年，也可能是在 1940 年甚至 1939 年）。或许，打赢一场全面战争的最佳机会从未存在于除希特勒的头脑之外的任何地方。这确实是今天许多专家的意见，其中的代表人物就是德国作战行动史泰斗卡尔-海因茨·弗里泽尔。他指出，希特勒在 1939 年发动战争时并没有合理的战略：一个没有海军的强国竟然试图与一个拥有强大海军力量并且控制着各自殖民帝国的资源的强国联盟一决胜负。[9] 弗里泽尔所说的联盟就是英国和法国，即使在法国退出战争之后，德国依然无法征服英国，希特勒由此产生的挫败感很可能与他 1941 年 6 月入侵苏联和当年 12 月对美宣战的行动有很大关系。换句话说，希特勒的整套计划从一开始就注定要失败。

当然，"注定"并不是史学概念，我们应该避免过于轻浮地使用这个字眼。历史女神喜怒无常，而且很爱捉弄世人，她经常会改变历史事件的走向。即使到了今天，第二次世界大战的发展过程仍然能深深震撼观察者。国防军在最初拥有足够的战术优势和战役优势，有足够的战斗力量，这些足以弥补它在战略上的各种缺陷——在波兰、挪威、法国，以及低地国家、巴尔干半岛和巴巴罗萨行动的开局阶段，事实都证明了这一点。这一系列战役使德国成为一个世界级的帝国，尽管它是有史以来最短命的帝国之一。

也就是说，实力的对比终究会显现出来。虽然德军在进攻苏联的过程中赢得了一系列有史以来规模最大的战役胜利，杀伤了数以百万计的敌军，抓获了数量犹有过之的俘虏，但最终在莫斯科城下惨遭失败。国防军第一次因为损失过大、后勤不继和冬季严寒而止步不前，随后又被苏联红军背靠自己首都发动的大规模反攻所粉碎。1942 年，国防军曾试图以蓝色行动重启攻势，但同样以失败告终。国防军先是屯兵于斯大林格勒和高加索，接着又遭到重创。这一次苏联红军在朱可夫将军的指挥下取得了决定性胜利，在斯大林格勒包围了一个完整的德国野战集团军。类似的情况也发生在北非，隆美尔的非洲装甲集团军先是受阻于阿拉曼，后是在英国第 8 集团军的猛攻面前招架不住，败下阵来。

按照任何合理的推测，我们都可以认为战局已经发生了逆转。1941 年以后，或者至迟在 1942 年以后，德军取胜已经变得越来越困难。两线战争不仅是一个需要通过合理手段解决的问题，还是一个谜团，一个有着不可承受之重的怪圈。希特勒和蔡茨勒无论如何计算，始终得不到答案。因此，希特勒才会在"第 51 号元首令"（Führerweisung 51）中宣布，来自西方的入侵对帝国构成的威胁比东线的崩溃更为严重。"东方的危险依然存在，"元首写道，"但更大的危险显然是在西方：盎格鲁—撒克逊强国的登陆！"[10] 虽然希特勒言之凿凿，但是在几个月后，由于西方盟国推迟了登陆，苏联红军却渡过第聂伯河发动猛攻，且在战线其他各处也攻势不减，他只能将包括整个党卫军第 2 装甲军（此时其编成中只有党卫军第 9 和第 10 装甲师）在内的大量装甲部队调往东线。

在空中，在海上，特别是在陆地上，德国的"战略大厦"都在崩塌。然而国防军还在继续战斗，军官团也没有动摇。尽管各路指挥官全都宣称自己与元首意见相左，并且能在战后根据这些争执写出一大堆回忆录，但他们全都保持了忠诚。他们为希特勒效命，他们在他的战争中卖力拼杀，每当有军官职位出现空缺时他们都会热情地接受他的任命。

第二次世界大战的真正问题在 1943 年变得越发明显：对于德国而言，这场战争败局已定，军官团里的许多聪明人都已经认识到这一点，然而希特勒还是能够毫不费力地找到愿意继续对他效忠的指挥官。和斯大林、丘吉尔或任何公司的首席执行官一样，希特勒在这场战争中不停地招募新人和撤换旧人，而在 1943 年，他终于物色并组建起了他想要的班子。他已经有了总参谋长库尔特·蔡茨勒将军，这是一个能干的参谋军官，也是坚定的国家社会主义党人。希特勒认为，在前线实施大规模机动作战（经典样式的作战）[11] 的时代已经一去不复返。到了 1944 年年初，所有想要"作战"——Bewegungskrieg 的代名词——的军官都已挂冠而去：包括曾指挥集团军群的曼斯坦因、克鲁格和克莱斯特，以及第 4 装甲集团军司令赫尔曼·霍特将军。取而代之的是一批意志坚定的指挥官，例如费迪南德·舍尔纳将军（General Ferdinand Schörner，他于 1943 年 10 月被任命为南乌克兰集团军群司令，这支部队的前身是 A 集团军群）和瓦尔特·莫德尔元帅（1944 年 3 月被任命为北乌克兰集团军群司令，该部队的前身是南方集团军群）。此事的要点并不是希特勒在任用无能之辈或政治投机分子。用研究军官团的德国顶尖学者的话来说，莫德尔和舍尔纳都"既不是弄臣，也不是老将"（keine Günstlinge oder Troupiers）[12]，他们都是能力出众、实战经验丰富的职业军人。但希特勒真正看重的一点是：他们都是"坚守派"（Steher），是能够在希特勒要求的地点和时间死战不退的人。[13] 他们既不是"作战派"，也不是成天坐在办公室里看地图的总参谋部军官。他们都是有着坚强意志和决心的人，把撤退视作个人的耻辱，愿意在一场绝望的战争中战至最后一兵一卒。例如，舍尔纳就不惜枪毙数以百计，乃至数以千计的部下来确保其他人坚守阵地，防止军纪发生崩溃。[14] 而在意大利，让希特勒高兴的是，他可能找到了最纯粹的坚守派：阿尔贝特·冯·凯塞林元帅。

一支誓死坚守阵地、勇敢抵抗优势敌人进攻的军队通常都能赢得我们的尊敬。同样，在世界各地的每一种文化中，率领军队保卫祖国的将领也都能得到特殊的崇高地位。不过，这支军队和这些指挥官不一样。我们在书写 1943 年的战争史时，必须剔除一切浪漫主义色彩。国防军守卫的不是他们的祖国，它所奋力保卫的是它在一场野蛮的侵略战争中远征他国所获得的土地——标标准准的不义之财。当国防军在这些土地上坚守时，舍尔纳每天都会针对"逃兵"开展一系列不公平的军法审判，而莫德尔和凯塞林坚守的每一天都意味着数以千计的受害者被"判处死刑"：被两军交火的流弹击中的平民，在荷兰等被占国家被德国占领军故意饿死的居民，被迫在第三帝国的军工厂里劳作至死的奴工，以及被希特勒和他疯狂的种族主义意识形态认定为德国人民不共戴天的大敌的犹太人。

虽然德国军官团后来企图为自己开脱，但他们其实是这部战争机器上不可或缺的齿轮。这些军官们想打多久，战争就会持续多久，一天都不会多，一天都不会少。虽然这些军官并非都是纳粹，从个人角度讲也并非都是希特勒的崇拜者，但希特勒的情感和政策——反社会主义、反布尔什维主义和反犹主义——至少使他们对他的政权产生了"部分认同"（Teilidentität）。希特勒早期的成功令他们所有人都钦佩不已：德国的重新武装和恢复主权，一系列兵不血刃的境外征服，然后是针对英国和法国的第一次世界大战的复仇之战。接下来是以苏联为敌的生存斗争，国防军在这场斗争中践踏了现代战争一切习惯性的法律、伦理和道德边界。德国军官团中有足够多的人支持希特勒对布尔什维主义发动十字军远征，其积极性足以打消他们对他号召的东方"灭绝战"（Vernichtungskampf）可能抱有的任何顾虑。最后，战争又演变为对抗希特勒所能找到的每一个强国（他找到了许多）的全球性战争。渐渐地，随着局势不断恶化，一些人开始暗地发出怨言，其中的一小撮甚至决定杀死希特勒。

只是，德国军官团中的大部分人还是对希特勒亦步亦趋。当然，那些在前线战斗的人为自己误入歧途的忠诚付出了代价。看看战争中这个军官团的群像吧：保罗·豪塞尔将军是独眼；汉斯·胡贝将军是独臂；瓦尔特·内林将军在突尼斯拼凑起单薄防线的同时不得不经常给伤口溃烂的手臂换绷带；特劳戈特·赫尔将军在意大利指挥作战时还要努力克服头部新伤的影响；在突尼斯的第10装甲师师长沃尔夫冈·菲舍尔将军因为座车误入一片标示不清的雷区而付出了最沉重的代价。他们为希特勒而战，在战斗中受难，并陆续死去。

此时，德国军官团中的军官们陷入了迷茫，所有的理性都告诉他们，这是在打一场不可能打赢的战争。他们全都在收受纳粹政权的贿赂（这被委婉地称为心存感激的元首所做的"捐赠"),这一事实是他们决定继续战斗的部分原因。但是他们做出这样的决定有多少是出于理性呢?他们全都学习过一种古老而传统的战争理论。这种理论将战争视作对意志的考验,认为比较弱小的一方能够凭借勇气、决心和进攻精神战胜强者——历代普鲁士军官的英雄事迹已经向他们展示了这种战法。理性告诉他们,不可能打赢?他们可以追忆布吕歇尔,他对某个指挥官的批评就是,应该"少一些思考,多一些战斗"。[15]战争看起来败局已定?他们可以听听"红亲王"腓特烈·卡尔的告诫:"如果你不觉得自己已经被打败,那么你就绝不会输掉战斗——我就没有这种感觉。"[16]他们在各条战线上的人数都不如敌军?伟大的陆军总参谋长阿尔弗雷德·冯·施利芬伯爵不是把自己的全套战争艺术提炼为一句格言"以劣胜优"了吗?[17]腓特烈大帝不是曾对命运之神挥起拳头,宣布自己会一直不停地进攻敌军,"哪怕他们站在佐布滕贝格(Zobtenberg)山顶,哪怕他们站在布雷斯劳(Breslau)的教堂塔顶上"吗?他不是曾经"打了一场 500 万人对 8000 万人的战争"[18],这和他们现在做的事不是如出一辙吗?传统的战争方式——战役层面的作战——已经失败,但是也许另一种古老的普鲁士精神 Beharrlichkeit("不屈不挠"或"矢志不渝")能挽狂澜于既倒,或者把战争延长到有奇迹发生为止。[19]从这个意义上来讲,第二次世界大战其实根本就不仅仅属于希特勒的战争——这场战争属于这些德国军官,无论他们是作战派还是坚守派。

为了打一场败局已定的战争,古老的普鲁士—德意志军官团赌上了自身的历史。毕竟这是一个在君主专制政体崛起之后仍然生存下来并保持了完整影响力的阶层,它成功顶住了法国大革命和拿破仑的冲击,并最终将其制伏,它还在现代工业资本主义和大众政治崛起的背景下生存(其权力甚至可能有所扩大),它甚至顶住了第一次世界大战战败和 1918 年革命的冲击,这绝对是它最重大的制度胜利。也许当时有许多军官以为,他们也能在希特勒和这场最新的浩劫之下幸存。但是,和这些军官在 1943 年所做的众多其他判断一样,这个判断是错的。军官团正在走向末路,为它陪葬的还有几个世纪前作为其诞生基础的容克阶层。到战争结束时,军官团中的许多成员将会坐在英国人的牢房里,浑然不知囚禁他们的人正在窃听他们的对话。其中一人在绝望中突然意识到了现实的沉重,意识到他们所有人都走错了路。"我们以前是上校和将军,"罗伯特·扎特勒将军(General Robert Sattler)脱口而出,"但是战争结束以后我们就会变成擦鞋童和旅馆行李员。"[20] 扎特勒的怨言也许是 1943 年种种事件的最佳悼词。

虽然这场战争败局已定，但这些军官们却依然对纳粹政权忠心耿耿，执意战斗。在这个过程中，他们签下了一纸死刑执行令，受刑者不仅包括数以百万计的军人和平民，也包括他们自身所属的阶层。1943 年的历次战役标志着欧洲政治舞台上演出时间最长的大戏之一开始落幕。

此时，德国军官团的成员已经无法回头。他们全都参与了一场盛大而恐怖的冒险，他们将会把它进行到底。

普鲁士军人很久以前就造出了一个名词,用于纪念一支执行自杀任务的部队: Totenritt（"死亡冲锋"）。这是一道命令，虽然毫无意义，但受命者要毫不犹豫地执行，"不惜一切代价"。[21] 它当然要求个人勇气，但也需要冷酷的目光和某种不顾一切的鲁莽，德国军队过去某些极重大的胜利就是靠这些精神取得的。最精华的德式兵法是思想家和实干家的平衡，它认为"格奈森瑙的天才和布吕歇尔的勇猛"是并重的。[22] 德式兵法既承认塞克特等智者的重要性，也承认"红亲王"为代表的实战派的价值。但是当 1943 年的战略形势分崩离析，当全世界的敌人都杀红了眼，敌方阵营的军官们热切盼望着在德军身上建功立业时，德国人彻底抛弃了其传统中的理智部分。最能体现这种非理性的德军新思想的就是阿尔弗雷德·约德尔将军在 1943 年 11 月 7 日对纳粹党的省党部头目们发表的讲话，他在讲话中宣称战败是不可思议的。"德国必胜，"他说，"因为我们必须胜利。否则，世界历史就将失去意义。"[23]

任何理性的人处在德国军官团的位置上，都会在 1943 年乞求和平。不祥之兆已经显现，用德国人的话来说就是征兆（Menetekel），他们都已经被"称在天平里，显出他们的亏欠"。[24] 但是，军官团对此满不在乎，它按照几个世纪以来的传统向着枪炮声传来的地方行军，它的热血已经沸腾，它剩下的只有"片面的行动主义"。[25] 自拿破仑时代起就在军官团内部承担着思想论坛作用的期刊《军事周刊》（Militär-Wochenblatt）在 1943 年彻底停止发行，这当然不是巧合[26]——它再也没有存在的理由了。在这个宿命之年的 8 月，希特勒在与卡尔·邓尼茨元帅的一次对话中给出了这些军官们唯一需要的思想，他是这么对这位海军元帅说的："我们只要调集起我们的全部信念和全部力量，然后行动就好。"[27] 军官们响应了这一号召。在盟军登陆西西里的前夜，"赫尔曼·戈林"伞兵装甲师的师长保罗·康拉特将军曾向阿尔贝特·凯塞林元帅夸口，"迅捷而无情地冲向敌军——那就是我的特长。"[28] 要想进行死亡冲锋，就必须用信念——盲目的信念——取代理性的思考，说实话，或许必须彻底停止思考才行。

注释

1. 关于"被遗忘的一年",请参见德国官方正史,《德国与第二次世界大战》(*Das Deutsche Reich und der Zweite Weltkrieg*),第 8 卷,《东线,1943—1944:东方与次要战线的战事》(*Das Deutsche Reich und der ZweiteWeltkrieg, vol. 8, Die Ostfront, 1943/44: Der Krieg im Osten and an den Nebenfronten*,慕尼黑:Deutsche Verlags-Anstalt,2007 年),第 4 部分,《钟摆的反转:1943 年夏至 1944 年夏东线的败退》(*Der Rückschlag des Pendels: das Zurückweichen der Ostfront von Sommer 1943 bis Sommer 1944*),尤其是显然出自卡尔－海因茨·弗里泽尔手笔的序言,第 277 页。其中提到的 "Kriegsjahre"(战争年度)不是指 1943 年,而是指从库尔斯克战役到导致中央集团军群覆灭的苏联红军攻势(巴格拉季昂行动)的那段时间。

2. 见《德国与第二次世界大战》,第 5 部分,《东线的崩溃:从 1944 年夏季开始的退却战》(*Der Zusammenbruch im Osten: Die Rückzugskämpfe seit Sommer 1944*),卡尔－海因茨·弗里泽尔著,《1944 年夏季中央集团军群的毁灭》(*Der Zusammenbruch im Osten: Die Rückzugskämpfe seit Sommer 1944*),第 8 卷第 592—593 页。

3. 弗里茨·菲舍尔(Fritz Fischer)关于第一次世界大战起源的修正主义名作的题目,《世界的权柄:1914—1918 年德意志帝国的战争目标政策》(*Griff nach der Weltmacht: Die Kriegszielpolitik des kaiserlichen Deutschland, 1914/18*,杜塞尔多夫:Droste Verlag,1961 年)。

4. 见马丁·范克勒韦尔德著,《战斗力:德国与美国军队的表现,1939—1945》(*Fighting Power: German and U. S. Army Performance, 1939‑1945*,康涅狄格州韦斯特波特:Greenwood,1982 年),它的德文译本是《战斗力:军事组织与军事表现,1939—1945》(*Kampfkraft: Militärische Organisation und militärische Leistung, 1939‑1945*,弗赖堡:Verlag Rombach,1989 年)。

5. 例如,在意大利的德国第 10 集团军司令就反复提到了这一点。请参见海因里希·冯·菲廷霍夫将军著,《第 10 集团军在意大利南部和中部的战斗,以发生在萨勒诺、沃尔图诺、加里利亚诺、桑戈和卡西诺的战斗为重点》,它是西格弗里德·韦斯特法尔等人著,《意大利会战,1942 年 4 月—1944 年 5 月》,手稿 T-1a 的第 6 章,收藏在宾夕法尼亚州卡莱尔市的美国陆军传统与教育中心:"此时在这片态度不确定、可能抱有敌意的国度,只有德国陆军几个孤零零的、严重分散的师,在空军和海军聊胜于无的支援下,面对盟军陆海空三军直接的大规模攻势。"(第 21 页)

6. 不少人认为,国防军在库尔斯克战役之后就丧失了主动权,在战争的最后两年再也没有发动过攻势。对这一观点颇有价值的反驳见格雷戈里·利特克(Gregory Liedtke)著,《条顿武士之怒:1943 年 8 月至 1945 年 3 月德军在东线的进攻和反击》(*Furor Teutonicus: German Offensives and Counter-Attacks on the Eastern Front, August 1943 to March 1945*),《斯拉夫军事研究杂志》第 21 辑,第 3 期(2008 年 7 月),第 563—587 页。

7. 按照他的上司的说法,卢卡斯"由于长期承担指挥战斗的职责,肉体上和精神上都已疲惫不堪"。马克·克拉克著,《预期风险》(*Calculated Risk*,纽约:Enigma Books,2007 年),第 244 页。

8. 见罗伯特·M. 奇蒂诺著,《1943 年:恢复希望的作战? 》(*1943: Operation Restored Hope?*),以及《出列》,2010 年 3 月 24 日,http://www.historynet.com/1943-operation-restoredhope.htm。

9. 关于这一论述,见卡尔－海因茨·弗里泽尔著,《闪电战传说:1940 年西线会战》(*The Blitzkrieg Legend: The 1940 Campaign in the West*,马里兰州安纳波利斯:Naval Institute Press,2005 年),第 12—16 页。

10. 瓦尔特·胡巴奇编,《希特勒指导战争的训令,1939—1945:德国国防军总司令部档案》(*Hitlers Weisungen für die Kriegführung, 1939‑1945: Dokumente des Oberkommandos der Wehrmacht*,法兰克福Bernard & Graefe,1962 年),第 233—238 页全文抄录了《第 51 号元首令》。英文译本见特雷弗－罗珀(H. R. Trevor-Roper)编,《希特勒的战争指示,1939—1945》(*Hitler's*

War Directives, 1939‑1945，伦敦：Sidgwick and Jackson，1964年），第149—153页。

11.《德国与第二次世界大战》，第7部分，贝恩德·魏格纳著，《悬崖边的德国》（*Deutschland am Abgrund*），第8卷第1170—1171页。

12. 约翰内斯·许尔特著，《希特勒的陆军司令：对苏战争中的德军高级指挥官，1941—1942》（*Hitlers Heerführer: Die deutschen Oberbefehlshaber im Krieg gegen die Sowjetunion, 1941/42*，慕尼黑：R. Oldenbourg，2006年），第348、609页。

13. 对这支军队的进一步纳粹化起到关键作用的事件是希特勒的副官鲁道夫·施蒙特（Rudolf Schmundt）在1942年下半年被任命为陆军人事局局长（Chef des Heerespersonalamtes）。见德莫特·布拉德利（Dermot Bradley）和里夏德·舒尔策－科森斯（Richard Schulze-Kossens）编，《陆军人事局局长鲁道夫·施蒙特步兵上将的工作进度报告，1942年10月1日—1944年2月29日》（*Tätigkeitsbericht des Chefs des Heerespersonalamtes General der Infanterie Rudolf Schmundt, 1.10.1942‑29.2.1944*，奥斯纳布吕克：Biblio Verlag，1984年），其中表明施蒙特强调军官要年轻化（第35页）且具有国家社会主义热情（在部队领导层一定要使用发自内心地信仰我们的意识形态并愿意为之奋斗的将领，第111—112页）。

14. 见格哈德·魏因贝格著，《战火中的世界》（*A World at Arms*，剑桥：Cambridge University Press, 2005年），他将舍尔纳形容为一个具有"极端国家社会主义观念"的人（第455页），一个表现出"无情的狂热"的人（第670页），他"操纵军事法庭将德国士兵审判后"枪毙（第573页），他的打仗门道就是"通过枪毙大量德国人来坚守阵地"（第801页），而且他在战争结束时"抛弃他的部下，企图化装成平民逃避追捕"（第824页）。

15. 转引自埃伯哈德·克塞尔（Eberhard Kessel）著，《纪念12月16日布吕歇尔200周年诞辰》（*Blücher: Zum 200. Geburtstag am 16. Dezember*），《军事科学评论》第7辑，第4期（1942年），第305页。

16. 沃尔夫冈·弗尔斯特中尉（Lieutenant Wolfgang Foerster）著，《腓特烈·卡尔亲王》（*Prinz Friedrich Karl*），《军事科学评论》第8辑，第2期（1943年），第90—91页。

17.《德国与第二次世界大战》，第8部分，卡尔－海因茨·弗里泽尔著，《总结》（*Zusammenfassung*），第8卷第1218页。

18. 见《腓特烈大帝的作战在现代的教育意义》（*Neuzeitliche Lehren aus der Kriegführung Friedrichs des Grossen*），《军事周刊》第115辑，第29期（1931年2月4日），第1113页。

19. 见赫尔穆特·贝克－布罗伊希特（Helmut Beck-Broichsitter）著，《论进攻中的坚韧精神》（*Über die Beharrlichkeit im Angriff*），《军事科学评论》第9辑，第1期（1944年），第57—64页。贝克－布罗伊希特是骑士勋章获得者，国防军中获得最高荣誉的战士之一。至于和坚韧精神相伴的另一种精神，见胡戈·冯·弗赖塔格－洛林霍芬（Hugo von Freytag-Loringhoven）著，《战争中的乐观主义》（*Optimismus im Kriege*），《军事科学评论》第9辑，第2期（1943年），第84—96页，这是最初发表于1911年的文章的再版。

20. "可怜的德国！我们以前是上校和将军，但是战争结束以后我们就会变成擦鞋童和旅馆行李员。我们连养老金都拿不到。"森克·奈策尔（Sönke Neitzel）编，《监听记录：英国战俘营中的德国将军们，1942—1945》（*Abgehört: Deutsche Generäle in britischer Kriegsgefangenschaft, 1942‑1945*，柏林：Propyläen，2005年），第121页。英译本《窃听希特勒的将军们：秘密对话记录，1942—1945》（*Tapping Hitler's Generals: Transcripts of Secret Conversations, 1942‑45*，明尼苏达州圣保罗：Frontline Books，2007年）描述为"擦皮鞋的和搬行李的"（第89页）。

21. 杰弗里·瓦夫罗著，《普法战争：1870—1871年德国对法国的征服》（*The Franco-Prussian War: The German Conquest of France in 1870‑1871*，剑桥：Cambridge University Press，2003年），第168页。

22. 瓦尔德马·爱尔福特（Waldemar Erfurth）著，《军队各部分的联合作战行动》(*Die Zusammenwirken getrennter Heeresteile*)，第一部分，《军事科学评论》第 4 辑，第 1 期（1939 年），第 28—41 页。

23. 见汉斯－阿道夫·雅各布森和汉斯·多林格编，《照片和档案中的第二次世界大战》，第 6 卷，《攻打"欧洲要塞"，1943》(*Sturm auf die "Festung Europa"，1943*，慕尼黑：Verlag Kurt Desch，1968 年），第 9—10 页。另见他的传记作者的评论："无法想象毛奇或施利芬会乞灵于类似的话语。"博多·朔伊里希著，《阿尔弗雷德·约德尔：顺从与毁灭》(*Alfred Jodl: Gehorsam und Verhängnis*，柏林：Propyläen，1991 年），第 264 页。

24. "Menetekel"出自《旧约圣经·但以理书》第 5 章第 25—28 节，伯沙撒王看到"墙上的文字"，写的是"弥尼，弥尼，提客勒，乌法珥新"(mene, mene, tekel, u-Pharsin)——这的确是非常可怕的预言 [译注：据圣经记载，巴比伦国王伯沙撒在与大臣和妃嫔欢饮时看到半空出现手指在墙上写下上述文字，犹太先知但以理对此的解释是"弥尼，就是神已经数算你的国的年日到此完毕；提客勒，就是你被称在天平里，显出你的亏欠；毗勒斯（与"乌法珥新"同义），就是你的国分裂，归与玛代人和波斯人。"]。在德国军事史中这个单词出现了不下几十次，例如可参见赫尔穆特·金特·达姆斯（Hellmuth Günther Dahms）著，《第二次世界大战》(*Der Zweite Weltkrieg*，法兰克福：Ullstein，1966 年），第 126 页："当约瑟夫·戈培尔怀着万般恐惧和犹豫将卡萨布兰卡宣言作为'Menetekel'提起时，希特勒却一心想着追求一场有轰动效应的军事胜利，好为德国及其盟国重新注入信心。"

25. 伊莎贝尔·赫尔（Isabel V. Hull）著，《绝对毁灭：德意志帝国的军事文化与战争实践》(*Absolute Destruction: Military Culture and the Practices of War in Imperial Germany*，纽约州伊萨卡：Cornell University Press，2005 年），第 170 页。

26. 美国军界也有人注意到了它的消失。请参见短文《悼念＜军事周刊＞》(*In Memoriam: Militär-Wochenblatt*，见于《军事评论》第 23 辑，第 6 期（1943 年 9 月），第 60 页。

27. "1943 年 8 月 9 日到 11 日在元首指挥部与元首的对话"，见于杰克·马尔曼·肖维尔编，《关于海军事务的元首会议，1939—1945》(*Fuehrer Conferences on Naval Affairs, 1939‐1945*，伦敦：Chatham，1990 年），第 360 页。

28. 阿尔贝特·凯塞林著，《军人战至最后一日》(*Soldat bis zum letzten Tag*，波恩：Athenäum，1953 年），第 221 页。凯塞林回忆录的英文版译作："如果你想冲向敌人，元帅阁下，那么我任你差遣。"阿尔贝特·凯塞林著，《凯塞林：一个军人的记录》(*Kesselring: A Soldier's Record*，纽约：William Morrow，1954 年），第 194 页。

参考资料

美国陆军联合兵种研究图书馆（CARL）数字化图书馆。http://cgsc.contentdm.oclc.org/cdm4/document.php?CISOROOT=/p4013coll8&CISOPTR=113&REC=13。《西西里战役中的第 45 步兵师，根据 1943 年 7 月 10 日—8 月 22 日的 G3 日志编写》（*45th Infantry Division in the Sicilian Campaign as Compiled from G3 Journal for Period July 10, 1943–Aug 22, 1943*）。

弗朗茨·冯·奥多尼 - 瑙雷迪（Franz von Adonyi-Naredy）著，《第二次世界大战中的匈牙利军队：德国最后的盟友》（*Ungarns Armee im Zweiten Weltkrieg: Deutschlands letzter Verbündeter*，内卡格明德：Kurt Vowinckel Verlag，1971 年）。

埃莱娜·阿加罗西（Elena Agarossi）著，《一个民族的崩溃：1943 年 9 月意大利的投降》（*A Nation Collapses: The Italian Surrender of September 1943*，剑桥：Cambridge University Press，2006 年）。

帕特里克·阿格特（Patrick Agte）著，2 卷本《米夏埃尔·魏特曼与第二次世界大战中的武装党卫队"警卫旗队"师虎式坦克指挥官》（*Michael Wittmann and the Waffen S. S. Tiger Commanders of the Leibstandarte in World War II*，宾夕法尼亚州梅卡尼克斯堡：Stackpole，2006 年）。

查尔斯·安德森（Charles A. Anderson）著，《阿尔及利亚—法属摩洛哥》（*Algeria–French Morocco*，华盛顿哥伦比亚特区：Center of Military History，出版年份不详）。

查尔斯·安德森（Charles A. Anderson）著，《突尼斯》（*Tunisia*，华盛顿哥伦比亚特区：Center of Military History，出版年份不详）。

安德森（K. A. N. Anderson）著，《1942 年 11 月 8 日至 1943 年 5 月 13 日西北非洲的作战》（*Operations in North West Africa from 8th November 1942 to 13th May 1943*），《伦敦公报》副刊（*Supplement to the London Gazette*），1946 年 11 月 6 日。

约翰·安塔尔（John F. Antal）著，《25 号行动：国防军对南斯拉夫的征服》（*Operation 25: The Wehrmacht's Conquest of Yugoslavia*），收录于小理查德·胡克（Richard D. Hooker Jr.）编，《机动作战战例选编》（*Maneuver Warfare: An Anthology*，加利福尼亚州诺瓦托：Presidio，1993 年），第 391—404 页。

奥古斯托·阿里亚斯（Augusto Arias）著，《城堡行动：德国装甲兵在东线的天鹅之歌》（*Operazione Citadel: Canto del Cigno dei Corazzati Tedeschi in Oriente*），《军事评论》（*Rivista Militare*）第 23 辑，第 7 期（1967 年），第 808—829 页。

安妮·阿姆斯特朗（Anne Armstrong）著，《无条件投降：卡萨布兰卡政策对第二次世界大战的影响》（*Unconditional Surrender: The Impact of the Casablanca Policy upon World War II*，新泽西州新不伦瑞克：Rutgers University Press，1961 年）。

埃利斯·阿什米德 - 巴特利特（Ellis Ashmead-Bartlett）著，《土耳其军队色雷斯征战纪实》（*With the Turks in Thrace*，纽约：George H. Doran，1913 年）。

里克·阿特金森（Rick Atkinson）著，《破晓的军队：从挺进突尼斯到解放北非》（*An Army at Dawn: The War in North Africa*，纽约：Holt，2002 年）。

里克·阿特金森（Rick Atkinson）著，《战斗的日子：从攻占西西里岛到解放意大利，1943—1944》（*The Day of Battle: The War in Sicily and Italy, 1943–1944*，纽约：Henry Holt，2007 年）。

赫尔曼·巴尔克（Hermann Balck）著，《混乱中的秩序：回忆录，1893—1948》（*Ordnung im Chaos: Erinnerungen, 1893–1948*，奥斯纳布吕克：Biblio Verlag，1981 年）。

汉森·鲍德温（Hanson Baldwin）著，《胜仗与败仗：第二次世界大战中的重大战役》（*Battles Lost and Won: Great Campaigns of World War II*，纽约：Harper & Row，1966 年）。

汉森·鲍德温（Hanson Baldwin）著，《巴尔干战争纪实》（*The Balkan War Drama*，伦敦：Andrew Melrose，1913 年）。

巴尔比耶（M. K. Barbier）著，《库尔斯克：规模最大的坦克战，1943 年》（*Kursk: The Greatest Tank Battle, 1943*，明尼苏达州圣保罗：MBI，2002 年）。

科瑞利·巴尼特（Correlli Barnett）编，《希特勒的将军们：关于为希特勒征战沙场的一群人的权威描述》（*Hitler's Generals: Authoritative Portraits of the Men Who Waged Hitler's War*，纽约：Quill，1989 年）。

科瑞利·巴尼特（Correlli Barnett）编，《沙漠将军》（*The Desert Generals*，布卢明顿：Indiana University Press，1982 年）。

巴顿·巴恩哈特（Barton V. Barnhart）著，《大脱逃：分析第二次世界大战中导致轴心国军队逃离西西里的盟军行动》（*The Great Escape: An Analysis of Allied Actions Leading to the Axis Evacuation of Sicily in World War II*，硕士论文，美国陆军指挥与参谋学院，堪萨斯州利文沃思堡，2003 年）。

尼尔·巴尔（Niall Barr）著，《战争的钟摆：三次阿拉曼战役》（*The Pendulum of War: The Three Battles of El Alamein*，纽约：Overlook Press，2005 年）。

迈克尔·巴索普（Michael Barthorp）著，《英布战争：英国人与南非白人，1815—1902》（*The Anglo-Boer Wars: The British and the Afrikaners, 1815–1902*，纽约：Blandford Press，1987 年）。

罗杰·博蒙特（Roger A. Beaumont）著，《论德国国防军的秘诀》（*On the Wehrmacht Mystique*），《军事评论》第 66 辑，第 7 期（1986 年 7 月），第 44—56 页。

罗杰·博蒙特（Roger A. Beaumont）著，《再论国防军的秘诀》（*Wehrmacht Mystique' Revisited*），《军事评论》第 70 辑，第 2 期（1990 年 2 月），第 64—75 页。

赫尔穆特·贝克-布罗伊希特（Helmut Beck-Broichsitter）著，《论进攻中的坚韧精神》（*Über die Beharrlichkeit im Angriff*），《军事科学评论》第 9 辑，第 1 期（1944 年），第 57—64 页。

赫尔穆特·贝根格林（Helmut Bergengruen）著，《"赫尔曼·戈林"装甲师在西西里的战斗》（*Der Kampf der Panzer Division 'Hermann Goering' auf Sizilien*）。手稿 T-2，美国陆军传统与教育中心，宾夕法尼亚州卡莱尔市。

罗伯特·伯林（Robert H. Berlin）著，《第二次世界大战中的美国军长们：传记合集》（*U.S. Army World War II Corps Commanders: A Composite Biography*，堪萨斯州利文沃思堡：美国陆军指挥与参谋学院，1989 年）。

比格少校（Major Bigge）著，《论下级指挥官在战争中的自主行动》（*Über Selbstthätigkeit der Unterführer im Kriege*），《军事周刊副刊》（*Beihefte zum Militär-Wochenblatt*，柏林：E. S. Mittler，1894 年）。

伯德（W. D. Bird）著，《日俄战争战略讲座》（*Lectures on the Strategy of the Russo-Japanese War*，伦敦：Hugh Rees，1911 年）。

安德鲁·伯特尔（Andrew J. Birtle）著，《西西里》（*Sicily*，华盛顿哥伦比亚特区：Center of Military History，出版年份不详）。

乔治·布劳（George E. Blau）著，《德军在巴尔干的战役（1941 年春）》，美国陆军部宣传册 20-260[*The German Campaign in the Balkans（Spring 1941），Department of the Army Pamphlet 20-260*，华盛顿哥伦比亚特区：美国陆军部，1953 年]。

威廉·冯·布卢默（Wilhelm von Blume）著，《指挥官在战争中的自主行动》（*Selbstthätigkeit der Führer im Kriege*），《军事周刊副刊》（柏林：E. S. Mittler，1896 年）。

马丁·布吕芒松（Martin Blumenson）著，《第二次世界大战中的第 36 步兵师》（*The 36th Infantry Division in World War II*），收录于约瑟夫·道森（Joseph G. Dawson）编，《德克萨斯的军事经历：从德州革命到第二次世界大战》（*The Texas Military Experience: From the Texas Revolution to World War II*，科利奇站：Texas A&M University Press，1995 年），第 128—136 页。

马丁·布吕芒松（Martin Blumenson）著，《卡塞林山口:隆美尔争夺突尼斯的高潮大血战》（*Kasserine Pass: Rommel's Bloody, Climactic Battle for Tunisia*，纽约：Cooper Square Press，2000 年）。

马丁·布吕芒松（Martin Blumenson）著，《马克·克拉克传》（*Mark Clark*，伦敦：Jonathan Cape，1984 年）。

马丁·布吕芒松（Martin Blumenson）著，《从萨勒诺到卡西诺》（*Salerno to Cassino*，华盛顿哥伦比亚特区：Center of Military History，1969 年）。

马丁·布吕芒松和凯文·海梅尔（Kevin M. Hymel）著，《巴顿：传奇的二战指挥官》（*Patton: Legendary World War II Commander*，弗吉尼亚州杜勒斯：Potomac Books，2008 年）。

金特·布卢门特里特（Günther Blumentritt）著，《阻滞战斗》（*Hinhaltender Kampf*），B-704，美国陆军传统与教育中心，宾夕法尼亚州卡莱尔市。

博吉斯拉夫·冯·博宁（Bogislaw von Bonin）著，《对 1943/1944 年意大利会战的反思》（*Betrachtungen über den italienischen Feldzug, 1943/1944*），第一部分，《西西里之战，1943 年 7 月 10 日—8 月 16 日》。手稿 T-2，美国陆军传统与教育中心，宾夕法尼亚州卡莱尔市。

万斯·冯·伯里斯（Vance von Borries）著，《突尼斯战役》（*The Battle for Tunisia*），《战略与战术》（*Strategy and Tactics*），第 140 期（1991 年 2 月），第 5—20 页。

布卡贝耶中校（Lieutenant-Colonel Boucabeille）著，《土耳其—巴尔干战争，1912—1913：色雷斯—马其顿—阿尔巴尼亚—伊庇鲁斯》（*La Guerre Turco-Balkanique, 1912–1913: Thrace-Macédoine-Albanie-Epire*，巴黎：Librairie Chapelot，1914 年）。

德莫特·布拉德利（Dermot Bradley）和里夏德·舒尔策 - 科森斯（Richard Schulze-Kossens）编，《陆军人事局局长鲁道夫·施蒙特步兵上将的工作进度报告，1942 年 10 月 1 日—1944 年 2 月 29 日》

326

(*Tätigkeitsbericht des Chefs des Heerespersonalamtes General der Infanterie Rudolf Schmundt, 1.10.1942–29.2.1944*，奥斯纳布吕克：Biblio Verlag，1984 年）。

奥马尔·布雷德利（Omar N. Bradley）著，《一个军人的故事》（*A Soldier's Story*，纽约：Modern Library，1999 年）。

迪特尔·布兰德（Dieter Brand）著，《60 年前：普罗霍罗夫卡：城堡行动的方方面面；1943 年 7 月南方集团军群地段》（*Vor 60 Jahren: Prochorovka: Aspekte der Operation Zitadelle; Juli 1943 im Abschnitt der Heeresgruppe Süd*，《奥地利军事杂志》（*Österreichische Militärische Zeitschrift*）第 41 辑，第 5 期（2003 年），第 587—597 页。

布劳恩（Major M. Braun）少校著，《俄军 1936 年秋季演习中关于战车及飞机运用的思想》（*Gedanken über Kampfwagen- und Fliegerverwendung bei den russischen Herbstmanövern 1936*），《军事周刊》第 121 辑，第 28 期（1937 年 1 月 22 日），第 1589—1592 页。

威廉·布罗伊尔（William B. Breuer）著，《空降区西西里：1943 年 7 月的盟军空降突击》（*Drop Zone Sicily: Allied Airborne Strike, July 1943*，加利福尼亚州诺瓦托：Presidio，1983 年）。

克里斯托弗·布朗宁（Christopher R. Browning）著，《普通人：第 101 预备保安营与波兰的最终解决行动》（*Ordinary Men: Reserve Police Battalion 101 and the Final Solution in Poland*，纽约：HarperCollins，1992 年）。

小阿尔伯特·布莱恩特（Albert Bryant Jr.）著，《灵活性：战役艺术的关键》（*Agility: A Key to the Operational Art*，专题论文，美国陆军指挥与参谋学院，堪萨斯州利文沃思堡，1988 年）。

阿瑟·布莱恩特（Arthur Bryant）著，《力挽狂澜：根据帝国总参谋长阿兰布鲁克元帅的日记写成的战争编年史》（*The Turn of the Tide: A History of the War Years Based on the Diaries of Field-Marshal Lord Alanbrooke, Chief of the Imperial General Staff*，纽约州加登城：Doubleday，1957 年）。

阿瑟·布莱恩特（Arthur Bryant）著，《西线的胜利，1943—1946：根据阿兰布鲁克元帅的日记和自传而作》（*Triumph in the West, 1943–1946: Based on Diaries and Autobiographical Notes of Field Marshal the Viscount Alanbrooke*，伦敦：Collins，1959 年）。

安德鲁·布坎南（Andrew Buchanan）著，《真正的朋友？从托布鲁克到阿拉曼：美国对沙漠战争胜利的贡献》（*A Friend Indeed? From Tobruk to El Alamein: The American Contribution to Victory in the Desert*），《外交与国策》（*Diplomacy and Statecraft*）第 15 辑，第 2 期（2004 年 6 月），第 279—301 页。

克里斯托弗·巴克利（Christopher Buckley）著，《通向罗马之路》（*Road to Rome*，伦敦：Hodder and Stoughton，1945 年）。

托马斯·比尔（Thomas B. Buell）著，《海权之主：海军五星上将欧内斯特·金传记》（*Master of Sea Power: A Biography of Fleet Admiral Ernest J. King*，马里兰州安纳波利斯：Naval Institute Press，1995 年）。

特奥多尔·布塞（Theodor Busse）著，《1943 年东线的城堡攻势》（*Der Angriff Zitadelle im Osten 1943*），手稿 T-26，美国陆军传统与教育中心，宾夕法尼亚州卡莱尔市。

特奥多尔·布塞（Theodor Busse）著，《1942—1943 年南俄冬季会战》（*Der Winterfeldzug 1942/1943 in Südrussland*），收录于《从未退伍：纪念埃里希·冯·曼斯坦因元帅八十华诞》（*Nie ausser Dienst: Zum achtzigsten Geburtstag von Generfeldmarschall Erich von Manstein*，科隆：*Markus Verlagsgesellschaft，1967 年*），第 45—63 页。

瓦尔特·布斯曼（Walter Bussmann）著，《库尔斯克—奥廖尔—第聂伯河：第 46 装甲军军部在"城堡行动"期间的经历与体会》（*Kursk-Orel-Dnjepr: Erlebnisse und Erfahrungen im Stab des ＸＸＸＸＶＩ Panzerkorps während des 'Unternehmens Zitadelle'*），《当代历史季刊》（*Vierteljahrshefte für Zeitgeschichte*）第 41 辑，第 4 期（1993 年 10 月），第 503—518 页。

马丁·凯丁（Martin Caidin）著，《虎式坦克在燃烧》（*The Tigers Are Burning,* 纽约：Hawthorn, 1974 年）。

马克·卡尔霍恩（Mark T. Calhoun）著，《兵败卡塞林：第二次世界大战美国装甲兵学说、训练和在西北非洲战场的战斗指挥》（*Defeat at Kasserine: American Armor Doctrine, Training, and Battle Command in Northwest Africa, World War II*，硕士论文，美国陆军指挥与参谋学院，堪萨斯州利文沃思堡，2003 年）。

罗伯特·卡梅隆（Robert S. Cameron）著，《机动、冲击与火力：美国陆军装甲兵的崛起，1917—1945》（*Mobility, Shock, and Firepower: The Emergence of the U. S. Army's Armor Branch, 1917–1945*，华盛顿哥伦比亚特区：Center of Military History，2008 年）。

詹姆斯·杰伊·卡拉法诺（James Jay Carafano）著，《心灵手巧的大兵：即兴改造、技术革新和赢得第二次世界大战》（*G.I. Ingenuity: Improvisation, Technology, and Winning World War II*，康涅狄格州韦斯特波特：Praeger Security International，2006 年）。

詹姆斯·杰伊·卡拉法诺（James Jay Carafano）著，《探究兵法》（*Wending through the Way of War*），收录于《比较兵法：圆桌会议》（*Comparative Ways of War: A Roundtable*），《史论》（*Historically Speaking*）第 11 辑，第 5 期（2010 年 11 月），第 25—26 页。

陆军元帅卡弗勋爵（Field Marshal Lord Carver）著，《曼斯坦因》，收录于科瑞利·巴尼特（Correlli Barnett）编，《希特勒的将军们：关于为希特勒征战沙场的一群人的权威描述》（*Hitler's Generals: Authoritative Portraits of the Men Who Waged Hitler's War*，纽约：Quill，1989 年），第 221 页。

卡尔·瑟夫（Karl Cerff）著，《国防军报告中的武装党卫队》（*Die Waffen-S. S. im Werhmachtbericht*，奥斯纳布吕克：Munin-Verlag，1971 年）。

戴维·钱德勒（David G. Chandler）著，《拿破仑战记》（*The Campaigns of Napoleon*，纽约：Macmillan，1966 年）。

罗伯特·M. 奇蒂诺（Robert M. Citino）著，《"思想是自由的"：间战时期德国军队的知性文化》（*'Die Gedanken sind frei': The Intellectual Culture of the Interwar German Army*），《陆军条令与训练公报（加拿大）》[*Army Doctrine and Training Bulletin (Canada)*] 第 4 辑，第 3 期（2001 年秋季），第 53—54 页。

罗伯特·M. 奇蒂诺（Robert M. Citino）著，《新旧军事史再介绍》（*Military Histories Old and New: A Reintroduction*），《美国历史评论》（*American Historical Review*）第 112 辑，第 4 期（2007 年 10 月），第 1070—1090 页。

罗伯特·M. 奇蒂诺（Robert M. Citino）著，《德式兵法再探》（*The German Way of War Revisited*），收录于《比较兵法：圆桌会议》（*Comparative Ways of War: A Roundtable*），《史论》（*Historically Speaking*）第 11 辑，第 5 期（2010 年 11 月），第 20—21 页。

《装甲部队：历史与原始资料》(*Armored Forces: History and Sourcebook*，康涅狄格州韦斯特波特：Greenwood Press，1994 年)。

罗伯特·M. 奇蒂诺 (Robert M. Citino) 著，《国防军：第一部·折戟沉沙，1942 年德军历次战役》(*Death of the Wehrmacht: The German Campaigns of 1942*，劳伦斯：University Press of Kansas，2007 年)。

罗伯特·M. 奇蒂诺 (Robert M. Citino) 著，《追求决定性胜利：从僵持到欧洲的闪电战，1899—1940》(*Quest for Decisive Victory: From Stalemate to Blitzkrieg in Europe, 1899–1940*，劳伦斯：University Press of Kansas，2002 年)。

罗伯特·M. 奇蒂诺 (Robert M. Citino) 著，《闪电战策略的演变：德国针对波兰的自卫措施，1918—1933》(*The Evolution of Blitzkrieg Tactics: Germany Defends Itself against Poland, 1918–1933*，康涅狄格州韦斯特波特：Greenwood，1987 年)。

罗伯特·M. 奇蒂诺 (Robert M. Citino) 著，《德式兵法：从 30 年战争到第三帝国》(*The German Way of War: From the Thirty Years' War to the Third Reich*，劳伦斯：University Press of Kansas，2005 年)。

罗伯特·M. 奇蒂诺 (Robert M. Citino) 著，《通向闪电战之路：1920—1939 年德国军队的军事学说与训练》(*The Path to Blitzkrieg: Doctrine and Training in the German Army, 1920–1939*，科罗拉多州博尔德：Lynne Rienner，1999 年)。

罗伯特·M. 奇蒂诺 (Robert M. Citino) 著，《"思想是自由的"：间战时期德国军队的知性文化》(*'Die Gedanken sind frei' : Culture Intellectuelle de l'Armée Allemande de l'Entre-Deux-Guerres*)，《陆军条令与训练公报 (加拿大)》[*Le Bulletin de Doctrine et d'Instruction de l'Armée de Terre (Canada)*] 第 4 辑，第 3 期 (2001 年秋季)，第 51—59 页。

克里斯托弗·克拉克 (Christopher Clark) 著，《"泽普"约瑟夫·迪特里希》(*Josef 'Sepp' Dietrich*)，收录于罗兰·施梅尔泽 (Roland Smelser) 和恩里科·叙林 (Enrico Syring) 编，《党卫军：髑髅帽徽下的精锐：30 份履历》(*Die S. S.: Elite unter den Totenkopf: 30 Lebensläufe*，帕德博恩：Ferdinand Schöningh，2000 年)，第 119—133 页。

劳埃德·克拉克 (Lloyd Clark) 著，《坦克大战：库尔斯克 1943》(*The Battle of the Tanks: Kursk, 1943*，纽约：Atlantic Monthly，2011 年)。

马克·克拉克 (Mark W. Clark) 著，《预期风险》(*Calculated Risk*，纽约：Enigma Books，2007 年)。

卡尔·冯·克劳塞维茨 (Carl von Clausewitz) 著，《战争论》(*On War*)，迈克尔·霍华德 (Michael Howard) 和彼得·帕雷特 (Peter Paret) 编译本，(新泽西州普林斯顿：Princeton University Press，1984 年)。

雷·克莱因 (Ray S. Cline) 著，《美国陆军部：华盛顿指挥部：作战部》(*The War Department: Washington Command Post: The Operations Divisio*，华盛顿哥伦比亚特区：Center of Military History，1990 年)。

斯蒂芬·科茨 (Stephen D. Coats) 著，《"特拉斯科特疾走"：为 1943 年雪橇犬行动而进行的训练》(*The 'Truscott Trot' : Training for Operation Husky, 1943*)，收录于罗杰·斯皮勒 (Roger J. Spiller) 编，《1939 年以来的诸兵种协同作战》(*Combined Arms in Battle since 1939*，堪萨斯州利文沃思堡：美国陆军指挥与参谋学院，1992 年)，第 277—282 页。

杰克·科金斯 (Jack Coggins) 著，《争夺北非之战》(*The Campaign for North Africa*，纽约州加登城：

Doubleday，*1980 年*）。

《比较兵法：圆桌会议》（*Comparative Ways of War: A Roundtable*），《史论》（*Historically Speaking*）第 11 辑，第 5 期（2010 年 11 月），第 20—26 页。

布鲁斯·康德尔（Bruce Condell）和达维德·宗贝茨基（David T. Zabecki）著，《论德国战争艺术：Truppenführung》（*On the German Art of War: Truppenführung*，科罗拉多州博尔德：Lynne Rienner，2001 年）。

康诺顿（R. M. Connaughton）著，《旭日与跛熊的战争：日俄战争军事史》（*The War of the Rising Sun and Tumbling Bear: A Military History of the Russo-Japanese War*，伦敦：Routledge，1988 年）。

欧文·康奈利（Owen Connelly）著，《误打误撞成就荣耀：拿破仑的历次战役》（*Blundering to Glory: Napoleon's Military Campaigns*，马里兰州拉纳姆：Rowman & Littlefield，2006 年）。

保罗·康拉特（Paul Conrath）著，《西西里之战》（*Der Kampf um Sizilien*），手稿 C-087，美国陆军传统与教育中心，宾夕法尼亚州卡莱尔市。

贝尔顿·库珀（Belton Y. Cooper）著，《死亡陷阱：一个美国装甲师在第二次世界大战中幸存的故事》（*Death Traps: The Survival of an American Armored Division in World War II*，加利福尼亚州诺瓦托：Presidio，2000 年）。

马修·库珀（Matthew Cooper）著，《德国军队 1933—1945》（*The German Army, 1933–1945*，密歇根州切尔西：Scarborough House，1991 年）。

詹姆斯·科勒姆（James S. Corum）著，《闪电战的根源：汉斯·冯·塞克特与德国军事改革》（*The Roots of Blitzkrieg: Hans von Seeckt and German Military Reform*，劳伦斯：University Press of Kansas，1992 年）。

詹姆斯·科勒姆（James S. Corum）著，《沃尔夫拉姆·冯·里希特霍芬：德国空中战争的主宰者》（*Wolfram von Richtofen: Master of the German Air War*，劳伦斯：University Press of Kansas，2008 年）。

戈登·克雷格（Gordon A. Craig）著，《柯尼希格雷茨之战：1866 年普鲁士对奥地利的胜利》（*The Battle of Königgrätz: Prussia's Victory over Austria, 1866*，费城：Lippincott，1964 年）。

韦斯利·弗兰克·克雷文（Wesley Frank Craven）和詹姆斯·利·凯特（Wesley Frank Craven and James Lea Cate）编，《第二次世界大战中的陆军航空兵》（*The Army Air Forces in World War II*），第 2 卷，《欧洲：从火炬行动到抵近射击行动，1942 年 8 月至 1943 年 12 月》（*Europe: Torch to Pointblank, August 1942 to December 1943*，芝加哥：University of Chicago Press，1949 年）。

罗宾·克罗斯（Robin Cross）著，《城堡行动：库尔斯克战役》（*Citadel: The Battle of Kursk*，纽约：Sarpedon，1993 年）。

卡洛·德斯特（Carlo D'Este）著，《苦涩的胜利：1943 年西西里之战》（*Bitter Victory: The Battle for Sicily, 1943*，纽约：Harper Collins，1988 年）。

卡洛·德斯特（Carlo D'Este）著，《致命的决定：安齐奥与罗马之战》（*Fatal Decision: Anzio and the Battle for Rome*，纽约：Harper Perennial，1992 年）。

卡洛·德斯特（Carlo D'Este）著，《巴顿传：为战争而生的天才》（*Patton: A Genius for War*，纽约：

Harper，1995 年）。

卡洛·德斯特（Carlo D'Este）著，《军阀：温斯顿·丘吉尔的战争生涯，1874—1945》（*Warlord: A Life of Winston Churchill at War, 1874–1945*，纽约：Harper，2008 年）。

卡洛·德斯特（Carlo D'Este）著，《第二次世界大战的地中海战区，1942—1945》（*World War II in the Mediterranean, 1942–1945*，北卡罗来纳州查珀尔希尔：Algonquin Books，1990 年）。

赫尔穆特·金特·达姆斯（Hellmuth Günther Dahms）著，《第二次世界大战》（*Der Zweite Weltkrieg*，法兰克福：Ullstein，1966 年）。

罗伯特·达莱克（Robert Dallek）著，《富兰克林·罗斯福与美国对外政策，1932—1945》（*Franklin D. Roosevelt and American Foreign Policy, 1932–1945*，牛津：Oxford University Press，1995 年）。

博伊德·达斯特鲁普（Boyd Dastrup）著，《野战炮兵：历史与原始资料》（*The Field Artillery: History and Sourcebook*，康涅狄格州韦斯特波特：Greenwood Press，1994 年）。

露西·达维多维奇（Lucy S. Dawidowicz）著，《针对犹太人的战争，1933—1945》（*The War against the Jews, 1933–1945*，纽约：Holt, Rinehart and Winston，1975 年）。

约瑟夫·道森（Joseph G. Dawson）编，《德克萨斯的军事经历：从德州革命到第二次世界大战》（*The Texas Military Experience: From the Texas Revolution to World War II*，科利奇站：Texas A&M University Press，1995 年）。

迪金（F. W. Deakin）著，《残酷的友谊：墨索里尼、希特勒与意大利法西斯主义的垮台》（*The Brutal Friendship: Mussolini, Hitler and the Fall of Italian Fascism*，纽约：Harper & Row，1962 年）。

汉斯·德尔布吕克（Hans Delbrück）著，《腓特烈·卡尔亲王》（*Prinz Friedrich Karl*），收录于《历史和政治随笔》（*Historische und Politische Aufsätze*，柏林：Georg Stilke，1907 年）。

汉斯·德尔布吕克（Hans Delbrück）著，《腓特烈·卡尔亲王》（*Prinz Friedrich Karl*），收录于《历史和政治随笔》（*Historische und Politische Aufsätze*，柏林：Georg Stilke, 1907 年），第 302—316 页。

《沙漠"勾拳"——沙漠战中的迂回机动》（*Desert 'Hooks'—Outflanking Movements in Desert Warfare*），《军事评论》第 24 辑，第 11 期（1945 年 2 月），第 115—119 页。

《德国与第二次世界大战》（*Das Deutsche Reich und Der Zweite Weltkrieg*），第 6 卷，《全球战争：战争的扩大和主动权的易手，1941—1943》（*Der Globale Krieg: Die Ausweitung zum Weltkrieg und der Wechsel der Initiative, 1941–1943*，斯图加特：Deutsche Verlags-Anstalt，1990 年）。

《德国与第二次世界大战》（*Das Deutsche Reich und Der Zweite Weltkrieg*），第 8 卷，《东线，1943/1944：东方与次要战线的战事》（*Die Ostfront, 1943/44: Der Krieg im Osten and an den Nebenfronten*，慕尼黑：Deutsche Verlags-Anstalt，2007 年）。

理查德·迪纳尔多（Richard L. DiNardo）著，《德国与轴心阵营诸国：从联盟到崩溃》（*Germany and the Axis Powers: From Coalition to Collapse*，劳伦斯：University Press of Kansas，2005 年）。

汉斯·德尔（Hans Doerr）著，《进军斯大林格勒之战：试述某次战役》（*Der Feldzug nach Stalingrad: Versuch eines operativen Überblickes*，达姆施塔特：E. S. Mittler，1955 年）。

《三年的战争——三年的胜利》（*Drei Jahre Krieg—drei Jahre Sieg*），《国防军》第 6 辑，第 18 期（1942

年 9 月 2 日），第 4—5 页。

克里斯托弗·达菲（Christopher Duffy）著，《腓特烈大帝的军事生涯》（*Frederick the Great: A Military Life*，伦敦：Routledge and Kegan Paul，1985 年）。

小沃尔特·邓恩（Walter S. Dunn Jr.）著，《库尔斯克：1943 年希特勒的豪赌》（*Kursk: Hitler's Gamble, 1943*，康涅狄格州韦斯特波特：Praeger，1997 年）。

安图利奥·埃切瓦里亚二世（Antulio J. Echevarria II）著，《正确看待 Auftragstaktik》（*Auftragstaktik: In Its Proper Perspective*），《军事评论》第 66 辑，第 10 期（1986 年 10 月），第 50—56 页。

安图利奥·埃切瓦里亚二世（Antulio J. Echevarria II）著，《克劳塞维茨之后：第一次世界大战前的德国军事思想家》（*After Clausewitz: German Military Thinkers before the Great War*，劳伦斯：University Press of Kansas，2000 年）。

德怀特·艾森豪威尔（Dwight D. Eisenhower）著，《稍息：我讲给朋友听的故事》（*At Ease: Stories I Tell to My Friends*，纽约州加登城：Doubleday，1967 年）。

德怀特·艾森豪威尔（Dwight D. Eisenhower）著，《十字军征欧》（*Crusade in Europe*，纽约州加登城：Doubleday，1948 年）。

小阿尔弗雷德·钱德勒 (Alfred D. Chandler Jr.) 编，《德怀特·戴维·艾森豪威尔文件集：战争岁月：2》（*The Papers of Dwight David Eisenhower: The War Years: II*，马里兰州巴尔的摩：Johns Hopkins Press，1970 年）。

《日俄战争概要》（*Epitome of the Russo-Japanese War*，华盛顿哥伦比亚特区：政府印刷局，1907 年）。

瓦尔德马·爱尔福特（Waldemar Erfurth）著，《几路军队之间的协同》（*Das Zusammenwirken getrennter Heeresteile*），第 1—4 部分，《军事科学评论》第 4 辑，第 1—4 期（1939 年）。

瓦尔德马·爱尔福特（Waldemar Erfurth）著，《德国总参谋部 1918 到 1945 年的历史》（*Die Geschichte des deutschen Generalstabes von 1918 bis 1945*，柏林：Musterschmidt，1957 年）。

爱德华·埃里克森（Edward J. Erickson）著，《各个击破：巴尔干半岛的奥斯曼军队，1912—1913》（*Defeat in Detail: The Ottoman Army in the Balkans, 1912–1913*，康涅狄格州韦斯特波特：Praeger，2003 年）。

约翰·埃里克森（John Erickson）著，《通往柏林之路：斯大林对德战争史续编》（*The Road to Berlin: Continuing the History of Stalin's War with Germany*，科罗拉多州博尔德：Westview Press，1983 年）。

文森特·埃斯波西托（Vincent J. Esposito）编，《西点美军战争地图集》（*The West Point Atlas of American Wars*），第 2 卷，《1900—1953》（纽约：Praeger，1959 年）。

休伯特·埃塞姆（Hubert Essame）著，《埃里希·冯·曼斯坦因元帅》，《陆军季刊与防务杂志》（*Army Quarterly and Defence Journal*）第 104 辑，第 1 期（1973 年），第 40—43 页。

弗里德里希·范戈尔(Friedrich Fangohr)著，《城堡行动：1943 年 7 月第 4 装甲集团军的进攻》(*Zitadelle: Der Angriff der 4. Panzer-Armee im Juli 1943*)，美国陆军传统与教育中心，宾夕法尼亚州卡莱尔市。

拉迪斯拉斯·法拉戈（Ladislas Farago）著，《巴顿：磨难与胜利》（*Patton: Ordeal and Triumph*，宾夕法尼亚州亚德利：Westholme，2005 年）。

拜伦·法韦尔（Byron Farwell）著，《英布大战》（*The Great Anglo-Boer War*，纽约：Norton，1976 年）。

芭芭拉·加文·方特勒罗伊（Barbara Gavin Fauntleroy）著，《将军和他的女儿：詹姆斯·加文将军与其女芭芭拉的战时通信》（*The General and His Daughter: The Wartime Letters of General James M. Gavin to His Daughter Barbara*，纽约：Fordham University Press，2007 年）。

阿瑟·弗格森（Arthur B. Ferguson）著，《联合轰炸攻势的起源》（*Origins of the Combined Bomber Offensive*），收录于韦斯利·弗兰克·克雷文和詹姆斯·利·凯特编，《第二次世界大战中的陆军航空兵》（*The Army Air Forces in World War II*），第 2 卷，《欧洲：从火炬行动到抵近射击行动，1942 年 8 月至 1943 年 12 月》（*Europe: Torch to Pointblank, August 1942 to December 1943*，芝加哥：University of Chicago Press，1949 年），第 274—307 页。

威尔·法伊（Will Fey）著，《武装党卫队的装甲战斗，1943—1945》（*Armor Battles of the Waffen-S. S., 1943–45*，宾夕法尼亚州梅卡尼克斯堡：Stackpole，2003 年）。

弗里茨·菲舍尔（Fritz Fischer）著，《世界的权柄：1914—1918 年德意志帝国的战争目标政策》（*Griff nach der Weltmacht: Die Kriegszielpolitik des kaiserlichen Deutschland, 1914/18*，杜塞尔多夫：Droste Verlag，1961 年）。

斯科特·菲茨杰拉德（F. Scott Fitzgerald）著，《了不起的盖茨比》（*The Great Gatsby*，纽约：Scribner，1925 年）。

《库班的高射炮》（*Flak am Kuban*），《国防军》第 7 辑，第 13 期（1943 年 6 月 12 日），第 6 页。

罗兰·弗尔斯特（Roland G. Foerster）著，《简介》（*Einführung*），收录于罗兰·弗尔斯特编，《第二次世界大战的转折？ 1943 年春夏两季的哈尔科夫战役和库尔斯克战役的战役背景、过程与政治意义》（*Gezeitenwechsel im Zweiten Weltkrieg? Die Schlachten von Ch'arkov und Kursk im Frühjahr und Sommer 1943 in operative Anlage, Verlauf und politischer Bedeutung*，柏林：E. S. Mittler，1996 年），第 19—25 页。

罗兰·弗尔斯特编，《第二次世界大战的转折？ 1943 年春夏两季的哈尔科夫战役和库尔斯克战役的战役背景、过程与政治意义》（*Gezeitenwechsel im Zweiten Weltkrieg? Die Schlachten von Ch'arkov und Kursk im Frühjahr und Sommer 1943 in operative*）。

沃尔夫冈·弗尔斯特（Wolfgang Foerster）著，《腓特烈·卡尔亲王》（*Prinz Friedrich Karl*），《军事科学评论》第 8 辑，第 2 期（1943 年），第 90—91 页。

特奥多尔·冯塔内（Theodor Fontane）著，《1866 年德意志战争》（*Der deutsche Krieg von 1866*），第 2 卷，《德国中西部的战役》（*Der Feldzug in West- und Mitteldeutschland*，柏林：R. v. Decker，1871 年）。

弗里德里希·福斯特迈尔（Friedrich Forstmeier）著，《1943 年秋从库班桥头堡撤离的行动》（*Die Räumung des Kuban-Brückenkopfes im Herbst 1943*，达姆施塔特：Wehr und Wissen Verlagsgesellschaft，1964 年）。

乔治·福蒂（George Forty）著，《隆美尔的军队》（*The Armies of Rommel*，伦敦：Arms and Armour，1997 年）。

赫伯特·弗兰森（Herbert L. Frandsen）著，《反闪电战：成功实施反攻的条件》（*Counterblitz: Conditions to a Successful Counteroffensive*，专题论文，美国陆军指挥与参谋学院，堪萨斯州利文

沃思堡，1990 年）。

理查德·弗兰克（Richard B. Frank）著，《瓜达尔卡纳尔岛：关于这场标志性战役的明确论述》（*Guadalcanal: The Definitive Account of the Landmark Battle*，纽约：Penguin，1992 年）。

戴维·弗伦奇（David French）著，《英式战争之道，1688—2000》（伦敦：Unwin Hyman，1990 年）。

胡戈·冯·弗赖塔格 - 洛林霍芬（Hugo von Freytag-Loringhoven）著，《指挥官的重要意义：名将的思考与行动》（*Feldherrengrösse: Von Denken und Handeln hervorragender Heerführer*，柏林：E. S. Mittler，1922 年）。

胡戈·冯·弗赖塔格 - 洛林霍芬（Hugo von Freytag-Loringhoven）著，《战争中的乐观主义》（*Optimismus im Kriege*），《军事科学评论》第 9 辑，第 2 期（1943 年），第 84—96 页。

瓦尔特·弗里斯（Walter Fries）著，《第 29 装甲掷弹兵师在西西里的战斗》（*Der Kampf der 29. Panzer-Grenadier-Division auf Sizilien*），手稿 T-2，美国陆军传统与教育中心，宾夕法尼亚州卡莱尔市。

《西西里之战》（*Der Kampf um Sizilien*），手稿 T-2，美国陆军传统与教育中心，宾夕法尼亚州卡莱尔市。

卡尔 - 海因茨·弗里泽尔（Karl-Heinz Frieser）著，《钟摆的反转：1943 年夏至 1944 年夏东线的败退》（*Der Rückschlag des Pendels: das Zurückweichen der Ostfront von Sommer 1943 bis Sommer 1944*），收录于《德国与第二次世界大战》（*Das Deutsche Reich und Der Zweite Weltkrieg*），第 8 卷，《东线，1943/1944：东方与次要战线的战事》（*Die Ostfront, 1943/44: Der Krieg im Osten and an den Nebenfronten*，慕尼黑：Deutsche Verlags-Anstalt，2007 年）。

卡尔 - 海因茨·弗里泽尔（Karl-Heinz Frieser）著，《1944 年夏季中央集团军群的毁灭》（*Der Zusammenbruch im Osten: Die Rückzugskämpfe seit Sommer 1944*），收录于《德国与第二次世界大战》（*Das Deutsche Reich und Der Zweite Weltkrieg*），第 8 卷，《东线，1943/1944：东方与次要战线的战事》（*Die Ostfront, 1943/44: Der Krieg im Osten and an den Nebenfronten*，慕尼黑：Deutsche Verlags-Anstalt，2007 年）。

卡尔 - 海因茨·弗里泽尔（Karl-Heinz Frieser）著，《库尔斯克突出部的战斗》（*Die Schlacht im Kursker Bogen*），收录于《德国与第二次世界大战》（*Das Deutsche Reich und Der Zweite Weltkrieg*），第 8 卷，《东线，1943/1944：东方与次要战线的战事》（*Die Ostfront, 1943/44: Der Krieg im Osten and an den Nebenfronten*，慕尼黑：Deutsche Verlags-Anstalt，2007 年）。

卡尔 - 海因茨·弗里泽尔（Karl-Heinz Frieser）著，《后发制人与先发制人：1943 年的哈尔科夫战役与库尔斯克战役》（*Schlagen aus der Nachhand—Schlagen aus der Vorhand: Die Schlachten von Ch'arkov und Kursk 1943*），收录于罗兰·弗里斯特编，《第二次世界大战的转折？1943 年春夏两季的哈尔科夫战役和库尔斯克战役的战役背景、过程与政治意义》（*Gezeitenwechsel im Zweiten Weltkrieg? Die Schlachten von Ch'arkov und Kursk im Frühjahr und Sommer 1943 in operative Anlage, Verlauf und politischer Bedeutung*，柏林：E. S. Mittler，1996 年），第 101—135 页。

卡尔 - 海因茨·弗里泽尔（Karl-Heinz Frieser）著，《闪电战传说：1940 年西线会战》（*Blitzkrieg-Legende: Der Westfeldzug 1940*，奥尔登堡：Wissenschaftliche Verlag，1995 年）。

卡尔 - 海因茨·弗里泽尔（Karl-Heinz Frieser）著，《闪电战传说：1940 年西线会战》（*The Blitzkrieg Legend: The 1940 Campaign in the West*，安纳波利斯：Naval Institute Press，2005 年）。

卡尔 - 海因茨·弗里泽尔与弗里德黑尔姆·克莱因（Friedhelm Klein）合著，《曼斯坦因在顿涅茨河的反击：对 1943 年 2/3 月南方集团军群反击的作战分析》（*Mansteins Gegenschlag am Donez: Operative Analyse des Gegenangriffs der Heeresgruppe Süd im February/März 1943*），《军事历史》（*Militärgeschichte*）1999 年第 9 期，第 12—18 页。

富勒（J. F. C. Fuller）著，《西方世界军事史》（*A Military History of the Western World*），第 3 卷，《从美国内战到第二次世界大战结束》（*From the American Civil War to the End of World War II*，纽约：Da Capo，1956 年）。

富勒（J. F. C. Fuller）著，《战争指导，1789—1961：关于法国革命、工业革命和俄国革命对战争及其实施的影响之研究》（*The Conduct of War, 1789-1961: A Study of the Impact of the French, Industrial, and Russian Revolutions on War and Its Conduct*，纽约：Da Capo，1992 年）。

克里斯托弗·加贝尔（Christopher R. Gabel）著，《搜索、打击和摧毁：第二次世界大战中美国陆军的坦克歼击车学说》（*Seek, Strike, and Destroy: U. S. Army Antitank Destroyer Doctrine in World War II*，堪萨斯州利文沃思堡：美国陆军指挥与参谋学院，1985 年）。

克里斯托弗·加贝尔（Christopher R. Gabel）著，《1941 年的美国陆军总司令部演习》（*The U. S. Army GHQ Maneuvers of 1941*，华盛顿哥伦比亚特区：Center of Military History，1992 年）。

阿尔伯特·加兰（Albert N. Garland）和霍华德·麦高·史密斯（Howard McGaw Smyth）著，《西西里和意大利的投降》（*Sicily and the Surrender of Italy*，华盛顿哥伦比亚特区：Center of Military History，1965 年）。

阿尔弗雷德·高泽（Alfred Gause）著，《1942 年的北非会战》（*Der Feldzug in Nordafrika im Jahre 1942*），《国防科学评论》第 12 辑，第 11 期（1962 年 11 月），第 652—680 页。

阿尔弗雷德·高泽（Alfred Gause）著，《1943 年的北非会战》（*Der Feldzug in Nordafrika im Jahre 1943*），《国防科学评论》第 12 辑，第 12 期（1962 年 12 月），第 720—728 页。

詹姆斯·加文（James M. Gavin）著，《打到柏林：一名空降兵指挥官经历的战斗，1943—1946》（*On to Berlin: Battles of an Airborne Commander, 1943-1946*，纽约：Viking，1978 年）。

吉安·真蒂莱（Gian P. Gentile）著，《战略轰炸有多大效果？从第二次世界大战到科索沃的经验教训》（*How Effective Is Strategic Bombing? Lessons Learned from World War II to Kosovo*，纽约：New York University Press，2001 年）。

菲利普·吉布斯（Philip Gibbs）和伯纳德·格兰特（Bernard Grant）著，《巴尔干战争：十字与新月下的战争历险记》（*The Balkan War: Adventures of War with Cross and Crescent*，波士顿：Small, Maynard, and Company，1913 年）。

汉斯·吉泽菲乌斯（Hans B. Gisevius）著，《直到痛苦的结局》（*To the Bitter End*，波士顿：Houghton Mifflin，1947 年）。

戴维·格兰茨（David M. Glantz）著，《观察苏军：20 世纪 30 年代驻东欧的美国武官们》（*Observing the Soviets: U.S. Army Attachés in Eastern Europe During the 1930s*），《军事历史期刊》第 55 辑，第 2 期（1991 年 4 月），第 153—183 页。

戴维·格兰茨（David M. Glantz）著，《库尔斯克的前奏；1943 年 2—3 月苏军的战略行动》（*Prelude to Kursk; Soviet Strategic Operations, February–March 1943*），收录于罗兰·弗尔斯特编，《第二次世界大战的转折？1943 年春夏两季的哈尔科夫战役和库尔斯克战役的战役背景、过程与政治意义》

(*Gezeitenwechsel im Zweiten Weltkrieg? Die Schlachten von Ch'arkov und Kursk im Frühjahr und Sommer 1943 in operative Anlage, Verlauf und politischer Bedeutung*，柏林：E. S. Mittler，1996 年)，第 29—56 页。

戴维·格兰茨(David M. Glantz) 著，《第二次世界大战期间的苏联军事战略(1942 年 11 月—1943 年 12 月)：再评价》[*Soviet Military Strategy during the Second Period of War (November 1942–December 1943)：A Reappraisal*]，《军事历史期刊》第 60 辑，第 1 期(1996 年 1 月)，第 115—150 页。

戴维·格兰茨(David M. Glantz) 著，《1936 年以来的苏军战役艺术：机动战的胜利》(*Soviet Operational Art since 1936: The Triumph of Maneuver War*)，收录于迈克尔·克劳斯(Michael D. Krause) 和科迪·菲利普斯(R. Cody Phillips) 编，《从历史角度看战役艺术》(*Historical Perspectives of the Operational Art*，华盛顿哥伦比亚特区：Center of Military History，2007 年)，第 247—248 页。

戴维·格兰茨(David M. Glantz) 著，《苏联红军的顿巴斯攻势(1942 年 2—3 月)回顾：纪实论文》[*The Red Army's Donbas Offensive (February–March 1942) Revisited: A Documentary Essay*]，《斯拉夫军事研究杂志》(*Journal of Slavic Military Studies*) 第 18 辑，第 3 期(2005 年)，第 369—503 页。

戴维·格兰茨(David M. Glantz) 著，《从顿河到第聂伯河：1942 年 12 月—1943 年 8 月苏军的进攻作战》(*From the Don to the Dnepr: Soviet Offensive Operations, December 1942–August 1943*，伦敦：Frank Cass，1991 年)。

戴维·格兰茨(David M. Glantz) 著，《朱可夫的最大失败：1942 年苏联红军在火星行动中的史诗级惨败》(*Zhukov's Greatest Defeat: The Red Army's Epic Disaster in Operation Mars, 1942*，劳伦斯：University Press of Kansas，1999 年)。

戴维·格兰茨和乔纳森·豪斯(Jonathan House) 著，《巨人的碰撞：一部全新的苏德战争史》(*When Titans Clashed: How the Red Army Stopped Hitler*，劳伦斯：University Press of Kansas，1995 年)。

戴维·格兰茨和乔纳森·豪斯(Jonathan House) 著，《库尔斯克会战》(*The Battle of Kursk*，劳伦斯：University Press of Kansas，1999 年)。

戴维·格兰茨和乔纳森·豪斯著，《斯大林格勒三部曲第二部：决战(1942.9—1942.11)》(*Armageddon in Stalingrad: September–November 1942*，劳伦斯：University Press of Kansas，2009 年)。

戴维·格兰茨和乔纳森·豪斯(Jonathan House) 著，《斯大林格勒三部曲第一部：兵临城下(1942.4—1942.8)》(*To the Gates of Stalingrad: Soviet German Combat Operations, April–August 1942*，劳伦斯：University Press of Kansas，2009 年)。

拉塞尔·戈林(Russell J. Goehring) 著，《定序作战：战役艺术的关键路径》(*Sequencing Operations: The Critical Path of Operational Art*，专题论文，美国陆军指挥与参谋学院，堪萨斯州利文沃思堡，1987 年)。

丹尼尔·乔纳·戈尔德哈根(Daniel Jonah Goldhagen) 著，《希特勒的志愿刽子手：普通德国人与大屠杀》(*Hitler's Willing Executioners: Ordinary Germans and the Holocaust*，纽约：Alfred A. Knopf，1996 年)。

瓦尔特·格利茨(Walter Görlitz) 著，《凯特尔、约德尔和瓦尔利蒙特》(*Keitel, Jodl, and Warlimont*)，收录于科瑞利·巴尼特编，《希特勒的将军们》(*Hitler's Generals*，纽约：Quill，1989 年)，第 138—171 页。

瓦尔特·格利茨（Walter Görlitz）著，《德军总参谋部：历史与完形，1657—1945》（*Der deutsche Generalstab: Geschichte und Gestalt, 1657–1945*，美因河畔法兰克福：Verlag der Frankfurter Hefte，1950 年）。

彼得·戈斯托尼（Peter Gosztony）著，《希特勒的外国军队：非德国军队在东线战争中的命运》（*Hitlers fremde Heere: Das Schicksal der nichtdeutschen Armeen im Ostfeldzug*，杜塞尔多夫：Econ Verlag，1976 年）。

亚历克斯·格雷姆 - 埃文斯（Alex Graeme-Evans）著，《伯纳德·蒙哥马利元帅：批判性评价》（*Field Marshal Bernard Montgomery: A Critical Assessment*），《弗林德斯历史与政治学报》（*Flinders Journal of History and Politics*）第 4 辑（1974 年），第 124—142 页。

多米尼克·格雷厄姆（Dominick Graham）和谢尔福德·比德韦尔（Shelford Bidwell）著，《拉锯战：意大利战役》（*Tug of War: The Battle for Italy*，伦敦：Hodder & Stoughton，1986 年）。

安德烈·格列奇科（Andrei Grechko）著，《高加索会战》（*Battle for the Caucasus*，莫斯科：Progress Publishers，1971 年）。

金特·格赖纳（Günter Greiner）著，《敌人的末路：止步于沃尔图诺防线》（*Die Letzten am Feind: Absetzung an der Volturno-Front*），《国防军》第 7 辑，第 24 期（1943 年 11 月 24 日），第 7 页。

金特·格赖纳（Günter Greiner）著，《水是盟友：南意大利前线西段的工兵》（*Wasser—ein Verbündeter: Pioniere an den westlichen Süditalienfront*），《国防军》第 7 辑，第 25 期（1943 年 12 月 8 日），第 7 页。

帕迪·格里菲斯（Paddy Griffith）著，《勇往直前：从滑铁卢到近未来的战术》（*Forward into Battle: Fighting Tactics from Waterloo to the Near Future*，加利福尼亚州纳瓦托：Presidio，1990 年）。

彼得·冯·德·格热本（Peter von der Groeben）著，《第 2 装甲集团军和第 9 集团军 1943 年 7 月 5 日至 8 月 18 日在奥廖尔突出部的战斗》（*Die Schlacht der 2. Panzer-Armee und 9. Armee im Orel-Bogen vom 5. Juli bis 18. August 1943*），手稿 T-26，美国陆军传统与教育中心，宾夕法尼亚州卡莱尔市。

《大德意志解放战争》（*Grossdeutschlands Freiheitskrieg*），第 171 节，《英美联军对法属北非的攻击》（*Die britisch-amerikanische Überfall auf Französisch-Nordafrika*），《军事周刊》第 127 辑，第 21 期（1942 年 11 月 20 日），第 557—560 页。

《大德意志解放战争》（*Grossdeutschlands Freiheitskrieg*），第 172 节，《敌军在北非的实力》（*Die Feindmächte in Nordafrika*），《军事周刊》第 127 辑，第 22 期（1942 年 11 月 27 日），第 584—587 页。

《大德意志解放战争》（*Grossdeutschlands Freiheitskrieg*），第 173 节，《美国佬在北非的恐怖主义》（*Yankeeterror in Nordafrika*），《军事周刊》第 127 辑，第 23 期（1942 年 12 月 4 日），第 616 页。

《大德意志解放战争》（*Grossdeutschlands Freiheitskrieg*），第 174 节，《突尼斯正在进行大战》（*In Tunesien grössere Kämpfe im Gange*），《军事周刊》第 127 辑，第 24 期（1942 年 12 月 11 日），第 639—643 页。

《大德意志解放战争》（*Grossdeutschlands Freiheitskrieg*），第 175 节，《突尼斯的战斗》（*Kämpfe in Tunisien*），《军事周刊》第 127 辑，第 25 期（1942 年 12 月 18 日），第 669—673 页。

马克·伊桑·格罗特吕申（Mark Ethan Grotelueschen）著，《美国远征军的战争方式：第一次世界大战中的美国陆军与作战》(*The AEF Way of War: The American Army and Combat in World War I*, 剑桥：Cambridge University Press，2007 年)。

海因茨·古德里安 (Heinz Guderian) 著，《机动部队：战史研究》(*Bewegliche Truppenkörper: Ein kriegsgeschichtliche Studie*)，第一部分，《大选帝侯在 1678—1679 年冬季会战中的雪橇机动》(*Die Schlittenfahrt des Grossen Kurfürsten im Winterfeldzug, 1678–79*)，《军事周刊》(*Militär-Wochenblatt*) 第 112 辑，第 18 期 (1927 年 11 月 11 日)，第 649—652 页。

海因茨·古德里安 (Heinz Guderian) 著，《装甲部队及其与其他兵种的协同》(*Die Panzertruppen und ihr Zusammenwirken mit den anderen Waffen*)，《军事科学评论》第 1 辑，第 5 期 (1936 年)，第 607—626 页。

海因茨·古德里安 (Heinz Guderian) 著，《快速部队今昔》(*Schnelle Truppen einst und jetzt*)《军事科学评论》第 4 辑，第 2 期 (1939 年)，第 229—243 页。

海因茨·古德里安 (Heinz Guderian) 著，《注意，坦克！：古德里安论装甲部队的战术与作战潜能》(*Achtung—Panzer! The Development of Armored Forces, Their Tactics, and Operational Potential*，伦敦：Arms and Armour Press，1992 年)

海因茨·古德里安 (Heinz Guderian) 著，《一个军人的回忆》(*Erinnerungen eines Soldaten*，海德堡：Kurt Vowinckel，1951 年)。

海因茨·古德里安 (Heinz Guderian) 著，《闪击英雄》(*Panzer Leader*，纽约：Ballantine，1957 年)。

布鲁斯·古德蒙松 (Bruce I. Gudmundsson) 著，《突击队战术：德国陆军的创新，1914—1918》(*Stormtroop Tactics: Innovation in the German Army, 1914–1918*，康涅狄格州韦斯特波特：Praeger，1989 年)。

《外国军事研究导读，1945—1954：目录与索引》(*Guide to Foreign Military Studies, 1945–54: Catalog and Index*，卡尔斯鲁厄：驻欧美军指挥部军史部，1954 年)。

玛丽·哈贝克 (Mary R. Habeck) 著，《钢铁风暴：德国和苏联的装甲战术学说发展，1919—1939》(*Storm of Steel: The Development of Armor Doctrine in Germany and the Soviet Union, 1919–1939*，纽约州伊萨卡：Cornell University Press，2003 年)。

格特·哈贝丹克 (Gert Habedanck) 著，《在库班桥头堡》(*Im Kuban Brückenkopf*)，《国防军》第 7 辑，第 9 期 (1943 年 4 月 28 日)，第 10—11 页。

格特·哈贝丹克 (Gert Habedanck) 著，《在新罗西斯克附近的丛林中》(*In den Dschungeln bei Noworossijsk*)，《国防军》第 7 辑，第 11 期 (1943 年 5 月 26 日)，第 4—5、14 页。

格特·哈贝丹克 (Gert Habedanck) 著，《库班桥头堡中的弗洛雷斯库据点》(*Stutzpunkt Florescu im Kuban Brückenkopf*)，《国防军》第 7 辑，第 10 期 (1943 年 5 月 12 日)，第 6—7 页。

弗朗茨·哈尔德 (Franz Halder) 著，《瓦格纳"关于东线作战指挥的思考"之我见》(*Stellungnahme zu Wagener, 'Gedanken über Kampfführung im Osten*)，手稿 P-082，美国陆军传统与教育中心，宾夕法尼亚州卡莱尔市。

雷金纳德·哈格里夫斯 (Reginald Hargreaves) 著，《红日升起：旅顺围城战》(*Red Sun Rising: The Siege of Port Arthur*，费城：Lippincott，1962 年)。

338

理查德·哈里森（Richard W. Harrison）著，《第二次世界大战中苏军胜利的设计师：伊谢尔松的生平与理论》（*Architect of Soviet Victory in World War II : The Life and Theories of G. S. Isserson*，北卡罗来纳州杰斐逊：McFarland，2010 年）。

理查德·哈里森（Richard W. Harrison）著，《俄式兵法：战役艺术，1904—1940 年》（*The Russian Way of War: Operational Art, 1904–1940*，劳伦斯：University Press of Kansas，2001 年）。

拉塞尔·哈特（Russell A. Hart）著，《古德里安：装甲兵先驱还是神话制造者？》（*Guderian: Panzer Pioneer or Myth Maker?*，华盛顿哥伦比亚特区：Potomac Books，2006 年）。

克里斯蒂安·哈特曼（Christian Hartmann）著，《哈尔德：希特勒的总参谋长，1938—1942》（*Halder: Generalstabschef Hitlers, 1938–1942*，帕德博恩：Ferdinand Schöningh，1991 年）。

西格丽德·麦克雷（Sigrid MacRae）著，《敌手的联盟：揭秘美国与德国为结束第二次世界大战而进行的秘密合作》（*Alliance of Enemies: The Untold Story of the Secret American and German Collaboration to End World War II*，纽约：Thomas Dunne，2006 年）。

乔尔·海沃德（Joel S. A. Hayward）著，《兵败斯大林格勒：德国空军与希特勒在东方的失败，1941—1943》（*Stopped at Stalingrad: The Luftwaffe and Hitler's Defeat in the East, 1941–1943*，劳伦斯：University Press of Kansas，1998 年）。

马克·希利（Mark Healy）著，《库尔斯克 1943》（*Kursk, 1943*，1993 年初版；康涅狄格州韦斯特波特：Praeger，2004 年再版）。

赫尔穆特·海贝尔（Helmut Heiber）编，《希特勒的讨论：1942—1945 年军事会议记录片段》（*Hitlers Lagebesprechungen: Die Protokollfragmente siner militärischen Konferenzen, 1942–1945*，斯图加特：Deutsche Verlags-Anstalt，1962 年）。

赫尔穆特·海贝尔和戴维·格兰茨编，《希特勒和他的将军们：军事会议，1942—1945》（*Hitler and His Generals: Military Conferences, 1942–1945*，纽约：Enigma，2003 年）。

费迪南德·海姆（Ferdinand Heim）著，《斯大林格勒战役和 1943—1945 年历次战役的经过》（*Stalingrad und der Verlauf des Feldzuges der Jahre 1943–1945*），收录于阿尔弗雷德·菲利皮（Alfred Philippi）和费迪南德·海姆著，《1941 年到 1945 年在俄国南部的会战：作战概述》（*Der Feldzug gegen Sowjetrussland, 1941 bis 1945: Ein operative Überblick*，斯图加特：W. Kohlhammer，1962 年），第 201—293 页。

戈特哈德·海因里西（Gotthard Heinrici）和弗里德里希·威廉·豪克（Friedrich Wilhelm Hauck）著，《城堡行动：对俄军在库尔斯克的突出部阵地的进攻》（*Zitadelle: Der Angriff auf den russischen Stellungsvorsprung bei Kursk*），《国防科学评论》第 15 辑，第 8—10 期（1965 年 8—9 月）。

阿道夫·霍伊辛格（Adolf Heusinger）著，《"讨厌"的首长》（*Der 'unbequeme' operative Kopf*），收录于《从未退伍：纪念埃里希·冯·曼斯坦因元帅八十华诞》（*Nie ausser Dienst: Zum achtzigsten Geburtstag von Generfeldmarschall Erich von Manstein*，科隆：Markus Verlagsgesellschaft，1967 年），第 35—43 页。

阿道夫·霍伊辛格（Adolf Heusinger）著，《冲突中的司令部：1923—1945 年德国陆军的宿命时刻》（*Befehl im Widerstreit: Schicksalsstunden der deutschen Armee 1923–1945*，蒂宾根：Rainer Wunderlich Verlag Hermann Leins，1950 年）。

德斯·希基（Des Hickey）和格斯·史密斯（Gus Smith）著，《雪崩行动：1943 年萨勒诺登陆战》（*Operation*

Avalanche: The Salerno Landings, 1943，纽约：McGraw-Hill，1984 年）。

安德烈亚斯·希尔格鲁贝尔（Andreas Hillgruber）著，《历史学家的批判视角》（*In der Sicht des kritischen Historikers*），收录于《从未退伍：纪念埃里希·冯·曼斯坦因元帅八十华诞》（*Nie ausser Dienst: Zum achtzigsten Geburtstag von Generfeldmarschall Erich von Manstein*，科隆：Markus Verlagsgesellschaft，1967 年），第 65—83 页。

罗尔夫·欣策（Rolf Hinze）著，《战斗考验：德国在乌克兰的防御战，1943—1944》（*Crucible of Combat: Germany's Defensive Battles in the Ukraine, 1943-44*，索利哈尔：Helion，2009 年）。

《希特勒的秘作》（*Hitler's Secret Book*，纽约：Grove Press，1961 年）。

乔治·霍夫曼（George F. Hofmann）著，《我们以机动制胜：美国骑兵的机械化过程》（*Through Mobility We Conquer: The Mechanization of U. S. Cavalry*，列克星敦：University Press of Kentucky，2006 年）。

乔治·霍夫曼和唐·斯塔里（Donn A. Starry）编，《从柯尔特营到沙漠风暴：美国装甲兵的历史》（*Camp Colt to Desert Storm: The History of the U. S. Armored Forces*，列克星敦：University Press of Kentucky，1999 年）。

海因茨·赫内（Heinz Höhne）著，《髑髅之令》（*Order of the Death's Head*，纽约：Ballantine，1971 年）。

埃德加·霍尔特（Edgar Holt）著，《布尔战争》（*The Boer War*，伦敦：Putnam，1958 年）。

詹姆斯·霍恩菲舍尔（James D. Hornfischer）著，《海神的炼狱：美国海军在瓜岛》（*Neptune's Inferno: The U.S. Navy at Guadalcanal*，纽约：Bantam，2011 年）。

迈克尔·霍华德（Michael Howard）著，《第二次世界大战中的地中海战略》（*The Mediterranean Strategy in the Second World War*，纽约：Praeger，1968 年）。

乔治·豪（George F. Howe）著，《法伊德——卡塞林：德方观点》（*Faid—Kasserine: The German View*），《军务》（*Military Affairs*）第 13 辑，第 4 期（1949 年冬），第 216—222 页。

乔治·豪（George F. Howe）著，《西北非洲：夺取西线的主动权》（*Northwest Africa: Seizing the Initiative in the West*，华盛顿哥伦比亚特区：Center of Military History，1957 年）。

瓦尔特·胡巴奇（Walther Hubatsch）著，《作为史料的战争日记》（*Das Kriegstagebuch als Geschichtsquelle*），《国防科学评论》第 15 辑，第 11 期（1965 年），第 615—623 页。

瓦尔特·胡巴奇（Walther Hubatsch）编，《希特勒指导战争的训令，1939—1945：德国国防军总司令部档案》（*Hitlers Weisungen für die Kriegführung, 1939-1945: Dokumente des Oberkommandos der Wehrmacht*，法兰克福：Bernard & Graefe，1962 年）。

丹尼尔·休斯（Daniel J. Hughes）著，《关于德国军事历史的迷思》（*Abuses of German Military History*），《军事评论》第 66 辑，第 12 期（1986 年 12 月），第 66—76 页。

丹尼尔·休斯（Daniel J. Hughes）编，《毛奇军事文选》（*Moltke on the Art of War: Selected Writings*，加利福尼亚州诺瓦托：Presidio，1993 年）。

伊莎贝尔·赫尔（Isabel V. Hull）著，《绝对毁灭：德意志帝国的军事文化与战争实践》（*Absolute*

Destruction: Military Culture and the Practices of War in Imperial Germany，纽约州伊萨卡：Cornell University Press，2005 年）。

阿尔弗雷德·赫尔利（Alfred F. Hurley）著，《比利·米切尔：空中力量改革家》（*Billy Mitchell: Crusader for Air Power*，布卢明顿：Indiana University Press，1975 年）。

约翰内斯·许尔特（Johannes Hürter）著，《希特勒的陆军司令：对苏战争中的德军高级指挥官，1941/42》（*Hitlers Heerführer: Die deutschen Oberbefehlshaber im Krieg gegen die Sowjetunion, 1941/42*，慕尼黑：R. Oldenbourg，2006 年）。

《悼念 < 军事周刊 >》（*In Memoriam: Militär-Wochenblatt*），刊登于《军事评论》第 23 辑，第 6 期（1943 年 9 月），第 60 页。

《突尼斯的内线》（*Interior Lines in Tunisia*），刊登于《军事评论》第 23 辑，第 5 期（1943 年 8 月），第 30 页

伯纳德·爱尔兰（Bernard Ireland）著，《地中海的战争，1940—1943》（*The War in the Mediterranean, 1940–1943*，巴恩斯利：Leo Cooper，1993 年）。

达拉斯·伍德伯里·艾瑟姆（Dallas Woodbury Isom）著，《中途岛勘验：日军为何输掉了中途岛之战》（*Midway Inquest: Why the Japanese Lost the Battle of Midway*，布卢明顿：Indiana University Press，2007 年）。

劳伦斯·伊佐（Lawrence L. Izzo）著，《对曼斯坦因在俄国前线指挥的 1942—1943 年冬季战役的分析：战役层面的观点及其意义》（*An Analysis of Manstein's Winter Campaign on the Russian Front, 1942–43: A Perspective of the Operational Level of War and its Implications*，学生论文，美国陆军指挥与参谋学院，堪萨斯州利文沃思堡，1986 年）。

"J. K." 著，《西西里的战事》（*The Campaign in Sicily*），《皇家联合军种学会志》第 101 辑（1956 年 2—11 月），第 221—229 页。

杰克逊（W. G. F. Jackson）著，《意大利之战》（*The Battle for Italy*，纽约：Harper & Row，1967 年）。

汉斯 - 阿道夫·雅各布森（Hans-Adolf Jacobsen）和汉斯·多林格（Hans Dollinger）编，《照片和档案中的第二次世界大战》（*Der Zweite Weltkrieg in Bildern und Dokumenten*），第 5 卷，《战争的转折，1942/1943》（*Kriegswende, 1942/1943*，慕尼黑：Verlag Kurt Desch，1968 年）。

汉斯 - 阿道夫·雅各布森（Hans-Adolf Jacobsen）和汉斯·多林格（Hans Dollinger）编，《照片和档案中的第二次世界大战》（*Der Zweite Weltkrieg in Bildern und Dokumenten*），第 6 卷，《攻打 "欧洲要塞"，1943》（*Sturm auf die "Festung Europa," 1943*，慕尼黑：Verlag Kurt Desch，1968 年）。

罗曼·约翰·亚里莫维奇（Roman Johann Jarymowycz）著，《克里姆林宫里的绝地武士：20 世纪 30 年代的苏联军事与大纵深战役的起源》（*Jedi Knights in the Kremlin: The Soviet Military in the 1930s and the Genesis of Deep Battle*），收录于麦克彻（B. J. C. McKercher）和罗克·勒戈（Roch Legault）编《第二次世界大战在欧洲的军事策划与起源》（*Military Planning and the Origins of the Second World War in Europe*，康涅狄格州韦斯特波特：Praeger，1989 年），第 122—124 页。

罗曼·约翰·亚里莫维奇（Roman Johann Jarymowycz）著，《坦克战术，从诺曼底到洛林》（*Tank Tactics: From Normandy to Lorraine*，科罗拉多州博尔德：Lynne Rienner，2001 年）。

斯坦利·科尔曼·泽西（Stanley Coleman Jersey）著，《地狱的岛群：瓜岛战役探秘》（*Hell's*

Islands: The Untold Story of Guadalcanal，科利奇站：Texas A&M University Press，2008 年）。

戴维·约翰逊（David E. Johnson）著，《从边境保安队到现代化军队：两次世界大战之间的美国陆军》（*From Frontier Constabulary to Modern Army: The U. S. Army between the World Wars*），收录于哈罗德·温顿（Harold R. Winton）和戴维·梅茨（David R. Mets）著，《变革的挑战：军事机构与新的现实，1918—1941》（*The Challenge of Change: Military Institutions and New Realities, 1918–1941*，林肯：University of Nebraska Press，2000 年）。

戴维·约翰逊（David E. Johnson）著，《快速坦克与重型轰炸机：1917—1945 年美国陆军的革新》（*Fast Tanks and Heavy Bombers: Innovation in the U. S. Army, 1917–1945*，纽约州伊萨卡：Cornell University Press，1998 年）。

马修·琼斯（Matthew Jones）著，《英国、美国与地中海战争，1942—1944》（*Britain, the United States, and the Mediterranean War, 1942–44*，纽约：St. Martin's Press，1996 年）。

阿方斯·朱安（Alphonse Juin）著，《突尼斯会战》（*La Campagne de Tunisie*），《历史之镜》（*Miroir de l'Histoire*）第 8 辑，第 87 期（1957 年），第 312—324 页。

杰弗里·朱克斯（Geoffrey Jukes）著，《6000 辆坦克的大战，库尔斯克与奥廖尔 1943》（*Die Schlacht der 6000 Panzer: Kursk und Orel, 1943*，拉施塔特：Moewig，1982 年）。

杰弗里·朱克斯（Geoffrey Jukes）著，《库尔斯克：1943 年 7 月的坦克大战》（*Kursk: The Clash of Armor, July 1943*，纽约：Ballantine，1969 年）。

恩斯特·卡比施（Ernst Kabisch）著，《无系统的战略》（*Systemlose Strategie*），《军事周刊》第 125 辑，第 26 期（1940 年 12 月 27 日），第 1235 页。

弗雷德里克·卡根（Frederick Kagan）著，《军事学说与现代战争：关于新版 FM 100-5 手册的说明》（*Army Doctrine and Modern War: Notes toward a New Edition of FM 100-5*），《参数》（*Parameters*）第 27 辑，第 1 期（1997 年春），第 134—151 页。

《战斗与搏斗》（*Kampf und Gefecht*），《军事周刊》第 84 辑，第 27 期（1899 年 3 月 25 日），第 694—698 页。

曼弗雷德·克里希（Manfred Kehrig）著，《斯大林格勒：关于这场战役的分析和档案》（*Stalingrad: Analyse und Dokumentation einer Schlacht*，斯图加特：Deutsche Verlags-Anstalt，1974 年）。

威廉·凯特尔（Wilhelm Keitel）著，《为帝国效忠》（*In the Service of the Reich*，纽约：Stein and Day，1979 年）。

威廉·凯特尔（Wilhelm Keitel）著，《我的一生：尽职到末日：希特勒的元帅兼国防军总司令部参谋长的证言》（*Mein Leben: Pflichterfüllung bis zum Untergang: Hitlers Generalfeldmarschall und Chef des Oberkommandos der Wehrmacht in Selbstzeugnissen*，柏林：Edition Q，1998 年）。

奥尔·凯利（Orr Kelly）著，《对抗狡狐：盟军对非洲的进攻，从火炬行动到卡塞林山口再到突尼斯的胜利》（*Meeting the Fox: The Allied Invasion of Africa, from Operation Torch to Kasserine Pass to Victory in Tunisia*，纽约：John Wiley & Sons，2002 年）。

伊恩·克肖（Ian Kershaw）著，2 卷本《希特勒传》（*Hitler*，纽约：Norton，1998-2000 年）。

埃伯哈德·克塞尔（Eberhard Kessel）著，《纪念 12 月 16 日布吕歇尔诞辰 200 周年》（*Blücher: Zum*

200. Geburtstag am 16. Dezember），《军事科学评论》第 7 辑，第 4 期（1942 年），第 305 页。

阿尔贝特·凯塞林（Albert Kesselring）著，《凯塞林：一个军人的记录》（*Kesselring: A Soldier's Record*，纽约：William Morrow，1954 年）。

阿尔贝特·凯塞林（Albert Kesselring）著，《军人战至最后一日》（*Soldat bis zum letzten Tag*，波恩：Athenäum，1953 年）。

凯特森（T. B. Ketterson）编，《第 82 空降师在西西里和意大利》（*82d Airborne Division in Sicily and Italy*），手稿 R-11960，美国陆军联合兵种研究图书馆（CARL）数字化图书馆。http://cgsc. contentdm.oclc.org/cdm4/item_viewer.php?CISOROOT=/p4013coll8&CISOPTR=103&CISOBOX=1 &REC=10。

约翰·阿道夫·冯·基尔曼斯埃格伯爵（Johann Adolf Graf von Kielmansegg）著，《时任陆军总参谋部作战处首席参谋的见证者对哈尔科夫和库尔斯克战役的评论》（*Bemerkungen eines Zeitzeugen zu den Schlachten von Char'kov und Kursk aus der Sicht des damaligen Generalstabsoffiziers Ia in der Operationsabteilung der generalstabs des Heeres*），收录于罗兰·弗尔斯特编，《第二次世界大战的转折？ 1943 年春夏两季的哈尔科夫战役和库尔斯克战役的战役背景、过程与政治意义》（*Gezeitenwechsel im Zweiten Weltkrieg? Die Schlachten von Ch'arkov und Kursk im Frühjahr und Sommer 1943 in operative Anlage, Verlauf und politischer Bedeutung*，柏林：E. S. Mittler，1996 年），第 137—148 页。

尤金妮亚·基斯林（Eugenia C. Kiesling）著，《武装对抗希特勒：法国与军事规划的局限性》（*Arming against Hitler: France and the Limits of Military Planning*，劳伦斯，University Press of Kansas，1996 年）。

雅各布·基普（Jacob W. Kipp）著，《苏军战役艺术的起源，1917—1936》（*The Origins of Soviet Operational Art, 1917–1936*），收录于迈克尔·克劳斯和科迪·菲利普斯编，《从历史角度看战役艺术》（*Historical Perspectives of the Operational Art*，华盛顿哥伦比亚特区：Center of Military History，2007 年），第 213—224 页。

查尔斯·柯克帕特里克（Charles E. Kirkpatrick）著，《未知的未来与可疑的现在：起草 1941 年的胜利计划》（*An Unknown Future and a Doubtful Present: Writing the Victory Plan of 1941*，华盛顿哥伦比亚特区：Center of Military History，1992 年）。

马丁·基钦（Martin Kitchen）著，《隆美尔的沙漠战争：第二次世界大战中的北非战事，1941—1943》（*Rommel`s Desert War: Waging World War II in North Africa, 1941–1943*，剑桥：Cambridge University Press，2009 年）。

恩斯特·克林克（Ernst Klink）著，《主动权：1943 年的城堡行动》（*Das Gesetz des Handelns: Die Operation Zitadelle, 1943*，斯图加特：Deutsche Verlags-Anstalt，1966 年）。

卡尔·冯·克林科斯特伦伯爵（Karl Graf von Klinkowstroem）著，《意大利的背叛与罗马之战：南线总司令部参谋人员的见证》（*Der Abfall Italiens und die Kämpfe um Rom: Gesehen com Stabe der OB-Süd*），手稿 D-301，美国陆军传统与教育中心，宾夕法尼亚州卡莱尔市。

迈克尔·科达（Michael Korda）著，《艾克：一位美国英雄》（*Ike: An American Hero*，纽约：Harper，2007 年）。

迈克尔·克劳斯（Michael D. Krause）和科迪·菲利普斯（R. Cody Phillips）编，《从历史角度看战役艺术》

(*Historical Perspectives of the Operational Art*，华盛顿哥伦比亚特区：Center of Military History，2007 年)。

西格贝特·克罗伊特尔（Siegbert Kreuter）著，《库尔斯克之战：1943 年 7 月 5—15 日的城堡行动》(*Die Schlacht um Kursk: Das Unternehmen Zitadelle vom 5.–15.7.1943*)，《奥地利军事杂志》(*Österreichische Militärische Zeitschrift*) 第 41 辑，第 6 期（2003 年），第 583—586 页。

弗朗茨·库罗夫斯基（Franz Kurowski）著，《隆美尔、凯塞林和冯·龙德施泰特三元帅的参谋长西格弗里德·韦斯特法尔骑兵上将》(*General der Kavallerie Siegfried Westphal, Generalstabschef dreier Feldmarschälle Rommel, Kesselring und von Rundstedt*，维尔茨堡：Flechsig，2007 年)。

弗朗茨·库罗夫斯基（Franz Kurowski）著，《阿尔贝特·凯塞林元帅：各条战线上的总司令》(*Generalfeldmarschall Albert Kesselring: Oberbefehlshaber an allen Fronten*，湖畔山：Kurt Vowinckel-Verlag，1985 年)。

库奇巴赫（A. Kutschbach）著，《1912—1913 年巴尔干战争和反保加利亚战争中的塞尔维亚军队》(*Die Serben im Balkankrieg 1912–1913 und im Kriege gegen die Bulgaren*，斯图加特：Frank'sche Verlagshandlung，1913 年)。

詹姆斯·莱西（James Lacey）著，《第二次世界大战中真正的胜利计划》(*World War II's Real Victory Program*)，《军事历史期刊》第 75 辑，第 3 期（2011 年 7 月），第 811—834 页。

赫尔曼·朗格（Herman W. W. Lange）著，《隆美尔在塔莱》(*Rommel at Thala*)，《军事评论》第 41 辑，第 9 期（1961 年 9 月），第 72—84 页。

朗格马克上尉（Captain Langemak）著，《匍匐还是跃进？一篇关于我军战斗训练的文章》(*Kriechen oder Springen? Ein Beitrag zu unserer Gefechtsausbildung*)《军事周刊》第 84 辑，第 28 期（1905 年 3 月 27 日），第 653—660 页。

迈克尔·莱吉埃（Michael V. Leggiere）著，《拿破仑与柏林：法国与普鲁士的北德意志战争》(*Napoleon and Berlin: The Franco-Prussian War in North Germany*，诺曼：University of Oklahoma Press，2002 年)。

罗伯特·莱昂哈德（Robert R. Leonhard）著，《机动的艺术：机动战理论与空地一体战》(*The Art of Maneuver: Maneuver-Warfare Theory and AirLand Battle*，加利福尼亚州诺瓦托：Presidio，1991 年)。

奥斯卡·冯·莱托 - 福贝克（Oscar von Lettow-Vorbeck）著，《1866 年德意志战争史》(*Geschichte des Krieges von 1866 in Deutschland*)，第 1 卷，《加施泰因 - 朗根萨尔察》(*Gastein-Langensalza*，柏林：E. S. Mittler，1896 年)。

艾伦·莱文（Alan J. Levine）的专著《针对隆美尔的补给线的战争，1942—1943》(*Alan J. Levine, The War against Rommel's Supply Lines, 1942–1943*，康涅狄格州韦斯特波特：Praeger，1999 年)。

阿德里安·刘易斯（Adrian R. Lewis）著，《奥马哈海滩：一场有瑕疵的胜利》(*Omaha Beach: A Flawed Victory*，查珀尔希尔：University of North Carolina Press，2001 年)。

利德尔·哈特（B. N. Liddell Hart）著，《英式战争之道》(*The British Way in Warfare*，伦敦：Faber and Faber，1932 年)。

利德尔·哈特（B. N. Liddell Hart）著，《德国将领对话录》(*The German Generals Talk*，纽约：Quill，1979 年)。

利德尔 · 哈特（B. N. Liddell Hart）著，《第二次世界大战史》（*History of the Second World War*，康涅狄格州旧塞布鲁克：Konecky & Konecky，1970 年）。

格雷戈里 · 利特克（Gregory Liedtke）著，《条顿武士之怒：1943 年 8 月至 1945 年 3 月德军在东线的进攻和反击》（*Furor Teutonicus: German Offensives and Counter-Attacks on the Eastern Front, August 1943 to March 1945*），《斯拉夫军事研究杂志》第 21 辑，第 3 期（2008 年 7 月），第 563—587 页。

克斯廷 · 冯 · 林根（Kerstin von Lingen）著，《凯塞林的最后一战：战争罪行审判与冷战政治，1945—1960》（*Kesselring's Last Battle: War Crimes Trials and Cold War Politics, 1945–1960*，劳伦斯：University Press of Kansas，2009 年）。

埃里克·林克莱特（Eric Linklater），《意大利会战》（*The Campaign in Italy*，伦敦：皇家出版局，1951 年）。

布莱恩 · 麦卡利斯特 · 林（Brian McAllister Linn）著，《美式兵法争论：概述》（*The American Way of War Debate: An Overview*），收录于《比较兵法：圆桌会议》（*Comparative Ways of War: A Roundtable*），《史论》（*Historically Speaking*）第 11 辑，第 5 期（2010 年 11 月），第 22—23 页。

布莱恩 · 麦卡利斯特 · 林（Brian McAllister Linn）著，《战斗的启示：陆军的兵法》（*The Echo of Battle: The Army's Way of War*，马萨诸塞州坎布里奇：Harvard University Press，2007 年）。

利西茨基（P. I. Lisitskiy）和波格丹诺夫（S. A. Bogdanov）著，《伟大卫国战争第二阶段军事艺术的进步》（*Upgrading Military Art during the Second Period of the Great Patriotic War*），《军事思想》第 14 辑，第 1 期（2005 年），第 191—200 页。

尼古拉 · 利特温（Nikolai Litvin）著，《东线 800 天：一个苏军士兵的二战回忆》（*800 Days on the Eastern Front: A Russian Soldier Remembers World War II*，劳伦斯：University Press of Kansas，2007 年）。

彼得·洛奇（Peter A. Lorge）著，《中国兵法百家》（*The Many Ways of Chinese Warfare*），收录于《比较兵法：圆桌会议》（*Comparative Ways of War: A Roundtable*），《史论》（*Historically Speaking*）第 11 辑，第 5 期（2010 年 11 月），第 24—25 页。

彼得 · 洛奇（Peter A. Lorge）著，《亚洲军事革命：从火药到炸弹》（*The Asian Military Revolution: From Gunpowder to the Bomb*，剑桥：Cambridge University Press，2008 年）。

汉斯·冯·卢克（Hans von Luck）著，《北非的末日》（*The End in North Africa*），《军事历史季刊》（*Military History Quarterly*）第 1 辑，第 4 期（1989 年），第 118—127 页。

汉斯 · 冯 · 卢克（Hans von Luck）著，《坦克指挥官》（*Panzer Commander*，康涅狄格州韦斯特波特：Praeger，1989 年）。

马克斯 · 路德维希（Max Ludwig）著，《考虑时代因素的内线和外线作战》（*Die Operation auf der innerer und der äusserer Linie im Lichte unserer Zeit*），《军事周刊》第 126 辑，第 1 期（1941 年 7 月 4 日），第 7—10 页。

蒂莫西 · 鲁普费尔（Timothy S. Lupfer）著，《军事学说的动态：第一次世界大战期间德军战术条令的变化》（*The Dynamics of Doctrine: The Changes in German Tactical Doctrine during the First World War*，堪萨斯州利文沃思堡：美国陆军指挥与参谋学院，1981 年）。

杰伊·卢瓦斯（Jay Luvaas）编，《腓特烈大帝论军事艺术》（*Frederick the Great on the Art of War*，纽约：Free Press，1966 年）。

查尔斯·麦克唐纳（Charles B. MacDonald）著，《大动干戈：美国在欧洲的战争》（*The Mighty Endeavor: The American War in Europe*，纽约：Da Capo，1992 年）。

埃伯哈德·冯·马肯森（Eberhard von Mackensen）著，《从布格河到高加索：对苏作战中的第 3 装甲军，1941—1942》（*Vom Bug zum Kaukasus: Das III. Panzerkorps im Feldzug gegen Sowjetrussland, 1941–42*，内卡格明德：Kurt Vowinckel，1967 年）。

肯尼思·麦克西（Kenneth Macksey）著，《强国的熔炉：突尼斯之战，1942—1943》（*Crucible of Power: The Fight for Tunisia, 1942–1943*，伦敦：Hutchinson，1969 年）。

乌尔里希·德梅齐埃（Ulrich de Maizière）著，《序言》（*Zum Geleit*），收录于《从未退伍：纪念埃里希·冯·曼斯坦因元帅八十华诞》（*Nie ausser Dienst: Zum achtzigsten Geburtstag von Generfeldmarschall Erich von Manstein*，科隆：Markus Verlagsgesellschaft，1967 年），第 7 页。

杰克·马尔曼·肖维尔（Jak P. Mallmann Showell）编，《关于海军事务的元首会议，1939—1945》（*Fuehrer Conferences on Naval Affairs, 1939–1945*，伦敦：Chatham，1990 年）。

埃里希·冯·曼斯坦因（Erich von Manstein）著，《城堡行动：指挥决策研究》（*Operation Citadel: A Study in Command Decision*），《陆战队公报》（*Marine Corps Gazette*）第 40 辑，第 8 期（1956 年 8 月），第 44—47 页。

埃里希·冯·曼斯坦因（Erich von Manstein）著，《失去的胜利》（*Lost Victories*，加利福尼亚州诺瓦托：Presidio，1982 年）。

埃里希·冯·曼斯坦因（Erich von Manstein）著，《失去的胜利》（*Verlorene Siege*，波恩：Athenäum，1955 年）。

汉斯·马滕斯（Hans Martens）著，《冯·塞德利茨将军：对一场战争的分析》（*General v. Seydlitz, 1942–1945: Analyse eines Konfliktes*，柏林：v. Kloeden，1971 年）。

莫里斯·马特洛夫（Maurice Matloff）和埃德温·斯内尔（Edwin M. Snell）著，《联合作战的战略策划，1941—1942》（*Strategic Planning for Coalition Warfare, 1941–1942*，华盛顿哥伦比亚特区：Center of Military History，1953 年）。

拉尔夫·马弗罗戈达托（Ralph S. Mavrogordato）著，《指挥决策：希特勒关于防守意大利的决定》（*Command Decisions: Hitler's Decision on the Defense of Italy*，华盛顿哥伦比亚特区：Center of Military History，1990 年）。

埃文·莫兹利（Evan Mawdsley）著，《新编第二次世界大战史》（*World War II: A New History*，剑桥：Cambridge University Press，2009 年）。

托马斯·马约克（Thomas J. Mayock）著，《历次北非战役》（*The North African Campaigns*），收录于韦斯利·弗兰克·克雷文和詹姆斯·利·凯特编，《第二次世界大战中的陆军航空兵》（*The Army Air Forces in World War II*），第 2 卷，《欧洲：从火炬行动到抵近射击行动，1942 年 8 月至 1943 年 12 月》（*Europe: Torch to Pointblank, August 1942 to December 1943*，芝加哥：University of Chicago Press，1949 年）。

威廉·麦克安德鲁（William J. McAndrew）著，《火力还是机动？加拿大军队的战术条令，西西里 1943》（*Fire or Movement? Canadian Tactical Doctrine, Sicily—1943*），《军务》第 51 辑，第 3 期（1987 年 7 月），第 140—145 页。

威廉·麦克尔威（William McElwee）著，《战争的艺术：从滑铁卢到蒙斯》（*The Art of War: Waterloo to Mons*，布卢明顿：Indiana University Press，1974 年）。

杰弗里·梅加吉（Geoffrey Megargee）著，《西格弗里德·韦斯特法尔》（*Siegfried Westphal*），收录于达维德·宗贝茨基编，《参谋长：历史名将背后的首席幕僚》（*Chief of Staff: The Principal Officers Behind History's Great Commanders*），第 2 卷，《从第二次世界大战到朝鲜和越南战争》（*World War II to Korea and Vietnam*，马里兰州安纳波利斯：Naval Institute Press，2008 年），第 37—49 页。

杰弗里·梅加吉（Geoffrey Megargee）著，《希特勒总司令部揭秘》（*Inside Hitler's High Command*，劳伦斯：University Press of Kansas，2000 年）。

杰弗里·梅加吉（Geoffrey Megargee）著，《灭绝战争：东线的战斗和种族屠杀，1941》（*War of Annihilation: Combat and Genocide on the Eastern Front, 1941*，马里兰州拉纳姆：Rowman & Littlefield，2006 年）。

冯·梅林津（F. W. von Mellenthin）著，《我眼中的第二次世界大战期间的德国将领》（*German Generals of World War II as I Saw Them*，诺曼：University of Oklahoma Press，1977 年）。

冯·梅林津（F. W. von Mellenthin）著，《坦克战：第二次世界大战装甲兵运用研究》（*Panzer Battles: A Study of the Employment of Armor in the Second World War*，纽约：Ballantine，1956 年）。

芒戈·梅尔文（Mungo Melvin）著，《曼斯坦因：希特勒手下最伟大的将领》（*Manstein: Hitler's Greatest General*，伦敦：Weidenfeld & Nicolson，2010 年）。

布鲁斯·门宁（Bruce Menning）著，《俄国和苏联军事历史中的纵深打击》（*The Deep Strike in Russian and Soviet Military History*），《苏联军事研究杂志》（*Journal of Soviet Military Studies*）第 1 辑，第 1 期（1988 年 4 月），第 9—28 页。

布鲁斯·门宁（Bruce Menning）著，《刺刀先于子弹：俄罗斯帝国军队，1861—1914》（*Bayonets before Bullets: The Imperial Russian Army, 1861–1914*，布卢明顿：Indiana University Press，1992 年）。

阿尔弗雷德·梅热耶夫斯基（Alfred C. Mierzejewski）著，《德国战争经济的崩溃，1944—1945：盟军空中力量与德国国家铁路》（*The Collapse of the German War Economy, 1944–1945: Allied Air Power and the German National Railway*，查珀尔希尔：University of North Carolina Press，1988 年）。

唐纳德·米勒（Donald L. Miller）著，《空中英豪：美国第八航空队对纳粹德国的空中之战》（*Donald L. Miller, Masters of the Air: America's Bomber Boys Who Fought the Air War against Nazi Germany*，纽约：Simon & Schuster，2006 年）。

艾伦·米利特（Allan R. Millett）和彼得·马斯洛夫斯基（Peter Maslowski）著，《为了共同国防：美利坚合众国军事史》（*For the Common Defense: A Military History of the United States of America*，纽约：Free Press，1984 年）。

小萨缪尔·米查姆（Samuel W. Mitcham Jr.）著，《隆美尔的最大胜利：沙漠之狐与托布鲁克的陷落，1942》（*Rommel's Greatest Victory: The Desert Fox and the Fall of Tobruk, 1942*，加利福尼亚州纳瓦托：Presidio，1998 年）。

莫洛尼（C. J. C. Molony）著，《地中海与中东战场》（*The Mediterranean and Middle East*），第 5 卷，《1943 年的西西里会战与 1943 年 9 月 3 日至 1944 年 3 月 31 日的意大利会战》（*The Campaign in*

Sicily, 1943, and the Campaign in Italy, 3rd September 1943 to 31st March 1944，伦敦：皇家出版局，1973 年）。

由尤恩·蒙塔古（Ewen Montagu）所著，《谍海浮尸》（*The Man Who Never Was*，纽约：J. P. Lippincott，1954 年）。

伯纳德·劳·蒙哥马利（Bernard Law Montgomery）著，《蒙哥马利元帅回忆录》（*Memoirs of Field-Marshal the Viscount Montgomery of Alamein*，伦敦：Collins，1958 年）。

塞缪尔·埃利奥特·莫里森（Samuel Eliot Morison）著，《第二次世界大战美国海军作战史》（*History of United States Naval Operation in World War II*），第 2 卷，《北非水域的作战，1942 年 10 月— 1943 年 6 月》（*Operations in North African Waters, October 1942–June 1943*，波士顿：Little, Brown，1947 年）。

塞缪尔·埃利奥特·莫里森（Samuel Eliot Morison）著，《第二次世界大战美国海军作战史》（*History of United States Naval Operation in World War II*），第 9 卷，《西西里—萨勒诺—安齐奥，1943 年 1 月— 1944 年 6 月》（*Sicily-Salerno-Anzio, January 1943–June 1944*，波士顿：Little, Brown，1954 年）。

莫洛佐夫（V. P. Morozov）著，《为什么顿涅茨盆地的春季攻势未竟全功》（*Warum der Angriff im Frühjahr im Donezbecken nicht zu Ende geführt wurde*）.《国防科学评论》第 14 辑（1964 年），第 414—430、493—500 页。

莫洛佐夫（V. P. Morozov）著，《沃罗涅日以西：1943 年 1—2 月苏军进攻作战史概要》（*Westlich von Voronezh: Kurzer militärhistorischer Abriss der Angriffsoperationen der sowjetischen Truppen in der Zeit von Januar bis Februar 1943*，东柏林：Verlag des Ministeriums für Nationale Verteidigung，1959 年）。

马修·达林顿·莫顿（Matthew Darlington Morton）著，《铁马骑士：现代美国骑兵的消亡和重生》（*Men on Iron Ponies: The Death and Rebirth of the Modern U. S. Cavalry*，迪卡尔布：Northern Illinois University Press，2009 年）。

马哈茂德·穆赫塔尔帕夏（Mahmud Mukhtar Pasha）著，《我在 1912 年巴尔干战争中率军征战的经历》（*Meine Führung im Balkankriege, 1912*，柏林：E. S. Mittler and Son，1913 年）。

罗尔夫-迪特尔·米勒（Rolf-Dieter Müller）和格尔德·于贝舍尔（Gerd R. Überschär）著，《希特勒的东方战争，1941—1945：批判性评价》（*Hitler's War in the East, 1941–1945: A Critical Assessment*，罗德艾兰州普罗维登斯：Berghahn Books，1997 年）。

蒂莫西·马利根（Timothy P. Mulligan）著，《间谍、密码与"城堡"：情报与库尔斯克之战》（*Spies, Ciphers and 'Zitadelle': Intelligence and the Battle of Kursk*），《当代历史杂志》（*Journal of Contemporary History*）第 22 辑，第 2 期（1987 年 4 月），第 235—260 页。

威廉森·默里（Williamson Murray）和艾伦·米利特（Allan R. Millett）著，《一场要赢的战争：第二次世界大战》（*A War to be Won: Fighting the Second World War*，马萨诸塞州坎布里奇：Harvard University Press，2000 年）。

威廉森·默里（Williamson Murray）和艾伦·米利特（Allan R. Millett）编，《间战时期的军事革新》（*Military Innovation in the Interwar Period*，剑桥：Cambridge University Press，1996 年）。

比尔·纳森（Bill Nasson）著，《南非战争 1899—1902》（*The South African War, 1899–1902*，牛津：Oxford University Press，2000 年）。

希蒙·纳韦（Shimon Naveh）著，《追求卓越：战役理论的发展》(*In Pursuit of Excellence: The Evolution of Operational Theory*，伦敦：Frank Cass，1997 年)。

瓦尔特·内林（Walther K. Nehring）著，《德国装甲兵的历史，1916 至 1945》(*Die Geschichte der deutschen Panzerwaffe, 1916 bis 1945*，柏林：Propyläen Verlag，1969 年)。

瓦尔特·内林（Walther K. Nehring）著，《反坦克战》(*Panzerabwehr*，柏林：E. S. Mittler und Sohn，1936 年)。

瓦尔特·内林（Walther K. Nehring）著，《北非局势的发展（1943 年 1 月 1 日—2 月 28 日）》[*The Development of the Situation in North Africa (1 Jan–28 Feb 1943)*]，手稿 D-120，美国陆军传统与教育中心，宾夕法尼亚州卡莱尔市。

瓦尔特·内林（Walther K. Nehring）著，《突尼斯战役的第一阶段》(*The First Phase of the Battle in Tunisia*)，手稿 D-147，美国陆军传统与教育中心，宾夕法尼亚州卡莱尔市。

瓦尔特·内林（Walther K. Nehring）著，《突尼斯的第一阶段交战，截至新成立的第 5 装甲集团军在 1942 年 12 月 9 日接管指挥为止》(*The First Phase of the Engagements in Tunisia, up to the Assumption of the Command by the Newly Activated Fifth Panzer Army headquarters on 9 Dec 1942*)，手稿 D-086，美国陆军传统与教育中心，宾夕法尼亚州卡莱尔市。

罗宾·尼尔兰兹（Robin Neillands）著，《第 8 集团军：从北非到阿尔卑斯山将轴心国逼入绝境的沙漠胜利之师，1939—1945》(*Eighth Army: The Triumphant Desert Army that Held the Axis at Bay from North Africa to the Alps, 1939–1945*，纽约：Overlook，2004 年)。

基思·尼尔森（Keith Neilson）和格雷格·肯尼迪（Greg Kennedy）编，《英式战争之道：实力与国际体系，1856—1956：纪念戴维·弗伦奇论文集》(*The British Way in Warfare: Power and the International System, 1856–1956: Essays in Honour of David French*，英国法纳姆：Ashgate，2010 年)。

森克·奈策尔（Sönke Neitzel）编，《监听记录：英国战俘营中的德国将军们，1942—1945》(*Abgehört: Deutsche Generäle in britischer Kriegsgefangenschaft, 1942–1945*，柏林：Propyläen，2005 年)。

森克·奈策尔（Sönke Neitzel）编，《窃听希特勒的将军们：秘密对话记录，1942—1945》(*Tapping Hitler's Generals: Transcripts of Secret Conversations, 1942–45*，明尼苏达州圣保罗：Frontline Books，2007 年)。

《腓特烈大帝的作战在现代的教育意义》(*Neuzeitliche Lehren aus der Kriegführung Friedrichs des Grossen*)，《军事周刊》第 115 辑，第 29 期（1931 年 2 月 4 日），第 1113 页。

克莱顿·纽厄尔（Clayton R. Newell）和迈克尔·克劳斯编，《论战役艺术》(*On Operational Art*，华盛顿哥伦比亚特区：Center of Military History，1994 年)。

斯蒂芬·牛顿（Stephen H. Newton）著，《霍特·冯·曼斯坦因与普罗霍罗夫卡：需要修订的修订版》(*Hoth, von Manstein, and Prokhorovka: A Revision in Need of Revising*)，收录于《库尔斯克：德方观点：亲历城堡行动的德军指挥官的报告》(*Kursk: The German View: Eyewitness Reports of Operation Citadel by the German Commanders*，纽约：Da Capo，2002 年)。

斯蒂芬·牛顿（Stephen H. Newton）著，《希特勒的指挥官：希特勒的心腹爱将瓦尔特·莫德尔元帅》(*Hitler's Commander: Field Marshal Walther Model—Hitler's Favorite General*，纽约：Da Capo，2006 年)。

斯蒂芬·牛顿（Stephen H. Newton）编，《库尔斯克：德方观点：亲历城堡行动的德军指挥官的报告》（*Kursk: The German View: Eyewitness Reports of Operation Citadel by the German Commanders*，纽约：Da Capo，2002 年）。

《从未退伍：纪念埃里希·冯·曼斯坦因元帅八十华诞》（*Nie ausser Dienst: Zum achtzigsten Geburtstag von Generfeldmarschall Erich von Manstein*，科隆：Markus Verlagsgesellschaft，1967 年）。

《新罗西斯克以南的中间地带》（*Niemandsland Noworossijsk-Süd*），《国防军》第 7 辑，第 12 期（1943 年 5 月 9 日），第 10 页。

诺埃尔 - 巴克斯顿（N. E. Noel-Buxton）著，《保加利亚参谋部见闻录》（*With the Bulgarian Staff*，纽约：Macmillan，1913 年）。

奥布基歇尔中校（Lieutenant Colonel Obkircher）著，《纪念 3 月 28 日康斯坦丁·冯·阿尔文斯莱本将军逝世 50 周年》（*General Constantin von Alvensleben: Zu seinem 50. Todestag, 28 März*），《军事周刊》第 126 辑，第 39 期（1942 年 3 月 7 日），第 1111—1115 页。

雷蒙德·吉什·奥康纳（Raymond Gish O'Connor）著，《胜利的外交：罗斯福与无条件投降》（*Diplomacy for Victory: FDR and Unconditional Surrender*，纽约：Norton，1971 年）。

威廉·奥多姆（William O. Odom）著，《堑壕战之后：美国陆军军事学说的转型，1918—1939》（*After the Trenches: The Transformation of U. S. Army Doctrine, 1918–1939*，科利奇站：Texas A&M University Press，1999 年）。

理查德·奥戈凯维奇（Richard M. Ogorkiewicz）著，《装甲战：装甲兵及其车辆的历史》（*Armoured Warfare: A History of Armoured Forces and their Vehicles*，纽约：Arco，1970 年）。

琳内·奥尔森（Lynne Olson）著，《伦敦公民：在英国最黑暗、最美好的时刻与它并肩作战的美国人》（*Citizens of London: The Americans Who Stood with Britain in Its Darkest, Finest Hour*，纽约：Random House，2010 年）。

格伦·奥蒂斯（Glenn K. Otis）著，《地面指挥官的观点——1》（*The Ground Commander's View— I*），收录于克莱顿·纽尔尔和迈克尔·克劳斯编，《论战役艺术》（*On Operational Art*，华盛顿哥伦比亚特区：Center of Military History，1994 年），第 31—46 页。

奥特韦（T. B. H. Otway）著，《空降部队》（*Airborne Forces*，伦敦：帝国战争博物馆，1990 年）。

贝恩德·奥弗许斯（Bernd E. H. Overhues）著，《在波奇利上方的高地：来自阿布鲁佐西坡的战斗报告》（*Auf den Höhen über Pozzilli: Ein Kampfbericht aus den Westhängen der Abruzzen*），《国防军》第 7 辑，第 25 期（1943 年 12 月 8 日），第 4—6、17 页。

托马斯·帕克南（Thomas Pakenham）著，《布尔战争》（*The Boer War*，纽约：Random House，1979 年）。

乔纳森·帕歇尔（Jonathan Parshall）和安东尼·塔利（Anthony Tully）著，《断剑：中途岛海战不为人知的真相》（*Shattered Sword: The Untold Story of the Battle of Midway*，华盛顿哥伦比亚特区：Potomac Books，2005 年）。

小乔治·巴顿（George S. Patton Jr.）著，《我所知道的战争》（*War as I Knew It*，纽约：Bantam，1981 年）。

350

小克利福德 · 皮克（Clifford H. Peek Jr.）著，《五年—五个国家—五场会战：关于第二次世界大战中的第 141 步兵团的记述》（*Five Years—Five Countries—Five Campaigns: An Account of the One-Hundred-Forty-First Infantry in World War II*，慕尼黑：141st Infantry Regiment Association，1945 年）。

让 · 佩利西耶（Jean Pélissier）著，《十个月的巴尔干战事，1912 年 10 月—1913 年 8 月》（*Dix mois de guerre dans les Balkans, Octobre 1912–Août 1913*，巴黎：Perrin，1914 年）。

巴林 · 彭伯顿（W. Baring Pemberton）著，《布尔战争的历次战役》（*Battles of the Boer War*，伦敦：Batsford，1964 年）。

布莱恩 · 佩雷特（Bryan Perrett）著，《"瓦伦丁"式坦克在北非，1942—1943》（*The Valentine in North Africa, 1942–43*，伦敦：Ian Allan，1972 年）。

马克 · 佩里（Mark Perry）著，《司令部中的搭档：战争与和平时期的乔治 · 马歇尔与德怀特 · 艾森豪威尔》（*Partners in Command: George Marshall and Dwight Eisenhower in War and Peace*，纽约：Penguin，2007 年）。

阿尔弗雷德 · 菲利皮（Alfred Philippi）著，《1941—1942 年会战的策划与经过》（*Die Planung und der Verlauf des Feldzuges der Jahre 1941–1942*），收录于阿尔弗雷德 · 菲利皮和费迪南德 · 海姆著，《1941 年到 1945 年在俄国南部的会战：作战概述》（*Der Feldzug gegen Sowjetrussland, 1941 bis 1945: Ein operative Überblick*，斯图加特：W. Kohlhammer，1962 年），第 10—200 页。

阿尔弗雷德 · 菲利皮和费迪南德 · 海姆著，《1941 年到 1945 年在俄国南部的会战：作战概述》（*Der Feldzug gegen Sowjetrussland, 1941 bis 1945: Ein operative Überblick*，斯图加特：W. Kohlhammer，1962 年）。

沃尔夫冈 · 皮克特（Wolfgang Pickert）著，《从库班桥头堡到塞瓦斯托波尔：第 17 集团军中的高炮部队》（*Vom Kuban-Brückenkopf bis Sewastopol: Flakartillerie im Verband der 17. Army*，海德堡：Scharnhorst Buchkameradschaft，1955 年）。

雅努什 · 皮耶卡尔凯维奇（Janusz Piekalkiewicz）著，《非洲的沙漠战争，1940—1943》（*Der Wüstenkrieg in Afrika, 1940–1943*，慕尼黑：Südwest Verlag，1985 年）。

雅努什·皮耶卡尔凯维奇（Janusz Piekalkiewicz）著，《巴尔干之战》（*Krieg auf dem Balkan*，慕尼黑：Südwest Verlag，1984 年）。

雅努什 · 皮耶卡尔凯维奇（Janusz Piekalkiewicz）著，《城堡行动：库尔斯克与奥廖尔：第二次世界大战中规模最大的坦克战》（*Operation Citadel: Kursk and Orel: The Greatest Tank Battle of the Second World War*，加利福尼亚州纳瓦托：Presidio，1987 年）。

雅努什 · 皮耶卡尔凯维奇（Janusz Piekalkiewicz）著，《斯大林格勒：战役剖析》（*Stalingrad: Anatomie einer Schlacht*，慕尼黑：Südwest Verlag，1977 年）。

赫尔曼 · 皮里希（Hermann Pirich）著，《这是发生在哈尔科夫和第聂伯河之间的事》（*Das geschah zwischen Charkow und Dnjepro*），《国防军》第 7 辑，第 9 期（1943 年 4 月 28 日），第 21—22 页。

赫尔曼 · 皮里希（Hermann Pirich）著，美国陆军指挥与参谋学院译，《争夺哈尔科夫和第聂伯河的战斗，1943 年 2—3 月》（*The Struggle for Kharkov and the Dnieper, February–March 1943*），《军事评论》（Military Review）第 23 辑，第 9 期（1943 年 12 月），第 86—89 页。

普莱费尔（I. S. O. Playfair）和莫洛尼（C. J. C. Molony）著，《地中海与中东战场》（*The Mediterranean and Middle East*）第 4 卷，《轴心国军队在非洲的覆灭》（*The Destruction of the Axis forces in Africa*，伦敦：皇家出版局，1966 年）。

休·庞德（Hugh Pond）著，《萨勒诺》（*Salerno*，伦敦：William Kimber，1961 年）。

道格拉斯·波尔奇（Douglas Porch）著，《胜利之路：第二次世界大战中的地中海战场》（*The Path to Victory: The Mediterranean Theater in World War II*，纽约：Farrar, Straus & Giroux，2004 年）。

布鲁斯·夸里（Bruce Quarrie）著，《希特勒的条顿骑士团：战斗中的党卫军装甲部队》（*Hitler's Teutonic Knights: S.S. Panzers in Action*，英国韦灵伯勒：Patrick Stephens，1986 年）。

拉赫马宁（O. B. Rakhmanin）著，《论库尔斯克突出部战役（60 周年）的国际性方面》[*On International Aspects of the Kursk Salient Battle (60th Anniversary)*]，《军事思想》（*Military Thought*）第 12 辑，第 3 期（2003 年），第 119—130 页。

戴维·雷姆（David Rame，迪万（A. D. Divine）的笔名）著，《通向突尼斯之路》（*Road to Tunis*，纽约：Macmillan，1944 年）。

拉尔夫·拉茨（Ralf Raths）著，《从集团冲锋到突击队战术：1906 到 1918 年的野战条令与大众宣传中反映出的德军地面战术》（*Vom Massensturm zur Stosstrupptaktik: Die deutsche Landkriegtaktik im Spiegel von Dienstvorschriften und Publizistik, 1906 bis 1918*，布赖斯高地区弗赖堡：Rombach，2009 年）。

埃哈德·劳斯（Erhard Raus）著，《1943 年东线的城堡攻势：肯普夫暂编集团军部分》（*Der Angriff Zitadelle im Osten 1943: Abschnitt der Armee-Abteilung Kempf*），手稿 T-26，美国陆军传统与教育中心，宾夕法尼亚州卡莱尔市。

劳伦斯·里斯（Laurence Rees）著，《密室中的第二次世界大战：斯大林、纳粹与西方》（*World War II behind Closed Doors: Stalin, the Nazis and the West*，纽约：Pantheon，2008 年）。

格拉尔德·赖特林格（Gerald Reitlinger）著，《党卫军：一个民族的脱罪借口，1922—1945》（*The S. S.: Alibi of a Nation, 1922–1945*，新泽西州恩格尔伍德克利夫斯：Prentice-Hall，1981 年）。

洛塔尔·伦杜利克（Lothar Rendulic）著，《1943 年 7 月奥廖尔之战：主要突击方向的选择与集结》（*Die Schlacht von Orel, Juli 1943: Wahl und Bildung des Schwerpunktes*），《奥地利军事杂志》第 1 辑，第 3 期（1963 年），第 130—138 页。

《日俄战争期间派驻双方在满洲军队的军事观察员的报告》（*Reports of Military Observers Attached to the Armies in Manchuria during the Russo-Japanese War*，华盛顿哥伦比亚特区：政府印刷局，1906 年）。

拉尔夫·格奥尔格·罗伊特（Ralf Georg Reuth）著，《地中海的决策：第二次世界大战中德国战略的欧洲南线部分，1940—1942》（*Entscheidigung im Mittelmeer: Die südliche Peripherie Europas in der deutschen Strategie des Zweiten Weltkrieges, 1940–1942*，科布伦茨：Bernard & Graefe，1985 年）。

拉尔夫·格奥尔格·罗伊特（Ralf Georg Reuth）著，《隆美尔：一个传奇的终结》（*Rommel: The End of a Legend*，伦敦：Haus，2005 年）。

迈克尔·雷诺兹（Michael Reynolds）著，《钢铁之师：党卫军第 1 装甲军：阿登与东线，1944—

1945》(*Men of Steel: I S. S. Panzer Corps: The Ardennes and Eastern Front, 1944–45*, 英国巴恩斯利：Pen & Sword，2009 年)。

迈克尔·雷诺兹（Michael Reynolds）著，《帝国之子：党卫军第 2 装甲军：诺曼底、阿登与东线》(*Sons of the Reich: II S.S. Panzer Corps: Normandy, the Ardennes, and on the Eastern Front*, 英国巴恩斯利：Pen & Sword，2009 年)。

安德鲁·罗伯茨（Andrew Roberts）著，《国家元首与统帅：西方四巨头如何赢得战争，1941—1945》(*Masters and Commanders: How Four Titans Won the War in the West*，纽约：Harper，2008 年)。

海因里希·罗德默尔（Heinrich Rodemer）著，《入侵会在南欧……还是挪威？》(*Invasion in Südeuropa ⋯ oder in Norwegen*)，《国防军》(*Die Wehrmacht*) 第 7 辑，第 12 期 (1943 年 6 月 9 日)，第 4—5、19 页。

埃伯哈德·罗特（Eberhard Rodt）著，《第 15 装甲掷弹兵师在西西里》(*15th Panzer Grenadier Division in Sicily*)，手稿 C-077，美国陆军传统与教育中心，宾夕法尼亚州卡莱尔市。

埃尔温·隆美尔（Erwin Rommel）著，《无恨之战：由卢齐厄 - 玛丽亚·隆美尔夫人与前非洲装甲集团军参谋长弗里茨·拜尔莱因中将编纂成集》(*Krieg Ohne Hass: Herausgegeben von Frau Lucie-Maria Rommel und Generalleutnant Fritz Bayerlein, ehemaliger Chef des Stabes der Panzerarmee Afrika*，海登海姆：Verlag Heidenheimer Zeitung，1950 年)。

埃尔温·隆美尔（Erwin Rommel）著，《隆美尔战时文件》(*The Rommel Papers*，纽约：Da Capo，1953 年)。

金特·罗特（Günter Roth）著，《前言》(*Vorwort*)，收录于罗兰·弗尔斯特编，《第二次世界大战的转折？1943 年春夏两季的哈尔科夫战役和库尔斯克战役的战役背景、过程与政治意义》(*Gezeitenwechsel im Zweiten Weltkrieg? Die Schlachten von Ch'arkov und Kursk im Frühjahr und Sommer 1943 in operative Anlage, Verlauf und politischer Bedeutung*，柏林：E. S. Mittler，1996 年)，第 9—18 页。

帕维尔·罗特米斯特罗夫（Pavel Rotmistrov）著，《库尔斯克坦克战》(*The Tank Battle at Kursk*)，收录于《希特勒的败仗：东线俄国将领关于第二次世界大战的第一手记述》(*Battles Hitler Lost: First-Person Accounts of World War II by Russian General on the Eastern Front*，纽约：Richardson & Steirman，1986 年)，第 86—99 页。

小理查德·罗（Richard J. Rowe Jr.）著，《反击：对作战优先事项的研究》(*Counterattack: A Study of Operational Priority*，专题论文，美国陆军指挥与参谋学院，堪萨斯州利文沃思堡，1987 年)。

《罗马尼亚军：在库班的战友》(*Rumänen: Kameraden am Kuban*)，《国防军》第 7 辑，第 11 期 (1943 年 5 月 26 日)，第 22 页。

尼古拉·鲁曼尼切夫（Nikolaj Rumanicev）著，《库尔斯克之战：缘起、经过与结果》(*Die Schlachten bei Kursk: Vorgeschichte, Verlauf und Ausgang*)，收录于罗兰·弗尔斯特编，《第二次世界大战的转折？1943 年春夏两季的哈尔科夫战役和库尔斯克战役的战役背景、过程与政治意义》(*Gezeitenwechsel im Zweiten Weltkrieg? Die Schlachten von Ch'arkov und Kursk im Frühjahr und Sommer 1943 in operative Anlage, Verlauf und politischer Bedeutung*，柏林：E. S. Mittler，1996 年)，第 57—67 页。

3 卷本《日俄战争：派驻当地日军的英国军官的报告》(*The Russo-Japanese War: Reports from British Officers Attached to the Japanese Forces in the Field, 3 vols.*，伦敦：总参谋部，1907 年)。

达纳·萨达拉南达（Dana V. Sadarananda）著，《斯大林格勒之后：曼斯坦因与顿河集团军群的作战》（*Beyond Stalingrad: Manstein and the Operations of Army Group Don*，宾夕法尼亚州梅卡尼克斯堡：Stackpole，2009 年）。

爱德华·赛义德（Edward Said）著，《东方主义》（*Orientalism*，纽约：Vintage，1979 年）。

克罗斯比·森特（Crosbie Saint）著，《地面指挥官的观点 ——2》（*The Ground Commander's View—II*），收录于克莱顿·纽厄尔和迈克尔·克劳斯编，《论战役艺术》（*On Operational Art*，华盛顿哥伦比亚特区：Center of Military History，1994 年），第 47—64 页。

樱井忠温（Tadayoshi Sakurai）著，《肉弹：旅顺实战记》（*Human Bullets: A Soldier's Story of the Russo-Japanese War*，林肯：University of Nebraska Press，1999 年）。

《萨勒诺：美军从滩头到沃尔图诺河的作战，1943 年 9 月 9 日—10 月 6 日》（*Salerno: American Operations from the Beaches to the Volturno, 9 September–6 October 1943*，1944 年初版；华盛顿：Center of Military History，1990 年再版）。

汉斯·冯·桑德拉特（Hans Henning von Sandrart）著，《大陆战场上的战役艺术》（*Operational Art in a Continental Theater*），收录于克莱顿·纽厄尔和迈克尔·克劳斯编，《论战役艺术》（*On Operational Art*，华盛顿哥伦比亚特区：Center of Military History，1994 年），第 119—132 页。

霍斯特·沙伊贝特（Horst Scheibert）著，《救援斯大林格勒的尝试：一场坦克战的文字和照片记录：1942 年 12 月的第 57 装甲军》（*Entsatzversuch Stalingrad: Dokumentation einer Panzerschlacht in Wort und Bild: Das LVII. Panzerkorps im Dezember 1942*，内卡格明德：Kurt Vowinckel Verlag，1956 年）。

霍斯特·沙伊贝特（Horst Scheibert）著，《在顿河与顿涅茨河之间》（*Zwischen Don und Donez*，内卡格明德：Kurt Vowinckel Verlag，1961 年）。

戴维·谢尔曼（David E. Scherman）编，《＜生活＞杂志：第二次世界大战影像史》（*Life Goes to War: A Picture History of World War II*，纽约：Pocket Books，1977 年）。

博多·朔伊里希（Bodo Scheurig）著，《阿尔弗雷德·约德尔：顺从与毁灭》（*Alfred Jodl: Gehorsam und Verhängnis*，柏林：Propyläen，1991 年）。

彼得·希弗尔（Peter J. Schifferle）著，《美国的战争学院：利文沃思堡、军官教育与第二次世界大战中的胜利》（*America's School for War: Fort Leavenworth, Officer Education, and Victory in World War II*，劳伦斯：University Press of Kansas，2010 年）。

威廉·施马尔茨（Wilhelm Schmalz）著，《"赫尔曼·戈林"装甲师 1943 年 9 月 9—17 日在萨勒诺的战斗》（*Der Kampf der Panzerdivision 'Hermann Göring' bei Salerno vom 9.–17.9.1943*），收录于西格弗里德·韦斯特法尔等人著，《意大利会战，1942 年 4 月—1944 年 5 月》（*Der Feldzug in Italien, Apr 1943–Mai 1944*），手稿 T-1a，美国陆军传统与教育中心，宾夕法尼亚州卡莱尔市。

《西西里施马尔茨旅地段的战斗》（*Der Kampf um Sizilien im Abschnitt der Brigade Schmalz*）。手稿 T-2，美国陆军传统与教育中心，宾夕法尼亚州卡莱尔市。

海因茨·维尔纳·施密特（Heinz Werner Schmidt）著，《随隆美尔征战大漠》（*With Rommel in the Desert*，纽约：Bantam，1977 年）。

保罗·施密特（Paul Schmidt）著，《1923—1945 年外交舞台上的龙套演员：德国外交部首席口译员对欧洲政治家的体会》（*Statist auf diplomatischer Bühne, 1923–45: Erlebnisse des Chefdolmetschers im Auswärtigen Amt mit den Staatsmännern Europas*，波恩：Athenäum-Verlag，1949 年）。

詹姆斯·施奈德（James J. Schneider）著，《战役艺术的理论意义》（*Theoretical Implications of Operational Art*），收录于克莱顿·纽厄尔和迈克尔·克劳斯编，《论战役艺术》（*On Operational Art*，华盛顿哥伦比亚特区：Center of Military History，1994 年），第 17—30 页。

格哈德·施赖伯（Gerhard Schreiber）著，《北非战事的结束和 1943 至 1945 年意大利的战争》（*Das Ende des nordafrikanischen Feldzugs und der Krieg in Italian 1943 bis 1945*），收录于《德国与第二次世界大战》（*Das Deutsche Reich und Der Zweite Weltkrieg*），第 8 卷，《东线，1943/1944：东方与次要战线的战事》（*Die Ostfront, 1943/44: Der Krieg* ）。

格哈德·施赖伯（Gerhard Schreiber）著，《在德国控制区域内被拘留的意大利军事人员：1943—1945：被出卖——被唾弃——被遗忘》（*Die italienischen Militärinternierten im deutschen Machtbereich, 1943–1945: Verraten–Verachtet–Vergessen*，慕尼黑：Oldenbourg-Verlag，1990 年）。

约瑟夫·施勒德（Josef Schröder）著，《1943 年意大利退出战争的经过：德国在意大利地区的反制措施："阿拉里克"与"轴心"行动》（*Italiens Kriegsaustritt, 1943: Die deutschen Gegenmassnahmen im italienischen Raum: Fall "Alarich" und "Achse"*，格丁根：Musterschmidt-Verlag，1969 年）。

瓦尔特·冯·舒尔岑多夫（Walther von Schultzendorff）著，《作为普通人和军人的埃里希·冯·曼斯坦因》（*Der Mensch und der Soldat Erich von Manstein*），收录于《从未退伍：纪念埃里希·冯·曼斯坦因元帅八十华诞》（*Nie ausser Dienst: Zum achtzigsten Geburtstag von Generfeldmarschall Erich von Manstein*，科隆：Markus Verlagsgesellschaft，1967 年），第 9—34 页。

弗里德里希·舒尔茨（Friedrich Schulz）著，《1942/1943 年东线南部战场的逆转》（*Der Rückschlag im Süden der Ostfront 1942/43*），手稿 T-15，美国陆军传统与教育中心，宾夕法尼亚州卡莱尔市。

弗里德里希·舒尔茨（Friedrich Schulz）著，《南翼的逆转》（*Reverses on the Southern Wing*），手稿 T-15，美国陆军传统与教育中心，宾夕法尼亚州卡莱尔市。

埃伯哈德·施瓦茨（Eberhard Schwarz）著，《斯大林格勒之后的稳定东线之战：1943 年春曼斯坦因在顿涅茨河与第聂伯河之间的反击》（*Die Stabilisierung der Ostfront nach Stalingrad: Mansteins Gegenschlag zwischen Donez und Dnjepr im Frühjahr 1943*，格丁根：Muster-Schmidt Verlag，1985 年）。

斯蒂芬·西尔斯（Stephen W. Sears）著，《钱瑟勒斯维尔》（*Chancellorsville*，波士顿：Houghton Mifflin，1996 年)。

汉斯·赛德曼（Hans Seidemann）著，《1943 年东线的城堡攻势：德国空军的参战情况》（*Der Angriff Zitadelle im Osten 1943: Die Beteiligung durch die Luftwaffe*），手稿 T-26，美国陆军传统与教育中心，宾夕法尼亚州卡莱尔市。

弗里多·冯·森格尔·翁德·埃特林（Frido von Senger und Etterlin）著，《反击：机动防御的战例与指导原则》（*Der Gegenschlag: Kampfbeispiele und Führungsgrundsätze der beweglichen Abwehr*，内卡格明德：Kurt Vowinckel Verlag，1959 年）。

弗里多·冯·森格尔·翁德·埃特林（Frido von Senger und Etterlin）著，《欧陆战火》（*Krieg in Europa*，科隆：Kiepenhauer & Witsch，1960 年）。

弗里多·冯·森格尔·翁德·埃特林（Frido von Senger und Etterlin）著，《无惧亦无望：卡西诺守卫者弗里多·冯·森格尔·翁德·埃特林将军的战时经历》（*Neither Fear nor Hope: The Wartime Career of General Frido von Senger und Etterlin, Defender of Cassino*，加利福尼亚州诺瓦托：Presidio，1989 年）。

瓦尔特·冯·塞德利茨（Walther von Seydlitz）著，《斯大林格勒：战斗与结果：回忆录》（*Stalingrad: Konflikt und Konsequenz: Erinnerungen*，奥尔登堡：Stalling，1977 年）。

迈克尔·夏普（Michael Sharpe）和布莱恩·戴维斯（Brian L. Davis）著，《武装党卫队精锐部队 -1》（*Waffen-S.S. Elite Forces-1*，新泽西州爱迪生：Chartwell，2007 年）。

丹尼斯·肖沃尔特（Dennis E. Showalter）著，《希特勒的坦克：掀起军事革命的闪电式进攻》（*Hitler's Panzers: The Lightning Attacks that Revolutionized Warfare*，纽约：Berkley Caliber，2009 年）。

丹尼斯·肖沃尔特（Dennis E. Showalter）著，《坦嫩贝格：两个帝国的较量》（*Tannenberg: Clash of Empires*，华盛顿哥伦比亚特区：Brassey's，2004 年）。

丹尼斯·肖沃尔特（Dennis E. Showalter）著，《腓特烈大帝的战争》（*The Wars of Frederick the Great*，伦敦：Longman，1996 年）。

丹尼斯·肖沃尔特（Dennis E. Showalter）著，《德国统一战争》（*The Wars of German Unification*，伦敦：Arnold，2004 年）。

什捷缅科（S. M. Shtemenko）著，《战争年代的总参谋部》（*The Soviet General Staff at War, 1941–1945*，莫斯科：Progress Publishers，1981 年）。

戴维·顺克（David A. Shunk）著，《1943 年 2—3 月冯·曼斯坦因元帅指挥的南方集团军群大反攻：德国装甲部队在东线最后一次战役层面的胜利》（*Field Marshal von Manstein's Counteroffensive of Army Group South, February–March, 1943: The Last Operational Level Victory of the Panzer Forces on the Eastern Front*，硕士论文，美国陆军指挥与参谋学院，堪萨斯州利文沃思堡，1986 年）。

本杰明·西姆斯（Benjamin R. Simms）著，《库尔斯克之战分析》（*Analysis of the Battle of Kursk*），《装甲》（*Armor*），2003 年 3—4 月号，第 7—12 页。

罗兰·施梅尔泽（Roland Smelser）和恩里科·叙林（Enrico Syring）编，《党卫军：髑髅帽徽下的精锐：30 份履历》（*Die S. S.: Elite unter den Totenkopf: 30 Lebensläufe*，帕德博恩：Ferdinand Schöningh，2000 年）。

丹尼斯·史密斯（Denis Smyth）著，《死亡骗局：肉馅行动的真实故事》（*Deathly Deception: The Real Story of Operation Mincemeat*，牛津：Oxford University Press，2010 年）。

鲍里斯·索科洛夫（Boris V. Sokolov）著，《库尔斯克、奥廖尔与哈尔科夫之战：战略意图与结果：对苏方历史的批判观点》（*The Battle for Kursk, Orel, and Char'kov: Strategic Intentions and Results: A Critical View of the Soviet Historiography*），收录于罗兰·弗斯特编，《第二次世界大战的转折？1943 年春夏两季的哈尔科夫战役和库尔斯克战役的战役背景、过程与政治意义》（*Gezeitenwechsel im Zweiten Weltkrieg? Die Schlachten von Ch'arkov und Kursk im Frühjahr und Sommer 1943 in operative Anlage, Verlauf und politischer Bedeutung*，柏林：E. S. Mittler，1996 年），第 69—88 页。

罗杰·斯皮勒（Roger J. Spiller）编，《1939 年以来的诸兵种协同作战》（*Combined Arms in Battle since 1939*，堪萨斯州利文沃思堡：美国陆军指挥与参谋学院，1992 年）。

马塞尔·斯皮瓦克（Marcel Spivak）和阿尔芒·莱奥尼（Armand Leoni）著，《在非洲抗击轴心国的法国军队》第 2 卷（*Les Forces Françaises dans la Lutte contre l' Axe en Afrique, vol. 2*，万塞讷：Ministère de la Défense，1985 年）。

达维德·施塔尔（David Stahel）著，《巴巴罗萨行动与德国在东方的失败》（*Operation Barbarossa and Germany's Defeat in the East*，剑桥：Cambridge University Press，2009 年）。

理查德·斯蒂尔（Richard W. Steele）著，《1942 年的第一次攻势：罗斯福、马歇尔与美国战略的制定》（*The First Offensive, 1942: Roosevelt, Marshall, and the Making of American Strategy*，布卢明顿：Indiana University Press，1973 年）。

乔治·斯坦（George H. Stein）著，《武装党卫队：希特勒的精锐鹰犬》（*The Waffen S. S.: Hitler's Elite Guard at War, 1939–1945*，纽约州伊萨卡：Cornell University Press，1966 年）。

马塞尔·斯坦（Marcel Stein）著，《陆军元帅埃里希·冯·曼斯坦因：对其军人和普通人身份的批判性研究》（*Generalfeldmarschall Erich von Manstein: Kritische Betrachtung des Soldaten und Menschen*，美因茨：v. Hase & Koehler，2000 年）。

马塞尔·斯坦（Marcel Stein）著，《瓦尔特·莫德尔元帅：传说与真相》（*Generalfeldmarschall Walter Model: Legende und Wirklichkeit*，比森多夫：Biblio，2001 年）。

马塞尔·斯坦（Marcel Stein）著，《冯·曼斯坦因元帅的肖像：两面人》（*Field Marshal von Manstein, a Portrait: The Janus Head*，英国索利哈尔：Helion，2007 年）。

斯蒂芬斯（Stephens）著，《突尼斯的崩溃》（*Collapse in Tunisia*），《军事评论》第 25 辑，第 1 期（1945 年 4 月），第 79—82 页。

萨莉·韦布·施特克尔（Sally Webb Stoecker）著，《锻造斯大林的军队：图哈切夫斯基元帅与军事革新中的政治斗争》（*Forging Stalin's Army: Marshal Tukhachevsky and the Politics of Military Innovation*，科罗拉多州博尔德：Westview Press，1998 年）。

威廉·斯托夫特（William A. Stofft）著，《战争战役层面的领导学》（*Leadership at the Operational Level of War*），收录于克莱顿·纽尔顿和迈克尔·克劳斯编，《论战役艺术》（*On Operational Art*，华盛顿哥伦比亚特区：Center of Military History，1994 年），第 189—196 页。

《意大利骄阳下的街巷战》（*Strassenkampf unter der Sonne Italiens*），《国防军》第 7 辑，第 22 期（1943 年 10 月 27 日），第 11 页。

约翰·斯特劳森（John Strawson）著，《意大利战役》（*The Italian Campaign*，纽约：Carroll & Graf，1988 年）。

赖因哈德·施通普夫（Reinhard Stumpf）著，《地中海的战争，1942—1943：北非和地中海的作战行动》（*Der Krieg im Mittelmeerraum 1942/43: Die Operationen in Nordafrika und im mittleren Mittelmeer*），《德国与第二次世界大战》（*Das Deutsche Reich und Der Zweite Weltkrieg*），第 6 卷，《全球战争：战争的扩大和主动权的易手，1941—1943》（*Der Globale Krieg: Die Ausweitung zum Weltkrieg und der Wechsel der Initiative, 1941–1943*，斯图加特：Deutsche Verlags-Anstalt，1990 年）。

迈克尔·施蒂默尔（See Michael Stürmer）著，《德意志帝国简史》（*The German Empire: A Short History*，纽约：Modern Library，2000 年）。

《外国军事研究导读，1945—1954：目录与索引补遗》（*Supplement to Guide to Foreign Military Studies 1945–54: Catalog and Index*，卡尔斯鲁厄：驻欧美军指挥部军史部，1959 年）。

理查德·斯温（Richard M. Swain）著，《"幸运的战争"：沙漠风暴行动中的第三支军队》（*"Lucky War": Third Army in Desert Storm*，堪萨斯州利文沃思堡：美国陆军指挥与参谋学院，1997 年）。

理查德·斯温（Richard M. Swain）著，《关于战役艺术的读物》（*Reading about Operational Art*），收录于克莱顿·纽尔厄和迈克尔·克劳斯编，《论战役艺术》（*On Operational Art*，华盛顿哥伦比亚特区：Center of Military History，1994 年），第 197—210 页。

小查尔斯·西德诺（Charles W. Sydnor Jr.）著，《毁灭之师：党卫军"髑髅"师，1933—1945》（*Soldiers of Destruction: The S. S. Death's Head Division, 1933–1945*，新泽西州普林斯顿：Princeton University Press，1977 年）。

恩里科·叙林（Enrico Syring）著，《保罗·豪塞尔："他的"武装党卫队的"开门人"兼指挥官》（*Paul Hausser: 'Türöffner' und Kommandeur 'seiner' Waffen-S.S.*），收录于罗兰·施梅尔泽和恩里科·叙林编，《党卫军：髑髅帽徽下的精锐：30 份履历》（*Die S.S.: Elite unter dem Totenkopf: 30 Lebensläufe*，帕德博恩：Ferdinand Schöningh，2000 年）。

卡尔·泰勒（Karl H. Theile）著，《不仅是"怪物"和"小丑"：党卫军作战部队：打破五十年来关于德军精锐部队的神话》（*Beyond "Monsters" and "Clowns": The Combat S.S.: De-Mythologizing Five Decades of German Elite Formation*，纽约：University Press of America，1997 年）。

戴维·托马斯（David Thomas）著，《东线外军处与德军在苏联的军事情报，1941—1945》（*Foreign Armies East and German Military Intelligence in Russia, 1941–45*），《当代历史杂志》第 22 辑，第 2 期（1987 年 4 月），第 261—301 页。

威廉·蒂克（Wilhelm Tieke）著，《高加索与石油：德国与苏联在高加索的战争，1942—1943》（*The Caucasus and the Oil: The German-Soviet War in the Caucasus, 1942–43*，温尼伯：J. J. Fedorowicz，1995 年）。

阿尔弗雷德·托佩（Alfred Toppe）著，《沙漠战：德军在第二次世界大战中的经验》（*Desert Warfare: German Experiences in World War II*），手稿 P-129，美国陆军传统与教育中心，宾夕法尼亚州卡莱尔市。

罗曼·特佩尔（Roman Töppel）著，《库尔斯克：一场战役的神话与真相》（*Kursk: Mythen und Wirklichkeit einer Schlacht*），《当代历史季刊》（*Vierteljahrshefte für Zeitgeschichte*）第 57 辑，第 3 期（2009 年），第 349—385 页。

罗曼·特佩尔（Roman Töppel）著，《历史叙事中传奇的形成：库尔斯克之战》（*Legendenbildung in der Geschichtsschreibung: Die Schlacht bei Kursk*），《军事历史杂志》（*Militärgeschichtliche Zeitschrift*）第 61 辑，第 2 期（2002 年），第 369—401 页。

理查德·特里加斯基斯（Richard Tregaskis）著，《登陆日记》（*Invasion Diary*，林肯：University of Nebraska Press，2004 年）。

特雷弗-罗珀（H. R. Trevor-Roper）编，《希特勒的战争指示，1939—1945》（*Hitler's War Directives, 1939–1945*，伦敦：Sidgwick and Jackson，1964 年）。

弗雷德里克·卡尔顿·特纳（Frederick Carleton Turner）著，《苏军"大纵深作战"的起源：斯大林时代的大规模攻势机动战学说》（*The Genesis of the Soviet 'Deep Operation': The Stalin-Era*

358

Doctrine for Large-Scale Offensive Maneuver Warfare"，博士论文，杜克大学，1988 年）。

马克斯·乌尔里希（Max Ulrich）著，《第 15 装甲掷弹兵师，1943 年 9 月 3 日》（*15th Panzer Grenadier Division, 3 September 1943*），手稿 D-021，美国陆军传统与教育中心，宾夕法尼亚州卡莱尔市。

马丁·范克勒韦尔德（Martin van Creveld）著，《关于借鉴德国国防军及其他》（*On Learning from the Wehrmacht and Other Things*），《军事评论》第 68 辑，第 1 期（1988 年 1 月），第 62—71 页。

马丁·范克勒韦尔德（Martin van Creveld）著，《战斗力：德国与美国军队的表现，1939—1945》（*Fighting Power: German and U. S. Army Performance, 1939-1945*，康涅狄格州韦斯特波特：Greenwood，1982 年）。

马丁·范克勒韦尔德（Martin van Creveld）著，《战斗力：军事组织与军事表现，1939—1945》（*Kampfkraft: Militärische Organisation und militärische Leistung, 1939-1945*，弗赖堡：Verlag Rombach，1989 年）。

弗雷德·范哈特斯费尔特（Fred R. van Hartesveldt），《布尔战争：史料汇编与注释参考书目》（*The Boer War: Historiography and Annotated Bibliography*，康涅狄格州韦斯特波特：Greenwood Press，2000 年）。

让·范维尔肯休森（Jean Vanwelkenhuyzen）著，《1940 年 1 月的危机》（*Die Krise vom Januar 1940*），《国防科学评论》第 5 辑，第 2 期（1955 年 2 月），第 66—90 页。

哈尔·沃恩（Hal Vaughan）著，《罗斯福的十二使徒：为法属北非登陆铺平道路的间谍们》（*FDR's 12 Apostles: The Spies Who Paved the Way for the Invasion of French North Africa*，康涅狄格州吉尔福德：Lyons Press，2006 年）。

雷纳托·韦尔纳（Renato Verna）著，《俄国前线 1943："Panzerwaffe" 的天鹅之歌：库尔斯克之战（7 月 5—16 日）》[*Fronte Russo 1943: il Canto del Cigno della 'Panzerwaffe': la Battaglia di Kursk (5-16 Luglio)*]，第一和第二部分，《军事评论》第 24 辑，第 4—5 期（1968 年）。

弗尼（C. L. Verney）著，《沙漠之鼠：第二次世界大战中的第 7 装甲师》（*The Desert Rats: The 7th Armoured Divisions in World War II*，宾夕法尼亚州梅卡尼克斯堡：Stackpole Books，2002 年）。

海因里希·冯·菲廷霍夫（Heinrich von Vietinghoff）著，《总司令部 1943 年 8 月对形势的评估：第 10 集团军的作战》（*Beurteilung der Lage durch die Höchsten Dienststellen im August 1943: Einsatz des AOK 10*），手稿 MS-117，美国陆军传统与教育中心，宾夕法尼亚州卡莱尔市。

海因里希·冯·菲廷霍夫（Heinrich von Vietinghoff）著，《第 10 集团军在意大利南部和中部的战斗，以发生在萨勒诺、沃尔图诺、加里利亚诺、桑戈和卡西诺的战斗为重点》（*Die Kämpfe der 10. Armee in Süd- und Mittelitalien unter besonderer Berücksichtigung der Schlachten bei Salerno, am Volturno, Garigliano, am Sango und um Cassino*），收录于西格弗里德·韦斯特法尔等人著，《意大利会战，1942 年 4 月—1944 年 5 月》（*Der Feldzug in Italien, Apr 1943-Mai 1944*），手稿 T-1a，美国陆军传统与教育中心，宾夕法尼亚州卡莱尔市。

古斯塔夫·贝特霍尔德·福尔茨（Gustav Berthold Volz）编，《腓特烈大帝选集》（*Ausgewählte Werke Friedrichs des Grossen*），第 1 卷，《历史及军事著作，书信》（*Historische und militärische Schriften, Briefe*，柏林：Reimar Hobbing，1900 年）。

冯·克贝尔（von Koerber）著，《潟湖中寂静的据点》（*Schweigestützpunkt in den Lagunen*），第一部分，《国防军》第 7 辑，第 18 期（1943 年 9 月 1 日），第 10—11 页。

冯·克贝尔（von Koerber）著，《潟湖中寂静的据点》（*Schweigestützpunkt in den Lagunen*），第二部分，《国防军》第 7 辑，第 21 期（1943 年 10 月 13 日），第 10—11 页。

卡尔·瓦格纳（Carl Wagener）著，《1943 年 2 月第 40 装甲军针对在顿涅茨盆地突破的波波夫坦克集群的反击》（*Der Gegenangriff des XXXX. Panzerkorps gegen den Durchbruch der Panzergruppe Popow im Donezbecken Februar 1943*），《国防科学评论》（*Wehrwissenschaftliche Rundschau*）第 7 辑（1957 年），第 21—36 页。

卡尔·瓦格纳（Carl Wagener）著，《南方集团军群：东线南段的战斗，1941—1945》（*Heeresgruppe Süd: Der Kampf im Süden der Ostfront, 1941–1945*，巴特瑙海姆：Podzun，1967 年）。

赫梅内吉尔德·瓦格纳中尉（Lieutenant Hermenegild Wagner）著，《胜利的保加利亚军队征战纪实》（*With the Victorious Bulgarians*，波士顿：Houghton Mifflin，1913 年）。

罗伯特·瓦格纳（Robert L. Wagner）著，《德克萨斯军队：第 36 师在意大利会战中的历史》（*The Texas Army: A History of the 36th Division in the Italian Campaign*，德克萨斯奥斯汀：出版社不详，1972 年）。

《"时代"周刊军事记者报道的远东战争》（*The War in the Far East by the Military Correspondent of the "Times"*，纽约：Dutton，1905 年）。

瓦尔特·瓦尔利蒙特（Walter Warlimont）著，《德国国防军司令部内幕，1939—1945：基础、成形、发展》（*Im Hauptquartier der deutschen Wehrmacht, 1939–1945: Grundlagen, Formen, Gestalten*，美因河畔法兰克福：Bernard & Graefe，1962 年）。

瓦尔特·瓦尔利蒙特（Walter Warlimont）著，《希特勒指挥部内幕，1939—1945》（*Inside Hitler's Headquarters, 1939–45*，加利福尼亚州诺瓦托：Presidio，1964 年）。

约翰·沃特斯（John K. Waters）著，《高级军官口述历史计划》，项目号 80-4。美国陆军传统与教育中心，宾夕法尼亚州卡莱尔市。

布鲁斯·艾伦·沃森（Bruce Allen Watson）著，《隆美尔退场：突尼斯会战，1942—1943》（*Exit Rommel: The Tunisian Campaign, 1942–43*，宾夕法尼亚州梅卡尼克斯堡：Stackpole，2007 年）。

杰弗里·瓦夫罗（Geoffrey Wawro）著，《普奥战争：1866 年奥地利与普鲁士和意大利的战争》（*The Austro-Prussian War: Austria's War With Prussia and Italy in 1866*，剑桥：Cambridge University Press，1996 年）。

杰弗里·瓦夫罗（Geoffrey Wawro）著，《普法战争：1870—1871 年德国对法国的征服》（*The Franco-Prussian War: The German Conquest of France in 1870–1871*，剑桥：Cambridge University Press，2003 年）。

贝恩德·魏格纳（Bernd Wegner）著，《窘迫的战局》（*Die Aporie des Krieges*），《德国与第二次世界大战》（*Das Deutsche Reich und Der Zweite Weltkrieg*），第 8 卷，《东线，1943/1944：东方与次要战线的战事》

(*Die Ostfront, 1943/44: Der Krieg im Osten and an den Nebenfronten*，慕尼黑：Deutsche Verlags-Anstalt，2007 年），第 209—274 页。

贝恩德·魏格纳（Bernd Wegner）著，《对苏战争，1942—1943 年》（*Der Krieg gegen die Sowjetunion, 1942–43*），收录于《德国与第二次世界大战》（*Das Deutsche Reich und Der Zweite Weltkrieg*），第 6 卷，《全球战争：战争的扩大和主动权的易手，1941—1943》（*Der Globale Krieg: Die Ausweitung zum Weltkrieg und der Wechsel der Initiative, 1941–1943*，斯图加特：Deutsche Verlags-Anstalt, 1990 年）。

贝恩德·魏格纳（Bernd Wegner）著，《战略的终结：斯大林格勒之后德国的政治与军事形势》（*Das Ende der Strategie: Deutschlands politische und militärische Lage nach Stalingrad*），收录于罗兰·弗尔斯特编，《第二次世界大战的转折？ 1943年春夏两季的哈尔科夫战役和库尔斯克战役的战役背景、过程与政治意义》（*Gezeitenwechsel im Zweiten Weltkrieg? Die Schlachten von Ch'arkov und Kursk im Frühjahr und Sommer 1943 in operative Anlage, Verlauf und politischer Bedeutung*，柏林：E. S. Mittler，1996 年），第 211–227 页。

贝恩德·魏格纳（Bernd Wegner）著，《从斯大林格勒到库尔斯克》（*Von Stalingrad nach Kursk*）。《德国与第二次世界大战》（*Das Deutsche Reich und Der Zweite Weltkrieg*），第 8 卷，《东线，1943/1944：东方与次要战线的战事》（*Die Ostfront, 1943/44: Der Krieg im Osten and an den Nebenfronten*，慕尼黑：Deutsche Verlags-Anstalt，2007 年），第 1—79 页。

拉塞尔·魏格利（Russell F.Weigley）著，《艾森豪威尔的助手们：法国与德国会战，1944—1945》（*Eisenhower's Lieutenants: The Campaign of France and Germany, 1944–1945*，布卢明顿：Indiana University Press，1981 年）。

拉塞尔·魏格利（Russell F.Weigley）著，《美式兵法：美国军事战略与方针史》（*The American Way of War: A History of United States Military Strategy and Policy*，纽约：Macmillan，1973 年）。

格哈德·魏因贝格（Gerhard L. Weinberg）著，《关于东线一段特殊的平静时期的问题》（*Zur Frage eines Sonderfriedens im Osten*），收录于罗兰·弗尔斯特编，《第二次世界大战的转折？ 1943 年春夏两季的哈尔科夫战役和库尔斯克战役的战役背景、过程与政治意义》（*Gezeitenwechsel im Zweiten Weltkrieg? Die Schlachten von Ch'arkov und Kursk im Frühjahr und Sommer 1943 in operative Anlage, Verlauf und politischer Bedeutung*，柏林：E. S. Mittler，1996 年），第 173—183 页。

格哈德·魏因贝格（Gerhard L. Weinberg）著，《战火中的世界：第二次世界大战全史》第 2 版（*A World at Arms: A Global History of World War Ⅱ, 2nd ed.*，剑桥：Cambridge University Press，2005 年）。

格哈德·魏因贝格（Gerhard L. Weinberg）编，《希特勒的第二本书：阿道夫·希特勒所作＜我的奋斗＞的未出版的续集》（*Hitler's Second Book: The Unpublished Sequel to "Mein Kampf" by Adolf Hitler*，纽约：Enigma Books，2003 年）。

瓦尔特·文克（Walther Wenck）著，《从未退伍》（*Nie ausser Dienst*），收录于《从未退伍：纪念埃里希·冯·曼斯坦因元帅八十华诞》（*Nie ausser Dienst: Zum achtzigsten Geburtstag von Generfeldmarschall Erich von Manstein*，科隆：Markus Verlagsgesellschaft，1967 年），第 85—95 页。

《冬季战争中的转折点》（*Die Wende des Winterkrieges*），《国防军》第 7 辑，第 8 期（1943 年 4 月 14 日），第 4—5 页。

埃里希·韦尼格（Erich Weniger）著，《下级指挥官的独立性及其限制》（*Die Selbständigkeit der Unterführer und ihre Grenzen*），《军事科学评论》（*Militärwissenschaftliche Rundschau*）第 9 辑，

第 2 期（1944 年），第 101—115 页。

西格弗里德·韦斯特法尔（Siegfried Westphal）著，《回忆录》（*Erinnerungen*，美因茨：Von Hase & Koehler，1975 年）。

西格弗里德·韦斯特法尔（Siegfried Westphal）著，《西线的德国军队》（*The German Army in the West*，伦敦：Cassell，1951 年）。

西格弗里德·韦斯特法尔（Siegfried Westphal）著，《被禁锢的军队：隆美尔、凯塞林和龙德施泰特的参谋长的文件集》（*Heer in Fesseln: Aus den Papieren des Stabschefs von Rommel, Kesselring und Rundstedt*，波恩：Athenäum-Verlag，1950 年）。

西格弗里德·韦斯特法尔（Siegfried Westphal）著，《北非战争札记，1941—1943》（*Notes on the Campaign in North Africa, 1941–1943*），《皇家联合军种学会志》（*Journal of the Royal United Service Institution*）第 105 辑，第 617 期（1960 年），第 70—81 页。

西格弗里德·韦斯特法尔等人著，《意大利会战，1942 年 4 月—1944 年 5 月》（*Der Feldzug in Italien, Apr 1943–Mai 1944*），手稿 T-1a，美国陆军传统与教育中心，宾夕法尼亚州卡莱尔市。

詹姆斯·斯科特·惠勒（James Scott Wheeler）著，《大红一师：从第一次世界大战到沙漠风暴不断书写传奇的美国第 1 步兵师》（*The Big Red One: America's Legendary 1st Infantry Division from World War I to Desert Storm*，劳伦斯：University Press of Kansas，2007 年）。

弗林特·惠特洛克（Flint Whitlock）著，《安齐奥的岩石：从西西里到达豪：第 45 步兵师战史》（*The Rock of Anzio: From Sicily to Dachau: A History of the 45th Infantry Division*，科罗拉多州博尔德：Westview，1998 年）。

《我们回到了哈尔科夫》（*Wieder in Charkow*），《国防军》第 7 辑，第 7 期（1943 年 3 月 31 日），第 10—11 页。

克里斯托弗·威尔贝克（Christopher W. Wilbeck）著，《抡起大锤：德军重坦克营在第二次世界大战中的战斗效能》（*Swinging the Sledgehammer: The Combat Effectiveness of German Heavy Tank Battalions in World War II*，硕士论文，美国陆军指挥与参谋学院，堪萨斯州利文沃思堡，2002 年）。

戈登·威廉森（Gordon Williamson）著，《忠诚就是我的荣誉：武装党卫队成员的个人叙述》（*Loyalty Is My Honor: Personal Accounts from the Waffen-S.S.*，伦敦：MBI，1999 年）。

戴尔·威尔逊（Dale E. Wilson）著，《狠狠收拾他们！美国装甲部队的诞生，1917—1920》（*Treat'em Rough! The Birth of American Armor, 1917–1920*，加利福尼亚州诺瓦托：Presidio，1989 年）。

哈罗德·温顿（Harold R. Winton）著，《改造一支军队：约翰·博内特-斯图亚特将军与英国装甲部队军事学说，1927—1938》（*To Change an Army: General Sir John Burnett-Stuart and British Armored Doctrine, 1927–1938*，劳伦斯，University Press of Kansas，1988 年）。

哈罗德·温顿和戴维·梅茨（David R. Mets）著，《变革的挑战：军事机构与新的现实，1918—1941》（*The Challenge of Change: Military Institutions and New Realities, 1918–1941*，林肯：University of Nebraska Press，2000 年）。

库尔特·沃尔夫（Kurt E. Wolff）著，《突尼斯的坦克战》（*Tank Battle in Tunisia*），《军事评论》第 23 辑，第 6 期（1943 年 9 月），第 61—63 页。

伊万·雅库鲍夫斯基（Ivan Yakubovsky）著，《解放基辅》(*The Liberation of Kiev*)，收录于《希特勒的败仗：东线俄国将领关于第二次世界大战的第一手记述》(*Battles Hitler Lost: First-Person Accounts of World War II by Russian General on the Eastern Front*，纽约：Richardson & Steirman，1986 年)，第 101 页。

达维德·宗贝茨基（David T. Zabecki）编，《参谋长：历史名将背后的首席幕僚》(*Chief of Staff: The Principal Officers Behind History's Great Commanders*)，第 2 卷，《从第二次世界大战到朝鲜和越南战争》(*World War II to Korea and Vietnam*，马里兰州安纳波利斯：Naval Institute Press，2008 年)。

托马斯·蔡勒（Thomas W. Zeiler）著，《毁灭：第二次世界大战军事全史》(*Annihilation: A Global Military History of World War II*，牛津：Oxford University Press，2011 年)。

尼克拉斯·塞特贝里（Niklas Zetterberg）和安德斯·弗兰克森（Anders Frankson）著，《库尔斯克1943：统计分析》(*Kursk, 1943: A Statistical Analysis*，伦敦：Frank Cass，2000 年)。

格奥尔基·朱可夫（Georgi K. Zhukov）著，《朱可夫元帅的伟大战役》(*Marshal Zhukov's Greatest Battles*，纽约：Cooper Square，2002 年)。

厄尔·齐姆克（Earl F. Ziemke）著，《从斯大林格勒到柏林：德军在东线的失败》(*Stalingrad to Berlin: The German Defeat in the East*，华盛顿哥伦比亚特区：Center of Military History，1987 年)。

厄尔·齐姆克（Earl F. Ziemke）和马格纳·鲍尔（Magna E. Bauer）著，《从莫斯科到斯大林格勒：决战东线》(*Moscow to Stalingrad: Decision in the East*，华盛顿哥伦比亚特区：Center of Military History，1987 年)。